中外
政治制度比较

ZHONGWAI ZHENGZHI ZHIDU BIJIAO

徐育苗　主编

中国社会科学出版社

图书在版编目（CIP）数据

中外政治制度比较/徐育苗主编. —北京：中国社会科学
出版社，2004.10（2020.5 重印）
ISBN 978-7-5004-4864-8

Ⅰ. 中… Ⅱ. 徐… Ⅲ. 政治制度-对比研究-中国、
外国 Ⅳ. D621

中国版本图书馆 CIP 数据核字（2004）第 127214 号

出 版 人 赵剑英
责任编辑 王半牧
责任校对 林福国
责任印制 李寡寡

出 版 中国社会科学出版社
社 址 北京鼓楼西大街甲 158 号
邮 编 100720
网 址 http://www.csspw.cn
发 行 部 010-84083685
门 市 部 010-84029450
经 销 新华书店及其他书店

印刷装订 北京君升印刷有限公司
版 次 2004 年 10 月第 1 版
印 次 2020 年 5 月第 3 次印刷

开 本 880×1230 1/32
印 张 20.25
插 页 2
字 数 505 千字
定 价 42.00 元

目　　录

绪　　论

　　比较研究是人类认识未知事物和理论创新的主要方法之一。马克思恩格斯在他们的科学研究中一向十分重视采用比较方法。马克思精辟地指出："极为相似的事情，但在不同历史环境中出现就引起了完全不同的结果。如果把这些过程中的每一个都分别加以研究，然后再把它们加以比较，我们就会很容易地找到理解这种现象的钥匙；但是，使用一般历史哲学理论这一把万能钥匙，那是永远达不到这种目的的，这种历史哲学理论的最大长处就在于它是超历史的。"① 对中外政治制度进行比较研究，是我们研究政治制度的一次尝试。在本书正文未展开之前，先对本书研究的对象和框架体系、基本范畴、研究方法和意义进行简要阐述。

一　中外政治制度比较研究的对象和框架体系

（一）比较研究的对象

　　毛泽东指出："科学研究的区分，就是根据科学对象所具有特殊的矛盾性。""因为具有特殊的矛盾和特殊的本质，才构成不同的科学研究的对象。"② 本书选择当代中国政治制度和当代西方国家政治制度作为比较研究的对象。这里讲的"西方"，既

---

① 《马克思恩格斯全集》第 19 卷，人民出版社 1963 年版，第 131 页。
② 《毛泽东选集》第 1 卷，人民出版社 1991 年版，第 309 页。

是地理概念，主要指西欧、北美地区，也是政治概念，泛指发达的资本主义国家，包括美国、加拿大、德国、英国、法国、意大利、比利时、荷兰、瑞士、瑞典、丹麦、挪威、澳大利亚、新西兰、日本等国。当代西方国家政治制度，是指近现代西方国家的资本主义政治制度。这里讲的"当代中国政治制度"，是指 1949年中华人民共和国成立以来的社会主义政治制度。

当代西方国家政治制度是在同中世纪封建专制主义的斗争中建立和发展起来的，历史比较悠久，已经发展到相当完备的程度。其共同特征是：第一，坚持实行资产阶级民主专政的国家制度；① 第二，坚持实行权力制衡的议会制度；第三，坚持实行竞选式的普选制度；第四，坚持实行多党竞争、轮流执政的多党制或两党制；第五，坚持实行地方自治的分权制或地方相对独立的联邦制。这些政治制度是西方国情和政治文化的产物，代表了当代西方国家的政治文明和发展道路。

当代中国政治制度始于 1949 年中华人民共和国的成立，半个多世纪以来，虽然历经曲折，但仍然在实践中不断发展。其主要特色是：第一，坚持实行人民民主专政的国家制度；第二，坚持实行议行合一（或曰民主集中制）的人民代表大会制度；第三，坚持实行共产党领导的多党合作制度；第四，坚持实行人民政治协商会议制度；第五，坚持实行民族区域自治制度；第六，坚持实行特别行政区制度。这些政治制度是中国国情和政治文化的产物，体现了社会主义政治制度的特点和优点。

"比较研究"，重在"比较"。当代中国和当代西方国家政治制度既有自己的长处，也有自己的短处；既存在相同之点，也存在重大差别。能否对这些长处和短处、相同之点和重大差异进行

---

① 笔者认为，资产阶级民主专政的提法较之资产阶级专政的传统提法更为准确、清晰，故本书使用资产阶级民主专政的提法，而不使用资产阶级专政的提法。

理性的比较分析，是研究工作的重点和难点。在当今世界，西方发达资本主义国家众多，我们不可能把每个国家的政治制度作为参照系进行比较分析。本书选择了在当今世界影响较大、具有典型意义的几个国家，如美国、英国、法国、德国、意大利、瑞士、日本等，作为比较研究的对象。在个别章节，由于比较研究的需要，也把俄罗斯等国家列入比较研究的对象。

（二）比较研究的框架体系

中外政治制度的基本内容包括：国体制度、代议制度、选举制度、行政制度、国家结构制度、立法制度、司法制度、军事制度、公务员制度、监督制度、政党制度等。我们编著的《中外政治制度比较》，就是按照这些基本内容构建全书框架体系的。

但是，构建本书的框架体系，不是各种政治制度的简单相加，而是按照一定逻辑关系组合而成。据此，我们认定本书的框架体系由一个绪论和十章正文构成：

绪　论

第一章　代议制度比较

第二章　选举制度比较

第三章　行政制度比较

第四章　公务员制度比较

第五章　立法制度比较

第六章　司法制度比较

第七章　国家结构制度比较

第八章　军事制度比较

第九章　监督制度比较

第十章　政党制度比较

需要说明的是，有关国体制度未列入本书的框架体系之中。这是因为，资产阶级民主专政制度是当代西方国家最根本的政治制度，而人民民主专政制度则是当代中国最根本的政治制度，它们在阶级性质上是根本对立的，没有可比性。书中虽然多处提及当代中国和当代西方国家的国体制度，但并没有设立专章进行比较分析。

二　中外政治制度比较研究的基本范畴

任何一门科学的学科，都有其自身特有的基本范畴（或称基本概念）。列宁对范畴作过精辟的论述，他说："在人面前是自然现象之网，……（范畴）是帮助我们认识和掌握自然现象之网的网上纽结。"①自然科学如此，社会科学亦然。作为社会科学的范畴，是理论系统、理论观点的浓缩和精华，从范畴展开去，即可见学科之全貌。中外政治制度是政治学的二级学科，其自身特有的基本范畴是政治制度及其政治体制、政治运行机制等。本节将对政治制度及其相关范畴展开讨论和辨析。

（一）政治制度

所谓制度，是指社会生活的一种行为规范、一种行为规则。从制度的基本结构看，可以分为经济制度、政治制度和思想文化制度。

对于什么是政治制度，古今中外学者有各种界说，至今还没有公认的、统一的提法。比较中外政治制度，首先要弄清政治制度的科学内涵及其相关理论。

1. 政治制度的形成和发展

政治制度不是某些先哲们头脑中的产物，而是人类政治文明长期发展的结果。在历史的长河中，人类社会经历了蒙昧时代、野蛮时代和文明时代三大发展阶段。政治制度是文明社会特有的产物，与国家密切相关。在漫长的原始社会，由于不存在阶级和国家，因而也不存在政治制度。虽然那时也有社会管理以及为人

---

① 《列宁全集》第38卷，人民出版社1986年版，第90页。

们普遍遵守的调整一定社会关系的规则或习惯，但它们不具有政治性质。当人类跨进有阶级、有国家、有政府、有法律的奴隶社会后，政治制度便随之产生。著名人类学家摩尔根指出，"政治社会的建立则是文明伊始以后才有的事情"①。

政治制度属于上层建筑。任何政治制度都建立在一定经济基础之上，同时它又反作用于经济基础。随着社会经济基础发生变化，政治制度也必然随之发生变化。在人类历史上先后出现过奴隶制政治制度、封建制政治制度、资本主义政治制度和社会主义政治制度。未来进入共产主义社会后，随着阶级、国家和法律的消亡，一切社会管理制度、组织机构和规章等都将失去政治性质，各种形态的政治制度也就不再存在了。这是政治制度发展的一般规律。

2. 政治制度的涵义和内容

关于"政治制度"的界说，最早可追溯到 2300 多年前的希腊思想家亚里士多德，他在《政治学》中写道："一个政治制度原来是全城邦居民由以分配政治权利的体系。"② 古往今来，众多的中外学者、思想家从不同视角对政治制度进行解释，智者见智，仁者见仁。法国著名政治学家迪韦尔热给政治制度下的定义是：政治制度是"政府机构的总和"③。美国政治学家 G. A. 阿尔蒙德认为："政治制度是负责维持社会秩序或改变这种秩序的合法制度。"④ 前苏联科学院国家和法研究所集体编写的《当代的政治体制》一书认为：政治制度"是形成个人政治意识和标明参与政治过程的阶级、集团及其组织的相互关系的实际行之有

---

① ［美］摩尔根：《古代社会》，商务印书馆 1977 年版，第 62 页。

② ［古希腊］亚里士多德：《政治学》，商务印书馆 1965 年版，第 109 页。

③ ［法］迪韦尔热：《政治机构与宪法》，法国大学联合出版社 1970 年巴黎版，第 49 页。

④ ［美］阿尔蒙德：《政治发展学》，波士顿大学出版社，第 9 页。

效的准则和行为规范，是政治领导借以实现它对社会的监督和管理特权所用的方法"①。如此等等，不胜枚举。

在当代中国，对于政治制度的理解和解释也是多种多样的。归结起来，主要有以下五种观点：

第一种观点认为，政治制度是指国家政权的性质及其组织形式的制度，包括国体和政体两个方面。各国的阶级属性不同，历史条件不同，各国的具体政治制度也就有所不同。按组织形式分，有君主制、共和制；按政体结构分，有单一制、复合制；按管辖权限分，有中央集权制、地方分权制等等。②

第二种观点认为，政治制度是指统治阶级为实现其政治统治而采取的统治方式和方法的总和。它包括国家政权的阶级实质、国家政权的组织形式、国家的结构形式、国家机关的体系和为保证国家机器运转而采取的一系列具体制度，如立法制度、行政制度、司法制度、政党制度、人事制度、选举制度等。③

第三种观点认为，政治制度是政治权力按照不同的利益要求，为实现社会政治的有序运行而对各种政治力量之间的关系和活动方式所作的法定规约，它既包括根本政治制度及其构成原则，又包括具体政治制度及其构成原则；它具有特定范围内的法定性和规约性，同时，它又是相对严密和稳定的。④

第四种观点认为，政治制度是指政治领域中要求政治实体遵行的各类准则（或规范）。按层次结构分，有核心层（国体）、中层（国家政权组织形式、国家结构形式以及政党、公民等的基本行为准则）、外层（可供政治实体直接操作的各类具体的规

---

① ［苏］布尔拉茨基、齐尔金编：《当代的政治体制》，广东人民出版社1984年版，第46页。

② 高放主编：《社会主义大辞典》，河南人民出版社1988年版，第5页。

③ 曹沛霖主编：《外国政治制度》，高等教育出版社1992年版，第1—2页。

④ 王浦句主编：《政治学基础》，北京大学出版社1997年版，第233页。

则、程序、方式等）的政治制度。按表现形态分，有国家形态（国家政权的行为准则）与非国家形态（政党、公民、群众自治组织等的行为准则）、法内（国家等政治实体所颁定的法律、法规、章程等文本条款）与法外（实际政治生活之中的传统、惯例等）的政治制度。①

第五种观点认为，政治制度是管理社会公共事务的一套规则。人类为了管理公共事务，使社会得以生存与发展，就必须从事政治活动；为了有效地管理公共事务，就要制定一系列取得权力、分享权力、运用权力，以及限制权力的规则，这些规则加起来，就是一个社会的政治制度。②

以上种种界说，均有自己的视角和见解，对界定政治制度这个范畴具有重要的参考价值。笔者认为，政治制度是个广义的范畴，它不仅包括国体、政体、国家结构制度，而且还包括一系列具体的政治制度和基层民主政治制度。我们可以把它定义为：政治制度是指政治实体在政治活动中必须遵循的各类规则（或曰行为准则）。这里讲的政治实体，包括国家、政党、政治社团、群众自治组织、公民等。

具体说来，政治制度的内容主要包括五个方面：

（1）关于国家本质的规定。这是从国体的角度来解读政治制度。所谓国体，就是社会各阶级在国家中的地位和相互关系。根据宪法规定，我国国体是工人阶级领导的、以工农联盟为基础的人民民主专政的社会主义国家。我国的国体表明：第一，我国的国家政权是由工人阶级（经过共产党）领导的政权；第二，

---

① 浦兴祖主编：《中华人民共和国政治制度》，上海人民出版社1999年版，第5—6页。

② 吴大英主编：《西方国家政治制度剖析》，经济管理出版社1996年版，第4页。

这个国家政权的阶级基础是工农联盟；第三，这个国家政权是对广大人民实行民主和对极少数敌人实行专政；第四，这个国家政权的根本任务是建设富强、文明、民主的社会主义国家。这种人民民主专政的国家制度，体现了我国政治制度的本质和根本特点，我国政治制度的其他方面，都是以此为根本依据的，并都要求与此相适应。由此可见，人民民主专政的国家制度是我国最根本的政治制度。

当代西方国家的国体，是实行资产阶级民主专政的国家制度，一方面是西方民主的发展，另一方面是专政职能的加强，使"民主与专政"更密切地结合起来，如严格禁止政治暴力、颠覆、叛乱、推翻政府、间谍活动以及某些政治组织和政治活动；严厉打击一切危害资本主义的行为；公开和隐秘的专政机器得到极大的强化，等等。

（2）关于国家政权组织形式的规定。这是从政体的角度来解读政治制度。在我国的政治、法律著作中有多种提法，如"国家形式"、"国家统治形式"、"国家政治形式"、"国家管理形式"、"国家的政府体制"等等。这些提法虽然各不相同，但对其含义的解释基本一致，都是指一个国家的统治阶级采取什么形式组织自己的政权机关，即政体。没有按一定形式组织起来的政权机关，就不可能进行有效的统治和管理。我国的政体是人民代表大会制度，就是由人民选举产生的各级人民代表大会及其常委会为国家权力机关，国家的一切重大问题由它讨论并作出决定。实行这一制度，是我们国家一切权力属于人民的根本标志。正是在这个意义上说，人民代表大会制度也是我国的根本政治制度。

当代西方国家的政体，是实行权力制衡的议会制度。国家权力由宪法授予议会、行政和司法机构分别行使，各负其责，相互制约，从而保证国家权力行使的制衡协调。过去，某些西方国家议会拥有很大的权力；当今，行政权力日益扩张，有超过立法权的趋势。行政权力扩张的方式有三：第一是控制议会立法，使议会立法实际上变为政府立法。第二是行使"委任立法权"，削弱议会的立法功能。第三是行使立法否决权，使议会法案"胎死腹中"。

（3）关于国家结构制度的规定。所谓国家结构制度，是指国家的中央政权机关与地方政权机关、整体与局部之间相互关系的制度安排。按照中央权力与地方权力的不同构成方式，国家结构制度主要可以分为单一制国家和复合制国家。科学、合理地构架中央政权与地方政权、整体与部分的关系，有利于民族问题的解决，有利于国家政权的巩固，有利于社会稳定与发展。在我国，中央权力与地方权力的构成方式有三种情况：一是中央政府与普通行政区关系实践模式；二是中央政府与民族自治地方关系实践模式；三是中央政府与港澳特别行政区关系实践模式。在我国的一些政治、法律著作中，有的讲我国的国家结构制度是典型的单一制国家，有的讲是带有复合制因素的单一制国家，有的讲是中国特色的单一制国家。笔者认为，第二种提法更为准确和科学。

当代西方国家的国家结构制度，主要实行地方分权的单一制和相对独立的联邦制。

（4）关于各类具体政治制度的规定。这里所讲的"各类具体政治制度"，是指为保证国家机器正常运转和社会政治生活有序进行而规定的一些具体运行规则。如政党制度、行政制度、公务员制度、立法制度、司法制度、选举制度、监督制度、军事制度等。这些具体政治制度不包括在国体、政体、国家结构制度的范围之内，但它们都是政治制度的组成部分，是统治阶级管理国家和社会政治事务的重要方法和政治资源。

（5）关于基层民主政治制度的规定。如我国企事业单位的职工代表大会制度、农村村民和城市居民自治制度等。这是一种非国家政治制度。

就政治制度的结构来看，客观上存在着宏观、中观和微观三个不同的层次。根本政治制度属于宏观层次，具体政治制度属于中观层次，基层民主政治制度属于微观层次。三个层次的民主政治建设，既相互影响又相互作用，要同步推进，协调发展。

3. 政治制度的功能作用

政治制度是社会制度的重要构成部分，在国家政治生活乃至整个社会生活中处于至关重要的地位，如果一个国家没有政治制度在其中发挥作用，那是不可想象的。归纳起来，政治制度的功能作用至少有以下四个方面：

（1）规范政治权力的运作。这是政治制度的首要功能。第一，政治制度确认政治权力主体，即政治权力由谁行使、属于谁。第二，政治制度保障政治主体对政治权力的有效行使，不受侵犯。第三，政治制度规定政治权力运行机制，保证政治主体活动的实现。第四，政治制度规定对政治权力主体进行监督的范围和方式，限制政治权力的滥用，保障公民权益不受侵犯。

（2）维护统治阶级的利益。政治制度作为社会的上层建筑，在阶级社会里，它必然要反映它赖以存在的经济基础以及在此种经济基础上形成的阶级关系的要求，即维护统治阶级的利益。资本主义政治制度如此，社会主义政治制度也是如此。前者起着维护资产阶级利益的作用，后者起着维护工人阶级和广大劳动人民利益的作用。

（3）维护社会的稳定和发展。这是政治制度的又一重要功能。从选举制度的功能看，它为公共权力机构的产生、和平、合理、有序地转让提供了制度上的保障；从代议制度的功能看，它起着平衡利益关系、寻求共同意志、维护社会稳定的重要作用；从政党制度的功能看，它起着利益表达和凝聚民意并使之上升为

"公意"和立法，并监督其实施，组织、动员和指导公民参政，推荐国家领导人物等方面的特殊作用；从行政制度的功能看，它起着管理和发展社会经济的主导作用。概而言之，政治制度在维护社会稳定与发展方面起着一种"保险闸"的作用。

（4）保证公民有序政治参与。不论民主政治制度还是国家法律制度，都具有这方面的功能。比如，宪法和相关法律规定了公民政治参与的权利和义务；民主选举和监督制度为公民政治参与提供了途径、方式和方法。

（二）政治体制

何谓政治体制，它与政治制度是什么关系，国内外学者的认识很不一致，存在较大混乱。搞清楚政治体制概念的提出、内涵及其特点，有利于政治建设和政治体制改革，有利于维护国家的根本政治制度，具有重要的理论意义和现实意义。

1. 政治体制概念在中国的提出

据我国学者考证，"政治体制"一词在马克思主义经典著作中无从找到。20世纪60年代以来，前苏联提出"政治体制"的概念，至今在俄罗斯学术界的认识也不一致。

1949年新中国成立到1985年8月期间，我国理论界一般都使用作为"政治体制"同义语的"政治制度"一词，而很少单独使用"政治体制"一词。有的学者认为，这种同义理解与一些相关的外来词的翻译恐怕是有联系的。例如，俄文中"ПОЛИТИЧЕСКАЯ СИСТЕМА"、英文中"Political System"译成中文，既可作"政治制度"解，也可作"政治体制"解（甚至还可作"政治系统"或"政治体系"解）。

在我国政治改革的实践中，关于改革政治制度或改革政治体制的提法，党和国家领导人在讲话中前后是有变化的。1979年9月29日，叶剑英在国庆30周年大会讲话中说："我们要在改革和完善社会主义经济制度的同时，改革和完善社会主义政治制度。"① 同年 10 月 30 日，邓小平在第四次文代会上的祝词中提出："我们要在大幅度提高社会生产力的同时，改革和完善社会主义经济制度和政治制度，发展高度的社会主义民主和完备的社会主义法制。"② 在此期间，邓小平在讲话中也使用过"体制"这个概念。1980 年 2 月 29 日，他在《坚持党的路线，改进工作方法》一文中说："克服官僚主义，首先还是要着重研究体制的改革"③。直至 1982 年 9 月，中共十二大才第一次使用"政治体制"概念，《报告》提出："我们一定要按照民主集中制的原则，继续改革和完善国家的政治体制和领导体制，使人民更好地行使国家权力，使国家机关能够更有效地领导和组织社会主义建设。"④ 其后，在党和国家的文件中一般都改用政治体制改革。于是，如何从理论上将"政治制度"与"政治体制"区分开来加以界说，成为我国学术界的重要研究和讨论课题。

2. 政治体制的诸种界说

在国外，美国学术界通常将政治体制与政治制度、政治体系、政治系统等概念混用，指社会的结构、文化、行为、态度、信仰、价值观念等。它不仅包括政府的立法、司法和行政部门，而且包括政党、利益集团和大众传播工具等非政府性的组织以及所有与政治有关的结构。⑤ 苏联学术界从 20 世纪 60 年代后期起，开始对政治体制概念进行广泛探讨，但对其内涵尚无统一的认识。一般认为，政治体制外延大于国家的根本政治制度。前苏联科学院国家和法研究所集体编写的《当代的政治体制》中认

---

① 《三中全会以来重要文献选编》（上），人民出版社 1982 年版，第 234 页。
② 《邓小平文选》第 2 卷，人民出版社 1983 年版，第 208 页。
③ 同上书，第 282 页。
④ 《十二大以来重要文献选编》（上），人民出版社 1986 年版，第 34 页。
⑤ 《中国大百科全书》（政治学卷），中国大百科全书出版社 1992 年版，第 502 页。

为，政治体制是一个保障社会的所有成分联成整体，保障它能作为一个由政权集中管理并以代表经济上的统治阶级利益的国家为核心的统一机体存在的相对封闭体系。它首先包括各种政治设施——国家、法律、政党、组织等，另外还包括把社会成员、社会阶级和其他社会集体同政权联系起来的沟通体系。一个社会政治体制的基本成分是：① 政治机构（或政治组织）；② 政治规范和法律规范；③ 政治关系；④ 政治意识和政治文化。① 日本政治学家田口富久治认为："'政治实体'或'政治体制'的定义是：以拥有某些自主性的共同社会的公共权力或权威（这是共同社会的共同或共通的课题）为中介进行决策或加以实施的社会单位。"② 山口定则认为政治体制的构成要素有五点，即支撑体制的正统性原理；通常能够掌握政治发展的主动权的"政治精英"［"统治精英"（governing elite）又在其中占核心地位］的构成及其招募系统；与国民（即政治共同体）的政治意志的表达和政策形成（即"系统论"中所说的输入部分）有关的制度以及机构（如选举制度、政党和利益集团的配置结构、议会制度）；由军队和警察组成的物理性强制力量的作用和结构；"政治系统"（或国家）对"社会"进行组织的机制（即"系统论"中所说的输出部分中的以官厅系为代表的已制度化的要素和主要公共政策，特别是国民的权利保障、中央与地方的关系、贸易政策、产业政策、劳动政策和教育政策）。③

　　在当代中国，1982 年中共十二大第一次使用"政治体制"的范畴后，我国学术界从理论上将"政治制度"和"政治体制"

---

① ［苏］布尔拉茨基、齐尔金编：《当代的政治体制》，广东人民出版社 1984 年版，第 5、10 页。

② ［日］田口富久治：《当代世界政治体制》，光明日报出版社 1988 年版，第 7 页。

③ ［日］山口定：《政治体制》，经济日报出版社 1990 年版，第 7 页。

加以界说，有的规范过宽，有的规范过窄。对此，至今尚无定论。1988年航空工业出版社出版的《中国政治体制改革理论探讨与争鸣》一书列举了6种有关解释政治体制的表述。1999年上海人民出版社出版的《中华人民共和国政治制度》一书概括了5种有关政治体制的见解和观点。根据笔者的研究和梳理，我国学术界具有代表性的观点主要有以下5种：

第一种观点认为，政治体制等同于政治制度。例如1982年上海辞书出版社出版的《简明社会科学词典》写道："政治制度：亦称'政治体制'，通常是指有关政体的制度。"1984年人民出版社出版的《政治学常见名词浅释》写道："政治制度：亦称'政治体制'，即政体。"1985年人民出版社出版的《社会主义政治学》写道："一般地讲，政治制度和政治体制、政体制度以及政权的组织形式都是同义语"，"社会主义政治制度亦称社会主义国家的政治体制，即有关社会主义国家的政体制度"。1988年农村读物出版社出版的《政治体制改革漫谈》认为，"政治体制简称'政体'"。

第二种观点认为，政治体制是指具体的政治制度。2002年中国书籍出版社出版的《政治学与政治体制改革》一书认为：政治制度包括根本的政治制度和具体的政治制度两个部分。所谓根本的政治制度，广义而言，包括国体和政体。它是一个社会形态为人们规定的根本的、共同的政治行为规范，具有内容的单一性和相对的稳定性。具体的政治制度，或具体的政治设制，可简称政治体制，它包括机构和人事设置，决策程序和机制，各个权力机构之间的职权划分和相互关系以及权力运行的形式和机制等等。它是根本上的政治制度的外在表现和日常实施，具有形态的多样性和多变性。①

---

① 高放：《政治学与政治体制改革》，中国书籍出版社2002年版，第590—591页。

　　第三种观点认为，政治体制是指国家制定的国家政治机构行为方式的规范体系与国家公民参加政治活动形式的规范体系的总和。政治体制的政治体可以划分为两个规范子系统。第一个子系统是对国家政治事务管理者的规范总和。可分为两个层次：一是对中央管理者的规范，即中央体制，由元首体制、立法体制、行政体制、司法体制构成；二是对地方管理者的规范，即地方体制，由地方组织体制、民族区域体制构成。第二个子系统是对被管理者即国家公民参与形式的规范总和。也可分两个层次：一是社会政治组织体制，由政党体制、社团体制（工会体制、教会体制）构成；二是公民参政方式体制，由人事体制、选举体制、言论体制、其他政治权益规范构成。①

　　第四种观点认为，政治体制是指政治机构的设置及其权限。其论据是："体制"就是指机构的设置及其权限。西方国家的政治体制普遍实行的是三权分立体制；我国的政治体制是人民代表大会制度下的权力分工制。我国目前正在进行的政治体制改革的主要内容，就是重新设置政治机构和重新配置政治权力。②

　　第五种观点认为，政治体制是比政治制度更为广泛的范畴。2002年中山大学出版社出版的《比较政治学——后发展国家视角》一书认为，政治体制是政治共同体在特定环境中，以强制力为依托，为实现其价值目标所选择的制度、程序和规则的有机组合。它包括以下五个方面的要素：① 各政治主体之间的稳定的关系模式，即结构或制度；② 程序和规则；③ 强制力；④ 合法性；⑤ 政治文化③。

　　① 谢翔：《论政治体制的内涵和结构》，《政治学研究》1986年第5期。

　　② 肖扬：《当代司法制度》，《中共中央党校报告选》，1999年第17期。

　　③ 赵虎吉：《比较政治学——后发展国家视角》，中山大学出版社2002年版，第25—26页。

我们是第二种观点的主张者和坚持者，认为把政治体制界定为具体政治制度比较符合中国国情，适应改革、发展和稳定的需要。这里所讲的"具体政治制度"，不仅指具体政治体制，而且还包括政治运行机制。具体政治体制是根本政治制度在各个领域的具体体现，或根本政治制度的实现形式；政治运行机制是根本政治制度和各类政治体制的具体运作形式。在我国，人民民主专政制度是国体，人民代表大会制度是政体，在广义上统称根本政治制度，是我国权力结构的表现形式。进行政治体制改革，人民民主专政制度不能改，但执政党与政权组织之间的运行机制必须改，其中最大的弊端是党政不分，以党代政。进行政治体制改革，人民代表大会制度不能改，但权力机关、行政机关、司法机关相互关系的运行机制必须改，以便不断地完善人民代表大会制度，充分发挥三种机关的各自功能。

把政治体制界定为具体政治制度，其合理性、科学性在于：第一，在英文、俄文等外文中，政治制度和政治体制是既有联系又有区别的两个范畴。近些年来，英文和俄文都把"政治体制"作为独立的科学术语，从"政治制度"这个大范畴中剥离出来。第二，根本政治制度和具体的政治体制是一种互动关系。根本政治制度制约具体的政治体制，而具体政治体制又对根本政治制度有巨大的反作用。例如，在西方资本主义国家，其根木政治制度是资产阶级民主专政的国体和以议会制为标志的共和国政体。在其建立初期，由于资产阶级力量不够强大，加之封建势力和封建思想的较大影响等因素，不少资本主义国家在相当长的时间内采用了君主立宪制度，曾一度或几度出现帝制复辟，法国大革命后帝制复辟就达 6 次之多。又如，第一个社会主义国家苏联，社会主义制度在俄罗斯大地上存在了整整 73 年，由于俄罗斯封建专制主义的传统渗透到了执政党中来，在政治体制上，形成了以党代政、个人专权、干部特权、终身制等严重弊端，加之其他国内和国际因素，结果中断了社会主义制度的发展进程。这两个实例为政治体制对根本政治制度的巨大反作用提供了有力证据。第三，有利于政治建设和政治体制改革。中共十二大报告把"政治体制"作为独立的科学术语，从"政治制度"这个大概念中分离出来，明确地提出"政治体制改革"而不用"政治制度改革"一词，既可以避免有人借口社会主义制度的优越性而抵制改革；又可以避免有人借口我们的根本政治制度有弊端而主张照搬西方国家的多党制和三权分立模式。

3. 政治体制的主要特征

从政治体制的内容结构来看，它包括根本政治制度、政治体制和政治运行机制。同根本政治制度相比，政治体制自身具有鲜明的特征：

一是多样性。根本政治制度是一个国家的阶级本质内在的反映，是一个国家为人们规定的根本的政治行为规范，具有内容的单一性；而具体的政治体制是根本政治制度的实现形式和外在表现，具有形态的多样性。政治体制所涉及的范围相当广泛，包括组织机构和人事设置、政治机构的职权划分和相互关系、决策程序和运行机制等。也许是由于政治体制形态的多样性，有人误认为它的外延大于政治制度。

二是继承性。任何一个国家，其根本政治制度都具有鲜明的阶级性，在其发展进程中，它一般都要随着革命的变革而发生根本变革；而具体的政治体制则具有阶级性和非阶级性的两重性，在一个国家的发展进程中，其中某些部分具有历史继承性。

三是可变性。作为根本政治制度实现形式的政治体制，却容易随着形势的变化而发生变化，具有形态的可变性。因为政治体制除受根本政治制度制约外，还受非根本政治制度诸因素的制约，如一个国家社会内部的政治条件、领袖意志、经济结构、历史传统、习惯势力、文化素养、心理状态、风俗民情，以及外部国际环境的影响等。相对于根本政治制度来说，具体的政治体制容易出现弊端、偏差、变形和僵化，如果不及时进行调整和改革，将会最终导致根本政治制度的扭曲以致蜕变。

四是借鉴性。由于根本政治制度具有强烈的阶级性，一般是不可照搬的；而具体的政治体制则是各国可以相互学习和借鉴的。正如周恩来所指出的："资本主义国家的制度我们不能学，那是剥削阶级专政的制度，但是，西方议会的某些形式和方法还是可以学的，这能够使我们从不同方面来发现问题。"①

（三）政治运行机制

政治制度体系包涵根本政治制度和具体政治制度，而具体政治制度又可分解为政治体制和政治运行机制。政治运行机制是政治制度、政治体制的运行形式。下面着重讨论政治运行机制的科学内涵、当代西方国家和当代中国政治运行机制的差别以及当代中国政治运行机制的改革和完善等问题。

1. 政治运行机制的涵义和内容

何谓机制？根据《中国大百科全书（政治学卷）》第 492 页的解读，"机制"一词系英语"mechanism"的意译，指机械的结构及其工作原理。19 世纪的一些生物学家在生物学分析中率先引入了"机制"的概念，用以指生命有机体的内部结构及其活动规则。后来，人类学家、社会学家和经济学家在各自研究中借用了这一概念，泛指事物的内部结构及其运行规律。20 世纪以来，政治学家开始把"机制"引入政治分析，"政治机制"概念已被政治学家普遍接受。政治机制是一个高度综合的概念，它既包含静态的结构，又包含动态的程序；既包含内在的关系，又包含外部的形态；既包含显性的制度，又包含隐性的规范。相应地，对政治机制的分析通常意味着是一种综合

---

① 《周恩来选集》下卷，人民出版社 1984 年版，第 208 页。

性的政治分析。

　　"政治运行机制"是一个新概念、新范畴，最早使用它的很可能是中国学者施九青。他在1993年出版的《当代中国政治运行机制》一书中开宗明义指出："政治运行机制是政治主体的权力配置及其运行过程。"① 这个界定是比较科学的。这里讲的"政治主体"，是指政治权力由谁行使、属于谁。大体说来政治主体有两类：第一类是政治设置或曰政治组织，如政党、国家、社团组织、带有政治色彩的或具有政治性质的经济文化组织；第二类是政治个人，它包括政治家、国家公务员、普通公民。这里讲的"权力配置"，是指政治权力在政治主体中如何分配。大体说来权力配置结构可分为三类：一是集权型，就是权力过分集中于某一权力主体，或某一权力主体层次，如权力集中于执政党手中，甚至集中于党的领袖手中。二是分权型，就是权力分散在各个权力主体或各个权力主体层次中，甚至多个权力主体鼎立、相互制衡。三是适当集权分权型，就是权力该集中的则集中，该分散的则分散，使权力结构合理化、科学化。这里讲的"运行过程"，是指政治主体活动的发端、推进和实现的过程。从管理学的角度看，政治运行包括政治决策、政治执行、政治监督、政治参与四个环节。从不同类型政治主体活动的角度看，政治运行可分为：政党运行、国家政权运行、政治社团运行、经济文化组织在政治方面的运行。从政治主体内不同层面的运行角度看，政治运行可分为：中央政治运行、地方政治运行、基层单位政治运行、政治个人（政治活动家、国家公务员、普通公民等）政治运行。上述每种政治运行都是一个复杂的系统，是整个政治运行大系统的子系统。无论是改革还是建设，都要系统、全面地考虑和设计，以便保持整个系统的有序与平衡。

---

① 施九青：《当代中国政治运行机制》，山东人民出版社2002年版，第4页。

2. 当代西方国家政治运行机制的类型与特点

当代西方发达资本主义国家的政治运行机制历史悠久,当前虽然还在不断改革和发展,但相对来说已经比较优化和完善。大体而言,西方国家的政治运行机制可分为两类:一类是议会君主制,即在政治运行机制中保留了君主地位,但其权力受到很大限制,如英国、日本等。另一类是议会共和制,即在政治运行机制中已废除了君主,完全实行民主共和制,由于其各部分权力配置方式不同,又可分为总统制(如美国)、半总统制(如法国)、责任内阁制(如德国)、委员会制(如瑞士)。

就当前西方国家政治运行机制的基本特点来看,主要体现在以下六个方面:

第一,多党平等公开竞选,由获得选民多数支持的政党执掌国家政权。既有多党中两个主要政党轮流执政的体制,如英国、美国等;也有一党为主、多党联合执政的体制,如法国、意大利等;还有一党独大、长期连续执政的体制,如日本等。

第二,由执政党党魁出任总统或内阁总理,组织政府。在政府运作中,按照竞选纲领独立自己决策,采取具体措施,依法行政,本党不干预政府决策,不对政府发布任何指示。

第三,大体上按照三权分立的原则,实行议会、政府、法院分权制衡。三者发生矛盾时则依法解决,有的国家议会可以否决总统决定,如美国;有的国家总理可以解散议会,重新选举议员,如英国。

第四,通过选贤任能,实行有效管理的文官制度。文官是指那些不与内阁共进退的政府公职人员,是政治运行的重要主体。他们不是经过选举任职的,一般通过公开招聘考试,择优录用。任职后,职责分明,政治中立,待遇优厚。只要无过失即可长期任职。

第五,中央与地方合理分权,实行地方自治制度。在当代西方国家政治运行机制中，既注意横向合理分权，也注意纵向合理分权，包括企事业单位和公民个人的权力。为了避免权力过于集中和地方割据倾向，一般采取地方自治的分权制，有些国家采取相对独立的联邦制。除了宪法赋予的中央必要的权力外，其他权力都归地方独立享有。

第六，扩大资本主义民主，实行有效的监督制度。一是执政党对本党党魁的监督，如英国保守党和工党，每年都举行一次年会，对执政者进行评议，还讨论和建议党的决策，供执政者决策参考。有的执政党还设有党鞭制度，对本党议会议员投票进行监督。二是反对党和在野党的批评监督。她们可以通过议会、新闻媒体和书刊等，对执政党的政策、措施提出各种不同意见，甚至诉求议会对总统或总理进行弹劾。三是公民的批评监督。公民可以通过民意测验、新闻媒体、书刊及请愿、示威、游行等方式对政府的政策和措施表示不同意见和抗议，以影响政府决策。

3. 当代中国政治运行机制的现状与完善

当代中国的政治运行机制始于1949年成立的中华人民共和国，经历了50余年的曲折发展，目前仍处于改革、优化和完善的过程中。从政治运行机制中的横向结构来看，每一层面，即中央层面、地方层面（含省级、地级、县级）、基层单位层面，都有与其相适应的政治主体，即政党、国家、社会团体、经济文化组织。从政治运行机制中的纵向结构来看，主要有中央与地方的关系、地方各级之间的关系、中央和地方与基层单位的关系、公民个人在政治运行机制中的地位、权力及其如何行使权力的问题。

在我国传统政治运行机制中，不仅存在横向权力过分集中，如以党代政、以政代企（事），而国家机关、群众团体、经济文化组织缺乏应有的权力；也存在纵向权力的过分集中，而地方、基层单位和公民个人缺乏应有的权力。1980年，邓小平在《党和国家领导制度的改革》一文中深刻地指出："它同我们长期认为社会主义制度和计划管理制度必须对经济、政治、文化、社会都实行中央高度集权的管理体制有密切关系。我们的各级领导机关，都管了许多不该管、管不好、管不了的事，这些事只要有一定的规章，放在下面，放在企业、事业、社会单位，让他们真正按民主集中制自行处理，本来可以很好办，但是统统拿到党政领导机关、拿到中央部门来，就很难办。谁也没有这样的神通，能够办这么繁重而生疏的事情。"① "这种现象，同我国历史上封建专制主义的影响有关，也同共产国际时期实行的各国党的工作中领导者个人高度集权的传统有关。我们历史上多次过分强调党的集中统一，过分强调反对分散主义、闹独立性，很少强调必要的分权和自主权，很少反对个人过分集权。过去在中央和地方之间，分过几次权，但每次都没有涉及到党同政府、经济组织、群众团体等等之间如何划分职权范围的问题。"②

如何改革、优化和完善我国现实政治运行机制呢？根据国内一些学者的共识，应当着力解决以下八个问题：

（1）实行党政职能分开，改革和完善执政党的领导方式和执政方式。

（2）转变政府职能，形成行为规范、运转协调、公正透明、廉洁高效的行政管理体制。

（3）实行政企分开，把企业生产经营的权力还给企业。

（4）中央与地方合理分权，充分发挥两个积极性。

（5）扩大基层民主，保证基层单位充分享有自治权。

（6）加强民主党派、社会团体的组织建设，充分保障他们对群体利益的代表和参政权。

---

① 《邓小平文选》第 2 卷，人民出版社 1994 年版，第 328 页。
② 同上书，第 329 页。

（7）建立和完善公民个人在政治运行中的主体地位，保证公民参政权，如选举权、被选举权、创制权、直接罢免权等。

（8）建立结构合理、配置科学、程序严密、制约有效的权力运行机制，从决策和执行等环节强化对权力的监督。

三　中外政治制度比较研究的方法和意义

（一）比较研究的方法

本书将当代西方政治制度视为一个与当代中国政治制度相对应的整体加以比较研究，这是比较政治制度研究的一个新视角。我们用辩证唯物主义的认识论对中西政治制度进行比较分析，找出中西政治制度的异同和优劣；用历史唯物主义的方法，从经验总结和理论概括的角度，揭示中西政治制度的发展变化、真实状况和本质内容。

在比较研究中外政治制度的过程中，本书十分重视制度研究与经验研究的结合。一方面，从理论的角度，深入解析中西宪法、法律所规定的政治制度；另一方面，力图做到"静"、"动"结合，联系实际政治来研究中西政治制度，将宪法、法律所规定的政治制度与政治实践结合起来，以推进中国政治的民主化、制度化。

为了科学地比较当代中国和当代西方国家政治制度，有一些认识上的问题是必须加以澄清的。

1. 应当从人类政治文明的角度看待当代中国和当代西方国家的政治制度

人类政治文明是全人类的创造，世界上各个不同国家、不同民族都有自己的贡献。政治制度文明是人类政治文明的重要组成部分。不论是当代中国的政治制度，还是当代西方国家的政治制度，都是人类政治文明的重要成果。它们相互交错、相互促进，甚至本身就是相互融合的结果。一个典型的例证是：西方国家的文官制度是受到了中国科举制度的影响，而中国人民代表大会制度则是通过前苏联辗转借鉴了西方国家的代议制。我们必须从人类文明的整体发展、从各种文明的互动关系中来看待当今世界上的不同政治制度文明，而不能把它们分割开来。英国著名历史学家巴勒克拉夫有一句名言："世界史不仅仅是世界各地区史的总和，若将其分割再分割，就会改变其性质，正如水一旦分解成它的化学成分，便不再成其为水，而成为氢和氧。"① 这就是说，看不到世界各国不同文明之间的相互交融，就无法真正把握世界历史的发展规律。在人类社会跨进 21 世纪的今天，从这样的角度来研究西方发达国家的政治制度文明是非常必要的。

2. 应当科学地认识和对待西方国家的政治制度模式

在当今世界上，西方式的多党制、议会制、三权分立，是西方国家的政治制度模式。我们把它作为一种政治文明来研究，就要揭开表面，深入其中，探其内核。任何一种国家政治制度，都是与本国的国情和政治文化相适应的。毫无疑问，根据中国的国情和现代政治文化，西方政治制度模式是绝对不能照搬到中国来的，否则，生长出来的只能是混乱和纷争，自食苦果。但是，从多党制、议会制和三权分立的内在机理来思考，它体现了"执政党的权力应该受到制约"、"国家和地方主要领导人的权力应该受到制约"这个原理。我们反对照搬西方的政治制度模式，剖析西方政治制度中存在的弊端，绝不能否定其中合理的内核和有益成分。摆在我们面前的一个重大课题是：我们在政治建设和政治体制改革中，如何有效地制约执政党正确地运用权力，如何有效地制约国家和地方主要领导人（特别是第一把手）正确地运用权力，这是需要认真思考和解决的。

---

① ［美］斯塔夫里阿诺斯：《全球通史：1500 年以前的世界》，上海社会科学院出版社 1995 年版，第 54 页。

3. 应当正确认识和对待我国的具体政治制度（或曰政治体制）

当代中国是人民民主专政的社会主义国家，我们的政治制度既不是采用西方三权分立制、议会制、两党制或多党制，也不是完全照搬苏维埃制、一党制，而是具有自己的特点和优点的独特政治制度模式。它集中体现在四点或四制上，即人民代表大会制、人民政治协商会议制、共产党领导的多党合作制和民族区域自治制。这种符合中国国情的政治制度模式，确实激发了广大人民的政治热情，促进了经济发展和社会进步。但是也要看到，由于当代中国政治制度是建立在半封建半殖民地的旧中国基地上，加上前苏联社会主义模式和我国长期革命战争的影响，生产力不够发达，民主法制传统缺乏，封建主义遗毒根深蒂固，这就不可避免地给中国现行政治体制带来诸多弊端。1980 年，邓小平在《党和国家领导制度的改革》一文中指出：党和国家现行的一些具体制度中，还存在不少弊端。"从党和国家的领导制度、干部制度方面来说，主要的弊端就是官僚主义现象，权力过分集中的现象，家长制现象，干部领导职务终身制现象和形形色色的特权现象。"只有从制度上"对这些弊端进行有计划、有步骤而又坚决彻底的改革，人民才会信任我们的领导，才会信任党和社会主义，我们的事业才有无限的希望"①。因此，我们必须以历史唯物主义的态度审视现行的中国政治体制，好的、有特色的要坚持，不好的、有弊端的要改革，基本适合、有缺陷的要完善。

4. 应当以相互学习和共同发展的视角来比较当代中国和当代西方国家政治制度

比较才能鉴别，比较才能发现当代中国和当代西方国家政治制度的共同点和差异。以代议制度为例，西方国家实行的是议会

---

① 《邓小平文选》第 2 卷，人民出版社 1994 年版，第 327、333 页。

制度，中国实行的是人民代表大会制度，其共同点是：第一，它们都是当今世界普遍实行的、治理国家的一种间接民主形式；第二，它们都是一种政权机关，拥有立法权、监督权和人事任免权等；第三，它们都是集体决定问题（通过会议形式，在讨论、审议之后作出决定），具有法律约束力；第四，它们都有政党在其中发挥重要作用，在一定意义上说，议会政治即政党政治；第五，它们都发挥代议、提供合法性资源、控制和监督政府、利益整合和政治论坛的功能作用。其差异在于：第一，在宪政地位上，西方议会是按照分权制衡的原则设计的，立法权、行政权、司法权分属于不同的国家机关，同时又相互制衡；中国人大是按照议行合一的原则设计的，它是最高国家权力机关，与行政、司法机关分工，但不分权；① 第二，在组织结构上，西方议会多实行上议院和下议院的两院制，一般说来，内阁制国家下议院的地位和权力高于上议院，在总统制国家是同等的；中国人大实行代表大会和常委会两个层次的一院制，全国人大的工作主要是由常委会承担的；第三，在职权范围上，中国人大比西方议会的职权更为广泛，除拥有立法权、监督权、任免权和重大问题决定权外，宪法还赋予它可以行使认为应该由它行使的权力，这是西方议会所没有的，但我国人大的权力（特别是监督权）运行机制没有西方议会健全、完备；第四，在政党与代议机构的关系上，西方政党在议会中的作用主要是通过议会党团及其领袖来实现，是通过多党竞选取得的；中国人大在中国共产党领导下进行活动，是历史形成和法定的。第五，西方国家议员和中国人大代表有很大的不同，他们由竞选产生（有的国家上议院议员例外），人数较少，是专门、职业性的职务，待遇丰厚，一般有很浓的党派色彩；中国人大代表由间接选举和差额选举产生，人数较多，

---

① 其他国家机关都由人民代表大会产生，对它负责，并受它监督。

多是兼职的，生活来源主要是原工作单位的薪金和福利待遇，只是在执行职务时会有一些补贴，没有党派色彩。如此等等。通过这种比较分析，既可以使国人了解西方国家政治制度的长处和短处，也可以使世人了解中国政治制度的长处和短处，相互学习，相互借鉴，共同发展。中共十六大报告明确宣示："世界是丰富多彩的。世界上的各种文明、不同的社会制度和发展道路应彼此尊重，在竞争比较中取长补短，在求同存异中共同发展。"①

（二）比较研究的意义

邓小平指出：政治制度问题"带有根本性、全局性、稳定性和长期性。这种制度问题，关系到党和国家是否改变颜色，必须引起全党的高度重视"②。对中西政治制度进行比较研究，无论从理论上还是从实践上看，也无论从国内还是从国际上说，都具有非常重要的意义。

这种研究的意义首先在于使国人了解世界，借鉴西方国家政治制度的有益东西，推进中国政治的民主化、制度化。政治制度是人类政治文明的重要组成部分。不同政治制度文明的相互交流和借鉴是不可避免的，也是有益的。当代西方国家的政治制度是在同中世纪封建专制制度的斗争中建立和发展起来的，有数百年的历史，已经发展到比较完善的程度。而当代中国政治制度是1949年中华人民共和国成立时建立和发展起来的，时间较短，且中间遭到了严重曲折，现行政治体制尚不完善，存在着诸多弊端。对中西政治制度进行系统的比较研究，找出它们的异同和优劣，借鉴和吸纳西方政治制度的有益成分，对我国政治建设和政治体制改革，推进中国政治的民主化、制度化，建设有中国特色

---

① 《中国共产党第十六次全国代表大会文件汇编》，人民出版社2002年版，第47页。

② 《邓小平文选》第2卷，人民出版社1994年版，第333页。

社会主义政治制度，无疑具有重要的意义。

这种研究的意义也在于使世人了解中国，在民主政治建设中相互学习和共同发展。当代中国政治制度是中国国情和政治文化的产物，蕴含着中国人民的智慧和创造。新民主主义革命胜利后，中国建立了以工人阶级（经过共产党）为领导、工农联盟为基础的人民民主专政的国家制度。同这一国体制度相适应，在政体上实行人民代表大会制度；在政党制度上实行多党合作和政治协商制度；在民族关系上实行民族区域自治制度。这些基本政治制度，是中国各族人民通过自身的政治经验进行选择的结果，是实现人民当家作主权利的保证。在当今世界上，许多世人（包括一些国家的政要）对当代中国的政治制度很不了解，产生种种误解。通过中西政治制度的比较研究，阐析当代中国政治制度的特点和优点，以及它与西方国家政治制度的区别与联系，对于增进世人对中国政治制度的了解，"在竞争比较中取长补短，在求同存异中共同发展"，为我国改革开放和现代化建设创造良好的国际政治环境，是非常必要和有益的。

这种研究的意义还在于解读中外政治制度的相关理论和知识，为中国政治学的学科建设和发展服务。政治制度是政治学研究的重点内容，在一定意义说，政治学就是关于政治制度的学问。改革开放以来，我国政治学界越来越多的学者投入到中外政治制度的研究，并出版了一些有关政治制度的著作，但从整体上比较中外政治制度的著作尚不多见，特别是将当代西方国家政治制度视为一个与当代中国政治制度相对应的整体加以比较研究的著作更是少见。本书的研究成果，一方面可以拓宽中国政治学的研究领域，丰富和发展政治制度的相关理论和知识，推进中国政治学的发展；另一方面，可以作为高等院校、各级党校相关专业本科生、研究生研修中外政治制度理论和知识的教科书，也可以作为各级党政干部、社会青年等自学中外政治制度理论和知识的用书。

第一章　代议制度比较

代议制度是一种间接民主的形式，是人类政治发展和政治文明的主要成果之一。代议制度发端于欧洲，英国、美国、法国等国家资产阶级革命胜利后相继建立了代议制度。其后三百多年中，代议制度逐渐被世界其他国家所认识和接受。在当代，绝大多数国家建立了代议制度。正如密尔在 19 世纪指出的那样，"一个完善政府的理想类型一定是代议制政府"①。列宁也认为，"如果没有代议机构，那我们就很难想象什么民主，即使是无产阶级民主"②。鉴于代议制度在不同国家，特别是中国和西方国家之间，有着国别的内涵和差异，对它们加以比较研究，有助于我们加深对代议制度的认识，有助于在实践中创新和完善代议制度。

第一节　代议制度及其相关范畴

一　代议与代议制度

代议（representation）就其词义而言，就是"代表商议"、"代表议事"，是指某个代议员代表某些特定个人或某一特定群

---

① ［英］密尔：《代议制政府》，商务印书馆 1982 年版，第 55 页。
② 《列宁选集》第 3 卷，人民出版社 1972 年版，第 211 页。

体，同另一些代表其他特定个人或特定群体的代议员，就彼此共同面临的事务进行讨论、协商，必要时共同作出决定。这种决定，对于代议员所代表的特定个人或群体有约束力。

"代议"是人类处理共同事务的一种方式。它产生的历史相当悠久。当人类进入到有组织的社会后，随着家庭、私有制的出现，社会成员和社会组织面临着不同的利益选择。如何避免损失或争斗，追求共同利益，就成为事关特定个人或群体的重大问题。由于群体规模越来越大，使得由全体成员一起直接参与对共同事务的讨论变得困难，特别是面临突发的具有紧迫性的临时事务时，全体成员直接参与决策尤为困难。当家庭和父权制形成后，家庭成为有组织的社会的最小单元，成为氏族、部落和部落联盟等更大社会组织的组成部分。每当较大社会组织面临急需处理的紧急事务时，家长自然而然地作为家庭的代表，由家长们在一起商议并作出决策。这种自然形成的"代议"活动，由最初偶然的、临时性的行为，逐步变成频繁的、相对固定的行为。日常的共同事务的增多以及集会成本的考量，推进着"代议"形式的发展。这种趋势发展到部落联盟时，除了设立体现原始直接民主性质的"人民大会"机构外，还设立了以代议方式处理日常事务的、具有间接民主性质的"议事会"。"代议"因此而成为人类社会处理共同事务的一种制度性程序。国家产生后，"代议"在政治领域经历了一个漫长的发展演变过程。从古希腊城邦国家、古罗马国家的议事会、元老院，中世纪城市共和国的议事机关，英国的贤人会议，到英国的等级会议，法国的三级会议，都把代议作为一种制度性程序，用于处理有关国家事务。资产阶级革命胜利后，"代议"就正式成为代议制度，成为一种国家制度。

代议制度，亦称为代议制（representative system）、代议民主制。代议民主制是直接民主制的对称，是近现代国家广泛实行的政治统治形式。在这种制度下，公民通过选举产生的代表组成国家权力机关，行使管理国家事务的权力，履行对国家事务的管理。

代议制最早形成于被认为是议会之母的英国。早在 13 世纪之前，英国就建立了由贵族、僧侣代表组成的"大会议"，作为国王处理政务的咨询性机构。在阶级斗争和统治阶级内部的权力斗争中，贵族会议的影响和权力在逐渐增加。1215 年，贵族会议迫使国王签署《大宪章》，对国王的权力作了一些限制。但事后不久，国王无视《大宪章》的规定，发动了对大贵族西门·德·孟福尔伯爵的战争，国王战败。1265 年摄政王孟福尔伯爵为了课税，解决财政困难，依据《大宪章》召开大会议，除贵族和僧侣代表与会后，骑士和市民代表获准参加。这一封建等级会议也因而被认为是英国议会的开端，或"现代议会的雏形"。14 世纪，英国议会的结构发生变化，由贵族和僧侣组成上院，由骑士和市民代表组成下院。议会的影响和权力也发生着有利于议会的变化。但总体而言，英国资产阶级革命之前的议会仍是封建性质的等级咨询机构。1688 年"光荣革命"后，英国资产阶级新贵族在同以国王为代表的封建贵族斗争中取得胜利，议会分别通过《权利法案》、《王位继承法》等法律。这才标志着代议制度在英国真正确立。此后，美国、法国等国通过资产阶级革命，也先后确立了代议制度。代议制度作为新的国家政治制度，逐渐在欧美其他国家开花结果。第二次世界大战后，随着法西斯政权的毁灭和西方殖民体系的崩溃，亚非各国也相继在自己的国家政治制度中采用了代议制度。因此，代议制度成为现代国家普遍采用的政治制度。只不过资产阶级国家代议制普遍采用议会制度的形式；社会主义国家废除了旧的议会制度，保留了代议机构，形成各具特色的社会主义代议制。我国的人民代表大会制度就是代议制度的一种形式。

代议制不同于一般的代议，它有自己特有的规定性。这些特有的规定性主要体现在它的具体运作形态——代议机关上。

其一，代议机关是行使国家权力的机关，不是社会团体和组织。代议机关通常行使立法权、财政权、监督权等国家权力。

其二，代议机关的组成人员主要由选民选举产生，这为代议机关及其活动提供了合法性。代议机关的组成人员，特别是两院制代议机关中的下院，主要是由选民选举产生的。

其三，代议机关有法定的任期。各国代议机关的任期长短不一，但都有法定的时限。每届议会任期届满，都必须重新选举，组成新的代议机关。

其四，代议机关通过会议，依照法定程序行使权力。代议机关的组成人员在法律上是完全平等的，所有议案都必须由议员以会议的形式讨论和审议，按法定程序通过议案和决议。

其五，代议机关与其他国家机关的关系由宪法和法律规定。立法机关、行政机关和司法机关的权力、义务及相互关系，都由宪法和法律加以规定。非依法律规定和法定程序，它们的关系不得更改。

二　议会、议会制度与议会制

议会是一个统称，各国的正式名称各不相同。英语名称主要有 3 种：Parliament，Congress，Assembly。根据各国议会联盟 1997 年 5 月的统计，世界上正在发挥作用的国家议会（不包括地方议会和区域议会组织）共有 180 个。"世界议会的大家庭是由各具特色的个别制度组成的，它们在规模、形式、范围和权力各个方面都有不同。每一个议会都是其历史制度、宪政结构和社会需要诸因素共同作用所形成的结果"①。各国议会存在的巨大

---

① Gary W. Copeland and Samuel C. Patterson："Parliaments and Legislatures" in "World Encyclopedia of Parliaments and Legislatures"，CQ Press，1998，p.31.

差异，给试图对议会加以定义的努力带来困难。

学者们主要从功能和结构两个角度给议会下定义。从功能的角度给议会下的定义主要有：

（一）将议会称为国家的立法机关。该定义面对的诘难有两条，一是议会除立法外，还有很多其他工作要做；二是法律规范未必仅出自于议会或立法机关，其他国家机关也在不同程度地履行造法功能。

（二）将议会定义为代议机关或代表机关。在现实中，有些国家的议会或议会的一部分并不是民选的，不能代表民意，而且，其他国家机关也可由人民选举产生，它们也应该是代表机关。

（三）将议会说成是国家权力机关或最高国家权力机关。日本和一些社会主义国家的宪法规定代议机关是最高国家权力机关。这一概括不能反映议会的普遍情况。在三权分立国家，议会、行政和司法机关在宪法上是平行的。在很多国家，议会不具有宪法上的最高性，或不是惟一具有最高性的机关。

（四）将议会定义为监督机关。议会拥有影响和监督其他国家机关的职权，但监督只是其一种职权，甚至不是最主要的职权。

（五）将议会说成是清谈馆，没有什么实际权力，也不发挥真实作用。

从结构的角度，通过直接观察或经验分析的方法来确定议会的特征，给议会下定义。这类定义主要有：

一是议会是具有官方性、合法性、由众多成员构成、成员之间形式上平等、集体决策、议事性等特征的国家机关。

二是议会是以有拘束力和合法的方式为他人的利益活动并由其成员平等地做出集体的决策的个人的组合。

中国学者大多从功能的角度给议会下定义。如《中国大百科全书·政治学》认为，"议会，又称国会。资本主义国家的代议机关。"《中国大百科全书·法学》认为，"议会，亦称国会，指实行三权分立制的国家的最高立法机关，不包括实行议行合一制而沿用议会或国会名称的最高国家权力机关。"本书采用《中国大百科全书·政治学》关于议会的定义。

各国议会尽管各具特色，互有差异，但大多数议会的功能有着相同和相近之处。议会的功能主要有：

第一，代议。议会起初不是，至少不完全是代表民意的机关，现在也不完全是代表民意的机关。但是，代表，尤其是选举产生的代表，起着联系社会与政治机构的作用，议会成为公民和国家之间的纽带。通过定期选举，更新议会，议会能够对社会的变化和选民的意愿，作出相应的反映。因此，议会履行着代议功能。这一功能是理解议会作用的基础，其他很多功能都是由此派生出来的，或与此紧密相连的。

第二，合法化。所谓合法化，就是公民和社会对政府本身及其行为方式的承认和接受，使其具有了合法地位和正统资格。议会通过选举产生，议员获得选民的委托和授权，议会因此而获得合法性。它还可以通过组织政府、批准政策、制定法律而将这种合法性传递到整个政治系统，使政府及其政策穿上合法性的外衣。任何对整个政治系统的反抗和背叛，都会被冠以非法的罪名，受到相应的惩罚。

第三，控制和监督政府。对政府发生影响和制约，是议会诞生之初就追求的目标之一。实现这一目标的最原始、最有效的手段就是财政。英、美、法等国在议会早期和资产阶级革命中提出的"无代表不纳税"，一方面是为议会争取财政权，另一方面也反映了财政控制对于政府制约的重大作用。当议会取得了"掌握钱袋的权力"后，议会对政府的控制和监督如虎添翼。除此之外，议会对政府控制和监督的方式、手段还有不信任案、质询、国政调查、罢免、弹劾等。

第四，利益整合。利益分歧是社会矛盾和冲突的根源。议会是一个平台，在这个平台上，各种利益关系和矛盾冲突得以展示、交锋和讨价还价。政党、利益集团通过输入—输出机制，在议会实现利益的调整和分配、再调整和再分配。政策和法律的制定，就是利益整合的结果。

第五，政治论坛。议会的工作方式是会议，议员们通过出席会议，进行讨论和审议进行工作。这种讨论和辩论对公众是开放的，现代传媒可以让议会的工作展示在哪怕国家最遥远的角落。公民可以了解到自己选举产生的议员们在干什么，是否捍卫了他们的利益。选民们在参与议会政治的过程中也受到了有关议会政治的教育。

议会制度（parliamentary institutions）是资本主义国家代议制的普遍形式。即由选举产生的议员组成议会作为代议机构，议员享有某种特权，并以一定的形式实行立法和行政分工的制度。它是资本主义国家制度的重要组成部分，是资产阶级民主制的核心和主要标志。

议会制度和政党制度、选举制度一起被誉为资产阶级民主的三大支柱。它在西方各国宪政体制中占有不可或缺的重要地位。虽然各国议会的法律地位有别，具体的议会制度安排各异，但对议会制度作出某些分类还是可能的。根据议会与行政机关的关系，可以把议会制度分为议会制国家议会制度、总统制国家议会制度、半总统半议会制国家议会制度和委员会制国家议会制度；根据议会的组织结构，可以把议会制度分为一院制议会、两院制议会或多院制议会；根据国家结构，可以把议会制度分为单一制国家议会制度和联邦制国家议会制度；根据中央与地方的划分，可以把议会制度分为中央议会制度和地方议会制度；也可以根据经济社会发展水平，把议会制度分为发达国家议会制度和发展中国家议会制度，等等。

议会制（parliamentary system）是资产阶级国家政体的一种类型，它是与总统制、半总统半议会制和委员会制相区别的一种政体形式。它的一般特征是：以议会为国家政治的中心，政府由议会选举产生并对议会负责，国家元首则不掌握实际权力，政府的权力来自议会的授予，相当一部分内阁成员同时是议员，政府的执政以获得议会多数支持为条件。因此，议会制也称为议会内阁制、责任内阁制。英国是议会制的发源地，也是议会制的典型。

我们在认识议会制时，必须弄清楚它同代议制和议会制度的区别。

首先，议会制不等同于代议制。代议制属于民主这个大范畴体系，它是间接民主的一种形式，与直接民主相对，体现的是公民和国家之间的关系。议会制属于政体的范畴体系，它主要考察的是议会和政府之间的关系。两者之间显然是有区别的，不能互相替代。代议制是世界绝大多数国家实行的一种国家制度，而议会制只是部分国家实行的一种政体。代议制国家可以采用议会制政体，也可以采用总统制、半总统半议会制、委员会制政体，还可以实行人民代表大会制度下的"一府两院"体制；而议会制国家则不能采用其他的政体。

其次，议会制也不等于议会制度。议会制度是代议制的一种具体形式，属于民主的范畴体系。它涵盖了所有以议会作为代议机关和国家立法机关的制度。议会制度不是一个关于政体的概念，在实行议会制度前提下，可以实行多种政体，可以是议会制政体，也可以是总统制或者其他政体。议会制度是西方民主的支柱之一，所有西方国家都实行议会制度，但并不是所有西方国家都实行议会制。因此，要明确区分议会制和议会制度，不能混为一谈。

三　人大与人大制度

人大是人民代表大会的简称。中华人民共和国宪法规定，中华人民共和国的一切权力属于人民。人民行使国家权力的机关是全国人民代表大会和地方各级人民代表大会。因此，人大包括全国人大和地方各级人大。在广义上，还包括由它产生的常委会和专门委员会。

全国人民代表大会是中华人民共和国的最高国家权力机关。它在我国整个国家权力机关系统中居于最高一级；在整个国家机构中处于最高的、首要的地位，其他国家机关都由它产生，受它监督，对它负责。全国人大设立常设机关——全国人民代表大会常务委员会。全国人大常委会是全国人大闭会期间的最高国家权力机关；由全国人大选举产生，对全国人大负责并报告工作，受全国人大监督。

地方各级人民代表大会是我国地方各行政区域的国家权力机关，即省、自治区、直辖市、自治州、县、自治县、市、市辖区、乡、民族乡、镇的人民代表大会。它们同全国人大一起，构成我国的国家权力机关系统，分别在本行政区域内代表人民行使国家权力。省级（省、自治区、直辖市）和地级（自治州、设区的市）行政区域的人大由下一级人大选举的代表组成，即由选民间接选举产生；县级（县、自治县、不设区的市、市辖区）和乡级（乡、民族乡、镇）行政区域的人大由选民直接选举的代表组成。地方各级人大代表的名额，依照《选举法》的规定，分别由全国人大常委会、省级人大常委会和县级人大常委会确定。地方各级人大每届任期5年。地方各级人大行使包括地方立法权、确保宪法、法律、法规和决议的遵守与执行、决定权、任免权、监督权等在内的广泛权力。

人大制度是人民代表大会制度的简称。人大制度除了包括人大自身的制度之外，还包括人大与人民的关系、人大与其他国家机关的关系，以及中央与地方的关系等一套规定和制度。它是中华人民共和国的政权组织形式，是中国的社会主义代议民主共和制政体，是符合中国国情的根本政治制度。

　　人大制度经历了孕育、确立和发展的过程。早在第一次国内革命战争时期，在中国工人运动和农民运动中，就已经出现过罢工工人代表大会和农民协会等组织。第二次国内革命战争时期，中国人民武装割据，建立了革命根据地的人民政权，1931 年 11 月在江西瑞金召开了第一次全国工农兵代表大会，成立了中华苏维埃共和国，通过了《中华苏维埃共和国宪法大纲》、《苏维埃地方政府组织条例》等法律，选举产生了工农兵代表大会执行委员会，并组织了临时中央政府人民委员会。抗日战争时期，抗日根据地的民主政权组织为各级参议会和各级政府；各级参议会和政府中实行"三三制"组织原则，即共产党员、党外进步分子和中间分子各占三分之一。第三次国内革命战争时期，在贫农团和农会的基础上建立了区、乡两级人民代表会议。人民代表会议不经普选而是协商产生，以工农和其他劳动人民为政权主体，联合其他阶级参加政权管理，但排除地主和官僚资产阶级。人民代表会议制度成为人民代表大会召开以前政权组织的过渡形式。中华人民共和国建立之初，按照《中国人民政治协商会议共同纲领》的有关规定，由中国人民政治协商会议全体会议执行全国人民代表大会的职权。1953 年，全国开始举行建国后的第一次普选，在此基础上陆续召开了地方各级人民代表大会。1954 年 9 月，第一届全国人民代表大会在北京举行。会议通过了宪法和其他相关组织法。至此，人民代表大会制度正式确定。此后，人民代表大会制度在发展过程中经历了坎坷和波折。"文化大革命"时期，人大制度遭到严重破坏。1978 年宪法恢复了人大制度的地位和作用。1982 年宪法进一步完善了人大制度。

第二节　议员与代表

一　西方国家议员的产生、任期、权利与义务、作用

议员是一个统称，指议会的组成人员。西方国家代议机关的名称不尽相同，代议机关组成人员的称谓也有差别。

（一）议员的产生

西方国家议会议员的产生有 3 种方式：选举、任命、因特别身份而获得议员资格。

选举是西方国家产生议员的主要方式。20 世纪 80 年代中期，各国议会联盟对 83 个国家作了调查，其中 80 个国家的下院或一院制议会议员都是由选民直接选举产生的，其他 3 国是间接选举产生。[①] 西方国家中，美国参众两院、日本参众两院、意大利众议院和参议院大部分、法国国民议会、英国下院、联邦德国联邦议院等，都是由选民直接选举产生的。

选举产生议员的方式主要有多数代表制、比例代表制和混合代表制。除直接选举外，有些国家还采用间接选举方式。在西方国家，间接选举方式产生议员出现在两院制的上议院议员选举中。法国参议院议员由选举团选出。选举团按省组成，由本省的国民议会议员、省议会议员、市镇议会议员组成。各省参议员产生方式并不统一，有采用两轮多数投票制的，有采用比例代表制的，还有 6 名海外议员由改选后的参议院根据海外法国人最高会议的提名选任。挪威议会上院议员，由下院议员互选四分之一担任。

---

① 参见湖北省社会科学院编译：《各国议会制度概况》，吉林人民出版社 1991 年版，第 4—5 页。

任命也是议员产生的一种方式。任命方式多用于两院制中的上院议员产生。行使任命权的可以是国家元首、总督、总理和州政府，也可以是议会本身。意大利总统有权任命在社会活动、科学和艺术方面的杰出人士为终身参议员；英王有权赐予贵族称号，他们作为终身贵族成为上院议员。一院制议会中也有任命产生议员的情况，新加坡宪法规定，总统可以至多委任 6 名官委议员作为国会议员。

因特别身份成为议员，是一些两院制国家上院议员的产生方式。主要分为两种情况：一种是议会君主制国家，如英国国会上院，议员由王室贵族、世袭贵族、大法官、高级僧侣和因功受封的终身贵族组成。贵族身份是进入上院的凭证。另一种是共和制国家，总统卸任后进入参议院成为终身参议员，意大利、智利的宪法有这种规定。

（二）议员的任期

任期是指担任职务的法定期限。议员的任期，是指议员任职的法定期限，不是指一个人担任议员的时间长短。

西方国家议员的法定任期，各国有不同的规定；同一个议会，上院议员的任期和下院议员的任期也可能不同。一院制议会议员的任期大多为 4—6 年。在两院制议会中，上院议员的任期一般比下院议员任期要长，而且实行届期内部分改选的办法。法国国会参议院议员任期 9 年，每 3 年改选三分之一，国民议会议员任期 5 年，期满全部改选；英国议会上院议员多为终身职，只有高级僧侣在离开教职时离开上院，不是终身职，下院议员任职 5 年；奥地利和联邦德国参议院的议员无固定的任期，前者的任期取决于该参议员所代表的州的立法机关的任期，后者的任期要在各州选举组成新的州政府后才能确定（州政府可以随时撤换参议员）。影响议员任期届满的因素主要有 3 条，一是议会被宣布解散，议员任期终止。二是议员被议会除名。三是议员辞职。

议员的任期是法定的，和议员任职是两个不同的概念。议员的任职时间长短不一。一般各国都允许议员连选连任，连任届数不加限制。在美国、英国、日本等国家的议会中，任职几十年的资深议员比比皆是。

（三）议员的权利与义务

议员是议会的主体。为了保障和体现议员的法律地位和作用，西方国家一般都在宪法和法律中规定了议员的职权、特权、义务和纪律等，形成了一套完整的议员制度。

议员的权利包括议员的职权和特权。

议员的职权是指议员作为议会成员所享有的与其职务活动有关的权利。议员的职权多由宪法和法律规定。各国议员的职权虽有差异，但一般都有这些职权：

1. 立法提案权

是指向议会提出议案或建议，由议会进行审议的权利。立法提案权是议员的一项最基本的职权。有些国家规定只有议会议员享有这一权利。美国国会的立法提案权由国会议员所独享。另外一些国家规定议员可以和议会各委员会、国家元首、政府、政治团体、选民等共享这一权利。原则上议员对议会议决的事项都有提案权，个别西方国家对提案范围有某种特殊规定。

2. 讨论和表决权

议会的立法都要以会议的形式由议员讨论、审议和通过。西方国家只有议会议员可以参加讨论和辩论，行政部门、其他机关或社会团体，可能被要求对一项议案做些说明，甚至提供咨询意见，但不参与议案的讨论和审议。讨论议案是议会专有的权利。在议会内阁制国家，内阁可以提出议案，内阁阁员只能以议员身份参加讨论。

表决权是所有议员享有的权利，议员的表决权受法律保护。议员可以放弃表决，可以行使表决，可以回避表决。无论议员对议案投不投票、投什么票，均不受追究。

3. 质询权

质询权是议员依法拥有在议会会议上对政府及其组成人员以书面或口头形式，提出询问和质问，并要求被质询者在规定期限内给予答复的权利。为确保议员的质询权，许多国家都以法律形式加以规定，被质询者受到或接到质询后，必须在规定的时间内给予答复，若在规定期限内不能予以答复，应说明理由并通告能答复的时间。为防止议员滥用质询权，干涉政府正常工作，有些国家也对质询作出一些限制性规定。

议员的特权是指为保障议员行使职权而规定议员享有的一些特殊权利。它的目的是为了保护议员免受政府或私人的干扰、迫害或法律诉讼。议员的特权主要有：

（1）言论免责权。是指议员在议会内的公开发言、辩论、动议、投票、口头或书面质询以及受议会委托发表的演说、起草的报告和文件等，享有不受法律追究的权利。这种权利是绝对和永久的，在议员终止其职务后，也免受针对上述行为的民事或刑事诉讼。法国宪法规定："议会的任何议员都不得由于本人在行使职权中所发表的意见或者所投的票而受追诉、搜查、逮捕、拘留或者审判。"意大利、日本等国宪法也有类似规定。各国议会对于该项权利的可能被滥用，设定了一些补救性措施和规定。比如议员发言不得涉及他人私生活、不准利用发言扰乱会议秩序、限制发言的次数或每次发言的时间等。

（2）人身保护权。是指议员非经议会批准不受逮捕或审判的豁免权利。无论是民事责任或刑事责任的豁免，其目的都在于保护议员免受政府或其他人的诬告。关于议员人身保护免于责任的豁免的范围，有些国家规定全部豁免，有的规定除当场作案外全部豁免，有的规定刑事责任可豁免，有的规定民事责任可豁免。关于议员人身保护免于责任的豁免的时限，多数国家规定在任职期间、议会开会期间、议会会期及其前后时期、议会建筑物内、赴会及离会的途中；少数国家规定议员在闭会期间也享有这一特权。还有的国家规定，不仅议员本人享有人身保护权，其家属也享有这一权利。英国规定，议员及其家属均有保护权。意大利规定，议员享有保护权，其家庭享有免于搜查权。

（3）生活保障权。是指议员享受各种生活待遇的权利。西方国家议员大多是专职的，受任职资格和职业不相容的限制，他们不能从事其他有薪工作。因此，许多国家在法律中明确规定了议员应当享受的待遇。采用专职议员的国家，议员报酬分为薪水和津贴两个部分。津贴或是各种用项的混合数目，或是用于特定目的的特定数目，如出席会议的旅途津贴（美国、澳大利亚、葡萄牙等），会期住房与伙食津贴（瑞士等），选区津贴（澳大利亚等），家庭津贴（希腊等），提供秘书帮助（英国等）。许多国家还对议员的薪水和津贴实行纳税优惠，部分免税或全部免税。

除薪水和津贴外，议员还可以享受到秘书、研究助理、办公室、邮政通讯、交通、住宅等各种福利。在美国，国会议员2003年的年薪为15.47万美元，每年还可领得住房补贴；众议员每年免费乘坐交通工具往返选区32次，参议员22次；众议员每年可获得支付助手的雇佣费用45万美元，参议员可达100万美元；国会开会时免费邮寄信件、打电话、发电报等；在当选的选区设有办公室；享有免费人身保险，在首都机场有免费的专用停车位，在国会的免税商店、餐厅、理发店、游泳馆、体育馆消费只付优惠价等等。

议员的义务是指法律规定的或依宪法惯例议员必须履行的责任或必要的行为约束。议员义务是一种强制性要求，议员不履行应承担的义务，就是失职，轻则影响声誉，重则受到惩戒。议员的义务与其权利相辅相成，都是议员法律地位的反映。一般说来，议员的义务主要有以下三个方面：

第一，向选民负责。议员向选民负责，是代议制理论的一项基本要求，议员由选民选举产生，其权力是选民赋予的，必须向选民负责。但如何向选民负责，历来有两种对立的意见。一种意见认为，议员只能做选民的代言人，忠于选民的委托，反映选民的意见；另一种意见认为，议员是选民利益的独立判断者，根据自己的良知和智慧行事。因此，不同的西方国家对议员向选民负责有不同的理解。在内阁制国家，议员向选民负责表现为不受强制委托的义务，即议员是全体选民和整个国家的代表，不必事事听命于选民或某一利益集团，而是凭良心、判断力参政议政。联邦德国、意大利等国在宪法中都作出了相关规定。在总统制国家，议员向选民负责更多地表现为一种强制委托义务。美国国会议员往往将选区利益放在首位，视自己为选区选民的代表，而不是全国公民、整个国家的代表。议员向选民负责之所以在内阁制和总统制政体之间出现如此大的差异，主要是因为内阁制国家，议员与选民的关系更多地体现在政党与选民的关系上，多数党或执政联盟上台执政，反对党在野抨击朝政，都可以打着选民的旗号；而总统制国家，议会与行政分立，选民利益更多地靠议员反映。

第二，勤奋工作，遵守法纪。议员必须勤奋工作，忠于职守，遵守议事规则，否则要受到纪律的惩处。首先，议员必须出席议会会议，参加议决活动。各国普遍规定，议员必须出席议会会议，无故缺席者要受处罚。如日本国会规定，议员无正当理由不得请假、超假，对无故不出席会议的议员要给予警告，经三分之二议员的同意可予以开除。其次，议员必须遵守会议纪律，维护会议秩序。美国规定，议员如有破坏国会秩序行为，或拒绝遵守议院为维护秩序而制定的规则，可以拘押；议长有权拒绝认可阻挠议事的议员的发言权等。

第三，不得从事与议员身份不相容的职业。大多数西方国家考虑到保护议员独立自主的必要性，规定了与议员身份不相容的职业种类，禁止议员兼任某些职务。这些不相容的职业包括：其他议会议员身份、行政、司法、政府控制下的公共或营利机关、宗教、企业等。

（四）议员的作用

议员的作用不是一成不变的，20世纪以前，处于"议会至上"时代，议员的作用特别突出；20世纪初以来，议会的地位受到削弱，议员的作用有所下降。纵观西方各国，议员的作用体现在代表、立法和监督三个方面。

1. 代表作用

是指议员作为选民的代表，反映选民意愿，维护选民利益，为选民服务的作用。议员是由选民选举产生的，是现实政治生活中联结公民和国家的桥梁和纽带，议员的政治生活归根结底取决于选民。这一关系决定了议员首先要发挥代表作用。在议员从事的各种活动中，代表活动是最基本的。议员往往要花大量的时间和精力与选民打交道，为选民服务，取悦于选民。

2. 立法作用

是指议员通过提出议案，参与讨论和审议、表决等活动决定和影响法律的制定和通过所起的作用。立法是议会的传统的基本职权，立法工作是议员的本职工作。一般来说，总统制国家议员个人的立法作用要比议会内阁制国家大，这主要是由于政治体制和议会党团对党员议员的控制程度不同所致。在立法提案权方面，美国法律规定只有议员享有该项权利，而总统和政府部门都没有此项权利，因此，美国被称为议员立法的国家。在议会内阁制国家，除议员享有立法提案权外，内阁也享有该项权利。由于内阁提案实际上是执政党或执政联盟提案，是议会中多数党或多数联盟立法意图的体现，且多为公议案，议员个人提案与之无法相提并论。但是，无论是个人提案，还是政府提案，都需要议员审议。

3. 监督作用

是指议员通过行使议会职权，特别是质询、听证、调查、倒阁、弹劾等方式影响政府部门的活动所起的作用。议员监督作用的行使，既可以是个人行为，也可以是联合行为。议员的质询、询问更多地体现了个人监督作用的发挥，议员采用倒阁、弹劾等方式则较多地体现了联合监督作用的发挥。英国宪法学家詹宁斯说："一个议员想要纠正一件错事，还是想要攻击哪个大臣，提出质询的权力总是重要的。它迫使各部在它们的行动中谨慎小心；它能防止一些小小的不公平之事，这些事情相当普遍地和官僚主义联在一起；它迫使行政人员去注意个人的不平之鸣。"①

二　中国人大代表的产生、任期、权利与义务、作用

（一）全国人大代表的产生

全国人大是由省、自治区、直辖市人大、特别行政区和解放军选出的代表所组成。因此全国人大代表，是由上述选举单位产生的。各选举单位产生全国人大代表，又分为三种情况。

省、自治区、直辖市人民代表大会作为一个选举单位，根据法定的程序，选举产生全国人大代表。首先，全国人大常委会根据选举法确定的原则——即全国人大代表名额不超过 3000 名、农村每一代表所代表的人口数 4 倍于城市每一代表所代表的人口数、少数民族应有适当代表——分配名额。代表名额分配到各省、自治区、直辖市后，各党派、各人民团体可以联合或单独推荐代表候选人；省、自治区、直辖市人大代表 10 人以上联名也可以推荐代表候选人。推荐时，应向省级人大主席团介绍候选人情况。人大主席团把代表候选人名单提交全体代表反复酝酿、讨

---

① ［英］詹宁斯：《英国议会》，商务印书馆 1959 年版，第 123 页。

论。如果所提候选人的人数符合应选代表名额五分之一至二分之一的差额比例，直接进行投票选举。如果所提候选人的人数超过应选代表名额二分之一的差额比例，先进行预选，产生符合法律规定的五分之一至二分之一的差额比例的正式候选人名单，进行投票选举。选举采用无记名投票方式。代表候选人获得选举单位过半数的选票时，始得当选。获得过半数选票的代表候选人名额超过应选代表名额时，以得票多的当选。如遇到票数相等不能确定当选人时，应当就票数相等的候选人重新投票，得票多的当选。获得过半数选票的代表少于应选代表名额时，不足的名额应当另行选举。另行选举时，根据第一轮投票时得票多少的顺序，按照五分之一至二分之一的差额比例，确定候选人名单。如果只选1人，候选人应为2人。

中国人民解放军单独选举全国人大代表。根据《中国人民解放军选举全国人民代表大会和地方各级人民代表大会代表的办法》规定，中国人民解放军设立选举委员会，当全国人大常委会分配给解放军选举全国人大代表的名额后，由该委员会把名额分配给各总部、大军区级单位和中央军事委员会办公厅。各总部、大军区级单位和中央军事委员会办公厅的军人代表大会作为选举单位，由该级选举委员会组织和主持。中共在军队的组织可以推荐全国人大代表候选人，军人代表10人以上联名也可以推荐代表候选人。候选人的差额比例、正式候选人的确定、选举办法和程序，都同省级人大选举全国人大代表的做法一样。

选举法规定："香港特别行政区、澳门特别行政区应选全国人民代表大会代表的名额和代表产生办法，由全国人民代表大会另行规定。"全国人大通过了香港和澳门特别行政区选举第十届全国人大代表的"办法"。"办法"规定，香港和澳门应选全国人大代表分别是36名和12名，两个特别行政区分别成立第十届全国人大代表选举会议。香港特别行政区选举会议由香港的九届全国人大代表选举会议的人员、九届全国政协委员和香港特别行政区第二任行政长官选举委员会中的中国公民和行政长官组成。澳门特别行政区选举会议由澳门的九届全国人大代表选举会议的人员、澳门特别行政区第二届立法会议员中的中国公民和行政长官组成。两特别行政区的选举会议由主席团主持。凡提交参选人登记表和 10 名以上选举会议成员分别填写的候选人提名信的合法参选申请，都会被列入选举会议主席团公布的第十届全国人大代表候选人名单。选举会议选举第十届全国人大代表的候选人应比应选名额多五分之一至二分之一（香港的候选人应为 44—54 名，澳门的候选人应为 15—18 名），进行差额选举。如果到代表候选人提名截止时间，提名的代表候选人名额不足（香港 44 名，澳门 15 名）时，主席团可延长代表候选人提名时间，提名的代表候选人如果没有超过应选名额二分之一差额比例，直接进行投票选举；代表候选人数额如果超过应选名额二分之一差额比例，由选举会议对所有的代表候选人进行预选，依照得票多少的顺序，确定得票较多的候选人（香港为前 54 名，澳门为前 18 名）为正式候选人。选举会议按无记名方式投票，每一选举会议成员所选人数不得超过应选代表名额。候选人获得参加投票的选举会议成员过半数的选票时，始得当选。获得过半数选票的候选人的人数超过应选名额时，得票多者当选，如遇票数相等不能确定当选人时，应就票数相等的候选人再次投票，得票多者当选。当选代表的人数少于应选名额时，不足的名额另行选举。另行选举的程序与省级人大另行选举全国人大代表的程序相同。

（二）全国人大代表的任期

中国全国人大代表的任期，1954 年宪法规定为每届 4 年，1975 年宪法改为每届任期 5 年，1978 年宪法和 1982 年宪法延续了这一规定。为了保证两届全国人大之间的衔接，现行宪法恢复了 1954 年宪法的规定：全国人大任期届满的两个月以前，全国人大常委会必须完成下届全国人大代表的选举。如遇到不能正常进行选举的情况，可由全国人大常委会以全体组成人员的三分之二以上的多数通过，推迟选举，延长本届全国人大的任期。但在非常情况结束后一年内，必须完成下届全国人大代表的选举。因此，全国人大代表的法定任期是 5 年，非常情况下可延长任期。宪法和法律都不禁止代表连选连任，所以代表任职时间长短没有限制。当全国人大代表由选举单位选出后，经全国人大常委会代表资格审查委员会审查确认并公布后，全国人大代表方能履行职责和享受权利，任期直至下届全国人大第 1 次会议举行时为止。

全国人大代表可能因为法定的原因而终止任职资格。具体而言，任职资格的终止有下列四种情况：

我国现行宪法规定，代表受原选举单位的监督，选举单位有权依法罢免自己选出的代表。选举法规定，省、自治区、直辖市、人民解放军选出的全国人大代表，可由原选举单位组成人员过半数通过罢免；在省级人大闭会期间，须经该级人大常委会组成人员过半数通过才可罢免；罢免的决议报全国人大常委会备案。

全国人大代表可以依法提出辞职。省、自治区、直辖市人大选出的全国人大代表，可以向原选举单位的人大常委会书面提出辞职；人民解放军选出的全国人大代表，可以向原选举单位的选举委员会书面提出辞职；香港和澳门特别行政区选出的全国人大代表，可以向全国人大常委会提出辞职，由全国人大常委会决定接受辞职后予以公告。

全国人大代表在下述三种情况下丧失代表资格：① 丧失中华人民共和国国籍。② 依法被剥夺政治权利。③ 连续两次未经批准不出席全国人大会议。

人大代表法规定，代表有下列情况之一的，暂时停止执行代表职务：一是因刑事案件被羁押正在受侦查、起诉、审判的；二是被依法判处管制、拘役或者有期徒刑而没有附加剥夺政治权利，正在服刑。如果上述情况所列情形在代表任期内消失后，恢复其执行代表职务，但代表资格终止的除外。

（三）全国人大代表的权利与义务

根据宪法和法律的规定，全国人大代表有下列权利：

1. 参加人大各种会议

全国人大代表依法享有参加全国人大各种会议的权利。包括出席全国人大预备会议、所在代表团会议、小组会议、全国人大全体会议，可以被推选或者受邀列席主席团会议、专门委员会会议。全国人大代表还可以列席原选举单位的人大会议，并可应邀列席原选举单位的人大常委会会议。

2. 依法提出议案

全国人大代表有权依照法定程序提出属于全国人大职权范围内的议案。五分之一全国人大代表联名可以提出修改宪法的议案，30 名以上代表联名可以向全国人大提出议案，十分之一以上代表联名可以提出对全国人大常委会组成人员、国家主席、副主席、国务院和中央军事委员会的组成人员、最高人民法院院长和最高人民检察院检察长的罢免案，30 名以上代表联名可以提出对国务院及各部委的质询案。

3. 参加审议议案，制定和修改法律

全国人大代表参加列入大会议程的宪法修正案、法律案和其他议案的审议，依法制定和修改法律。

4. 共同决定人事任免和重大问题

全国人大代表有权选举、决定和罢免全国人大常委会组成人员、国家主席、副主席、国务院和中央军事委员会组成人员、最高人民法院院长、最高人民检察院检察长；审查和批准国民经济和社会发展计划及计划执行情况的报告；审查和批准国家预算和预算执行情况的报告；改变和撤销全国人大常委会不适当的决定；批准省、自治区、直辖市的建置；决定特别行政区的设立及其制度；决定战争与和平等重大问题。

5. 行使询问和质询权

全国人大代表在审议议案和报告时，可以向有关国家机关提出询问，有关国家机关应当派负责人或者负责人回答询问。全国人大代表在会议期间，30 名以上代表联名有权向国务院及各部委、最高人民法院、最高人民检察院提出质询案。质询案按照主席团的决定由受质询机关答复；提出质询案的代表半数对答复不满意时，可以要求受质询机关再作答复。

全国人大代表享有下列特权：

首先，全国人大代表的人身自由受到法律的特别保护。全国人大代表非经全国人大主席团许可，在全国人大闭会期间，非经全国人大常委会许可，不受逮捕或者刑事审判；如果代表因为是现行犯被拘留，执行拘留的机关应当立即向全国人大主席团或者全国人大常委会报告。

其次，全国人大代表在全国人大各种会议上的发言和表决，不受法律追究。

再次，全国人大代表在执行代表职务时，享受所在单位的工资和其他待遇；无固定工资的代表执行职务时，由中央财政给予适当补贴；代表执行代表职务时，享有时间、语言文字、生活习惯等方面的保证和便利。

全国人大代表既肩负着神圣的职责，也负有法定的义务。这些义务可以集中归纳为：

第一，必须忠诚于人民代表大会制度，模范地遵守宪法和法律，保守国家秘密。

第二，必须向选民负责，同原选举单位和人民群众保持密切的联系，听取人民的呼声，反映人民的意见和要求。接受原选举单位的监督。原选举单位有权依法罢免本选举单位选出的代表；被罢免的代表有权出席上述会议申诉意见或者书面申诉意见。

第三，在自己参加的生产、工作和社会活动中，协助宪法和法律的实施。

（四）全国人大代表的作用

全国人大代表是最高国家权力机关的组成人员，代表人民行使国家权力。全国人大代表的作用主要体现在三个方面：

1. 代表作用

全国人大代表是民主选举产生的、受人民的委托、代表人民行使最高国家权力的。因此，全国人大代表与人民的关系，是代表和被代表、受托和委托、被监督和监督的关系。全国人大代表通过联系选民、调查研究等活动广泛征求人民群众的意见，进行分析、归纳，或作为议案提出或作为建议、意见反映，代表人民参政议政，行使职权，履行义务。

2. 立法作用

全国人大代表依法享有提案权，参加对议案的审议、修改和表决，行使国家立法权，发挥立法作用。

3. 监督作用

全国人大代表发挥监督作用的方式和途径很多。全国人大代表在会议期间可以通过询问和质询案直接监督其他国家机关的工作，可以通过人事任免投票和提出罢免案发挥监督作用，可以通过对各种报告的审议和决定实施监督。在全国人大闭会期间，人大代表可以通过视察、调查、反映意见、提出建议对有关部门进行监督等等。

第三节　代议机关的组织与职权

一　西方国家议会的组织与职权

（一）西方国家议会的结构

西方国家议会的结构有一院制、两院制、三院制和四院制。

其中三院制和四院制是议会史上的现象。现代西方国家，一院制和两院制是议会的基本结构形式。

一院制议会是指议会只设一个议院并由它行使全部议会职权的制度。一院制议会是依据一个统一的组织原则来组织议会的。它源于1343年以前的英国封建等级会议。近代以来的一院制是根据代议制的原则组织的。主张一院制的学者认为，一院制是卢梭主权理论的真正体现，能够有效代表"公意"。实行两院制势必导致分裂国家主权；使立法程序变得繁琐，影响议会的工作效率；易于引起议会内部矛盾而被行政部门利用，使议会丧失制衡行政部门的能力。而一院制可以避免和消除这些缺陷和弊端，并且具有行动敏捷、机构简化、效率提高、避免浪费人力和财力等优点。丹麦、西班牙、希腊等欧洲国家和大多数亚洲、非洲、大洋洲国家采行一院制。

两院制议会是指议会设两个议院并由两院共同行使议会职权的制度。在一般情况下，议会中的两院可以按英国的习惯而分别称为上院和下院。两院制是按两种组织原则建立的。英国的上院是按身份产生的，下院是按代议制原则产生的；美国的参议院是按联邦成员单位产生的，众议院是按代议制原则产生的。两院制源自1343年后英国等级会议中的贵族院和平民院。学者们认为两院制的优点在于：易于接纳制衡机制，防止专断；防止草率立法，提高立法质量；所容纳的代表广泛，反映不同利益。在现当代，不少西方国家采用两院制，如英国、美国、法国、意大利、联邦德国、荷兰、日本、瑞士等。

一个国家议会采用什么结构，往往同这个国家的历史传统、民族特点、阶级关系和政治力量的对比及现实状况等因素联系在一起。英国采纳两院制与贵族在传统上占有重要地位和资产阶级新贵族的妥协性有关，是英国历史和当时阶级力量对比的结果；美国实行两院制，与殖民地和英国的影响、大小州的利益、南北方的矛盾和阶级关系相连。至于两种结构形式的优劣，是学界所争论的问题。从实践来看，议会的两种结构形式各有利弊。西方国家有采用两院制的，也有采用一院制的，甚至还有改变议会结构的。瑞典从 1866 年起采用两院制，却从 1971 年起改用一院制；英国、法国、美国等在历史上也实行过一院制。因此，一国议会采用什么结构形式，要视该国的具体国情而定。但是，结构形式的不同，并不改变议会的本质特征。

（二）西方国家议会的组织

这里是指议会的内部组织。议会的内部组织有些是法定的，有些不是法定的；有些是议会本身的，有些是政党的，还有些是辅助和服务性的。我们把议会的组织分为下列 4 种：

1. 议会的指导机构

是指主持议会会议活动的机构。议会是代议机关，议员之间是平等的，在议会里不存在通常意义上的"领导"关系和"领导机构"。议会的权力又是议员集体来行使的，所以设立指导机构，维持议会的正常运转。

指导机构的主要职能是：尽可能公正地主持会议、组织审议、努力使议事规则获得遵守、维持议会的程序。具体而言，指导机构的工作包括召集和主持会议、主持会议的辩论、安排议程、主持会议表决、负责议会行政等。

指导机构一般分为个人性质的指导机构和集体性质的指导机构。个人性质的指导机构就是议长和副议长。议长是议会会议的主持人和议会对外的代表。

议长的产生方式有多种：其一是选举。这是多数议会采用的方式。不过，在两党制和多党制情况下，议长的产生是由多数党或多数联盟决定的，选举往往流为一种形式。其二是由政府高级官员兼任。美国副总统是参议院的当然议长，在其缺席或代行总统职务时，由参议院选举临时议长，或由其指定一名参议员主持参议院会议。其三是由国家元首任命。西班牙议会议长由国王任命；加拿大参议院议长由总理提名总督任命；英国上院议长由首相提名，女王任命。其四是轮流担任。联邦德国参议院议长由各州州长按各州人口多寡为序轮流担任；澳大利亚参议院议长，由各州提名的议员按姓名的字母顺序轮流担任。

议长的职责是：（1）召集和主持议会会议。（2）主持会议辩论。议长有权决定议员是否在会上发言以及发言的顺序和时间，有权中止议员的发言，有权停止议会的辩论和质询。（3）主持议会表决。有些国家规定，议长一般不参加议会表决，只有当赞成和反对票相等时，议长有投抉择票的权力。（4）维护议院秩序，监督议院内的行政事务。（5）安排议事日程，整理议事材料，主持制定各种议事规则，并保证其实施。（6）组织委员会。

集体性质的指导机构包括：① 议院主席团（如德国、丹麦、荷兰等），一般由议长、副议长或议会秘书组成，其职能主要是主持日常立法工作，议决议会活动的重要事项，领导议院办公厅的行政工作，制订议院预算等。② 议长会议（如瑞典、芬兰等），一般由议长、副议长或议会委员会主席、议会党团领袖组成，主要负责审查议会的工作，安排议会的议事日程，或协助议长指导议会会议。

2. 议会委员会

议会设置各类委员会和委员会下的若干小组委员会。委员会在议会授权、委托下进行活动。不过，由于议会的主要活动逐渐向各类委员会转移，委员会变得越来越重要。早在约 100 年前，伍德罗·威尔逊就说："国会中最有效的工作是在离开众议院或参议院议员席的常设委员会中进行的。"[1] 正因为如此，有人称

---

① ［美］威尔逊：《国会政体》，商务印书馆 1986 年版，第 41 页。

委员会是"行动中的议会"。

议会委员会的委员一般通过选举、推选或选派方式产生。委员会的人员数大致与各党派在议会中的力量对比相一致，多数党或多数联盟占的名额多，少数党占的名额少。委员会主席一般由多数党或多数联盟议员担任。

西方国家议会设立的委员会数目多少不一，地位高低不等，称谓也不一致，但通常分为常设委员会、临时委员会、全院委员会、两院联合委员会和小组委员会。

常设委员会指在会议一届任期或一届会期一直存在和进行活动的委员会，一般在每届新议会成立时组成。常设委员会一般包括专门委员会和非专门委员会两种。

专门委员会一般与某一相应的政府部门的活动有关，职权范围也与对应的政府部门的职责保持一致。如财政、司法、外交、教育、国防等专门委员会分别审理相应领域的议案并对此领域的政府活动进步监督。美国、加拿大、荷兰等国专门委员会的设置，或者与政府部门对口设置，一个委员会与一个政府部门或几个政府部门对口，或者按专业领域设置，或者两种方式同时使用。

非专门委员会指无专门职权的常设委员会，它可以审议任何议案。在英国，下院设立的非专门委员会是以英语字母的顺序来排列的。

临时委员会又称特别委员会，是为处理某一具体问题而专门成立的委员会。它的职责是特定的，按照议院决议就某一专门问题或案件进行审理和调查。任务结束向议会提出报告后，该委员会即告解散。在常设委员会设置较少的国家，这类委员会起着重要作用。在法国，议案提出后，政府或国民议会提出要求，就可设置特别委员会处理该议案，否则按议案内容自动归属一个常设委员会来处理。美国国会设置的特别委员会，一种是为专门处理某类事务而设，专称"特别委员会"，如参议院老年人问题特别委员会等，另一种是为专门处理某一件事而设，称调查委员会，如国会"水门事件"调查委员会。

全院委员会主要存在于英国和几个受英国议会类型影响的国家。它是议会的某一议院全体议员组成的委员会，是促使某一议案能够比较迅速地获得通过的一种会议组织形式。全院委员会会议与议院会议的主要区别是：全院委员会由选举产生的会议主席而不是议长主持会议，只讨论某些特别事项或有争议的议案，开会时可以撇开严格的议会议事规则，采用不太正规的工作程序。它较多地用于财政、税收、拨款等事务。一旦审议结束，全院委员会即转为议院会议。

两院联合委员会是议会需要作出与两院有关的决定或审议、处理两院意见不一致的议案时成立的联合工作机构。联合委员会分为两种，一种是为议会管理工作和研究某些重要问题而设置的；另一种是为协调有争议的法案设置的，又称为协商委员会。两院联合委员会由两院共同选派代表组成。如美国国会的原子能委员会、新闻出版问题委员会；日本国会的参众两院协议会等。

小组委员会主要存在于美国、日本等国国会，是委员会下属的工作机构。美国国会议事规则规定，两院常设委员会内应分设小组委员会。

3. 议会党团

是两党制或多党制国家议会内，为协调政党或政治倾向相同的议员在议会中行动的一种组织。议会党团一般是由议会内同一政党或属于几个政党的政治倾向相同的议员组成，并以该政党名称命名或几个政党的名字联合命名。从法律上讲，议会党团不是立法机关的一个正式组成部分，不是议会的议事机构。它只是在议会中的一种政党组织。它的组织和活动不是由法律规定而是按照政党自己的纪律和惯例进行的。因为议会党团的存在对议会来说是不可或缺的，所以一般都受到西方国家议会的认可和帮助。美国国会内多数党领袖和少数党领袖有办公室，其办公经费也包括在国会的预算内。

议会党团的类型，根据政党制度来划分，可分为以美国、英国为代表的两党制国家议会党团，以法国为代表的多党制国家议会党团；根据组成的政党数量不同，可划分为一党单独组成的议会党团、两个以上政党组成的议会党团、欧洲议会等区域性国际组织中的跨国议会党团。

议会党团的组成有两种情况：（1）按议会规程正式承认其合法并具体规定其组成条件。某政党在议会的议员达到一定数量，向议长或议会指导机构提交一个签名或名单即告组成。较多国家对组成议会党团设立了从 1 至 30 名议员的下限。（2）对议会党团的组成没有法律规定。美、英、澳大利亚等两党制国家，各党可在同一议院分别自行建立议会党团。

议会党团的最高决策机构是议会党团全体会议。由它选举议会党团主席、副主席、各工作委员会负责人。议会党团主席一般由该党的党魁担任。美国民主党国会党团会议称为 CAUCUS，共和党国会党团会议称为 CONFERENCE。两党都通过党团会议决定本院本党领袖和其他负责人员的人选及本党对本院各机构中应提出的候选人人选，决定本党的立法政策和策略等。

议会党团在议会中的作用主要表现为：作为政党在议会活动中进行活动的领导者和组织者，在参加议会和委员会会议前，先在党团内部会议上讨论将要审议的议案，统一本党议员的思想和立场，组织指挥议员在议会的活动，确定本党在议会的立法政策和策略，提出本党竞选议会中各种职务的候选人选。在内阁制国家，议会党团的作用较大，特别是占有议会多数席位的执政党，党的领袖可凭借它控制整个议会。在多党制国家，各政党常通过议会党团之间的纵横捭阖，决定进退，影响政局。在美国，两大党的议会党团及其领袖对总统都有较大的独立性，总统需要不时地调整同他们的关系。

4. 议会辅助机构

是为了协助、支持和保证议会和议员进行工作而设立的机构。辅助机构并不是议会的正式组成部分，但对议会的运作和成效有重要的影响。

各国议会都设置了大量的辅助机构，大致可分为 4 类。

一院制的议会，有一整套统一的行政服务班子；两院制的议会，行政服务班子基本上是分开设的，一院一套，当然其中有些部门只有一个，为两院服务。行政服务部门可分为三部分：一部分是后勤系统，如物资管理处、计算中心、印刷局等；一部分是辅助立法事务的机构，如法规专家处、立法顾问处等；还有一部分是日常行政管理系统，如秘书室、档案室、人事局等。

因为立法工作越来越复杂和专门化，议会都设有阵容强大的研究咨询机构。美国国会研究处有 900 余名雇员，大多数是某一方面的专家。他们每年向两院议员提供咨询服务超过 25 万次。法国国会两院均设法制研究局，下设情报室、地方政权室、经济研究室等。

图书馆是议会辅助机构的重要组成部分，它为议会和议员提供资讯信息、咨询、研究服务。美国的国会图书馆既为国会服务，又是美国的国家图书馆，规模大，馆藏丰富。英国议会图书馆、法国国民议会图书馆等都是为议会提供服务的。

各国议会除设有大致相同的机构外，还根据自己特别的需要或工作重点特设一些机构。

如英国议会下院有官方报告办公室，审查政府部门对议员质询的答复和工作报告；议会每天开会之前要做祈祷，所以设有专职牧师一职。法国议会设有处理委员会事务的机构，参议院设有欧洲事务局。

（三）西方国家议会的职权

议会的职权是议会所拥有的、与其在整个国家机关体系中所处的地位和在国家管理活动所起的作用相适应的权力。西方各国议会职权的大小因各国政体和议会法律地位不同而有差别。一般说来，可以分为三种类别：其一，议会是国家的最高权力机关。英国、德国、澳大利亚等国的议会的法律地位高于行政和司法，日本宪法明确规定日本国会为最高国家权力机关。其二，议会是国家的最高权力机关之一。议会是国家的最高立法机关，但不是唯一的最高权力机关，议会与总统、最高法院平行，三者依法分权与制衡。美国的国会属于此类。其三，议会仅仅是国家的立法机关。这种类型以法国为代表。议会只是立法机关，没有表明"最高"、"唯一"的特性，拥有的立法权力较为有限。总的看来，西方国家议会一般都拥有立法权、财政权、监督权、人事权等权力。

立法权是制定、修改和废止法律的权力。立法权是议会最重要、最基本的权力，也是议会的传统权力。西方各国对议会立法权的规定不尽相同。

首先，在立法的范围方面，有限制与否的区别。在那些议会享有最高权力机关地位的国家（英国、日本、澳大利亚等），形式上议会可制定、修改任何法律。在法国等国家，议会的立法范围是有限的，法国现行宪法规定，有关公民权利、国籍、婚姻制度、继承权和赠与、刑罚、刑事诉讼程序、大赦、税收、货币制度、选举制度、设立各类公益机构、经济计划等方面法律的制定和修改，属议会专有权力；对于国防总的组织体制、地方单位的行政管理、教育、民事规章制度、劳动权、工会权和社会治安等，议会只能确定一般原则，其具体细节和实施措施由政府通过行政命令制定。在联邦制国家，宪法通常明确规定联邦和联邦成员单位的立法范围。

其次，各国议会在立法创议权方面所享有的权力不同。有些国家规定只有议会才能提出议案。如美国。在一些君主立宪制国家，规定国王有立法创议权，如荷兰、英国和某些英联邦国家。大部分国家规定政府可以向议会提出议案，从实践来看，议案的大部分而且重要议案都是政府提出的。有些国家规定一定数量的公民、地方当局、法人公司、社会团体也有权提出议案。

第三，各国议会都不同程度地使用"委任立法"制度。在资产阶级建国初期，议会作为行使人民主权的机关独享立法权，行政机关只能执行法律而无立法权。19世纪以来，随着行政权力的膨胀，行政机关开始享有部分立法权。进入20世纪，行政立法的数量大增，远远超过议会立法的数量，英国战后委托立法文件的数量通常要比议会每年所通过的法案数量高出10倍。

财政权，也称财政议决权或财政监督权，指议会享有的对政府的财政预算和财政决算进行审议和批准的权力，常常形象地称为议会的"钱袋权"或"管理国库的权力"。财政议决权包括决定国家财政和预算、税收、关税、借贷等的权力。财政监督权包括审查决算和公共资金审计。财政权是议会最原始也是最重要的职权之一，是议会行使其他职权的保障，也是议会控制、监督政府的最重要最有力的手段。

议会财政权的内容，各国规定不尽一致，但都规定了议会批准政府预算和决算的权力，即预算权。各国政府的预算和决算都必须经过议会批准，有的国家的预算还必须由议会亲自编制。

鉴于财政权的重要，许多国家对财政权的行使作出了特殊的规定。

首先，预算案的提案权。在内阁制国家，预算案只能经内阁讨论决定后以内阁名义提出，属于最重要议案。如果议会不批准内阁提交的预算，在宪法惯例上视为通过对内阁的不信任案，内阁必经辞职或者提前解散议会。在总统制国家，预算案由议会提出。美国国会过去实行立法预算制,即国家财政预算由国会自行编制;1921年后,总统以预算咨文形式向国会提出预算案,由国会审议批准。在半总统半议会制的法国,财政预算和收支方面的议案必须由政府首先向国民议会提出。

其次,预算案必须迅速审议,不能久拖不决。法国宪法规定,政府向国民议会提出财政法案后40天内未能一读通过,政府可提请参议院在15天内作出决定。若两院在议决财政法案产生分歧,总理有权召集由两院相等代表组成的混合委员会对有争议的条款拟定一个修改文本,再由政府交付两院通过。如果议会在70天内仍未能做出决定,则政府可自行决定使其生效。许多国家规定,若财政年度开始,预算还没有批准或者在预算遭否决的情况下,可暂时按上一年的预算征税或借款。

再次,财政权偏重于下院。许多国家规定,下院对预算案有先议权,对决定预算有优先权。美国预算案必须先在众议院提出并讨论通过,参议院没有预算案的提案权;法国政府的财政法案应先提交国民议会;英国上院没有通过或否决预算法案的权力。

最后,议员讨论预算案要受某些限制。法国、意大利等国家规定,议会在审查预算案时,不得做出增加政府支出或减少政府收入的修改。另有些国家规定,议员可以提出增加开支的动议,但不得提出减少支出的动议,或者相反,等等。

监督权一般是指议会行使的除财政权以外的监督政府的权力。它主要包括质询权、倒阁权、调查权、弹劾权等。

质询权是非总统制国家中议会对政府实施监督的一种重要权力,其目的是使议会能够充分了解行政机关的工作情况,保持二者之间的沟通,并使议会能够有效地监督行政机关,迫使行政机关对议会负责任。

质询有口头质询和书面质询之分,也有普通质询与正式质询之分。普通质询是议员对内阁成员、政府部长掌管事项的质询,它只是质询者与被质询者之间的一般性问答。正式质询是议员对内阁施政方针、重要措施的质询，往往会在议会中引起辩论，甚至导致不信任案的提出，引发政府危机。各国对正式质询的限制比较严格。联邦德国保留着普通质询与正式质询并用的传统，但正式质询要有30名议员联名签署才能提出；英国则一直只有普通质询而无正式质询。

质询一般是由反对党和其他在野党提出，自然有损坏执政党的形象以说服选民在下一次选举时投本党赞成票的企图。执政党议员偶尔也借质询之机，为政府纠正错误信息或辟谣提供讲坛。对于反对党的质询，政府也常以有损国家利益和安全为由拒绝回答。

议会的倒阁权是指在内阁制国家，内阁必须得到议会的信任，若内阁对议会表示不信任，内阁必须总辞职或提请国家元首下令解散议会，重新举行大选，由新议会决定内阁的去留。

它被认为是议会内阁制国家议会监督政府最具威胁性的一种手段。

由于议会的倒阁权总是通过不信任投票来行使的，所以倒阁权也称不信任投票权。西方国家议会实践中，议会对政府表示不信任，可以采取五种不同的方式：（1）议会拒绝通过政府提出的某一重要政策的议案；（2）议会否决政府就某一政策向议会提出的要求信任案；（3）议会通过对政府的"谴责决议案"；（4）议会通过对内阁或内阁成员的不信任案；（5）议会通过一项反对政府提案的反对案。

由于议会行使倒阁权常常造成政局动荡，所以多国对此权力行使加以限制。一是议会的不信任案的提出必须有一定数量的议员签署。法国宪法规定至少有国民议会十分之一议员的签名才能提出不信任案。二是不信任案提出之后，须经一定的时间才能进行表决，以便议员进行充分而又周密的考虑。三是政府可以提请国家元首下令解散议会，作为对倒阁权的反制。

由于宪法和法律施加的限制，在英国、法国等国家，对政府的不信任案投票很少发生，倒阁成功的就更少。在法国从1958年到80年代中期，国民议会总计进行了56次不信任案投票，政府只遭到一次失败而下台。

议会的调查权也称为国事调查权，一般指议会为了立法或监督政府的工作，组织专门机构对政府的行为进行调查的权力。议会的调查权被认为起源于瑞典的"督察专员制度"，后为丹麦、挪威、芬兰等国所仿效。现在许多西方国家将调查权视为议会不可缺少的权力，但多数国家在法律上并无明确规定。

议会调查权的范围一般包括：围绕行使立法权进行的调查、选举调查、针对行政部门及其工作人员违法行为的调查、涉及国家机关及其工作人员侵犯公民权利的调查。

议会调查权的行使，一般由若干议员提出，然后成立负责调查的专门委员会，或者由议会各委员会或小组委员会举行各种听证会或调查会，传唤证人，听取证言，查看记录。调查工作完成后由委员会或小组委员会向议会提出报告，作为调查的结论。议会的调查权运用得较有影响的是美国。20世纪70年代，美国国会对行政部门的调查多达数百起。其中"水门事件"的调查、"伊朗门"事件的调查和克林顿绯闻的调查引起全世界瞩目。

弹劾权是议会对政府高级官员和法官犯罪或严重失职行为控告和制裁的权力。弹劾是对犯有罪行的国家高级公职人员，在其任期未满的时候，采取特别行动终止其职务。在不同政体的国家中，弹劾的性质和作用是不同的。在总统制国家，弹劾是立法、行政、司法三机关互相制衡的方式之一。在内阁制国家，议会握有倒阁权，议会弹劾权的对象并不包括行政部门的成员，弹劾不具有议会监督或制约行政部门的意义。

弹劾的对象，在内阁制国家，仅限于总统和最高法院法官；

在总统制国家，如美国，包括总统、副总统、所有文职官员和联邦法院法官。许多国家规定，弹劾权不适用于军官和议员。军官犯罪，由军事法庭审判；议员犯罪，经议会同意后，由一般司法机关审理。

弹劾案的提出和审判，主要有五种方式：① 议会下院提出弹劾案，上院进行审判。美国国会弹劾权的行使采用这种方式。② 议会两院中任何一院单独或两院联席会议提出弹劾案，由宪法法院审判。联邦德国、意大利采用这种方式。③ 议会两院共同提出弹劾案，特别高等法院审判。法国采用这一方式。④ 议会两院共同组成特别机构提出弹劾案并进行审判。日本的作法如此。⑤ 议会下院提出弹劾案，普通法院审判。比利时采用这一方式。

在西方国家，弹劾案成立的结果有两种。一种是解除被弹劾者任期内的官职并可以给予刑事处分；另一种是免除被弹劾者的职务，对其刑事处分另行起诉至普通法院。

议会的人事权是指议会对国家高级公职人员任免方面的权力。它包括选举权、提名权、批准同意权和免职权。

西方国家议会外的选举权较大，议会内的选举权较小。只有少数国家的国家元首、政府首脑和法官是经议会选举产生的。

在少数保留君主制传统的议会君主制国家和议会共和制国家，议会有权推荐某些官职候选人提交国家元首任命。英国内阁的名单是由首相经议会各党派协商同意后提交英王任命的。奥地利、荷兰、比利时等国议会也行使此项权力。

在一般情况下，西方国家议会根据国家元首或政府首脑的提名，批准或同意任命政府官员或法官。在日本，各类高级官员的任命都须经国会两院批准。

从理论上说，凡经议会批准后才能任命的官员，其免职也需要议会批准。但在西方国家，议会免职权的落实不很相同。许多国家由议会批准的官员可不经议会同意而直接由总统或政府首脑免职。美国总统可将其提名由参议院批准的行政官员任意免职而不必参议院同意，但不能随意将履行半立法半司法职能机构的官员免职，须得到国会的法律授权。总体上说，议会免职权有落空之嫌。

二　中国人大的组织与职权

全国人大的组织与职权由全国人大和全国人大常委会的组织与职权两部分组成。

（一）全国人大的组织与职权

1. 全国人大的组织

从形式上看，全国人大的组织同西方国家议会差不多：

有一个负责召集和主持会议的集体指导机构——主席团，有协助审议的各种委员会。但是，全国人大不设立代表政党的议会党团，按选举单位组成的代表团则是一级议事机构。

全国人大主席团是主持全国人大会议的临时性集体指导机构。它是由全国人大常委会主持召开的每次全国人大会议的预备会议选举产生。主席团的成员名额无明确的法律规定，多数会议的主席团由150—180人组成。主席团的职责主要有：主持全国人大会议，决定会议日程、表决办法、提案截止日期；提出应由全国人大产生的国家机构领导人的人选，经各代表团酝酿协商后确定正式的候选人；提出全国人大各专门委员会人选；提出全国人大职权范围内的议案；决定向大会提出的议案是否列入议程，或决定交专门委员会审议提出意见后再决定；决定是否将已审议的议案提交大会表决；组织各代表团审议议案等等。主席团的任期为一次会期。

主席团第一次会议推选主席团常务主席若干人，推选主席团成员若干人分别担任本次大会每次全体会议的执行主席。主席团常务主席召集并主持主席团会议，可以对主席团职权范围内的事项向主席团提出建议，并可以对会议日程安排作必要的调整；召开代表团团长会议，听取审议意见，进行讨论，将讨论情况和意见向主席团报告；可以就重大的专门性问题，召集推选产生的代表进行讨论，由国务院有关部门负责人汇报情况，回答问题，然后将会议讨论的情况和意见向主席团报告。

代表团是全国人大代表按照选举单位组成的参加全国人大会议的临时性议事机构。全国人大代表团包括省、自治区、直辖市代表团，特别行政区代表团，中国人民解放军代表团。代表团规模不一，视各选举单位的代表人数而定。代表团在全国人大会议举行前，由选举单位的全体代表组成，代表团可以分设若干代表小组。代表团全体会议推选代表团团长、副团长。代表团的主要职责是：审议提交人大的各项议案；提出属于全国人大职权范围内的议案；提出质询案和罢免案等。

全国人大各委员会是全国人大根据工作需要设立的辅助性常设工作机构。全国人大设置的委员会分为两种：专门委员会和特定问题调查委员会。

按照法律规定，全国人大设立民族委员会、法律委员会、财政经济委员会、教育科学文化卫生委员会、外事委员会、华侨委员会、内务司法委员会、农业与农村委员会。各专门委员会由主任委员、副主任委员和委员若干人组成，全国人大选举产生。在人大闭会期间，全国人大常委会可以补充任命专门委员会的个别副主任委员和部分委员。各专门委员会主任委员主持该委员会的工作，副主任委员协助其工作。各专门委员会可以根据工作需要，提请全国人大常委会任命专家若干人为顾问。委员会的任期同全国人大每届任期相同，都为5年。

各专门委员会，在全国人大会议期间，受全国人大领导；在全国人大闭会期间，受全国人大常委会领导。

专门委员会的主要工作是在全国人大和全国人大常委会领导下，研究、审议和拟订有关议案。

特定问题调查委员会是我国人大的一种临时委员会。宪法规定，全国人大和全国人大常委会认为必要的时候，可以组织关于特定问题的调查委员会，并且根据调查委员会的报告，作出相应的决议。

全国人大的特定问题调查委员会可由大会主席团、三个以上的代表团或十分之一以上的代表联名提出，再由主席团提请大会决定，即可成立。特定问题调查委员会由主任委员、副主任委员若干人和委员若干人组成，这些组成人员由大会主席团在代表中提名，大会全体会议通过。全国人大常委会认为必要时，也可组织特定问题调查委员会。到现在为止，全国人大及其常委会还未组织过特定问题调查委员会。

2. 全国人大的职权

现行宪法第六十二、六十三条分别列举的了全国人大的职权。概括起来，可以归纳为最高立法权、最高任免权、最高决定权、最高监督权和应当由最高国家权力机关行使的其他职权。

全国人大作为最高国家权力机关，拥有最高立法权。具体而言，全国人大独享修改宪法的权力；有权制定和修改刑事、民事、国家机构的和其他的基本法律。

全国人大有权选举、决定和罢免中央国家机关的领导人和有关组成人员。全国人大选举国家主席、副主席；全国人大常委会委员长、副委员长、秘书长和委员；最高人民法院院长；最高人民检察院检察长；中央军事委员会主席。全国人大根据国家主席的提名，决定国务院总理的人选；根据国务院总理的提名，决定国务院副总理、国务委员、各部部长、各委员会主任、审计长、秘书长的人选；根据中央军事委员会主席的提名，决定中央军事委员会其他组成人员的人选。全国人大有权罢免由它选举或决定的上述所有人员，接受这些人员的辞职。

全国人大审查和批准国民经济和社会发展计划和计划执行情况的报告、国家的预算和预算执行情况的报告；批准省、自治区、直辖市的建置；决定特别行政区的设立及其制度；决定战争与和平的问题。

全国人大监督宪法的实施；监督其他国家机关的工作，听取和审议全国人大常委会、国务院、最高人民法院、最高人民检察院的工作报告，对国务院或国务院各部、委提出质询案，改变或撤销全国人大常委会不适当的决定。

全国人大有权行使应当由最高国家权力机关行使的其他职权。

（二）全国人大常委会的组织与职权

1. 全国人大常委会的组织

一是全国人大常委会委员长。全国人大常委会委员长是全国人大常设机关的主要领导人，由全国人大从代表中选举产生，全国人大有权罢免。每届任期同全国人大每届任期相同，为期5年，连续任职不得超过两届。全国人大常委会委员长的主要职责有：主持常委会的工作，召集和主持常委会会议；与副委员长、秘书长一起组成委员长会议，处理常委会的重要日常工作；在国家主席、副主席都缺位时，在全国人大补选之前，由委员长暂时代理国家主席职位。委员长因健康情况不能工作或缺位的时候，由常委会在副委员长中推选一人代理委员长职务，直到委员长恢复健康或全国人大选出新的委员长为止。

二是委员长会议。全国人大常委会委员长会议由委员长、副委员长、秘书长组成，负责处理常委会的重要日常工作，由委员长召集和主持，也可由委员长委托副委员长主持。委员长会议的主要职责有：决定常委会每次会议的召开日期和会期，拟定常委会议议程草案；对向常委会提出属于常委会职权内的议案和质询案，决定交由有关的专门委员会审议或提请常委会全体会议审议，决定回答质询的方式，指导和协调各专门委员会的日常工作；处理常委会其他重要日常工作。

三是代表资格审查委员会。全国人大常委会代表资格审查委员会是常委会设立的专门负责审查全国人大代表资格的常设机构。它由主任委员、副主任委员若干人和委员若干人组成。其人选由委员长会议在常委会组成人员中提名，常委会全体会议通过。它的职责是审查补选的本届全国人大代表的资格和新选出的下届全国人大代表的资格。代表资格审查委员会对符合法律程序选出的代表，提请常委会确认代表资格有效；对不符合法律程序选出的代表，经提请常委会确定当选无效的，可以责成有关选举单位向全国人大常委会作出书面报告。必要时经常委会同意，可以由代表资格审查委员会组织调查组进行调查，并向常委会提出报告。

四是全国人大常委会的辅助机构。全国人大常委会设立辅助机构协助、服务常委会的工作。这类机构有法制工作委员会、秘书处、办公厅。

全国人大常委会法制工作委员会是常委会设立的支持、协助立法工作的主要办事机构。该委员会设主任、副主任、秘书长、副秘书长，由全国人大常委会任免。法制工作委员会的主要职责为：协助常委会和法律委员会起草、研究、修改法律草案；向全国人大及其常委会提供有关法律草案的基本资料，反映法律草案的主要问题；研究答复有关法律问题的询问；组织法律的汇编、翻译、出版等。

全国人大常委会秘书处是常委会的日常办事机构；由常委会秘书长、副秘书长和各专门委员会负责常务工作的副主任组成。秘书处在委员长领导下工作，由秘书长召集秘书处会议，主持秘书处工作。秘书处的主要职责有：调查、了解、研究问题；提出解决问题的方案；联系、协调全国人大各专门委员会、常委会办公厅、法制工作委员会的工作；研究机构设置和人员编制问题；办理常委会交给的其他任务。

全国人大常委会办公厅是常委会的综合办事机构。它在常委会秘书长的领导下，承办全国人大及其常委会的会议事务和文书管理，人大工作研究、宣传、代表联系和地方人大联系，外事礼宾接待，群众来信来访，干部管理及相关后勤服务工作等。

2. 全国人大常委会的职权

一是国家立法权。现行宪法规定，全国人大和全国人大常委会共同行使立法权。具体包括：制定和修改除应当由全国人大制定的法律以外的其他法律；在全国人大闭会期间，对全国人大制定的法律进行部分补充和修改，但不得同该法律的基本原则相抵触。

二是法律解释权。全国人大常委会行使解释宪法和法律的权力。这种解释属于"立法解释"，即对法律条文本身需要进一步明确界线或做补充规定的解释，具有法律效力。

三是监督权。全国人大常委会的监督权，首先是监督宪法的实施，全国人大常委会行使这一权力，便于对宪法的实施进行经常性的监督；其次是对其他国家机关工作的监督，包括对国务院、中央军事委员会、最高人民法院和最高人民检察院工作的监督；撤销由国务院制定的同宪法、法律相抵触的行政法规、决定和命令；撤销省、自治区、直辖市国家权力机关制定的同宪法、法律和行政法规相抵触的地方性法规和决议；依法对国务院和国务院各部、委提出质询案等。

四是决定权。在全国人大闭会期间，全国人大常委会有权审查和批准国民经济和社会发展计划、国家预算在执行过程中必须作的部分调整方案；批准自治区人大制定的自治条例和单项条例；决定同外国缔结的条约和重要协定的批准和废除；规定军人和外交人员的衔级制度和其他专门衔级制度；规定和决定授予国家勋章和荣誉称号；决定特赦；决定战争状态的宣布；决定全国总动员或者局部动员；决定全国或个别省、自治区、直辖市进入紧急状态。

五是任免权。在全国人大闭会期间，全国人大常委会根据国务院总理的提名，决定部长、委员会主任、审计长、秘书长的人选；根据中央军委主席的提名，决定中央军委其他组成人选；根据最高人民法院院长的提名，任免最高人民法院副院长、审判员、审判委员会委员和军事法院院长；根据最高人民检察院检察长的提请，任免最高人民检察院副检察长、检察员、检察委员会委员和军事检察院检察长，并且批准省、自治区、直辖市的人民检察院检察长的任免；决定驻外全权代表的任免。在全国人大闭会期间，接受全国人大常委会组成人员、国家主席、副主席、国务院组成人员、中央军委组成人员、最高人民法院院长、最高人民检察院检察长提出的辞职；有权在国务院副总理、中央军委副主席、最高人民法院副院长、最高人民检察院副检察长中决定代理缺位的国务院总理、中央军委主席、最高人民法院院长、最高人民检察院检察长职务的人选。

六是参与全国人大的组织工作。全国人大常委会主持全国人大代表的选举；召集全国人大会议；决定延长本届全国人大的任期；主持全国人大预备会议；审查代表资格；向全国人大提出议案；在全国人大闭会期间领导各专门委员会等。

七是全国人大授予的其他职权。

第四节　代议机关的会议与议事规则

代议机关的会议是代议机关为行使职权，依照法定程序所进行的集会。代议机关通过会议开展工作，履行职能，是代议机关的活动不同于其他国家机关的最大特点。会议之于代议机关，既是其存在的标志，又是其活动的方式，代议机关的会议具有合法性、程序性和合议性的特点。规范化的议事规则为代议机关会议的正常进行提供了充分的条件。

一 西方国家议会的会议与议事规则

（一）西方国家议会的会期

议会的会期是指在一年的某个时期议会有法定权力召集会议处理自己的事务。西方国家议会会期的规定主要有 3 种：（1）由议会自主规定会期，即议会有权无限期地举行会议。意大利、荷兰、卢森堡等国议会采用这种制度。（2）会期由行政部门规定。国家元首或政府以国家元首的名义召集议会会议并决定会期何时结束。英国、印度等国家采用这种制度。（3）会期由宪法规定。宪法不仅规定会期每年在固定日期自动开始，并规定有其结束日期。法国、瑞典、墨西哥等国采用这种制度。尽管在决定议会的会期上存在不同的制度，对于议会每年的正常会期次数，多数国家规定议会每年召开一次，部分国家把议会年度分为两个会期，少数国家如瑞士、印度等规定议会每年的会期为 3 次或 3 次以上。

各国议会会期的长短不一，通常情况下，非常会议或特别会议的会期较短，一般为几天。正常会期要比非常会议的会期长，少则几月，多则长达一个日历年度。芬兰议会例行会期为 4 个月，希腊为 5 个月，法国、英国为 6 个月，丹麦为 1 年。在两院制的国家，美国、意大利等少数国家议会两院的会期是一致的，多数国家议会上院开会的天数都少于下院。

除宪法有特别规定的外，西方国家议会一般都实行休会制度。所谓休会制度，是指议会在会期中暂时停止开会的制度。议会的休会有两种类型：一种是自行休会，一种是被动休会。自行休会是议会自己决定休会；被动休会多由国家元首提出或决定。一般而言，休会制度是和复会制度相关联的，休会期满，议会应自动复会，不能无限期地休会。

议会的会期终了，会议休止，宣告本会期工作结束的制度，为闭会制度。西方国家的闭会制度分为三种：① 自动闭会制。它是指会期届满或会期虽未届满，但任务业已完成，议会自行闭会的制度。多数国家采用这种制度。② 被动闭会制。它是指议会闭会的决定由国家元首宣告的制度。英国等国家是这种制度。③ 特别会议闭会制。特别会议、临时会议的闭会由召集者宣告。

议会的解散属于议会闭会制度中被动闭会的一种方式。议会的解散，即基于特别的原因，为了更换议员构成新的议院，缩短全体议员的法定任期，使他们在任期届满之前，丧失议员资格的行为。议会的解散主要存在于议会内阁制和半总统半议会制国家，总统制国家规定议会不得被解散。解散议会的原因主要包括：其一，政府由于议会的政治构成的变化而丧失了它的多数支持；其二，反对政府的不信任案已获通过；其三，发生新的重大事件或者政府的政策发生根本变动；其四，两院制议会中两院发生严重分歧。在以上这些情况出现时就要考虑解散议会，重新进行大选。解散议会的大权，在议会内阁制国家，形式上属国家元首，实际上操于内阁之手；在半总统半议会制国家，实际上掌控在总统手中。

（二）西方国家议会的会议

西方国家议会的会议主要包括：议会例行会议、议会非常会议、议会两院联席会议、议院会议、议会委员会会议和小组委员会会议。

议会例行会议又称例会或常会，是按法律规定在固定时间内召开的会议，是议会会议的主要形式和工作程序的基础。西方国家的议会例会通常分为两种：一种是每年召开一次。美国国会的会期从每年1月3日开始，到7月31日休会；日本国会例行会议始于12月，会期150天。另一种是每年召开两次例会。如法国、奥地利、西班牙、意大利等国。议会例会必须按规定的时间开幕和闭幕。议会例会期间，议员并不是每天开会，实际上是宣布议员正式工作的开始。在此期间，议员未经议会准假，不得离开举行会议的城市，不得出访或进行其他与开会无直接关系的活动。

议会非常会议，又称临时会议、特别会议或紧急会议，是议会在例会外，遇有必要时召开的会议。非常会议的重点不在于日常工作，而是举行辩论和表决。这种会议的会期较短，一般为几天。会议期间，议会通常每天都开会。召开议会非常会议，通常是在议会休会期间，国家遇到关系全局的重大事件而必须召集议会开会。所谓重大事件，主要是指战争、自然灾害、国内秩序出现较大混乱以及出现重大经济、社会问题等。因此，非常会议具有较强的针对性，一般作出决定即算完成当次会议的任务。议会非常会议的召开，多数西方国家的宪法、法律或议事规则都有明确的规定。有权要求召开议会非常会议的人员或组织包括：国家元首、政府、议会指导机构、联邦成员政府、一定数量的议员、选民团体等。

议会两院联席会议是西方国家两院制议会两院联合召集的会议。在实行两院制的议会中，除英国、爱尔兰、马来西亚等国外，其他国家议会两院都可举行联席会议。举行联席会议的情况可分为7类：第一类与礼仪场合有关，如出席总统就职仪式、议会开幕和闭幕等，联邦德国、巴西等国即是。第二类涉及到选举与任命，在意大利举行联席会议选举总统，在瑞士为选举联邦委员会，在美国为清点选举总统和副总统的选举人票，都要举行联席会议。第三类涉及立法事务，澳大利亚、印度等国议会可就寻求议案的妥协举行联席会议。第四类是召集联席会议接受政府咨文或政策声明，美国、巴西等国的总统向两院联席会议发表国情咨文。第五类是有关宪法修改必须召开联席会议，法国、泰国是这样规定的。第六类是为宣布战争状态或其他紧急状态而召开联席会议，荷兰、奥地利是这样做法。第七类是召开联席会议弹劾国家元首或接受国家元首的辞职，意大利、墨西哥等国发生过这种情况。

议院会议是议会一院举行的全体会议。议院会议是议会内部工作的主要形式之一，其召开的次数远比联席会议多。议院会议主要用于议案的讨论、辩论和进行表决。在两院制的议会中，每一院的职权有差别，职权的侧重点有不同，议院会议往往各具特点。多数国家的议院会议有比较严格的议事规则。

议会委员会会议是常设委员会和临时委员会的集体活动方式，是议员在议会会期内的主要工作形式。议会委员会会议因为委员会的种类而分为多种委员会会议：全院委员会会议、常设委员会会议、临时委员会会议、两院联合委员会会议等形式。议会委员会会议具有下述特点：第一，没有严格的议事规则，多是按惯例举行。第二，委员会的辩论少有限制，多数国家议会对议会中的发言有时间和次数的限制，而在委员会会议上没有这种限制。第三，随机性强。由于人员较少，集中起来比较方便，委员会会议多为临时召集，无长远规则。每次会议多为一个议题，以讨论为主，只是在最后拿出意见时才进行表决。委员会会议是公开还是秘密举行，各个国家规定不同，多数国家的委员会是秘密举行，少数国家是公开举行。

西方国家议会小组委员会会议是议会工作中最低层次的一种会议。小组委员会是一种较新的议会组织，只在少数国家内比较有系统。小组委员会的成员一般不超过10人，会议召开的规定非常灵活。

（三）西方国家议会的议事规则

议会的议事规则主要是适用于议会全体会议、议院会议以及非例行会议（通常不包括没有明确法律规定的会议）的规定和程序。议事规则的存在不仅保证议会会议平稳运转，而且能够调整议会与政府间的关系。

西方国家议会历史悠久，形成了一套比较系统的议会议事规则。各个国家的议会议事规则虽有差异，但主要方面基本相通。这些议事规则主要有：

1. 法定人数规则

法定人数指议会开始议事或作出决议时必要的出席人数。法定人数规则要求，议会需要有一定数量的议员出席，才能使议会的会议和通过的法案及决议有效。

法定人数一般区分为举行会议的法定人数和通过议案的法定人数。开会的法定人数是议会为使议事合法化而要求出席会议的议员达到一定比例或数目。各国议会开会的法定人数多寡不同。大多数国家要求法定人数应多于议员总数的一半。少数国家规定的比例较低。部分两院制议会对每院的法定人数要求不一致。有的国家的两院联席会议，以每一院的法定人数为构成联席会议的法定人数。达不到法定人数的议会会议被认为是无效的。对于开会时法定人数已足，会议进行中不够法定人数时，会议是否继续进行，能否进行有效表决，各国的规定不一。表决的法定人数是议会为使表决合法化而要求参加表决的议员达到一定比例或数目。一般说来，多数国家议会表决的法定人数为议院议员的半数以上。英国议会上院开会的法定人数是 3 人，表决的法定人数是 30 人；下院开会的法定人数是 40 人，表决的法定人数是相对多数。

2. 会议公开规则

是指议会活动在国民的监督和批评下进行，议会会议公开举行。西方国家议会会议公开举行，主要指议会全体会议、议院会议和两院联席会议公开举行，允许公民旁听，允许新闻媒体报道和公开发表议事记录。不过，有些国家的法律规定，根据一定数量议员的提议或政府的要求，经议院表决通过后，会议可秘密举行。

3. 一事不再议规则

指在同一会期内，议会否决的议案不得再行提出。如果对议会的否决有异议，只能在下次会期的会议上重新提出。一事不再议的内涵指的是决议，即一旦作出决议的法案，禁止再次作出决议，防止同一会期内，两个决议不同，后一决议使前一决议无效。不过，不包括下院已通过，遭上院否决，而下院再次审议通过的情况。

4. 议案"三读"规则

是指任何议案都必须经议会三读审议后才能通过。西方各国议案"三读"虽有细微差异，但主要方面相同。所谓一读，是指在议会全院或议会的某一院将议案分发给议员，并由议长在议院宣布议案的名称或要点。在一读和二读之间，议员有时间研究议案，形成自己的意见。一读要对议案的一般内容和原则进行辩论，如获通过，即进入二读。二读是宣读议案内容，交专门委员会审查并提出修改意见，议会再进行辩论，提出修改意见，交专门委员会再行修改。然后进入三读，即进行表决。在一院制的议会，议案经过三读通过后，即完成了在议会的立法程序。若是在两院制议会，议案在一院三读通过后，要送到另一院按同样程序三读通过。

二　中国人大的会议与议事规则

（一）中国全国人大的会期

全国人大一年一个会期，会期较短，1989 年通过的《中华人民共和国全国人民代表大会议事规则》规定，全国人民代表大会会议于每年第一季度举行。此后，全国人大会议通常在每年三月上中旬举行，会期多为2—3周。与大多数国家议会的会期相比，中国全国人大的会期较短。

（二）中国全国人大及其常委会的会议

全国人大的会议分为全国人大全体会议、主席团会议、代表团会议和专门委员会会议等。

全国人大的全体会议有例行会议和临时会议。全国人大以例行会议作为自己工作的基本形式。全国人大的例行会议于每年第一季度召开。全国人大的临时会议由全国人大常委会或五分之一以上全国人大代表动议可以召集，除开会时间和会议审议的主要事项临时通知代表外，临时会议的议事程序与例行会议一样。全国人大全体会议举行之前，由全国人大常委会召集和主持预备会议，产生主席团；由主席团主持全国人大会议。全国人大的全体会议，在一次会期中可举行多少次，根据会议的议程而定。

全国人大每次会议在预备会议上产生主席团。主席团第一次会议由全国人大常委会委员长召集，推选主席团常务主席若干人。主席团通过主席团会议来履行主席团的职责。主席团会议由常务主席主持，全体主席团成员参加，常邀请各代表团团长或其代表列席，就主席团职责范围内的事项进行讨论，提出意见，决定有关问题。

代表团会议是代表审议大会议案的一种会议形式。代表团会议由组成代表团的选举单位的全体代表参加，由代表团团长召集并主持。代表团会议主要是审议议案和向大会提交的报告，酝酿由全国人大产生的国家机关的人选，讨论并以代表团名义提出议案、质询案、罢免案，由全体代表过半数通过。

全国人大各专门委员会会议由专门委员会的组成人员主任、副主任和委员、受邀请的全国人大代表、专门委员会顾问等人组成，专门委员会主任主持会议。会议根据需要不定期举行。专门委员会会议审议全国人大主席团和常委会交付的议案；讨论本专门委员会拟提交全国人大或常委会的议案；审议全国人大常委会交付的被认为同宪法、法律相抵触的行政法规、决定、命令、指示、规章、地方性法规和决议；审议有关质询案并听取答复；讨论属于本委员会的其他问题。

全国人大常委会的会议包括委员长会议、常委会的例行会议和临时会议、常委会分组会议、联组会议。

全国人大常委会委员长会议由委员长、副委员长和秘书长出席，有关人员受邀列席；由委员长召集并主持，也可由委员长委托副委员长主持。委员长会议根据需要不定期举行，其议题由秘书长提出，委员长确定。委员长会议依法履行职责。

全国人大常委会的全体会议包括例行会议和临时会议。例行会议一般每两个月举行一次，临时会议是有特殊需要时召集的，两者的议事规则一样。常委会会议由常委会全体组成人员和列席会议的人员参加；由委员长召集和主持，委员长可委托副委员长主持会议。常委会全体会议必须有常委会全体组成人员过半数出席才能举行。全体会议的主要任务：一是听取并决定本次常委会议程；听取法律案和其他议案的说明；听取"一府两院"的工作报告；听取全国人大代表团出访和出席国际会议的报告等；二是对法律案、人事任免案和其他议案进行表决；对各专门委员会和代表资格审查委员会所作的报告进行表决；对其他有关决议（草案）进行表决等。

全国人大常委会的分组会议，是把出席和列席常委会全体会议的人员分成若干小组，以小组为单位召开的会议。主要是审议议案和工作报告。小组会议的特点是由于人数较少而便于会议参加者充分发表意见。分组会议对议案和工作报告进行审议时，可以提出询问，被询问单位应派人回答询问。

全国人大常委会的联组会议由出席和列席常委会全体会议的全体人员参加。它和常委会全体会议的区别在于：常委会全体会议可以对议案进行表决，而联组会议不进行表决。联组会议主要是听取和审议专门委员会对议案的审议和修改意见的汇报；在分组讨论的基础上，与会全体人员交换意见，对有分歧的问题进一步讨论，求得比较一致的意见。在联组会议的发言有时间和次数的限制。

（三）全国人大和全国人大常委会的议事规则

全国人大的议事规则集中体现在全国人大通过的《中华人民共和国全国人民代表大会议事规则》中。主要的议事规则有：

1. 议案的提出和审议

全国人大会议主席团、常委会、各专门委员会、国务院、中央军事委员会、最高人民法院、最高人民检察院、一个代表团、30名以上代表联名等有权向全国人大提出议案。全国人大主席团决定是否列入会议议程。列入会议议程的议案，在提案人向大会作关于议案的说明后，交由各代表团和有关的专门委员会审议，再由主席团审议决定是否提请大会全体会议表决。表决结果由会议主持人当场宣布。其他有关审议工作报告、审查国家计划和预算、选举、罢免案、质询案等事项上的议事程序与议案审议基本一致。

2. 全国人大会议召集和表决的法定人数

全国人大会议必须有全体代表三分之二以上出席，才能举行，否则，会议不能举行，即使举行也是无效的。全国人大全体会议表决议案，必须由全体代表的过半数通过；修改宪法必须由全体代表三分之二以上的多数通过。这样的表决结果才合法有效。

全国人大常委会的议事规则主要体现在常委会制定的《中华人民共和国全国人民代表大会常务委员会议事规则》中。主要的议事规则有：

其一，议案的提出和审议。委员长会议、国务院、中央军事委员会、最高人民法院、最高人民检察院、各专门委员会、常务会组成人员10人以上联名有权提出议案。由委员长会议决定是否提交常委会会议审议。对列入常委会会议议程的议案，常委会全体会议听取议案说明后，由分组会议和有关专门委员会审议；联组会议可以对议案进行进一步的讨论；由委员长或委员长会议提请联组会议或全体会议决定是否交付表决。表决结果由会议主持人当场宣布。其他有关听取和审议工作报告、质询案等的议事程序与对议案的审议程序基本一致。

其二，全国人大常委会会议和表决的法定人数。全国人大常委会会议的法定人数是常委会全体组成人员的过半数，达不到过半数，常委会会议不能召开和举行。全国人大常委会表决议案的法定人数同会议召开的法定人数一样，必须由常委会全体组成人员过半数通过才算合法有效。

第五节　代议机关与其他国家机关

代议机关与其他国家机关之间，既相互联系、相互依存，又彼此区分、彼此分立。它们之间的关系是一国政治体制的核心内容，取决于不同国家政治制度所奉行的原则和具体安排。

一　西方国家议会与国家元首、政府、司法和军事机关的关系

（一）西方国家议会与国家元首的关系

当代议会制分为君主立宪制和议会共和制两种类型。君主立宪制国家的国家元首称为君主（国王、天皇、皇帝、大公、苏丹等），议会共和制国家的国家元首一般称为总统。这两类国家

的国家元首有一个共同的特点，即都是虚位的国家元首，并不真正执掌国家权力。国家的实际权力，操于议会和内阁之手。议会实际上是最高的国家权力机关，议会对国家元首有重大的制约和控制作用。议会制国家议会与国家元首的关系有三个方面的表现：（1）国家元首的产生，或者由议会决定，或者由议会制定的王位继承法规定。英国、比利时、丹麦、荷兰、挪威、西班牙等国，若王室无后嗣时，议会直接或参与任命王位继承人。在议会共和制国家，国家元首总统的产生有3种方式，一是由议会直接选举产生，如希腊、以色列、马耳他等国；二是由选举团选举产生。在意大利，选举团由参众两院议员和大区代表组成；在联邦德国，选举团称为联邦大会，由联邦议院全体成员和与联邦议院议员数目相等的各州议会的代表组成；三是由选民直接选举产生，如新加坡。（2）国家元首有权解散议会。这种权力对于国家元首来说只具有程序上的意义，解散议会的真正权力操于政府（内阁）之手。（3）国家元首在立法中发挥某种作用。议会制国家议会通过的法律往往要由国家元首颁布，尽管这是一项程序上的权力，国家元首是不能否决或者不颁布议会通过的法律的。有些君主立宪制国家，如英国，英王在法律上是议会的组成部分，即所谓"王在议会中"。

总统制国家实行严格的三权分立，议会与总统在宪法上地位平等，相互之间建立起一种分权与制衡的关系。美国是总统制国家的典型。国会与总统各自由选民选举产生，互不统属，互不负责。美国宪法规定，国会享有议决权、立法权，总统享有执行权、行政权。尽管两者之间的分权关系发生了很多变化，总统和行政部门有跨越分权关系的趋势，但基本架构仍然存在。国会对总统的制约作用表现为：国会通过立法决定行政机构的存废和人员编制，联邦预算和政府的财政收支由国会决定，总统任命高级官员必须得到参议院的批准，国会对总统及行政部门有调查权，对总统和政府官员有弹劾权。总统对国会的制约主要体现在对国会立法的否决权上，总统可以通过"书面否决"或"口袋决议"的方式，否决国会通过的法案。当然国会可通过三分之二的多数推翻总统的否决。在美国历史上，国会在多数时间里对美国政治生活起着核心作用，对总统权力实行严格制约。但20世纪30年以来，总统权力急剧膨胀，国会地位逐渐下降，国会与总统的关系发生倒向总统一方的严重倾斜。

在法国、俄罗斯等半总统半议会制国家，议会与国家元首的关系呈现新的特点。在法国，总统是国家元首，由普选产生，独立于议会，不受其他权力的制约。总统凌驾于议会和其他国家机关之上。总统拥有解散国民议会的权力，但连续两次解散国民议会之间的间隔必须超过一年。总统有公布法律之权。在规定的公布法律期限内，总统可以要求议会就该项法律或该项法律的某些条文重新进行审议，议会不得拒绝重新审议。总统还拥有要求举行公民投票的权力，通过公民投票，就可以绕开议会而制定法律。

（二）西方国家议会与政府的关系

在议会内阁制国家，议会与政府的关系表现为：一方面，议会对政府有控制和制约的权力。议会是最高国家权力机关，政府由它产生，并对它负责；当议会通过对内阁的不信任案时，内阁必须总辞职。另一方面，政府（内阁）也有制约议会的权力。政府（内阁）制约议会的方式主要有：内阁通过执政党或执政联盟的议会党团以纪律约束本党议会议员，迫使本党议员无条件地支持或原则上支持内阁，从而保持内阁在议会中的信任和支持。内阁使用解散议会的办法，迫使议员在投不信任票时，有所顾忌。如果在新的大选中没有获胜的希望，即使是反对党议员也不会轻易对内阁投不信任票。议会的绝大部分重要的议案，都是政府提出的；内阁控制了议会开会的大部分时间和立法程序。议员，特别是反对党议员提出的议案被通过的可能性极小。

在美国式的总统制国家，议会与政府的关系呈现出这几个特点：（1）总统作为政府首脑，独立于国会之外，通过大选产生。总统只对选民负责。政府由在大选中获胜的总统组织，毋须获得国会多数支持。（2）政府与国会分离，政府成员经参议院同意由总统任命，不得同时兼任国会议员，不能参加国会会议。（3）政府不对国会负责，政府官员只对总统负责。（4）总统和国会各有固定任期，总统不能解散国会；国会对总统有弹劾权，但无罢免权。

半总统半议会制国家议会与政府的关系有两大特点：（1）总统是国家元首，掌握行政大权，政府另设总理，因而形式上有两名行政首脑。总统或者直接任命总理，或者提请议会批准后任命，因此在任命总理时必须考虑议会中政党力量的对比和议会多数派的情况。总理在组织政府和确定政府成员时，须征求总统的意见并得到认可，内阁部长的人选由总理提名，总统任命。（2）政府不对总统而对议会负责。议会通过对政府的不信任案时，总理必须向国家元首提出政府总辞职。

委员会制是国家最高行政权由委员会集体行使的制度，以瑞士为典型。瑞士联邦议会是最高国家权力机关，它与政府的关系呈现出这样的特点：一是瑞士联邦政府由联邦议会选举产生。联邦政府称为联邦委员会，由7人组成。联邦委员会委员不得兼任议员，任期4年，可连选连任。联邦委员会与联邦议会的政党没有直接关系，不是议会多数党或多数党派联合产生的，不受党派控制。二是联邦议会享有立法权和监督权，联邦委员会执行议会通过的法律和决定。后者无权解散前者，无权否决前者通过的法律。联邦委员会对联邦议会负责。但联邦议会不能以投不信任票的方式使联邦委员会提前解职。三是联邦委员会从属于联邦议会，不能离开联邦议会而独立存在。联邦委员会委员可列席议会会议，但不是议员，不能与议会分庭抗礼。

（三）西方国家议会与司法机关的关系

司法机关是行使司法权的机关。西方国家的司法机关一般由法院和独立的或附设在法院的检察机关构成，其中各种类型的法院系统是司法机关的核心组成部分。议会同司法机关的关系呈现出复杂性和多样性。

西方国家司法机关都是根据宪法和法律设立的。在美国，联邦法院由三部分组成，即联邦地区法院、联邦上诉法院和联邦最高法院。1789年国会根据宪法制定了司法法，规定了联邦法院系统的设置和管辖权。其他西方国家的法院也都是根据宪法和法律设立的。

西方国家的司法制度，如审判制度、检察制度等，或者由议会立法直接规定，或者根据议会的立法原则确立，或者由历史传统演变而来，都与议会有关。其中，法官的任用特别能说明议会与司法机关的关系。西方国家法官的任用主要有三种形式：委任制、选任制和考任制。其中，与议会有直接关系的是选任制和委任制。议会参与任命法官有三种方式：一种由议会推荐候选人，提请有权任命的国家元首任命；一种是议会直接选举或任命；还有一种是行政任命议会批准。美国联邦法院所有法官都是总统提名参议院批准任命的。联邦德国宪法法院由联邦议会两院分别选举8名法官共16人组成。

司法审查制是法院通过司法程序来审查或裁决立法和行政是否违宪的一种基本制度，也称违宪审查制，被认为是西方司法机关制约议会的主要方式。西方国家司法审查机构有三类：议会或最高国家权力机关；普通法院；专门设立的宪法法院和宪法委员会。英国等标榜议会至上的国家，议会地位优于行政和司法机关，不存在由司法机关来解释宪法、审查立法合宪与否的问题。美国、日本、瑞士等国由普通法院实施司法审查。德国、法国、奥地利等国由专设的宪法法院或宪法委员会实施司法审查。因此，采用后两种方式的国家，司法机关可以通过违宪审查制约议会的立法权。

西方国家议会一般都具有一些司法职能。议会行使这些职能，主要是为了制约和监督国家元首、行政机关、司法机关及其工作人员。议会行使司法职能，主要有三种程序：第一种是由法院审判。议会决定起诉后，对被告人的审判就委托给普通法院，通常是国家最高法院审判。丹麦议会能向王国最高法院起诉内阁成员。第二种是议会组成特别议会法庭审判。美国、意大利、巴西等国采用这种程序。第三种是由议会审判。议会建立一个全部由议员组成的特别法庭，执行司法职能，法国、日本实行这种制度。

（四）西方国家议会与军事机关的关系

大体而言，西方国家的军事机关一般包括：武装力量最高统帅、最高国防决策机构、最高军事行政机关、最高军事指挥机关等。以英国为例，英国国王是武装力量最高统帅；最高国防决策机构是内阁的国防与海外政策委员会，由首相和有关内阁大臣组成；国防部是最高军事行政机关；国防参谋部是最高军事指挥机构，由国防参谋长和各军种参谋长组成。

西方国家议会与军事机关的关系主要体现在如下几个方面：（1）西方国家的军事机关依据宪法和议会通过的法律而存在。西方国家武装力量最高统帅都是由宪法规定的，担任者都是国家元首，只有德国是由联邦政府总理担任。其他的军事机关都是依据议会立法而建立的。（2）议会通过立法来规定军事制度、军队组建和军队的预算。（3）议会对军事机关组成人员的任命发挥重要作用。西方各国最高军事机关的组成人员都是由议会认可或同意任命的。美国国防部长、国家安全委员会的成员、参谋长联席会议主席等都是得到国会认可的。（4）西方国家议会拥有决定战争与和平的权力。各国宪法规定，宣战必须经议会批准，有关国际条约要由议会认可。

二　中国人大与国家元首、政府、司法和军事机关的关系

（一）中国全国人大与国家元首的关系

根据现行宪法的规定，中国实行集体元首制度。中国国家元首的职权由全国人民代表大会及其常委会和国家主席结合行使。在全国人大、全国人大常委会、国家主席这三者中，全国人大是最高国家权力机关，可以选举或罢免常委会组成人员和国家主席；全国人大常委会对全国人大负责并报告工作；全国人大常委会和国家主席受全国人大的监督和制约。

（二）中国全国人大与国务院的关系

中华人民共和国国务院，即中央人民政府，是最高国家权力机关的执行机关，是最高国家行政机关。全国人大及其常委会与国务院的关系表现在如下几个方面：（1）国务院由全国人大及其常委会决定产生，全国人大有权罢免国务院组成人员。（2）国务院必须执行全国人大及其常委会通过的法律和决定，依据宪法和法律规定行使职权，对全国人大及其常委会负责并报告工作。（3）国务院可以向全国人大及其常委会提出议案，应向全国人大提出政府工作报告、国民经济和社会发展计划和计划执行情况的报告、国家预算及预算执行情况的报告等。（4）全国人大及其常委会监督国务院的工作。（5）全国人大常委会可以撤销国务院制定的同宪法、法律相抵触的行政法规、决定和命令。

（三）中国全国人大与司法机关的关系

中国的最高司法机关包括最高人民法院和最高人民检察院。全国人大及其常委会与最高司法机关的关系具有这样一些特点：（1）全国人大是最高国家权力机关，最高人民法院、最高人民检察院要向全国人大及其常委会负责并报告工作，受其监督。（2）全国人大选举和罢免最高人民法院院长和最高人民检察院

检察长；全国人大常委会根据最高人民法院院长和最高人民检察院检察长的提请，任免两机关的其他组成人员；全国人大及其常委会制定相关法律，规定最高人民法院和最高人民检察院的性质、任务、组织及活动的基本原则。(3) 全国人大及其常委会有修改和解释宪法、废除或撤销法律、行政法规和地方性法规的权力，司法机关没有违宪审查权。(4) 中国全国人大及其常委会没有司法职能，也不实行弹劾审判。

（四）中国全国人大与中央军事委员会的关系

中华人民共和国中央军事委员会是全国武装力量的领导机关，是最高军事机关。中国全国人大及其常委会与中央军事委员会的关系主要表现为：(1) 中央军事委员会由全国人大产生。全国人大选举中央军事委员会主席，根据中央军事委员会主席的提名，决定中央军事委员会其他组成人员的人选；全国人大闭会期间，全国人大常委会根据中央军事委员会主席的提名，决定中央军事委员会其他组成人员的人选；全国人大有权罢免中央军事委员会全体组成人员。(2) 中央军事委员会对全国人大及其常委会负责并接受其监督。(3) 中央军事委员会可以向全国人大及其常委会提出议案，并可依法列席全国人大及其常委会、各专门委员会会议。(4) 全国人大及其常委会有权制定有关法律，规定基本军事制度、军队管理、军队建设等。(5) 中国人大有权决定战争与和平；全国人大常委会有权决定全国总动员或者局部动员，决定全国或个别省、自治区、直辖市进入紧急状态。

第六节 中外代议制度比较分析

一 中西代议制度的主要差异

中国的人民代表大会制度和西方国家的议会制度，都是代议制度的具体形式，同属于民主制——间接民主制——代议制这一民主制度体系，它们有许多相同或相似的地方。但是，中国的人民代表大会制度和西方国家的议会制度都是历史条件和现实因素作用的结果，都是现实国家的一种政治制度，它们之间又存在着很大的差异。

（一）两种制度的本质特征不同

西方国家的议会制度经历了300多年的历史，尽管遇到过挫折和挑战，但至今不衰，根本的一点就在于它符合资本主义国家的国情，符合资产阶级统治的需要。它的本质特征在于为资产阶级统治服务。首先，它是调整统治阶级内部关系，实现资产阶级阶级统治的最佳形式。议会制度为资产阶级内部不同利益集团通过非暴力方式解决彼此间的矛盾提供了可能，既可以实现权力在统治阶级内部和平的、平稳的移动，又可以在一定程度整合统治阶级的利益。其次，它是调整资产阶级与其他阶级关系、维护资产阶级统治的最好工具。议会制度这种形式上的民主不仅能够满足统治阶级各集团及其大多数成员的政治需要，也能在一定程度上满足其他阶级，包括无产阶级的需要。相比起专制制度和法西斯制度来，议会制度对非统治阶级和被统治阶级更具欺骗性，更能迷惑人们。第三，它对于保持资产阶级的长期统治具有助推器的作用。近代以来，资产阶级之所以能够长期把持国家政权、维持阶级统治，与议会制度具有遏制腐败、保持国家和社会的活力有关。资本主义制度历经数百年而"腐而不朽"、"垂而不死"，至今仍显示出生机和活力，与议会制度等政治制度有关。

中国的人民代表大会制度的本质特征在于它是人民民主专政国家的理想的政权组织形式，是中国共产党人把马克思主义与中国实际相结合，在吸收人类优秀政治文明成果的基础上创造的符合中国国情的根本政治制度，是为中国各族人民服务的。首先，全国人民代表大会是由人民选举产生的，我国宪法规定的"人民"是指全体社会主义劳动者、社会主义事业的建设者、拥护社会主义的爱国者、拥护祖国统一的爱国者。他们广泛享有宪法和法律规定的公民权利，是人大制度的坚实基础。就民主的基础而言，人大制度较之西方国家的代议民主制政体更加广泛，具备充分的合法性。其次，全国人民代表大会行使人民授予的权力，向全国人民负责，接受人民监督。再次，人民代表大会制度通过不断发展、完善和创新，能够适应人民的需要、未来的需要，保持国家和社会的活力。

（二）两者的主体身份不同

中国全国人大的主体是全国人大代表，西方国家议会的主体是议员。西方国家议员大多数是专职的，只有少数两院制中上议院议员不是专职的。为了保证议员的专职性，西方国家规定了种种措施，包括任职资格、职业不相容和生活保障制度等。中国全国人大代表绝大多数是非专职的，只有全国人大常委会组成人员中的部分常委是专职的。全国人大代表都有各自的职业，绝大多数是来自各行各业的工人、农民、干部和军人。

（三）两个机关的结构不同

西方国家议会采用的是一院制或两院制的结构，美、英、德、法、日等主要资本主义国家大多采用两院制的结构。

中国全国人大采用的结构别具特色。中国全国人大的院制结构既不是两院制，也不是传统意义上的一院制，突出的特色就是在人大一院制的基础上设立代议机关的常设机构——人大常委会。因此，有人称中国全国人大的结构是"复合一院制"或"一院双层"结构。①

---

①　参见贾义猛：《试论"复合一院制"：现代代议机构院制理论与中国人大院制结构的现实选择》，http：//www.pssw.net/articles/a004j.htm。

（四）代议机关与其他国家机关的关系不同

西方国家议会与其他国家机关，特别是与行政机关的关系存在多种政体模式，如议会内阁制、总统制、半总统半议会制、委员会制等形式。在议会与政府之间，存在着比较规范、严格的分权和制约关系，是双向互动的。

中国的全国人大与其他国家机关的关系不存在多种模式的问题。全国人大是最高国家权力机关，其他国家机关由它产生并对它负责，受它监督。其他国家机关与全国人大只存在分工，不存在分权和制衡的问题，双方的关系是单向度的。

中国人民政治协商会议制度，使我国人大制度的实际运行呈现出一定的特色。政协会议是统一战线组织，是我国人民管理国家事务和社会事务的一个重要途径和方式，具有鲜明的中国特色。人大开会时，同级政协也同时开会，并列席同级人大会议，听取报告，提出意见和建议，对人大的决定发挥重大的积极影响。政协虽不是国家权力机关，也不是人大制度的法定部分，但它已成为人大制度成功运行的补充机制。

（五）代议机关与政党的关系不同

西方国家议会里通常是多党共存，通过议会党团及其领袖在议会内活动，党与党之间不存在领导与被领导的关系，议会政治与政党政治紧密结合。在两党制国家，两大政党在议会中起主导作用；在多党制国家，议会中多党林立，政党间的合作与斗争、联合与分裂不断。

中国全国人大在中国共产党领导下进行工作。中共和其他8个民主党派都有全国人大代表，但这些代表并不是由党派产生的；他们在全国人大的活动也不是按党派来展开的。

二　西方国家议会制度的发展变化

西方国家议会制度自确立以来，经过了300多年的历史发展，发生了很大的变化。特别是20世纪以来，西方议会制度的变化尤其明显。这些变化主要表现在：

（一）议会地位有所下降

议会的地位，是指议会在整个国家机构中所属的位置，也就是议会与其他国家机关的关系，主要是指议会与政府的关系。19世纪末、20世纪初以来，由于资本主义从自由竞争发展到垄断阶段，科技的迅猛发展，社会公共事务的大量增加，国家公共管理职能的不断强化，逐渐地改变了议会和政府之间的关系。一方面，议会因其立法程序僵硬烦琐，信息相对滞后，党派互相钳制，明显不能适应经济、社会变化和发展的需要；另一方面，政府权力高度集中，直接面对大量经济、社会矛盾，被迫而且能够及时地制定政策、有效地加以处理。因而，在不同的西方国家，不同程度地出现了国家权力重心从立法机关向行政机关转移的现象。议会的传统地位受到严重挑战，已经不能垄断制定法律的权力，控制与制约政府的权力也受到削弱。

（二）议会民主基础扩大

议会民主基础的扩大首先表现在选举权的普及和普选权的获得。选举权上的种种限制，包括财产、种族、性别等限制的取消，是经过广大人民群众在19世纪、20世纪前半叶不断斗争的结果。英国上院是贵族特权的直接体现，但贵族上院的权力也以有利于下院的方式受到很大限制。20世纪末，英国议会已经就上院改革进行了立法，取消部分贵族的上议院议员资格。

（三）议会制度不断改革和完善

为了使议会能够更好地适应新的形势，二战以后，特别是20世纪60年代以来，西方各国议会纷纷进行调整和改革。

1. 议会内部的组织更趋完善，有关立法活动的专门组织有所增加，机构设置更为合理美国国会的委员会，在建国之初只设有法案审查和选举两个专门委员会，以后尽管有所增加，但主要都是在 20 世纪增设的；20 世纪 70 年代，众议院设有 22 个常设委员会，参议院设 19 个常设委员会；在众议院和参议院各常设委员会下又分别设有 189 个和 112 个小组委员会。国会的辅助机构和服务人员也大增。议会内部的这种变化，有利于及时处理各种法案和议案，提高议会工作的质量和效率。

2. 议会的议事规则日渐完善

西方国家议会为了克服立法程序僵硬烦琐、立法效率低下等弊病，改革和完善了议事规则，如公平分配发言时间和发言次序，议会辩论公开等，有助于提高议会工作效率，优化议会形象。

3. 公民创议权和复决权得到发展

尽管公民个人的立法创议在西方国家还未普及，但在地方立法中已屡见不鲜。在瑞士、北欧一些国家，公民复决已经成为国家决定重大事项的重要手段。瑞士关于是否加入联合国、英国等国关于是否加入欧元区等，都是通过公民投票复决的。

尽管西方国家议会制度正经历着国家权力重心由议会转向行政部门的过程，但不能因此而断言议会衰落了，过时了。议会面临着巨大的挑战，但也面临着更新的机遇。议会制度的变化，也许正是适应新的形势变化的结果。

三　中国人大制度的完善途径

中国人大制度从确立以来，经历了一条曲折的建设道路。人大制度的建设，需要在实践的基础上，在借鉴其他国家优秀成果的基础上不断创新，使其得到丰富、发展和完善。就全国人大制度的发展和完善而言，既要看到制度创新的重要性，又要重视具体运作机制的实施。

（一）提高代表的素质与执政能力

代表素质的提高和执政能力的增强，既有代表自身的学习和培养问题，更重要的是把好代表的入口。怎样把好入口？一要调整代表结构。让更多与基层民众有直接联系的人进入全国人大，减少行政机关的官员担任全国人大代表的人数，除国务院的组成人员外，国务院和其他地方政府的行政官员，没有必要一定要进入全国人大；减少照顾性和荣誉性的安排。这将有利于增加全国人大的代表性，有利于加强全国人大对政府的监督。二要改善代表的选举办法。在直选和竞选暂时难以实行的情况下，适当地引入竞争机制，用于全国人大代表的选举。如让代表候选人直接向选举人作自我介绍、汇报工作、阐述看法、回答问题等。三要强化代表与选举单位的联系，真正接受选民的监督。如制定代表向原选举单位的述职制度和程序；规范代表与原选举单位保持联系的方式、方法和具体要求；制定罢免代表的细则和程序等。这将有利于加强选民对代表的监督，改变把人大代表看作"荣誉职务"的做法，使代表真正成为政治家。

（二）加强和完善全国人大常委会

全国人大常委会是全国人大的常设机关。在目前情况下，加强和完善全国人大常委会，应该是全国人大建设的重点。

其一，全国人大常委会组成人员实行专职代表制。西方国家的通行作法，代议机关的成员多数是专职的。实践证明，这种专职代表制有许多优点。在我国，实行全国人大代表全部专职化有一个过程。目前，应该首先实行全国人大常委会组成人员专职化。实际上，常委会部分组成人员已经是专职常委，操作起来并不困难。

其二，适当扩大全国人大常委会的规模，增加其代表基础。全国人大常委会可考虑将规模扩大到300—400人，产生的办法，应适当考虑地域因素，让各代表团都能有自己选举产生的全国人大代表进入常委会。具体做法可将一定比例的常委会组成人员名额分配给各代表团，由代表团选举，另外的名额由全国人大选举产生。

其三，延长全国人大常委会的会期。目前，全国人大常委会每2个月举行一次例会，每年举行6次，每次会议会期2周左右。为使常委会组成人员充分行使职权，加强立法与监督，提高工作质量，可考虑合并常委会的会期次数，每年3次，每个会期延长为2个月左右。在常委会休会期间，常委们进行调查研究，参加专门委员会的审议活动，与选举单位进行联系。

（三）健全专门委员会体制

全国人大的专门委员会在立法和审议议案方面，在监督"一府两院"方面扮演着极为重要的角色。为了发挥专门委员会应有的作用，必须健全专门委员会体制。

第一，在扩大全国人大常委会的基础上，适当增加专门委员会的数量。专门委员会数量过少、过多都不符合形势的需要。适当增加专门委员会，可使常委会对有关领域的立法工作加强，对政府有关部门的监督有力。如现有的教科文卫委员会可考虑分设2至3个委员会，可考虑增设宪法监督委员会、人权委员会、台湾事务委员会等。在专门委员会不宜过多的前提下，专门委员会下可设置若干小组委员会。

第二，扩大专门委员会的职权。应给予专门委员会对议案的初审权，即凡向全国人大及其常委会提出的议案、法案，应由相关的专门委员会初审并提交审议报告，再由全国人大主席团及常委会决定是否列入议程。

第三，加强专门委员会的监督功能。在议案（包括法律案、质询案）审议过程中，专门委员会可举行听证会或调查会，听取证词，收集意见。

第四，加强专门委员会在行政监督中的作用。专门委员会在重视法案审议的同时，必须重视对质询案的审议。全国人大常委会以全体会议的形式行使监督权，只能限于为数不多的重大事项。对众多行政活动和行政事务的监督，应发挥专门委员会的作用。有些质询案可交由专门委员会审议，由专门委员会向常委会报告结果；少数重要质询案交由专门委员会审议后再由常委会审议。

（四）加强财政审议权力的运用

全国人大及其常委会监督政府力度如何、效果怎样，很重要的是看运用财政审议权力的情况怎样。以前这方面做得很不够。今后，要从下面几个方面加强财政审议权力的运用：（1）制定合理的审议程序，细化审议过程。预算委员会在初审后，应将预算内容中的相关部分移交有关的专门委员会审议。专门委员会就相关部分审议后，将审议意见提交预算委员会，再由预算委员会拟定审议结果报告，提交全国人大或常委会讨论。（2）重大财政收支项目应单独立项审议。对于重大财政收支项目，应先通过立项审议，再纳入国家预算编制过程。（3）严格决算审议程序。对决算的审议，须与对政府行政活动的监督相结合。预算委员会在决算审议过程中，同样与各专门委员会协作，共同完成审议报告。在决算审议过程中，应要求国家审计机关在政府提交决算报告的同时，提交审计说明。

第二章 选举制度比较

在当代社会，选举制度是政治制度的重要组成部分，它既是公民政治参与的主要方式，也是公共权力获得合法性的重要依据。在人类社会日益进步的今天，选举制度已成为世界各国显示其进步程度的标志，成为政治文明不可或缺的组成部分。

第一节 选举制度及其相关范畴

研究选举制度，首先必须弄清与选举制度密切相关范畴的几个概念，从相关范畴概念的本意出发，溯流探源，来理解选举制度的内涵。

一 选举

从辞源角度而言，"选举"一词的内涵，东、西方差别不大。在汉语中，"选"字意为"挑拣、选择"，"举"字意为推荐、推举。在中国古代，所谓选举，是通过推选或科举选拔官吏的制度。英语中"election"一词，源于拉丁语动词 eligere，意为挑选。

选举作为一种政治实践活动，并非今天才有的，它是古已有之，并且在不同的历史时期，有着不同的表现形式。在中国，早在2100多年前，汉代刘安（前179—前122）在《淮南子·兵略》中就有"选举足以得贤士之心"的说法，在书中明确使用

"选举"一词。二十四史自新、旧两唐书以下，皆有《选举志》，"选举"在中国封建王朝中是一个备受重视的制度，古代选举，兼指选士与选官。《辞源》对此解释说："古代选举，兼指举士举官而言。自隋以来，分为二途，举士属礼部，包括考试与学校。举官属吏部，掌管铨选与考绩。"具体来说，中国古代的"举士"、"举官"制度经历了一系列演变过程。西周时期我国进入了早期的封建社会，它的世袭制与分封制、宗法制紧密相连，嫡长子世袭制，在官制上就是世卿制。两汉时期的官吏选任制度较有特色，它包括察举，就是根据皇帝下诏令所规定的科目，自中央及地方的高级官员向国家推荐人才，这是汉代选拔官吏的主要制度。此外还有辟除、征召、荐举、考试、任子、纳货等形式的官吏选任制度。魏晋南北朝时期的官吏任用制度为九品中正制，这项制度由三国魏王曹丕首先推行，它是各地方政府设立中正官，由中正官向中央政府推荐人才。中正官向政府推荐的用人依据有三项，即家世、才能与德行，并根据这三项把荐举的人评为九个品级。九品中正制为选拔官吏提供了较为严格的等级制度，具有一定的进步意义。

隋统一中国后，罢九品中正制，实行新的官吏管理制度。隋炀帝大业年间设进士科，这是科举制度正式建立的标志。"一切以呈文为去留"是科举制度最主要的特点。科举制始于隋唐，止于明清，是我国古代选举官吏的主要途径，这项制度前后实行了将近1300年，科举制在管理方法上，采用了公开竞争考试，优者授官的办法遴选官吏，并注意考用结合，量才授职。这些历经数代的"选官"、"举士"制度，反映中国历代政治家和思想家对如何选拔及管理人才给予高度的重视，反映出他们的治国理念，即"为政之要，唯在得人"，用人须用其所长，知人善任；强调任用官吏"必须以德行学识为本"。虽然这些反映的是统治阶级的利益，有着时代的局限性，但是它关于重视人才和选拔人才的思想，有其借鉴的意义。尽管如此，中国古代的选举制度与今天相比，还是有着实质性的区别，古代的"选官"、"举士"制度，是统治阶级为其统治的需要，在一定范围内实行的自上而下的"选拔"，这种选拔，是以忠君为前提的，这些被选拔上来的官员，只对皇帝负责，而并非对百姓负责，这是古今选举制度的根本区别之处。

西方的选举，也历经了古代、近代和现代几个时期。古代的雅典和罗马采用投票、抽签和举手表决等方式公开选择官吏。但是在古代西方的民主制中，享有选举权的公民只是少数奴隶主，地位低贱的奴隶是无权享用选举权的。在中世纪的欧洲，选举形式也曾被用作选择罗马教皇和罗马帝国的皇帝，后在斯堪的纳维亚各国的议会、教皇选举会议以及英国议会中，也连续运用了选举的形式。

西方近代意义上的选举活动，是伴随着资产阶级确立经济和政治上的统治后产生和发展的，也是在继承封建社会选举制度的基础上，加以改造并逐步完善起来的。西方近代的选举活动，以资产阶级"天赋人权"理论和人民主权学说作为其选举的理论基础，特别是资产阶级革命在 17 世纪、18 世纪的胜利，资产阶级统治的确立，在建立代议制政府机关的同时，也建立起近代选举制度，以实现"主权在民"的原则。"主权在民"原则对于否定封建专制制度，使选民通过政治参与的方式对国家政策方针等起到一定的促进、监督作用。

19 世纪以来，西方国家选举制度经历了数次改革之后，才逐渐建立了普遍、平等的选举制度。真正意义上现代选举制度从确立到完善，在西方主要国家经历了二百年左右的漫长过程，一直到二战后才完成。现代选举活动是以经济条件和政治自由作为前提条件，它与该国社会经济、政治的发展密切相关，并随它们的发展而变化，到今天，选举已被公认为权力移交的唯一合法手段，是现代民主制度的基础。

综上中外选举活动的发展过程，可以从中挖掘选举内涵的实质，选举实质上是实现民主的一种过程，人们通过选举活动，表达自己参政的一种愿望和行动。按《布莱克维尔政治学百科全书》的解释：选举"是一种具有公认规则的程序形式，人们据此而从所有人或一些人中选择几个人或一个担任一定职务"①。选举是指推选、荐举、推举、选择等，它由主体、客体、目的、程序等一系列要素组成。

所谓主体，就是从事选举活动的人；客体即是被推荐者或被选择者；目的是选举活动期望达到的目标；而程序是选举活动中所必须经历的一系列方法、步骤。简言之，选举是以一定的方式选举自己的代表或负责人的一种行为过程。

选举有广义与狭义之分。广义的选举，泛指对一切社会组织的管理者的选举活动，包括政党、社会团体、企事业单位选举产生自己的领导成员。而狭义的选举，是指对国家代议机关和某些国家领导人的选举活动。现代社会的选举与民主紧密相接，具体体现在：选举是民主政治的基础，它决定了选民政治参与的充分程度和选举本身是否公正、直接；选举提供了一种为公民所能接受的政治领导人的方法，而且，定期选举为权力和平转移提供了制度保障，它可以提高政治的权威合法性程度，使民主制度保持相对稳定；也可以促进公民的归属感、参与感和责任感。

二　选举权

选举权（suffrage）是公民的基本政治权利之一。主要是指公民依照法律规定享有选举国家代表机关的代表或其他国家机关领导人的权利。选举权与被选举权是一组相联系的概念，被选举

---

① 《布莱克维尔政治学百科全书》，中国政法大学出版社2002年版，第229页。

权则是指公民依照法律规定被选任为国家机关代表或其他国家机关领导人的权利。选举权和被选举权通常由一国宪法、法律规定并受到保护。

选举权作为一种政治权利，经历了从有限的集团逐渐向全体成年公民拓展的过程。早期的古希腊雅典民主制中，拥有选举权的是少数的奴隶主，20岁以下的男性以及所有女性和奴隶是与选举权无缘的。在近代，为了争取选举权、扩大选举权，资产阶级同封建势力进行了长期的斗争。在现代，工人阶级和广大劳动人民为扩大选举权同资产阶级进行了不懈的斗争。"扩大选举权，既是政府寻求民众对其合法性认可的途径，又是民众寻求政府的发言权的具体表现，其最佳形态便是普选制的彻底实现。普选制意味着只有公民选举产生的政府才具有合法性。这既是一种政治理念，又是一种政治原则。它向世人宣示，公民有权选择政府。因此，普选权奠定了现代民主政治的基础。"[①]　现在几乎所有的国家都已规定成年人享有选举权，除了必备的一定国籍和一定年龄享有政治权利、具有行为能力等条件外，有些国家还作一些特别限制的规定，如规定拥有一定数量的财产，受过一定的教育，达到一定的文化水平以及居住时限、职业等的限制。

在中国，选举权和被选举权被宪法列为公民基本权利的首位，它是公民参与国家管理的必要前提和有效途径。

三　选举法

选举法（election law）是指规定选举制度的法规。它包括选举国家代议机关代表、国家元首和各级政府首脑等不同方面的选

---

① 白钢主编：《选举与中国政治丛书》，中国社会科学出版社2001年版，总序第2页。

举法。选举法也有广义与狭义之分，广义的选举法是除了最高权力机关和立法机关通过的法律外，还包括有关国家权力机关通过的关于选举工作的一系列法令、条例、决议以及地方权力机关所颁布的选举有关细则等派生性文件资料。而狭义的选举法是指由国家最高权力机关或立法机关制定的国家选举制度的基本原则和组织程序的法律。

现代民主国家大多是通过选举产生国家权力机关及国家主要公职人员，一旦候选人当选，便表示以宪法所赋予的权力即可成立，因此，各种国家的选举活动必须按照选举法的规定来组织进行，在法律的框架下来实现当选者的平等性和公正性。

选举法具有不稳定性的特征，它经常反映着一个国家政治斗争的现状，它是宪法性法律中变化最多、最频繁的法律。这一方面说明一个国家的选举，特别是涉及到权力机关的选举，历来是各国统治阶级所关注的焦点问题，选举已被公认为权力移交的唯一合法手段，选举法的制定也应为选举服务，为所选举产生的权力机关服务；另一方面也说明各个国家政治力量对比关系不断变化的事实，任何政治力量都力图希望通过选举法的修改来达到继续掌权、执政的目的。正如列宁所指出的那样："国家的一切基本法律和关于选举代表机关的选举权以及代表机关的权限等等的法律，都表现了阶级斗争中各种力量的实际对比关系。"①

在中国，关于选举的基本法律有两个，即《中华人民共和国全国人民代表大会和地方各级人民代表大会选举法》、《中华人民共和国地方各级人民代表大会和地方各级人民政府组织法》。而且在中国，宪法是制定选举法的依据，它不但制约着选举法的制定，而且还制约着选举法的修改。

---

① 《列宁全集》第17卷，人民出版社1988年版，第320页。

四　选举制度

如同比赛需要有一定的规则一样，现代的选举活动也需要一定的制度加以规范、制约，而这项规则就是选举制度（electoral systems）。选举制度是指按照法律规定选举国家代表机关的代表和国家公职人员的制度。其具体内容包括选举原则、选举程序、选举方法、选举组织、选举经费、确定选民和候选人资格、选票的计算等。选举制度通常在一国的宪法、议会组织法或选举法中做出规定，具有规范性和相对稳定性。在实际运用中，选举制度应作如下理解：其一，选举制度是民主政治发展的必然结果和重要标志，也是当代民主国家重要的政治制度之一，是组织和调整国家权力活动的基本形式。其二，在有阶级、国家存在的社会里，选举制度是具有阶级性的，国家的性质决定选举制度的性质，国家的性质不同，选举制度的性质则不同。受各国政治、经济、文化等因素的多重影响，各国的选举制度除拥有选举制度必备的共性外，又具有不同的个性，使各国的选举制度在其发展过程中具有不同的个性色彩。

概括而论，选举制度的功能有：

1. 赋予政治权力合法性

从国家产生之日起，权力作为人类的稀缺资源，一直是政治生活的重心，权力意味着取之不尽的利益，为了争取权力古往今来不知多少人为此竭尽全力而奋斗。人类历史表明，政治权力斗争是极为残酷的，它影响着政治程序的稳定以至于国家的兴衰。马克斯·韦伯认为，政权合法性的获得，很大程度上取决于选举以及选举过程是否正当合理。现代西方国家所普遍建立并采用的选举制度很好地解决了政治斗争无序的状态。选举制度把政治权力的斗争有效地纳入了法律轨道，选举的有序性、合法性使政治斗争以公平、和平的方式进行，它使政变、暴动、暗杀等非法手段失去了市场和效用，现代国家一般不承认政变或武力夺权上台的政府，是因为这些政府施行统治的根据不是来自于民众，而是依靠外在的力量。通过民主选举制度，政府权力的获得才会真正来源于全体人民的授予，这种得到人民授予权力的政府才是合法的政府，才会具有可靠的权威。

2. 形成并表达民意

选举是公民参与政治的最佳方式，这种方式最早可追溯到古希腊时期，古希腊实现直接民主，通过抽签来公开选择官吏。现代选举制度采用直接民主、间接民主的方式来促使公民广泛参与国家的政治生活。通过定期选举，把分散、混沌的民意集中起来，变为公共的、多数人赞成的民众意愿，这正是林肯所言"民治、民有、民享"的民主精神的充分反映，在当今公民参与政治活动多种形式中，选举制度所提供的这种公民通过选举来参与的方式仍然是最有效和最重要的，是其他方式无法替代的。

3. 对未来的公共政策的实施产生预警作用

在越来越激烈的选举活动中，各个候选人为达到当选的目的，纷纷把重点放在关注选民偏好、关注社会问题上。因此，候选人在选举中要不断地宣传自己的治国之策，宣传自己未来的公共政策，选民在投其票的时候实际上也是选择其主张的公共政策的过程。在候选人当选之后，也预示着其政策即被承认，当选者应当对实行的政策负有政治责任，否则的话，选民就有权收回当初的授权或委托，可经由民主程序改组政府或采用其他手段，另建立符合民意的政府。政府的任期制和定期选举制的意义也在于此。

4. 提高公民的参与意识

现代西方各国，一直都自称是拥有世界上最完善的选举制度，但是由于各种利益的分化、冲突，愈来愈多的人对政治参与缺乏积极性、主动性，不少选民甚至对选举保持着中立的态度，因而选举几乎成为唯一能使全体公民一致行动的活动。每逢选举年、选举月、选举日，选民即使是被动员来参加选举活动，也多少感受到自己是在行使主权者的权利。他们通过比较各个候选人、竞选方针、政策，从而做出选择，这本身就是一种参与的过程。通过参与选举活动，选民与候选人、选民与选民之间都得到了交流、沟通，这些活动提升了选民的参政、议政能力，增加了公民对于国家的归属意识、参与意识与责任意识，使社会的民主法制意识得以整合提升，使民主观念家喻户晓、深入人心，从而推动了民主运动的发展。

第二节　选举原则

选举原则，是指不同国家选举制度中用来指导选举活动的基本原理和思想，这些基本原理和思想反映了不同国家选举制度所共有的基本特征，在各国长期选举实践中，得到多数国家所认同。选举原则反映选举制度的基本理念，贯穿在选举活动的过程中，有的甚至被载入相关的法律之中。选举原则的运用也能反映一个国家民主化程度。选举原则不是自古以来就存在的，它是在长期的选举实践中逐步形成的。

一　西方国家的选举原则

当代西方国家的选举制度，多采用普遍、平等、直接、秘密的选举原则。

（一）普遍选举权原则

普遍选举权原则是指每个拥有宪法规定的权利和义务的公民都拥有选举和被选举权。普遍选举权原则的确立经历了从限制选举到普遍选举的发展过程，这项原则在实现的过程中所遇到的阻力最大，所费时间也最长。普遍与有限是一个相对的概念，普遍选举权，即普选权的实现，受到了财产、性别、教育、种族的限制，它经历了从严格限制选举权，至逐步放宽选举权，以至最后确定普选权这样三个阶段。西方国家普选权的实现，经过二百年左右的时间，直到第二次世界大战以后，才逐步在各国实现的。

财产限制，是19世纪围绕选举权争论最为激烈的焦点问题之一，主要是指公民必须拥有一定的财产，包括土地或其他财产，或能交纳一定的税款，才可享有选举权的规定。拥有一定的财产，才拥有一定的选举权，这种观点在18、19世纪的英国十分盛行。英国资产阶级革命之后，曾于1711年制定法律，规定议会议员要有很高的财产资格，同时规定选民必须是纳税人。这条规定在当时限制了许多人拥有选举权，据当时的统计，拥有选举权的人只占当时成年男子的5％。英国杰出思想家密尔在1861年发表《代议制政府》一书写道："表决全国或地方税的议会，应专由对所加的税作某些支付的人选出。不交税的人，通过他们的投票处置他人的财产，就很有可能造成浪费而不会想到节省。"[①]　在西方国家，有些人认为选举资格不仅是选民的一个抽象权利，而且也是一种社会职能，纳税也是公民应尽的一项义务，要承担起这些权利、义务、社会职能，必须有一定的财产加以保证。法国早期的选举制度也对选民进行了严格的财产限制，这些财产限制一直持续到1848年二月革命后，才在宪法上规定年满21岁的男性公民拥有选举权。美国也一直到19世纪30—60年代才开始逐渐取消财产限制。但美国至今仍然有一些州规定，"乞丐流浪汉"及"受济贫院抚养的人"无选举权，法国和比利时也规定无偿还能力的破产者没有选举权。大约在20世纪60年代，大部分国家取消了对选举权的财产资格限制，清除了普选权实现的最大障碍。

---

① ［英］密尔：《代议制政府》，商务印书馆1982年版，第130页。

性别限制，主要是针对女性而言，在古代社会，女性被看作是"生性脆弱，不懂公务"被排斥在政治参与之外。在现代社会，女性也因性别差异被拒之选举之外，直至19世纪中期，没有哪一个国家在相关法律中规定允许妇女享有选举权，率先冲破这一束缚的是新西兰，它在1893年首先废除了选举权的性别限制，英国、美国、法国、西班牙、日本分别在1928年、1920年、1944年、1932年、1945年陆续取消了对妇女选举权的限制，这样使普选权的原则名副其实的得以贯彻。

此外，普选权在实现过程中，还曾受到教育程度、种族的限制，这些限制表现较为典型的是美国、南非。如美国南方的一些州直至1970年，还坚持一种名为"知识测验"的做法，剥夺黑人文盲的选举权，他们还利用所谓"祖父条款"，否定黑人的选举权。在南非，黑人在1989年以前没有选举权，这些有关教育程度、种族的限制，实际上也是针对众多下层民众而言的，是与普选权原则相背离的。

（二）平等选举权原则

平等选举权是指每个选民的选举权在价值或效力上是相等的，每一选民在一次选举过程中只有一次投票权，每票具有同等价值或效力。

平等选举权的基本含义有两点，一是选举权的平等，没有任何歧视性的资格限制。上述所言普选权的实现，经历了财产、性别、教育、种族等诸多的限制，实际上是一种不平等的限制，它的实质在于人格的歧视。罗尔斯在《正义论》中写道："当每一个有选举权的人都有一张选票的规则被严格坚持时，它意味着每张选票在决定选举结果中具有大致的分量。"① 罗尔斯在这里论述的一个中心就是选举权的平等问题，它实际上也是"人生而

---

① ［美］罗尔斯：《正义论》，中国社会科学出版社1997年版，第213页。

平等"的理念在选举具体实践中的体现，它是排斥身份、财产、教育等导致的不平等现象产生作为条件的。二是在选举过程中实行"一人一票"、"一票值一票"的制度。1918年前英国在下议院选举中长期实行复数投票权制度，它主要是指拥有固定资产的选举人除在居住地选区投票外，还可在其财产所在地再投一票到多票。牛津、剑桥等大学的毕业生可以分别在其住所选区和大学选区投票。这一制度直到1948年才废除。复票制的存在使有产阶级享有更多的特权，从而增加他们在决定公共事务上的分量和影响力，这也是有悖于平等原则的。平等选举的"一人一票"，"一票值一票"制度的确定，意味着差别选举的结束和公民政治平等权在法律原则上的建立。

（三）　直接选举原则

直接选举原则是指由选民直接投票选出议会代表或国家公职人员。直接选举原则中的"直接"蕴含着以下含义：一是选民直接选举候选人。例如美国在预选制度改革之前，党魁在烟雾缭绕的小屋利用暗箱操作产生候选人名单，但随着预选制度的改革，由选民在初选中提名候选人已成为州一级的选举方式。二是强调在整个选举过程中，选民的亲身、直接的参与，无任何委托性。直接选举比间接选举更具有民主性，它能减少中间环节过多，不能充分表达民意，甚至扭曲民意的缺陷，有效地避免社会上强势集团控制选举的企图，确保实现选民选择性选举的实现。

与间接选举相比，直接选举的操作具有复杂性，在选举过程中，选举信息的畅通，选民对选举是否广泛地了解；选举程序操作是否合乎标准，如必要的选举监督是否到位；选民的参政意识是否强烈等等问题，均是关系到直接选举原则能否完整地实现的关键性因素。但随着社会经济的飞速发展，大众传媒的日趋发达，公民知识水准与政治参与意识的提高，直接选举原则的实现会日臻完善。

（四）秘密投票原则

秘密投票原则是指选民在选举过程中采取无记名投票的方式进行投票表决。

在资本主义国家初期，一些西方国家实行公开投票制，在公开的条件下以举手表决、欢呼表决、双记名表决等公开的方式进行选举。这种公开投票的方式严重地干扰了选举活动自由公正的进行，它也成为1837年"伦敦工人协会"拟定的争取普选权的斗争纲领中提出"实行秘密投票制"的契机。19世纪中期以后，废除公开投票制的呼声高涨，西方各国普遍确立了秘密投票制。

确立秘密投票原则的意义在于，它充分保障了选民独立自主的权利不受外部干扰和压制，保障了选民的个人隐私权，使选举成为选民自由性选举，从而也保障了选民政治自由的权利；从另一个角度而言，这项原则的确立也可以最大限度地减少胁迫、贿选等不法选举行为的发生。

总之，西方国家的选举原则的确立经历了一个曲折的过程，目前各国在选举实践过程中基本上是遵循这些原则的。

二　中国的选举原则

当代中国的民主选举可追溯到土地革命时期的工农苏维埃政权的选举，但作为一项制度存在是在新中国建立以后。建国后，中国先后在1953年、1979年颁布过两部选举法，并对1979年颁布的选举法，在1982年、1986年、1995年进行过三次重大修改，其中最引人注目的修改是将直选范围从乡级扩大到县级，选民或者代表10人以上联名可推荐代表候选人，实行差额选举，这些举措的提出和改进，使中国的选举制度的发展更趋向于民主化，逐步确立了中国选举制度中的选举原则。

（一）普遍选举权原则

中华人民共和国宪法第三十四条和选举法第三条均规定：中

华人民共和国年满 18 周岁的公民，不分民族、种族、性别、职业、家庭出身、宗教信仰、教育程度、财产状况和居住时限，都有选举权和被选举权。依照法律被剥夺政治权利的人没有选举权和被选举权。按此规定，公民只要依法具有中华人民共和国国籍，年满 18 周岁，享有政治权利，就有选举权和被选举权。不因他的民族、性别、种族、职业、财产多寡等因素被剥夺选举权和被选举权，也就是说，中国公民的选举权不因公民天生的差别和后天的经济、教育等状况造成的差异而受到影响，这对整个社会来说，体现了选举的普遍性。

与西方国家所采用的变相财产资格的限制，例如"乞丐流浪汉"及"受济贫院抚养的人"无选举权等规定的限制，中国公民所拥有的选举权和被选举权是真正意义上的普遍性，这也是中国选举制度上的最大特色。

（二）平等选举权原则

平等性，表现在中国选举原则中有这样几层含义：（1）选民在平等的基础上参加选举。如前所述，年满 18 周岁公民的选举权和被选举权不因民族、种族、性别、职业、家庭出身、宗教信仰、教育程度、财产状况和居住时限等因素而受限制，这点对每个公民来说，体现着选举权的平等性。（2）"一人一票，一票一价"。中国选举法第四条规定："每一选民在一次选举中只有一个投票权。"这种选民的投票权平等概括起来有两层涵义：一是每一选民在一次直接选举中只能有一个投票权，不能同时参加两个或两个以上地方的选举；二是每一选民所投的票的效力是相同的，既不允许任何选民有任何特权，也不允许对任何选民有任何限制和歧视。

然而，平等原则表现在我国的选举制度中某些方面不是绝对的平等，而是相对的平等，也就是根据我国地大物博，农村人口众多和少数民族种类多、人口少等客观因素，作了一些变通性的规定。如现行选举法规定，在县以上的各级人大代表选举中，农村每一代表所代表的人口数一般 4 倍于城市每一代表所代表的人口数。又如，在少数民族选举代表方面，选举法规定，人口特少的民族，至少应有全国人大代表 1 人。中国有 56 个少数民族，汉族占全国总人口数的 91.96%，其他少数民族的总人口数为 8.04%，选举法的上述规定，旨在使人民代表大会具有广泛的代表性。

（三）直接选举与间接选举相结合的原则

直接选举与间接选举是选举的两种方式，根据中国选举法第二条规定："全国人民代表大会的代表，省、自治区、直辖市、设区的市、自治州的人民代表大会的代表，由下一级人民代表大会选举。不设区的市、市辖区、县、自治县、乡、民族乡、镇的人民代表大会的代表，由选民直接选举。"根据这条规定，中国是采用直接选举与间接选举相结合的原则。

中国直接选举范围经历了一个变化过程。1953 年选举法规定："全国人民代表大会之代表，省、县和设区的市人民代表大会之代表，由其下一级人民代表大会选举之。乡、镇、市辖区和不设区的市人民代表大会之代表，由直接选举产生，县和县级以上的各级人民代表大会代表，均由间接选举产生。"到 1979 年，经过 20 多年的社会主义革命和建设，中国各项建设都有较大的进展，特别是 1978 年 12 月，中国共产党的十一届三中全会使中国发生了历史性转折，1979 年选举制度的改革，也是中共十一届三中全会政治体制改革的重要内容。1979 年 7 月 1 日，五届全国人大二次会议制定的选举法的重要改革其中之一是将农村中直接选举的范围由过去乡镇一级扩大到县一级。虽然从文字上看，扩大的范围并不大，但农村人口占我国人口的比例是绝大多数的，所以这次扩大直接选举所涉及的人员是广泛的，意义是重大的。

与直接选举相比，间接选举也有其有利之处。它的优点在于能减少群众普选产生的盲目性，能节省工作量和节约经费。但谁也无法否认，直接选举比间接选举更能体现民主，直接选举能减少中间的中转环节，便于选民亲自挑选自己最信任、最了解、最认可的人参加到国家权力机关之中；同时，也能直接监督代表是否能更准确地表达民意，及时反映选民的呼声和要求。据统计，现在世界上180多个国家的议会中，一院制的议会和两院制议会中的下院，大约只有6个国家议会不是直接选举产生的。中国人大代表的多层间接选举使中国先进的民主选举理论与落后的选举实践形成反差。"我们的理论历来为我国的高度民主而自豪，而民主实践却差距较大。发扬社会主义民主，让人民更充分直接地行使当家作主的权利，就必须不断扩大代表的直接选举范围。"[1]

（四）无记名投票原则

如前所述，无记名投票，能更真实地表达选民的意愿，它强调的是选民本人亲自填写选票，并将选票投入选票箱来完成这一过程。当然无记名投票原则对选民自身的素质和文化程度也在某种程度上有所要求，如选民要识字，否则分辨不清候选人的姓名。中国也是逐步实现无记名投票原则的。1953年选举法第五十五条规定，基层选举和县级人大代表的选举，"采用以举手代投票方法，亦得采用无记名投票方法。县以上各级人民代表大会之选举，采用无记名投票方法。"当时之所以采取这样灵活的规定，是因为正值解决初期，群众中有大批文盲，如果一律采用无记名投票的方式，会给选举带来困难。经过几十年的发展，中国各项建设发生了突飞猛进的变化，群众的生活水平和文化水平也发生了翻天覆地的变化，特别是新中国成立后成长起来的一代新人，不再为识字所困扰，许多群众都成为生产、科研战线上的风

---

[1] 蔡定剑：《中华人民代表大会制度》，法律出版社2003年版，第172页。

云人物，事过境迁，选举法的有关条款也得到修正。现行选举法第三十六条规定："全国和地方各级人民代表大会代表的选举，一律采用无记名投票的方法。""选民如果是文盲或者因残疾不能写选票的，可以委托他信任的人代写。"

第三节　选举组织与选区划分

一　选举组织与选区划分论析

选举是一个群众广泛参与活动，但这个活动是有组织、有纪律、有程序地进行的，这种组织性、有序性来自选举组织对选举工作的组织、领导、部署、安排。

因此，任何国家在举行任何政治选举时，首先要组织一个指导和实际主持选举活动的组织。选举组织就是依法代表选民主持选举工作的组织或机构的总称。

选举组织具有自身的显著特点，其一，具有特定法律地位。一般而言，选举组织不是自发产生的，它常常是依据相关法律，如选举法而设立的，它的工作也是严格按选举法的程序进行。其二，工作的阶段性和机构设置的灵活性。选举是一项周而复始的周期性的活动，它工作的阶段性较强，选举组织也就具备这种周期性和阶段性。当选举工作开始时，它进入到工作状态，当选举工作结束时，它也随之进入到休息状态。它的这种特性也使它机构的设置呈现出灵活性，许多国家的选举组织属于非常设组织，大多是在选举期间设立，选举结束后即告解散或撤销。

选举组织是选举工作的首要环节，它的设立关系到选举工作是否能顺利进行。它可以划分为以下类别：从层次上分，有中央选举组织、地方选举组织。从时限上分，有常设组织、非常设组织。选举组织的划分没有一个固定的模式，它的划分依据各国的具体情况而定，呈现出多样化的特点。但从功能上看，它们又呈现出统一的特点，那就是通过自己有效的组织、工作，推动选举活动有组织、有领导、有程序地进行，最终完成选举任务。

选区（constituency）是基本的选举单位，是由法律规定选举国家代表机关代表或公职人员时划分的区域。选区划分是选举制度中重要的环节。《简明不列颠百科全书》关于"选区"这样写道："国家的各选区，最理想的是人口相等。为了尽可能达到这一点，就周期性地调整选区边界。选区的形成常常是根据地理上的因素，但也可能根据职业上的因素（比如英国就曾有过大学选区）。"[①] 实际操作中，选区的划分虽然大多数国家按照地域来划分选区，但选区的划分并没有固定的模式，因其里面蕴含着奥秘的政治因素，所以有些国家选区的划分奇形怪状。选区的划分不是简单的地域分割，而是与许多重大因素密切关联，甚至成为党派或利益集团的协调杠杆。

二　西方国家的选举组织与选区划分

（一）西方国家的选举组织及职权

选举是西方国家的一项重要政治活动，在这些国家大多有常设的中央选举组织，它们有着相同的性质和功能，只是在称谓和职权上大同小异。

西方国家的选举组织主要有：联邦选举委员会——美国常设的中央选举组织。它的基本职权是主持、领导和办理联邦选举事务。选举管理委员会——日本、韩国等国家设立的专门负责选举事务的常设选举组织。在日本，自1945年起就有选举管理委员会的设置，分中央和地方两个层级，两者分工不同，中央选举管

---

① 《简明不列颠百科全书》第 8 卷，中国大百科全书出版社 1986 年版，第 723—724 页。

理委员会主要职责是负责参议院"全国选区"议员的选举组织事宜。地方选举管理委员会不仅要负责都道府县等地方议会议员和知事的选举组织事宜，还要负责众议院议员和参议院地方选区议员的选举组织事宜。韩国也有选举管理委员会的设置，并且是多级制，其职权较之日本的选举管理委员会更大些。首席选举官公署——加拿大联邦议会负责管理选举事务的专门机构。它的职责除领导、监督联邦大选中各选区的组织及管理事宜外，还要负责培训各级选举管理委员会负责选举的官员，检查选区划分的界限及投票站的设置，对参与竞选的政党进行登记、筹备大选所需的物资和经费等等。选区委员会——德国常设的中央选举组织，其职责是专门负责全国的选区划分事宜，但不涉及其他选举事宜。选举代理人——英国竞选过程中一种特殊的专门负责组织竞选的班子。英国政党参与竞选实行的是专门的选举代理人制度。候选人的一切选举活动，包括召开选民大会、联系选民、印刷和散发文件等等，都取决于选举代理人的工作。[1]

（二）西方国家的选区划分

一般情况下，选区有两种分法，一种是以地域为单位选举代表的方法，称为地域代表制；另一种是以职业团体和企业协会划分选举单位选出代表的方法，称为职业代表制。但从实际情况看，采用"职业代表制"的国家只是极少数，迄今未普遍通行。

在实行地域代表制的国家，为了实现选举的公正和平等，多数国家在划分选区时遵循以下基本原则：一是"一人一票"原则，即每个选区同等数量的代表必须由同等数量的选民选举产生；二是行政区原则，即强调以自然疆界来划分选区，以行政区作为划分选区的依据；三是人口分配原则，强调定期进行人口普

---

① 胡盛仪、陈小京、田穗生：《中外选举制度比较》，商务印书馆2000年版，第98—100页。

查，按照人口普查结果，随时调整选区，以保证代表的代表权平等。

按地域代表制进行选举，根据选区选出的代表数，可以分为小选区制和大选区制。小选区制，又称为单选举区制，即每个选区只能选出一名代表，获得多数票者即可当选。目前美国、英国、法国、加拿大等国家都采用小选区制。大选区制，又称为"复选举区制"，即每个选区可选出 2 名以上的议员。目前德国、意大利等国家采用大选区制。大、小选区的划分，对不同政党的候选人能否当选具有一定的作用。采用小选区制，一般对大党比较有利，因为每个选区产生一名代表，再加上小选区一般实行相对多数的计票方法，选民一般愿意把选票投给知名度大、影响力强的候选人，因而大党候选人容易当选。采用大选区制实行比例代表制时，相对来说较利于小党派，因为每个选区产生多名代表，各政党都有可能有一定名额的候选人当选，选票能够最大限度地得到利用。大、小选区各有利弊，采用小选区制，容易产生胜利者，选举过程相对简单，利于大党执政。采用大选区制，便于选拔人才，但容易造成小党林立，带来政局动荡的后果。有些国家并不是只实行单一的选区制，而且，同一国家在不同历史时期在选区的选择上，也经常变化。如日本历史上曾多次变换选区制，仅二战后就发生过几次变化。1945 年采用大选区制，1947年又改用中选区制，1994 年底实行小选区和比例代表制选区并行制。

三　中国的选举组织与选区划分

（一）中国的选举组织

中国目前的选举组织有三大类型：即主持直接选举的选举组织、主持间接选举的选举组织和军队的选举组织。中国的选举组织属于非常设性组织或暂时代行职权的组织。

1. 主持直接选举的选举组织

在 1979 年以前，中国是在乡一级实行直接选举，1979 年以后，将直接选举扩大到县一级。根据选举法第七条规定，不设区的市、市辖区、县、自治县的选举委员会受本级人民代表大会常务委员会的领导。乡、民族乡、镇的选举委员会受不设区的市、市辖区、县、自治县的人民代表大会常务委员会的领导。直接选举设立专门的选举委员会，是因为直接选举选民数量大，而且要有划分选区、登记选民、组织候选人的提名、组织投票等大量繁琐、细致的工作要做，加上乡镇一级没有人大常设机构，因此设立一个专门的机构负责选举工作，有利于选举工作的组织、领导。

选举委员会的职权有：(1) 主持本级人大代表的选举。(2) 进行选民登记，审查选民资格，公布选民名单，受理对选民名单不同意见的申诉，并决出决定。(3) 划分选举本级人大代表的选区，分配各选区应选代表的名额。(4) 根据较多数选民的意见，确定和公布正式代表候选人名单。(5) 规定选举日期。(6) 确定选举结果是否有效，公布当选代表名单。

2. 主持间接选举的组织机构

根据现行的选举法第七条规定：全国人民代表大会常务委员会主持全国人民代表大会代表的选举。省、自治区、直辖市、设区的市、自治州的人民代表大会常务委员会主持本级人民代表大会代表的选举。也就是说，与直接选举成立专门的选举委员会不同的是，间接选举工作由本级人大常委会主持，代行选举组织职权。

地方各级人大常委会在组织人大代表选举中负有以下职责：(1) 省级人大常委会决定本行政区域各级人大代表的名额。(2) 省级人大常委会有权根据选举法的规定，制定选举法实施细则。(3) 省级人大常委会和设区的市、自治州的人大常委会主持本级人大代表的选举，并做好上级人大代表选举的有关准备工作，等等。实际上，设区的市、自治州以上各级人大常委会主持本级人大代表选举工作的主要任务就是分配应选代表名额，确定代表候选人名单，确定投票时间，组织代表投票、计票并确定当选名单。

3. 中国人民解放军的选举组织

根据选举法第五条规定，人民解放军单独进行选举，选举办法另订。1996 年 10 月 29 日，第八届全国人民代表大会常务委员会第 22 次会议修订了《中国人民解放军选举全国人大和县级以上地方人大代表的办法》，根据此办法，人民解放军选举委员会的组成人员，由全国人民代表大会常务委员会批准。

（二）中国的选区划分

1953 年选举法规定，选区按居住状况划分。1979 年选举法修改为选区应按生产单位、事业单位、工作单位和居住状况划分。1986 年选举法又修改为选区可以按居住状况划分，也可以按生产单位、事业单位、工作单位划分，现行的选举法仍保持着这一规定。可见，从这一规定中突出了按居住状况划分选区。目前在实践中，农村基本上按居住状况划分选区，城市则主要按生产和工作单位划分选区，不好按生产、事业、单位划分的，按居住状况划分。

实践证明，按居住地划分选区或按生产、事业、工作单位划分选区各有利弊。按居住地划分选区的优点是：一是选举与选民利益联系密切。因为选民需要解决的衣食住行很多生活问题多集中在居住区域内。二是选民地位平等，没有单位里复杂的行政隶属关系。但按居住地划分选区存在组织选举工作难度大，选举费用高等缺点。按生产、工作单位划分选区的优点是：组织选举工作方便易行、省事，选民对候选人容易了解。不足之处是选民与本地区的利益关系不密切，容易忽略对本地区事务的管理；再加上单位中的行政隶属关系，选举中代表的当选容易行政化，影响选民自由选举权力的发挥。

在中国选区划分中，要贯彻以下原则：一是人口分配原则。选区划分时每一代表所代表的人口数应当大体相等，要避免选区的划分随意化和行政化。据调查，在中国个别地区选区的划分人为因素太重，以至于破坏了选举的平等原则。二是方便原则。选举是一个民众广泛参与的民主活动，选区的划分应体现这一原则，它既要方便选民联系代表，代表联系选民，又要利于选民对代表实行监督和罢免。三是民族平等原则。中国是一个拥有 56 个民族的大国，在划分选区时，应注意谐调各民族之间的关系，尽量把同一民族或民族特点相同的少数民族划为同一选区，充分保障少数民族选民的利益得以充分表达。

第四节　选举方式与选举类型

选举方式是指选举所采用的形式和方法。选举方式对选民或选举人在选举过程中表达个人的选举意志产生直接的影响，也影响到选举结果的真实性和公正性。选举方式主要包括两方面的内容：即公开选举和秘密选举；直接选举和间接选举。

选举类型是对选举属性进行的类别划分。依据不同的划分标准，可将选举分为不同的类型。依据选举时间的不同，可将选举分为大选和中期选举；依据选举规模的不同，可将选举分为一般选举和补缺选举；依据选举对象的不同，可将选举分为议员（代表）选举和国家领导人选举等。

一　西方国家的选举方式与选举类型

（一）西方国家的选举方式

西方国家在选举制度的形成和发展过程中，创造了不同的选举方式，主要表现在：

1. 公开选举和秘密选举

公开选举指在选举过程中，选举人在公开的环境下公开表明个人的选举意志。公开选举包括口头投票、喝彩投票、举手投票、双记名投票等方式。西方国家早期的民主选举，主要采用公开选举的方式，如古罗马帝国采用的口头选举，就是一种公开选举方式。17 世纪英国资产阶级革命胜利后，选举作为国家权力转移的唯一合法形式取代了封建国家的家族血统继承制，当时资产阶级某些学者认为，只有在经济和文化上独立的人，才能抵制经济和社会的压力，在选举中形成独立的政治判断和选择；参加选举投票的每个人，必须对投票负责，因此选举必须是公开的。这样，公开选举直到 19 世纪中叶以前，一直是西方国家普遍采用的主要选举方式，丹麦、冰岛、普鲁士、匈牙利等国家甚至沿用至 20 世纪初。随着经济的不断发展，选举权的日益扩大以及由此带来的利益群体的分化，公开选举的弊端日显突出，这样，西方各国先后制定法律，开始了从公开选举向秘密选举转变的选举方式变革。法国是最早采用秘密选举方式的国家，但当时的秘密投票方式是由双记名投票改为单记名投票，即选举人只在选票上写上自己选择的被选举人姓名，而不写选举人本人姓名，这种单记名投票比双记名投票进步了许多，但选民书写留下的笔迹仍不能完全保证投票的秘密。

1856 年，澳大利亚发明了一种新的秘密投票方式。政府承担印刷统一的选票，选票上印有全部候选人的姓名，选民投票时，只在自己选择的候选人姓名上划下规定的记号；选民到特设的独立投票室投票，投票室附近不允许他人逗留、窥视、宣传等。这种投票方式比较独立，有效地保证了投票人投票的自由权，杜绝了选票的金钱交易。这种被称为"澳大利亚式投票制"的选举方式很快被西方各国仿效。目前，秘密投票方式已成为西方各国议会选举的方式。

2. 直接选举和间接选举

直接选举这种选举方式能使选民与被选举人之间的关系更加密切，能公正、直接地表达选民的意志，从理论上讲，还能加强选民对当选者的监督作用，因而被认为是一种比较理想的民主方式。与直接选举相对立的是间接选举。间接选举由两级或多级选举完成。相对直接选举而言，间接选举的选举成本较低，易于组织和控制。纵观西方各国的选举，除议会下院议员的选举采用直接方式外，议会上院和国家领导人的选举多采用间接选举的方式。

英国的下议院议员全部都是由直接选举产生的，而作为政府实际首脑的内阁首相，由下院中获多数议席的执政党首脑出任，即由下院间接产生。美国的国会议员是由选民直接选举产生的，而美国总统是通过总统选举人团间接选举产生。

德国是一个实行联邦议会民主制的国家，联邦议会的议员由全体选民以直接选举的方式选举产生，联邦总统由联邦大会以间接选举的方式产生。作为政府首脑的联邦总理，由联邦总统提名，经联邦议院选举产生，最后由总统任命。法国的总统和国民议会的议员是直接选举产生，而参议院的议员是间接选举产生。参议院议员的选举是以省为选举单位，由各省选举产生的国民议会议员、省议会议员和部分市议会议员组成的选举团选举产生。

3. 竞选

在英文中的表述是 campaign，其原意为"野战"，是一个军事用词，19 世纪初开始在美国的竞选活动中使用，有通过挨家挨户地宣传，召集群众集会，散发宣传品来争取选民的含义。①

---

① 唐晓、王为、王春英：《当代西方国家政治制度》，世界知识出版社 2001 年版，第 86 页。

竞选是当代西方国家选举制度的重要特点，其总统、议员都是通过竞选方式产生的。竞选是一个比较复杂、动态的过程，它的产生和发展有一定的背景和生态环境等因素，西方国家的竞选活动堪称一幕巨型政治话剧。在竞选过程中，竞选班子的筹建、候选人的推出、竞选纲领的拟定、竞选经费的筹措、竞选班子在全国各地各选区的来回奔波，都时刻展现着各党派、各政治力量之间的纷争与聚合。竞选是一种竞争机制，它体现优胜劣汰，这不仅是自然界的发展规律，也是人类社会发展的动力。从民主意义上讨论，竞选是值得推崇的，它不仅能展示候选人各方面的才能，锻炼他们的意志，而且也可能通过竞选的方式让选民进行全方位的考核，选择出自己满意的候选人来。

（二）西方国家的选举类型

1. 大选（general election）

通常指全国性的对公职候选人的最后抉择。大选在西方各国所蕴含的意义各不相同，在内阁制国家，如英国、德国，大选指的是议会下院议员的选举，因为英国的下议院享有广泛的立法权，且内阁首相和政府官员从下院产生，因此大选是全国所有选区同时进行的议员选举，大选可以是每五年一届议会任满时举行，也可因国王经首相建议提前解散议会而提前举行。在一般的总统制国家指总统选举年的总统选举。在美国，大选指每 4 年举行一次的总统选举与同时举行的国会选举的合称。美国的总统选举每四年举行一次，国会选举每两年举行一次，国会选举中，众议院议员每 2 年改选全部议员，参议院则每 2 年改选其中的三分之一。这样，国会选举有时和总统选举同时进行，有时在两次总统选举之间进行，大选即指在同一偶数年里，总统、众议员和三分之一的参议员同时进行的改选。

2. 中期选举（off-year election 或 mid-term election）

一般指议会议员，特别是上议院议员部分改选的一种方式。

在法国，参议院议员每3年改选三分之一。而在美国，中期选举指两次大选之间进行的国会单纯选举，众议员和三分之一参议员的改选。

3. 预选（primary election）

在美国的政治术语中，预选指产生公职候选人的选举。公职候选人都由两大政党提名，因此预选实际上是在两党内进行的，即政党提名候选人的选举。现在，当人们使用"预选"这个词时，指的就是直接预选：一是在国会议员、州和地方公职的选举中，由两党的选民直接投票确定该政党提名的候选人；二是在总统选举中，需要经两党的全国代表大会通过竞选纲领和确认总统候选人提名，预选指的就是由选民直接投票产生两党全国代表大会的代表。两大党选择候选人的党内预选实际上是当选议员、州长，以至总统的唯一渠道。预选是美国选举制度的特点之一。美国各州的预选规则不尽相同，有的州采用关门预选，也叫封闭式预选，要求选民必须是一党成员，才能参加该党的预选，因而是一种严格的党内预选；有的州采用开门预选，也称开放式预选、跨党预选，即选民无须进行党派登记，选民可以按照自己的意愿在任何一个党的预选中投票；有的州还可以大开放预选，选民无须宣布自己的党籍或政党倾向，并且可以在一个以上的政党预选中投票。此外，决胜预选是指如果第一次预选中没有任何候选人获得半数选票，就要在得票最多的两名候选人之间举行第二次预选。

4. 特别选举，又称补缺选举

指议会议员因某种原因出现缺位时进行的一种增补性选举。

5. 总统选举

西方实行总统制的国家，总统作为国家元首，其选举方式不同于议会议员选举，西方各国的总统选举各具特色。美国总统选举是在全联邦范围内进行，但美国总统选举实行的是间接选举制，由美国 50 个州选出人数不同的选举人，再由这些选举人选举总统。每州选举人的多少与该州所选出的参议员数和众议员数之总和相等。德国总统由联邦大会选举间接产生，联邦大会由联邦议院议员和同等人数的各州代表组成，由联邦议院主席负责召集和组织投票选举。意大利总统则由参、众两院召开议员和各区代表联席会议选举产生。法国总统的选举方式较为特别，第二次世界大战以来，法国共制定了两部宪法，分别是 1946 年宪法和 1958 年现行宪法。在 1946 年宪法下，总统由国会选举产生，在 1958 年宪法即现行宪法（又称为第五共和国宪法）下，法国总统由全国选民直接选举产生。在西方国家中，美国总统的选举以其耗时最长、耗资最多、程序最为繁琐、影响最大引起世人的瞩目。

6. 议会选举

即产生国家议会议员的选举。西方各国的议会一般实行两院制，即上院或下院，有的国家也称为参议院和众议院。一般下院或众议院的议员选举由选民直接选举产生，所以，议会选举多指下院或众议院议员的选举。西方各国议员的选举也是各具特色。英国上院议员无须选举，它的成员是由世袭贵族、终身贵族、宗教贵族、皇室贵族和上诉审贵族组成。所以上院又称为贵族院，同英国国王、枢密院等一样，都是 17 世纪英国资产阶级光荣革命时与封建贵族相妥协的产物。英国议会下院议员的产生是通过选举的方式。美国国会两院议员经选举产生，而且两院议员任期没有限制，可以连选连任。众议员的人数不是宪法规定的，而是由国会决定的。参议院议员的选举，按美国宪法规定，由各州议会选出，不论州的大小，每州选 2 人；每届任期 6 年，每 2 年改选其中的三分之一。日本国会分为众议院和参议院两院，众议员任期四年，参议员任期六年，每三年改选半数，参议院不能被解散，只能按时改选。在西方国家中，只有日本和美国的国会两院均采用直接选举制。德国议会分为联邦议院和联邦参议院两院。联邦参议院的议员是由各州政府任命其政府成员担任而不是选民选举产生的。在德国议会中，只有联邦议院的议员是通过选举产生的。联邦议院议员的选举，是德国最重要的选举，它将决定由哪一个党执政。联邦议员任期四年，届满全部改选。法国议会分为国民议会与参议院两院。国民议会议员由直接选举产生，议员任期5年。参议院的参议员由各省组成的选举团间接产生，选举团的组成人员为国民议会议员、省议会议员、市议会议员代表。参议院任期9年，每3年改选三分之一。

7. 地方选举

其释义是因国家结构形成而界定的。在单一制国家里，地方选举指地方各级议会议员的选举，如法国的大区议会、省议会、市镇议会等议员的选举；在联邦制国家，地方选举指州以下各级地方议会议员的选举，包括选举产生地方行政长官，这种选举在联邦和州议会议员选举之外。西方各国的地方选举都采用直接、普遍、秘密的选举方式，选举时间因国而定。

二　中国的选举方式与选举类型

(一)　中国的选举方式

我们这里所讨论的中国的选举方式，是指从新民主主义革命时期发展而来的当代中国选举方式，主要有：

1. 直接选举与间接选举相结合的方式

这种相结合的方式在前面第二节中国的选举原则中已有所论述。由于经过了几个层级的转接，其选举结果远远不能够更加直接地反映选民的选举意志，但对于中国这样一个有着几千年封建专制统治的国家来说，已经是发生了根本的变化。当代中国人民代表大会实行的多层次间接选举还需要改进，其发展方向应该是实行直接选举的级别越来越高，直到全国人大的代表都由直接选举产生。但是，现阶段中国还不具备直接选举全国人大代表的条件，直接选举能达到哪一级，要根据国家的政治、经济、文化、交通、通讯等方面的实际条件逐步推进。

2. 等额选举与差额选举的方式

等额选举是指提供的候选人名额与应选代表名额相等的一种选举方式。中国在 1979 年选举法修改以前的各级人大代表选举，均采用等额选举的方式。差额选举是指提供的候选人名额多于应选代表名额的一种选举方式，也称不等额选举。没有差额的选举，不是真正的选举，只能算是一种确认或批准。现代民主国家一般都实行差额选举，并且把它视为选举制度的一项原则。中国是在 1979 年重新颁布选举法后，才实行差额选举的，这是中国民主政治建设迈出的重要一步。

3. 举手表决与无记名投票方式

中国的举手表决方式源于民主革命时期苏维埃工农民主政府的选举，1931 年颁布的《中华苏维埃共和国选举细则》第三十条和 1933 年颁布的《苏维埃暂行选举法》第十五条规定：选举不用书面投票，而用举手表决方式，获举手的多数者当选，公开举手表决成为当时民主选举的方式。在抗日民主政府中，民主选举也曾采用秘密的无记名投票方式，选民在选票上只写被选举人的姓名，不写自己的姓名。限于当时广大工农民众的文化程度，还变通地创立了"圈名法"、"投豆法"等秘密选举的形式。

新中国成立伊始，1953 年的选举法规定，乡、镇、市辖区和不设区的市人大代表以及乡、镇出席县人民代表大会的代表选举，采用以举手代替投票的方法，也可以采用无记名投票的方法；县以上各级人大的选举，采用无记名投票方法。当时对基层选举做出这样灵活的规定，主要是群众中有大批文盲。随着社会经济的发展和人民群众文化素质的提高，1979 年选举法对投票方式做出重大修改，规定全国和地方各级人民代表大会代表的选举，一律采用无记名投票的方式，至此，中国实行了完全的秘密选举方式。

（二）中国的选举类型

1. 人大代表选举

人民代表大会制度是当代中国的根本政治制度，人大代表的选举是人民代表大会制度的组织基础，人民代表通过民主选举产生，这也体现了人民代表大会制度的民主性质，因此，人大代表的选举是中国最重要的选举活动。

2. 国家主席的选举

根据宪法第七十九条的规定，中华人民共和国主席、副主席由全国人民代表大会选举；有选举权和被选举权的年满 45 周岁的中华人民共和国公民可以被选为中华人民共和国主席、副主席；中华人民共和国主席、副主席每届任期同全国人民代表大会每届任期相同，连续任期不得超过两届。

3. 补缺选举

全国各级人民代表大会的每一届任期中，如果出现代表或由它选举产生的领导人因调职、辞职、撤换、罢免、死亡等原因而出现空缺时，须进行缺额增补选举。补选出缺代表时，可实行差额选举，也可实行等额选举，补选的程序和方式由省、自治区、直辖市的人大常委会规定。

4. 地方领导人的选举

地方领导人的选举包括各级地方政府正、副职领导人的选举和县以上人民法院正、副院长，人民检察院正、副检察长的选举。根据宪法、地方组织法等相关法律的规定，各级人民政府正职领导人员、人民法院院长、人民检察院检察长的候选人数一般应多 1 人，进行差额选举；如果提名的候选人只有 1 人，也可以等额选举。各级人民政府副职领导人、县级以上各级人民法院副院长、各级人民检察院副检察长，必须差额产生。

5. 基层选举

包括基层政权的选举和基层自治组织的选举。中国的基层政权，主要指乡、镇政权组织，包括乡、民族乡和镇。目前，中国的县、乡人民代表大会的代表由选民直接选举产生，根据宪法、地方组织法等相关法律的规定，地方各级人民代表大会每届任期5年。

中国村民委员会、城市居民委员会属于基层群众性自治组织。根据《中华人民共和国村民委员会组织法》的规定，村民委员会主任、副主任和委员，由村民直接选举产生。村民委员会每届任期3年，届满应当及时举行换届选举。村民委员会成员可以连选连任。根据《中华人民共和国城市居民委员会组织法》规定，居民委员会主任、副主任和委员，由本居住地区全体有选举权的居民或者由每户派代表选举产生；根据居民意见，也可以由每个居民小组选举代表2至3人选举产生。居民委员会每届任期3年，其成员可以连选连任。

村（居）民委员会是一种基层政治管理制度，是带有中国特色的基层民主政治的建设，特别是占中国人口绝大多数的农村的村民自治近几年搞得轰轰烈烈，如火如荼，村民自治的民主实践不仅是一种制度突破，而且对传统的代表模式也是一种新的尝试新的探索。

第五节　选举经费与候选人确定

一　西方国家的选举经费与候选人确定

（一）西方国家的选举经费

毫无疑问，选举需要金钱，特别是西方国家的竞选活动更需要金钱，是因为候选人需要将信息传达给选民，包括组建自己的竞选班子，了解民意及自己的支持率，全国各地来回奔波的各种费用，特别是近年来日趋高涨的广告宣传和电视报道，所需要的开销更是大幅度增加。以美国为例，林肯竞选花掉了10万美金。1952年艾森豪威尔竞选在600万美元。1988年是美国的大选年，选举开支达到27亿美元。2000年的选举耗资更高达30多亿美元。"金钱是政治的母乳"，美国政治中流行的这句俗语，正是这种现状的写照。

西方国家选举经费的主要用处在于：

一是媒体宣传。媒体宣传中，开销最大的为电视广告。在当今社会，电视可谓是无处不在，它的渗透力来势凶猛，无可阻挡。它以传播速度快、覆盖面广、形象逼真的特点颇受候选人的青睐。媒体宣传虽然花钱多，但收效颇佳，一方面能广泛宣传候选人各方面的情况，另一方面也说明财力雄厚，能募集到众多资金，支持率较高。

二是交通费用。候选人为了赢得众多选票，需要在选举期间赴全国来回演讲、游说，有时为了争分夺秒，还需要包租专机等，这些都需要一定的交通费用。

三是民意测验。选举中需要随时把握选民的态度，掌握选民的动向。

四是邮寄宣传品。在选举中，邮寄宣传品也是一项重要工作。它的目的有两个，一是广泛宣传候选人的竞选口号、主张，包括在短暂电视广告之中不能充分发挥的各方面的竞选内容；二是募捐，通过投递宣传品，与选民达成共识，募集到更多的小额捐款，特别是在美国，大额捐款遭到禁止后，小额募捐越来越重要。

五是竞选班子成员的薪金和开销。有些西方国家随着社会的发展与变化，政党色彩趋于淡化，选举中更多的是筹建强有力的竞选班子为自己运筹帷幄，出谋划策。竞选班子中云集了全国知名的政治、经济、公关、广告、会计的专家，甚至是心理学的专家，当然这些专家在献计献策的同时，所得的报酬也不菲，一般都是高薪聘用。

此外，在选举过程中各类宣传品的印制，租用办公室或旅馆费、电话费，用于招待的餐饮费等等都需要选举经费加以支撑。

纵观西方国家选举经费的来源，虽然渠道是多种多样，但有一点是共同的，即国家拨款较少，更多的是政党筹资，候选人向企业、组织、个人等多方筹集。

在英国，候选人竞选的支出，由支持该候选人的政党解决；用于选举设施、组织选举等方面的支出，由国库支付。国家还要负担聘用选举官、为政党提供广播电视服务的费用。作为"富人的党"的保守党，主要从企业主那里得到捐赠，因此财力雄厚。工党的财力主要来源于工会。此外，在英国，对每一候选人的选举费用是有法律限制的，规定每位候选人在竞选期间的支出上限，当然这个最高限额不是固定不变的，它是随着物价上涨情况而不断调整的。但从实际情况看，几乎没有候选人突破最高限额。英国选举活动时间较短，费用较少，而且费用都由政党筹措，个人不能捐款，在西方国家中是较为典型的经济型的选举。

美国的选举经费来源较为广泛。在20世纪70年代以前，美国的选举经费来源于大财团、大富翁的捐助和政党的支持。1970年后国会通过多项立法，对竞选的捐款数额作了限制。现在，美国候选人竞选经费主要来源于：（1）候选人本人及其家族。候选人本人及其家族雄厚的财力是竞选不可多得的先决条件。在美国，大富翁亲自参加竞选总统不是什么稀奇事，如1992年亿万富翁佩罗，一掷3000万美元，刮起了"佩罗旋风"。（2）政党资助。根据规定，政党全国委员会可以从一名捐款者得到多至20000—25000美元的捐款，从一个政治行动委员会得到15000美元捐款。各个政党可将其中一部分资金用于资助本党候选人的竞选。（3）政府补助。美国联邦政府在 1974 年建立了一个联邦选举委员会，自 1976 年开始，由联邦选举基金会向总统预选中愿意接受经费支出最高限额的合格候选人发放配套资金，对总统选举实行自愿的公共资助。但接受资助的竞选人必须要在至少 20 个州的每个州募集到 5000 美元，即总数 10 万美元，每笔捐款不超过 250 美元，才能得到政府资金的配套资助。（4）政治行动委员会捐助。日益增加的政治行动委会成为美国候选人竞选经费来源的重要支柱。（5）公民个人捐款。70 年代竞选经费改革禁止大富翁向候选人巨额捐款后，公民个人的小额捐款变得越来越为重要，而且它还可以通过挨家挨户募捐，直接邮递等方式来筹集。此外，选举经费还可以通过捐助音乐会、筹款聚餐会、发表电视讲话等多种途径获得。与英国相比，美国选举经费的来源强调的是自治原则，个人竞选中自筹经费是最为强调的，相对应的政党的筹措、政府的捐助处于次要的地位，这也反映了美国选举政治中金钱的地位。美国前国会众议员奥尼尔对此有个评价："任何竞选都是由 4 部分组成：候选人、政策立场、竞选班子和金钱，没有钱，其他 3 项都可以忘掉。"[1] 一语中的地道出了美国的选举现状。

德国选举经费的来源与英国相近，也是分为两大部分，一部分是来自于政党的资助，占选举经费的一半以上，主要由党费、党员和积极分子的捐献、政党财产和其他收入组成。另一部分来自于国家的拨款。国家的选举经费分为选举事务经费和政党资助两部分。从 1992 年起，联邦宪法法院确定的竞选经费原则主要有二：一是要有一个相对上限，不能无限制地向政党提供经费；二是要真正体现均等精神，即向小党倾斜。竞选经费分成选票津

---

[1]　仲掌生：《谁是真正的权势者——美国总统竞选》，中国言实出版社 1997 年版，第 241 页。

贴、捐献津贴、间接补助（免税优惠）三部分。这些规定也意味着国家竞选经费与投票率挂钩，政党在选举时也要精打细算，不能无限支出。[1] 其他西方国家选举经费的来源大同小异。

（二）西方国家候选人的确定

1. 候选人的资格

所谓候选人，就是在选举前预先提名的为选举对象的人。与选民一样，候选人也有一定的资格限制。一般说来，候选人要代表一定的选民参与国家的政治生活，除传达选民的意愿外，还应具有一定的治国理政的才能，所以，候选人资格比选民资格要高。综观西方各国，对候选人的资格都有一定限制要求。

（1）国籍资格。候选人必须是本国公民，外国人没有被选举的资格。有些国家还有一些具体的规定。如美国宪法规定，移民取得美国国籍7年之后才有资格竞选众议员，9年之后才有资格竞选参议员。美国总统必须是出生在本土的公民，任何移民都没有资格当总统候选人。

（2）年龄资格。候选人的最低年龄一般都要高于选举人的标准。如英国众议员为21岁，美国、意大利众议员为25岁，法国国民议会议员为23岁。在两院制议会中，上议院议员年龄标准普遍高于下议院议员的年龄。如美国规定参议员最低年龄为30岁，意大利参议员为40岁，法国参议员为35岁。总统候选人的年龄要求更高，美国为35岁，意大利为50岁，德国和法国均为40岁。

（3）居住限制。多数国家规定，候选人应为本选区的居民，并且在该地区居住满一定时间后，才具有被选举权。居住期限的时间通常为3个月到1年不等，最短的1个月，最长的可达5年，如美国大部分州规定，必须在该地居住1年以上才有被选举

---

① 甘超英：《德国议会》，华夏出版社2002年版，第87—88页。

权；法国、英国规定，在境内居住要满3个月，才具有被选举权。这些规定的目的都是让候选人比较熟悉本选区的情况，更关心本选区的事务，是本地区真正的代表，它也可以防止那些为了选举临时迁入那些有利于自己的地区去选举的投机选举现象的发生。

（4）职业限制。规定职业限制是为了维护候选人当选后的独立和公正。许多西方国家对候选人的职业状况都有一定的限制。如英国和德国都规定，常任文官不得竞选议员；美国、澳大利亚规定，行政官员、法官不得竞选议员，在辞去原有职务后则可参加竞选。法国选举法规定，高级行政官员、法官、军官等国家公职人员一律不得参加议员竞选，并且在他们卸任后的一定时间内不得在其曾担任职务的选区当选。西方国家的议员一般都是专职的，这些职业的限制一方面能保证议员的独立公正，另一方面也便于议员全心全意地为议会工作，避免监督者和被监督者混为一团。

（5）文化教育资格。不少国家的法律对候选人规定了文化教育资格。如巴西法律规定，只有识字并能用本国语言表达思想的人有被选举权；丹麦、荷兰、葡萄牙、新加坡等国规定候选人必须有读写能力；美国的华盛顿、夏威夷、弗吉尼亚、纽约等州都要求候选人会读会写。之所以规定文化教育资格限制，是因为议员担当着立法、监督政府等重要职责，没有起码的文化程度，就无法履行议员的职责。事实上，西方许多国家的议员，除有一定的文化程度外，大部分议员都受过高等教育，普遍都掌握深厚的法律、经济和政治知识，相当多的人都出身律师、企业家甚至是职业政治家。

（6）品行条件。议员必须品行端正，行为清廉，这也是许多国家规定议员的起码条件。如丹麦宪法第30条规定，有选举权的人都有资格当选议员，但品行不端，公众认为不适于担任议员者除外。卢森堡宪法第53条规定，因偷窃、诈骗，或滥用信任而被判处监禁者无权参加议员竞选。美国一些州的宪法也规定，议员候选人，必须有"品行端正"、"忠实可靠"、"遵守秩序"的证书。还有许多国家的法律规定，有贪污、贿赂行为者不得有资格成为议员。

（7）竞选保证金。这项制度就是候选人需交纳一定数量的"竞选保证金"，如果选举时所获选票达不到法定比例（如5%）时，该保证金由国家没收；若超过此比例时，则可以发还。对保证金的数量，西方国家规定不一。法国规定，国民议会议员候选人保证金为1000法郎，参议院议员候选人为2000法郎；英国下院议员候选人保证金为150英镑；美国对议员候选人保证金没有统一规定，由各州自行规定，一般为100至1000美元。保证金制度实际是对候选人资格另加的财产限制。实行选举保证金制度，其目的是为维护选举的严肃性，使候选人慎重对待自己的参选，避免一些人随意参加选举，视选举为儿戏。

2. 候选人的提名和确定

具备候选人的资格，是参与竞选的开始，候选人资格转变成为正式的候选人还需要通过法定的提名程序才能得以实现。西方国家的选举法一般都规定，候选人的提名权属于选民个人或政党。提名候选人时，必须获得一定数量的选民的支持。如在英国，经某选区选民1人提议，1人附议，8人联署即可产生下院议员候选人，候选人可以以独立人士的身份参加竞选，不一定必须得到政党的支持。在意大利，提名众议员候选人需500—1000名选民联署，提名参议员候选人需300—500名选民支持；在奥地利和比利时，国民议会众议员候选人的提名须获100名选民的支持。

虽然候选人不一定要由政党提名或得到政党的支持，但是在实践中，绝大多数议员都是政党推举的，独立候选人成功者甚少，因为以党员名义参加竞选，能够获得政党物质上和精神上的巨大支持，成功的希望会更大，而且当议员后影响和作用也更大一些。特别是像在英国这样强化政党色彩的国家，一个人要想成为议员，必须得到某个政党的支持。虽然有些国家选举法规定，一个具备候选资格的人，只要得到若干选民的提名和支持，就可以成为正式候选人，但实际上加入某个有影响的政党是成为议员候选人的先决条件。如果想得到政党的支持和推举，需遵守党派内部关于推举候选人的一系列规定。实践中，西方国家都重视由政党提名议员候选人的方式，按照西方学者的观点，分为集权型和分权型两种方式。所谓集权型方式，就是政党对参加选举的候选人的选择，最后由中央党部决定该党正式候选人。采用这种方式的有以色列、法国、德国等，其中以以色列最为典型。所谓分权型提名方式，是指政党选择各个候选人时，由地方党部决定正式的候选人。采用这种方式的有英国、美国、瑞典、意大利、比利时、加拿大等国。

二　中国的选举经费与候选人确定

（一）中国的选举经费

与西方国家复杂的筹措选举经费的过程相比，很少书籍和文章讨论中国选举经费的来源问题，现行选举法第八条规定："全国人民代表大会和地方各代表大会的选举经费，由国库开支。"一句话，简洁明了地说明了中国选举经费来源。

选举经费由国库统一开支，原因在于：其一，中国是社会主义国家，人民民主专政是中国的根本政治制度，在中国，人民行使着当家作主的权利，这一点也充分体现了社会主义制度的优越性。其二，与西方国家强调自治原则不同的是，在中国更强调组织的统一指挥、领导，从中国直接选举、间接选举的程序上看，中国选举是实行自上而下的领导。选举法第七条明确规定：全国人民代表大会常务委员会主持全国人民代表大会代表的选举。省、自治区、直辖市、设区的市、自治州的人民代表大会常务委员会主持本级人民代表大会的选举。选举经费的统一开支、统一管理也是实行统一领导的必备途径。其三，选举经费是使民主选举得以进行的物质保障，选举法第八条的规定，为选民充分行使选举权和被选举权提供了必要的物质保障。与西方有些国家实行选举保证金制度相比，中国的选举法的这项规定为选民普遍的行使选举权提供了条件，从而实现了真正意义上的平等。

（二）人大代表候选人的资格和确定

与前面西方国家对候选人的种种资格限制相比，中国的候选人没有财产、居住时限、文化教育、职业及保证金诸多限制。在中国，选举权和被选举权是公民的一项基本政治权利，中国宪法将公民的这项权利列为公民基本权利的首位，它是公民参与国家管理的必要前提和有效途径。

在中国，取得人民代表大会代表候选人的资格条件是：（1）中国公民。这一点与西方国家规定相同，国家的事务需要本国公民来管理。（2）年满18周岁。虽然18周岁被视为成年人，但实践中，这仅仅是合格年龄的起点条件，很少有刚满18周岁就能成为人大代表的，这点与西方国家相近，作为人大代表，国家立法的参与者，需要一定的生活阅历和经验。（3）非精神病患者。精神病患者丧失了判断事物的能力，因而法律将他们排斥在外。（4）没有被剥夺政治权利的人。此外，根据中国宪法第七十九条规定：有选举权和被选举权的年满45周岁的中华人民共和国公民可以被选为中华人民共和国主席、副主席。在中国，人民代表候选人参加选举无须用金钱为自己担保。

在中国，提出人民代表大会代表候选人是代表选举的重要环节。现行选举法第二十九条规定："全国和地方各级人民代表大会的代表候选人，按选区或者选举单位提名产生。各政党、各人民团体，可以联合或者单独推荐代表候选人。选民或者代表，10人以上联名，也可以推荐代表候选人。"代表必须实行差额选举，选举法第三十条规定："由选民直接选举的代表候选人名额，应多于应选代表名额三分之一至1倍；由地方各级人民代表大会选举上一级人民代表大会代表候选人的名额，应多于应选代表名额五分之一至二分之一。"由选民和各政党、各人民团体提名推荐的候选人，选举委员会汇总后在选举日的15日以前公布，并由各该选区的选民小组反复酝酿、协商，根据较多数选民的意见，确定正式代表候选人名单，并在选举日前5日以前公布。根据选举法的规定，享有代表提名权的有：一是各政党、各人民团体。各政党指的是中国共产党和参政的民革、民盟、民建、民进、农工、致公、九三、台盟等8个民主党派。人民团体主要指工会、共青团、妇联等群众团体。二是选民或代表。

　　在中国，实行直接选举的县、乡以下的地方，代表候选人按选区提名产生以后，推荐候选人者，应向选举委员会介绍候选人的情况，选举委员会也应向选民介绍候选人的情况。推荐代表候选人的政党、人民团体和选民，也可以在选民小组会上介绍所推荐的候选人情况，但在选举日必须停止对代表候选人的介绍。候选人确定的最后阶段是组织投票。在选举委员会的组织下，可采用各选区设选举投票站或者召开选民大会投票。投票一律采用无记名方式。对无法到达现场进行投票的选民可采用委托投票的方式。

　　县以上的人大代表由间接选举产生，根据选举法第二十九条规定产生代表候选人的，根据间接选举的规定，由下一级人民代表大会选举产生上一级人大代表，召开相对应的人民代表大会，大会主席团将所有提出的候选人进行汇总，经大会主席团批准后，把所有合法提出的候选人，交全体代表酝酿、讨论。如果代表候选人超过选举法第三十条所规定的"五分之一至二分之一"

的差额比例时，则应将全部候选人提交代表进行预选，根据预选时得票顺序，按大会事先确定的具体差额比例，确定正式比例，确定正式代表候选人名单，然后进行投票选举。选举结果由大会主席团确定是否有效，并予宣布。间接选举产生的人大代表选出以后，要经过代表资格审查委员会的审查，并经常务委员会确认代表资格是否有效。

第六节　选举过程与监督

一　西方国家的选举过程与监督

（一）西方国家的选举过程

选举结果的真实、可靠，来自于公正、严格的选举过程（或称程序），这样才能真实地反映选民的意愿，选出合格的代表（议员）来。西方国家选举过程主要包括如下环节：

1. 选民资格与选民登记

公民不一定就是选民，西方国家无一例外地对选民资格都做了规定，概括起来有：（1）国籍的限制，一般是居住该国的外国人无选举权；（2）年龄的限制，达到一定年龄有选举权；如荷兰选民年龄资格规定为 23 岁，美国选民年龄资格为 18 岁；（3）居住时间限制，必须在选举期内居住满一定期限才有选举权，一般说来，短则一个月（如德国、澳大利亚），长则一年（如美国一些州），甚至 5 年（如冰岛、挪威）；（4）精神病患者、因犯罪被剥夺政治权利者无选举权等。

除了对选民资格做出法律规定外，选举活动开始时，各国的选举机构还要组织选民登记来确认选民身份，未经登记者、审查不合格者，不能参加选举。西方各国进行选民登记的方法各异，欧洲大多数国家一般都是负责选举的官员进行选民普查和登记，并在此基础上列出选民名册；如英国的选民登记是由地方登记官负责逐户查访并修改原始名册，一般在每年的 6 月 30 日前完成查实的新编选民名册。法国也是如此，以名册编列，不以选民本人登记为条件。美国则采取"本人登记"和"非本人登记"两种方法，全联邦各州没有统一的选民登记程序。

2. 选民投票、选票计算和选举结果的确认

投票一般按照普遍、直接、平等、秘密的方式进行，有直接选举和间接选举的投票方式，根据各国的实际情况，投票的方式与选票的计算一般是相对应的。在英、美等实行两党制的国家，议会选举中多实行相对多数制，在选举中，某个候选人虽未得到过半数票，但只要比其他候选人得票多，哪怕只多得一票，就能获得议席。在德国、瑞士等北欧实行多党制的国家，在议会选举中往往采用比例代表制投票，实行两票制，例如德国联邦议院的选举，他们先将法定议员席位的一半，以小选区为选举单位采用多数代表制选举产生，选民在第一次投票时，直接将选票投给议员候选人，获得过半数选票者当选。第二次投票时是以州为单位将选票投给某个竞选政党，各个政党根据第二次投票结果按比例分配议席。各国对投票的方式和投票的份数，均有详尽的规定。至于投票日的确定，各国原则上划定一个大致的时间范围，具体日期由专门机构在选举年确定。投票的地点各国也有所规定，如英国各选区的投票站一般都设在教堂、学校等场所，而日本一般都选在市、町、村的公立小学内。总之，投票地点设置的原则一是有固定的投票场所；二是方便选民，安排在选民易于到达的公共场所。此外，有些国家对委托投票、邮寄投票、缺席投票等特殊情况另有一些规定。

选举后选票如何计算，这在西方国家选举制度中也占有极其重要的地位，主要有三种计票方式。其一，多数代表制又可分为相对多数代表制和绝对多数代表制两种，多数代表制的特点是在

一个选区内获得选票最多的政党候选人即可获得这个选区的全部议席；相对多数制又称"一轮选举制"、"简单多数制"，即在一个选区内，某候选人或某政党只须得到较多选票，即可当选。目前英国议会下院和美国的国会参众两院的选举均采用这种代表制计票，它的特点是对大党最有利，对小党则不利；绝对多数代表制，又称"二轮选举制"或"过半数选举制"，方法是一个或几个候选人必须取得比其他候选人较多的，并且超过总票数的半数以上的票，如果所有候选人所得选票都未超过总票数的半数，则需要举行第二轮投票。这种计票的方法各国在细节上也规定不一，如关于"总票数"，有的国家按登记的选民人数计算，有的国家按实际参加投票的选民人数计算，还有的国家按有效投票数计算。再如投票的轮次，有的国家对轮次实际限制，有的则不限制。其二，比例代表制，即参加竞选的政党所得的议席按比例分配，与其所得的选票成正比的计票方式。这种方式比较适合大选区使用，20 世纪以后在欧洲大陆国家广泛实行，它的特点是获一定选票的小党也能在议会中分配到议席。其三，混合代表制，即将多数代表制与比例代表制混合使用的方式，如前所述德国联邦议会的选举采用这种方式，其特点是通过多数代表制，使第一次直接选举出来的议席具有明确的归宿，为第二次投票的席位构成起提示作用。

选举结果的确认包括对选举有效的确认和对当选者当选资格的确认两方面的内容。多数西方国家由负责选举事务的机构承担这一职责，在出现争议时则由司法机关（一般法院、行政法庭、宪法法院）或专设机构（如选举审查委员会等）做出最后裁定。

（二）西方国家的选举监督

所谓选举监督，是指制定相应的法律和措施监督选举过程中的每一环节，防微杜渐，力图减少舞弊现象，维护选举过程的公正性和合法性。伴随社会的发展，普选权的逐步扩大，选举制度的日趋完善，西方国家越来越重视选举过程的监督。

1. 采用立法形式进行监督

这是西方国家最常采用的手段。这项举措在于未雨绸缪，防患于未然。英国是西方国家最早运用立法来监督选举过程的国家。在 1832 年之前，英国的选举制度极为混乱，从 1832 年起，英国选举制度经历了一系列改革，逐步完善，在改革过程中，颁布了一系列法案。1872 年颁布了有名的《秘密投票法案》，在英国的各投票站开始采用无记名投票法，选举腐败行为明显收敛；1880 年颁布了《国会议员选举及舞弊治罪法》；1883 年颁布了《防止舞弊及非法选举治罪法》，它明文规定禁止贿赂、款待、威胁以及冒名顶替等不正当行为，违者处以罚金和监禁；1884 年颁布《自治市选举舞弊及非法选举治罪法》。这一系列的法案有效地遏制了选举中的舞弊、贿赂等不法行为，有效地保证了选民自由、公正地表达自己的选举意志。

在美国，金钱政治一直是困扰美国人的难事。"金钱通过选举转化成政治力量，影响着候选人、政党、政策制定程序和政府政策。"[①] 金钱玷污了"圣洁"的选举，公众强烈要求改革。美国国会早在 1907 年禁止公司对联邦公职候选人捐款，1910 年制定了第一个公布联邦竞选费用法，1911 年的一项修正案要求候选人提出预选、代表大会和选举前的财政报告，并规定了国会参议员候选人竞选人竞选费开支的最高限额。1974 年国会通过《联邦选举竞选法》，其主要内容包括：（1）设立联邦"总统竞选基金"；（2）设立联邦选举委员会，负责执行竞选的有关法律，管理竞选基金，有权对违法者进行调查和起诉；（3）规定

---

① 李道揆：《美国政府和美国政治》（上册），商务印书馆 1999 年版，第 246 页。

捐款限制，对个人捐款和团体捐款分别规定了最高限额；(4) 候选人必须申报接受捐款的数额及开支账目，超过 100 美元的捐款者的姓名、地址、职业和所在单位必须向联邦选举委员会申报；(5) 对接受联邦公款的候选人的竞选开支规定了限额。这些法规虽然未能完全杜绝选举中的不法现象，但对纯洁选举活动无疑产生了积极的作用。

通过立法来追求政治清廉化、选举的透明化，也一直是西方其他国家的追求。法国从 1988 年到 1995 年通过一系列的立法手段对国民议会选举过程中的花费及集资问题作了明确的规定。一切候选人都必须遵从这些规定，否则国家不会给予竞选补贴，甚至即使当选也会被宣布为无效。[1] 日本早在 1889 年，就通过立法限制选举中不法行为的发生，1993 年又通过《政治资金规正修正案》、《政党助成法案》两个法案规定选举经费的问题。

从以上立法可以看出，金钱问题是选举立法的焦点问题，加强对选举经费的管理，是遏制金钱政治的有效手段。

2. 选举过程中的监督

选举过程是一个连续性的系列活动，这个过程的监督内容包括：

(1) 选民资格和候选人的被选举资格的审查，有无对民族、性别、职业的歧视。

(2) 竞选者的行为是否合法，有无行贿选举人或引诱选举人的投票行为；选举的时间、地点是否合乎规定。例如，美国各地的法律普遍规定，在投票日，选民必须亲自去投票站投票；选举组织者必须在投票站用墙及幕布围成一个一个不透光的小格子，选民只能一个一个地进入格内单独投票，旁人一律不得进

---

① 许振洲：《法国议会》，华夏出版社 2002 年版，第 78 页。

入；选民投票必须是匿名的。[①]

（3）计票是否合乎程序、规定。按照所构想的规定，点算、统计选票的人员与机构不仅要做到实事求是、中立客观，而且要能被各方信任为实事求是、中立客观。但是，目前在西方一些国家，与点票有关的人员或机构往往有明显的党派色彩。以美国为例，美国的郡选委员会通常由郡民选举产生，而在州一级统计选票的是由州民选举产生的州务卿。在选举中，无党派的独立候选人在知名度与人力物力等各方面都比不上主要政党的候选人，所以在美国各州各郡负责点算、统计、确认选票的多是民主、共和两大党的领袖人物或积极分子。如佛州州务卿哈莉丝不仅是一名积极的共和党人，而且还是布什在佛州的竞选组织宣传委员会的两主席之一。作为统计选票的官员她应当中立客观，而作为共和党的领导人她应当支持布什，这种自相矛盾的双重身份使她在僵局中的几个关键决定举措受到了民主党和一些媒体评论的强烈批评。[②] 带有浓厚党派色彩的统计选票人员在计票过程中保持绝对的中立性，不偏不倚地做好计票工作，在现实生活中，这是难以做到的。

3. 设置监督选举的管理机构

选举是一个有机联系的系列活动，选举过程的合理、合法需要设立监督机构进行对口监督管理。早期，信奉"议会主权"的西方国家，常用议会对选举进行监督。最为典型的是1958年以前的法国，后因矛盾迭起，争议不息。因此，法国第五共和国选举法废除了这个传统的做法，改用具有高度的独立性的宪法委员会进行监督，它专门负责对竞选过程是否符合法定程序进行监

---

　　① 赵心树：《选举的困境——民选制度及宪政改革批判》，四川人民出版社2003年版，第121页。

　　② 同上书，第208页。

督，如果它认为选举过程不够正常，就有权宣布某选区的选举无效；如果候选人的选举花费超出了法律允许的上限，它可以取消选举的结果，并宣布该候选人在一年之内不再享有被选举权。在英国，政府设置选举委员会专门监督选举过程。它的监督侧重于选举资格、选举行为和过程的监督。

4. 大众传媒的监督

大众传媒有报纸、杂志、广播、电影、电视、录制品和书籍等7种主要的形式，其中报刊、广播和电视对西方政治影响更大一些。在当今西方，大众传媒被喻为"第四权力"。对选举而言，大众传媒是一把双刃剑，它既是监督选举公平、公正的一把利剑，又是推波助澜，使人扶摇直上的政治推动器。大众传媒改变了西方人的政治，改变了西方竞选的方式，它削弱了政党的作用，取代政党成为联结候选人和选民的纽带，成为选民最主要的信息来源。每当选举来临之时，大众传媒会将他们的注意力聚焦到选举之中，它可以迅速提高一个候选人的知名度，也可使一名呼声很高的候选人中途夭折。它在选举中担当着筛选人的角色，在竞选期间是主要议题的安排者，在选举中又成了候选人的评判员。大众传媒的监督，能起到鞭挞邪恶、不法行为的作用，影响公共舆论，产生强大的震撼力量，促进选举活动朝更健康的方向发展。

此外，选民也可以监督选举活动，西方各国设置了专门的机构和法院来处理选举过程中的申诉，以达到选民监督的目的。

二　中国的选举过程与监督

（一）中国的选举过程

与西方国家选举过程相似，中国的选举过程由以下几个环节组成：

1. 选民资格和选民登记

宪法规定，年满18周岁的中国公民都有选举权和被选举权，他们都有权登记为选民参加选举。关于选民登记的方法，我国1953年选举法没有明确规定，1979年选举法及1982年修改后的选举法也未规定选民登记的具体做法，只原则规定选民登记按区进行，1986年修改选举法时，简化了选民登记的手续，规定一次登记，长期有效。按现行选举法第二十六条的规定，每次选举前对上次选民登记以后所满十八周岁的、被剥夺政治权利期满后恢复政治权利的选民，予以登记。对选民经登记后迁出原选区的，列入新迁入的选区的选民名单；对死亡的和依照法律被剥夺政治权利的人，从选民名单上除名。精神病患者不能行使选举权利的，经选举委员会确认，不列入选民名单。凡具有中华人民共和国国籍、年龄在18周岁以上、没有被剥夺政治权利的公民，均可进行选民登记。选民名单应在选举日的20日以前公布，实行凭选民证参加投票选举，对于公布的选民名单有不同意见的，可以向选举委员会提出申诉，选举委员会对申诉意见，应在3日内做出处理决定。

2. 选民投票、选票计算和选举结果的确认

选民的投票按直接选举和间接选举两种方式进行。在直接选举中，按照法律规定，由选举委员会确定投票日，并在投票日30天前公布。在直选人大代表时，在选举委员会主持下，各选区可设选举投票站，也可召开选举大会投票。投票一律采用无记名投票方式，选举人对于代表候选人有四种选择：赞成、反对、弃权或另选他人。中国人大代表的选举实行"两个过半数"的原则方能当选。一个是选区全体选民的过半数参加投票，选举有效；一个是代表候选人获得参加投票的选民过半数的选票时，始得当选。获得过半数选票的代表候选人的人数超过应选代表时，以得票多的当选。如遇票数相等不能确定当选人时，应当就票数相等的候选人再次投票，以得票多的当选。选民如果在选举期间外出，经选举委员会同意，可以书面委托其他选民代为投票。每

一选民接受的委托不得超过三人。在直接选举中，选票的计算是采用绝对多数制、相对多数制，如没有票数相等无法确定当选人的情况出现时，就只采用绝对多数制的方式计算得票。

在间接选举过程中，选举工作由本级人大常委会主持，采用无记名投票方式，代表候选人须获得全体代表有过半数的选票，始得当选。另外，获得过半数选票的当选代表的人数少于应选代表的名额时，应在没有当选的代表候选人中依得票多少顺序和法定差额比例中确定候选人，如果只选一人，候选人应为二人，另行选举，以得票多的当选，但得票数不得少于选票的三分之一。显然，在间接选举过程中，计票的方法仍以绝对多数制为主，以相对多数制为辅。

对选举结果的确认，无论是直接选举还是间接选举，按照现行选举法第三十九条的规定，投票结束后，由选民或者代表推选的监票、计票人员和选举委员会或者人民代表大会主席团的人员将投票人数和票数加以核对，做出记录，并由监票人签字。每次选举所投的票数，多于投票人数的无效，等于或者少于投票人数的有效。

（二）中国的选举监督

1. 立法对代表实行监督、罢免

人民有权监督自己选出的代表，是中国社会主义选举制度的一项重要原则。这条原则在中国的宪法和其他有关法律都作了重要规定：宪法第七十七条规定："全国人民代表大会代表受原选举单位的监督。原选举单位有权依照法律规定的程序罢免本单位选出的代表。"第一百零二条规定："省、直辖市、设区的市的人民代表大会代表受原选举单位的监督；县不设区的市、市辖区、乡、民族乡、镇的人民代表大会代表受选民的监督。地方各级人民代表的选举单位和选民有权依照法律规定的程序罢免由他们选出的代表。"全国人大组织法、地方组织法、代表法也规定了宪法上述内容。选举法在第四十三条规定："全国和地方各级人民代表大会的代表，受选民和原选举单位的监督。选民或者选举单位都有权罢免自己选出的代表。"此外，选举法在第九章后几条中也作了进一步具体的规定，以便于操作执行。

2. 选举过程中的监督

选举过程中的监督，实际上是保障公民如何完整地实现自己选举权的问题。中国选举过程中的监督是由以下环节组成的。（1）选举前准备阶段的监督。包括选举委员会的组成，公民选举权的确认，候选人的提出以及候选人资格的审查。（2）选举过程中投票环节的监督。包括选民人数的公布，投票人数的统计，选举结果的公布。（3）选举后期工作的监督。包括选举效力的确定，选民或代表对选举过程是否有异议等问题。（4）选举工作人员的行为监督。对主持选举的工作人员的监督包括是否有收受贿赂、舞弊之行为，在主持选举过程中是否有诱导他人投票的倾向或在选举过程有违反规则的行为发生等。

第七节　中外选举制度比较分析

一　中西选举制度的主要差异

分析比较中西选举制度，有利于我们评判优劣，扬长避短。中西选举制度的主要差异表现在：

一是在选举制度建立的理论来源上，西方国家选举制度的理论和实践，是在反封建斗争中生长起来的，它的理论来源是启蒙学者"主权在民"的思想，是针对封建社会"主权在君"而提出的。它主张国家政权要按照主权在民的原则来组织，由人民来选举代议机构，由它来行使人民委托给它的权力，但受资本主义私有制和自身阶级的局限性，劳动人民因财产、文化程度、社会地位等因素的影响，常常被排斥在选举之外，不能真正行使国家权力。而我国的选举制度是建立在马克思主义民主理论基础之上。马克思、恩格斯通过总结巴黎公社的经验，提出新的人民代议机构应该由选民直接选举产生并直接受到选民监督，它任命政府官员并对它们实行监督；代议机构掌握一切社会生活事务的创议决定权。列宁系统地提出了新型国家的代议制建设理论，并且从事了创建实践活动。列宁认为，代表机构必须是按普遍、平等、直接、无记名投票，并充分保障竞选是在自由的条件下选举产生的；代表机关要确实有力量和权力，它应当掌握全部的权力，以真正体现人民民主；代表机关的代表必须接受人民的监督，人民可以随时罢免撤换他们。

二是在选举制度的性质、目的上，在西方国家，资本主义性质决定选举制度为资产阶级服务；在中国，社会主义性质决定选举制度为工人阶级和广大劳动人民服务，为全体人民实现民主服务。

西方国家的选举制度，建立在资产阶级的统治基础之上，建立在竞选和组阁基础之上，通过选举达到作为政治组织的政党到作为行使国家权力政党这两种性质和地位双向转换的目的，竞选是西方国家谋取政权的重要手段，是政党通往权力巅峰的阶梯。而当代中国的选举制度是与中国的社会主义制度紧密相连的，它建立在生产资料公有制为主体的基础之上，代表着广大人民群众的共同利益，它的建立与发展是为了实现人民当家作主的目的，是为了挑选自己信得过的人作为人民代表，人民代表履行的是公仆的职责。这是我国选举制度与西方选举制度的根本区别。

三是在选举监督上，与西方多项立法监督选举过程相比，中国的立法监督比较简单，没有西方国家那样复杂多样，其原因在于，其一，中国现行选举法明确规定：全国人民代表大会和地方各级人民代表大会的选举经费，由国库开支，这一规定一方面为选民普遍行使选举权提供了条件，另一方面，也使中国的选举活动摆脱了金钱的影响和束缚，西方国家的金钱政治在中国找不到大量繁殖、滋生的土壤。其二，中国的选举活动目前还是处于国家有组织、有纪律的管理阶段，候选人之间（主要指间接选举）基本上不存在竞选。与西方国家两党制、多党制，候选人代表党派参加竞选，彼此争锋相对，一决高低，互相诋毁的这种竞争状况相比，中国的选举活动显得平静得多。因此，在中国，目前对候选人的监督不如西方国家的突出。

立法对代表实行监督、罢免，也是中西方代议制学说的一大区别。西方学者普遍认为，选举代表是公民的职责和义务，所以，代表一经选出，则取得独立的地位，代表在代表机关的发言和表决，完全凭个人的学识、经验和才能去独立做出判断，都是直接表达自己的意志，不受选区选民的任何训示，不受任何人包括选民的约束。这也是西方许多国家都以宪法规定了的代表责任制原则。而马克思、列宁是坚决反对议员责任制，他们认为代表责任制最大的弊端就是议员选出之后脱离人民，甚至背叛人民，而无产阶级代表机关的代表应具有"公仆"性质，代表对选民负责，当然应听命于选民，选民随时可以撤换代表，迫使代表时刻遵从选民意志。中国的选举制度通过强调代表与选民的强制委托关系，通过代表来反映群众的意见、呼声和利益。

四是在选举与政党的关系上，西方政党在某种意义上就是为了选票而存在，操纵选举并使本党候选人当选，成为各政党活动的主要目的和工作重心。它们对选举的操纵作用体现在：首先，严格控制候选人的提名，使本党在竞选中处于更有利的地位；其次，筹措竞选经费，资助政党候选人竞选；再次，拟定明确的竞选主题，赢得民心，争取选票；最后，利用新闻媒体，积极为党派候选人拉选票。

在当代中国，中国共产党是唯一的执政党，拥有合法的执政资源，不存在西方政党通过竞选而成为执政党的问题。它对选举工作的领导体现在：提出人大选举工作的方针政策，通过制定选举办法，积极努力提高选举民主程度；在地方各级人民代表大会换届选举时，都要组织由党委直接领导的专门领导班子，领导工作；从党内培养优秀人才，在选举之时，积极推荐代表候选人，为选出高质量的代表打下基础；利用新闻媒体，积极做好选举各项工作的宣传工作，动员广大人民群众关心国家大事，创造一种好的民主氛围，吸引人民群众投身到选举工作中去行使自己的民主权利。共产党的领导党地位决定了我国的选举在性质上并不是从众多的政党中选出执政党，而是由人民从共产党推荐的党员及其他人员中选择最佳人选担任政府职务。这就是说，我国的选举所挑选的是人而不是政党。选举使得党行使的国家权力源于人民的授予，体现了人民的意志，这样就会使人民的意志得到了根本的表达，从而也使共产党的执政地位更加牢固。

五是在选举的方式、方法上，西方国家的立法选举大多采用直接选举的方式，由直接选举的方式产生议员；而我国的人大选举采用直接选举与间接选举相结合的方式，县级以上（不含县级）的人大代表由多层次的间接选举产生。从选票计算的方法看，西方国家采用多数代表制、比例代表制、混合代表制，比例代表制用于政党间分配议席的比例；而在我国采用多数代表制进行计票，在运用比例代表制时，不是用来分配政党的议席，而是用来分配城乡代表和少数民族代表的比例。

六是在选举经费的来源上，西方国家的选举经费的来源是国家少量拨款，政党筹资，候选人向企业、组织、个人等多方筹集，由此也带来候选人多方筹资引发的金钱政治的弊端；我国的选举经费由国库统一开支，免去了候选人为当选而多方筹资的后顾之忧。

二　西方国家选举制度的发展及启示

现代国家的政权机关多由选举产生，经过选举方式产生国家政权成为各政权得到合法性的唯一途径。资产阶级民主选举制度发展到今天，经历了一个由低级到高级，由不完善到完善的过程。以英国为例，从 1832 年至 1969 年 130 多年的改革进程可以看出，英国的选举制度是在改革中不断完善、发展的。其他如法国、美国等西方国家选举制度的发展虽然与英国不尽相同，但也延续着同样的发展轨道。近代时期西方选举制度虽然建立起来了，但存在着许多局限性，表现在拥有选举权和被选举权的人数较少；选区划分不合理；代表名额的分配不均衡；选举没有像今天这样深入人心，对国家权力的影响很有限……这种状况一直持续到 19 世纪初工业革命的初步完成，资产阶级和工人阶级的日益壮大，强烈要求参与政治生活，其集中表现就是争取普选权运动的展开。纵观英、法、美等国选举制度的建立和完善，我们发现，选举制度的进步呈现出渐进发展的趋势：由限制选举制到普选制；由不平等选举到平等选举；由间接选举制到直接选举制；由公开投票、强制投票到秘密投票、自由投票的实现。形成了一套比较完整的选举机制，整个选举制度的发展日益走向法制化、规范化，为世界上其他国家发展选举制度提供了可供参照的模式。

西方国家选举制度的发展给我们留下了不少的启示。首先是选举中的民主参与机制。民主即意味着每个人自由平等地参与影响自己生活的各项公共政策，并把这种参与高度评价为个人自我发展的机会。列宁在《国家与革命》一书中对民主作了一个明确的表述："民主是一种国家形式，一种国家形态。因此，它同任何国家一样，也有组织、有系统的对人们使用暴力，这是一方面。但另一方面，民主意味着形式上承认公民一律平等，承认大

家都有决定国家制度和管理国家的平等权利。"① 民主意味着
"平等权利"的思想，表明马克思主义对民主的自由、平等之内
涵是有明确认识的。选举制度作为现代民主的组成部分，其核心
内容是强调公民的政治参与，它的基本特点是公民参与过程中所
表现出来的自愿性和选择性，而"围绕竞选活动而形成的公民
选举参与，就成为公民政治参与的最基本形式"②。

其次是选举过程中的竞争机制。竞争机制表现在选举过程中
就是以候选人为中心的政治竞选活动，是西方国家选举过程中的
一个重要成分，竞选表现在两方面，一方面竞选表面上是候选人
的竞争，实际上是政党之间力量的博弈。各政党通过政治竞选活
动，赢得选举的胜利，获取执政的权力；另一方面，竞选也是各
个候选人之间的博弈，候选人通过全国各选区的来回奔波演讲、
走访选民等方面的活动，宣传他们竞选的大政方针，展现他们演
讲等各方面的才能，通过竞选活动的开展，使选民有机会全方位
地考察候选人方方面面的情况，权衡与自己的利害关系，做出自
己的投票选择。

第三是选举过程中的纠错机制。如前所述，西方国家非常重
视立法监督选举过程，大众传媒的监督也起到了非常重要的作
用。"在西方国家，为了使民主政体正常运行，普遍建立起纠错
机制。它涉及的范围十分广泛，几乎渗透到国家的各种制度等安
排之中。定期的、公正的、有效的选举，是一种根本的纠错手
段……"③

第四是选举过程中的法治机制。西方国家是法治国家，政党要

---

① 列宁：《国家与革命》（单行本），人民出版社 2001 年版，第 93 页。
② 白钢：《现代西方民主刍议》，人大复印资料《政治学》2004 年第 4 期，第
13 页。
③ 同上书，第 15 页。

按照选举法和其他政党立法的规定组织和参加竞选。哪个政党在选举中取得了胜利，得到选民的认同，就成为合法的执政党；在选举中失败了，就沦为在野党。若出现争议则由司法机关最后裁决。以法治观念为基础的选举法律制度是西方国家民主选举的保障。

总之，西方国家的选举制度起步较早，在发展过程中又不断进行改革和完善，给我们留下了宝贵的经验与启示。但是，西方国家的选举制度并非尽善尽美，它也存在着不少的缺陷，突出表现为近些年来日趋严重的"金钱政治"，金钱取代了民意，直接干扰选择的公开、公平、公正，如何减少金钱政治的干扰、破坏，维护选举的公平性和合法性，成为众多西方学者研究的课题。

三　中国选举制度的完善与走向

1953 年随着我国第一部选举法的颁布，正式确立了当代中国的选举制度。1979 年颁布第二部选举法，对选举制度进行了较大的改革，1982 年、1986 年、1995 年先后 3 次通过了选举法修正案，对选举制度进行了局部的调整，由此形成我国现行的选举制度。经过几次修改后的选举制度的主要特点是：（1）县、乡实行直接选举；（2）一律实行以无记名秘密投票的方式投票；（3）实行差额选举；（4）改变代表当选的法定人数，由规定代表必须获出席选民或代表半数以上选票当选，改为获得选区全体选民或者选举单位的代表过半数当选；（5）简化选民登记手续，确立选民一次登记、长期有效的原则；（6）提高了代表联合提名候选人的人数，将选民或代表 3 人以上附议可推荐代表候选人，改为 10 人以上联名推荐代表候选人等等。这些主要特点标志着我国的选举制度向民主化方向迈出了更为坚实的步伐，为我国的民主选举提供了制度保障。由于我国历史上民主传统的缺乏、社会主义在前进中出现的曲折，以及一段时期对建设民主政治的忽视，目前我国选举制度的民主程序还不够高，已确立的制度还没有完全贯彻落实，整个选举制度也显得不够健全和完善。比如在提出与确定候选人的程序上，重视政党、团体的提名，忽视选民的提名；选民的"厌选"情绪的增长，"贿选"案件时有发生；选民和候选人、代表之间缺乏交流沟通渠道；选举程序上存在"黑箱"操作；选民对代表缺乏应有的监督；等等。因而，改革和完善选举制度，是我国政治体制改革和建设社会主义政治文明的一项重要任务。

第一，要逐渐扩大直接选举的范围。"普遍、平等、直接、无记名投票"的民主选举制度一直是中国共产党人所追求的理想目标，早在1932年，毛泽东在长冈乡调查中就强调说："选举苏维埃代表是群众最重要的权力。"① 直接选举较间接选举是一种更高一级的民主形式。马克思主义认为，新型国家的人民代表机关比资本主义议会更民主的地方之一，就在于它是真正直接选举产生的。而我国目前只有县乡两级实行直接选举的现状与我国所追求的选举理想目标尚有一段距离。间接选举，疏离了人大代表与选民的联系，淡化了人大代表应承担的责任，不利于人民群众履行自己的民主职责，也不利于他们直接参与政治生活的权利得以充分的实现。应当逐渐扩大直选的范围，早日实现全面直选的理想目标。

第二，应引入竞争机制，实行优胜劣汰。长期以来，我国一直有些人认为竞选是资产阶级的办法，在我国谈竞选，会引起动乱。其实，竞选并不是资产阶级的"专利"，事实证明，竞选作为民主选举的一种形式和方法，本身是没有阶级性的，它可以为资产阶级所用，也可以为社会主义所用，我们否定的是资本主义竞选，而不是竞选本身。实际上，早在抗日战争时期，中国共产党就在中国选举史上第一次明确提出"采用普遍、直接、平等、

---

① 《毛泽东农村调查文集》，人民出版社1982年版，第297页。

无记名投票选举制"的最基本的原则，搞过"三三制"的竞选活动。从现实条件来看，我们已经实行了差额选举，在一定意义上可以说是一种竞选形式。我国选举实践证明，由于缺少竞争机制，使一些有识之才不能在竞争中脱颖而出，使一些人大代表在当选之后不能珍惜人民的授权，未能发挥应有的作用；也使一些人大代表因为缺乏选民的支持，如同浮萍，不能脚踏实地地为人民服务，不利于充分发挥人民代表大会制度的作用。

应当把差额选举和必要的竞选活动结合起来，建立中国特色的社会主义竞选制度。

第三，减少代表名额，提高代表素质。我国目前全国人民代表大会代表近3000人，人数在世界各国议会中居前列。虽然代表数目偏多与人口众多相关，但人大代表名额过多所带来的弊端也不少，如不利于召开会议，难以充分讨论和决定问题。此外，代表人数过多，也影响代表的素质。在选举实践中，常常把对代表提名的标准与遴选英雄模式的标准混淆起来，认为能在本职工作中尽职尽责的模范人物，理应成为人大代表。其实，英雄模范是行业中的佼佼者，但不一定都具备参与政治的热情、能力和素质。在未来的发展中，我们应该向世界其他国家学习，减少兼职代表，增加专职代表，提高代表参政议政能力，使他们全心全意地为选民服务。

第四，完善代表候选人的介绍办法。按照现行选举法的规定，选民对候选人的了解只能通过选举委员会、人大主席团、人民团体的选民、代表在选民小组或代表小组会议上的介绍。这种介绍最大的弊端是间接地介绍了候选人的情况，缺乏针对性。应改革这种见面的方式，让候选人走上前台，同选民见面、对话，让选民主动进行选择。

第五，加强选举相关法规建设，使选举工作更加程序化、法治化，逐步形成一套完整的民主选举法治机制。

第三章 行政制度比较

行政制度（亦称政府制度）作为行政权力体制的法定性规则，在国家政治制度体系中具有十分重要的地位和作用。对中西行政制度进行比较研究，既有助于我们丰富行政制度知识，提升分析行政制度问题的能力，更有助于我们借鉴和吸收外国行政制度中的合理因素，促进我国行政制度的改革和完善。鉴此，本章在阐发行政制度及其相关范畴的基础上，对中西国家元首制度、中央政府制度、地方政府制度、政府行政过程、政府行政制度改革等问题进行列举性观照和综合性比较。

第一节 行政制度及其相关范畴

一 行政

"行政"一词，中国古籍中早有记载。在距今2000多年前撰写的《左传》中记有："行其政事"、"行其政令"。在《纲鉴易知录》这部编年史上，也有周厉王逃走，因太子靖年幼，遂由"召公、周公行政"的记载。不难看出，我国史籍上的"行政"是指管理国家事务。

在国外，也很早就出现了与中文"行政"相似的词汇。2000多前年古希腊学者亚里士多德就使用过"行政"一词。现代英语Administration即"行政"，源于拉丁文"Adminiatrare"，意指治理、执行事务。国际通用的《社会科学大辞典》解释说，"行政为国家事务的管理"。马克思在其著作《评"普鲁士人"的〈普鲁士国王和社会改革〉一文》中也曾提到"行政"这个词，并认为"行政是国家的组织活动"①。

由上可见，把"行政"解释为国家政务的管理是为人们所共同接受的，至少是多数人所能接受的。但是，作为政治学、行政学学科中的一个重要概念，国内外学者对"行政"内涵的界定并不一致。对此，我们择其要者列举如下：

美国学者威尔逊（W. Wilson）："行政是一切国家所共有的相似性很强的工作，是行动中的政府，是政府在执行和操作方面最显眼的部分，政治是政府在重大而且带普遍性事项方面的国家活动，而行政是政府在个别、细致而且带技术性事项方面的国家活动，是合法的、明细而且系统的执行活动。"②

美国学者古德诺（Frank J. Goodnow）："在所有的政府体制中都存在着两种主要的或基本的政府功能，即国家意志的表达功能和国家意志的执行功能。""政府的这两种功能可以分别称作'政治'与'行政'。"③

美国学者西蒙（Herbert A. Simon）、史密斯伯特（Donald W. Smithbury）、汤普森（Wietr A. Thompsom）："行政就是通力合作达到共同目标的集体行动。"④

中国学者周世述："所谓行政，就是国家行政部门为实现代表统治阶级意志的国家目的和任务，而对所属的国家职能和国家

① 《马克思恩格斯全集》第 1 卷，人民出版社 1956 年版，第 479 页。
② ［美］伍德罗·威尔逊：《行政学研究》，载美国《政治科学季刊》1887 年 6 月第 2 期。
③ ［美］F. 古德诺：《政治与行政》，华夏出版社 1987 年版，第 10 页。
④ ［美］H. A. 西蒙、D. W. 史密斯伯特、V. A. 汤普森：《行政学》，艾尔弗雷德·克诺夫联合公司 1950 年版，第 1 页。

事务的组织管理活动的总体。"①

中国学者夏书章："行政是行使国家权力的管理，凡不属于国家机关的管理活动，便不属于行政。""应将以行使国家权力从事国家管理的活动称为行政。"②

中国学者李方：行政"有广义和狭义之分，狭义的仅指政府行政部门的管理工作，广义兼指国家立法、行政、司法部门乃至其附属单位的管理工作。企事业单位的某些管理工作也叫做行政管理，社会主义国家的党、团、工会、妇联等大型组织的管理工作也应该是行政部门和学术界所关心的对象"③。

在笔者看来，国内外学者对"行政"概念的认识是不断发展变化的，具有与时俱进性。这种与时俱进的情形，既受社会生产力发展的影响，又受社会政治环境的制约，还受人文社会科学和自然科学研究成果的规制。在美国，"行政"一词最早出现于政治学文献之中。后来，由于受民主主义思想和"三权分立"学说的影响，因而有了行政是除立法、司法以外的国家事务的管理活动的理论。进入 20 世纪之后，随着泰罗、怀特、西蒙等人的科学管理理论和科学决策理论的兴起和发展，从管理的技术、程序、方法、功能的角度来解释行政的观点便应运而生。在我国，民主革命的先行者孙中山先生在辛亥革命时期建立了立法、行政、司法、考试、监察五院分立的政府制度，这与新中国成立后所建立的"议行合一"的政府制度迥然相异。由此而决定，人们对行政概念内涵的界定也就不可能完全一致。有鉴于此，我们在界定和表述行政概念涵义时，既要立足于特定社会的经济、政治和文化环境，又要适应不同历史时代的需要，这样才能使行

①　周世述：《行政管理学通论》，劳动人事出版社 1989 年版，第 4 页。
②　夏书章：《行政管理学》，山西人民出版社 1985 年版，第 5 页。
③　李方：《行政管理学纲要》，中国劳动出版社 1989 年版，第 9 页。

政概念的理论阐发具有与时俱进的品格。

基于以上论定，我们将"行政"定义为"国家行政机关等行政主体为实现国家目标和统治阶级利益，依照宪法和法律的规定，组织和管理国家政务、社会公共事务和自身内部事务的执行性活动"。这个定义统摄行政活动的主体、客体、方式、手段、性质、目的等六方面的内容，即行政活动的主体是国家行政机关（狭义的政府①）及授权组织，行政活动的客体是国家政务、社会公共事务和行政机关内部事务，行政活动的方式是依法治理，行政活动的手段是组织和管理，行政活动的性质是执行性活动，行政活动的目的是实现国家目标和统治阶级利益。

二　行政权

"'权力'是人类社会中一种遍在的现象，是在社会生活及政治生活中一种不可缺少的力量。"② 凡社会组织中的集体协作活动，为达成活动的协调，进而为实现既定目标，都要服从于统一意志的指挥，都离不开统一权力的安排和支配。因此，权力与人类社会与生俱来，随着社会的发展而不断发生变化。

何谓"行政权"？应当说，行政权是一个内涵十分丰富的概念，也是一个具有多种规定性的范畴。研究行政权的学者们往往从不同的角度来界定行政权的含义。有的学者从分权的角度看待行政权，认为它是一种不同于立法权、司法权的国家权力。例如，赵华强认为，"行政权是国家权力的重要组成部分，它与国

---

① 按照一般政府理论的说法，政府有狭义与广义两种含义。狭义的政府是指执行和贯彻法律，负责组织国家事务的行政机关。广义的政府则是指依法行使国家权力的一切机关，包括立法机关、行政机关和司法机关。目前的西方，在实行总统制的国家，政府一般是指中央和地方全部的立法、行政、司法机关；而在实行议会内阁制的国家，政府则通常是指中央和地方的行政机关。

② 马起华：《政治社会学》，正中书局1981年版，第169页。

家立法权、司法权共同构成了国家权力整体"①；叶必丰也认为，"行政权是指国家所赋予的，运用国家强制力对公共利益进行维护和分配的权力。这种权力不同于国家立法权、国家司法权和国家军事权"②。有的学者从执行的角度看待行政权，认为它是"一个国家权力体系中负责执行国家权力机关的意志，维护社会、经济、文化等秩序，增进社会福利，管理社会事务的权力"③。还有的学者从管理的角度看待行政权，认为它是"指国家行政机关管理国家事务的权力"④，等等。

在这里，笔者从政治学、行政学的角度来界定行政权的涵义，认为"行政权是由国家宪法、法律赋予的，国家行政机关为有效实现国家意志、运用强制手段而对全社会进行管理的权力"。这个定义包含以下五个要点：

第一，行政权的来源是国家宪法和法律。没有国家宪法和法律的确认或设定，行政权就失去了存在和行使的合法基础。

第二，行政权的主体是国家行政机关。那种把存在有行政管理活动的组织（如政党和各种社会团体等）都看作是行政权的主体的观点是不科学的。

第三，行政权的目的是通过执行国家的法律、法令和各种公共政策来实现国家意志。

第四，行政权的作用方式主要是强制性地推行政令。行政权要有效地执行国家意志，强制就成为必要的手段。诚然，行政权在推行政令的作用方式中，也包括非强制的手段，但即便如此，强制力作为一种依靠力量是最终的手段。

---

① 赵华强主编：《行政法原理》，华东理工大学出版社1996年版，第4页。

② 叶必丰主编：《行政法学》，武汉大学出版社1996年版，第78页。

③ 王连昌主编：《行政法学》，中国政法大学出版社1997年版，第1页。

④ 文学国主编：《常用法律名词新词典》，人民日报出版社1995年版，第276页。

第五，行政权的客体包括在一定国度内所有的居民以及由居民所构成的各种社会组织。

应当指出，行政权不完全等同于行政职权。前者是国家行政机关依法对整个社会进行管理的权力，其内容多而复杂；后者则是具体行政机关和工作人员所拥有的，与其行政目标、职务和职位相适应的管理资格和权能，是行政权的具体配置和转化形式。

行政权与行政权限也有区别。行政权限是法律规定的行政机关及其工作人员行使职权所不能逾越的范围、界限，是行政权的具体形式——行政职权的三个构成要素（权力主体、权力内容、权力范围）之一。行政机关行使职权超越行政权限，便构成行政越权，被视为无效。

三　行政制度

在阐析了"行政"和"行政权"的基本概念之后，我们就可以进一步地讨论行政制度这一概念的涵义。行政制度又被称为政府制度。[①] 对于这个概念的涵义，学术界有不同的理解。兹举几个有代表性的定义：

张光博：行政制度是"根据一定程序将国家各级各类行政机关的地位、相互关系和活动原则固定化。现代各国的行政制度大都由国家宪法和有关法律、法令确定"[②]。

唐晓：行政制度是"国家为了有效地执行宪法和法律，实现国家的行政职能而依法规定的有关国家行政权限、行政组织、行政领导体制、行政活动及行政监督等方面的制度"[③]。

---

① 俞可平：《当代各国政治体制——中国》，兰州大学出版社1998年版，第89页。

② 张光博主编：《行政学词典》，吉林人民出版社1988年版，第322页。

③ 唐晓、王为、王春英：《当代西方国家政治制度》，世界知识出版社1996年版，第177页。

吴大英：行政制度"是国家为了实现行政管理的职能而做出的一整套关于国家行政领导体制、国家行政决策体制、国家行政监督体制、国家行政机构的组织方式及活动规程等方面的制度性安排"①。

韩国明：行政制度"是指政府的机构与功能，包括政府的组织形式、组织程序、职权范围、官员的任免等"②。

张永桃：行政制度"是由国家宪法和有关法律、法规所确定的国家各级各类行政机关的地位、职能、权限、相互关系以及活动原则的总称"③。

徐育苗：行政制度"是指对国家行政机关及其活动所确立的法律规范体系"④。

浦兴祖：行政制度"是指有关国家行政机关的组成、体制、权限、活动方式等方面的一系列规范"⑤。

借鉴和参考上述学者的定义，我们认为，行政制度（即政府制度）是以一定的行政思想和观念作指导的、由国家宪法和法律规定的有关国家行政机关的产生、职能、权限、组织结构、领导体制、活动规程等方面的准则体系以及政府体制内各权力主体的关系形态。对此，可以展开如下论析：

第一，行政制度的核心内容是行政权力体制的法定性规则。中外政府管理的实践表明："行政管理的生命线就是权力，权力的获得、保持、增长、削弱和丧失是实际工作者和研究者所不能

① 吴大英、杨海蛟主编：《现行政治制度论》，山西教育出版社 2000 年版，第 176 页。

② 韩国明编著：《外国行政制度》，兰州大学出版社 2004 年版，第 1 页。

③ 张永桃主编：《当代中国政治制度》，高等教育出版社 1990 年版，第 143 页。

④ 徐育苗主编：《当代中国政治制度研究》，湖北人民出版社 1993 年版，第 176 页。

⑤ 浦兴祖主编：《当代中国政治制度》，复旦大学出版社 1999 年版，第 130 页。

忽视的，忽视了这点，其后果几乎可以肯定就是丧失现实性和导致失败。"① 因此，关于行政权力体制的法定性规则即法定行政权就成为行政制度的核心内容。这里的"行政权力体制"，是指一个国家的行政机关与其他国家机关之间的权力关系及其制度。国家行政权是国家权力的重要组成部分，它与国家的立法权、审判权、检察权、军事统率权等一起构成国家权力的统一体。国家权力是一个不可分割的整体，但是，为使国家职能更好地实现，需要建立国家权力的分工执掌体系。国家行政权即是国家行政机关依法行使的一部分国家权力。

第二，行政制度内含着相互关联、有序组合的多层次结构。总体观之，行政制度是一个由内层、中层和外层有机构成的多层次结构系统。内层（即核心层）是关于国家行政权由谁执掌的这类根本准则；中层是关于国家行政权执掌者——行政机构的设置、调整以及行政人员的配备、管理的基本准则；外层则是可供行政权力主体直接操作的各种具体准则，如施政途径、方式、手段、程序等。这三个层次相互关联，彼此制约，即外层体现中层，中层体现核心层；同时，核心层制约中层，中层制约外层，从而构成一个多维一体的行政制度系统。

第三，行政制度与行政思想（观念）、行政主体既有区别又有联系。严格说来，作为行政主体所应遵循的法定性规则的行政制度与行政思想（观念）、行政主体等概念是有明显区别的。这就是说，我们所研究的直接对象是行政制度，而不是行政思想（观念）和行政主体。但是，任何行政制度总是在一定的行政思想（观念）指导和驱使下创制而成的。这是其一。其二，任何行政制度都必须通过一定的行政主体才能得以实施，化为一定的

---

① ［美］R. J. 斯蒂尔曼主编：《公共行政学》，中国社会科学出版社 1988 年版，第 211 页。

行政行为。否则，行政制度便无法显示其功用。可见，行政制度与行政思想（观念）、行政主体、行政行为具有高度的相关性。因此，探究行政制度便不能不关注和联系相关的行政思想（观念）、行政主体及行政行为。

第二节　国家元首制度

自从国家产生以来，国与国的界限除了以明确的疆域、不同的民族和人种为标志外，还有一个重要的区别，即每个国家都拥有自己国家的最高代表者。这个代表者往往被称为国家元首。从学理的角度来说，国家元首是国家对内对外的最高代表，是国家的象征，是国家机构的重要组成部分。由于各个国家的历史传统及政治制度存在差异，因而，其国家元首制度①也就各不相同。对此，我们从西方和中国两个维度予以叙述。

一　西方国家的国家元首制度

（一）西方国家元首的分类

按照不同的标准，可以对西方国家元首作出不同的分类。下面，我们介绍几个常见的分类：

按照国家政体的不同，可以分为君主制国家元首和共和制国家元首。君主制国家元首为世袭制，终身任职；共和制国家元首由选举产生，有一定的任期。现代西方国家之所以存在君主制国家元首制度，一个重要原因是资产阶级革命不彻底，在革命的过程采用了君主立宪制政体，如英国、日本、荷兰、比利时、丹麦、挪威等国就是这样。

---

① 笔者认为，国家元首制度是关于国家元首的产生、任期、地位、职权等方面的法律规定或惯例。

按照组织构成的不同，可以分为个人国家元首和集体国家元首。前者由一个人担任，后者由 2 人或 2 人以上集体担任。据统计，在世界 150 个国家中，实行个人国家元首的约有 147 个，其中由国王或其他世袭君主担任国家元首的有 23 个，由总统等担任国家元首的有 124 个；实行集体（如最高委员会等）国家元首的有 3 个。

按照实际行使权力状况的不同，可以分为实权国家元首和虚位国家元首。前者存在于总统制国家（如美国、法国等）以及封建色彩比较浓厚的二元君主立宪制国家（如科威特、沙特、尼泊尔等）；后者则存在于议会内阁制国家（如德国、西班牙、意大利、希腊等）和一元君主立宪制国家（如英国、日本、荷兰等）。

（二）西方国家元首的产生方式

西方国家元首的产生因政体的不同而有所不同。大致说来，君主制国家元首多采用世袭制，按照血缘和亲属关系依法世代相传；而共和制国家元首则主要通过选举产生，实行选举制。

在元首世袭的制度下，由于西方各国对于王位继承者的资格规定了不同的要求，因而，元首的世袭制又可分为四种情况：（1）继承者必须是男性，长子优先；（2）继承者必须是男性，但不一定是长子；（3）继承者不限于男性，但男性优先；（4）继承者男女均可，但必须是长男长女。

共和制国家选举国家元首的方式大体可以分为由公民投票选举产生和非由公民投票选举产生两种类型。每一种类型可以再分为两种不同的办法，即公民投票选举国家元首有直接选举和间接选举之分，非由公民投票先举产生国家元首有议会选举和特别团体选举之分。

（三）西方国家元首的任期

一般而言，西方国家元首的任职期限可以分为终身任职制和限期任职制两类。

世袭君主制国家的元首由于王位世袭，元首任期必然是终身的。需要提及的是，世袭君主终身任职，并非事实上每位君主都终身任职。历史上曾有过任职中止的几种例外：一是退位；二是让位；三是废黜，即被迫离开王位。

元首的限期任职制一般适用于共和制国家。不同共和制国家元首的任期也不尽相同。如元首任期 4 年制的国家有美国、哥伦比亚等国；元首任期 5 年制的国家有德国等国；元首任期 6 年制的国家有奥地利、芬兰等国；元首任期 7 年制的国家有法国、意大利、爱尔兰等国。

（四）西方国家元首的职权

西方国家元首的职权大都由宪法所规定。归纳起来，大致有以下八类职权：

1. 公布法律权

西方国家的宪法大都规定，立法机关制定的法律由国家元首公布。不经元首公布，法律不能生效。其中有些国家，元首公布法律，纯粹是履行一道手续，并不包含对法律批准或者不批准的意义。而另外一些国家，元首有权不批准立法机关通过的法律，即行使否决权。对不批准的法律，也就不予公布。反之，元首公布某项法律，即同时意味着批准该项法律。

2. 发布命令权

这是元首采取发布命令、敕令或者规则等方式的补充立法权的一种重要权力。西方国家的君主、总统或者集体元首大都拥有此类权力。由于发布命令比较灵活，因而常被许多国家所采用。但是，命令一般不能用来改变法律或者停止法律的效力。

3. 召集议会、解散议会权

这一权力一般只有议会制国家的元首拥有。总统制国家的元首无权解散议会。但"半总统制"的法国是个例外，其元首可以解散议会。

4. 外交权

元首作为国家的最高代表，拥有接受并派遣外交代表和领事、缔结国际条约、宣战和媾和的权力。

5. 统帅军队权

除少数西方国家外，一般都规定国家元首有权指挥和调动海陆空三军。当然有些只是名义上的"三军统帅"。

6. 任免权

西方国家的元首大都拥有依法任免政府总理（首相）、各部部长（大臣）的权力。有些国家的元首还有权任免法官、任免宪法监督机关的部分成员。

7. 赦免权

元首有以命令的方式赦免犯罪和对于已被定罪的罪犯以赦免或减轻其刑罚的权力。

8. 荣典权

元首有权规定或者颁赐荣誉、荣典，授予荣誉职务和荣誉称号。

二　中国的国家元首制度

（一）中国国家元首制度的历史发展

在中华人民共和国的宪法和法律上，始终没有载明谁是国家元首。但是，从有关法律的规定和有关机构行使职权的状况来看，新中国国家元首制度的发展历程大致可以分为以下几个阶段：

1. 1949 年至 1954 年。1949 年新中国成立时，根据第一届中国人民政治协商会议第一次会议通过、具有临时宪法性质的《共同纲领》和《中央人民政府组织法》的规定，由中国人民政治协商会议选举产生的中央人民政府委员会，对外代表中华人民共和国，对内领导国家政权。其具体职权大致可以分为两类：一类属于最高国家权力机关的职权，如制定并解释国家的法律等；另一类属于国家元首的职权，如签发、颁布国家法令等。

中央人民政府委员会由中央人民政府主席1人、副主席6人、委员56人（互选秘书长1人）组成。法律规定，国家的重大问题都必须经过中央人民政府委员会的会议集体讨论，作出决定。这表明，中央人民政府委员会集体行使元首职权，它是中华人民共和国建国初期的集体元首。

2. 1954年至1975年。1954年9月，中华人民共和国第一届全国人民代表大会召开，颁布了中国历史上第一部社会主义类型的宪法。这部宪法规定：在全国人民代表大会之下设立全国人大常委会和中华人民共和国主席，国家主席对外代表国家。这与建国初期法律规定中央人民政府代表国家有所不同：国家主席不是最高国家权力机关的组成人员，而是一个相对独立的国家机关。刘少奇在《关于中华人民共和国宪法草案的报告》中指出："我们的国家元首职权由全国人民代表大会所选出的全国人民代表大会常务委员会和中华人民共和国主席结合行使。我们的国家元首是集体的国家元首。"

1954年9月至1959年4月，毛泽东和朱德分别担任国家主席和副主席。1959年和1965年，刘少奇两次当选为国家主席。1966年以后，由于受"文化大革命"的影响，国家政治生活秩序混乱，国家机器运转失灵，国家元首制度遭到严重破坏，担任国家主席的刘少奇也被迫害致死。所以，国家主席的职位长期处于空缺状态。在刘少奇主席被非法停止主席职务和逝世后的9年中，董必武副主席代行主席的职权，主要从事一些重要的外事活动。

3. 1975年至1982年。1975年1月，第四届全国人民代表大会第一次会议修改、通过的宪法，正式取消了国家主席的建制。粉碎"四人帮"之后不久，第五届全国人民代表大会第一次会议制定了 1978 年宪法。由于当时对"左"的指导思想没有进行彻底清理，国家政治生活还难以纳入正常轨道，宪法中仍未设置国家主席。不过，这部宪法恢复了 1954 年宪法中国家元首的部分职权，如颁布法律法令、授予国家荣誉称号、派遣和召回驻外全权代表、接见外国使节等，规定由全国人大常委会委员长行使。

4. 1982 年至今。1982 年 12 月，第五届全国人民代表大会第五次会议通过了现行宪法。现行宪法在总结中华人民共和国政治制度建设的经验和教训的基础上，根据中华人民共和国政治生活的实际需要，恢复了国家主席的建制。1983 年 6 月，六届全国人大一次会议选举了李先念为国家主席，乌兰夫为国家副主席。1989 年，杨尚昆当选为国家主席。1993 年至今，江泽民、胡锦涛先后担任国家主席。现在，中华人民共和国国家主席制度已经确定下来。现行的国家主席制度与 1954 年宪法所规定的国家主席制度基本相同。因此，中华人民共和国的国家元首仍然是集体元首。但是，新的国家主席制度较之于 1954 年宪法规定的国家主席制度有不少发展变化。这主要表现在以下几个方面：

（1）国家主席的对内职权发生了较大变化。此如，1954 年宪法规定，国家主席统率全国武装力量，担任国防委员会主席，并有权提名国防委员会副主席和委员的人选（由全国人大决定）。现行宪法则规定，中华人民共和国中央军事委员会领导全国武装力量，中央军委实行主席负责制，而没有规定国家主席统率武装力量。

（2）国家主席、副主席缺位的填补办法更加完备。1954 年宪法只规定国家主席缺位时，由副主席继任主席的职位，而对副主席缺位及主席、副主席都缺位应当怎么办未作规定。现行宪法则弥补了这些不足。

（3）现行宪法对国家主席的任期和连任问题有更加明确的规定。现行宪法规定国家主席每届任期为5年，可以连选连任，但不得超过两届。而1954年宪法仅规定任期为4年，能否连选连任未予规定。

（二）中国国家元首——主席的性质及地位

中华人民共和国主席是国家机构的重要组成部分，居于首脑部位，属于最高国家权力机关的范畴。从性质上说，中国的国家主席是国家集体元首的组成部分，它同全国人民代表大会常务委员会结合行使国家元首的职权。国家主席由全国人民代表大会选举和罢免，从属于最高国家权力机关。

（三）中国国家元首——主席的产生及任期

现行宪法第七十九条规定："中华人民共和国主席、副主席由全国人民代表大会选举。"产生国家主席、副主席的具体程序是：在每届全国人大召开第一次会议时，由会议主席团提出国家主席、副主席的候选人名单，经各代表团充分酝酿协商后，再由会议主席团根据多数代表的意见，确定正式候选人，最后交大会以无记名投票方式选举。经大会全体代表过半数以上表决通过，始得当选。

现行宪法第七十九条还规定："有选举权和被选举权的年满四十五周岁的中华人民共和国公民可以被选为中华人民共和国主席、副主席。"现行宪法之所以对当选国家主席、副主席除国籍与政治条件限制之外，还规定较高的年龄条件，主要是因为国家主席、副主席的职务，对国家和人民来说，关系重大。国家主席要以国家最高代表的身份，在国内事务及国际交往中以国家的名义进行活动，代表国家的地位和尊严。如此重要的职务，必须由政治成熟、经验丰富、阅历广泛，而且在国内外享有较高声誉和威望的人担任。只有到了一定年龄的人，才有可能具备这样的条件。

根据现行宪法的规定，国家主席、副主席每届的任期同全国人民代表大会每届的任期相同，都是 5 年，且连续任职不是超过两届。如遇非常情况，全国人大推迟选举，延长任期，国家主席、副主席也应相应延长任期。

（四）中国国家元首——主席的基本职权

根据现行宪法的规定，国家主席的基本职权可以归纳为以下几个方面：

1. 公布法律、发布命令权

法律在全国人民代表大会或全国人民代表大会常务委员会正式通过后，由国家主席以命令的形式予以颁布施行。这是法律生效的必要程序。同时，国家主席根据全国人民代表大会及其常务委员会的决定，发布特赦令、戒严令，宣布战争状态，发布动员令等。

2. 任免国务院组成人员权

国家主席根据全国人民代表大会和全国人大常委会的决定，任免国务院总理、副总理、国务委员、各部部长、各委员会主任、审计长、秘书长。由国家主席任免以上人员，表明这些人员的任职受命于国家，更具有严肃性和权威性。

3. 外交权

国家主席对外代表国家，接见外国使节；根据全国人大常委会的决定，派遣和召回驻外全权代表，批准和废除同外国缔结的条约和重要协定。

4. 荣典权

国家主席根据全国人民代表大会和全国人大常委会的决定，代表国家向对国家有重大功勋的人授予勋章和荣誉称号。

第三节　中央政府制度

一　西方国家的中央政府制度

由于篇幅所限和研究所需，笔者把这里的"西方国家的中央政府"限定为英国、美国、法国、德国、日本等西方发达国家的中央政府。

（一）西方国家中央政府的组成

1. 英国中央政府的组成

英国是实行内阁制政府制度的国家。在这样的政府制度下，中央政府是首相领导下的全体政府大臣的总称。中央政府由全体大臣、国务大臣、各部政务次官、执政党的督导员以及王室官员共约 100 人组成。中央政府成员大体可以分为三个层级，即核心内阁大臣、其他内阁大臣和不入阁大臣。

英国中央政府（内阁）的组成程序是：由国家元首任命议会下院多数党领袖为首相，内阁其他成员由国家元首根据首相的提名任命。

目前，英国中央政府机构体系主要由枢密院、内阁办公机构和政府各部构成。

2. 美国中央政府的组成

在美国，其中央政府即联邦政府由总统、副总统和各部部长组成（有时总统还可以指定别的机构负责人参加）。总统作为政府首脑兼任国家元首，经选民间接选举产生。选举分两阶段进行：第一阶段选举总统选举人，由各州按州议会规定的方式选派与该州选派于国会的参议员与众议员总数相等的总统选举人；第二阶段选举总统，由总统选举人在本州以无记名方式投票选举总统与副总统，获选举人票总数二分之一以上者当选，若无人获过半数选票时，则由众、参两院分别选举正、副总统。政府各部部长由总统提名，经参议院同意后由总统任命。

美国中央政府的机构设置大体可以分为总统办事机构、内阁和政府各部以及独立机构三类。

3. 法国中央政府的组成

在法国，作为执行总统的对内对外政策、掌管行政机构和武装部队的中央政府，由总理、国务部长、部长、部长级代表、国务秘书等成员组成。法兰西第五共和国宪法第 8 条规定："共和国总统任命总理。""共和国总统根据总理的提议任免政府其他成员。"法国中央政府产生的程序依据宪法的上述规定，就是由总统任命总理，政府其他成员由总理提名，由总统任命。政府不设副总理和副部长。内阁由总理和部长组成，总理为内阁会议主席。

大致说来，法国中央政府机构的设置主要有总理府、总理直属机构和政府各部。

4. 德国中央政府的组成

根据《德意志联邦共和国基本法》的规定，其中央政府即联邦政府由联邦总理和联邦各部部长组成。

联邦总理依《基本法》的规定而产生。联邦总理候选人由联邦总统同联邦议院中各议会党团协商后提名。联邦总理候选人提出后，由联邦议院全体大会不经过讨论就投票选举。凡得联邦议院法定过半数票（超过 248 票）者即当选。若候选人未取得法定多数票，联邦议院可在投票后的 14 天内不经总统提名自行选举，获得超过半数票的人当选为联邦总理。若第二轮选举仍未产生联邦总理，则立即进行第三轮选举。在第三轮选举中，得票最多者即当选。当选人如果获得联邦议员过半数选票，则由总统予以任命；如果未获过半数选票，则由总统予以任命或解散联邦议院，重新举行大选。

　　新任联邦总理在与联邦议院中执政党议会党团协商后，向总统提出联邦各部部长名单，提请联邦总统任命。

　　联邦德国政府（内阁）机构的设置主要由内阁机构、联邦总理办事机构和联邦政府各部构成。

　　5.日本中央政府的组成

　　日本实行责任内阁制政府制度。在这种制度下，内阁即为中央政府，是国家的最高行政机关。按照日本国宪法的规定，内阁由总理大臣和内阁大臣组成。总理大臣必须是国会议员，其他内阁大臣至少有一半是国会议员。

　　日本总理大臣的产生与英国大致相同。总理大臣首先由国会决议在国会议员中提名，再由天皇任命。按惯例，国会中多数党或政党联盟中占多数席位政党的领袖一般是内阁总理大臣的当然候选人。最后，各政党提出的候选人在形式上要一起经国会投票表决，得票多者即当选。多数党或政党联盟由于占有国会议席的多数，因此总是稳操胜券。国会提名是由众、参两院分别提出候选人，如果两院提名不一致，按《国会法》规定得召开两院协议会协商提名。如协商仍不能取得一致意见，则以众议院的提名为准。内阁总理大臣候选人在获得国会议员的多数票后，国会就作出决议正式确定该候选人。

　　内阁总理大臣确定后，随即挑选各国务大臣进行组阁。作为日本行政机关核心的内阁，其机构是根据内阁法和国家行政组织法设置的。一般说来，日本内阁机构的设置由内阁辅助机构、总理府和行政省组成。

　　（二）西方国家中央政府的职权

　　英国、美国、法国、德国、日本等西方国家的中央政府是国家的最高行政机构，它通过大量的行政活动对国家和社会公共事务进行管理。这就决定了它拥有广泛的职权。就政府活动的实践而言，西方国家中央政府大致有以下几个方面的职权：

1. 执行法律权

在西方各国的权力分配体系中，中央政府最基本的职权就是执行和维护宪法和法律。对此，西方各国的宪法一般都作了明确规定。

2. 行政立法权

这里的"行政立法权"，是指中央政府为实施宪法和法律的规定而制定法规、条例、指示、决定或发布命令的权力。这种权力在西方国家主要表现为委任立法权和补充立法权。

3. 立法参与权

即是中央政府参与立法机关制定法律过程中的一些环节的权力。立法参与权在实行不同政府制度的西方国家有不尽相同的表现。在实行总统制政府制度的国家，中央政府的立法参与权主要表现为法律公布权和立法倡议权。在实行内阁制政府制度的国家，中央政府的立法参与权主要表现为法案创议权，即政府有权向议会提出法律草案。

4. 行政领导、监督权

西方各国的中央政府，作为国家行政管理的最高机关，对所属行政机构拥有领导和监督的权力，如领导政府各部、院、委的工作，监督地方政府以及对国家预算执行和各级政府财政收支进行监督。

5. 官员任免权

西方国家中央政府的首脑普遍拥有任免行政机关官员的权力。内阁制国家的政府官员，一般先由内阁作出任用决定，后以国家元首的名义进行任命。在总统制国家，总统经议会批准直接拥有任免政府官员的权力。

6. 经济社会事务管理权

在经济事务方面，西方各国中央政府有权运用行政权力，采取必要手段，对国民经济的生产、流通、分配和消费等环节进行调节和干预，以协调社会各阶层的经济利益，维护经济秩序，促进经济发展。在社会事务方面，西方各国中央政府有权对教育、科学、文化、社会福利、社会保障、环境保护等事务进行管理和监督，以促进社会的协调发展。

7. 行政司法及司法行政权

在行政管理的实践中，西方国家的中央政府大都享有运用仲裁手段来解决民事方面的权属纠纷、侵权纠纷和损害纠纷，运用复议审查来处理行政相对人不服行政主体的具体行政行为而提出的复议申请的权力。这是一方面。另一方面，西方国家的中央政府还享有一定的司法行政权。

8. 军队统帅权

西方国家的中央政府都拥有统帅陆、海、空三军的权力，包括对军队的编制、训练、调遣、指挥等方面的权力。在总统制国家，由总统统帅三军；在内阁制国家，则由内阁统帅三军。此外，西方国家的中央政府还有权依据宪法或戒严法的规定实施戒严。

9. 外交权

西方国家的中央政府一般都享有制定对外政策和处理对外事务的权力。如政府行政首脑代表国家，派遣和接见外交使节，缔结外交条约，对外宣战和媾和，参加国际组织和国际会议等。这些权力均为中央政府的专有权力。

10. 其他方面的权力

如编制并向议会提出预算和决算；掌管全国警察和监狱；决定政府官员的薪俸；颁赐荣典；授予荣誉职务和称号，根据选举法规，组织选举工作等。

二 中国的中央政府制度

（一）中国中央政府——国务院的组成

1. 组成成员

根据中国 1982 年宪法的规定，国务院由总理、副总理若干人、国务委员若干人、各部部长、各委员会主任、审计长和秘书长组成。每届任期与全国人大每届任期相同，均为 5 年一届。总理、副总理、国务委员连续任职不得超过两届。国务院实行总理负责制。总理领导国务院工作，副总理和国务委员协助总理工作。

2. 组成程序

现行宪法规定，国务院总理由全国人民代表大会选举产生。其选举程序由以下三个环节构成：一是提名。即全国人大选举产生国家主席，由国家主席提名国务院总理人选。二是投票表决。即全国人大代表在充分协商和民主讨论的基础上，投票表决。候选人获得过半数代表的同意，便当选为下届总理。三是公布。即候选人经全国人大代表投票表决通过后，由国家主席签署主席令予以公布。

国务院的其他组成人员的人选，由国务院总理提名，经全国人大代表过半数决定，再由国家主席任命。在全国人大闭会期间，根据国务院总理提名，全国人大常委会有权决定部长、委员会主任、审计长、秘书长人选，由国家主席任命。

3. 机构设置

自 1954 年国务院成立后，随着国家行政职能的调整，其行政机构的设置也发生了一些变动。目前，国务院所设置的列入行政机构序列的机构大体可以分为国务院办公厅、国务院部委机构、国务院直属机构和国务院办事机构四类。

（1）国务院办公厅。它是国务院的综合性日常办公机构。其主要职责是协助国务院领导人处理国务院的日常工作。国务院办公厅由秘书长领导，副秘书长若干人协助秘书长工作。国务院办公厅与各部委同属于国务院组成部门，国务院秘书长作为总理领导国务院工作的行政助手，属于国务院的组成人员。国务院办公厅设 6 个职能司局。

（2）国务院部委机构。该类机构亦称国务院组成部门，系指依法分别履行国务院基本行政职能的机构。各部委是国务院机构中的主体。它们在国务院统一领导下，负责领导和管理政府某一方面的行政事务，并相对独立地行使某一方面的国家行政权力。国务院部委的设立、撤销或合并，须经总理提出，由全国人大决定；在全国人大闭会期间，由全国人大常委会决定。其行政首长由总理提名，全国人大或全国人大常委会决定，由国家主席任免。2003 年机构改革后，列入国务院组成部门序列的部委机构共有 28 个。按照这 28 个机构担负的职能和管理领域，可以分为以下 5 类，即宏观经济调控部门、专业经济管理部门、社会保障和资源管理部门、国家政务部门和教科文卫管理部门。

（3）国务院直属机构。该类机构是指主管国务院某项专门行政业务的机构。直属机构的业务具有独立性特点，不便于划归各部委，需要专设机构加以管理。根据《国务院组织法》的规定，直属机构的设立、撤销或者合并，由国务院常务会议讨论决定。与国务院组成部门相比，直属机构的工作量较小或者比较单一，其行政级别一般为副部级，称为"总局"的直属机构则为正部级。2003 年机构改革后，国务院共设有 18 个直属机构。

（4）国务院办事机构。该类机构是国务院内部设立的、以协助总理办理专门事项为职责的工作机构。国务院办事机构的级别一般等同于部、委，为正部级。办事机构的设立、合并或撤销，由国务院决定。办事机构的行政首长由国务院总理任免。2003 年机构改革后，国务院共设有 6 个办事机构。

（二）中国中央政府——国务院的职权

中央政府——国务院作为最高国家权力机关的执行机关和最高国家行政机关，担负着贯彻执行全国人大及其常委会通过的法律、法令，统一领导国务院各部门及地方各级行政机关的工作，管理中国内政、外交、经济、社会事务的重大责任，拥有广泛的职权。现行宪法以列举的方式赋予国务院 18 项职权。这些职权大致可以归纳为以下八类：

1. 行政领导权

这是国务院最主要的职权。它大体包括四个方面的内容：一是对全国行政机关工作的统一领导；二是对全国经济事务的领导；三是对社会事务的领导；四是对外交事务的领导。

2. 行政立法权

国务院的职责就是为了保证国家宪法、法律和最高国家权力机关的决议、决定的贯彻执行。在贯彻执行的过程中，国务院不仅有权根据宪法和法律，规定行政措施，发布决定和命令，而且有权制定在全国具有普遍约束力的规范性文件即行政法规。

3. 行政提案权

国务院有权向全国人大及其常委会提出属于其职权范围内的议案。通过行使这项职权，国务院可以及时而充分地向最高国家权力机关反映在行政活动中出现的新情况、新问题，并就此提出建议，经由立法机关的法律程序，转化为国家的法律、决议。

4. 行政监督权

国务院有权改变或撤销各部、各委员会发布的不适当的命令、指示和规章，有权改变或撤销地方各级国家行政机关的不适当的决定和命令，以保证全国各级国家行政机关忠实地贯彻执行宪法、法律和国务院的行政法规等。

5. 人事行政权

国务院有权审定行政机构的编制，依照法律规定任免、培训、考核和奖惩行政人员。

6. 建制权

国务院有权批准省、自治区、直辖市的区域划分以及自治州、县、自治县、市的建置和区域划分。

7. 戒严权

国务院有权决定省、自治区、直辖市范围内部分地区的戒严。

8. 全国人大及其常委会授予的其他职权。

第四节　地方政府制度

一　西方国家的地方政府制度

根据地方政府组织的典型特征，可以将西方国家的地方政府制度分为英国型地方政府制度、法国型地方政府制度和德国型地方政府制度。

（一）英国型地方政府制度

英国型地方政府制度是一种以地方议会为中心的分权制地方政府制度。[1] 其范围主要涵盖英国、其他英联邦国家、美国等。下面，我们以英国为对象，简要阐述英国型地方政府的体制和职权。

1. 英国地方政府体制

英国现行的地方政府体制主要是根据 1972 年和 1985 年的《地方政府法》而建立的。英国由英格兰、威尔士、苏格兰和北爱尔兰四个地区联合而成。在这四个地区中，英格兰和威尔士的地方政府体制比较接近，北爱尔兰的地方政府体制与其差别较大，而大伦敦区和苏格兰的地方政府体制却各成一类。在英格兰和威尔士，地方政府分为三个层级，即郡、郡属区、教区或社区。此外，英格兰还设有城市郡和城市区。在大伦敦区，地方政府原来分为两个层级，即大伦敦区政府及其以下的自治市政府。1985 年的《地方政府法》规定大伦敦区的政府结构采用一级制，原来由大伦敦区议会行使的绝大部分职权交由伦敦自治市和伦敦城议会行使。在苏格兰，地方政府是三级制和两级制并存。各级

---

　　[1]　在英国，地方政府是指由地方居民选举产生的、负责管理法律规定属于某一地方的行政事务并具有独立法律地位的行政组织。（参见王名扬：《英国行政法》，中国政法大学出版社 1987 年版，第 50 页。）

地方政府均以民选的地方议会作为其管理机构。北爱尔兰地区的地方政府体制与英国其他地区相比，有很大的不同，即由英国议会和政府直接管辖。

在英国，地方政府实行立法与行政相结合的"议政合一"制，地方政府的核心就是选举产生的地方议会，具有法人资格。郡议会和区议会称为主要的地方政府。在人口稀少不设议会的教区或社区由教区（社区）大会主席和区议会指定的官员组成教区（社区）管理人，作为教区（社区）代表并具有法人资格。

2. 英国地方政府职权

在英国，中央政府主要以立法方式授权于地方政府。经中央政府的授权，地方政府大致拥有九个方面的职权：（1）立法权；（2）行政权；（3）执行权；（4）维护公共安全权；（5）改良社会设施权；（6）发展社会福利权；（7）执行全国性任务权；（8）从事准商业活动权；（9）财政权。

（二）法国型地方政府制度

法国型地方政府制度是一种以地方行政首脑为核心的中央集权制地方政府制度。其范围主要统摄法国、意大利、西班牙、葡萄牙等南欧国家以及法国在亚非的前殖民地。下面，我们以法国为研究对象，扼要阐述法国型地方政府的体制和职权。

1. 法国地方政府体制

法国是单一制的中央集权国家。其现行地方政府体制是在1982 年开始的权力下放改革中形成的，共设大区、省、市镇三级一般地方政府。

（1）大区政府。大区一级设大区议会，以"单轮比例代表制"① 普选产生。大区议会选举主席 1 人、副主席和委员若干人

---

① 各个政党提出本党的候选人名单，选民只投某党派的票。参加竞选的各党派按得票比例取得相应的席位。

组成议会领导机构，它又是行政领导机构，任期 6 年。同时，大区驻有共和国专员作为国家代表，由部长会议任命，监督地方政府的活动。

（2）省政府。省一级设省议会，以"两轮单记名多数制"①普选产生，任期 6 年，每 3 年改选一半。省议会每 3 年以两轮绝对多数制选举省议会主席 1 人。省设共和国专员，由中央政府任命。共和国专员作为中央政府的代表，管辖、监察中央政府各部门派驻省里的机构，对省内的行政和财政事务进行监督，如有矛盾和冲突，可提交行政法院或地区审计院判决。地方事务由省议会主席领导，这就使省议会主席作为议会的执行机构行使行政权，成为省的行政长官。

（3）市镇政府。市镇一级设市镇议会。市镇议会由居民普选产生，议员人数根据居民人数而定，由 9 名（居民少于 100 人）到 69 名（居民达到或超过 300000 人）不等（但三个城市例外：巴黎 163 名，马赛 10 名，里昂 73 名）。市镇议员任期 6 年。市镇长由议会选举产生，是市镇的行政首长，但一旦选出又不对议会负责，议会不能罢免其职务。

在法国，除设立一般地方政府外，还设有巴黎、科西嘉等特别地方单位及海外地方单位。

2. 法国地方政府职权

根据 1982 年法国《权力下放法案》的规定，大区政府有权制定本区的经济发展计划，执行国家中、长期经济和社会发展计划，扶植本地区的中、小企业，支持本地区所管辖的省、市镇的经济活动，推动公私混合经济的发展，编制年度职业培训大纲，资助就业培训组织，分配和使用国家调拨的经费。省议会的主要

---

① 候选人在第一轮投票中以过半数票当选。若无人当选，则须在得票最多的两个候选人中进行第二轮投票，得票最多的候选人即可当选。

职权是：批准和审核省预算；负责地方税收；对省行政进行审议和监督；管理省的公共财产，维护公共建筑；对公共救助、卫生事业、公共工程、排水设施等省属公共事业进行监督；主管各种社会救济贷款，发放社会救济贷款，讨论和分配中央政府调拨省的津贴。市镇议会的主要职权是：选举市长和市长助理；讨论和表决市镇预算并监督其执行；决定市镇公共工程及实施方式；建立公立公益设施；管理市镇公共机构；批准市镇长签订的合同；讨论和征收不动产，接收遗产；制定市镇公务员章程；负责社会福利和公共救助。

（三）德国型地方政府制度

德国型地方政府制度是一种以突出地方整体从属原则为主要特征的地方政府制度。① 其范围主要包括德国、奥地利、瑞士、荷兰、比利时及斯堪的那维亚半岛国家。它还影响了俄罗斯、匈牙利、日本等国家的地方政府制度。下面，我们以德国为研究对象，着重考察德国型地方政府的体制和职权。

1. 德国地方政府体制

德国是一个联邦制国家。联邦由各州组成。在联邦政府以下分别设立州、县（市）、乡（镇）三级地方政府。②

（1）州政府体制。州政府体制根据"三权分立"的原则而构建，立法权、行政权、司法权分别由州议会、州行政机关、

---

① 依据德国公共行政的隶属性原则，上级政府只履行那些"不能由下级公共机构有效履行的职责"。因此，联邦政府负责制定全国性的总政策、法律，除某些特殊领域如国防、外交、铁路、邮政等事务外，其他大多数事务不由联邦各部直接管理，而是委托给州政府负责。州政府可再把这些国家行政职能分配给政府部门和各级地方政府执行，各政府部门对本级政府负责，下级政府整体上对上级政府负责，呈现出行政组织完整制的特征。

② 德国学者和法律一般把州以下的政府称为地方政府。为了研究方便，笔者将州政府也视为一种特殊的地方政府。

州司法机关行使。州议会是州的最高立法机关。除巴伐利亚州外，其余的州均实行一院制。州行政机关即州政府由州总理和各部部长组成，一般实行内阁制。州内阁由在议会中掌握多数议席的政党联盟组成，州总理（亦称州长）在政党内产生，其地位与联邦总理在联邦政府中的地位相似。州内阁对州议会负责。汉堡、不来梅两市的行政机关采用市政院制，市政院由议会选出，是市议会的执行机构。州法院是州政府体制中行使司法权的机关。其设置原则和联邦法院基本一致，分普通法院、专门法院和宪法法院。

（2）县市政府体制。在德国公法中，县系自治团体的社团法人。县设议会，议员由选民选举产生，任期4年，每年举行4次例会，必要时可召开临时会议。县的主要行政首长为县长（在北莱茵兰—威斯特法伦州和下萨克森州称县总监）。县长大都由县议会选举产生，或由普选产生。县长领导县政府的行政工作，具有双重身份：既是州政府的代理人，又是地方行政长官。市设市议会，由选民选举产生，人数视各市人口多少而定。议会选出的议长、副议长也称市长、副市长。市长领导市政府的行政工作。

（3）乡镇政府体制

乡镇是德国最基层的地方自治单位。它不是州政府的下属行政单位，而是组成县政体系的自治团体。大体而言，德国各州乡镇自治组织体制可以分为四种类型，即行政会议制（亦称参事会制）、乡镇议会制、乡镇长制和双轨制（即乡镇议会和乡镇长是同一单位）。

2. 德国地方政府职权

根据联邦基本法的规定，州议会的主要职权是制定州的立法，通过州预算，负责组成州政府，并行使监督的权力。

州行政机关的主要职权是管辖州立法范围内的行政事务，主要包括文教、警察、乡镇管理和地区规划。

州法院的主要职权是负责执行联邦法律和州法律。

联邦基本法载明："必须保证各乡在法律范围内拥有独立负责地处理各种地方性事务的权限。"乡在其法律规定的职权范围内，也拥有"行政自治权"。县市和乡镇地方当局行政自治权的大小并不一致，是由各州宪法和其他有关法律规定和授予的。

二 中国的地方政府制度

中国的地方政府制度是一种以体现民主集中制原则的"双重从属性"为主要特征的地方政府制度。[①] 就行政建制而言，中国的地方政府大体可以分为一般地方政府、民族自治地方政府和特别行政区政府三种类型。

（一）一般地方政府制度

1. 一般地方政府体制

中国是一个单一制的国家，根据中央政府统一领导全国、地方各级政府分级管理的原则管理国家事务。因此，在中央政府之下，形成了金字塔形的一般地方政府结构，即由上级到下级并逐级下降的四级制即省、市（地级）、县（市）、乡（镇、民族乡）和三级制即直辖市、县（市辖区）、镇（乡）并存的一般地方政府结构。

目前，中国省政府工作部门一般有 40 个左右，经济不发达、人口较少的省的工作部门为 30 个左右；直辖市政府工作部门为 45 个左右。综合考虑市、县人口、面积、行政区划以及经济规

---

① 中国各级地方国家行政机关作为国家机构体系的组成部分，是实行民主集中制的人民代表大会制下的一级人民政府，由地方各级人民代表大会选举产生。地方各级人民政府既是地方各级人民代表大会的执行机关，负责办理本级人民代表大会交办的一切事项；又是地方一级国家行政机关，执行上级国家行政机关的决定和命令。这表明，中国各级地方国家行政机关具有"双重从属性"。

模等因素，大城市政府工作部门为 40 个左右，中等市政府工作部门为 30 个左右，小城市政府工作部门为 22 个左右，经济不发达、人口较少的市政府工作部门为 20 个左右。乡镇政府的内设机构因各地情况不同而不尽相同。少数经济特别发达、规模较大的镇，一般按照现代城镇管理模式确定机构；贫困、边远地区的乡镇大都只设一个综合机构，或只配备少量的助理员。

与中央政府实行首长负责制一样，一般地方各级政府分别实行省长、市长、县长、区长、乡长、镇长负责制。

2. 一般地方政府职权

中国现行《地方组织法》将县级以上地方政府行使的职权规定为 10 项。这 10 项职权可以归纳为七个方面：（1）行政执行权；（2）行政领导权；（3）行政监督权；（4）行政管理权；（5）人事行政权；（6）保护、保障权；（7）其他事项办理权。

对于乡镇政府行使的职权，中国《地方组织法》规定为 7 项。这 7 项职权可以归纳为 4 类：（1）行政执行权；（2）行政管理权；（3）保护、保障权；（4）其他事项办理权。

（二）民族自治地方政府制度

1. 民族自治地方政府体制

实行民族区域自治，是中国政府在 1949 年建国后根据历史情况、民族关系和民族分布状况制定的一项基本政策和国家基本制度。根据 1982 年《宪法》和 1984 年《中华人民共和国民族区域自治法》的规定，民族自治地方是自治区、自治州和自治县；民族自治地方的自治机关是自治区、自治州、自治县的人民代表大会和人民政府。民族自治地方政府包括自治区政府、自治州政府和自治县政府。民族自治地方政府既是本级人民代表大会的执行机关，又是一级地方国家行政机关。它要向本级人民代表大会及其常委会和上一级国家行政机关负责并报告工作。根据《民族区域自治法》的规定，自治区主席、自治州州长、自治县县长由实行区域自治的民族的公民担任。自治区、自治州、自治县政府的其他组成人员和所属工作部门的干部中，要尽量配备实行区域自治的民族的人员和其他少数民族的人员。

民族自治地方政府的机构设置随行政层级的不同而有所区别。目前，自治区政府工作部门一般为 40 个左右，经济不发达、人口较少的自治区政府工作部门为 30 个左右；自治州政府工作部门一般为 25 个左右；自治县政府工作部门一般为 18 个左右。

在领导体制方面，民族自治地方政府与一般地方政府一样，实行行政首长负责制。

2. 民族自治地方政府职权

民族自治地方政府除了行使《宪法》规定的一般地方政府的职权外，还依照《宪法》、《民族区域自治法》和其他法律的规定行使广泛的自治权。这些自治权可以归纳为四类：（1）变通执行权；（2）政治自治权；（3）经济自治权；（4）教育、科学、技术、文化、卫生、体育事业自治权。

（三）特别行政区政府制度

所谓特别行政区，是指在中国版图内，根据中国宪法和法律规定所设立的具有特殊法律地位，实行特别的、不同于一般行政区的社会、政治和经济制度的行政区域。特别行政区是中国的一级地方行政区域。设立特别行政区，是针对中国尚未实现国家统一，为和平解决香港、澳门、台湾问题所采取的特别措施。

为了研究的方便，我们在这里主要考察香港特别行政区的行政长官制度和行政机关制度。

1. 香港特别行政区的行政长官制度

根据《香港特别行政区基本法》的规定，香港特别行政区行政长官是香港特别行政区的首长，代表香港特别行政区，依照基本法的规定对中央人民政府和香港特别行政区负责。行政长官由年满 40 周岁，在香港通常居住连续满 20 年并在外国无居留权的香港特别行政区永久性居民中的中国公民担任，在当地通过选举或协商产生，由中央人民政府任命。行政长官任期5年，可连任一次。行政长官行使13项职权：（1）领导香港特别行政区政府；（2）负责执行基本法和依照基本法适用于香港特别行政区的其他法律；（3）签署立法会通过的法案，公布法律；（4）决定政府政策和发布行政命令；（5）提名并报请中央人民政府任命各司司长、副司长，各局局长、廉政专员、审计署署长、警务处处长、入境事务处处长、海关关长，建议中央人民政府免除上述官员职务；（6）依照法定程序任免各级法院法官；（7）依照法定程序任免公职人员；（8）执行中央人民政府就基本法规定的有关事务发出的指令；（9）代表香港特别行政区政府处理中央授权的对外事务和其他事务；（10）批准向立法会提出有关财政收入或支出的动议；（11）根据安全和重大公共利益的考虑，决定政府官员或其他负责政府公务的人员是否向立法会或其属下的委员会作证和提供证据；（12）赦免或减轻刑事罪犯的刑罚；（13）处理请愿、申诉事项。

2. 香港特别行政区的行政机关制度

香港特别行政区政府是香港特别行政区行政机关，其首长是香港特别行政区行政长官。香港特别行政区的主要官员由在香港通常居住连续满15年的并在外国无居留权的香港特别行政区永久性居民中的中国公民担任。香港特别行政区政府行使6项职权：（1）制定并执行政策；（2）管理各项行政事务；（3）办理基本法规定的中央人民政府授权的对外事务；（4）编制并提出财政预算、决算；（5）拟定并提出法案、议案、附属法规；（6）委派官员列席立法会并代表政府发言。特别行政区政府必须遵守法律，对香港特别行政区立法会负责。香港特别行政区政府设政务司、财政司、律政司和各局、处、署。

第五节 政府行政过程

任何政府，都不仅是一种制度体系，而且是一种行政过程（process of administration）。所谓"政府行政过程"，是指行政主体及其他行政参与者（如立法机关、政党、利益集团、大众传媒、公民等）行使各自的权力（或权利），相互影响，相互作用，设定并最终实现政府公共政策目标的活动过程。或许有人会认为，政府行政过程是一个由行政主体操纵的井然有序的过程。其实不然，它是一个充满矛盾、异常复杂的过程，因而难于进行科学的程序设计，主要由政府领导人的治理艺术所驾驭。因此，对中西政府行政过程进行比较研究，可以使我们获得一些有益的启示。

一 西方国家的政府行政过程

根据研究的需要，我们在这里以美国为对象，考察西方国家的政府行政过程。[①]

（一）美国总统的权力及其办事机构的作用

美国是一个实行总统制的国家。按照立法、行政、司法三权分立和权力制衡的原则，美国建立了以总统为行政首脑和国家元首的政府制度。在这种制度下，总统拥有行政权、军事权、外交权、立法权、司法权和政党领导权，处于全国权力的中心。这种状况，使得总统在政府行政过程中居于核心地位，起着举足轻重的作用。

当然，根据美国"三权分立与制衡"的原则，总统行使职

---

① 关于英国、法国、德国、日本等西方国家政府行政过程的具体情形，可参见张立荣：《中外行政制度比较》，商务印书馆2002年版，第287—339页。

权要受到国会和联邦法院的牵制。此外，总统作为行政过程中的最高领导者和社会利益的直接分配者，为了巩固自己的统治地位，在行政决策过程中必须考虑其他各种政治力量的利益要求，充当政治掮客，在不同的政治势力和利益集团之间穿梭往来，进行调解，促成妥协。或作出种种许诺，或恩威并用，以使作出的决策能为议会中各种政治势力、内阁成员、手握大权的官僚、有权有势的个人、利益集团的领袖等各种政治力量和政治势力所接受。①

美国总统在行使职权时，需要助手班子和各种办事机构的协助。一般而言，每届总统都有二十几个最亲近的助手，其中包括一名机要秘书，一名行政秘书，二至三名演讲撰稿人和一名新闻秘书，一名特别经济助手及其他国内事务助手等。他们大都年轻气盛，思维活跃，传统束缚少，创新精神强，因而对政府行政过程有着重大影响力。

美国总统的办事机构目前有18个委、办、局、室，除少数几个日常办事机构外，大多数（如行政管理和预算局、国家安全委员会、经济顾问委员会、科学技术政策办公室等）都是为总统作最终决策提供信息、咨询、政策建议和政策方案的。因而，它们在整个高层决策过程中起着十分重要的作用。

（二）美国国会对政府行政的牵制

美国作为"三权分立"的总统制国家，其国会、总统、联邦法院分别行使最高立法权、行政权和司法权，三者互相分工又互相牵制。因此，总统在制定行政决策时虽然无需向国会负责，但要受国会众参两院的牵制。

先从国会财政权的行使来看。总统所有的国内发展项目、外

---

①　参见钱振明、钱志荣主编：《比较行政学》，苏州大学出版社1996年版，第238—239页。

交活动和国内外军事行动，都依赖于国会的财政支持；而国会有效地控制着税收和拨款。因此，国会可以利用财政手段，干预或限制总统权力的行使。例如，1973 年 7 月 1 日国会通过的一项法律规定：从是年 8 月 15 日开始，对美军在北越、南越、老挝和柬埔寨的一切军事行动停止财政支持，结果美军的军事行动于 8 月 15 日全部停止。1975 年国会又拒绝总统提出的向土耳其提供援助的要求。①

再从国会弹劾权的行使来看。根据宪法规定，国会可以通过弹劾程序罢免总统。这是国会牵制总统的一种极具威慑力的手段。到目前为止，美国众议院弹劾过三位总统：第一位是美国内战之后的安德鲁·约翰逊总统，在 1866 年以一票之差被宣告无罪；第二位是理查德·尼克松总统，1974 年，他在因"水门事件"而面临国会弹劾起诉和审判的情况下被迫辞职；第三位就是 20 世纪 90 年代的比尔·克林顿总统，因莱温斯基案遭众议院弹劾，但在参议院的审判过程中幸免。

（三）美国政党在政府行政过程中的作用

美国是实行两党制的国家。民主党和共和党操纵着美国国家机器的运转。总统要么从民主党中选举产生，要么从共和党中选举产生，两党轮流执政。大体说来，执政党是通过党政一体化来影响政府行为的。按照美国的政党政治规则，竞选中获胜的政党成为执政党，执政党的领袖担任总统，一身二任，党政合一。这样，当选的总统自然成为本党的代言人。一般说来，总统及政府提出的政策议案，都是事先与本党领导集团协商并获得支持的。其中，获得本党国会党团的支持最为重要。因为总统提出的政策议案，特别是财政预算案、特别拨款案等，只有为国会通过才能生效，而反对党一般是持反对立场的，这就决定了执政党国会党

---

① 参见张立荣：《中外行政制度比较》，商务印书馆 2002 年版，第 294 页。

团的支持对议案的命运至关重要。为此，总统有时要为获得本党国会领袖的支持而作出诸多让步。此外，总统大都力争连任，这就更需要得到本党各路领导人物的支持。这也体现了执政党对总统和政府政策的影响作用。

（四）美国利益集团对政府行政的影响

在多元主义盛行的美国社会，"名目繁多，种类各异"的利益集团① （亦称为压力集团或院外集团，前者因向政府及官员施加压力而得名，后者则因在国会两院外对议员进行游说而得名）对政府行政过程产生着不容低估的影响。美国前助理国务卿、哥伦比亚大学教授希尔斯曼将总统和行政系统、国会、司法部门列为"最直接的政策制定者"，而把利益集团称作"第二圈的政策制定者"②。那么，这个"第二圈的政策制定者"是以何种手段和方式来影响"最直接的政策制定者"呢？一是直接游说；二是间接游说；三是介入选举；四是抗议示威。③

应当看到，各利益集团的力量及影响并不是均衡的。一般而言，成员人数众多、财力雄厚，成员社会地位高、地理分布广，成员之间有凝聚力，领导者能力强的利益集团的力量较强，影响较大；反之则力量和影响都较小。当然，一个利益集团的力量不论多么强大，对政府政策的影响也不是无限度的，并不是总能如愿以偿，或使政府完全接受其要求。

---

① 据估计，到20世纪80年代初，美国有利益集团20万个左右（参见格雷厄姆·K. 威尔逊：《美国的利益集团》，牛津大学出版社1981年英文版，第9页）。

② 参见［美］希尔斯曼：《美国是如何治理的》，商务印书馆1990年版，第18页。

③ 参见赵来文：《西方霸主梦——步履维艰的美利坚》，吉林人民出版社1998年版，第108—111页；另见谭君久：《当代各国政治体制——美国》，兰州大学出版社1998年版，第166—174页。

二　中国的政府行政过程

(一)　总理的地位及国务院集体的功能

众所周知，中国所实行的根本政治制度是人民代表大会制度。全国人民代表大会是中国最高国家权力机关。按照 1982 年宪法的规定，国务院"即中央人民政府，是最高国家权力机关的执行机关，是最高国家行政机关"。这表明，国务院在中国整个国家行政机关体系中居于最高的地位。

国务院总理是行政首脑，由国家主席提名，全国人民代表大会投票决定，国家主席公布。现行宪法第八十六条规定："国务院实行总理负责制。"这就意味着，总理在行政过程中处于核心地位，具有全面领导国务院工作的权力。大体说来，国务院总理的职权和国务院集体的功能表现在以下几个方面：

一是国务院总理领导和主持国务院日常工作，副总理、国务委员协助总理工作。这就是说，总理是行政领导者，副总理、国务委员只是他的助手。

二是总理召集和主持国务院全体会议和常务会议。根据 1982 年国务院组织法的规定，总理、副总理、国务委员和秘书长组成国务院常务会议，对国务院重大问题进行决策，领导国务院的日常工作。同时，又设立由总理召集和主持的国务院领导机构全体成员参加的国务院全体会议。这两种会议不是通常的会议形式，不是表决机器，不采取委员会制的一人一票的少数服从多数的办法，而是由各个行政首长畅所欲言，集思广益，经过集体讨论，充分发挥集体智慧在行政决策中的作用。对于应该做出决定的问题，则由总理拍板定案，总理拥有最后决定权。

三是总理拥有向全国人大或者全国人大常委会提名国务院重要组成人员的权力，以及签署发布决定、命令、行政法规和向全国人大或全国人大常委会提出议案、任免人员等权力。

应当指出，从 1982 年开始实行的国务院总理负责制，较之于以前政务院和国务院所实行的委员会制、部长会议制有很大的发展。它吸取了上述两种体制强调集体作用以及首长制强调个人责任的优点，克服了它们的弱点，是集体领导和首长个人负责的有机结合，有利于行政过程中既重视民主讨论，又充分发挥首长个人的作用，提高行政效率。

（二）全国人大对政府行政的监控①

如前所述，中国的根本政治制度是人民代表大会制度。这种制度实行"议行合一"即立法与行政相统一的原则。全国人民代表大会作为中国最高国家权力机关，代表全体人民集中、统一行使立法、行政、司法大权。中央人民政府即国务院由全国人大产生，是最高国家权力机关的执行机关，必须对全国人大负责并报告工作。国务院在行使行政权即在行政过程中受全国人大的监督和控制。大而言之，全国人大监督和控制国务院的途径主要有：

1. 行使任免权

根据国家主席的提名，全国人大有权决定国务院总理的人选；根据国务院总理的提名，全国人大有权决定国务院副总理、国务委员、各部部长、各委员会主任、审计长和秘书长的人选。此外，全国人大有权罢免由它选举或决定的上述人员。

2. 行使审议、审查和批准权

（1）全国人大及其常委会（或专门委员会）有权听取和审议政府工作报告。它包括人民代表大会听取和审议政府的全面工作报告、全国人大常委会听取和审议政府工作某一方面的专题报告以及全国人大专门委员会听取政府有关部门的情况报告。不同

---

① 这里的"全国人大"是一个广义概念。它不仅指全国人民代表大会的全体会议，而且还包括全体会议产生的常务委员会和专门委员会。

类型的报告具有各自需要研究和解决的问题。（2）有权审查和批准国务院关于国民经济和社会发展计划及计划执行情况的报告以及关于国家预算和预算执行情况的报告。

政府的所有工作都是建立在一定的计划和预算基础之上的。全国人大及其常委会审查、批准中央人民政府的计划和预算，其实质是从最基本方面监督和制约中央政府。人们常说："管住了钱，就管住了计划，也就管住了政府"，讲的就是这个道理。

此外，行使执法检查权、质询权和撤销行政立法权，也是全国人大监督和控制国务院的重要途径。

（三）中国共产党对政府行政的领导及各民主党派的作用

中国所实行的政党制度是中国共产党领导的多党合作制度。在这种制度下，中国共产党是唯一的执政党，其他政治党派（通称为民主党派）是参政党。现行宪法规定，中华人民共和国是工人阶级领导的、以工农联盟为基础的人民民主专政的社会主义国家。工人阶级是通过自己的先锋队即中国共产党来实现这种领导的。所以，包括政府行政机关在内的所有国家机关都必须始终坚持中国共产党的领导，这是中国的基本政治制度。大体说来，中国共产党领导政府行政的途径主要有如下几种：

1. 政治领导

即政治原则、政治方向、重大决策的领导和向国家行政机关推荐重要干部。

2. 思想领导

即坚持用马列主义、毛泽东思想、邓小平理论和"三个代表"重要思想来教育和武装在行政机关工作的广大党员，使之自觉地为党领导的社会主义事业作出贡献；坚持党的一切从实际出发、实事求是的思想路线，用以正确地认识和解决行政活动中出现的各种复杂问题；向人民群众宣传党的路线、方针和政策，把党的主张变成人民群众的自觉行动。

3. 组织领导

即通过党的干部、党的各级组织（包括政府部门中设立的党委机关、党组在内）和广大共产党员，组织和带领人民群众为实现党的任务和主张而奋斗。

应当指出，中国共产党对政府行政实行领导的基本方式是：使党的主张经过法定程序变成国家意志；通过党组织的活动和党员的模范作用，带领广大人民群众，实现党的路线、方针和政策。

还应当指出，中国各民主党派作为参政党，在政府行政过程中发挥着越来越重要的影响作用。这主要表现为参加政权、政治协商和民主监督。

（四）利益集团的发育及其对政府行政的影响

新中国自 1949 年 10 月成立以后，一直实行高度集中的计划经济体制和一元化的政治体制，致使社会利益结构整齐划一，具有超强的整体性。然而，自 1978 年中共十一届三中全会召开以来，随着经济体制改革的推进和社会主义市场经济的发展，中国社会的利益结构发生了深刻变化。比如，随着市场经济的建立和发展，原来由政府决定人们利益的格局被打破，社会成员的利益源开始出现多元化。利益多元化在组织上的表现，就是形成和强化了人们的群体意识，出现了群体认同。这样，利益集团便开始发育和衍生。① 在中国现阶段的社会经济、政治和文化条件下，主要开始衍生以职业为基础的社会管理群体、军警群体、知识分子群体、企业经营管理者群体、国有企业工人群体、城镇集体企

① 需要指出，现阶段的中国利益集团与西方发达国家利益集团产生的经济和政治条件不尽相同。中国的利益集团缘起于从传统的计划经济向社会主义市场经济转轨以及政治体制改革所催生的利益多元化时期，因此，从严格的意义上讲，中国利益集团的发育是不成熟的。此外，中国作为一个社会主义国家，不可能出现西方国家政治多元化背景下的利益集团即压力集团。

业工人群体、雇佣工人群体、个体劳动者群体、私营企业主群体、农业劳动者群体、工商个体户群体等。[①]

在利益多元化背景下产生的利益集团，随着中国社会主义市场经济体制的建立与完善，其数量与能量必然有一个增长的过程。利益集团多元化和活动能力的增长，势必影响政府公共政策的制定和执行。诚如詹姆斯·安德森在《公共决策》一书中所指出的那样，虽然由于各国的情况不同，利益集团在组成方式和合法化上有所不同，但在所有的国家，利益集团在公共政策中都发挥着特别重要的作用，都履行着利益表达的功能，即它们表达了对政策行动的要求和提供了可供选择的政策方案；它们就政策意见的性质和可能出现的后果，尤其是技术方面的事务，向政府决策者提供了众多的信息。当它们从事上述活动的时候，有助于政府公共政策的合理化。[②]

第六节　中外行政制度比较分析

一　中西行政制度的主要差异

由于历史—社会—文化条件即政治生态环境的不同，使得中国的行政制度（政府制度）明显相异于西方国家的行政制度。这主要表现为以下几点：

（一）制度性质不同

众所周知，一个国家行政制度的性质是由该国的国家政权性质决定的。中国是工人阶级领导的，以工农联盟为基础的人民民

---

① 参见梁琴、钟德涛：《中外政党制度比较》，商务印书馆 2000 年版，第 295—298 页。

② 参见［美］詹姆斯·安德森：《公共决策》，华夏出版社 1990 年版，第 52 页。

主专政的社会主义国家。国家的一切权力属于人民。这就决定了中国行政制度具有人民性质。也就是说，中国的人民政府及其工作人员是人民的公仆。他们的宗旨就是全心全意为人民服务，维护全体人民的根本利益和社会主义制度，大力发展社会生产力，不断改善和提高人民的物质文化生活质量，实现共同富裕。而西方国家的资产阶级政权，使其行政制度具有资产阶级性质。也就是说，西方国家资产阶级的政府是由少数有钱人组成、主要是为少数有钱人即垄断资本家服务的政府，其目的在于维护资本义制度。以美国为例，富兰克林·罗斯福总统任命的117名政府高级官员中，70%是大企业家；德怀特·D.艾森豪威尔政府的272名高级官员中，有150人是大垄断资本家，另有122人也都与资本家有密切关系，其内阁成员分别在86家大公司担任董事等职务。[①]他们主要代表垄断资本利益。

（二）依循原则不同

中国的行政制度是依据"议行合一制"原则而建立和运作的。它根本不同于西方国家政府所实行的"三权分立制"原则。"议行合一制"是指立法权和行政权属于同一个最高权力机关，或者行政机关从属于立法机关，仅是立法机关的执行部门的政权形式和政权活动原则。现代议行合一制的雏形是1871年法国无产阶级革命所建立的巴黎公社。马克思在对此进行评述时指出："公社不应当是议会式的，而应当是同时兼管行政和立法的工作机关。"[②]继巴黎公社之后，中国及其他社会主义国家的政权组织形式都采取了议行合一制。议行合一制的基本特征是：由人民直接或间接选举的代表机关统一行使国家权力；国家行政机关和其他国家机关由人民代表机关产生，各自对国家权力机关负责并

---

①　转引自邱敦红：《中西民主政治论》，中国工人出版社1993年版，第164页。

②　《马克思恩格斯选集》第2卷，人民出版社1972年版，第375页。

受其监督。议行合一制的理论依据是：国家的一切权力属于人民。在中国，作为人民的代表机关——全国人民代表大会，其权力是最高的、统一的，不可分割的。当然，它与行政机关和司法机关在职能上适当进行分工：全国人大履行立法和监督的职能，国务院担负行政管理的职能，最高人民法院和最高人民检察院分别担负审判和法律监督的职能。议行合一制实质上是"无分权，有分工"的制度。它比西方国家的三权分立制更能体现人民意志在国家政治、经济和社会生活中的作用。

（三）政党制度对行政制度的影响不同

可以肯定地说，中国的行政制度是与中国共产党领导的多党合作和政治协商的政党制度相适应的。中国共产党在国家政权体系中处于领导地位。它对政府的领导主要是通过政治领导、思想领导和组织领导等途径来实现的。我国各民主党派对政府的影响，则主要是通过政治协商、民主监督和参政议政等方式来实现的。通过多党合作和政治协商，可以增强各党派的团结与合作，充分调动和发挥各党派的积极性，促使政府工作效率的提高和社会主义现代化事业的快速发展。这根本不同于西方主要国家实行两党制或多党制、各党派之间相互攻击、相互掣肘，政党间接地、有限地控制政府的情形。

（四）目标取向不同

中国共产党所建立和领导的人民政府，把实现人类最美好的社会制度作为自己活动的目标取向。在人民政府看来，夺取政权只是万里长征走完了第一步，塑造人类美好未来的崇高目标远未实现。而西方资产阶级政党所操纵的政府，则以掌握政权为目的。马克思曾经指出："那些争夺统治权而相继更替的政党，都把这个庞大国家建筑物的夺取视为自己胜利的主要战利品。"①

---

① 《马克思恩格斯全集》第8卷，人民出版社1961年版，第216页。

从尼德兰资产阶级革命到英国的"光荣革命"，从美国的独立战争到法国的巴黎人民起义，资产阶级经过同封建王权的反复较量终于夺取了"庞大国家建筑物"。但是，资产阶级一旦掌握了这一"战利品"，就由推翻旧剥削制度的革命阶级变成了维护新剥削制度的统治阶级。正因为资产阶级把掌握"国家建筑物"作为自己的最终目的，所以，资产阶级政党的全部活动就是为了竞选。除了提出竞选纲领、筹措竞选经费、争夺选民票额以外，它甚至不需要固定的纲领、组织和成员。尽管由于300多年的统治使资产阶级政府体制愈益精致，管理经验愈益丰富，但它没有也不可能担当起规划人类美好未来和社会发展崇高目标的历史责任。

二　西方国家行政制度改革的趋向与启示

（一）西方国家行政制度改革的基本趋向

进入20世纪以后，尤其是第二次世界大战以来，美、英、法、德、日等西方国家为了适应社会经济发展的需要，掀起了改革行政制度的热潮。诚然，西方各国因其国情不同，改革行政制度的内容、方式和进程也就不尽相同。但是，随着国际社会的发展变化，各国之间的信息和技术交流日益频繁，西方各国面临的共同问题越来越多，这就使得西方国家的行政制度改革凸显出一些共同的趋向。

1. 行政职能市场化

西方国家行政职能的市场化表现为两个方面：（1）政府行政职能定位的市场化。即根据市场经济的要求确立政府的行政职能，其目标是将原来由政府承担的部分社会职能和经济职能推向社会，推向市场，从而减轻政府负担，缩小政府规模，精简政府人员。行政职能市场化的实践路径主要有三：一是压缩社会福利项目；二是放松对企业进出口及价格的管制；三是推行国有企业私有化改革。（2）政府行政职能运行的市场化。即在公共服务供给领域引入市场机制，其实质是整合政府权威制度与市场交换制度的功能优势，形成一种新的供给公共服务的制度安排。比较普遍的做法是实行合同出租。即在不扩大政府规模、不增加公共财政支出的情况下，政府通过投标者的竞争和履约行为，将原先垄断的公共产品的生产权和提供权向私营公司、非营利组织等机构转让，完成公共服务提供的"准市场化"，进而改善公共服务的提供质量，提高行政效率，增强行政能力。

2. 行政权力分散化

与上述行政职能市场化趋向相关联，西方国家在推进行政制度改革的过程中，大都着力于缩小政府行政范围，分散政府行政权力。先从中央政府与地方政府之间的分权来看，它体现为中央政府将若干权力如项目管理权、法规制定权等下放给地方政府，使地方政府较之以前拥有更大的权力。一般说来，西方国家推行分权的做法是财权相对集中，事权相对分散。

再就政府行政组织内部层级之间的分权而言，它主要体现为压平层级，授权一线。比如美国的住房和城市发展部将区域办公室这个中间层次取消，使管理层次由3个变为2个；美国国防后勤局国防分配地区中心的自我管理小组把该组织的整个管理层次取消，一年节约250万美元；退伍军人局向区域办公室放权，从而提高了工作效率和服务质量。此外，西方国家在改革政府机构、调整行政权力的过程中，把一些政府经济部门改组为准政府机构或独立出去。其中，英国的"下一步行动方案"（the next steps）最具典型意义。该方案旨在把原政府部门内的中下层组织转变为具有独立性质的单位，实现决策权能与执行权能的分离。

3. 公共服务社会化

一个便民、利民、亲民的政府，不仅要为公众提供优质的服务——因为"所有的公共事业都在自然地扩大，集体对提供新型的服务有不可抗拒的需求……一个社会越复杂，就越需要行政部门的服务，也就越应该发展调节的职能……服务性的活动已经超过了控制性的活动"①；而且还应向公营部门、私营机构和非营利组织提供催化剂，使之行动起来解决自己社区的问题。当代西方国家的行政制度改革呈现出这样一种趋向，即政府充分利用市场和社会的力量，推行公共服务社会化。其主要形式有三：(1) 以私补公；(2) 公私合作；(3) 授权社区。

4. 政府理念企业化

政府"企业化"是 20 世纪 70 年代以后流行于西方国家的一种政府组织思想。进入 80 年代以来，以政府"企业化"思想为背景的管理模式——商业模式越来越受到人们的重视，并被广泛应用于西方国家行政制度改革的实践之中。所谓"政府企业化"，就是用企业家在经营中所追求的讲效率、重质量、善待消费者和力求完美服务的精神，以及企业中广泛运用的科学管理方法，改革政府机构中的公共管理部门，重塑政府形象。建立企业化政府，要求政府有新的理念。对此，美国学者戴维·奥斯本和特德·盖布勒在《改革政府》一书中归纳为十个方面，即企业化政府应当是起催化作用的政府、社区拥有的政府、竞争性政府、有使命感的政府、讲究效果的政府、受顾客驱使的政府、有事业心的政府、有预见的政府、分权的政府、以市场为导向的政府。② 对于该书提出的这些新见解，美国前总统克林顿给予了高度评价，指出它"给我们提供了改革政府的蓝图"③。正是在克

---

① ［法］米歇尔·克罗齐埃：《被封锁的社会》，商务印书馆 1989 年版，第 95—96 页。

② ［美］戴维·奥斯本、特德·盖布勒：《改革政府》，上海译文出版社 1996 年版，目录页。

③ 同上书，封 4。

林顿的推动下，美国掀起了"再造政府运动"。

5. 政府治理电子化

面对信息技术和信息社会的挑战，西方各国均致力于发展政府信息化政策，借助信息科技提高政府服务效率和治理质量，并通过构建电子化政府提高国家竞争力。[①]

美国自20世纪80年代起，不断地受到预算赤字的拖累。在国会削减预算和选民的压力下，由副总统戈尔所领导的全国绩效评估委员会（National Performance Review，NPR）基于对政府服务效率和治理质量的检讨，提出了"运用信息技术再造政府"的主张。1993年，NPR发表"运用信息技术改造政府"的报告，试图通过信息技术改善政府的效率、产品与服务的品质，并让政府官员深入了解信息技术是下个世纪政府的基础建设，强调一个现代化的"电子化政府"应给予民众更多机会，以最有效的方式取得政府服务。

目前，美国"政府治理电子化"建设工作取得了明显的进展。在美国的影响和带动下，英、法、德、日等西方国家亦把构建电子化政府作为其国家发展的一个战略性任务，制定并开始实施政府治理电子化的规划。

（二）西方国家行政制度改革的若干启示

西方国家在其进入20世纪以来的行政制度改革实践中，积累了大量的经验和教训，给我们提供了不少有益的启示。

1. 遵循市场法则，服务经济建设

在当今世界，市场经济被普遍认同。在这种背景下，政府行政职能的定位、行政机构的调整以及行政方式的转换，都必须遵循市场法则，体现市场化取向。这是一方面。另一方面，政府行

---

① 参见张成福：《电子化政府：发展及其前景》，载《中国人民大学学报》2000年第3期。

政制度改革的根本目的在于为经济的发展提供更为便捷、更为优良的服务，促进经济的增长；否则，再详尽、再完善的改革方案和改革举措也是不可取的。

2. 明确改革目标，兼顾效率与公正

具体地说，一个国家行政制度改革目标的设定和调整，是由该国特定的经济、政治和文化环境决定的。目标的设定和调整决定着制度改革的方向，也决定着制度设计所蕴涵的价值。一般而言，世界各国改革行政制度的主要目标之一就是革除官僚主义和衙门作风，提高行政效率，降低行政成本。但是，这种目标的设定和努力，应当与实现社会公正的目标相契合、相统一。这是因为，作为权威性公共服务部门的政府机关，如果其行为仅仅为了提高行政效率而不讲究社会公正，那就势必失去存在的基础和价值，其所推行的行政制度改革也势必失去来自公众的支持。

3. 注重专家咨询意见，整合不同利益要求

西方国家在进行行政制度改革时，大都重视专家的咨询意见。为使专家的意见具有权威性，西方国家一般成立了专司行政制度改革问题研究和规划的临时性机构或常设性机构，并以立法的形式保证这类机构研究和规划行政制度改革方案的自由度和独立性。不仅如此，西方国家在研究和制订改革方案的过程中还注重吸纳和整合社会各界人士和各种利益集团的要求，从而使行政制度的改革建立在较为坚实的现实基础之上。西方国家的这种做法，值得我们认真研究和借鉴。

4. 把握分权规律，正确处理中央政府与地方政府的关系

行政制度的改革往往表现为中央政府与地方政府之间的纵向分权。① 这种纵向分权的起因是：中央政府高度集权的必要性已

---

① 参见宋世明：《美国行政改革研究》，国家行政学院出版社1999年版，第422—423页。

相对减弱；分权有利于分散中央政府的财政和决策负担；分权有利于增强地方政府的积极性和责任感。西方国家20世纪80年代以来进行分权改革所遵循的一条共同规律就是分事权而不分财权。认识和把握这一规律，有助于我们在改革行政制度的过程中正确处理中央政府与地方政府之间的权力关系。

5. 加强法律制度建设，保障改革顺利进行

为了保证行政制度的改革顺利推进，避免出现"变形"或"回流"现象，西方国家不仅对现行的有关法律制度进行梳理和修订，而且还相应地制定新的法律制度。譬如，日本于1983年进行行政制度改革时，首先由中曾根内阁通过了《关于行政改革的具体方针政策》，然后国会相继通过了有关行政制度改革的7个法案，这就为日本行政制度改革的顺利进行提供了法律依据。日本的这种作法，同样值得我们研究和借鉴。

三　中国行政制度改革的评析及前瞻

（一）中国行政制度改革的总体评析

自新中国成立以来，中国共产党和中国政府为了适应经济制度改革和社会发展的要求，多次进行以机构改革为重点的行政制度改革。其中，1949—2002年间先后进行了七次较大规模的改革，目前正在进行更为深入的改革。就整体而言，这些改革大都是围绕调整中央与地方的关系、调整国民经济结构、调整社会管理重心而进行的，其最基本的表现形式是调整机构和精简人员，以及后来的转变政府职能。这些改革从历史发展序列或过程上反映了人们对社会主义国家政府行政管理的不断再认识，具有相当程度的合理性，取得了明显成效，如政府行政机构和管理制度的改革基本上做到了与经济体制改革的同步适应；政府的职能发生了较大转变，政府的权力向下和向外逐步转移，社会的市场化程度越来越高；政府管理的运作程序和机制有了明显改变，以行政

命令和红头文件为主的政策管理逐渐转向以法律法规为主的规范管理，依法行政的观念逐渐形成等。但也要清醒地看到，行政制度的改革是一项艰巨而复杂的系统工程，需经济体制改革和政治体制改革的整体推进，还关涉社会方方面面的利益，因此，按照完善的市场经济体制的要求改革政府行政制度，实现一步到位是难以做到的。这是一方面。另一方面，目前进一步推进政府行政制度的改革面临不少深层次的矛盾。概括起来，主要有以下几种矛盾：

1. 经济健康增长的需要与政府生产力落后的矛盾

改革开放以来，我国的经济一直保持着高速增长的态势。但是，整个国民经济尚未步入健康增长的轨道。这主要表现为经济效益提高慢，经济结构不合理，如众多产业生产能力过剩与部分产品结构不合理现象并存，供给结构不能满足需求结构进一步多样化的要求，三次产业间比较劳动生产率差距过大，农业中存在大量过剩劳动力，农民收入增长缓慢等。此外，从最近揭露出来的走私、骗税、制售假冒伪劣商品，以及建筑领域招标投标弄虚作假和金融领域等大案要案看，目前我国市场经济秩序比较混乱，国民经济运行质量不高。

这种经济的非良性运行存在着阻滞和延缓政府行政制度改革的可能：不规范的经济难以制约改革中出现的权力溢入经济领域的现象；不健康的经济不利于保持社会的稳定和增强公众对政府的认同感。而从政府的维度来看，其生产力水平比较落后：一是机构设置不经济；二是机关人员严重膨胀；三是行政管理费支出超常增长；四是行政效率较低。上述政府生产力水平方面存在的种种问题，与经济健康增长的需要发生着矛盾和冲突。

2. 政治体制改革的滞后与行政制度改革全面展开的矛盾

作为整个政治体制一个组成部分的行政制度，其从组织机构、人员构成、职能配置到权力关系、运行机制、活动规范的全面改革，无不受到这个宏观体制的影响和制约。改革开放 20 余年来，政治体制改革在不少方面取得了很大的进展，但相对于快速的经济制度（体制）的变革而言，政治体制的改革明显滞后，诸种权力关系没有理顺。其主要表现是：第一，党政关系尚未完全理顺；第二，人民代表大会的法律地位尚未真正实现，人大对其他国家机关进行监督的法定方式未能充分运用；第三，权力过分集中的现象尚未从根本上消除。

上述政治体制改革滞后的情形，与行政制度从理念、意旨到结构、功能的全面改革和更新之间的矛盾日益明朗化和尖锐化。比如，在人事行政制度的改革方面，如何完善国家公务员制度、建立起行之有效的干部选拔任用机制和监督制约机制，就与进一步完善社会主义民主和法制息息相关。如果我们在政治体制的上端部分没有实质性的改革举措而仅靠行政制度的改革，用人方面的深层次问题就很难从根本上得到解决。

3. 机关富余人员的分流与社会吸纳能力有限的矛盾

机关富余人员的裁减和分流，是历次行政制度改革的一项重要任务，也是一个比较棘手的难题。据分析，在目前正在进行的地方政府机构改革中，有 270 万人将被裁减和分流，占地方公务员总数 540 万的 50%。人所共知，地方政府下辖单位少，分流渠道窄，并且从省、市、县、乡，愈往基层，人员超编现象愈严重，需要裁减和分流的人员比例就愈大。这是一个方面。另一方面，基层政府所辖区域相对狭小，而且大都以农业为支柱产业，使其可以调动和利用的资源十分有限，行政制度改革的空间相当狭小。

从我国目前的社会发展水平来看，吸纳机关分流人员的能力相当有限。其主要缘由在于：（1）不发达的经济难以提供足够的就业机会；（2）完善的社会保障制度尚未建立起来。为数不少的机关富余人员在流向社会而又缺乏必要的生活保障时，就有可能成为社会不稳定的因素。

4. 与国际惯例接轨的需要同长期脱轨的矛盾

2001 年 12 月，中国正式加入了世界贸易组织（World Trade Organization——WTO）。这意味着我国更加全面地参与世界经济全球化的进程，标志着我国进入一个全方位、多层次、宽领域对外开放的新阶段。很显然，中国加入 WTO，不仅是一个重大的经济问题，而且是一个重大的政治问题。中国"入世"，首先要政府"入世"，要求政府的行政制度和行为方式与国际惯例接轨。而长时期与国际社会的相脱离，致使我国政府无论在行政"硬件"方面还是行政"软件"方面都不能适应国际经济交往和世界经济运行的需要。这主要表现为制度规范的脱轨、职能运作的脱轨和思维方式的脱轨。由于长期与国际社会脱轨，政府工作人员对市场经济的认知尚处于初始阶段，想问题、作计划时仍然自觉或不自觉地沿用计划经济的思维方式。在一些部门和地方，红头文件比法律条文更有效，领导讲话比规章制度更重要。

不言而喻，上述种种矛盾相互关联、相互交织，为新世纪新阶段进一步推进政府行政制度的改革造成重重困难。如何化解和排除这些困难，把政府行政制度改革导入成功之途，是摆在我们面前的一个重要课题。

（二）中国行政制度改革的未来展望

我们认为，在新世纪新阶段，中国行政制度的改革应当根据国家中长期发展战略的要求，借鉴国外的成功经验，在既往改革的基础上，向更加广泛的范围和更加深入的层面推进。改革的基本思路和目标取向如下：

1. 以更新行政观念为先导

行政观念作为政府在行政管理实践活动中形成的有关政府管理的基本价值倾向，是政府行为的灵魂，是构建和改革一定行政制度的精神原料。因此，推进我国行政制度的改革，更新行政观念应当先行。一般说来，更新行政观念应当实现三大转变，即变万能行政观念为有限行政观念、变直接行政观念为间接行政观念、变命令行政观念为服务行政观念。

2. 以转变行政职能为基础

为了巩固已有的改革成果和进一步推进行政制度的改革，必须继续做好转变政府职能这一基础性工作。具体地说，应从以下几个方面努力：（1）制定和完善各种法律性规范，使依法治国的方略和依法行政的原则真正落到实处；（2）着力培育市场，纠正市场机制的失灵；（3）集中精力搞好宏观经济调控和创造良好的市场环境，不直接干预企业经营活动，减少和规范对经济事务的行政性审批；（4）制定社会发展规划并推动其实施，投资于基本的社会服务和基础设施，提供市场不能提供的其他公共产品；（5）采取各种措施创造就业机会，确保充分就业，同时确保公民的居住、退休、医疗、教育等基本权利；（6）保证收入的公平分配，保护那些没有能力进行自我保障的阶层和公民；（7）加强国防建设，推动科学研究，发展教育、卫生、体育事业；（8）促进环境保护、资源管理、计划生育、减灾防灾、植树造林等政策的落实。

3. 以重构行政组织为重点

行政组织作为行政制度（体制）的物质载体，对于行政职能的实现和行政效率的提高具有至关重要的作用，因而，行政组织的重构理所当然地成为推进行政制度改革的重点内容。从一般意义上说，重构行政组织应从两个维度着力：在机构设置上，裁减行使专业管理职能的部门，增设行使综合管理职能的机构；在等级结构上，扩大上级行政机构的管理幅度，减少行政等级系统的中间层次。由此形成机构设置优化、结构形态扁平化的新型组织体制。

4. 以调适行政关系为核心

这里的"行政关系"，主要是指中央政府与地方政府之间的权责关系。[①] 显而易见，合理调整中央政府与地方政府之间的权责关系是国家行政组织内部结构中的核心问题。在新世纪新阶段的行政制度改革中，应当继续致力于中央政府与地方政府之间权责关系的调整，进而建立起必要集中与适当分散有机耦合的，具有中国特色的中央地方权责关系模式。这就是说，中央政府既要继续向地方政府下放该放的权力，使其在经济建设和社会发展中享有更多的自主权，又要集中一定的宏观调控权，运用符合市场经济规律的经济手段、法律手段和必要的行政手段，保证国家宏观经济和社会事业的正常运转。

5. 以优化行政人员为关键

在新世纪新阶段的行政制度改革和创新发展中，关键在于按照社会主义市场经济体制的要求，把进一步完善国家公务员制度与建设高素质的专业化行政管理干部队伍有机地结合起来，不断提高公务员的政治业务素质和专业化水平。在当前和今后一段时间，除了要建立健全充满活力的公务员管理机制外，关键是要抓好行政管理干部队伍的"素质工程"和"专业化工程"。前者是指通过精简人员，首先实现行政管理队伍的整体优化。在此基础上，通过在职培训、挂职锻炼等多种形式，提高行政人员的实际工作能力。后者则指大力提升行政人员的公共管理技能。对于那些年龄相对较轻且有一定专门知识的行政人员，应当出台有关政策和措施，帮助和鼓励其在职或脱产攻读"公共管理硕士"

---

① 从学理上说，"行政关系"是指行政管理活动中各权力主体之间的关系。就狭义而言，它表现为中央政府与地方政府之间的关系，各地方政府之间的关系和政府部门之间的关系。从广义来看，它还表现为政府与政党之间的关系、政府与企业之间的关系以及政府与社会之间的关系。

（MPA）学位，使其增长行政管理才干。

6. 以加强行政法治为保障

科学、合理的行政制度应当是以法律、法规来规范和保障的制度。在行政制度适应市场经济发展需要和回应新世纪变革诉求的背景下，应从以下几个层面加强行政法治建设：（1）调整和完善有关经济贸易和知识产权等方面的法律、法规，规范国家政令发布机制，限制地方政府在经济贸易方面的行政立法权，完善政府行政管理信息公开制度。（2）修改《国务院组织法》，依法规范国务院组成部门的设置和活动原则，规定各部门的任务、职责权限、内部机构设置和人员编制；修改"地方组织法"，对地方各级政府的职责权限作出明确规定。（3）建立和完善国家行政机关编制管理法律体系，明确规定行政机构设置必须具备的条件和审批程序。（4）创制行政程序法典，统一规定行政行为的实施主体、实施步骤和成立条件。（5）制定行政责任救济、监督法律规范，指明行政主体的违法、失职行为所应承担的法律责任、行政相对人的合法权益受到侵害后所应获得的补偿以及其他国家机关、企事业单位、社会团体等组织和公民对行政主体的施政行为进行监督的方式和渠道。

7. 以提高行政效率为目标

在当前乃至今后一个较长的时间内，我国处于由传统社会向现代社会转型的阶段，社会主义市场经济的发展使中国进入了经济高速增长时期。在这种情势下，政府要成功地发挥主导作用，关键在于要构建一个高效能的行政系统。有鉴于此，提高政府行政效率就成为行政制度改革的优先目标。需要说明的是，这里的"行政效率"是一种规模效率。它体现在政府整个组织系统的运行过程之中，是政府行政管理各个环节、各个层次中诸多因素（如组织因素、人员因素、科技因素、环境因素等）的综合反映，因而，提高政府行政效率就应当多管齐下，整体联动。

必须指出，我国社会主义市场经济体制的完善是一个长期而复杂的过程。与之相关联，行政制度的改革也是一项长期而艰巨的任务。随着经济制度（体制）改革的深入发展以及政治制度（体制）改革的继续推进，行政制度改革的最大诉求就是正确处理改革、发展和稳定的关系，不断拓宽改革领域，深化改革内容，建立与完善的社会主义市场经济体制相适应的行为规范、运转协调、公正透明、廉洁高效的行政管理体制。

第四章　公务员制度比较

公务员制度作为一种国家人事行政制度，是一国政治制度不可或缺的构成部分。它的有效运作，对于国家政权建设，特别是对于国家行政管理具有重要的意义和作用。对中外政治制度进行比较研究，有助于坚持和完善中国特色的公务员制度，有助于推进中国政府现代化，有助于提高国家行政管理的能力和水平。

第一节　公务员制度及其相关范畴

一　公务员

"公务员"一词系"Civil Service"的中文译名。由于时间的迁移，也由于所涉及国家的具体情况不同，"Civil Service"用于具体指某一国家的同类人员时，却产生了不同的译名，如英国称文官、美国称文职人员、法国称公务员、阿根廷称公职人员。此外，还有用"政府雇员"指称部分公务员（如美国）。基于约定俗成的缘由，也由于不存在权威的译名统一规范，因而在不同作者、译者的书中，"公务员"一词只是一个为多数人所认同的，用以指称大多数现代国家行政机关行政人员的一般词语。中国在1993年颁布《国家公务员暂行条例》前，通常用"政府干部"一词指称同类人员，在帝制时期则称为"官吏"。

事实上，不同国家对公务员一词，通常都采用列举方式说明其涵盖的范围，而并未予以明确的定义。从各国公务员所包括的人员范围看，大致可以分如下几种情况：

（一）仅指行政机关常任文职人员

英国"文官"一词，是指不与内阁共进退、一般需经公开竞争考试，一经择优录用无过失即可长期任职的文职人员，有时也专称为"常任文官"，以区别于与内阁共进退的那些文职官员。英联邦国家和那些曾经是英国殖民地其后独立的国家（如新加坡），其公务员所指范围，大都与英国相同。

（二）仅指行政机关的文职人员

美国行政部门的官员统称为"文官"，包括通过政治任命产生的部长、副部长、独立机构的长官等，他们或者由总统任命经参议院通过，或者由总统直接任命。这些通过政治任命产生的官员在每次总统换届时，都必须经过重新任命，才能履行职权。因此，在美国又把那些非政治任命的官员称为"职业文官"，其范围与英国常任文官相一致。"职业文官"近年来常被"政府雇员"一词所取代。

（三）指一切国家工作人员

法国、日本等国的公务员范围，包括一切为国家工作的人员，它不仅包括行政机关，也包括立法、司法等国家机关的工作人员，还包括所有国有企、事业单位的工作人员，即凡属由国家财政负担的国家工作人员皆称为公务员（但不包括工勤人员）。需要指出的是，在这种情况下所指的公务员，在管理上是有区别的。法国将公务员分为两大类：适用公务员法的公务员和不适用公务员法的公务员。前者的范围基本上相同于英国的常任文官，后者则另有其相应的管理法规。

公务员与国家公务员是有区别的，特别是在实行地方自治的国家和联邦制国家。在实行地方自治的国家，地方公务员不属国家公务员系列；在联邦制国家，国家公务员仅指联邦公务员，州与地方政府的公务员不属联邦公务员范围。

　　中国 1993 年开始推行公务员制度,当年国务院颁布的《国家公务员暂行条例》规定,该条例"适用于各级国家行政机关中除工勤人员以外的工作人员"。因此,中国公务员范围包括行政机关的全部工作人员(但不包括工勤人员)。此外,在中国不存在地方公务员与国家公务员的区别,因为中国地方行政机关(地方各级人民政府)都是地方国家行政机关,是上级行政机关的下级机关。《暂行条例》规定:"国家公务员中的各级人民政府组成人员的产生和任免,依照国家法律规定办理"。依据法律,中国各级人民政府及其组成人员是由同级国家权力机关(人民代表大会)或其常设机关常务委员会产生,即属于政治任命的官员,他们的管理不完全属于《暂行条例》范围。在中国人们通常称他们为"政务类公务员",与其他公务员相区别,后者称为"事务类(或称业务类)公务员"。

　　本章内容与具体管理相关的,通常都只适用于非政治任命的公务员,即事务类公务员。

二　公务员制度

　　公务员制度是国家为实现对公务员的科学管理而建立的一系列具体制度的总称。它包括三个方面:管理机关的设置、职权配置及所形成的管理体制;为便于管理而建立的人事分类制度;为实现管理目标,依据影响管理因素形成的机制而建立的各种具体管理制度(如录用、考核等项制度)。

　　现代公务员制度,通常都认为源于 19 世纪中叶形成的英国现代文官制度,其后美国、德国、法国、日本等国先后在此基础上建立了各自的公务员制度,至 20 世纪下半叶,不少新独立的原殖民地国家也采用了公务员制度。中国在 1993 年推行国家公务员制度。

19 世纪以前，英国在封建君主专制制度下，国王集立法与行政大权于一身，官员是国王的臣仆，人事上实行的是"恩赐官职制"。自 19 世纪初英国议会逐渐成为最高权力机关，取得对重要官吏的任免权。政党轮流执政，官职成为政党胜选后的战利品，形成引起人们反感的"分肥制"。随着资本主义经济在英国的迅速发展，"恩赐制"、"分肥制"所形成的人事制度导致行政效率低下和腐败丛生，严重影响了社会经济的进一步发展。19 世纪 50 年代起，英国开始了对官吏制度的改革，通过东印度公司，英国从当时的中国（清王朝），获得许多与自身全然不同的官吏管理方法，特别是通过考试录用官吏更具针对性。本着公开竞争考试和择优录用的精神，英国经过一系列调查研究，于 1855 年和 1870 年先后两次颁布改革文官制度的"枢密院令"，确立了以"公开考试，择优录用"作为文官制度改革的原则，并做出了许多具体规定。在这以后，又通过一系列新的改革规定，逐步使之完善。人们通常把 1870 年的第二个枢密院令，作为英国近代文官制度确立标志，同时也是现代第一个常任文官制度的建立时间。

美国在 19 世纪时，国内民主政治发达，但吏治混乱，行政效率低下，引起大众广泛不满，其根源在于总统制政体规定总统有权任命行政官员，形成总统胜选后以行政职位作为对其支持者的酬劳。人们对这种"政党分肥制"的强烈不满，导致美国在 19 世纪后半叶仿效英国实行文官制度改革，于 1883 年通过《文官制度法》（即彭德尔顿法案），开创了美国现行的文官制度。法、德两国早在 18 世纪时就已建立较为完善的封建官僚制度。在两国建立资产阶级政权后，封建官僚制度经过部分改造，被继续保留。从 19 世纪后半叶开始，法国曾多次试图建立统一的现代文官制度，但都未能成功，直到 20 世纪中叶第二次世界大战后，法国才于 1946 年 10 月参照英国经验，颁布了统一的《公务员总章程》，建立了统一的现代公务员制度。德国则在1950年颁布《德国联邦公务员法》(1953年又通过了一部永久性的联邦公务员法)，建立现代公务员制度。日本在明治维新后，仿效普鲁士在改造原官僚体制基础上建立新的封建官僚制度。第二次世界大战结束后，1947年日本政府制定了《国家公务员法》。它是在美国占领下，根据美国方面的建议，在搬用美国体制的同时，对旧文官制度中的某些内容作了保留，形成的一种混合体。

20世纪后半叶，新兴的独立国家纷纷在各自国家建立了公务员制度，其中不少因受原宗主国的影响，套用宗主国的制度。随着美国国力增强的影响，加之美国在20世纪多次行政改革所产生的成功效应，许多国家在建立公务员制度时，也从美国公务员制度中汲取不少内容，职位分类的推广即为一例。

中国的行政人事管理制度有悠久的历史，而且有许多成功的、有益的经验，为世界所公认，也成为现代公务员制度的一个重要源头。但随着封建帝制的终结，在特殊的历史背景和具体的政治、社会环境下，适合现代社会的现代公务员制度直到20世纪90年代才初步确立。人民共和国成立后，中国的行政人事管理采用干部管理体制，属于国家干部管理的一部分。由于这一体制存在许多弊端，不能适应社会发展和改革开放的需要，1980年8月邓小平在《党和国家领导制度的改革》讲话中提出有必要改革中国的干部人事制度。经过多方调查研究后，决定首先对行政机关的干部人事制度进行改革。1987年中国共产党第十三次全国代表大会明确提出要在中国建立国家公务员制度。随后于1988年建立国家人事部，加快了公务员制度推行的试点工作。1993年4月，国务院颁布《国家公务员暂行条例》，并规定自1993年起实施。到1998年底，国家公务员制度在全国各级行政机关被普遍施行。

三　公务员管理机制

公务员管理机制是指在公务员管理过程中，对管理目标实现产生影响的一些因素及由此而产生的措施。这些因素与措施构成公务员各种具体管理制度的内容。

公务员管理的目的，是确保国家行政任务能高效地和高质量地完成。这就需要公务员能在日常工作中，长期和持续地发挥主动性、积极性和创造性。公务员管理的目标就是通过对公务员的日常管理来实现这一状态。

实现公务员管理目标，首先需要有一支合乎资格要求的公务员队伍，其次需要使这支队伍保持相对的稳定性，最后还需要有一种能促使公务员自觉努力地完成任务的动力。这一切对管理目标的实现有着实质的影响，为此而在各个管理环节中所采取的各种具体措施，形成了公务员的管理机制。

公务员管理机制包含许多内容，最重要的有以下三个：

（一）更新机制

这是一种推进新陈代谢、吐故纳新的活动机制，它有助于使公务员队伍在满足所需资格要求的基础上，保持稳定性和生命力。更新机制包括两个方面：人员更新和能力更新。人员更新从总体上看，表现为公务员队伍的不断新陈代谢、吐故纳新；从单体上看，表现为每个具体职位上的人员的不断流动、更替。出于自然规律和种种意外情况，为保证行政工作的正常运转，必然会要求不断补充新的人员。更新机制通过相应的措施让不再适应行政需要的人员有序地离去，让新吸纳的人员都能符合行政所需的资格要求。公务员人事管理制度中的录用、退休（职）和晋升、转任等项内容，是更新机制中人员更新的具体反映。能力更新出自于行政工作自身特性的要求。行政是国家对社会进行的公共管理，因而行政任务的内容以及完成的方式、手段，都会随着社会和经济的发展，随着科学技术的进步而不断地调整、变化。这就要求公务员为了更好地完成行政任务，不断地提高自己的素质和技能。公务员管理中的培训环节和录用制度中录用标准的变化，反映了能力更新的需要。

（二）保障机制

这是一种为吸纳人才、保住人才，为使公务员安心工作提供相应物质条件的机制。它反映在公务员的工资、福利、保险、退休保障等方面。在人才竞争激烈的环境下，行政作为社会公共物品的提供者，需要相当数量的优秀人才。因此，在公务员管理中，对于工资、福利、保险、退休保障等方面的设计安排，必须考虑到保障机制的实现，必须使公务员在这些方面的所得，同社会上地位相应职务的人相比，能大致相当（即处于平均值），最好能略为高些。这一机制作用的发挥，除了能使公务员心无旁骛地从事其工作，不至于出现人才流失外，在一定程度上还可以对公务员的勤政、廉政起保障作用：当考虑到犯罪成本远大于犯罪所得时，对某些犯罪行为会产生遏制作用。一些国家采用的"高薪养廉"，以及另一些国家在退休时给了较高的待遇，都同这一机制有关。

（三）激励机制

公务员管理的激励机制，是行政机关通过自身掌握的多种资源，积极干预和影响公务员的行为，在满足公务员自身追求的同时实现管理目标。激励机制是通过刺激人的某种需求以激发其行为的过程。公务员的需求包括物质需求与精神需求两个层次。保障机制对满足物质需求仅起了基础作用。公务员管理中的激励机制主要是通过刺激精神需求来调动公务员的行为。考虑到社会公共管理作为一种特殊的专门职业，行政机关应利用所能掌握的资源，为公务员创造一种环境和气氛，使其在完成行政任务中的表现，得到恰当的评价和报偿，从而满足其受到同事尊敬和完成自我实现的精神需求。公务员管理中的考核、奖惩、晋升（包括工资晋级）在发挥激励作用方面起重要作用。

更新机制与保障机制的充分发挥对管理目标的实现只能起到基础性的保证作用，是一种间接性作用；激励机制的充分发挥，则对管理目标的实现起着直接的作用。一国公务员制度能否很好地实现其目标，在很大程度上取决于其激励机制是否充分发挥。功绩晋升制成为现代公务员管理的最佳选择，其原因就在于此。

第二节　公务员制度的指导原则

公务员制度的指导原则，是指在公务员管理过程的各个环节都必须遵循的标准。

公务员制度作为一种社会政治现象，有自身的特定规定性，这种特定的规定性是公务员制度区别于其他人事行政制度的质的反映，因而必然会反映在公务员管理过程的每个环节上，成为公务员制度不可或缺的组成部分。公务员制度没有或缺少这些特性将难以有效运作，也难以实现制度设计的目标。公务员制度本身的这种特殊规定性，构成公务员管理过程必须遵循的标准，成为公务员制度的指导原则。

公务员制度是一国国情的产物，服务于国家的政治统治。因此，任何国家的公务员制度在其管理过程的各个环节中，都必然会反映出该国统治阶级的政治主张和要求。这些主张和要求是该国公务员制度运作时都应遵循的，也是该国公务员制度的指导原则。

公务员的指导原则，就某个具体国家而言，总是由两个部分组成的：反映公务员制度质的特性的一般原则和反映该国统治阶级特定政治主张和要求的特殊原则。前者是各国公务员制度都遵循的共同原则，后者则是各国彼此不同的特定原则。

一　一般原则

公务员制度是现代国家政治民主化的产物，是在扬弃传统国家人事行政制度的基础上发展形成的。现代国家政治民主化对国家人事行政所提出的基本要求，反映在公务员制度本身及其管理过程的各个环节中，构成了与传统人事行政制度的质的区别。这种基本要求具体表现为必须通过公开、公平、公正以实现人事行政管理的民主性，必须将人事行政管理建立在可监督的法治基础上。这些基本要求构成公务员制度的一般指导原则。

（一）公开原则

公开原则要求公务员制度及其管理过程，应在法定的范围内公开。法定的公开范围可分为三个层次：向社会公开、向本系统本部门公开、向与之相关的人员公开。公开的方式则视公开的范围而定：通过各种传媒向社会公开，以内部文件等书面形式在本系统或本部门公开，以书面或口头形式告知相关人士。公务员制度中的哪些内容、公务员管理过程的哪些环节，以何种方式在何种范围内公开，应由相关的法律、法规加以规定。

公开原则首先体现在公务员制度本身，它表现为与公务员制度及其管理过程的相关法律、法规必须向全社会公开，不仅让公务员、政府各部门，也让广大民众知道，以利于接受社会的监督。

公开原则在公务员管理的录用与晋升过程中具有特殊重要性，更受普遍关注。录用过程（包括考试录用、考核录用）通常都向社会公开。录用的公开，不仅体现公务员制度的民主性，更有助于确保公务员队伍的素质要求，形成一支合格的公务员队伍。晋升过程的公开，通常都限于本机构或本部门内部。晋升的公开不仅有利于激励机制的发挥，从而调动公务员工作的持续积极性，而且有利于政府工作效益的整体提高，更好地实现行政的目标。

（二）公平原则

公平原则要求在公务员管理的各个环节上，应确保具有同等资格条件的参与者，都能均等地享有相同的权利或机会（同样地，也应承担相同的义务和责任）。公平原则具体表现为在法律面前人人平等，不受歧视或区别对待。例如各国公务员法都规定，公务员录用不应在性别、种族、信仰、宗教等因素上受歧视。

公平原则在实际运用中，基于各国国情的不同，常不限于个体间公平。有些国家从本国国情和政治需要出发，将公平原则延伸至社会群体之间，以求实现社会公平。例如在一些多民族国家里，重视各民族公务员在全体公务员中应占的比例，从而为此做出专门规定，或采取相应措施。再如有些国家从重视女权出发，对女公务员或高级女公务员在公务员总数中所占比例提出某种要求。

（三）公正原则

公正原则要求公务员管理过程及其结果应符合社会认可和接受的规范。它具体表现为管理的各个环节都应有相应的法律来规范，并依法实施；公务员管理应在公开、公平的原则下进行；应有相应的机制以保证管理结果的公正性。

公正原则在公务员考核过程中占有十分重要位置。在功绩晋升的原则上，考核是否公正（包括考核内容、方式、方法是否公正），决定功绩晋升的有效性。为此各国都建立了公务员申诉制度以处理公务员对实现公正的要求。有些国家在人事行政机关内部设置处理公务员申诉的机构，有的国家则在人事行政机构外设置专门机构以处理公务员的申诉，还有的国家通过行政法院或普通法院中的相应机构作为处理人事行政纠纷的最终裁决机构。

（四）法治原则

法治原则要求公务员制度与公务员管理过程必须做到有法可依和依法管理。民主与法治是现代国家政治民主化的基本要求。

"依法治国"要求治理国家的主体本身必须在内部管理中实现法治化。

公务员制度的法治原则具体表现为：各国对公务员制度及其管理的各个环节，如录用、考核、奖惩、晋升、任用、工资、福利、培训，直至退职、退休，都有明确的法律、法规加以规范。为保证公务员管理法治原则的实施，各国还有对公务员管理实施监督的法律和相应的机构，其监督的对象包括公务员管理机关及公务员，监督内容包括是否依法行政，是否廉政，是否勤政等。

二　西方国家的特有原则

以美、英、法、日为代表的西方国家，在各自的公务员制度的特有原则中，存在一些相同或相似的特有原则。出现这一现象的原因，是基于这些国家在经济、政治制度方面存在共同的特性：如市场经济的高度发达，实行政党政治，政党能通过选举轮流执政，法治化程度较高等。这些相同或相似的特有原则，主要有以下几个：

（一）政事分类原则

这一原则明确地将公务员分为两类，即政务类公务员与事务类（也有称业务类的）公务员。政务类公务员通过政治任命产生，有一定任期，随政府的轮换而进退。事务类公务员通过考试（或考核招聘），由行政机关录用，实行常任制，在一般情况下为终身任职，政府轮换不影响其职务变化。

这一原则要求对政务类公务员与事务类公务员的管理加以区别：事务类公务员按公务员法管理，政务类公务员的管理除部分内容（如工资、福利）外，不适用公务员法。产生这一原则的根本原因，从理论上讲是代议民主的体现。政务类公务员或由公民选举产生或由组织任命，体现并代表选民意愿从事国家管理，应直接对任命他的人或组织负责。政务类公务员的职责是负责政策的制定与执行，并对此承担政治责任；业务类公务员是为实施政务类公务员决定，依法完成社会公共管理职责的国家雇员，对所进行的工作承担行政责任与工作责任。

从实践上讲，由于行政是国家对社会的公共管理，要求有一个能长期稳定的组织以保证其工作效益，因而不能因政治的经常变动而导致行政的低效。

政事分类是西方国家在扬弃早期人事行政制度中的政党分肥制建立现代人事行政制度——公务员制度所采取的一个重要措施，它平衡了政治与行政的关系：在保证政治民主的同时，也能不断提高行政效益。西方国家的实践表明，即或在政局动荡、政府交替频繁时，由于实行这一原则，国家日常行政运作很少、甚至不受到影响。

（二）政治中立原则

政治中立原则主要适用于常任的业务类公务员。政治中立原则要求常任的业务类公务员在政治上保持中立，因此，他不应参加任何政治活动，不应支持反政府的政治活动，不应发表任何政见，不应公开对政府政策措施提出批评性意见，不能参加政治性竞选活动。在公职选举中只行使选举权，若要竞选公职，需先辞去其职务。

西方国家强调这一原则是基于政治与行政的分离：常任公务员是作为国家雇员完成行政任务，服务于全体公民，而不是为某一政党或政治集团利益服务。在政党政治体制中，执政党通过例行选举获得人民的授权来治理国家。如何判断某一政党的政见和行动是否代表人民的意愿和利益，要由人民通过选举中的投票来决定。因此，公务员个人可以通过选举表达自己的政见，但不应利用自己的公务员身份（即在其执行公务时）影响公众的政治判断（支持或反对）。

要求事务类公务员保持政治中立也是国家有效行政的必要条

件。一旦允许公务员以自己的政治立场处理行政事务，必将导致行政混乱，使国家政令无法畅通。由于各国国情不同，在执行这一原则时，所坚持的标准、要求程度不完全一致。

（三）功绩晋升原则

功绩晋升原则要求事务类公务员的晋升（包括职位晋升与级别晋升)，都必须建立在考核的基础上，依据其功绩进行晋升。

功绩晋升原则对于稳定公务员队伍，充分发挥公务员积极性起着关键性作用。事务类公务员在正常情况下，将在政府部门一直工作到退休。这种带有封闭性的终身职业制，必须为公务员的自我发展，自我实现提供必要条件和机会，这种条件和机会应该是建立在公正合理的基础上，因此以公平竞争为核心的功绩晋升将能满足公务员在这方面的需要。功绩晋升原则对于提高公务员素质，加强公务员的道德建设也起着重要作用。

三 中国的特有原则

中国公务员制度的指导原则，除一般原则外，也有因其国情而产生的特有原则。中国是由共产党领导的社会主义国家，中国共产党作为唯一的执政党，代表全国人民的利益，将自己的政治主张，通过立法程序成为规范社会和国家行为的法律、法规。中国共产党在人事行政方面的政治主张，成为中国公务员制度运作必须遵循的特有原则。这些原则主要是：

（一）坚持四项基本原则

坚持四项基本原则要求中国公务员必须坚持社会主义道路，坚持人民民主专政，坚持共产党的领导，坚持马克思列宁主义、毛泽东思想。

坚持四项基本原则，反映了中国共产党在现时代的政治主张，符合全中国人民的根本利益，是中国现时国情的真实反映，因此也是中国各种政治制度都必须遵循的最基本的原则。它不仅反映在中国宪法的序言里，而且被具体地写入了中国的《国家公务员暂行条例》的总则中。《国家公务员暂行条例》总则第二条规定，"国家公务员制度贯彻以经济建设为中心，坚持四项基本原则，坚持改革开放的基本路线"。

依据这一原则，中国公务员在政治上、思想上和行动上都必须始终坚持和维护四项基本原则，并在管理过程的各个具体环节上（如录用、考核、奖惩、晋升等），成为衡量公务员是否称职、合格的一个根本标准。

（二）党管干部的原则

党管干部的原则要求中国公务员制度在运作中，必须接受中国共产党的领导。这种领导既包括思想政治上的领导，也包括组织管理上的领导。

党管干部原则是坚持中国共产党领导在国家人事行政制度中的具体实践。中国公务员制度是中国共产党为推进中国政治体制改革而采取的一项重大措施，它的有效运作对于国家政权建设，特别是对于国家行政管理，具有极其重要的意义。因此在公务员制度运作中必须通过党管干部这一原则的实施，以确保中国共产党对国家人事行政工作的领导。

依据这一原则，与公务员制度及其管理过程相关的法律、法规，必须体现共产党的政治主张，并在日常工作中贯彻党的人事路线、方针和政策。党对公务员制度的领导，首先就体现在党通过立法程序，将自身在人事方面的政治主张变成法律、法规，然后通过对在人事部门工作的共产党员的监督，以保证党的路线、方针和政策经由他们有效实施。

党管干部的原则在实际运作中，通常也表现在各级党委及其组织部门对高、中级公务员的管理上。凡属经各级国家权力机关（各级人民代表大会及其常务委员会）产生的政务类公务员，由各级党委考查并经与有关方面协商后，向国家权力机关推荐，由国家权力机关选举或任命。凡属担任较高层级领导职务的事务类公务员，则经由相应级别党委组织部门考查后，向有权任命这一职务的行政机关推荐，由后者依法任命。

（三）德才兼备原则

德才兼备原则要求中国公务员必须同时在德才两方面达到一定的标准，在选拔、使用与考核公务员时应同时兼顾公务员在德才两方面的表现。德才兼备原则是华夏政治文明在用人方面形成的传统理念，它不仅要求公务员必须具备完成其职务所需的才能（包括文化基础、科学知识、专业知识和工作能力等），还应在思想品质上有较高的修养（包括政治觉悟、思想品格、道德品质和心理素质等）。

依据这一要求，中国《国家公务员暂行条例》不仅在第一章总则中明确规定公务员制度应坚持"德才兼备的用人标准"，而且在其后的权利与义务、录用、考核、奖惩、纪律、职务升降等章中，都强调了这一要求，并在一些条文中对"德"的要求予以具体化，使公务员在日常工作中能认真遵循。

第三节　公务员的人事分类制度

公务员人事分类制度是指各国政府依据一定的标准，对公务员或其工作进行的门类划分。人事分类制度是整个人事制度的基础，没有合理的人事分类，便没有合理的人事管理；不同的人事分类导致不同的人事管理。

人事分类涉及分类的对象和分类的标准。分类的对象是指被分类的标准物（即客体），包括人和事两个方面。分类的标准则指划分类别的因素、依据和角度。当以人作为分类对象，则大都侧重以公务员的职务、身份、地位、资历、待遇为标准；当以事为分类对象时，则分类标准是以工作岗位的性质、职责及完成岗位任务所需的特定要求为标准。

围绕着上述两个方面，公务员的人事分类制度，基本上可以分为两大类：以人为对象而形成的品位分类和以事为对象而形成的职位分类。品位分类依据公务员在行政体系中所任之职务、他在公务员系列中的身份、地位、资历等，将公务员划分为相应的等级。职位分类则依据公务员所任职位的性质、责任及完成职责所需的特定要求，将各种职位划分为不同的门类和等级。在公务员管理中，采用品位分类的，以人作为管理对象；采用职位分类的，则以职位为管理对象，不论公务员个人的身份、地位、资历如何，都按职位对其承担者的要求进行管理。

一 英国型的品位分类

品位分类通常以公务员的级别代表他在公务员队伍系列中的地位、身份。公务员的级别同他所任职务之高低存在一定的关联，但非一定相对应。如一个人没有重大过失，在人事等级结构中可以只升不降或不升不降，直至退休。在工作调动时应按相应等级安排其职务。品位分类制度的基本特点是以行政人员的地位高下、资历深浅作为分类标准，并依此建立起人事队伍的等级结构。典型的品位分类制度可以古代中国隋唐时期的散官制和人民共和国初期的行政级别为代表。西方国家的品位分类制可以英国为代表。

在古代中国隋唐时期，每位官员都有自己的品阶，称为散阶，这类散阶都有官名以示其品阶的高低（这类官名无职务内涵）：官分九品，品分正从，每品又分为上下两阶。官员所拥有的散阶，表明其在官员队伍中的地位高低，并据此领取俸禄。官员所任的职位，同样地也有其品阶，称为职阶，表明该职位在政府组织结构中的地位。担任某一职位的官员可据此承担职责权力并领取职事津贴。官员所任职位的品阶可高于、低于或同于其散阶，官员因病、因事（如守丧）而不任职时，仍保有其散阶的官员身份。官员经考核升降其散阶，而职位的授予及升降则取决于工作能力。散官制其后被历代所承袭。

中华人民共和国在改革开放前，在政府内的工作人员称为行政干部，每位行政干部都有自己的行政级别，原分为30级，后改为24级。政府内的职位则另有级别称呼，如省（部）级、地（厅）级、县（处）级等，每一等级又分为正副。干部的行政级别与职位级位存在一定的关联，但并非一一对应（如通常县级职位由14—17级干部担任等）。行政人员的升降，既有个人级别的升降，也有所任职务调整后的职位级别升降。在当时行政人员的行政级别是同工资挂钩的，在担任不同职位时则另有不同的待遇享受。

英国自采用现代文官制度后，就采用了品位分类制度，但具体做法不同于中国。现代英国文官的人事分类制度，虽仍沿袭原来的品位分类制度，但却吸纳了职位分类中的某些因素，已出现了较大的改变。

英国早在19世纪30年代就开始实行政务官与事务官相区分的人事管理制度。其后又依据学历将事务官分高级与低级两大类。随着社会的发展，政府职能的日益增多，公务员队伍也不断扩大，等级划分也逐步增多，而且开始采用以工作性质对职位进行分类的办法。1968年，英国对人事分类制度进行了较大的改革，汲取了职位分类的某些作法，在分类基础上实行分等的体制。

1968年以前，英国公务员分为普通行政人员和专业技术人员两大类。在普通行政人员中，公务员被分为四级：行政级、执行级、文书级、助理文书级。专业技术人员按职业分为法律人员、统计人员、科学人员、工务专业人员、医务人员、会计专业人员、邮务人员七种，其内部也有等级之分。各类人员实行分类管理，类别之间不能交流。等级之间界限森严，逐级提升需经严格的考试，极为不易。

1968 年根据富尔顿委员会提出的建议，改革后的英国人事分类制度，取消了原有的等级，重新按职业将公务员分为十个大类，称为职组；职组内再将工作性质相同各类人员划分为不同的职系；每个职系内再根据工作性质、种类、责任及所需资格条件分为若干个职等；职等内则依工资高低分为几档，当公务员能力达到最高档工资时，可升高一个职等。1972 年以后，英国废除了不同类别公务员不能跨类晋升的做法，为有才能的中下级公务员提供了更为灵活的晋升机会。

二　美国型的职位分类

职位分类制度肇始于 20 世纪初期的美国，现在已在世界上许多国家被采用。

职位分类是依据行政机关的所有职位的工作性质、责任大小、任务的繁简难易及任职所需的资格条件，将全部行政职位分门别类。职位分类制度作为人事分类制度，强调对职位的承担者而不是公务员本人的管理。

职位分类是以职位调查为基础来进行的。职位调查是对行政机关现有全部职位的实际工作内容与权责状况，通过全面系统调查，弄清所有职位的工作性质、难易程度、责任大小，以及所需资格条件（包括年龄、性别、学历、资历、技术、身体状况等）。根据职位调查的结果，首先将所有职位按其工作性质，由粗到细地进行门类划分：凡工作性质大致相同的职位被汇集成一个庞大的职位集团，称为职门；再将同一职门中工作性质较为相近的职位，归为次一级职位集团，称为职组；再在职组内将工作性质相同，但工作复杂程度及责任轻重相异的一群职位归并为一个系统，称为职系。全部职位被归并为相应的职门、职组、职系后，根据工作的繁简难易、责任轻重和所需资格条件，对同一职系的职位进行等级区分，形成不同的职级。每个职系中的职级数不同，为了便于统一规范进行管理，再将各职系中不同职级的职位进行比较，凡工作难度、责任轻重及所需资格大致相当的职位可归并为同一层次，从而形成职等。

职门、职组、职系、职级、职等关系示意图

职位等级＼类别	职门甲							职门乙			备注
	职级A				职组B		职组…	职组F		职组…	
	职系1	职系2	职系3	职系4	职系5	…	…	职系11	…	…	
职等18											以工作繁重难易及责任程度区分等级
17								★1			
16								★2			
15		★1						★3			
14		★2			★1						
13	★1	★3			★2						
12	★2	★4			★3						
11	★3				★4						
10	★4		★1								
9	★5		★2								
8			★3								
7			★4	★1							
6			★5	★2							
5			★6	★3							
4				★4							
3				★5							
2				★6							
1											
备注	以工作性质相近程序分类										

说明：1. 职系 1 的职位分为 5 个职级……2. 职系 1 的第 2 职级与职系 2 的第 4 职级、职系 5 的第 3 职级……属同一职等——第 12 职等。

实施职位分类时，必须制定职位规范，列出职位说明书。职位说明书的内容包括：职位名称，定义和编号，职责与工作描述，工作要求（成果、责任、权限、控制方法、工作程序与方法），任职资格条件（教育、资历、知识），待遇，升迁路线等。

美国的职位分类源自于美国工商企业由工作分类、工作分析、工作评价等形成的选人定薪程序和做法。这套做法于19世纪末在泰勒"科学管理"思想影响下出现于美国工商企业。

由于这套做法成效明显，20世纪初首先被芝加哥市政府用于公务人员，并为此制定了《职务分类法》。其后芝加哥的做法渐为各级地方政府所仿效。其后为联邦政府所采用，并于1979年国会通过了新的职位分类法。

1923年的职位分类法将联邦行政人员分为五类，每类职务又分为几个等级（5—14），共44等。1931年改分为7类，81等，1633级：

类　　别	等	级	年薪范围（美元）
一、专门及科学职务类	9	456	2050—10000 或以上
二、次专门职务类	8	144	1080—3300
三、事务行政及财政职务类	16	421	1260—10000 或以上
四、手艺及保管职务类	15	426	660—6000
五、调查及观察职务类	13	124	1620—9500
六、教育职务类	10	37	1410—7200
七、灯塔及仓库职务类	10	15	1260—2930

资料出处：《资本主义国家公务员制度概要》第92页，北京大学出版社1985年版。

1949年新的职位分类法将上述七类归并为两大类：一般职位（行政类）和技艺保管职位。据1958年的职位分类调查，一般职位（简称GS）分为22个职组，520个职系（1977年7月后调整为 437 个职系）；技艺保管职位（简称 CPC）包含一个职组，4 个职系。1949 年职位分类法规定，普通表所列职位分为 18 等，技艺类职位分为 10 等。一般而言，联邦各部之司处长职位归列为第 18 职等，副司处长为第 16 职等，科室主管为 15 职等，高级非主管职位为 12—14 职等，中级非主管职位为 5—11 职等，技术员为 5—8 职等，书记及低级助理与技术人员为 1—5 职等。联邦政府的 280 万公务员中适用于职位分类的仅有 150 万，约占总数的 55%，其余 45% 的公务员，如警察、教师、保密人员、驻外机构人员等，都不适用职位分类管理。

三　中国的人事分类

中国自 1993 年才开始采用公务员制度，因而在人事分类制度方面，仍处于逐步推进和完善的过程中。

中国《国家公务员暂行条例》对人事分类在第三章有明确规定，根据第三章诸条款的规定，中国是通过汲取品位分类某些因素来构建自身的职位分类制度，因而与典型的美国型职位分类体制不同。

中国在构建自身的人事分类制度，采用上述作法，既有历史因素，也考虑到两种分类制度在实践中显示的优缺点。品位分类以"人"为中心，以名分鼓励公务员努力工作，名分越高，报酬与尊敬越大。品位分类制类型划分较为简单，便于公务员在政府各部门流转，晋升机会也较大，同职位分类制相比，推行也较为简便。职位分类以事为中心，以工作（职权）鼓励公务员努力，努力工作能承担更重要职务，获取更高的薪酬与尊敬。职位分类制类型划分较为细密和专业化，有利于发挥公务员的专才专业。相比之下，职位分类更有利于政府工作效率的提升，但往往因其过于细密，以致推行不易，且很难包括全体公务员。不少国家在经过几十年努力后，仍然只能对一部分公务员采用职位分类法，美国本身就是一个典型的例子。

中国《国家公务员暂行条例》明确规定，中国的人事行政分类采用职位分类，第三章的标题即为"职位分类"。条例第八条规定："国家行政机关实行职位分类制度。各级国家行政机关依照国家有关规定，在确定职能、机构、编制的基础上，进行职位设置；制定职位说明书，确定每个职位的职责和任职资格条件，作为国家公务员的录用、考核、培训、晋升等的依据。"

中国公务员的职位，依据其职务分为两个体系：领导职务和非领导职务，并将职务分为 12 个等级：总理，副总理、国务委员，部（省）级正职，部（省）级副职，司（厅）级正职、巡视员，司（厅）级副职、助理巡视员，处（县）级正职、调研员，处（县）级副职、助理调研员，科（乡）级正职、主任科员，科（乡）级副职、副主任科员，科员，办事员。

《国家公务员暂行规定》同时规定公务员有自身的级别。第十条规定："国家公务员的级别分为十五级。"第十二条规定："国家公务员的级别，按所任职务及所在职位的责任大小、工作难易程度以及国家公务员的德才表现、工作实绩和工作经历确定。"第四十四条还规定：公务员级别的升降，应随公务员职务的升降和年度考核结果进行调整。

中国公务员级别与其所任职位的职务级别之间存在相应的对应关系，其特点是：职务越高，对应级别越高，但级别的跨度越小，例如总理对应一级，副总理对应二至三级；职务越低，对应级别越低，级别跨度越大，处级正职对应七至十级，科员九至十四级，办事员十至十五级。作出这样安排，主要是考虑到大多数公务员是在科级以下岗位工作，特别是基层公务员，由于机构规格的限制和领导职务的限制，多数人都很难晋升到高的职务，为鼓励这部分公务员能在本职岗位上安心工作，在职务不提升的情况下，也有可能不断提高级别和增加工资。因此，职务层次较低的公务员，其对应级别的跨度就大些。

在中国公务员现行分类制度中，中层非领导职务的设置，是一个值得注意的、因应中国现时国情需要的举措。职务分为领导职务与非领导职务属于通常安排，但非领导职务一般都出现在低层，即处级以下。中国在司处两级设置非领导职务（巡视员、助理巡视员、调研员、助理调研员），是基于中国现时转型期所面临的现实和未来发展的需要，从培养和蓄积人才考虑而采取的措施。设置这类非领导职务，一方面可以减少领导职数（这是中国以往人事制度所遗留的积弊），另一方面则又可为暂未担任领导职务的公务员发挥作用创造条件，从而更好地调动他们的积极性。

第四节　公务员的义务与权利

一　公务员的义务与权利概述

公务员的权利和义务，是公务员制度的重要组成部分，各国都对此有明确的法律规定，但所采取的形式各不相同。以法、德为代表的大陆法系国家，常在公务员总法中集中列举，再辅以专门性的法律、法规；以美、英为代表的海洋法系国家，则通常都散见于各种专门性的法律、法规中，有的规定得述相当具体、详尽。值得注意的是，在一些以专章列举公务员权利和义务的国家，常先列举义务，再列权利，甚或以"义务与权利"作为章名，如德国、瑞士。中国的《国家公务员暂行条例》也以专章列举公务员的权利与义务，但以"义务与权利"为章名，且先列举义务再列举权利。

将公务员义务列于公务员权利之前，是基于公务员所具有的特定身份和公务员产生之间的逻辑结果：公务员是作为国家雇员,代表国家,被委托行使国家权力来完成国家对社会的公共管理和服务,因此,必严格按雇主(国家)的要求来指导自己的公务行为。当公务员接受国家雇佣,首先应接受国家提出的要求(即义务),为确保公务员能按国家要求完成任务,国家必须为之提供所需的条件、环境,同时为公务员的劳动付出相应报偿,这一切构成公务员的权利。因此,公务员享有的权利是以接受相应义务为前提的。这一点同一般的权利义务关系有所差异。

公务员的义务包括两个方面:必须作为的义务和不得作为的义务。前者同其职责相关,也称为职责义务,是公务员在公务中必须做到的,常以专章形式列出;后者同其公务员身份相关,是公务员在公务中不允许有的,违者将受到惩罚,常被作为公务员的纪律而列举。

同样地,公务员的权利也分为两个方面:一是因其职责而拥有的相应权利,是为保证其任务完成,国家必须赋予的,通常称为公务执行权;另一则是公务员作为国家雇佣的职业劳动者,在完成其职责时应该享有的权利,通常称为身份权。

此外,作为国家的公民,公务员也享有相应的公民的权利和承担公民应尽的义务。但在权利的享有方面,由于公务员作为国家雇员的特殊身份,有些国家在某些方面有所限制,例如在被选举权上,有些国家明确规定公务员只能在辞去公务员职务时,才能参加公职竞选。

二 西方国家公务员的义务与权利

西方国家有关公务员权利与义务的规定,大致可分为四种情况:(1)集中明确规定的,如德国、瑞士;(2)规定在公务员的总则中,如法国;(3)未直接采用这一概念但涉及这方面内容,如日本;(4)分散见诸于其他相关法律的条款中,如美国。

（一）义务

西方国家对公务员必须作为义务的规定，主要包括服从上级、效忠国家、忠于职责、廉洁奉公、遵纪守法、保守秘密等，对不得作为义务的规定通常有不得参与反政府活动、不得从事违法行为、不得利用公职谋私利。对于后一种义务，不少国家还特别强调公职人员不得兼任另有报酬的公、私职务，特别是经商。不少国家为强调义务和确保纪律的遵守，还要求公务员在任职前进行服务宣誓，如日本。由于各国情况不同，具体规定有差异，以下是几个有代表性的国家的规定：

美国公务员在职时应遵行的义务主要包括：公务员应正直、受信赖、具有责任感、良好品性、对政府忠诚；遵守誓言（如遵守宪法、不以罢工暴力对付政府）；服从上级命令；保持信誉（如行为正直、高洁、公平）以取得国民对政府的信赖与尊敬；保守机密；专心职务等。此外，1978 年美国新法律对公务员行为还有如下规定：不得参与私人企业的经济活动，不能利用职权搞违法或特殊买卖；不能利用职权为孩子、配偶从事经济活动提供方便；不得降低工作效率；不能对政府不忠实；不能泄密；不能有越轨行为，遵纪守法；不得接受贵重礼品（超过 50 美元即为贵重礼品）。

法国公务员应遵行的义务主要有：搞好本职工作，不能擅离职守，服从上级（任何一个公务员都要无条件服从上级领导，除非上级领导的指挥将导致犯罪），应防止滥用职权，要履行廉洁的义务，严守职业机密，原则上不能兼职，遵守克制保留义务（有意见可以提，但应克制、婉转，不要挑衅）。

意大利公务员应遵行的义务主要有：对国家忠诚，执行公务时应行为适当和公正无私，不能随意发表政见，保守机密。

德国公务员的基本义务是效忠，包括：责无旁贷地全力献身于所从事的工作（即使超出法定工作时间也不领取特殊报酬），保持政治中立，在政治活动中应采取克制和保留态度，不得罢工、变相罢工，保守机密。此外还有：宣誓就职的义务，参加培训进修的义务，不私下接受礼品的义务，不兼职的义务，支持协助并服从上级的义务等。

瑞士公务员应遵行的义务主要有：执行公务时不得操办私事，忠于职守，禁止罢工，对上级、下属和公众都应讲礼貌，认真执行上级命令，禁止接受馈赠，禁止传播公务秘密等。

法国、瑞士、日本、德国等，对公务员兼职都有十分具体详尽的规定，有的还极为严格。法国规定禁止任何公务员以职业身份从事任何一项有利可图的私人活动，当公务员配偶以职业身份从事有利可图的私人活动时，公务员应向所属部门提出声明。瑞士规定不允许公务员家庭成员担任有损于公务员公务或与公务员身份不相适应的职业，包括开办餐馆、咖啡厅、零售酒类等。日本除规定公务员不得兼任以营利为目的的企事业团体的负责人、顾问和自办营利企业外，还规定公务员在离职后两年内，不得以营利企业的地位，接受或担任与其离职前五年期间国家机关有密切关系的任务。相关规定都强调在特殊情况允许兼职时，都应得到批准，当事后发现有危害公务的情况时，批准还可收回。德国除有上述规定外，还强调反对滥用兼职权利是部门或单位的领导责任。

（二）权利

西方国家对公务员权利的规定，大都集中在对个人利益的保障方面，即同公务员身份相关的权利上，至于公务员为执行公务所应拥有的权利，则通常都作为职权而列入相关法律、法规和职位说明书中。有关公务员个人利益的保障，包括两个方面：一是同作为一个职业劳动者相关的个人利益保障方面的一系列权利，对这一类权利，不少国家都有专门的立法；一是与公务员作为国家雇员身份相关的权利，包括职业保障权、政治参与权、接受培训权利、公平机遇权利等，则大都散见于与公务员管理有关的法律、法规中。

关于个人利益保障方面的权利，主要包括劳动保障权、福利保障权、休假权、职业争议权、申诉控告权及退休后的保障权等。劳动报酬权集中反映在各国的工资法、薪俸法中，是公务员的基本权利，是国家应履行的义务。福利保障权具有选择性，公务员只有在规定的条件下才能享受相应的权利。休假权在各国大都规定有带薪休假，通常按工作年限规定每年休假的天数。职业争议权指公务员可因其职业待遇不当而提出争议。申诉控告权则是在争议未果或解决不当时，公务员有权向相关机关（人事管理机关），甚至法院提出申诉、控告。

关于因身份而引起的权利中，职业保障权是指公务员非经法定事由和法定程序不得被解职，以确保公务员身份的永久性。政治参与权由于各国具体情况不同，规定的差异较大，大多数国家对公务员参与政治活动有一定限制，如不能参加政治性的反政府活动，不能举行政治罢工，不能参加竞选。但有些国家对此规定则较为宽松。公平机遇权强调公务员在晋职、晋级时，符合条件的，机遇应该是均等。接受培训在有些国家被视为公务员应尽的义务，而在另一些国家强调是公务员应有的权利。

关于公务员权利的规定，有些国家集中明确，以下是法国、德国、意大利的情况：

在法国，1983 年的公务员总章规定的权利有：（1）言论自由。但在执行公务时不可自由表达自己的想法，只有在不履行公务时作为公民才可行使这一权利。（2）男女平等不受性别限制。（3）有参加工会和罢工的权利，但不允许罢工使工作瘫痪。（4）有权了解考核评分和参加职业培训。（5）在履行公务受到攻击、威胁、辱骂时有权得到保护。（6）有权享受相应报酬和休假（病假、产假等）。

在德国，公务员有权领取工资，有权要求获得保障和养老，有权享受相应的福利待遇，有权要求获得社会保障福利，可享受休假的权利（休假天数依据工作年限决定，休假期间照发工资）。

在意大利，公务员的权利包括：（1）工作保障权，非依法律规定不得给予处分；（2）申诉权，对所受冤屈及考绩结果和人事决定不满者，有权提出申诉；（3）有权参加政治活动，如加入政党或参加竞选，但对某些人员（如警察、情报人员和驻外外交人员）则有限制；（4）有权参加工会和进行罢工（警察和某些特殊部门人员例外），罢工限于经济性要求，不得参加政治性罢工等。

三　中国公务员的义务与权利

中国公务员的权利与义务在《国家公务员暂行条例》中有明确规定。条例第二章即为"义务与权利"，其中第六条为公务员应履行的义务，第七条为公务员享有的权利。此外在第十三章"纪律"中，列有公务员不得行为的内容。

（一）义务

中国公务员的义务，同样也包括必须作为的义务和不得作为的义务两部分。

公务员必须作为的义务列于《国家公务员暂行条例》第六条，共规定了8类：（1）遵守宪法、法律和法规；（2）依照国家法律、法规和政策执行公务；（3）密切联系群众，倾听群众意见，接受群众监督，努力为人民服务；（4）维护国家的安全、荣誉和利益；（5）忠于职守，勤奋工作，尽职尽责，服从命令；（6）保守国家秘密和工作秘密；（7）公正廉洁，克己奉公；（8）宪法和法律规定的其他义务。

公务员不得作为的义务作为必须遵守的纪律列于第三十一条，

共有14项，包括：不得（1）散布有损政府声誉的言论，组织或者参加非法组织，组织或者参加旨在反对政府的集会、游行、示威等活动，组织或者参加罢工；　（2）玩忽职守，贻误工作；（3）对抗上级决议和命令；（4）压制批评，打击报复；（5）弄虚作假，欺骗领导和群众；（6）贪污、盗窃、行贿、受贿或者利用职权为自己和他人牟取私利；　（7）挥霍公款，浪费国家资财；（8）滥用职权，侵犯群众利益，损害政府和人民群众的关系；（9）泄露国家秘密和工作秘密；（10）在外事活动中有损国家荣誉和利益；（11）参与或者支持色情、吸毒、赌博等活动；（12）违反社会公德、造成不良影响；（13）经商、办企业以及参与其他营利性的经营活动；（14）其他违反纪律的行为。

（二）权利

中国公务员享有的权利，在《国家公务员暂行条例》第七条中共列有8项：（1）非因法定事由和非经法定程序不被免职、降职、辞退或者行政处分；（2）获得履行职责所应有的权力；（3）获得劳动报酬和享受保险、福利待遇；（4）参加政治理论和业务知识的培训；（5）对国家行政机关及其领导人员的工作提出批评和建议；（6）提出申诉和控告；（7）依照本条例的规定辞职；（8）宪法和法律规定的其他权利。

上述公务员权利包含着以下几方面内容：

第一，为有利于执行公务而享有的权利。前述8项权利中的（2）、（4）、（5）即属于这方面的内容。"获得履行职责所应有的权力"，是公务员执行公务所必需的，也是法律所明确规定的，必须予以保证，但必须依法行使，而且是公务员只能主张不能放弃的权利，这和一般权利具有完全不同的性质。"参加政治理论和业务知识的培训"，有利于公务员自身素质的提高，也有利于公务的完成，国家应为此提供相应的条件和机会。"对国家行政机关及其领导人的工作提出批评和建议"，不仅赋予公务员民主参与的权利，也有利于更好地调动公务员的积极性，对于提高行政机关的工作效益和更好地完成行政任务也有积极作用。但公务员的批评和建议仅限于行政工作而不涉及政策本身。

第二，因公务员的身份而享有的权利，包括职业保障和劳动保障两部分。"非因法定事由和非经法定程序不被免职、降职、辞退或者行政处分"，属于职业保障的范围。"获得劳动报酬和保险、福利待遇"、"依照本条例的规定辞职"、"提出申诉和控告"，则属于劳动保障的内容。劳动报酬与保险、福利待遇，包括依法享有应得的工资、各种津贴、休假及退休后享受养老保险等。对于辞职，作为一种职业选择权利，公务员在享受时受到因其职业特殊性的某些限制：如在涉及国家安全、重要机密等特殊职位上任职的公务员不得辞职，一般公务员只能在达到最低服务年限后才能辞职，且应事先申请，经批准后才能离职。申诉与控告的权利用于对本人人事决定不服和自身合法权利受到侵犯两种情况。为保证这一权利的落实，受理机关不限于原处理机关，可向同级人事机关、行政监察机关提出，必要时也可向人民法院申诉。

第三，作为公民应享有的权利。"宪法与法律规定的权利"，即属这一范畴。公务员作为公民无疑享有公民应享有的一切权利。但作为国家雇员行使国家权力的公务员，在享有公民一般权利时，在有些场合会因其特殊身份而有所限制。这种限制在作为公务员不得作为的义务，即公务员的纪律上被反映出来。

第五节　公务员管理机构与体制

一　公务员管理机构与体制的分类

对公务员的管理，各国都设有专门的机构。除中央机构外，还存在有分地域、分部门设置的机构。公务员管理的中央机构设置分为两种类型：集权型和分权型。

集权型的中央管理机关，是由一个机构承担公务员管理的全部职责。分权型的中央管理机关，则是由几个机构来分担公务员管理的全部职责。西方国家的公务员管理机关设置，大都采用分权型模型。当前中国公务员管理机关设置，采用集权模型。

以美国为例，美国联邦公务员属联邦政府管理范围，州与地方政府的公务员不属联邦管理范围。美国中央人事管理机关包括联邦人事管理局（或称为联邦人事管理总署）、功绩制保护委员会、联邦劳工关系局。这三个机构还分地域设置分支办公室，管理在各个地方工作的联邦公务员。

联邦人事管理局具有行政和准立法职责：制定各种管理细则、规章并负责实施和管理。

功绩制保护委员会具有准司法职责：审查人事管理局制定的规章、细则的合法性，受理公务员有关人事方面的诉讼。联邦劳工关系局负责处理因雇佣关系引起的各种纠纷。此外美国还有一个平等任用机会委员会。它负责受理因不服功绩制保护委员会裁定而提出的请愿。它有权要求功绩保护委员会对所作裁定进行重新审查，也可自行作出决定。当双方意见不一致时，由两会委派代表一人，与总统任命的主席组成三人委员会，作出最后裁定。

中国的国家人事部是负责国家管理的中央机关，地方各级人民政府及国务院各机构则设有人事厅（局）和人事司，负责具体的日常事务管理。国家人事部除负责各项管理事务的实施外，还负责依据相关法律制定与公务员管理有关的具体规章，也负责受理公务员的申诉控告。中国的国家人事部是集行政管理、准立法和准司法职责于一体的人事管理机关。[①]

---

① 在中国，党的组织部门对公务员也承担一定的管理职责，因其不属于国家正式体制的组成部分，此处不作分析。

公务员管理机关与国家行政机关的关系，各国有不同的安排。依据公务员管理机关是否属于行政机关的组成部分，以及由此而形成的公务员管理体制，可分为三类，部外制、部内制和折中制。

凡中央管理机关独立于行政机关之外的体制称为部外制，凡中央管理机构是行政机关组成部分的体制称为部内制。由于部内制、部外制都存在不足之处，因而产生了第三种体制——折中制。在这种体制下，行政机关外设置有承担公务员部分管理职责（主要是考试录用）的机构，而将其他职责则赋予行政机关内所设置人事管理机构。折中制克服了部外制导致的人事与行政相分离的缺点，也防止了部内制可能产生的行政部门专权而用人不当的弊病。

二　西方国家公务员管理机构与体制

（一）部外制

部外制国家可以美国、日本为代表。

美国人事管理机关在 1979 年前采用的是集权制，由联邦文官委员会总揽人事管理权力，直接对总统和国会负责。经过改革后，1979 年联邦文官委员会被联邦人事局、功绩制保护委员会和联邦劳工关系局三个机构取代。

人事管理局负责人事管理和公务员管理规则、规章的制定。人事管理局局长由总统任命，对总统负责，但其任命须经参议院认可。功绩制保护委员会的职责包括两个方面：（1）监督人事管理局的工作，审查人事管理局制定的规章、规则；（2）受理联邦公务员与人事有关的诉讼事项。功绩制保护委员会由三人组成，总统提名，参议院同意后任命，同一政党委员会不得超过两人，委员任期七年；为保护机构与工作的持续性，采用交叉离职。功绩保护委员会内设有特别检察官，负责对人事管理局的不当或违法行为进行调查，必要时可提出诉讼。委员会可根据特别检察官的建议，行使各种惩处权力。委员会每年向国会提交年度报告，内容包括对人事管理局工作的审查意见。联邦劳工关系局负责对公务员工会的管理，并处理因雇佣关系而引起的纠纷。联邦劳工关系局也由三名委员组成，同一政党成员不得超过两人，由总统征求参议院同意后任命，任期5年。

日本于1948年建立人事院。人事院由3名人事官领导。人事官由内阁提名，国会两院任命，天皇认证，总理大臣不得随意罢免。人事官每届任期4年，总任期不得超过12年。人事院设总裁1人，由内阁在人事官中任命，总裁总理院务，但不能决定重大问题，重大问题由人事官会议决定。

日本人事院具有三方面的职责：（1）实施各项行政法规；（2）制定、修改人事院发布的人事行政规则；（3）审查并最后裁定对公务员的不当处分。人事院在全国分区设置地方事务所，在本管区的国家公务员范围内推行人事院的各项工作。日本公务员分国家公务员和地方公务员两类。地方各级政府设有人事委员会（或称公平委员会）管理地方公务员的各项事务。人事院与地方人事组织无隶属关系，仅处于指导协调的地位。

部外制的优点在于：能独立行使职权，不易受到政党和行政长官干涉，有利于人才选拔和集中人力财力对人事工作进行全面的规划和研究，能实施统一管理。但由于人事机构独立于行政部门之外，因而对各行政部门情况常缺乏充分了解，以致所规定措施有时往往不切实际。此外，由于人事与行政分离，也常易引起矛盾，甚至遭致行政首长的抵制，使人事管理机构难以发挥充分的作用。

（二）部内制

部内制国家可以法国为代表，欧洲大陆不少国家（如德国、瑞士等）都采用部内制。

法国从中央到地方各级行政部门都设有人事机构，管理本部门公务员工作。法国中央政府设行政和公职局（有译为行政管理和公务员总局的）管理全国公务员，该局由总理府总秘书处领导。它的主要职权是：（1）负责《公务员总章程》的实施和监督；（2）依据总章程，规定公务员管理方面的各项法令、法规；（3）促进行政机构与公务员制度的改革。该机构主要职能为检查、监督、协调，有关人事方面的实际管理工作由政府各部门和各地的人事部门办理。法国地方公务员不属国家公务员系列，不在该局管辖范围。

除行政与公职总局外，法国还设有一些人事咨询机关，主要有公职最高委员会，对等行政委员会，对等技术委员会。公职最高委员会委员32人由政府任命，其中一半来自政府各部门，一半由公务员工会推荐。它有权提出修改公务员总章程和特别章程的法律草案，调解公务员关于人事方面的纠纷。对等行政委员会分设于各个行政部门，由行政部门代表与公务员代表组成，由部门长官主持会议，主要职责是对本部门公务员人事管理事务提出意见。当行政部门不采纳时，该委员会可将问题提交公职最高委员会处理。对等技术委员会的设置与组成，与对等行政委员会大致相同，其主要职责为起草和修改本部门人事管理的规章制度。当不能达成一致意见时，交公职最高委员会处理。

德国设有人事委员会作为决策参与机构，在内务部长监督下工作，内务部设有专管公务员事务的行政事务司，负责日常工作。各行政部门设置有进行具体管理的人事部门。瑞士在联邦财政海关部下设人事局负责人事行政管理，另有对等委员会和人事委员会分设于各行政部门，作为人事咨询机构。其组成与职权与法国同类机构大体相似。

部内制的主要优点在于：人事机构与行政机构合一，能事权统一，推进工作，所定规章制度也易切合实际。但由于各部门各有其管理机构，容易导致各自为政，管理标准不统一，不利于提高人事管理水平。此外，行政首长在人事方面有的权力过大，也会不利于人才的选拔。

（三）折中制

在管理体制上采用折中做法的，英国可作为代表，某些英联邦国家也采用这种体制。

英国在开始采用现代文官制度时，就把公职人员的考试录用权，交给具有独立地位的文官委员会；把任职后的各项管理权则交给行政部门自行管理。20世纪后半叶，出现了变革反复：先是设置文官事务部，其后又撤销文官事务部，恢复了原来的体制。

英国的文官委员会，由首相提出候选人名单，请英王任命。文官委员会不受内阁和各部控制，不与政党发生关系，成员是人事行政专家。委员会的职责是：负责审查公务员的任用资格，规定任用标准和考试规程，办理公务员的考选及分发。所有文官都须经文官委员会考试，合格者始能被各部门任用。在内阁内，由财政部管理人事工作，财政部内设有编制与机关组织署，主管除考试外的全部人事行政工作。除财政部外，内阁及其他各部及各行政部门各设有负责本部门具体人事行政管理的专门机构，或称为编制处，或称为人事处。

在英国，惠特利理事会是调解公务员与雇主（政府各部门）各种纠纷并提出建议的机构，由政府部门代表和公务员代表组成。除全国惠特利理事会外，各行政部门也都设有这一机构。当惠特利理事会调解无效时，则可将问题提交劳资仲裁法院所属的文官特别法庭解决。

折中制的优点在于：它将考试录用权给予一个专门设置的独立机构，使之把住进口关，将不合格者摒之于公务员队伍之外；与此同时，它将公务员任职后的管理权交给行政部门，使公务员的人事管理与行政工作密切结合，避免了许多矛盾，并能充分发挥公务员的作用。

三　中国公务员管理机构与体制

基于中国的现实国情，中国公务员管理机构与体制有其特殊性，它包括国家体制内外两个方面。

从国家体制看，中国公务员管理机构的设置属于部内制，即由国家行政机关内的人事机关承担公务员管理职责；从具体管理看，它采用的是集权制，即由一个人事机构承担全部管理职责。

中国承担公务员管理职责的国家人事部，是国家最高行政机关国务院的组成部门。依据《国家公务员暂行条例》的规定，国家人事部负责国家公务员的综合管理。综合管理包括四个方面的内容：（1）制定与公务员管理相关的各种政策和各项具体法规；（2）负责组织和监督各项政策、法规的实施；（3）完成公务员管理的日常事务工作；（4）负责受理涉及公务员本人人事处理的申诉控告。

由于中国地方各级人民政府都是地方国家行政机关，因而中国国家公务员包括了在中央和地方行政机关工作的全部公务员，不存在单独的地方公务员系列。对地方国家公务员的管理，则由地方各级人民政府的人事部门（人事厅、人事局），根据国家相关的政策、法规，进行分级管理，在上级人事部门指导下，完成日常事务工作。

中国是由中国共产党执政的社会主义国家，在人事方面实行"党管干部"原则，在国家体制外的党的系统及其相关部门（组织部），在国家公务员管理方面也承担着重要职责。各级党委及其所属的组织部门，在国家公务员管理方面的职责，主要包括以下内容：（1）提出与公务员管理相关的方针，通过相关渠道，使之成为国家的人事政策或法规；（2）在经过必要的考察后，向各级人大、人大常委会或各级政府的人事部门，提出相关的人员任职的建议，供相应机关选举或任命；（3）就国家公务员日常管理过程中，对党和国家的人事方针、政策及相关法规的实施，以执政党的身份进行监督，并就监督结果，通过相关渠道向政府首长及人事部门提出；（4）在必要时，党的组织部门也同政府人事部门配合，参与公务员管理中某些环节的具体工作，如考试录用、任职前的考察等。

第六节　公务员管理

一　公务员管理过程及内容

公务员管理是实现公务员制度设计目标的过程，包括对进入、在岗和离职三个环节的管理。

进入是指一般公民进入公务员过程，通常分为四种情况：选任、委任、聘任、考任。由民选产生的权力机关（议会）通过投票决定产生的政务类公务员，属选任，有一定的任期，且随政府（行政机关）的更换而进退。由民选机构产生的政务类公务员出于工作需要而直接任命的工作人员（包括秘书之类），属于委任，随任命者而进退。通过合同以契约形式被行政机关聘用的高级专业技术人员，属聘任，合同期满后除续约外即失去公务员身份。一般公务员法的内容不完全适用于上述三类公务员。考任是指通过考试（或考核）合格被行政机关录用的公务员。考试合格者仅为取得公务员录用资格，需经试用后才能被正式任命职务成为公务员。绝大多数公务员是通过考任产生，是一般公务员法的管理对象，也是本节论述的重点。考试录用的目的在使进入行政机关工作的人员都能符合所需的资格要求，适应行政工作的需要，确保公务员的素质。

离职是指在岗公务员离开其职位的过程。公务员离职可分为三种情况：正常情况、非正常情况和意外情况。受行政开除处分而离职、因机关裁员或其他原因被辞退，基于职业选择权利而提出的辞职属于非正常离职；达到规定年龄的强制退休，满一定工作年限后的自动退休属于正常离职；因公伤残而离职属于意外离职。离职过程中有的是行政机关的主动行为，如开除、辞退、强制退休；有的是公务员的主动行为，如辞职和自动退休。前者是行政机关出于维护自身利益而采取的，后者是行政机关基于对公务员个人的劳动权益（包括职业选择权）的保护而认可的。但对公务员权益的认可存在某种限制，即不能损害国家的利益。例如公务员的辞职对于担任某些特殊性质（如与国家安全有关）工作并不适用，此外提出辞职必须在规定期限之前，辞职只有经过批准才产生法律效力。对离职的管理，目的在于使不适宜再在行政机关工作的人员（或出于自然原因，或由于个人意愿，或因不符合要求，或违反行政纪律等），能有序合法地离开公务员队伍，以确保在岗公务员的整体素质能满足行政工作的需要。

　　在岗是指正在担任行政职务执行公务这一阶段。进入与离职属于一次性的行为，在岗管理是对一般公民进入公务员行列直至其离开这一行列期间所进行的一系列不断重复的管理过程。在岗管理是公务员管理的主要内容。不论对进入的管理抑或对离职管理，都只能在确保公务员素质上发挥作用，为行政活动提供了必要的基础和条件，但对于行政活动能否因公务员的行为而取得良好结果，则必须通过在岗管理来实现。在岗管理包括两方面内容：一是为促进公务员积极工作而采取的措施，包括考核、奖惩、晋升（含任用）、培训等；一是为使公务员能积极工作而提供物质保证，如工资、福利、退休保障等。前者的有效运作，使公务员能持续地发挥其工作的主动性、积极性，也有利于行政机关的勤政廉政，提高行政的效率和效益，确保行政任务的完成，实现行政的目标。后者是基于公务员的职业封闭特性：终身从事这一职业，社会流动性不强而采取的措施，其目的是使公务员在一个竞争性社会中，能安心本职工作。因此国家在具体内容方面，必须使公务员劳动所获得的报偿能与社会其他类似的劳动者持平或略高，以防止人员的流失或挫伤公务员劳动的积极性。在岗管理的目的在于使一切任职执行公务的公务员都能在工作中充分发挥其潜力，从整体上提高政府的形象和行政效率与效益，是公务员管理的重点。

总之，公务员管理的过程（即主要环节）各国都基本相同，但由于各国国情的不同，在内容和作法上存在一些具体差异。

二　西方国家公务员的管理

现代公务员制度源自于英国，其后为其他国家所仿效采用。以英、美、法、德、日等为代表的西方国家采用公务员制度，在经历了一个多世纪后，在公务员管理方面已形成了许多大致相同的作法，但在某些具体措施上，有些国家则呈现出自己的特点。

（一）录用

对于通过考试录用的公务员而言，西方国家存在以下基本共同点：（1）以竞争性考试为主，对专业人员的录用，在具备专业资格或条件的基础上，则采用考核录用（如美国）或仅进行面试（如英国）。（2）考试录用程序规定严格，强调公平、公正，整个录用过程向社会公开。（3）合格者取得录用资格，用人机关从获得资格人员中选用人员，通常由人事机关向用人机关按一定比例提供备选名单（如美国、日本）。（4）考试通常分为笔试、口试（面试），笔试合格始能参加面试，有些国家还进行操作考试（如美国）。（5）择优录用，按考试成绩，参考个人资历、学历择优录用：成绩相同，资历、学历深的先录，资历、学历相同，则毕业早、年龄大先录。

在具体实施中，各国之间存在一定的差异。如公务员考试通常都分类分级进行，日本分为三级，德国分为四级。主考机关，美、英、日由人事机关统一进行；法国除甲类高级公务员外，其余的由各部主考；德国与法国类似，中低级职位人员考试，授权各行政机关办理。录用或按考试成绩顺序排列名单由用人单位依次录用，或按考试成绩排列候用名册，由人事机关按规定从名册前几名中选择几人供用人单位录用，日本为1比5，美国为1比7。公务员录用都有试用期，美国视不同类别而有不同规定，短者为3—6个月，长则1—3年，德国为1—3年，英国为1年，日本为半年至1年。

（二）考核

考核是指对公务员服务成绩的考查、核定，目的是为了鼓励公务员的积极进取，提高工作效率，是公务员管理的重要组成部分，各国都有明确规定，且认真实施。对公务员考核，各国的名称不尽相同：鉴定（如法国）、评定（如日本）、考绩（如英、美），但内容和方法基本相同，而且都以工作实绩为重点，并将考核成绩与职务升降、奖惩相结合。

各国考核内容通常都包括考勤与考绩两部分，以考绩为重点。考勤注重对公务员遵守日常办公规则情况的考查。考绩按不同因素进行考查，最后作出综合评定。各国规定的考评因素不同，如英国分为10项因素；美国在1943年时将考绩因素定为31项，1950年改为三大因素（工作数量、工作质量、工作能力）；法国提出的因素有16项。但就其具体内容看，仍大致包括工作数量、工作质量和工作能力三方面。考核结果都要划分等次，多者为5等（如英、法、日等国），少者为3等（如美国）。通常以最低等为不合格，合格者中再细分为优、良、好、一般。考核结果通常都与奖惩、晋升相联系。在美国，考核结果是公务员升降奖惩的重要依据：优异者升职，优良者加薪，低劣者或减薪或降职，以至免职。在英国，职务晋升时，资历相同者，考核优异者优先。在法国考核合格加薪，考核优异除加薪外可缩短晋升时间。日本公务员考核评 A 级可越级增加工资，评 E 级的不能提级，严重违纪者还将受到处分（调职、降职、免职）。

考核机关在美国由直接主管任考核员，负责长官任复核员；法国则在各机关设人事管理协议委员会负责本机关考绩事宜；日本则由机关首长选定专人为考核员，机关首长作最后审定。考核结果各国都通知本人，是否公开则不完全相同。为保证考核的公正性，各国都设有相应的机构处理公务员的申诉。

（三）奖惩

西方各国对公务员奖惩都有相应的法律规定，但相比起来，有关惩戒的规定较为具体，而对奖励的规定则相对简略。对公务员的惩戒是以公务员是否履行了不得作为的义务，即是否违反了公务员的纪律为主要依据。关于公务员的纪律，包括四个方面：政治纪律、工作纪律、廉政纪律、保密纪律。对此，各国在公务员法中都有专门的规定，有的国家还另有专门的法律、法规。如美国《行政部门工作人员的道德行为准则》就对公务员的廉政行为作出具体规定。对于保密纪律，英国有《国家机密法》等。

对违反纪律行为的处罚，通常有警告、减薪、降职、撤职、开除及记过、调职、停止晋升（包括晋级或晋职）、命令退休等，各国具体规定不一。对于惩戒的实施，包括惩戒权限及惩戒程序，各国都有明确的规定。为保护公务员正当权益，各国都允许不服惩戒公务员提出申诉，并规定了申诉程序。惩戒仅是一种行政处罚，对违法的公务员，则另有司法程序处理。

对公务员的奖励，通常包括精神与物质两个方面。精神奖励有荣誉奖（如英国、美国）或表彰、授予勋章等（如日本），物质奖励则是发给一定数量的奖金。两者常结合在一起。

此外在英国、日本还将晋升一级工资作为奖励措施，甚至予以晋职（如日本）。

（四）晋升

晋升包括两方面：级别晋升（标志为工资增加）和职务晋升（标志为职衔提升和权责增重）。晋升在西方各国公务员制度中受到特别重视，被认为是鼓励士气、促进上进心和更好地为国效劳的重要措施。晋升的形式包括：考试晋升，即依据考试成绩为升迁标准；功绩晋升，即以考绩结果作为晋升依据（如美国）；年资晋升，当公务员服务年限达到规定要求时，即可晋升；越级晋升，即成绩特别突出、贡献较大的公务员，不通过考试，不受服务年限的约束，随时提升，通常被作为特殊措施采用。通常情况下，上述晋升方式常被结合使用。

晋级（即工资提升），各国大都在考绩基础上按年（1—2年）实施。晋职则要求较为严格，晋职者首先要获得晋职资格，或在某一职位上工作满一定年限（如日本、英国），或依据考绩结果。有的国家还要求在获得资格后须参加相应的考试，合格者列入晋升名单。在出现相应职位空缺时，由主持晋升事宜的人事机关依据晋升名单向相关机关推荐任用。在通常情况下，晋职必须逐级提升。

（五）培训

西方国家对公务员培训极为重视，认为公务员培训是促进国家经济和社会发展的重要条件，不仅是对提高工作效率，培养高素质行政人才所必需，而且也是在国际竞争日趋激烈情况下，进行"能力开发"的重要战略。公务员培训是通过有计划、有目标和有针对性的措施，对公务员进行业务知识、专门知识和综合素质继续教育和训练。为此，不少国家制定了相应的法规，如美国的《政府雇员培训法》、法国的《继续教育法》、日本的《国家公务员教育训练规划》。

各国为培训公务员都设置有专门机构，这些机构或设于人事机关内，负责综合性或共同性的培训管理；或设于各行政部门，负责专门或业务性的培训管理。培训形式分职业培训、在职培训、继续教育三种。职业培训是在公务员被录用后进行的"入门训练"，如法国新录用的公务员在任职前必须进行专门业务训练，时间有的长达一二年。美国是按专业要求录用相关的公务员，其入门训练时间则仅为数周。日本由人事院和总理府为新录用者举办"初任进修"，使其了解公务员使命、责任及应有之工作态度。

在职培训结合工作实际进行，包括短期或长期离职，也有送国外进修的。各国对在职培训都极为重视，通常都明定每一年中每个公务员都需参加某种离职培训，有些国家还把培训作为公务员的权利（如法国），另一些国家则将其列为公务员的义务（如德国）。西方各国为在职培训设置有专门的学校——行政学院，培训形式多样，从系统学习、技能更新到高级管理研讨班等，各国不尽相同。一些国家还委托大学承担培训任务（如美国）。公务员接受培训期间，通常都领取原薪。培训成绩优异的，在英、法、德等国，还同晋升使用相结合。

继续教育指公务员在工作一定时期后，可申请离职进入行政学院进行长期全面系统学习，或受资助业余在大学深造。如法国公务员在其职业生涯中，可享受1—3年的培训休假，进入国家行政学院学习。日本自20世纪70年代开始，采用行政官研究员制度，选拔一定工龄的公务员进入国内或国外的研究生院进行两年学习深造。

（六）工资福利

工资福利在西方各国公务员制度中占有重要地位。西方公务员工资由基本工资加各种津贴组成。在实施中大都考虑到以下原则：（1）平衡原则，即公务员工资水平应同私营企业职工的工资水平保持基本平衡；（2）同物价挂钩原则，即国家应定期根据物价指数调整公务员工资；（3）定期提薪原则，即公务员工资应定期（1 年或 2 年）增加；（4）同工同酬原则，即从事相同工作的公务员，不论其性别、民族、出身，也不论在何处何机关工作，都应获得同等报酬。此外，有些国家还强调公务员工资调整，应由政府与公务员工会组织协商确定。上述原则大都列入各国的相关法律、法规中。

西方各国公务员的津贴名目众多，且各国之间的差异很大，通常有职务津贴、岗位津贴、国外工作津贴、地区补贴、居住（住房）补贴、加班（夜班）津贴等。法国、日本还发放家庭负担补贴（抚养亲属津贴）；法国公务员并享有交际津贴，瑞士则向公务员发工龄补贴，日本公务员还有义务教育津贴、工作成绩津贴等等。津贴发放视公务员具体情况而异。津贴在公务员收入中常占相当大份额，成为各国稳定公务员队伍，调动公务员积极性的重要手段。

福利制度包括三个方面，一是各种休假，二是各种社会补助，三是提供免费或优惠的服务。休假除病、事、产假外，各国都有带薪年休假的规定，但假期长短及享受假期长短的依据（职务或工龄、或两者结合）则不一。社会补助通常有结婚补助、生育补助、抚养子女补贴、进修补贴等；此外各国对公务员都有一套社会保险安排（养老金、残废金、医疗保险、失业保险等）。在提供免费或优惠服务方面，常见的有提供工作午餐，有些国家还提供工作服、住房等（如美国）。福利制度的差异常同国家社会经济发展水平相关，且随之而有所变化。

（七）退休

西方各国公务员都规定有退休制度。退休既是一种权利，也是行政机关维护行政活力的一种手段。作为一种权利，各国大都规定公务员只有达到规定工作年限时才享有这种权利。作为一种手段，退休既有自愿退休，也有强制退休和命令退休。

各国有关退休的年龄与工龄的要求并不一致。在退休年龄上，许多国家男女有别，男性要求通常为 60—65 岁，女性则较此相应地小几岁；但也有些国家男女相同，如日本。对退休的工龄要求，美国为 5 年，英国、德国为 10 年，法国为 15 年。凡达到规定年龄的公务员采用强制退休；未达到规定年龄，而工龄达到一定年限（通常为 30 年），可申请自愿退休；凡不属于上述两种情况的公务员，当其工作无效能时，也可能会面临命令退休的要求（如英国）。

（八）权益保障

权益保障在西方国家公务员制度中占有重要位置，包括三方面的内容：关于保障公务员权益的法律规定、处理公务员申诉的程序安排、保证实施的监督机构。

对于公务员权益的保障，法、德、日、瑞士等国在各自的公务员法中有明确的规定，美国则在相应的各种具体法规中予以规定（如《退休法》、《职位分类法》等等）。英国则建有"公务争议的协议制"，由公务员团体代表及政府代表组成的专门机构协商处理；协商不成则交公务仲裁法院裁决。

公务员的申诉通常出现于下述情况：对所受纪律处分不服，在工资待遇方面出现争议，认为考核鉴定不公，或自身权益受侵犯。各国对公务员申诉处理有不同的规定。规定内容包括：可以提出申诉的事项，申诉的方式，接受申诉的机关，申诉的具体程序，处理申诉的程序等。为保障公务员权益，各国都设有专门处理公务员申诉的机构，如英国有文职人员申诉委员会，美国文官管理委员会内设有"上诉和复查会议"，法国设有由相同数量的政府代表和公务员工会组织代表组成的委员会，德国则有联邦人事委员会等。此外，一些国家还允许公务员在不服相关机关对申诉的处理时，向普通法院（如英国）或联邦纪律法院（如德国）、行政法院或行政法庭（如瑞士）提出申诉。

三 中国公务员的管理

1993 年开始实施的中国《国家公务员暂行条例》对国家公务员的管理，作出了一系列具体规定。条例规定的内容包括：职位分类、录用、考核、奖励、纪律、职务升降、职务任免、培训、交流、回避、工资保险福利、辞职辞退、退休、申诉控告、监督管理等。其后国家人事部依据该条例对条例中的某些内容（如录用、考核……），又制定了具体实施细则，如《国家公务员录用暂行规定》、《国家公务员培训暂行规定》……

在与西方国家公务员管理相同的各项管理上，中国国家公务员的管理在基本内容方面大致相同，仅在一些具体做法方面存在一定不同：如考试录用范围限于初进入国家行政机关，担任主任科员以下非领导职务的公务员；考核强调德、能、勤、绩四个方面等等。

与西方国家公务员管理相比，中国国家公务员管理内容较为特殊的是在交流与回避两方面：

由于中国国家公务员不是一个封闭系统，公务员可以同其他国家机关和企事业单位的人员进行交流。交流的形式包括调任、转任、轮换、挂职锻炼 4 种。调任是指国家行政机关以外的工作人员调入国家行政机关任职，或反向地由国家行政机关调出至其他国家机关、国家企事业单位任职。凡调出行政机关的公务员即失去国家公务员身份。转任是指公务员因工作需要或其他正当理由在国家行政机关内部进行的调动（这种调动可以是跨地区、跨部门的）。轮换是指国家行政机关对担任领导职务和某些工作性质特殊的非领导职务的公务员（如海关、税务、人事、监察等部门的公务员），有计划地实行职位轮换，目的在于提高素质或利于廉政建设。挂职锻炼是指国家行政机关有计划地选派在职国家公务员，在一定时间内到基层机关或企事业单位担任一定职务，使公务员取得基层工作经验，得到锻炼，在此期间公务员与原行政机关的人事关系不变。

回避制度是以亲属回避为核心，旨在限制因亲属等关系影响公务。回避有三种情况：（1）任职回避，即国家公务员之间具有夫妻关系、直系血亲关系、三代以内旁系血亲及近姻亲关系者，不得在同一机关担任直接隶属于同一行政首长的职务，或者有直接上下级领导关系的职务，也不得在其一方担任领导职务的机关从事监察、审计、人事、财务工作。（2）公务回避，即凡与某项公务有各种利害关系的国家公务员，应直接或间接回避该项公务（即不得参与或影响该项公务活动的进行）。（3）地区回避，指凡担任县级以下人民政府领导职务（如县长、副县长、乡长……）的公务员，不得在自己家乡、原籍担任这类职务，以尽量避免亲属关系对工作的干扰。但在实行民族区域自治的地方不实行这种回避。

交流与回避作为国家公务员管理措施，是中国所特有的，是基于中国现实国情而采用的。

第七节　中外公务员制度比较分析

一　中西公务员制度的主要差异

比较中西公务员制度之间的差异，首先需要对公务员制度本身的性质进行分析。公务员制度是现代国家的人事行政制度。人事行政制度作为行政制度的组成部分，从属并服务于政治制度。公务员制度作为一种现代人事行政制度，具有三方面的特性：首先是它的政治性，即它服务于一国统治阶级的根本利益；其次是它的管理性，即它是依据科学管理原理建立的对行政人员实施管理的制度；第三是它的时代性，即它是随着社会发展进步而不断完善成熟的人事管理制度，是一种能满足现代需要的人事管理制度。

作为一种公务员制度，有其自身特定的规定性和特定的内涵，无论中国的或西方国家的公务员制度，都必然具备这些基本的内容，这表现为中西公务员制度在许多基本方面存在着共同性，特别反映在一系列具体管理方面。但中西公务员制度之间仍存在许多差异，构成差异产生的原因包括三个方面：

第一是基于国家性质的不同。一国公务员制度归根结底是服务于一国统治阶级的根本利益的，因而在一国公务员制度设计时所取的原则，必然要反映该国统治阶级的政治意愿，并且会将这种意愿，以各种形式体现在公务员的具体管理上。中西公务员制度除去具有共有的一般指导原则外，还存在不同的特有原则即出于这一原因。同样地在中国公务员管理方面会出现"交流"这种特有形式，也同这一点有关。

第二是基于国情差异。国情差异包括双方的文化、社会背景和现实的政治、经济、文化发展水平之间存在的差异。这类差异实际上在西方国家之间，如日本与英、美、法之间，甚至英、美、法之间，同样存在。正是由于这种差异，导致各国公务员制度在许多具体管理措施方面存在不同。中国公务员制度与西方国家公务员制度由此形成的差异，除去一些技术性的外，还表现在人事分类与实行回避制度上。中国在这两个方面所采取的措施，在很大程度上同中国的文化、社会背景有关。

第三是基于公务员制度本身发展所处的阶段不同。任何一种制度都有建立、发展、完善与成熟的过程。西方国家采用公务员制度迄今都已有几十年、甚至上百年的历史，因而其制度已进入成熟的阶段；中国公务员制度从 1993 年开始实施至今仅仅只有10 年，尚处于创建和发展阶段。因此，许多西方国家行之有效也可为中国吸纳的做法，中国即或采用，在成效上要达到西方国家现有状况，也仍需一段时间，需要一个过程。例如在公务员管理的法制化和法治化方面存在的差异，就是由此产生的。

分析比较中西公务员制度的差异，可以从宏观与微观两个方面进行。从宏观上看，即从整体上看，主要表现在两个方面：一是指导原则的不同。西方国家强调政务类公务员与业务类公务员分类管理、强调政治中立，同中国强调坚持四项基本原则、强调党管干部，两者的差异极为明显，对制度具体安排有很大影响。二是制度本身的法治化程度不同。西方国家的法治化程度较高，中国的法治化程度较低。在这一方面将随着时间的进程而缩小差异。

从微观上看，即从具体内容看，中西公务员制度的差异在大的方面不多，小的方面，尤其是在具体管理要求方面较多。但具体管理要求中的差异存在，是一种必然现象，有的将会随时间而变化（或完善或废除），有的则没有必要加以改变（出于国情的实际需要）。大的差异主要表现在人事分类制度和管理制度中有关交流和回避的内容上。在人事分类制度上，中国虽说采用了"职位分类"这一概念，但在实际上却不同于西方国家的职位分类制度。在交流与回避这两方面，同西方国家公务员管理存在较大差异，特别是交流制度，是西方国家所不具有的。这类大的差异是否有必要按西方国家标准来加以调整，是值得慎重考虑的。

中西公务员制度存在差异是一个事实，关键在于如何看待这些差异，以及是否应完全按着某种特定模式去缩小以至取消这些差异。应该说承认差异、保持某些差异是一种必然选择。改变差异应从制度本身完善的需要这一角度去进行。

二　西方国家公务员制度的发展趋势

西方现代人事行政制度，从英国1855年实行文官制度改革，建立现代文官制度算起，至今已有150年的历史。现代文官制度从英国发展到美国，随后又被法、德、日等国采用成为公务员制度，经历了从创建、发展至逐步完善的过程。从总体上看，当前西方国家公务员制度处于较为成熟的阶段。西方国家公务员的这种发展是伴随着西方各国的政治、经济和社会发展而展开的。

在第二次世界大战结束后的半个多世纪里，西方国家的政治、经济、社会发展呈现了一种新的态势：在长期和平环境下，在民主与法制日益健全下，作为行政机关的各国政府，在国内事务方面，越来越凸显其作为社会公共管理者的作用，从"管治型"政府向"服务型"发展；与此同时，政府机关的行政人员也日益从"官员"向名副其实的"公务员"转变。"行政"作为国家对社会进行的公共管理，正日益成为一种产业（在有些国家称之为"第四产业"），作为行政人员的公务员也正被视为从事一种专门职业的国家雇员。对生活质量追求越来越高的民众，日益要求有一个高效率、高效益为社会提供公共服务的政府。为适应这种新形势新变化，在上一世纪后半叶，各国政府都为此不断调整自身的行为，进行行政改革。作为国家行政制度的组成部分，西方国家公务员制度在这一形势下呈现了不少新的变化，其具体表现在如下方面：

第一，在坚持某些指导原则方面出现松动，特别是在要求公务员保持政治中立方面。由于公务员作为国家雇员身份的确认，公务员参加或组织工会已被广泛认可。在公务员可否参与政治活动或发表政见方面，也出现了松动现象。美国国会于90年代曾通过法案允许公务员在下班时间参与政治活动（该法案后来被总统否决而未生效），法国则仅要求公务员在工作期间不发表政治见解，英国在80年代出现过公务员（文官）的长期大罢工。

第二，人事分类制度趋向简化、融合。职位分类是一种较为科学的人事分类制度，但由于其过分精细、繁琐，导致难以普遍适用，在采用这一制度的国家，从未将其适用于全体公务员

（包括首创国美国）。至 20 世纪末，不少国家（如美国、加拿大、澳大利亚等）先后简化分类，另一些国家（如瑞典、新西兰等）则因其缺乏灵活性而予以废止。职位分类与品位分类在某些国家还出现了融合趋势，如英国从 20 世纪 70 年代开始引入职位分类经验以改革原有的品位分类制度，而美国则于同一时期按品位分类精神设置高级行政职位。

第三，在具体管理环节中适时调整原有的一些做法。随着社会的发展和科学技术的进步，为提高公务员素质和工作效率，各国在许多具体管理环节方面都不断应情势变化而做出调整。这类调整或简化使之提高效率，或多样化以适应多种需要，或更为科学与民主……例如在录用方面，对专业人才录用，只要是获得专业资格认证的，不再进行考试而只进行考核或只进行面试（如美国、日本）；在考核方面采用因素量化（如英国），考核中实行综合考核尊重被考者意见；晋升方面更为强调功绩晋升……

第四，重视反腐败立法和制度建设。随着 20 世纪后半叶社会经济和科学技术的快速发展，公务员职务犯罪的事例与可能也在迅速增长，因而反腐败成为各国民众的强烈愿望，也成为各国公务员管理中需要着力解决的问题。为此，在 20 世纪的最后 20 年间，各国在反腐败立法和建立廉政制度方面采取一系列措施，如美国在 1992 年颁布《美国行政部门工作人员道德行为准则》，英国于 1994 年建立反腐败委员会，葡萄牙也于 1994 年实施《反腐败法》……美国、法国、日本、新加坡、韩国等国家，还先后制定了中高级公务员个人财产公开的法律、法规。有些国家还建立专门的反腐败机构，如廉政公署等。

西方国家公务员制度发展至今已进入较为成熟阶段，因而在当前和未来的进一步发展中，更多的是依据现代社会发展对民主和效率的要求作出相应的调整，使公务员制度能与时俱进适应现代社会的需要。

三　完善中国公务员制度途径探讨

中国国家公务员制度实施至今已有 10 年，但从政治生态来说，它仍然是一个新生事物，还存在一个不断发展和完善的过程。中国公务员制度的完善不可能毕其功于一役，而只能逐步地进行。在完善公务员制度的过程中，一方面要汲取发达国家的成熟经验，另一方面更要从中国的实际出发，即必须考虑中国公务员制度运作的社会环境和文化背景，考虑现实的需要与可能，考虑中国公务员的现有素质，以及中国公务员制度发展所处的发展阶段。从中国公务员制度实施 10 年来的经验和教训看，中国公务员制度在未来一个阶段中应予以完善的内容，主要应包括以下方面：

第一，应探索如何在实现法治化的前提下，贯彻落实好党管干部的原则。建立法治国家，强调依法行政，必然要求行政主体自身的法治化，从而促进公务员制度的法制建设和公务员管理的依法进行。在公务员制度不断法治化的发展趋势下，党管干部原则的实施不可能再一成不变地按原有方式进行，而必须进行新的探索：如何在把党所代表的人民意愿变成法律、法规，并在实际操作中使党管干部的具体意愿和具体工作程序能同法定规范相一致（或相衔接），而不是简单地以行政手段来贯彻落实党在干部管理中的具体意愿。这需要党的组织部门在干部管理工作方面进行程序性的改革予以配合。

第二，完善现行的人事分类制度。中国现行人事分类制度虽称为"职位分类"，实为"职级分类"，即行政职位分类与行政人员（即公务员）级别分类同时并存，并在两者之间建立一定的相互关系。这是适合中国国情，符合中国文化背景的公务员行政心态的举措。但在实践中往往只强调职位而未相应地使公务员级别相对独立，使后者被忽略以及未能恰当发挥作用。今后应使结构工资制中的级别工资与公务员级别挂钩，而以职务津贴与职位挂钩，从而满足公务员晋升中的不同需求，晋升职位或晋升级别，真正实现"职以待能"、"级以酬劳"的目标。此外，关于中层公务员非领导职务（即巡视员、调研员等）也应作相应调整，即予以取消。各种专业都有自身的资格等级（如大学教师系列中教授、副教授、讲师等等），公务员级别实际上也是行政人员职业资格等级的某种反映。

第三，将行政工作职业化，即如实地将国家对社会进行的公共管理（即行政），作为一种专门职业看待。这将有助于彻底改变将公务员看作官员身份的观念，使公务员在人们心目中真正成为是国家雇佣的从事社会公共管理（与服务）的雇员。为此可以将现行公务员录用考试分为两个阶段，第一阶段为资格考试，凡合格者可以申请担任行政职位，考试由人事部门定时统一举行；第二阶段为录用考试，由出现职位空缺需招用人员的部门，经人事部门审核后，与人事部门共同举行，参加者必须是取得公务员资格的人。在第一次考试中，应要求应考者熟知与政府管理相关各种基本知识（如政治学、行政学、法学、社会学，以及与国家组织相关的法律、法规等）；第二次考试应要求应试者熟知招考部门所从事的相关业务知识及管理学知识。若相关专业已建立资格认证制度时，可不实行考试而仅进行考核（或面试）。

第四，完善功绩晋升制。西方国家公务员制度取得较好效果的原因是多方面的，但坚持功绩晋升无疑是其中最为重要的一个，因为它在公开、公平、公正基础上使人事激励机制得以充分发挥。中国公务员制度能否真正发挥其作用，使每个公务员能在工作中长期持续地发挥积极性，在相当程度上取决于能否坚持和完善功绩晋升制。在这方面，西方国家有许多成功的做法值得我们借鉴，如将晋级（级别晋升）与晋职（职务晋升）分别处理；晋职资格的取得必须以日常考核为基础，与奖惩相结合；晋职必须进行相应的考试（考试内容以职位要求为依据），考试通常应在行政系统内，甚至一个机构内进行，只有在特殊情况下才面向社会（这更有利调动公务员的积极性）；等等。这需要经历一个时期逐步予以完善。

第五，加强公务员廉政制度的建设。在通常情况下，当一个国家经济迅速发展时期，也正是行政机关公务员职务犯罪多发的阶段。在当前及未来的数十年内，中国公务员制度面临的重大考验正是这一问题。因此有必要借鉴西方国家在这方面的成功经验，从完善法律、法规和管理制度着手，加强监督实施。在制定法律、法规时，必须尽可能具体细致，便于操作。例如可制定公务员个人财产申报与公示法规，制定公务员公务行为准则……此外，应在现有的纪检、监察体制基础上，仿效西方国家建立有权威的专门廉政机构。

完善中国公务员制度最重要和最根本的途径，无疑是必须实现中国公务员制度的法治化。只有在实现法治化的前提下，才能使公务员制度在各方面的完善得以保证。近年来，国务院总结《国家公务员暂行条例》推行 10 年来的情况，已经草拟了《国家公务员法》，准备提交全国人大讨论。《国家公务员法》的颁布，将对中国公务员制度的进一步完善，起到积极的促进作用。

第五章　立法制度比较

立法制度是国家立法必须遵守的各种规则的总称，它与政治制度有着极为密切的关系。一方面，立法制度是政治制度的组成部分，其性质和内容由政治制度所决定；另一方面，政治制度又需要立法加以确立和保障。在一国民主和法制发展的进程中，立法制度民主化、科学化、法制化程度如何都会对政治制度产生影响，或促进或阻碍政治体制改革的进行。对中外立法制度进行比较研究，有助于我们借鉴人类历史发展进程中政治文明的成果，进一步加强和完善中国的立法制度。

第一节　立法制度及其相关范畴

一　法、法律、法规和规章

就法的定义而言，古今中外众说纷纭，迄今没有一个答案或看法能获得普遍的认可，特别是没有一个定义可以跨越中西方的界限而获得大体上的共识。中国历史上的一些思想家对法这种现象曾作过许多探索并提出过不同的定义，西方的一些思想家、法学家也曾给法这一概念进行过多种解读。一些具有代表性的关于法的解释，反映了人们在社会发展不同时期、不同阶段、不同条件下，对法这种社会现象的理解和认识，甚至是对法所寄托的良好愿望，应该说或多或少都有其合理和科学的成分。但是它们最大的缺陷便是没有揭示法的阶级属性，"如果没有揭示这一层本质，任何法的定义都必然是肤浅的，甚至是无益的"①。马克思、恩格斯运用唯物史观，曾对什么是法作过许多表述，其中最著名的观点即是马克思、恩格斯在《共产党宣言》中论述资产阶级法的本质时所指出的："正像你们的法不过是被奉为法律的你们这个阶级的意志一样，而这种意志的内容是由你们这个阶级的物质生活条件来决定的。"② 马克思、恩格斯关于资产阶级法的本质的论述虽然不是对法作的一个完整的定义，但为我们正确把握法的本质和基本特征奠定了基础，指明了研究法这种社会现象的科学立场和方法。

　　法是由国家制定或认可的并由国家强制力保证实施的，具有明确而具体的权利和义务并主要反映特定物质生活条件所决定的掌握国家政权的阶级意志的社会规范体系。第一，法是一种社会规范体系。这是法的内容所具有的特征。在社会生活中，调整人与人相互关系的社会规范种类较多，如道德、风俗习惯、社团规章、宗教教规等。但法是一种特殊的社会规范体系，与其他社会规范相比，其规范性更为显著，具有严密的逻辑结构，它以十分明确而具体的形式告诉人们可以做什么、有权利做什么、应当做什么、怎样做什么以及不能做什么。在法的规范体系中，明确而具体的权利和义务构成其主要内容，形成了一种特殊的调整机制，影响人们的动机和行为。第二，法是由国家制定或认可的并由国家强制力予以保证的社会规范体系。这是法在表现形式上的重要特征。法与其他社会规范不同，它出自于国家，具有国家意志性。法的制定是国家通过专门机关按照严格

　　① 张文显主编：《法理学》，高等教育出版社和北京大学出版社1999年版，第45页。

　　② 《马克思恩格斯选集》第1卷，人民出版社1995年版，第289页。

的程序产生法的规范的活动。法的认可则是国家通过专门机关对既存的行为规范予以承认，赋予其法的效力。法的实施通常以国家主权所及范围内并以国家强制力予以保证的，尽管道德、纪律、文化等因素在法的实施中也有一定的影响，但法的实施最终还是依赖于国家强制力。第三，法是掌握国家政权的阶级意志的反映，最终由特定的特质生活条件所决定的社会规范体系。这是法在本质上的特征。关于法的本质，国内法学界有过多次讨论，人们的看法不尽一致，但多数学者仍坚持法的最本质的属性是它的阶级性或者统治阶级的意志性。当然"统治阶级意志的内容是丰富的，而不能简单地把统治阶级意志归结于阶级斗争意志，更不能把阶级斗争等同于镇压"①。同时，也并不排除在一定条件下反映其他阶级或阶层的某些意志，但法的阶级意志性最终取决于特定的物质生活条件，即人类生存相关的地理环境、人口和物质资料的生产方式，尤其是物质资料的生产方式制约着法的内容，它是与法的本质属性不可分离的重要内容，或者说是法的深层次的本质。

在法这种社会规范体系中，存在着相互联系的不同层次，或称不同的表现形式，这些不同表现形式的法可用不同的概念来表述。在中国当代法学理论中，法律一词作了广义和狭义的区分。广义的法律是指法的整体，包括法律、法律解释及行政机关为执行法律而制定的具有法的效力的规范性文件。而狭义的法律则指拥有国家立法权的专门机关依照立法程序制定的具有法的效力的规范性文件。为了将广义的法律和狭义的法律加以区别，通常把广义的法律称为法。当然，我国也有一些学者认为需要从"自然法"观念出发来区分"法"与"法律"，这里的"法"是指高于制定法之上的并能衡量制定法善恶的某些特定的标准，而

---

① 张文显：《法学基本范畴研究》，中国政法大学出版社1993年版，第41页。

"法律"只是国家机关制定的法律规范。① 根据中国现行宪法和法律的规定，中国的立法权体系是由全国人民代表大会及其常委会的国家立法权以及行政法规制定权、地方性法规制定权、自治条例和单行条例制定权、规章制定权、军事法规规章制定权、特别行政区的立法权所构成，即中国的立法体制是统一的，分层次的。立法体制的分层性，决定了法的规范体系也具有分层性，不同层次的规范体系有其特定的文字表达方式，以便人们加以区别并能迅速知晓其立法主体及规范性文件的法的位阶。因此，法与法律是有区别的概念，法是一个整体概念，法律则特指国家最高立法机关所制定的具有法的效力的规范性文件的总称。但是，也不排除特定条件下为了表述方便而从广义上使用法律一词。由此，可以进一步将法规和规章与法加以区别。法规是指在中国法的规范体系中处于法律之下、高于规章之上的有关规范性文件的总称，具体则包括国务院制定的行政法规，省、自治区、直辖市和较大的市的人民代表大会制定的地方性法规，民族自治地方的人民代表大会制定的自治条例和单行条例，中央军事委员会制定的军事法规。规章是指在中国法的规范体系中处于法律、法规之下的有关规范性文件的总称，具体则包括国务院各部、委员会、中国人民银行、审计署和具有行政管理职能的直属机构制定的行政规章以及省、自治区、直辖市和较大的市的人民政府制定的行政规章、中央军事委员会各总部、军兵种、军区制定的军事规章。

二　立法和立法权

立法一词在中外历史上早已存在，它的基本含义是指法的创

---

① 张文显主编：《法理学》，高等教育出版社和北京大学出版社1999年版，第44页。

制。但在人类社会发展的不同的历史时期，立法的主体、内容、性质、种类等则不相同。在奴隶社会，由于国家权力集中在君主手中，奴隶制国家就不存在固定的立法机关和严格的立法程序以及完备的表现形式。尽管古希腊的雅典曾实行过民主政体，其立法具有早期民主立法的性质，但就整个奴隶社会来看，立法机关的角色实质上是由君主一人充当，君主的意志就是法律，立法就表现为君主行使权力、发布命令的活动。在封建社会，统治阶级多以君主制的形式组织自己的政权，尽管中西方国家实行君主制的形式各有特点，如君主专制政体、贵族君主政体、等级君主政体等等，但立法权最终还是集中在君主手中，立法的过程只不过是君主个人意志具体化制度化的过程。正如恩格斯所指出："领主身兼立法者、裁判官和判决执行人，他成了自己领地上的完全不受任何限制的统治者。"① 而近现代意义上的立法是资产阶级革命的产物，与民主政治制度的建立相联系。近现代的中西方国家都设立了专门的立法机关或主要职能是立法的机关，由享有立法权的国家机关，依据一定的程序进行法的制定、认可、修改、补充和废止的活动。这种立法与奴隶制、封建制社会中的立法已有极大的差异。

当代西方学者关于立法概念的界说较多，具有代表性的是活动与结果说和过程与结果说两种。前者认为立法是制定和变动法，因而是有别于司法和行政的活动，同时它又是这种活动的结果，这种结果与司法决然不同。后者认为立法既是指制定或改变法的过程，又是该过程中产生的结果即所制定的法本身。② 在中国当代法学理论中，对立法一词的解释通常有广义和狭义之分，

---

① 《马克思恩格斯全集》第21卷，人民出版社1965年版，第281页。

② 参见张文显主编：《法理学》，高等教育出版社和北京大学出版社1999年版，第269页。

广义的立法是指最高国家权力机关和它的常设机关、特定的地方国家权力机关和它的常设机关，以及特定的国家行政机关等依据法定权限和程序制定、认可、修改、解释、补充、废止法的专门活动。狭义的立法则是专指国家最高权力机关及其常设机关，依据法定权限和程序，制定、认可、修改、解释、补充、废止法律这种特定的规范性文件的活动。

立法权是与立法有密切关联的一个概念，它是立法的内核，它决定立法的性质、内容并影响和制约立法制度的发展变化。资产阶级的分权学说从国家权力划分的角度阐明了立法权的一般含义，说明立法权是国家权力体系中的一个重要组成部分，它相对于行政权、司法权等其他国家权力而存在并归属于专门机关行使。

立法权是指为主权者所拥有的，由特定的立法主体所行使的具有立法实体内容和程序内容的国家权力。从性质上分析，立法权属于国家权力体系中的重要组成部分，它和国家主权相联系，是国家独立自主的主权特性的反映，从此意义上讲，立法权是统一的、完整的，应由特定的国家机关代表国家统一行使，以保持一国法律制度与法律体系的内在统一与协调。但统一代表国家行使立法权并不否定立法权在一定的立法体制下适当分离，如现代国家中的地方立法权、行政立法权等。从内容上分析，立法权不仅具有实体内容还具有程序内容，是一个综合性的权力体系。在实体内容方面，立法权包括了法的制定权、认可权、修改权、补充权、解释权、废止权、撤销权等方面。在程序内容方面，立法权包括了提案权、审议权、表决权、听证权、公布权等方面。从分类上分析，立法权是相对于行政权、司法权等国家权力的一种独立的权力。从地位上分析，立法权在国家权力体系中处于核心地位。因为，国家通过行使立法权，便为全体社会成员（包括所有的国家机关和社会组织及公民个人）提供共同行为准则，并且对全社会具有普遍的约束力。而行政则受立法的指导，以立法为依据，司法也是如此。正如马克思所指出的："立法权是组织普遍事物的权力。"① 无论是资产阶级革命取得成功之后，还是社会主义国家政权建立之初，立法权都是优先的，凭借此而掌握政权、保持和巩固政权。

三　立法体制

立法体制是立法制度中的一个重要概念，我国学术界对它的定义并没有完全统一。但从多种观点和解释来看，所谓体制的核心问题是有关权力主体的组织体系及权限划分制度，立法体制也是如此。立法主体是立法体制中立法权的载体，有关立法主体的设置、组织原则、活动形式、活动程序等方面的具体制度是立法体制的基础构成。

立法主体和立法权限是构成立法体制的两个重要概念。在法学用语中，主体通常是指在法律关系中享有权利并承担义务的人或组织，也称之为权利主体。立法关系是受到法律规范和调整的一类社会关系，它属于法律关系的范畴。但立法关系的内容构成除了一般的权利和义务外，主要是权力和责任，立法主体是立法关系中依法享有立法职权并承担立法责任的国家机关。立法是国家的一种专门活动，通过此活动将掌握国家政权阶级的意志上升为国家意志，通常只能由特定的国家机关代表国家而进行。其他社会组织和个人一般不能且不合适代表国家从事制定、认可、解释、变动和废止法的规范的专门活动。在专制社会中，君主以最高统治者的身份制定法律，成为立法主体。近现代社会的立法职能通常由专门的国家机关承担。在立法实践中，有些社会组织或个人参与了立法活动，甚至能起重

---

① 《马克思恩格斯全集》第 1 卷，人民出版社 1956 版，第 312 页。

要的作用，如公民通过合法途径表明自己的立法意见或建议，执政党利用其在国家和社会生活中特有的地位，对有权立法的国家机关提出立法建议直接指导立法等。但是，无论是公民个人，还是执政党组织，若无宪法和法律的直接规定就不具有代表国家从事国家立法专门活动的法律地位，无法直接代表国家从事专门的立法活动。当然，在直接民主制的情况下则有例外，直接立法使公民部分享有和行使立法权。

在各国立法制度中，立法机关是最重要的立法主体，但它不能完全等同于立法主体。立法主体是依法拥有立法职权的国家机关，只有根据宪法和法律或者根据授权法拥有立法职权的国家机关才是立法主体，并不是任何国家机关、组织或个人都可以成其为立法主体。所谓立法职权是国家立法权具体划分之后，由特定的国家机关所享有的具体的立法资格和权限。由于各国立法体制的模式不完全一样，其立法主体的构成也就各具特色，立法主体的立法职权有大小和程度不同。通常，立法职权主要集中在议会机关，行政机关和司法机关也具有一定的立法职权。

四　立法制度

从制度所具有的基本词义出发，结合立法的特有含义，立法制度可以作这样的界定：所谓立法制度，是指在一定历史条件下形成的，国家立法必须遵循的各种规则的总称。

在不同的历史条件下，受国家本质和形式的制约，由不同的国情所决定，立法制度的构成及其内容必然存在差异。如在古代社会典型的君主专制制度下，立法权即由君主独掌，言出法随，无严格的程序可言；而在近现代西方社会的君主立宪制或共和制的政治制度下，立法权多由选举产生的议会掌握，立法要经过严格的程序。

　　但即便同是实行资产阶级民主政治制度的国家，其立法制度仍存差异，如大陆法系的国家通常注重的是制定法，而英美法系的国家通常更注重判例法。若除去差异，立法制度的一般特征可作如下分析：

　　第一，立法制度是立法所必须遵循的各种规则。立法是一种复杂的活动，法的制定、修改、补充、解释、废止等等构成一种特殊的系统工程，它的协调进行和顺利完成需要一整套规则。因此，立法制度具有规范性、指导性、权威性。

　　第二，立法制度是由各种立法规则所构成的一个完整的体系。由于立法权是一种综合性的权力体系，因而立法制度就是一种综合性的制度体系。尤其是近现代的立法制度，其内容更为丰富。一般认为，立法制度至少由立法主体、立法权限、立法过程、立法技术、立法监督、立法关系等众多的制度所构成。在上述有关制度中，还有具体的制度，如立法关系制度中包括了立法与政党的关系、立法与行政的关系、立法与司法的关系、中央立法与地方立法的关系等具体制度。因此，立法制度具有多层次性、复杂性和综合性。

　　第三，立法制度是国家政治制度的重要组成部分。政治制度是阶级社会特有的现象，它与国家密切相关。而政治制度所包括的内容通常由一国的法律尤其是宪法来加以反映和确认，并受到法的强制力保护。因而立法制度是国家政治制度的重要组成部分，它具有鲜明的阶级性和国家意志性。

第二节　立法主体

　　在各国立法制度中，立法机关是最重要的立法主体，但它不能完全等同于立法主体。由于各国立法体制的模式不尽相同，其立法主体的构成也就各具特色。

一　西方国家的立法主体制度

在古代西方社会，国家权力通常是集中在君主一人手中，君主即是最高的立法主体，君主之言通过宣布即成法律，任何人不得违背。在古希腊时期曾出现过由民众大会组成的最高立法机关，古罗马也曾出现过由平民大会作为罗马的主要立法机关。在中世纪，西方大多数国家经历割据势力立法、等级代表机关立法、教会立法，但占主导地位的还是君主专制立法，君主的立法主体地位在奴隶制社会和封建社会是不可动摇和改变的。16世纪以后，随着资本主义的萌芽与发展，相继出现了以英国的洛克、法国的孟德斯鸠等为代表的资产阶级民主思想，在他们的分权学说、权力制衡学说的影响下，资产阶级革命成功后，便建立了以分权和制衡为基础的政权体制，议会作为行使立法权的机关便由此产生。英国依据1689年通过的《权利法案》第一次明确肯定了议会是最高立法机关，一切法律必须得到议会通过才能生效。美国在1783年取得独立战争的胜利之后，建立了三权分立的政权组织，由参议院和众议院所组成的国会是当然的立法机关。法国于1791年通过制宪会议制定宪法，规定立法权属于国会。

（一）立法机关：议会

立法机关在西方各国宪法和法律中的名称不尽一致，称议会和国会最为普遍。在西方资产阶级民主制度下立法机关主要是经过民主选举的方式产生。可以说，没有选举便没有现代的立法机关。在实行共和制的国家中，立法机关的成员通常由选举产生，在实行君主制的国家中，立法机关成员除由选举产生外，还有通过任命、世袭和当然担任等方式产生的情形。

从世界范围看，各国立法机关的具体构成和形式是复杂多样的，但以一院制和两院制为基本模式。有关数字统计分析表明，世界上采用一院制的国家居多，约占设有议会的国家的 70% 左右，但西方国家大多则采用两院制。无论是采用一院制还是采用两院制的国家，其立法机关在产生方式、内部组成机构人员、任期、立法职权等都不是完全相同的模式，各有各的特点和变化情况。

关于西方国家立法机关的内部组成，因各国的国情不同，也就没有一个完全固定的构成要件，一般而言，涉及到议员、议长领导机构、议会委员会、议会党团、工作机构等。它们是立法机关的内部组成部分，不是独立的立法主体。

在西方国家，立法机关的地位可以从理论、法律规定和实际状况去分析。一般讲西方著名的资产阶级思想家的主要理论观点分为两种，一是认为立法机关应高于其他国家机关。最具有代表性的即是英国学者洛克的观点，他明确提出了分权的思想，在阐明立法权和执行权应当分开的同时，强调立法权是最高的，其余权力都是而且必须处于从属的地位，因而立法机关的地位应高于其他国家机关。二是认为立法机关与其他国家机关处于平行的地位。法国学者孟德斯鸠对三权分立的理论作了精辟的论述，主张立法、行政和司法三种权力分别由不同机关掌握，三个机关地位在同一层面上，并且三种权力应当相互制衡，立法机关不具有优越于其他机关的地位。西方学者所阐明的关于立法机关地位的应然性对西方国家确立立法机关的法律地位有着深刻的影响。从宪法和法律的规定来看，西方国家立法机关的法律地位可以大致归结为四种类型，即立法优越型、三机关平列型、行政优越型和立法至上型。① 英国议会是"立法优越型"的典型代表，1689 年的《权利法案》和 1701 年的《王位继承法》初步确立了英国立

---

① 参见吴大英、任允正、李林：《比较立法制度》，群众出版社 1992 年版，第 119 页。

宪君主制的政治体制，为英国议会的优越地位提供了法律基础。虽然，20世纪以来英国议会职能和权力发生了变迁，属于议会的部分立法权力逐步以直接或间接的形式向内阁转移，使议会的立法权受到削弱，但英国议会至今仍在法律上保留着"议会主权"的形式地位。美国国会是"三机关平列型"的典型代表。在美国，立法机关与行政机关、司法机关处于平行分立的状态，同时又相互制衡。法国议会是行政优越型的典型代表。法国实行的是以总统为国家政治和公共权力中心的体制，扩大了总统的权力，降低了议会的作用，将国家权力的中心由议会转向行政。总统要求议会复议已通过的法律，议会不得拒绝，并通过发布咨文、举行公民投票和宣布"紧急状态"等方式与议会分享立法权。但宪法所赋予议会的立法权、财政权和行政监督权等三大基本权力仍表明法国议会并非可有可无。瑞士的立法机关是立法至上型的典型代表。按照瑞士现行宪法的规定，瑞士实行的是委员会制，立法权不仅是优越的，并且作为立法机关的联邦院和国民院的法律地位高居行政机关之上，行政机关无条件地服从立法机关。联邦议会除了拥有立法权，还有行政权、监督权和裁判权。虽然，瑞士的立法机关作为立法至上型代表，但政府对议会的权力也不是完全不能抗衡，如联邦委员在议会两院有发言权，并对两院讨论的事项有建议权。

（二）其他立法主体

如前所析，立法主体和立法机关不是同一概念，立法机关是最主要的立法主体，但它不是唯一的主体。西方国家按照三权分立理论建立起来的政治体制在法律上和实践中并不是绝对的三权分立。"即使在美国，政府权力也是以多种方式混合在一起的。作为行政机关的总统在立法程序中具有某种作用。国会在行政任命和条约制定方面扮演着某种角色。通过弹劾程序，立法部门可以撤销总统和法官的职务。此外，许多创制权已授予了行政部门。在法国，司法权和立法权的分离却被看成是给司法审查制造障碍，或是使立法行为归于无效。在澳大利亚，宪法把权力划归联邦政府各部门，极大地限制了英联邦议会委托权力和创立审判机构或仲裁机构的能力。"①

在西方国家的立法制度中，作为享有立法职权和负有立法职责的立法主体除立法机关外，还有行政机关、司法机关、国家元首等。

根据分权原则，西方国家的行政机关无权制定法律，它以执行和管理为其主要职责。但在西方国家立法实践中，立法机关往往把它的某些立法职权委托给执行机关去行使，行政机关便获得了一部分立法权，通常称为委任立法权。依据委任立法权，行政机关有权制定法的规范。人们通常认为，现代委任立法起源于英国，具体是从英国1834年修正济贫法开始的。议会制定的这个法案为了更好地实施，规定济贫法执行官有权制定并发布他们认为适当的规程、规则和命令。到了20世纪，委任立法已得到西方国家的普遍承认，行政机关成为重要的立法主体。但是，西方国家并没有因委任立法的大量出现而对立法机关专有立法权进行否定，没有立法机关的委托，行政机关是不能立法的。在立法机关委托行政机关立法的情况下，行政机关的立法活动必须符合立法机关的授权意志，接受立法机关的监督。因此，行政机关作为立法主体参与立法活动的地位是从属于立法机关的。

按照分权原则的要求，西方国家的司法机关与立法机关、行政机关互不从属，独立行使司法职权。但从实行判例法的英美法系国家法院的职能和西方大陆法系国家法院普遍所具有的司法解释权来考察，法院也是非常重要的立法主体。所谓判例法，也称

① 戴维·米勒、韦农·波格丹诺编：《布莱克维尔政治学百科全书》，中国政法大学出版社1992年版，第696页。

法官法（Judge-made Law），它指一个判决中所含有的法律原则或规则，该法律原则或规则对本法院或其他法院以后的审判具有前例性的说服力和约束力。判例法是具体诉讼案件的结果，其活动的主体是法院。因此，在英美法系国家法院作为司法机关是较为特殊的一类立法主体，和制定法的立法机关主体不同，它是通过判例而创制法律。正如西方纯粹法学派首创人凯尔森所述：当法院的一个具体案件的判决成为其他类似案件判决的前例时，法院又行使着立法职能。具有这种权限的法院就以其判决创造了与来自所谓立法机关的制定法处于相等的一般规范。①

　　从当代立法发展的趋势看，大陆法系在坚守制定法的前提下，也逐步重视判例在法律渊源中的作用，尤其是在行政法方面，由于行政法院存在的历史较短，行政法又没有完备的法典，因而行政法院审理案件更多地依靠判例，行政法的许多原则和规则也就通过判例而发展起来。虽然，大陆法系国家的判例没有像英美法系国家判例那样具有约束力，但在当代司法中却有说服力，就此而言，判例在大陆法系国家也可列为法律渊源之一。法律解释是法律实践中经常进行的一种活动，尤其是司法机关在审理具体案件适用法律的时候。可以说，无论是制定法还是判例法，由于它们的适用就不可避免解释问题。就有权解释（或称有效解释）而言，当法律解释不限于对法的规范或规则的说明，而且创制新的规范或规则，以弥补法律本身存在的漏洞，补充和发展法律的情况下，法律解释通常被认作是一种立法活动或称为司法立法。司法机关在进行司法解释时也就作为立法主体而存在了。大陆法系经历了从坚持只有立法机关有权解释法律到以各种不同形式确认普通法院有权解释法律并受监督的历史发展过程，

---

　　① 参见［奥］凯尔森：《法与国家的一般理论》，中国大百科全书出版社1996年版，第169页。

司法机关作为一类立法主体所具有的某些立法职能也就得到了承认。

依据西方各国宪法和法律的规定，国家元首的职权不完全一样，大体上有公布法律权、发布命令权、行使最高外交权、统率武装力量权、任免高级官员权、赦免权、荣典权等等。就国家元首行使立法职权而言，有的国家的国家元首与立法机关共同行使立法权，有的国家元首则是通过行使元首权而行使立法权。无论是直接行使立法权还是通过元首权而行使立法权，国家元首都是非常重要的立法主体。由于国家元首是一个国家对内对外的最高代表，又是国家机构的重要组成部分，因此，它有别于立法机关的立法主体。

二 中国的立法主体制度

中国当代的立法主体制度最早产生于苏区革命根据地建立的工农兵代表会议，后经过抗日战争时期的参议会，由建国前后的人民代表会议（中央是中国人民政治协商会议）过渡，于1954年根据宪法和有关组织法正式产生全国人民代表大会及地方各级人民代表大会。中国现行的立法主体制度是以人民代表大会制度为基础而逐步发展起来的。

中国当代立法主体的构成体系是集中与适度分散相结合，具有二级多层次的特点。即分为中央立法主体和地方立法主体二级，在中央和地方立法主体中还存在层次不同的立法主体。

根据中国宪法和立法法的规定，全国人民代表大会和全国人民代表大会常务委员会行使国家立法权；国务院根据宪法和法律制定行政法规；省、自治区、直辖市的人民代表大会及其常务委员会在不同宪法、法律、行政法规相抵触的前提下可以制定地方性法规；较大的市（包括省、自治区的人民政府所在地的市，经济特区所在地的市和国务院批准的较大的市）的人民代表大会及其常务委员会在不同宪法、法律、行政法规和本省、自治区的地方性法规相抵触的前提下可以制定地方性法规；国务院各部、委员会、中国人民银行、审计署和具有行政管理职能的直属机构可以根据法律和国务院的行政法规、决定、命令在本部门权限范围内制定规章；省、自治区、直辖市和较大的市的人民政府可以根据法律、行政法规和本省、自治区、直辖市的地方性法规制定规章；民族自治地方的人民代表大会有权依照当地民族的政治、经济和文化的特点制定自治条例和单行条例；中央军事委员会根据宪法和法律有权制定军事法规；中央军事委员会各总部、军兵种、军区可以根据法律和中央军事委员会的军事法规、决定、命令在其权限范围内制定军事规章。

根据《中华人民共和国人民法院组织法》和《全国人大常委会关于加强法律解释工作的决议》规定，最高人民法院、最高人民检察院、国务院及主管部门有权在审判权、检察权、行政权所及范围内对法律应用问题进行解释。因此，最高人民法院和最高人民检察院是法律解释中司法解释的主体，若将法律解释看作是广义的立法内容，最高人民法院和最高人民检察院应是中国立法主体构成体系中的组成部分。但中国立法法并未明确其立法主体的地位。

中国国家元首的职权由全国人大常委会与国家主席结合行使。国家主席不参加具体的立法工作，不具有制定法律的实际权力，国家主席只负责公布那些已经由全国人民代表大会及其常务委员会通过的法，即具有法律的公布权。因此，在中国，国家主席仅为形式上的立法主体。

根据《香港特别行政区基本法》和《澳门特别行政区基本法》的规定，特别行政区享有高度的自治权，其中特别行政区的立法机关有权根据基本法的规定，制定适用于特别行政区的法律。立法会是特别行政区的立法机关，但行政长官也具有一些立法方面的职能，如立法会通过的法案必须通过行政长官签署、公布方能生效，在基本法规定的条件和程序下，行政长官可以拒绝签署立法会通过的法案，立法会议员所提出的法律草案，凡涉及政府政策的，在提出前必须得到行政长官的书面同意等等。因此，立法会、行政长官是特别行政区的立法主体。

第三节　立法权限

立法权是国家权力体系的组成部分，作为抽象的国家权力的概念，国家立法权是统一的，属于国家立法机关。在立法权的具体运用过程中，即在一国的立法活动中，各个立法主体运用立法职权的范围和限制是不同的，这便产生了立法权限划分的制度问题。"一个国家立法权限划分的历史，往往是这个国家政治变迁、经济发展和社会变革的历史写照。"① 不同的国家在其政治变迁、经济发展和社会变革过程中逐步形成了自己的立法权限的划分模式，构成本国立法体制的核心内容。国家立法权限划分是受制于多种因素的，这些多种因素就是该国的国情。一国的国家性质、阶级力量对比关系、政权组织形式、国家结构、民族关系、经济发展水平、文化及法的传统等都会对立法权划分产生影响。

一　西方国家的立法权限制度

（一）代议机关与行政机关立法权限的划分

在西方国家，传统分权思想的影响根深蒂固，立法权归属于议会，行政机关享有的是执行权。但到了自由资本主义向垄断资

---

① 刘海平、李林、托马斯、弗莱纳主编：《人权与宪政》，中国法制出版社1999年版，第56页。

本主义发展的时期，科学技术的进步在推动社会经济迅猛发展的同时，也产生了诸如环境、交通、失业、垄断等方面的社会矛盾。为了解决如此众多的社会矛盾和问题，资本主义国家的政府加强了对社会生活和经济生活的行政干预，行政权从传统的警察、税收、外交、军事等领域向金融、贸易、环境、交通、教育、科技等众多领域扩张，行政管理事务日趋复杂，仅仅依靠代议机关的立法已远远不能适应维持社会秩序的需要。为此，大多数西方国家的代议机关授权行政机关在行政权的基础上，就社会生活中技术性、专门性、细则性的问题依照一定的程序制定法的规范，以解决行政管理中的突出问题，调整社会关系，行政权由此而开始逐步向立法权领域渗透。

行政立法虽然适应了社会生活变化和行政管理的需要，但对议会和民主法治原则却构成了威胁。如何解决恪守权力分立原则和社会变化需要的矛盾，西方国家的做法并非完全趋同，未形成固定的模式。具有典型意义的西方两大法系国家，在代议机关和行政机关立法权限划分制度的具体设计上就各具特色。

英美法系在代议机关与行政机关立法权限划分上的一个最突出的特点即是宪法和法律未作出明确的规定，由授权法确定。英国是最早创立近代资本主义立法体制的国家之一，它严格奉行议会主权原则，议会处于至上和万能的地位，"它有权为社会的一切部分和每个成员制定法律，制定他们的行为准则，并在法律被违反时授权加以执行"，而且"社会的任何成员或社会的任何部分，所有的其他一切权力，都是从它获取或隶属于它的"①。由于英国的分权制度并非十分严格，因而议会可以在任何时候将有关任何事务的立法权授予任何机构，也可以收回已授出的权力。也正因为如此，英国立法和行政两种权力界限不甚明确，行政机

---

① ［英］詹宁斯：《法与宪法》，三联书店1997年版，第18页。

关的立法权限由议会法律的具体授权而定，即委任立法，一般对立法权限没有明确的范围，只要是委任立法都具有法律同等效力。英国议会立法与行政立法在法律上虽无具体明确的范围界限，但通过议会授权确定的委任立法条件对行政立法权加以限制，若委任立法不符合条件，就导致越权无效的法律后果。英国法院无权审查议会立法，但对行政机关违反法律、超越法定权限范围行使权力的行为，法院可以依照越权无效的原则宣告其违法并予以撤销。这种对行政立法权实行监督的制度可以在一定程度上防止行政越权立法，但很难避免议会将不应授出的权力委任行政机关行使，从而产生行政立法权的随意扩大以至于破坏法治的现象。

美国虽然在形式上严格奉行三权分立与制衡原则，但实际上还是接受了立法权授予政府的做法，逐步认同了由现代社会管理需要而导致的授权立法的合法性，在承认行政立法的同时，十分强调对授权立法的严格限制。行政法规必须符合下列条件，才能有效成立：一是行政机关制定法规必须有法律授予的权力；二是不违反宪法和法律的规定；三是法规的内容必须合理，即在自由裁量领域符合授权法的目的；四是遵守制定法规的程序。由于联邦宪法规定全部立法权属于国会，行政机关行使的立法权力只能由国会委任，因此美国行政机关所制定的具有拘束力的法规几乎全是委任立法。① 这种立法权和国会的立法权不同，它是从属于国会的二级立法权。

法国是大陆法系国家的典型代表，法国在议会立法和行政立法方面的权限划分比较明确而具体，由宪法划分议会的立法权和行政机关的制定法规权，在宪法所划定的议会立法权之外的事项，可以由行政机关制定法规，即行政机关有权进行自主性立

---

① 王名扬：《美国行政法》，中国法制出版社 1995 年版，第 352 页。

法。法国在第三、第四共和国议会制政体下,议会是最高的权力机构,立法权由议会垄断,而在第五共和国的宪政体制下,议会不再是唯一的立法机构,其立法权受到较大的限制,行政机关则具有了较为广泛的立法权限,即国家立法权由制定法律的权力和制定条例的权力构成,前者由国家议会行使,后者为中央行政机关行使。二者之间立法权限的划分,采取的方式是以宪法明确列举议会的立法事项,宪法列举之外的一切事项则属于中央行政机关制定条例的权限范围。在宪法所列举的事项之外,议会不得行使立法权。若议会对其立法范围之外的事项制定法律,便侵犯了行政机关制定条例的权力,在宪法委员会宣布其立法事项属于由条例规定的范围后,行政机关可以通过法令的形式予以改变。另外,法国也存在授权立法,政府为了实施其施政纲领,可以要求议会授权它在一定期限内对属于由法律规定的事项制定条例,采取措施。法国的法律和条例之间的关系被形象地比喻为:条例是汪洋大海,而法律只是大海中的几个孤岛。①

德国属于大陆法系国家的代表,但二战后的德国中央立法权限划分方面与法国有较大的差异。根据《德意志联邦共和国基本法》的规定,德国的立法体制主要是联邦与州的分权,国家立法权主要集中在联邦议会,以保证国家法制的统一。德国的中央行政机关没有固有的立法权限,其立法职权的行使主要通过两种方式,第一种方式是由联邦政府起草提出法案参与议会立法;第二种方式是被授权而进行一定的行政立法。授权立法既得到《德意志联邦共和国基本法》的认可,又受到《德意志联邦共和国基本法》的严格限制,其结果是既适应了现代社会管理对行政立法的客观需要,又设计了防止行政政权滥用以及国会以概括式方式授权而逃避立法责任的立法权限划分制度。

---

① 王名扬:《法国行政法》,中国法制出版社1988年版,第142页。

（二）中央与地方立法权限的划分

一般来讲，采取联邦制结构的西方国家，中央与地方立法的分权程度比采取单一制的西方国家要高得多，即立法的自主性大于从属性。

美国是联邦制国家，宪法对联邦和州的立法权限作了比较明确的划分，联邦和州分别在各自的立法权限范围内对相应的立法事项进行立法。美国宪法还对联邦和州都可以行使立法职权的事项进行了规定。从美国的中央和地方立法权限划分来看，有这样几个主要特点：一是由联邦宪法和宪法修正案来确定中央和地方立法职权的划分，用根本大法的形式加以确定，保持其至高无上的权威性。二是明确而具体的确定中央和地方立法职权划分，以肯定式的列举和否定式的列举为主，概括式的规定只用于剩余立法权的规定。三是地方立法权限的范围非常宽泛，具有较大的立法自主权，但又不乏相应的限制，保持了联邦立法的最高效力。

英国是一个采取地方自治体制的单一制国家，中央政府对地方政府有较多的限制，地方政府自治权的范围有限。英国没有一部专门的成文宪法，议会制定的法律之间无等级差别，宪法性文件在法律形式上也不具有高于其他法律的效力。按照议会至上原则，英国制定或不制定任何法律的权力在国会，不承认任何人或机构有超越或废除议会制定法律的权力。英国地方政府的立法职权只能由议会制定的法律予以授权，这是英国中央立法与地方立法权限划分的原则。由于英国实行的是在中央集权控制下的地方有限分权模式，地方立法属于一种从属性立法，地方立法权力范围依据授权法的规定而确定，受到"越权无效"的原则的限制。但从实际中看，地方立法也涉及相当广泛的地方事务。

德国属于联邦制国家，德国现行的立法权限制度的依据，主要是德国联邦议会于 1949 年制定的《德意志联邦共和国基本法》。按照基本法的规定，中央立法权由联邦议会两院行使，法律主要由联邦议会制定，赋予联邦州即地方的立法权限相对较少。德国虽然是联邦制国家，但地方分权程度不如美国，和联邦中央立法权限相比，地方立法权限小得多，但德国的各州可以通过联邦议院参与联邦的立法，因而从另外一个方面扩展了一定的立法权限。

二　中国的立法权限制度

（一）中国立法权限划分的几种模式

从中华人民共和国成立之后的立法实践看，中国对立法权限的划分大致上采用过三种模式。

1. 多级分权模式

在此种模式下，中国县级以上的各级政府都享有一定的立法权限。这种多级分权模式产生在特定的历史时期，即新中国成立到1954年中国第一部宪法颁布这一段历史时期。由于是在建国初期，政治、经济、军事等各方面还不具备马上着手建立人民代表大会制度的条件，因而是一个过渡时期。

2. 中央集权模式

在此种模式下，立法权主要集中在中央，由1954年宪法加以确认。这种模式在中国持续了较长时间，即1954年宪法颁布到1979年五届全国人民代表大会第二次会议之前。在此期间，全国人民代表大会是唯一行使立法权的机关。但在此期间，通过授权，也将立法权的范围适当扩大到全国人民代表大会常务委员会。民族自治地区的自治机关有权制定自治条例和单行条例，但要报全国人大常委会批准。国家各级行政机关则不再具有立法权限。

3. 集中与适度分权模式

此种模式是在最高国家权力机关集中行使立法权的前提下所形成的中央与地方、权力机关与行政机关的适当划分立法权限的体系。这种模式起始于 1979 年第五届全国人民代表大会第二次会议并延续至今。形成了以全国人民代表大会及其常务委员会为核心的、多层次的立法权限体系。在这种立法体制下，中国的立法实践活动得到了极大的丰富，在国家政治生活、经济生活和社会生活的主要方面，基本上做到了有法可依，使得中国以宪法为核心的社会主义法律体系初步形成。

（二）中央国家机关的立法权限

在中央国家机关立法权限划分体系中，涉及到中央权力机关和行政机关以及中央权力机关内部和行政机关内部立法权限划分的问题。

根据《中华人民共和国宪法》的规定，全国人民代表大会是最高国家权力机关，它享有最高的国家立法权，具有权限是：（1）修改宪法。（2）制定、修改刑事和民事基本法律。（3）制定和修改有关国家机构的基本法律。（4）制定和修改其他基本法律。（5）制定和修改非基本法律。全国人民代表大会的立法权虽然十分宽泛，凡是应当由立法加以规范事项它都有权进行立法，但并非不受任何限制。第一，全国人民代表大会行使立法权必须以宪法为依据，不得与宪法相抵触。第二，全国人民代表大会是由人民选举自己的代表所组成，它是人民行使权力的最高权力机关，其立法必须充分反映人民的意志和愿望，保障人民当家作主，而不得制定违背人民意愿的法律。第三，中国地域辽阔，人口众多，各地区政治、经济、文化发展不平衡，全国人民代表大会统一行使立法权并不等于所有立法事项都由其包揽，需要进行适当的分权。

全国人民代表大会常务委员会是全国人民代表大会的常设机关，和全国人民代表大会共同行使国家立法权，但其立法权范围受到宪法和立法法的限制，不能超越全国人民代表大会的立法权限。具体包括：①解释宪法和法律。②制定和修改非基本法律。③ 补充、修改全国人民代表大会制定的法律。

国务院是最高国家权力机关的执行机关，是最高国家行政机关。宪法授予国务院根据宪法和法律制定行政法规的权力是一种从属性和有限性的权力。中国 1982 年以前的三部宪法未规定最高国家行政机关享有制定行政法规的职权，1982 年宪法即现行宪法第八十九条第一款规定国务院有权根据宪法和法律规定行政措施，制定行政法规，发布决定和命令。该条第二款还规定国务院有权向全国人民代表大会或者全国人民代表大会常务委员会提出议案。1984 年第六届全国人民代表大会常委会第七次会议决定授权国务院在实施国营企业利改税和改革工商税制的过程中，拟定有关税收条例，以草案形式发布试行。1985 年第六届全国人民代表大会第三次会议作出决定，授权国务院在经济体制改革和对外开放方面，可以制定暂行的规定或者条例。概括地讲，国务院制定行政法规的权限范围：一是为执行法律的规定需要制定行政法的事项；二是宪法第八十九条规定的国务院行政管理职权的事项；三是全国人民代表大会及其常务委员会授权的事项。

根据立法法的规定，国务院各部、委员会、中国人民银行、审计署和具有行政管理职能的直属机构，可以根据法律和国务院的行政法规、决定、命令，在本部门的权限范围内制定规章。其权限范围：一是执行法律和行政法规的事项；二是执行国务院的决定和命令的事项。

关于中央军事委员会的立法权限，宪法未作出明确规定。《中华人民共和国立法法》规定中央军事委员会有权根据宪法和法律制定军事法规，中央军事委员会各总部、军兵种、军区可以根据法律和中央军事委员会的军事法规、决定、命令，在其权限范围内制定军事规章。军事法规和规章只在军队内部施行，其制定、修改和废止的程序与法律、行政法规、地方性法规有所不同。

（三）地方国家机关的立法权限

中国的地方立法是指特定的地方立法主体关于地方性法规、地方政府规章、自治条例和单行条例以及特别行政区法律的制定、修改、补充和废止的活动。在中国地方国家机关立法权限划分体系中，主要涉及到省、自治区、直辖市和较大的市的人民代表大会及其常务委员会；省、自治区、直辖市和较大的市的人民政府；民族自治地方的人民代表大会；特别行政区立法机关等立法主体的立法权限问题。

地方性法规可以就两方面的事项作出规定：（1）为执行法律、行政法规的规定需要根据本行政区域的实际情况作出具体规定的事项；（2）属于地方性事务需要制定地方性法规的事项。这类事项通常受到当地社会各方面因素的影响，具有鲜明的地方特色，不具有全国范围和普遍性。在地方性法规制定中，特定的人民代表大会和它的常务委员会是相对独立的立法主体即有权制定地方性法规，关于二者之间的权限划分是必要的，规定本行政区域特别重大事项的地方性法规，应当由人民代表大会通过。中国改革开放 20 多年中，全国人民代表大会常务委员会曾经 5 次通过决议对地方进行授权，一是授权广东省、福建省人民代表大会及其常务委员会制定所属经济特区的各项单行经济法规；二是授权海南省人民代表大会及其常务委员会制定法规，在海南经济特区实施；三是授权深圳市人民代表大会及其常务委员会制定法规，在深圳经济特区实施；四是授权厦门市人民代表大会及其常务委员会制定法规，在厦门经济特区实施；五是授权汕头和珠海市人民代表大会及其常务委员会分别制定法规，在各自的经济特区实施。

关于省、自治区、直辖市和较大的市的人民政府的立法权限，中国现行宪法只规定了国务院各部、各委员会可以根据法律和行政法规制定规章，没有规定地方政府可以制定规章。《中华人民共和国地方各级人民代表大会和地方各级人民政府组织法》对地方政府制定规章进行了补充规定。《中华人民共和国立法法》对地方政府制定规章的主体和权限作了进一步的具体规定，明确了经济特区所在地的市属于较大市的范畴，确定了地方政府规章立法事项的范围：① 为执行法律、行政法规、地方性法规的规定需要制定规章的事项；② 属于本行政区域的具体行政管理事项。

根据中国现行宪法、民族区域自治法以及立法法的有关规定，民族自治地方的立法权包括两个方面：一是民族自治地方的一般地方立法权，即自治区和较大市的人民代表大会及其常务委员会有权制定地方性法规；自治区和较大的市的人民政府有权制定地方政府规章。二是民族自治地方的自治立法权，即民族自治地方的人民代表大会有权依照当地民族的政治、经济和文化的特点，制定自治条例和单行条例。自治条例和单行条例能对法律和行政法规作变通的限制主要在以下几个方面：一是自治条例和单行条例不得对法律和行政法规的基本原则作变通规定；二是自治条例和单行条例不得对宪法和民族区域自治法作变通规定；三是自治条例和单行条例不得对其他有关法律、行政法规专门就民族自治地方所作的规定作变通规定。

根据中国现行宪法关于设立特别行政区的规定以及《中华人民共和国香港特别行政区基本法》和《中华人民共和国澳门特别行政区基本法》的有关规定，特别行政区的立法是有别于中国一般地方性立法的一种新的地方立法形式。特别行政区的立法权限是在"一国两制"方针指导下，建立在高度自治基础上的立法权限，远远超过省、自治区、直辖市在制定地方性法规方面的立法权限，也超过了民族自治地方自治立法权限。根据香港特别行政区基本法的规定，立法会的立法权限包括两部分：一是香港特别行政区自治范围内的事项。二是为保证全国性质法律在香港特别行政区实施的事项。除此之外，香港特别行政区立法会还具有香港特别行政区基本法的修改提案权。澳门特别行政区基本法关于立法权限的主要原则及规定与香港特别行政区基本法是一致的。

第四节　立法程序

立法程序是立法主体在立法活动过程中必须遵循的特定的方式、步骤、顺序和时限的总称。自人类社会立法产生之后，任何历史类型的立法都存在一定的程序，但在古代专制社会，立法程序只能是少数统治者的随意和专横，立法过程只是将少数统治者的意志转变为法律的过程。只有在当代社会，立法程序建立在民主、科学、公平、公开和效率的原则基础之上，才能促使立法充分反映和体现大多数人的意志。

一　西方国家的立法程序制度

（一）法案的准备阶段

这是指立法开始的有关准备活动到法案提交之前的阶段，通常包括制定立法规划、拟定法案的起草方案方式和确定起草人、起草法案等。

从西方各国制定立法规划的时限上看，具体的立法规划通常分为短期、中期和长期立法规划几种。一般来看，短期立法规划通常为一年，中期立法规划为 2—5 年，长期立法规划为 5—10年。从立法规划的主体上看，大部分的立法规划是由各国立法机关直接提出，有的则由政府内阁或总统提出。

关于法律草案的起草，有的国家将立法草案交由政府起草，有的国家则由议员或立法机关起草，有的则是成立专门的起草小组起草。在英国，政府起草的法律草案占绝大部分。为了加强政府起草法律草案的质量，克服政府部门起草法案存在的不够规范、内容不够协调等问题，在19世纪中期成立了法案起草室，即政府统一的法案起草机构，受内阁的未来立法委员会直接领导。起草室具体职责主要是按照立法规划要求将政府各部提交的相关政策草拟为法律草案，此外还协助部门大臣参与议会对法案的审议等。在法律草案的起草过程中，内阁负责对法律草案工作的统一管理，只有经未来立法委员会授权，各部门才可向起草室下达起草通知；起草室拟定的法律草案须经内阁的立法委员会统一审定。① 在瑞典，大部分法案的草拟是由内阁任命的各种调查委员会承担。这些委员会通常是由执政党、反对党、有关利益集团代表、文职人员及无党派专家组成，这样有利于防止部门利益进入法案起草的过程。

（二）法案的提出

这是立法活动中最基础的阶段。通常，有权提出法案的主体包括：议会议院及其领导机构、相关委员会和代表团体；立法机关的组成人员；政府和国家领导人；公民；司法机关和其他组织。

从当代西方国家的立法实践来看，政府提出法案的权力以及对法案实际通过的影响很大。在美国，虽然规定议案主要是由议员提出，但从立法实践看，政府却通过大量的咨文等行政交流形式来影响国会立法。"现代英国国会每年审议的法案中，只有10%左右由未进政府的普通议员提出，80%以上（的法案）都是由政府提出。政府各部提出的法案一律由法案起草室统一起草。"可见，"现代英国政府承担领导立法之职责，首先表现于大多数法案的前议会阶段完全置于政府手中"②。相对政府提出

---

① 蒋劲松：《议会之母》，中国民主与法制出版社1998年版，第458—459页。
② 同上书，第458、435页。

法案的数量而言，国家元首或政府首脑提出的法案则要少得多。法律规定公民有权向议会提出法案的仅有少数几个国家。如意大利宪法规定：人民通过提出拟定条文的方式来行使法案提出权，但该提案至少由50万选民联名提出，提出的法案称之为"人民法案"。

由于各国的立法程序不同，在提交法案的方式上也有所不同。

（三）法案的审议和表决

这是各国立法程序中最为重要的一个阶段，或者说是整个立法程序中的核心。一个法案提交到议会之后和通过之前，必须经过对法案的审议和表决。

法案的审议，通常由立法人员直接参与审议，听取提案人的说明，同时还允许社会各方积极参与立法活动，对法案提出意见和建议，在此基础上，议员还要对法案进行深入的辩论和反复的修改，从而有利于达到集思广益的目的。

法案的表决通过，是对前期立法活动的一种延续和认可。经过议会的法定人数的表决，赞同法案的在法定人数以上，即表明法案的通过。相反，法案就因不能通过而成为废案。

以美国众议院议案的审议和表决为例，其主要环节有：（1）一读和委员会初审；（2）向众议院报告议案；（3）众议院审议；（4）众议院全体委员会审议；（5）议案二读和三读；（6）表决；（7）法案移送参议院审议；（8）法案的最后修改和协调；（9）法案的清理登记和签署。按照美国宪法规定，凡国会通过的法案，应在其成为法律之前送交合众国总统，由总统对法案履行批准手续，总统一经签署后，即可成为法律。总统也可以否决该法案将其退回国会，但国会两院如果分别以三分之二的多数再次通过，即可推翻总统的否决，仍使该法案成为法律。

英国的议会体制虽然也采用两院制，但在法案审议方面与美国却有许多不同之处，它以三读为其主要程序特征。以英国下院常设委员会对政府提交的法案实行三读的审议程序为例：一读主要体现和表明法案正式提交平民院，是为二读必须做好的准备工作，而不作任何辩论。二读意味着法案审议进入到实质阶段，对于二读通过的法案，则要进入委员会审议、报告和全院大会审议等环节。三读是平民院审议法案的最后一个阶段，一般不再对法案的具体内容提出修正案和进行辩论，经议员表决，或者通过法案，或者否决法案通过。但涉及法案技术规范方面的内容，如文字错误等可提出修正案，若经6名以上议员联名动议，可对法案进行辩论。三读结束后，由全院大会对法案进行表决。三读通过法案后，要将该法案按规定的时间送交贵族院进行审议。贵族院收到平民院送来的法案之后，同样按照"三读"方式进行审议。如果平民院移送到贵族院审议的法案得以顺利通过，可直接提请英王批准。如果经贵族院审议后未通过平民院的法案，可提出修正意见并将该法案退回平民院，由平民院对贵族院的修正意见进行审议，并作出同意或不同意的表决。同时仍要将该法案送贵族院进行再审议。如果法案在贵族院再次审议中顺利通过，则可提请英王批准。一个法案要成为法律，必须在两院通过，否则，该法案就不可能成为法律。

（四）法律的公布

这是立法程序中最后一个阶段，是有公布法律权的机关或人员按照法定程序，将立法机关已通过的法律内容向社会公开的一种活动。许多国家在宪法或相关法律中，都明确规定法律在通过或批准之后应当以适当的方式予以公布。通常是由立法机关以外的其他机关或人员公布法律，少数国家是由立法机关本身颁布法律。法律的公布，能更好地表现立法程序的完整性，也有助于及时告诉人们按照法律规定的行为准则去行为。

二　中国的立法程序制度

全国人民代表大会与全国人民代表大会常务委员会立法所要遵循的程序有共同的特点，即都要经过准备、提出、审议、表决和公布等几个阶段，但在具体的这几个阶段中，特别是在法律案的提出和审议阶段则有不同的程序规定。

（一）立法准备程序

具体包括立法的规划、计划和法律案的起草等几个方面。虽然立法准备阶段不是立法法明确规定的法定立法程序，由于立法的准备阶段是法律草案正式进入立法程序的前提，法律案的提出、审议、表决和公布等立法程序是否能够顺利进行，依赖于立法准备阶段。完整的立法程序，应当从立法的准备阶段开始。

从全国人大常委会制定的立法规划和立法计划情况来看，前者通常按五年安排立法项目，时间一般与每届人大的期间相同。后者则以一年为单位安排立法项目，在每年的全国人民代表大会前后期间着手制定。

起草法律案是将立法规划和立法计划的具体内容和需要调整的社会关系按照立法技术规范和一定的法律文本格式，通过文字表现为一定的条款形式的活动。在中国，法律案通常是由法律案提出人以及所属部门或相关工作机构负责起草。如全国人民代表大会主席团、全国人民代表大会常务委员会和全国人民代表大会各专门委员会提出的法律案，一般由全国人民代表大会相关专门委员会、全国人民代表大会常务委员会工作机构、全国人民代表大会代表、常务委员会组成人员以及成立专门的起草委员会负责起草法律案。国务院提出的法律案，一般由国务院确定的部门负责起草，经国务院法制机构审查后，再经国务院审议后提出。最高人民法院和最高人民检察院分别起草司法审判工作及审判组织和检察工作及检察组织方面的法律草案。军事委员会各总部负责起草军事方面的法律草案。

（二）法律案提出程序

在形成正式的法律案后，由有提案权的主体向全国人大及常委会提出法律案，法律案的提出标志着立法程序的正式开始。有权就全国人民代表大会职权范围内的立法事项向全国人民代表大会提出法律案的主体有：全国人民代表大会主席团、全国人民代表大会常务委员会、国务院、中央军事委员会、最高人民法院、最高人民检察院、全国人民代表大会各专门委员会、全国人民代表大会各代表团、全国人民代表大会代表。有权就全国人民代表大会常务委员会职权范围立法事项向全国人民代表大会常务委员会提出法律案的主体有：委员长会议、国务院、中央军事委员会、最高人民法院、最高人民检察院、全国人民代表大会各专门委员会和全国人民代表大会常务委员会组成人员。

（三）法律案的审议程序

全国人民代表大会对法律案的审议过程，主要包括全体大会听取提案人对法律案的说明、代表团审议、专门委员会审议、法律委员会审议和主席团召开团长会议等内容。

列入全国人民代表大会会议议程的法律案，在进行审议之前，大会全体会议要听取提案人对法律案的说明。大会全体会议在听取提案人的说明之后，由各代表团对法律案进行审议。代表团审议法律案，是全国人民代表大会审议法律案最基本的形式。在审议法律案过程中，提案人如果是国家机关和代表团，就须派人到代表团听取意见，介绍情况并回答代表们对法律案相关问题的咨询。如果是30名以上代表联名提出的法律案，则可采取提案人分散到各代表团听取意见和回答相关问题的方式。

专门委员会是全国人民代表大会的常设机构，列入全国人民代表大会会议议程的法律案由有关的专门委员会进行审议是全国人大立法的一个必经程序。各专门委员会对法律案审议后，须向主席团提出审议意见，并将审议意见印发会议。

法律委员会既是专门委员会，又是法律案的统一审议机构。法律委员会在各代表团和专门委员会审议的基础上，要对法律案进行统一审议，并向主席团提出审议结果报告和法律草案修改稿，对重要的不同意见应当在审议结束的报告中予以说明，经主席团会议审议通过后，审议报告要向大会会议印发。

主席团根据法律案审议的具体情况，可由常务主席召开各代表团团长会议，就法律案中的重大问题听取各代表团的审议意见，同时还应当将讨论的情况和意见向主席团报告。对于审议中的有关重大问题需要进一步研究的，经主席团提出，由大会全体会议决定，可以授权常务委员会根据代表的意见进一步审议，作出决定，并将决定情况向下次大会报告，也可授权常务委员会根据代表的意见进一步审议，提出修改方案，提请下次大会审议决定。

列入全国人民代表大会会议议程的法律案，在交付表决前，提案人要求撤回的，应当说明理由，经主席团同意，并向大会报告后，对该法律案的审议予以终止。但是，向全国人民代表大会提出的法律案，在列入会议议程之前，提案人有权撤回该法律案。

按照立法法的规定，全国人民代表大会常务委员会审议法律案一般要经过三次常务委员会会议审议后再进入表决程序：第一次审议，要在常委会全体会议上听取提案人的说明，并由分组会议进行初步审议；第二次审议，听取法律委员会关于法律草案修改情况和主要问题的汇报，在修改一审法律案的基础上，提出二审法律草案稿，由分组会议进一步审议；第三次审议，在全体会议上听取法律委员会关于法律草案审议结果的报告，该报告主要介绍法律委员会根据二审意见以及其他相关方面的意见对法律案进行修改的情况，并提出三审法律草案，由分组会议审议。每次法律案的具体审议程序，主要包括：法律草案发给常务委员会组成人员、常务委员会全体会议审议、分组审议、联组审议、专门委员会审议、法律委员会统一审议。

（四）法律案的表决和法律的公布程序

列入全国人民代表大会会议的法律案由全国人民代表大会的代表行使表决权，列入常务委员会的法律案则由常务委员会的组成人员行使表决权。对于列入全国人民代表大会的法律案，法律草案修改稿经各代表团审议，由法律委员会根据各代表团的审议意见进行修改，认为法律案已成熟，提出法律草案表决稿，由主席团提请大会会议表决，由全体代表过半数通过。对于列入常务委员会的法律案，法律草案修改稿经过常务委员会审议，由法律委员会根据常务委员会组成人员的审议意见进行，认为法律案已成熟，提出法律草案表决稿，由委员长会议提请常务委员会全体会议表决，由常务委员会全体成员的过半数通过。

法律修改草案经过表决通过后，还须经过法律的公布程序，否则，通过的法律不能正式生效。全国人民代表大会及其常务委员会通过的法律，经由国家主席签署主席令后予以公布实施。

第五节　法律解释

当人类出现了成文法之后，立法活动所产生的法律便是以文字形式所表达的高度概括的概念、规范及原则。由于表述法律的文字形式是固定的、静止的，而现实生活是复杂的、多变的，法的具体适用就必然会引起人们对它进行理解和说明活动。不同的社会主体如何对法律进行理解和说明，怎样进行理解和说明，所作的理解和说明对法律适用有何影响，具有何种效力等等都与一国的立法制度有密切的关联。

一　西方国家的法律解释制度

西方国家法律解释制度的发展经历了一个曲折的演进过程，以大陆法系和英美法系为代表的两大法系国家法律解释制度的形成和发展各具特点。大陆法系是从立法机关才有权解释法律逐步发展为以各种不同形式确认法院有权解释法律并同时予以监督。在当代，大陆法系国家的法律解释的重点已由立法机关向司法机关转移，西方法学著作中所讲的法律解释，若无法律特别规定的情形下，一般都是指法院（包括宪法法院和行政法院）和法官对法律的解释。判例是英美法系国家法律主要的渊源，因而对法律最权威的解释当属法院，无须争辩，其争议则围绕着法院应如何进行解释法律。这两种存在差异的法律解释制度，对各国立法制度的发展有较大的影响。

当代西方国家的法律解释，若无法律特别规定外主要是对具体案件适用法律问题的解释，因而法律解释制度也就主要是司法解释制度。

（一）司法解释体制

司法解释体制是指司法解释主体的构成及其司法解释权限划分的体系和制度。

从各国司法解释的规定和实际情况看，目前绝大多数西方国家实行一元多级司法解释体制。其特点是：（1）法院是司法解释的唯一主体，其他机关所作的法律解释都不属于司法解释，也不对案件直接产生法律约束力。（2）各级法院都有司法解释权。承认法官在适用法律时进行司法解释的事实，对司法解释不作形式上的限制和区分。（3）这种体制并不包含法院对法律、法规的违宪审查。违宪审查权通常由最高司法机关行使，也有由宪法法院或其他专门机关进行违宪审查的情况。

司法解释主体是司法解释体制中最重要的构成部分。西方国家历来将法官作为司法解释的主体，因为司法解释是法律适用者对法律的理解和说明，只有法官才能在审判具体案件时为适用法律而去理解和说明法律。尤其是英美法系国家，法官制作的判例不仅可以对成文法进行解释，而且还可以创制法律规则。

（二）司法解释规则与方法

在英美法系国家，法律解释最经常运用的规则有三个：文理解释、黄金规则、论理解释。文理解释规则，又称显然意义规则。即按成文法条文的字面意义解释，取其最自然、明显、正常和常用的意义，而不必考虑立法意图。"黄金规则"是对法律条文所用文字应尽可能根据其文法和通常意义进行解释，但以不导致荒谬结果为条件，否则便可作合理的变通解释。论理解释规则，又称消除弊端规则。其含义是指法院在解释某成文法条文时，应先了解条文制定之前的有关法律概况及其弊端，从而明白这一条文是针对何种弊端而设、为解决什么问题而订，然后在解释这个条文时，尽可能的去针对有关弊端和解决有关问题。除上述三方面总体性的法律解释规则外，英美法系国家在法律解释中，还运用了一些其他解释规则。如整体理解法律的规则，它要求在解释成文法中的一个字或词时，需要关注它的语境，以至于该成文法的整体。又如同类规则，大意是指同一法律条文中，在某些具体意义的词后面使用的一般意义的词，应该是和具体意义的词属于同一类的。

大陆法系法律解释所遵循的规则和采用的方法与英美法系有相同之处，但侧重点不一样。因为大陆法系在法的渊源上是制定法占统治地位，其解释更多的是对制定法的解释，而不是判例。长期以来，大陆法系的法律解释一直奉行"在条文清楚时无须解释"的原则，当法律条文中所使用的语言有多种含义、法律条款发生矛盾前后不一致以及立法存在空白时，都属于条文不清楚时的情形，法律解释是必须的。当法律条文是清楚的，但法律条文所适用的环境已发生改变时，法律解释也是必需的，因为原有的法律已不适用于改变了的情况。法律解释的基础是制定法，法官在解释法律时以文法解释和逻辑解释为主，在适当情况下辅之以历史解释和目的解释。所谓文法解释，即从文字、语法分析来确定法律条文的含义而不考虑立法意图或社会、道德要求。这种解释方法通常称为"法律本身如何说"。所谓逻辑解释，即不把有关法律条文看作一个孤立的片面材料而是从这一法律的整体来探求该条文的含义。这种解释方法不仅考虑法律的文字而且考虑法律的精神。所谓历史解释，即通过有关立法的资料而探求法律起草时的原意。所谓目的解释，即探求法律在社会中所要达到的目的，并据此确认法律规定的具体含义。目的解释可分为两种情况，一种情况是探寻立法者的目的，通过研究立法过程中的法律提案、辩论记录及有关评述及报道，确认立法意图，从而确定法律条文的字面含义。但是探求立法者目的一般只适用新近通过的法律，此时社会条件还没有发生变化，而对以往的立法，当其赖以存在的社会条件已发生很人变化时，法律条义的目的应视为该条文在解释时所要达到的社会目的，而不是在立法时所要达到的立法者的目的。这就涉及到目的解释的第二种情况。即意味着法官解释的有限自由裁量权。所谓自由裁量权，就是法官在适用法律过程中，可以在尊重立法原意的前提下，运用自由意志去发现和解释社会中"活的法"，创造性地去适用法律，从而补充与丰富法律的内容。

二　中国的法律解释制度

在宪法和法律的框架内，中国法律解释制度经历了一个演变和发展的过程。由一元结构变为多元结构，即除了全国人民代表大会常务委员会有权解释法律外，最高人民法院、最高人民检察院、国务院及主管部门、省、自治区、直辖市的人民代表大会常务委员会以及省、自治区、直辖市人民政府主管部门都具有相应的法律解释权 。

与西方国家的法律解释制度相比，中国法律解释的体制呈多元化结构，法律解释主体的解释权限是单列的、独立的，而不是附属的，因而也就形成了具有本国特色的立法解释、行政解释和司法解释三大类正式解释制度。

（一）立法解释

在中国，立法解释的争议就制度层面而言，可以归结为两点：第一，中国立法解释制度有无存在的必要；第二，在立法解释制度必要性前提下，立法解释的主体和权限如何确定。

在中国宪法和有关法律中，尚未直接使用立法解释一词。根据 2000 年九届全国人民代表大会三次会议关于《中华人民共和国立法法（草案）》的说明，中国的立法解释是宪法赋予全国人民代表大会常务委员会的职权，[①] 并且将法律解释分为立法解释和具体应用解释等。因此，在中国现行的法律解释制度中，立法解释仅指全国人民代表大会常务委员会依职权对法律所作的解释。立法解释的权限范围涉及到两个方面：一是法律的规定需要进一步明确具体含义的；二是法律制定后出现新的情况，需要明确适用法律依据的。全国人大常委会的法律解释同被解释的法律具有同等效力。

（二）行政解释

行政解释是指有权的行政机关针对行政管理中具体应用法律问题而进行的解释。一般认为，行政解释属于具体应用解释而与立法解释相区别。

根据 1981 年《全国人民代表大会常务委员会关于加强法律

---

① 张春生主编：《中华人民共和国立法法释义》，法律出版社 2000 年版，第 292 页。

解释工作的决议》的原则性规定，如果从解释主体上认定，中央有国务院及主管部门的行政解释，地方有省、自治区、直辖市人民政府主管部门的行政解释。如果从解释权限和范围上认定，在中央有对不属于审判和检察工作中的其他法律、法令如何具体应用的解释；在地方有地方性法规如何具体应用的解释。但实际上，国务院及各部门较少对法律具体应用作出解释，它们认为需要对法律的界限作进一步明确的，往往采用了制定行政法规或规章的办法。需要指明的是，《全国人民代表大会常务委员会关于加强法律解释工作的决议》中没有关于行政法规和规章解释的规定。而在实践中，则存在对行政法规和规章的解释。具体做法通常是：凡国务院自行制定颁布的法规，有些在附则中规定由国务院解释，有些没有规定由谁解释，但多数情况下是授权法规所涉及的主管部门制定实施细则和（或）解释；如果是部门制定报国务院批准颁布的法规，一般由制定部门解释。

（三）司法解释

中国的司法解释主体制度经历了一个演变过程，从宪法和法律规定来看，从没有法定的司法解释主体到一元解释主体，再到二元司法解释主体。根据现行宪法和法律的规定，司法解释的权限分为审判解释权和检察解释权。审判解释权是国家审判机关对审判工作中具体适用法律问题所享有的解释权。在中国，人们往往把审判解释等同于最高法院审判解释，而把地方或普通司法解释排除在审判解释之外。检察解释权是检察机关就检察工作中具体应用法律问题所享有的解释权。检察解释同样也是指最高检察院解释。根据五届人大常委会《关于加强法律解释工作的决议》，如果审判解释和检察解释有原则分歧的，则应报请全国人大常委会解释或决定。

中国不是判例法国家，未将判例作为法的渊源，判例不能作为法律适用的依据。

最高司法机关的司法解释是对司法活动中具体运用法律问题的解释，而不是适用判例的解释。从法律规定上讲，目前中国的司法解释不包括对适用判例的解释。但是，判例不是法的渊源并不等于判例在中国司法实践中毫无作用，应该承认，最高人民法院予以公布的案件和最高司法机关对案例所作的解释对司法审判工作起到了非常重要的指导作用。

第六节　立法监督

在法治社会里，任何权力都必须受到监督，立法权也概莫能外。为了使"已成立的法律获得普遍的服从，而大家所服从的法律又应该本身是制定得良好的法律"①，各国在其立法实践中，逐步形成了相应的立法监督制度，是立法制度中不可或缺的组成部分。

一　西方国家的立法监督制度

（一）立法复议

立法复议是指法案经过立法机关表决之后，由特定的主体提出并由原表决机关根据一定的程序重新审议法案的立法活动。立法复议的意义主要在于防止和纠正立法机关发生疏忽以致草率表决，以及适应实际情况发生变化或法案的立法依据发生变化。

立法复议制度最早是由美国于1789年创立的，其作用主要是加强立法机关内部的监督。根据美国众议院规则的规定，在完成对修正案的投票表决后，众议院会立即就附有该修正案的法案予以投票表决，但在此之前，重新审议的动议可能会被提出并付予表决。除两院协商委员会的报告或散会动议的会议外，法案的

---

① ［古希腊］亚里士多德：《政治学》，商务印书馆1965年版，第199页。

复议动议优于其他一切议案。美国参议院也有立法复议的规则，在一项附有修正案的议案获得通过返回众议院或一项未附修正案的议案获得通过交付誊清之前，在投票中取得优势的那一方的参议员或没有投票的参议员，可以在随后的 2 日以内提出要求重新审议的提议。如果一项法案没有在进行记名投票的情况下通过，任何参议员都可以提出要求重新审议。这种立法复议的提议通常会被搁置（Tabled），而这种搁置就构成了对该提议的最后决定。如果该提议获得允许，则参议院就会或者以多数赞成票通过议案而终结，或者推翻该议案。① 美国国会的立法复议制度对不少国家产生了影响，为一些国家所效仿。

（二）立法否决

立法批准是许多国家所采用的立法监督方式，特定的立法主体在审批立法文件时，可以作出批准或不批准的决定，也可以提出指导性意见。立法否决是与立法批准有着紧密关系的立法监督制度，具体是指国家行政机关或国家元首收到立法机关通过的由其批准、签署或公布的法案后，拒绝批准、签署或公布并将法案搁置或退回立法机关的立法监督行为。

美国的立法否决制度非常典型。根据美国宪法第一条第七款的规定，国会通过的法案在正式成为法律之前，须呈送总统，由总统批准并签署之后，该决案才能成为法律。如果总统不同意国会通过的法案，有权采用两种办法将它否决。一种办法是否决文书，即总统在收到该法 10 日之内（不包括星期日）将法案连同不签署的理由退国会，原来提出该法案的议院应将异议详细记入议事记事录，然后进行复议。倘若在复议之后，该议院议员的三

---

① Charles W. Johnson：《HOW OURS LAW ARE MADE》，XIV " SENATE AC-TION-CHAMBER PROCEDURE ", 22nd edition, http://thomas. loc. gov/home/lawsmade. toc. html.

分之二仍同意通过该法案，该院即应将该法案连同异议书送交另一院，由此院同样予以复议，若此院也以三分之二的多数通过，该法案即成为法律。美国总统此种立法否决权力的运用是与立法复议联系在一起的，是一个问题的两个方面。另一种办法是搁置否决，如果总统在 10 日之内不签署该法案，而国会在此期间已休会致使该法案无法退还国会时，该法案便不能成为法律。但国会在开会期间，总统在 10 日内既不签署法案，又不将该法案退还国会，该法案便等于和总统签署一样而成为法律。在此种立法否决制度中，尽管总统所享有的立法否决权不是绝对的，在一定条件下立法机关可以推翻总统的否决，但这种相对立法否决权仍可以对立法产生制约作用。

（三）立法审查

立法审查是立法监督主体依法对立法过程和立法文件的合宪性或合法性进行监督和制约的活动，该活动经过规范化、法律化之后使形成了立法审查制度。从各国的立法审查实践分析，立法审查的主体通常具有多元性，既有立法机关，也有法院，还有一些专门机构。审查的范围较为宽泛，既有议会立法，还有行政立法和地方性立法，当然也要视不同的监督主体而定。

在以英国为典型的坚持议会至上的国家，议会立法主要是依赖于议会本身在法案审议程序中的自我监督。在实行普通法院监督和专门机构监督模式的国家中，议会立法受监督的形式主要是违宪审查监督。美国开创了由普通法院审查国会立法之先河，法国则是专门机构审查议会立法的典型。

对行政立法的审查构成立法审查的重要组成部分，审查的主体涉及到议会、普通法院、行政法院、行政机关。审查的内容涉及到立法机关委任行政机关所进行的立法和行政机关依据宪法和组织法所进行的自主性立法。审查的标准即为合法性与合理性审查，既包括实体审查，也包括程序审查，对委任立法审查的核心即为是否符合授权法的要求。

关于对地方立法的审查监督，不同的立法监督主体都有相应的立法审查监督权。就议会而言，对地方立法的审查主要是审查其是否符合议会的立法，即合法性审查，而直接对地方法规进行违宪审查则不多见。只有当地方立法机关的立法涉及到中央立法没有涉及的事项时，中央立法机关才有可能直接审查地方立法是否违宪的问题。就普通法院对地方立法的审查来看，法院也是主要审查其是否符合议会的立法，若议会立法出现空缺时，就要审查其是否违宪。在许多西方国家，除议会、普通法院、宪法法院对地方立法的审查监督之外，行政机关也有相应的审查权力，但主要是对地方行政立法的审查监督。

（四）公民公决

公民公决是一种制度化的由社会公众对立法机关表决通过的法案进行投票表决或对某一立法直接投票表决的立法监督活动。在此种制度下，公民既享有立法参与权，又享有立法监督权。从近现代西方国家公民公决制度的主要规定来看，可以归为以下几个方面：一是有权要求举行公民公决的机构和人员。建立公民公决制度的国家关于这方面的规定不完全一致，但主要涉及国家元首、立法机关、立法机关的领导机构、政府、选民、议员等。二是公民公决的立法内容。公民公决的立法可分为宪法的修正和普通法律，即分为宪法性的公民公决和普通法律的公民公决。在丹麦、意大利、爱尔兰、奥地利、瑞士等国家，任何宪法条文的修改，都必须经过全民公决，具备一定条件的情况下，对普通法律也实行全民公决。但有些国家的公民仅有立法创议权而无公决权，也有些国家的公决仅对宪法的制定才适用。三是公民公决的强制性与非强制性。强制性公决是指立法机关通过法律之后，不论公民等主体有无举行公决的请求，必须将法案提交公民公决才能最后决定是否生效。非强制性公决即任意性公决是指立法机关通过法律后，必须有公民或其他法定主体的请求才将法案提交公民公决。

二　中国的立法监督制度

中国现行的立法监督体制是由宪法和相关法律所确立的，其特点是以国家权力机关为主要监督主体并享有核心的监督权力，行政机关、司法机关为次要的立法监督主体并享有相应的监督权力。

（一）国家权力机关的立法监督

根据《中华人民共和国宪法》、《中华人民共和国全国人民代表大会组织法》、《中华人民共和国立法法》的有关规定，国家权力机关的立法监督具有层次性，全国人民代表大会、全国人民代表大会常务委员会、地方人民代表大会分别享有相应的立法监督权力，对相关的立法活动及立法文件实施监督。

全国人民代表大会是法律地位最高的立法监督主体，它有权改变或撤销全国人民代表大会常务委员会不适当的决定，包括不适当的立法；有权撤销全国人民代表大会常务委员会批准的违背宪法和立法法规定的自治条例和单行条例。全国人民代表大会不直接对地方立法和行政立法实施监督。

全国人民代表大会常务委员会作为全国人民代表大会的常设机构是经常性实施立法监督的主体，它有权撤销同宪法和法律相抵触的行政法规；有权撤销同宪法、法律和行政法规相抵触的地方性法规；有权撤销省、自治区、直辖市的人民代表大会常务委员会批准的违背宪法和立法法的自治条例和单行条例；有权对法律解释实施监督。

省、自治区、直辖市的人民代表大会有权改变或者撤销它的常务委员会制定和批准的不适当的地方性法规；地方人民代表大会常务委员会有权撤销本级人民政府的不适当的规章。县级以上的地方各级人民代表大会常务委员会根据宪法和地方组织法规定，撤销本级人民政府不适当的决定和撤销下一级人民代表大会的不适当决定属于法律监督的范畴，但这不是严格意义的立法监督。

作为授权机关的人民代表大会及其常务委员会有权撤销被授权机关制定的超越授权范围或违背授权目的的法规，必要时可以撤销授权。

（二）国家行政机关的立法监督

根据宪法、立法法、国务院组织法、地方组织法的有关规定，国务院和特定的地方人民政府享有立法监督权。国务院作为最高行政机关，是对行政立法实施监督的重要主体，其立法监督权限是：（1）监督地方性法规是否与行政法规相抵触；（2）监督国务院各部、委制定的规章是否合法；（3）监督地方政府制定的规章是否合法；（4）监督部、委的行政解释是否合法等。

地方政府的立法监督权，主要由省、自治区、直辖市人民政府行使，由它们监督下一级人民政府的行政立法，并有权改变或撤销下一级人民政府制定的不适当的规章。除对行政立法实施监督外，地方各级人民政府对其下级人民政府所作的普遍性的决定、命令等有权实施监督，但这种监督不属于对立法的监督，而是对立法以外的一般抽象行政行为的监督，它是国家法律监督的构成部分，与立法监督有密切关系。

（三）司法机关的立法监督

在中国宪法、立法法等有关法律的规定中，没有明确规定司法机关对立法直接实施监督的权力，但根据1989年施行的《中华人民共和国行政诉讼法》的有关规定，人民法院对规章立法有间接监督的权力。该法第五十三条规定："人民法院审理行政案件，参照国务院部、委根据法律和国务院的行政法规、决定、命令制定和发布的规章以及省、自治区的人民政府所在地的市和经国务院批准较大的市的人民政府根据法律和国务院的行政法规制定、发布的规章。"根据该规定，人民法院审理行政案件不能直接依据规章，但对规章有选择适用的权力。对此，关于《中华人民共和国行政诉讼法（草案）的说明》作出了解释，即对符合法律、行政法规的规章，法院要参照审理，对不符合法律、行政法规原则精神的规章，法院可以有灵活处理的余地。由此可见，所谓"参照"，实际上是赋予法院一定的判断权、裁量权及选择权，通过对规章的判断和裁量而确定规章是否合法，是否适用于行政案件的审判。这就形成了司法审查权对部分行政立法实施间接监督的制度。

第七节　中外立法制度比较分析

中西方国家的立法制度是在自身历史传统的土壤中形成的，其具体制度的内容都有着深厚的历史积淀。但是，各国的立法制度绝对不是孤立存在和发展的，它总是和一定的世界经济、政治以及国际社会发展的各种因素结伴而行，因而各国的立法制度又是在相互影响，甚至是某些融合中发展和变化的。

一　中西立法制度的主要差异

由于经济、政治、文化生态环境的不同，中西立法制度的基础和本质及其具体制度都存在着较大的差异。

第一，在立法制度的基础和本质方面，西方资本主义立法制度得以建立的基础是资本主义私有制关系，它必然体现占社会成员少数的资产阶级的根本利益并为其根本利益服务，其本质特征与古代社会的两种历史类型的立法制度一样，属于剥削阶级类型的立法制度。首先，资本主义立法制度在经济上维护资本主义剥削制度。资本主义各国通常是通过立法确认和保障私有财产神圣不可侵犯，虽然在资本主义发展到垄断阶段，特别是第二次世界大战以来，资本主义国家在立法上宣布私有财产要担当为社会公共福利服务的义务，通过颁布反垄断法等对私有财产作了某些限制，但最终没有改变确保资本主义私有制这一核心内容。其次，资本主义立法制度在政治上维护资产阶级对社会的统治。在资本主义社会，基本的经济结构是资本家占有生产资料。这种经济结构就决定了资产阶级在政治上的统治地位，而立法的实质只能是在国家的政治、经济上占统治地位的阶级的意志，立法只能为更有利于资产阶级实行统治而服务。

中国当代立法制度是人类历史上新型的立法制度，其产生和建立的基础与资本主义立法制度不同。它的建立是以推翻旧的立法制度，建立公有制和劳动人民自己当家作主的政权为基础的。建立在以生产资料社会主义公有制为主体的基础上的当代中国立法制度是以建立和完善人民民主为核心的政治制度的立法制度，立法权归属于人民，由人民选出自己的代表组成人民代表机关去履行立法职权和职责，通过民主程序充分反映人民群众的根本意志和愿望，将广大人民群众的根本意志和愿望上升为法律。

第二，在立法权限划分方面，美国是典型的总统制国家，奉行三权分立与制衡原则。根据美国宪法规定，立法权属于国会，行政权属于总统，司法权属于法院，行政立法没有直接的宪法依据。"可以这么说，美国宪政固有的普遍准则是……立法机关不能行使行政权和司法权，行政机关不能行使立法权和司法权，司法机关不能行使行政权和立法权。"① 这种分权原则使得美国在理论上不存在立法机关和行政机关划分立法权限的问题，而制衡原则又导致了事实上总统在立法方面拥有重要的权力，以便制约

---

① ［美］伯纳德·施瓦茨：《行政法》，徐炳译，群众出版社1986年版，第30页。

国会的立法权，以至于同国会分享联邦立法权。总统的立法职权主要有：立法建议权、法案签署权、立法否决权和授权立法权。美国通过司法判例确认了立法权可以在有法定标准限制的前提下授出的原则，授权立法权使行政机关的立法职能得到了强化，行政机关可以颁布具有法律效力的规章。

中国的政权组织形式是人民代表大会制，国家的一切权力属于人民，人民行使国家权力的机关是全国人民代表大会和地方各级人民代表大会，人民代表大会在国家机构的建立及运行过程中都始终处于主导地位。中国宪法明确规定由全国人民代表大会和全国人民代表大会常务委员会行使国家立法权。宪法赋予国务院的行政立法权从属于国家立法权。凡属于国家基本的政治、经济等制度的事项由全国人民代表大会及其常委会制定法律加以规定，国务院的行政立法只能是为执行法律的规定需要制定行政法规的事项以及宪法规定的国务院行政管理职权的事项。

第三，在立法主体制度方面，西方国家大多肯定司法机关的立法主体地位，司法机关作为授权立法制度中的被授权机关而获得了立法主体的资格，同时并享有一定的立法权限，即司法立法。当然，司法机关作为被授权机关在一定程度上进行立法是有严格限制的，通常只能在诉讼程序和律师事务方面，不能超越议会及授权法的授权范围和违反授权目的，同时其立法活动还受到议会的监督。在中国现行的立法制度中，司法机关不具有立法主体地位，最高人民法院只能对属于审判工作中如何具体应用法律的问题进行解释。最高人民检察院只能对属于检察工作中具体应用法律的问题进行解释。

第四，在立法程序制度方面，西方国家议会的法案审议程序可以分为两种类型。一种是由议会大会到专门委员会再到议会大会审议法案的程序，该程序表明法案的审议权主要由议会大会掌握。另一种是由专门委员会到议会大会的审议程序，该程序表明法案的审议权主要由专门委员会掌握，委员会可以在审议过程中改变法案的内容，形成一个新的法案。美国虽然要由议会初读之后才能将法案交付专门委员会，但初读仅是宣布法案的名称和提案人姓名，不是对法案的审议。[①] 中国全国人大审议法案的程序与西方国家不同，没有采取三读的形式。法案通常由主席团列入会议议程，由大会预备会会议通过，然后由有关会议（如大会全体会议、代表团会议、主席团会议等）和专门委员会审议，法律委员会根据各代表团和有关专门委员会的审议意见负责统一审议。全国人民代表大会常务委员会审议法案的程序一般采取三审制，每一审都是具有实质意义的审查，和西方国家的三读制也有区别。人大常委会是全国人民代表大会的常设机构，通常是每两个月召开一次会议，三审至少要通过三次常委会会议审查才能完成。由于全国人大常委会是全国人民代表大会的常设机构，它享有独立的立法权，其审查法案的方式和程序与全国人民代表大会不同，是分别进行的。因而不像西方实行两院制的国家议会，被审议的法案通常是在两院之间来回穿梭而获得通过或被否决。

　　第五，在立法与政党关系方面，西方资本主义国家普遍实行多党制或两党制。一般而言，西方国家中任何一个政党都有权去争取执政党的地位，从而形成执政党和在野党，不存在谁领导谁的问题，因此在形式特征上表现出与议会有非常密切的关系。由于议会在国家政治生活中的法律地位而决定其拥有立法、财政预算批准、决定重大事项、弹劾等重大权力，政党要在国家政治生活中取得决定性的地位，以实现本党所代表的阶级或阶层利益，就必须要进入议会并控制议会。因此，政党活动的首要目标即是参加竞选获得占据优势的议席，以获得多数党的地位，进而影响

---

　　① 参见周旺生主编：《立法学》，法律出版社1998年版。第264—265页。

国家行政机关的组成和司法机关的组成。在立法过程中，提出法案是立法的基础，无论是国家机关提出法案，还是议员个人提出法案，来自各党派的党员都努力在法案中充分贯彻和体现其所在党的施政纲领，将所在党的意图转变为法律。

中国实行的是中国共产党领导的多党合作制度，中国立法的实质是中国共产党所代表和集中的人民群众的共同意志通过有权立法的国家机关转变为具有国家意志和效力的专门活动。中国共产党领导国家立法，其领导作用主要通过两个方面去实现：一是通过国家权力机关中的执政党组织及党员代表发挥其核心作用，为执政党领导立法提供组织保障；二是通过执政党的基本路线和纲领的指导以及党的政策转化为法律而发挥领导作用。但是，中国共产党必须在宪法和法律的范围内活动。即执政党的执政行为必须受到体现人民意志和利益的宪法和法律的制约，执政党的执政方式包括领导立法、参与立法的方式和途经，都必须具有合法性。从此意义上讲，执政党领导立法、参与立法主要是通过法定程序产生的国家权力机关行使立法权而实现。

在中国共产党领导的多党合作与政治协商制度下，参政党广泛地参加国家政权的活动，其中也通过不同形式参加国家的立法活动，并且在立法活动中发挥重要参与作用。

二　西方国家立法制度的经验及启示

（一）立法主体和立法权限向多元化发展

在宪法和法律规定上，大多西方国家仍然坚持议会为国家立法机关，国家机关权力体系中的立法权由议会行使。因而立法机关在国家权力体系中的法律地位总体上是优越的，至少不低于其他国家机关。但在现实生活中，立法机关事实上的地位却与法律上或理论上的地位有较大的出入，从当今西方国家的立法主体和权限划分的走向看，"行政权呈强化趋势，行政机关的地位实际上正不断超乎立法机关之上，这种趋势已成为当代政治发展的主潮"①。除了行政机关作为立法主体行使立法权之外，司法机关也获得了一定的立法地位。在西方国家宪法中虽然找不到司法机关享有立法职能的字眼，但实际中的法院却直接或间接行使了一定的立法职能。立法机关在现代西方国家已不是唯一行使立法权的立法主体，行政权、司法权都在不同程度上进入了立法领域。

（二）社会公共组织参与立法，并在某些方面起着立法主导作用

在西方国家立法制度发展中，具有立法主体资格的组织主要是具有国家权力的国家机关，以议会立法为主导地位。社会公共组织为非国家政权机关，而立法权本质上是一种国家权力，因此不能授予国家政权机关以外的组织或个人行使。但20世纪以来，议会将立法权授予社会公共组织的事实却发生了。1919年的《英格兰教会大会权力法》授权英国教会全国代表大会可以对关于英国教会的任何事项，经议会两院议决、国王批准，制定具有法律效力的规则。议会还将立法权限广泛地授了其他社会组织，如大学、行业协会、国有公司以及英国医务总会、律师协会等社会团体。这些社会公共组织在获得授权之后，便有权依照法定程序制定诸如惩戒条例等一些具有法律效力的规则，② 但这些授权立法受到严格的立法监督。社会公共组织参与立法有一定的积极效果，如弥补议会立法能力的某些不足，发挥社会公共组织的专业优势而提高立法质量，加强立法机关与社会的沟通，更充分地反映社会各阶层的立法意愿等等。社会公共组织除了依授权法规定制定内部适用的具有法律效力的规则之外，它们通过一定的方

---

① 李步云主编：《宪法比较研究》，法律出版社1998年版，第785页。

② 邓世豹：《授权立法的法理思考》，中国人民公安大学出版社2002年版，第77页。

式参与议会立法过程，发挥其特定的作用。

（三）合宪性审查机构专门化和程序司法化并不断加以完善，成为西方国家立法监督制度发展的共同趋势

在 19 世纪，英国以议会至上为原则建立的议会监督模式影响深远，德国、法国、意大利、比利时等西方国家都仿效英国而采取了议会监督模式。到了 20 世纪初，尤其是在两次世界大战期间，美国普通法院立法监督模式在欧洲特别是法、德、意等国非常走红，都引进了美国模式。但欧洲许多国家引入美国模式并未成功，后创建了专门机构监督模式，由奥地利于 1920 年首创的宪法法院监督模式，也称欧洲模式，许多国家纷纷效仿，以至于已采取英国议会监督模式或采取美国监督模式的国家改为采用专门机构监督模式，在世界范围内形成了立法监督制度的发展潮流。东欧剧变之后的许多东欧国家、独联体成员也纷纷采用了此种模式。

（四）西方两大法系国家的立法技术在不断演变和发展过程中相互借鉴，呈现出日益靠拢的趋向

在法律渊源上，大陆法系的传统是以制定法为主，讲究精细的立法技巧，将本国基本法律编纂为系统的法典，但是在行政法这样重要的领域却未采用法典，反而注重判例的作用。英美法系国家在传统上重视判例法，但逐渐演变为制定法增多，形成制定法与判例法并重且相互作用的局面，并进行了一些法典化的立法尝试，如美国的《统一商法典》虽然不是立法机关制定的，但经各州采纳接受为州商法典后，就成为与大陆法系最为类似的法典。"无论是英国还是美国，都可以看到制定法已有取代判例法成为第一位的法源的趋势。特别是在采取联邦法与州法二元主义的美国，制定法的数量更是与日俱增、不断膨胀。"[①]

---

① 　[日]大木雅夫：《比较法》，法律出版社 1999 年版，第 136 页。

三　中国立法制度的完善与展望

(一)　立法内容和立法过程的民主化

中国是实行人民当家作主的社会主义国家，宪法明确规定国家的一切权力属于人民，坚持人民民主是中国立法制度的一个基本原则，它包括立法内容的民主化和立法过程的民主化。在中国社会主义法制建设中，民主化、法制化始终是一个不断提高和不断完善的渐进过程。新中国成立以来，尤其是改革开放以来，中国立法制度的民主性已有较大的提高，无论在立法内容上还是立法过程中，民主化原则都越来越得到立法主体的重视，在已制定的法律中都不同程度体现了人民民主权力和公民权利的具体内容以及国家对各项民主权利的保障；在立法过程中，立法决策的民主化、公民参与立法的程度都有较大的提高。但不可否认，由于多方面的因素所决定，中国立法民主化程度从总体上讲，离建设高度文明和高度民主的社会主义国家的目标还相距甚远，在立法民主化进程中还有许多障碍，需要大力加强各方面的民主制度化建设，使立法制度民主化有一个良好的社会生态环境。应完善人民代表大会制度的相关立法，切实保障人民当家作主的地位，使立法充分体现民意；重视公民权利及权利救济的立法，防止公民权利受到违法侵害并给予及时补救和恢复；强化对权力控制和监督的立法，从法律制度上防止权力异化和权力滥用；扩大公民参与立法的途径，提高公众参与立法的有效性。

(二)　立法关系主体的多元化

现代民主国家的立法，立法关系主体朝着多元化发展，在坚持立法机关法定地位的同时，立法职能在一定条件下适当分解，产生了行政立法、司法立法、地方立法等多元化和多层级立法。中国正在深化经济体制改革，扩大对外开放，同时也着手进行政治体制改革。随着各项改革深入进行，将导致生产资料主体多元化、社会成员利益结构和利益分配方式多元化，以及利益表达多元化，主体利益的多元化必然需要通过立法充分地反映与合理地确定。因此，立法关系主体向多元化发展是中国立法体制发展的一种趋势。但若控制不当也容易产生破坏法制统一的后果。因此，立法主体的多元化需要一个合理与合法的定位，应控制职权性立法主体的无限扩大，加强授权立法的运用，通过扩大授权性立法主体的范围来适应多元立法的需要。比如：在必要的情况下，授予某些社会公共组织的立法职权；考虑西部经济发展的情况下，授予西部地区更多的地方立法权等等。

立法关系主体除了具有立法职权的主体外，还包括其他以不同方式参与立法活动并享有一定权利的社会成员，如公民、法人、各种社会组织和利益团体等。立法的多元化必然要求为立法主体以外的其他社会成员提供更多的机会和途径参与立法，通过多种方式表达他们的立法意愿，影响立法。如赋予达到一定数量的选民提出法案的权利；改变以往以官方为主起草法案的状况，吸收更多的非官方组织参与立法起草等。

（三）立法权限的明晰化

在立法主体多元化的格局下，必然要求立法权限的划分更加明晰化。立法权是一种重要的国家权力，立法权限的划分便是权力资源的分配并产生相应的利益结果，立法权力的划分和配置必须明晰和优化，才能实现立法效益的最大化。应该说，中国宪法、立法法等相关法律对立法权限的划分已作出了基本规定，但确实还留有一些含糊不清的地方，需要进一步加以明确。一是要进一步明确全国人民代表大会与其常务委员会的立法权限划分；二是要进一步明确全国人民代表大会及其常务委员会与国务院的立法权限划分；三是要进一步明确中央专属立法权与地方专属立法权限的划分；四是要进一步明确地方立法变通权与中央立法权限划分；五是要进一步明确国务院与国务院各部委立法权限的划分；六是要进一步明确地方人大与地方政府立法权限的划分；七是要进一步明确国务院各部委与地方政府立法权限的划分。

（四）立法程序的公开化

立法程序公开是立法民主的一个非常重要的具体要求，即立法主体的立法及相关活动除法律规定的限制外，都须一律公开，以便社会公众的参与和监督。立法程序的公开性越高，社会公众亲眼看见自己的意志形成过程的机会就越多，立法的民主化程度就会随之而提高。中国实行的是人民代表大会制度，立法主体的合法性来源于人民的同意，立法主体的立法职权来源于人民的授予，立法主体必须代表人民的利益进行立法，这种专门活动理所当然地要向人民公开。在中国的立法实践中，立法程序的公开化已有具体的实施方式，如公开立法规划、公开某些法律草案、举行听证会和专家论证会、法的规范性文件实行公布等等。但公开化程序还远未达到人民代表大会制度性质的要求，立法程序公开化仍是中国立法制度发展和完善的一个方面。随着电子时代的到来，"电子立法"将逐步开展，中国立法的公开程序也将随之增强，公民除了通过电视、电台等新闻媒体了解立法外，还可以运用更加便捷的互联网及电子信箱手段等直接参与立法，及时表达其意愿。

（五）立法监督的司法化

立法监督是对国家权力实施监督的重要内容，随着立法主体多元化和立法权限的扩大化，对立法行为、立法过程及立法结果实施监督已越来越重要。立法监督司法化是当代社会立法制度发展的趋势，它强调由独立性极强的专门机构运用司法化程序对立法实施监督。中国目前的立法监督体制是以国家的权力机关监督为主，辅之于行政机关和司法机关监督的模式，类似于英国的议会监督。这种监督模式的最大缺陷是无法克服自我监督的局限性，因此借鉴国外的宪法法院监督模式和普通法院监督模式的优长是非常必要的。由于普通法院模式的立法监督通常是建立在三权分立和制衡体制基础之上，并且对宪法司法化、司法独立、司法信赖的要求非常之高，在中国现行的宪政体制之下，很难在近期内采用此种立法监督模式。而设立独立的具有司法特性的专门监督机构，吸收西方国家三种监督模式的优势，加强其独立性和司法化则是一个发展趋势。

（六）立法人员的职业化

在全球化背景下，随着社会分工高度专业化，社会关系越来越趋向复杂化和多样化，立法的专业化要求也越来越高，立法职业化就不可避免地成为一种发展趋势。"民主社会条件下，立法职业化应当包括两个方面的含义：一是立法作为国家量重要的一项活动，应由专门机构的专业人士完成，同时立法者个人的职业地位应有制度上的保证；二是立法者个人在从事立法活动时应有高度的职业精神或敬业精神，应遵循一定的职业伦理和职业道德，并且使职业精神建立在立法必备的文化水平和法律等方面的专业知识基础上。"[①] 诚然，立法是一种具体活动，它只能由具体的立法人员具体实施和操作。立法主体不是抽象的，它只能由具体的立法人员所构成，因而立法质量的高低很大程度上取决于中国目前所实行的人大的代表制度。目前中国人大的代表是兼职的，而且大多是生产和工作第一线的人员，代表履行职责的时间和条件虽有一定的保证但非常有限，在立法方面表现出来的特点就是行政主导立法而不是代表主导立法。因此，有学者建议中国的人大代表应逐步专职化，让一部分代表先专职起来，全国人民代表大会有近 3000 名代表，至少有五分之一的代表应是专职的，[②] 使他们有足够时间、精力及能力参与立法。还有学者主

---

① 周旺生、赵颖坤：《中国立法职业化问题研究》，载王晓民主编《议会制度及立法理论与实践纵横》，华夏出版社 2002 年版，第 103 页。

② 《世纪环球报道》2003 年 2 月 15 日。

张，在逐步实现人民代表专职化过程中，当前最可行的一个办法就是逐步吸纳全国人大常委会组成人员进入专门委员会，并形成合理的专业和知识结构。① 全国人民代表大会常务委员会是国家最高立法机关的组成人员，除了具有特定的专业知识之外，还需要具有丰富的政治经验和较强的治国能力。因此，需要从整体上考虑全国人大常委会组成人员的专业背景和知识结构，以适应立法职业化的要求。

（七）立法技术的科学化

立法内容现代化是当今世界立法的发展趋势，立法技术是立法发展与完善的手段和方式，没有立法技术的科学化和现代化，也就不可能实现立法的科学化和现代化。在社会分工越来越细化、越来越专业的今天，立法活动与其他社会活动的技术差异越来越明显，"立法者的法律构思要素，法律构思方法，法律起草方式以及法律内容的表述方式的不同，都会产生截然不同的效果"②。立法技术影响着立法质量，并直接影响着立法成本和效益。当今世界各国的立法都将立法技术放在非常重要的位置上，有的国家已有以立法技术为主要内容的立法标准法，将科学化的立法技术规范化、制度化。中国立法法虽然对法律的制定技术作出了相应的规定，提出了科学化和规范化的要求，但尚未形成系统完备的技术规范体系，离科学化、现代化要求确有相当距离。随着科学技术现代化以及知识经济的迅猛发展，立法对立法技术的要求越来越高，必然要加快立法技术科学化的进程。

①　尹中卿等：《如何完善人大常委会委员的构成》，http：//www.stndytime.com.cn/ 2003.5.17。

②　孙潮：《立法技术学》，浙江人民出版社1993年版，第2页。

第六章 司法制度比较

司法制度是政治制度的重要组成部分，司法改革是政治体制改革的重要内容之一。任何国家都离不开司法制度，如果没有司法制度的保障，任何执政的政治组织都无法维持其政治统治；同时，司法是社会正义的最后一道防线，没有司法正义，其他任何正义都难以实现。

在推进我国司法改革的过程中，既要立足于本国实际，从国情出发，注意发掘和利用"本土资源"，也要吸取和借鉴外国成功的经验和做法。本章将简要地阐述司法制度的基础理论，全面系统比较分析中外审判、检察制度，总结西方国家司法制度建设的经验，对我国司法制度存在的问题和改革趋向进行探讨。

第一节 司法制度及其相关范畴

要比较中外司法制度，就必须首先弄清楚司法制度及其相关范畴，包括司法、司法权、司法体制、司法制度等。

一 司法

"司"的涵义通常包括如下几种：（1）操作、掌管、主持、经营；（2）中央部一级机关里的一个部门；（3）旧时官署的名称；（4）视察；（5）姓。"司法"里的"司"，应当是第一种涵义。"司法"一词字面意思就是掌管法律事务。

关于司法的含义，国内外学者有多种解释。有的认为司法是对法律的适用，是运用法律处理诉讼案件或非诉讼案件，据此使社会关系不稳定性得以消除，能够执掌司法权的除了法院，还包括一些非法院的国家机关，甚至某些非国家的社会组织；① 有的认为，司法就是"就一切具体的事实，宣告适用何法的活动"，司法是"发判决而适用法"，司法是"与制订抽象法规的立法相对而言，通过审判表现出来的国家作用"②，这也就是说，司法仅限于法院的裁判活动。西方国家大多将司法局限于法院审判。

笔者认为，要给"司法"下定义，就须将司法与一般的执法区分开来。司法活动是运用司法权进行裁判或监督法律实施的活动，其主要职能是依法解决争端。尽管从广义上讲，司法也属于法的适用的一种形式，但司法是一种特殊的执法活动，即司法是由专门的、享有司法权的机构具体运用司法权所从事的执法活动。其他执法机关包括政府部门及一些非国家的社会组织，如公证机关、仲裁机构等，虽也从事执法活动，但其本身并不是处理和解决争议的司法部门，不能依法亨有司法权，因而其活动不属于司法活动，而属于一般的执法活动。

广义上的执法是指一切执行法律的活动，包括国家行政机关、司法机关及其公职人员，依照法定职权和法定程序，贯彻执行实施法律的活动；狭义上的执法通常又称为"法的执行"或"行政执法"，是指国家行政机关及其公职人员依法定职权和程序，贯彻、执行法律的活动。

司法的最初功能是裁判案件，通过诉讼解决争议，用和平的、合法的途径而不是暴力的、任意的方式来解决纷争，不仅使

---

① 于慈珂：《司法机关与司法机关组织法论纲》，《现代法学》1993 年第 2 期。

② 龚祥瑞：《现代西方司法制度》，北京大学出版社 1993 年版，第 19 页；董番舆：《日本司法制度》，中国检察出版社 1992 年版，第 9 页。

各类冲突可以和平的方式得到解决，社会秩序得以维持，受害人获得必要的补偿，而且通过诉讼解决争议，可以使人类的行为得以规范。司法裁判是一项神圣的活动，它涉及到法律关系主体的权利义务、财产权、自由权乃至生存权的予夺，必须且只能由国家授权专门的司法机构来从事司法活动。

需要明确的是，有些学者认为我国公安机关、国家安全机关、司法行政机关等也是司法机关。这是值得商榷的。尽管公安机关享有对具体刑事案件的立案侦查权，但公安机关只是人民政府的职能部门，属于行政机构，依法不能享有司法权，因而公安机关的执法行为不属于司法的活动范围。

简言之，司法是指依法享有司法权的国家机关，依据法定的职权和程序处理诉讼纠纷的活动。它具有如下特点：（1）它是与立法相对应的活动，即执行立法机关制定的法律法规的活动；（2）它是由专门的机构所从事的适用法律的活动；（3）它是司法机关依法解决具体争议和冲突的活动；（4）它是以依法公正裁决纠纷为目的的活动。

二　司法权

司法权就是国家司法机关依照法律规定和法定程序行使审判权和检察权，解决各种法律关系主体之间发生的各种争议的权力。从广义上来说，司法权包括审判权和检察权；狭义上仅指审判权或裁判权。审判权是司法权的核心权能。司法本质上就是由司法机关代表国家对各类纠纷所进行的居中裁判，这种裁判对争议的双方都具有拘束力，司法的固有权限就是裁判权。我国的司法权包括审判权和检察权两部分。中共十五大报告明确指出："推进司法改革，从制度上保证司法机关依法独立公正地行使审判权和检察权。"可见，中共的正式文件也是把司法权理解为审判权和检察权。

在西方，关于检察权是否属于司法权，不同的国家体例不一。在英美法系国家，检察权仅仅是侦查权和公诉权，检察机关直接设立于司法行政机关，专门担负着提起公诉的任务，不属于司法机关。在大陆法系国家，如法国虽然检察机关的机构设在法院，但属于政府派驻机构，检察机关隶属于司法行政机关，受司法行政机关的领导。一些西方国家宪法明确把司法权归属于法院。如美国联邦宪法规定："合众国的司法权，属于最高法院和国会规定和设立的下级法院。"德国联邦基本法规定："司法权赋予法官，由联邦宪法法院、本基本法规定的联邦法院和各州法院行使。"①

随着现代社会立法和司法的发展，司法权也不限于审判权和检察权，还包括宪法和法律的解释权、违宪审查权，甚至还包括司法行政权。尽管我国宪法未采纳三权分立的体制，但宪法仍然区分了立法和司法的职能，司法权是相对于立法权的一种权力，司法权的设定旨在使司法机关依据法律规定解决纠纷。

从权力特征上来看，司法权是一种国家权力或者称为公权力，是国家的一种职能的表现。国家通过建立专门的司法机关并赋予其司法权，从而实现国家的职能。司法权从根本上来说是由国家主权派生的，司法机关在行使司法权的过程中依法作出的决定具有国家强制力，当事人必须遵照执行。

司法权必须由专门的国家机关享有并行使，其他任何机关都不得分享这种权力。在任何一个国家内部，司法权都是统一的，决不能由过多的国家机关享有并行使。如果司法权过于分散，不仅不能形成对公民权利的保障，反而会严重妨碍公民的人身自由权和财产权，而且不可能实现司法的公正。还须注意的是，为了保障司法机关正确行使司法权，法律要求司法机关必须依法独立

---

① 姜士林主编：《世界宪法全书》，青岛出版社1997年版，第1618、802页。

地行使司法权，而不受任何机关和个人的干涉。

司法权与立法权相比，其不同特点在于司法权不可能像立法权那样为社会全体成员的一般行为制定抽象的统一的规则，司法机关对法律的解释以及司法判决也可能具有规则的效力，但这只是针对个别的、具体的案件而适用的规则，司法绝不能像立法那样具有造法功能。

司法权与行政权相比，其不同的特点在于司法权是被动的权力，即法院不能主动受理争议，只有当争议发生后，当事人或检察院向法院提出请求时，法院才能行使司法权，也就是法院通常不主动干预某种行为，也不能主动地发动某种诉讼，而必须由当事人或检察机关发动诉讼；而行政机关必须主动作为，必须积极执行法律，管理各种行政事务。

在民主法治国家，司法权是维护法律实施和社会正义的最后一道防线，是公正地解决各种法律关系主体之间所产生的各种纠纷的重要手段。司法权的地位和作用，与各国社会经济生活条件和历史文化传统具有一定的联系。在西方国家的历史上，社会成员大多主张通过诉讼来解决争议；而在中国，司法权在解决争议中的作用远不如西方国家司法权所发挥的作用大。在人类进入到市场经济以后，司法权在解决社会争议中的作用越来越重要。

三 司法体制

司法体制在维护社会秩序稳定，促进社会经济持续、健康、高效的发展，保障社会生活稳定、有序的进行，确保司法公平、公正、正义等方面，发挥着极其重要的作用。

所谓司法体制，又称为司法组织制度，通常是指国家司法权配置的范围以及行使司法权的国家司法机关的职权划分及其相互关系。从狭义上说，"体制"就是指机构设置及其权限。司法体制就是指司法机构的设置和司法权力的配置。政治体制不同的国家，其司法体制也表现出巨大差异。如西方国家普遍实行的是三权分立政治体制，司法权并列于立法权、行政权，制约着立法和行政，而且司法权就是指适用法律解决纠纷的审判权。因此，西方国家的司法机关就是指审判机关，权力较大，法院不仅有行政审查权，而且最高法院或者宪法法院还有违宪审查权，审查国会立法以及行政机关立法是否违宪，如果违宪，就宣布该法无效。

在我国，司法体制是由行使审判权的人民法院和行使检察权的人民检察院分别行使国家司法权的司法组织制度。我国的政治体制是人民代表大会制度下的权力分工制度。根据这种制度，国家的一切权力属于人民代表大会，由人民代表大会行使国家的立法权和法律监督权，由人民代表大会产生行政机关、审判机关和检察机关。"一府两院"都对人民代表大会负责，受人民代表大会监督。在司法体制上，根据法律的规定，人民法院是国家的审判机关，人民检察院是国家的法律监督机关，都属于国家司法机关。这样，在我国就有了两大司法机关，这是我国司法体制的一个显著特色。

因此，世界各国大都十分重视司法体制的改革和建设，并根据自己的法律文化传统和经济、政治生活的需要，来设计符合本国、本地区特点的司法体制。

四 司法制度

所谓司法制度，是关于司法机关的性质、地位、职权、任务、组织、人员以及活动原则和运行程序等各方面制度的总称。司法制度范围比司法体制范围要宽泛得多，它不仅包括司法机构设置和司法权力配置，还包括司法人事制度、司法活动制度及活动程序制度等。

尽管各国的司法制度存在着较大的差异，但通常具有如下共同内涵：（1）关于司法机关的制度；（2）关于司法机关的司法权的制度。这里包括司法机关司法权的种类、范围、行使原则和监督制约等多方面的内容；（3）关于司法机关运用司法权进行司法活动的制度。其中最核心的是司法活动程序规范。

应当指出的是，上述司法制度的概念是从严格意义上来界定的。有些与司法活动相关的制度，如侦查制度、监狱制度、律师制度等，从严格意义上讲不属于司法制度。但这些制度与司法活动有密切关系，是有关司法的制度，或者说是属于司法辅助制度，从宽泛意义上讲，将其包容于司法制度范畴之内亦未尝不可。本章是从严格意义上来比较中外司法制度的。

司法制度不是从来就有的，而是人类社会发展到一定历史阶段的产物，是随着阶级的产生、国家的形成、法律的出现而产生和形成的一种政治现象。"公力救济"和"法律调节"的出现，标志着司法的产生。随着司法的产生，司法制度也就开始形成。司法制度的性质从根本上来讲，是由其赖以建立的经济基础性质所决定的；同时也是由建构它的统治阶级本质所决定的。人类社会迄今经历了奴隶制、封建制、资本主义和社会主义四种历史类型的司法制度。前三种都是建立在生产资料私有制的基础之上，属于剥削阶级类型的司法制度。当然，剥削阶级类型的司法制度彼此间也存在着较大差异。就资本主义司法制度而言，要比奴隶制、封建制司法制度进步得多，特别是当今西方发达国家已经形成了一整套相对完备的司法制度。社会主义司法制度与剥削阶级类型的司法制度有着根本不同，它建立在以生产资料公有制为主体的社会主义经济基础之上，体现了工人阶级和广大劳动人民的利益和意志，在总体上是各种司法制度中最为进步的历史类型。但我国司法制度诞生于经济文化较落后的社会背景下，并受着计划经济的严重影响，因而也有许多不完善的地方。

　　司法制度具有广泛的社会作用：首先，它维护特定阶级的利益；其次，它巩固和发展特定的经济基础。再次，它服务于特定的政治体制。

　　具体来讲，司法制度有以下主要功能：①分界功能。即将司法系统与非司法系统或外界环境、司法机关与非司法机关、司法人员与非法司法人员等区分开，并界定这些机构和人员各自的权利与义务。②组织功能。即建构司法组织，确定司法组织的内部构成和职责权限；建构司法体制，确定各级各类司法组织的权力范围和相互关系；录用司法人员，确定各级各类司法人员的责、权、利。③输入功能。即对外界向司法系统提出的各种诉求进行甄别，首先将其区分为可受理与不可受理诉求，继而将可受理诉求区分为刑事的、民事的、行政的等，并确定具体由哪一级、哪一个机构来受理及受理的手续和程序。④过程功能。即开动司法机器，运转司法程序，贯彻司法原则，保证司法活动按照原则和程序进行，在某一特定过程结束时作出相应的司法决策。⑤执行功能。主要是通过对诉至司法机构争议的裁决来执行立法机关和行政机关制定的法律、法规。

第二节　司法原则

　　司法原则是指贯穿整个司法活动的基本准则。它由司法活动的目的和价值取向所决定，同时受到特定的经济、政治体制模式和历史文化传统的强烈影响。中国和西方国家的司法原则既有共同性的一面，也存在差异性的一面。

一　西方国家的司法原则

　　西方各国的司法原则不尽相同，在此问题上主要有以下几种主张：（1）西方司法原则包括公平正义、司法独立、程序公正、平等保护四个方面；[①]（2）西方司法原则包括司法独立、司法民主、法律面前人人平等、公平审判等；[②]（3）西方司法原则有法治、独立审判、法律面前人人平等、公平审判、权利平等、民主审判等；[③]（4）西方司法原则分普适性原则和特适性原则两部分，前者包括司法独立、司法合法、司法平等、司法权威、司法民主、司法被动和司法约束七种原则，后者包括无罪推定、罪刑相适应、嫌疑人不得自证为罪、不得重复处罚、自由心证以及独立适用于控方的起诉便宜主义、起诉状一本主义等七种原则。[④]笔者认为，西方国家的司法原则主要有司法公正、司法独立、法律面前人人平等、审判公开等。

（一）司法公正

公平和正义是人类社会永恒的主题之一，也是法的基本价值之一。大约从法和法的概念产生时起，人们就赋予了法以公平与正义的内涵。在中国，法字的古体是"　"，据东汉许慎《说文解字》的解释："　，刑也，平之如水，从水；　，所以触不直者去之，从去。"法字从"水"，象征法的公平；法字从"　"，从"去"，则又显示了法的正直与正义。[⑤]在西方，与汉字"法"相应的拉丁文（jus）、法文（droit）、德文（recht）、意大利文（diritto）、西班牙文（derecho）、葡萄牙文（direito）等，

---

①　李步云主编：《宪法比较研究》，法律出版社 1998 年版，第 892 页。

②　龚祥瑞、罗豪才、吴撷英：《西方国家的司法制度》，北京大学出版社 1980 年版，第 79—122 页。

③　龚祥瑞：《西方国家的司法制度》，第 83—150 页。

④　郭成伟主编：《外国司法制度概要》，江苏人民出版社 2001 年版，第 1 页。

⑤　参见张晋藩：《中国法律的传统与近代转型》，法律出版社 1997 年版，第 54 页。

均含有公平和正义之意。① 早在公元之初的古罗马，就流传着"正义只有通过良好的法律才能实现"，"法律是善良和正义的艺术"等法学格言。在现代社会，公平和正义更成为各民主国家司法活动所要追求的总目标和所要遵循的总原则。

公平正义作为司法活动的总原则，其含义极其广泛。西方有些学者侧重于实体方面，如有的认为，同专制相反，公平正义乃是对法律的正确适用。也有的认为，一条一般规则在根据其内容而应得到适用的所有场合中都予以严格适用，就是正义的。更多的侧重于程序方面，如有的认为正义在诉讼中主要包含如下两个意思：一是审判官不能自己审理自己，不得审理与自己有利益关系的案件，审判官应该是公正无私的；二是应该平等地通知当事人各方，让他们准备陈述或答辩，允许被告为自己辩护，给当事人以同等机会和权利来接受审判。② 也有的认为，公平原则是指程序应当公平、平等地对等当事人，它包括以下三个分原则：一是解决争执者应保持中立；二是在审理过程中，双方都应提供信息；三是各方起码应知道他方提供的信息，并有机会对之发表自己的意见。③ 还有的把公平正义原则概括为：法院公开审判；当事人有权请辩护律师；原告负举证责任；陪审团参加裁定；判决书要写判决理由；判决书公开；当事人有上诉权利等。④

公平正义作为司法活动的总原则，除了通过司法独立、审判公开等各个司法原则体现出来外，还具体体现为公正或正义的法

---

① 参见沈宗灵主编：《法学基础理论》，北京大学出版社 1988 年版，第 27 页；孙国华主编：《法理学》，中国人民大学出版社 1994 年版，第 47 页；李龙主编：《法理学》，武汉大学出版社 1996 年版，第 20 页。

② 参见龚祥瑞、罗豪才、吴撷英：《西方国家的司法制度》，第 115—116 页。

③ ［美］迈克尔·贝勒斯：《法律的原则——一个规范的分析》，中国大百科全书出版社 1996 年版，第 35—36 页。

④ 参见李步云主编：《宪法比较研究》，第 892 页。

院、公正的诉讼程序、公正的处理和法律援助等。

西方国家法院的标记大多是一把宝剑和一架天平，宝剑代表国家权力的威严，天平代表不偏不倚和绝对的公正。许多西方国家把法院直接叫做公正法院或正义法院，其意主要是指法院的设置和活动必须合乎宪法和法律，只有这样的法院才能正确行使审判权，凡非法和私设的特别法庭皆在排斥和禁止之列。① 如英国《权利法案》规定："设立审理宗教事务之钦差法庭之指令，以及一切其他同类指令与法庭，皆为非法而有害。"② 德国现行基本法规定："（1）禁止另设其他法院。任何人不得逃避法定法官的审判。（2）关于特别法院只能根据法律设立之。"③ 瑞士现行宪法规定："任何人对其合乎宪法的审判权不得加以剥夺；因此，不得设立特别法院。教会裁判权应予禁止。"④ 在西方，合法的法院就是公正和正义的法院，公民受这种法院的公平审理是一种权利、一种法律救济，因而不得被剥夺。

公平的诉讼程序包括控诉、申诉、上诉、辩护等权利及一事不再理、无罪推定等原则和制度;⑤ 诉讼程序中的公正主要包含两方面的意思：一是公平，即秉公执法、公正无私；二是平等，即平等待人、不偏不倚。为保证公平，凡是与本人有关的案件，当事人不能自断；断案必须听取纠纷当事人双方的意见。⑥ 为保证平等，诉讼程序对任何人必须同等待遇，一视同仁。意大利现

① 龚祥瑞、罗豪才、吴撷英：《西方国家的司法制度》，第115—116页。
② 董云虎、刘武萍编著：《世界人权约法总览》，四川人民出版社1991年版，第241页。
③ 北京大学法律系宪法教研室、资料室编：《宪法资料选编》（五），北京大学出版社1981年版，第130页。
④ 同上书，第85页。
⑤ 龚祥瑞、罗豪才、吴撷英：《西方国家的司法制度》，第118页。
⑥ 同上书，第127页。

行宪法规定："每人均可按司法程序来保护自己的权利和合法利益。"①

公正处理案件是公平正义原则的最终体现。法国的《人权和公民权宣言》规定："法律对于所有的人，无论是施行保护或处罚都是一样的。"类似这样的规定，西方各国有许多。其目的无非是保证同样的事情得到同样的处理，不因当事人的种族、性别、信仰、经济状况等的不同而不同。然而在现实社会生活中，当事人的经济状况往往是影响其能否获得公正处理的一个重要因素，富人有钱请律师为自己处理法律事务和打官司，穷人则请不起。为解决这一问题，现代西方各国都建立起了法律援助制度，即由政府出钱请律师或直接指派律师支援穷人打官司。但这仍不能从根本上解决穷人打不起官司的问题，绝大多数穷人因打不起官司而回避官司。律师不愿为穷人打官司，即使打官司也只是走过场。

司法公正是社会公正的最后一道屏障，司法不公是社会最大祸害。培根说："一次不公的（司法）判断比多次不平的举动为祸尤烈。因为这些不平的举动不过弄脏了水流，而不公的判断则把水源败坏了。"② 一方面，司法公正是现代社会全人类共同的追求和理想；另一方面，世界各国也都不同程度地存在着司法不公问题。在西方国家，法律制度打上了金钱的烙印，也许是造成司法不公的一个重要原因。

（二）司法独立

司法独立原则是18世纪法国启蒙思想家孟德斯鸠在阐述三权分立的学说时提出来的。他认为，一个国家有立法权、行政

---

① 董云虎、刘武萍编著：《世界人权约法总览》，四川人民出版社1990年版，第336页。

② 水天同译：《培根论说文集》，商务印书馆1983年版，第193页。

权、司法权三种权力，为保障公民的政治自由，必须实行三权分立。因为"当立法权和行政权集中在同一个人或同一个机关之手，自由便不复存在了。因为人们将要害怕这个国王或议会制定暴虐的法律，并暴虐地执行这些法律。""如果司法权不同立法权和行政权分立，自由也就不存在了。如果司法权同立法权合而为一，则将对公民的生命和自由施行专断的权力，因为法官就是立法者。如果司法权同行政权合二为一，法官便将握有压迫者的力量。""如果同一个人或是由重要人物、贵族或平民组成的同一个机关行使这三种权力，即制定法律权、执行公共决议权和裁判私人犯罪或争讼权，则一切便都完了。""同一个机关，既是法律执行者，又享有立法者的全部权力。它可以用它的'一般的意志'去蹂躏全国；因为它还有司法权，它又可以用它的'个别的意志'去毁灭每一个公民。"①

　　英国《王位继承法》规定，国王除非经上下两院的请求，不得将法官免职，意在排除国王和行政机关对司法的干涉。这可说是历史上第一次以立法形式对司法独立的规定。孟德斯鸠借鉴英国经验并加以发挥，将司法独立的思想条理化、系统化，从而为以后一系列西方国家确立司法独立原则奠定了理论基础。此后，司法独立原则逐渐被西方许多国家立法所确认。1787 年美国宪法规定：司法权只属于各级法院。1791 年法国宪法规定：在任何情况下，司法权不得由国民议会和国王行使。1947 年意大利宪法规定：法官只服从法律。1949 年德国基本法规定：法官具有独立性，只服从法律。

　　在西方国家，司法独立的基本含义是法院、法官独立地行使司法权，法院、法官的审判活动只服从法律，不受外来干涉。司法独立可分为外部独立和内部独立。司法外部独立是指司法权与

---

① ［法］孟德斯鸠：《论法的精神》上册，商务印书馆 1961 年版，第 156 页。

行政权、立法权以及其他一切社会政治权力或社会组织的分离，同时法官在审判中只能服从法律和事实，不受任何外来的干涉，并且保持中立。司法的内部独立是指法院内部的法官在依法行使审判权的过程中，不应当受到来自法院内部的其他法官包括院长、庭长的干预，也不应该受到上级法院的干预。具体地讲，西方国家司法独立的含义包括：

第一，司法权由法院、法官独立行使。在一般情况下，无论行政机关还是立法机关，都不得享有司法权。当然，某些行政机构，如美国的一些独立行政机构，可能享有某种准司法权；个别国家的特定立法机构，如英国议会的上院，可能享有一定的司法权。

第二，法官独立审判，只依据案件事实，服从宪法和法律，不受外来干涉。任何人无权以任何方式干涉法官的审判，无论是其顶头上司（法院院长）还是其他国家机关、政党组织，即便是法院院长也不能干涉法官独立审判。

第三，只有上级法院或称为上诉法院才能依法对法官的法律观点和裁判结果进行约束。在美国，下级法院法官对案件的审判受到上级法院判决的约束，即必须遵从以前上级法院就同类或同样案件作出的判决中所包含的法律原则或规则。在德国，当事人提出上诉之后，上诉法院可宣布法官的某项法律观点有错误从而将案件发回重审。在这种情况下，法官在重新审判时就要服从上诉法院的法律观点。但上级法院对下级法院不能在其进行具体审判时进行干涉；上级法院对下级法院的未决案件不得就案情事实和处理意见下发指示。

第四，法官在审理案件中坚持独立，以确保公正。德国规定，每个法官在公开审判时都要进行宣誓："忠实于基本法，忠实于法律履行法官职务，用最好的知识与良心不依当事人的身份与地位去判决，只服从于事实与正义。"法官要时刻注意自己的行为不得违背独立性原则。"法官无论是从事份内工作还是份外工作，即使是进行政治活动，其行为都不得有损于对自己独立性的信任。"[1]

第五，法官在审判活动中享有司法豁免权。法官在审判活动中所发表的言论、所作出的行为，免受民事起诉。即便出现错误判决，法官也享有司法豁免权，不被追究法律责任。[2]

第六，陪审团、陪审员独立。有些国家，如美国，不允许本法院的官员或其他人员对陪审员施加影响，认为法官向陪审团发表有偏见的语言就是违反正当程序，对此被告律师可以要求法官回避。

为保证司法独立，西方国家制定了一些具体的制度，其中最重要的是法官职务固定和薪俸固定。

需要指出的是，1982 年在印度举行的国际律师协会第十九届会议通过了《关于司法独立最低标准的规则》，该规则后经联合国经济社会会议授权，于 1983 年 6 月在加拿大蒙特利尔由 26个国家和地区的代表参加的世界司法独立大会第一次会议上予以通过。根据该规则，司法独立的最低标准包括：（1）法官的实质独立，即指法官执行其职权时，除受法律及其良知的拘束外，不受任何干涉；（2）身份独立，指法官的职位及任期应有适当的保障，以确保法官不受行政干涉；对法官的任命须有法院成员和法律专家参与，法官职位的取得须由法院决定，对法官职务的提升应有法官参与进行，对法官职务的调动应由专门司法机构决定，法官的任职原则上应为终身职，法官的薪俸应得到充分保障，对法官的惩戒和免职应由专职审判人员参与；司法独立作为

---

① 载宋冰编：《程序、正义与现代化——外国法学家在华演讲录》，中国政治大学出版社 1998 年版，第 24 页。

② 龚祥瑞：《西方国家司法制度》，第 96、98 页；载宋冰编：《程序、正义与现代化——外国法学家在华演讲录》，第 456 页。

一种制度的设计，必须与一个国家的社会经济情况以及政治结构等相吻合；（3）整体的独立，指法官作为一个整体，应与行政机关保持集体的独立；（4）内部的独立，即法官在行使审判职能、制作司法裁判方面应独立于其同事及上级法院的法官。①

（三）法律平等

法律面前人人平等原则简称为法律平等原则，是近代资产阶级在反对封建专制主义的斗争中提出来的。资产阶级革命相继取得胜利后，法律面前人人平等被普遍地规定为一项重要的宪法原则。法国现行宪法明确规定：共和国"保证所有公民，不分出身、种族或者宗教，在法律面前一律平等"。瑞士现行宪法规定："联邦公民在法律面前一律平等。在瑞士没有地位、出身、身份或家庭的特权和臣属关系。""男人和妇女权利平等。"日本现行宪法规定："一切国民在法律面前一律平等。在政治、经济以及社会的关系中，不得因人种、信仰、性别、社会身份及门第不同而有所差别。"②

西方国家的"法律面前人人平等"原则包括了如下几方面内容：

第一，立法平等。所谓立法平等，是指在立法上确认公民享有亲自参与或授权参与国家立法活动的平等权利。如法国《人权宣言》规定：法律是公共意志的体现，公民都有权亲自或通过其代表参加法律的制定。③

第二，所有自然人的法律人格（权利能力）一律平等。这种权利能力生而具有，不以任何特定事实为条件，它实际上就是

---

① 转引自郭成：《外国司法制度概要》，江苏人民出版社 2001 年版。第 2—3 页。

② 姜士林主编：《世界宪法全书》，分别见第 885、1135、385 页。

③ 参见沈宗灵主编：《法理学》，北京大学出版社 1999 年版，第 142 页。

人权，即任何人都享有的做人的权利和资格。

第三，自然人中的所有公民都具有平等的基本法律地位。只要具有公民资格，就享有与其他公民平等的基本权利和平等的基本义务。西方国家在法律上规定人人都有平等的生命、自由和追求幸福等权利。联合国的诸多国际人权法规定了许多人人应当平等享有的权利。

第四，法律平等地对待同样的行为，即司法平等。所谓司法平等，是指对一切公民在适用法律上一律平等。具体地讲，包括以下几个方面的含义：（1）法律给予全体公民以平等的保护。（2）法律对全体公民统一适用。即法律的适用对任何人都是一视同仁的。任何人都有权不受歧视，任何人也不享有特权。对任何公民的合法权益，都依法加以保护；对一切公民的违法犯罪行为，都一律平等地追究法律责任。（3）当事人诉讼地位平等。

需要指出的是，西方国家的法律面前人人平等原则并没有也不可能全面实施，主要表现在：①公民参与立法的权利受着财产、性别、人种肤色、居住年限等的限制；②对选举权和被选举权这一最重要的政治权利由于"金钱选举"的因素，从而使许多普通劳动者的权利被不平等地剥夺；③对工人的结社权加以限制；④种族歧视的存在；⑤性别歧视的存在，妇女与男性在基本权利的享有方面在某些国家是不平等的；⑥法律适用方面的平等也受着财产、种族等方面的限制。

（四）审判公开

审判公开包含两层含义：一是审理和判决应当公开；二是犯罪的证据应当公开。1791年，美国国会通过宪法第6条修正案，使审判公开原则第一次为世界上一个国家的宪法所确认。到19世纪，法、德、日等国相继以立法的形式明确规定了审判公开的原则。到 20 世纪中叶，审判公开原则先后为一些重要的国际文件所确认，如《世界人权宣言》等。

审判公开是原则，但不是无限制的。西方各国都规定了对特定案件不予公开审理。如英国规定：有关国家秘密、少年猥亵、强奸等案件不公开审理；法国规定：案件的公开对社会秩序或道德风俗存在危害，法庭可以决定不公开审理。德国规定：为了保护被告人的隐私或者出于公共利益的考虑，有些案件可以不公开审理。日本规定：出于维护公共秩序或善良风俗的目的，对有些案件法院得进行不公开审讯。意大利规定：当公开审理有可能损害善良风俗、泄露国家秘密、对证人或当事人的隐私权造成影响、损害公共卫生时，法官可以决定法庭审理以不公开的形式进行。[①]

就对特定人员旁听审理的限制而言，英国规定：儿童除出庭作证外不得旁听。法国规定：审判长可以禁止未成年人或部分成年人旁听。意大利规定：未满 18 岁的人，受到防范处分管束的人和处于醉酒状态、中毒状态和精神失常状态的人不得进入法庭。

就对特定媒体报道审理的限制而言，美国规定：法庭不允许在诉讼进行期间在法庭内摄影或在法庭进行无线电广播。法国规定：自开庭时起，禁止使用任何录音和放音设备、电视或电影摄影机以及照相机，否则罚款 300 至 12 万法郎。但是，法庭审判长可以使法庭审理在其监督下使用录音机。录音机及其支架应当加封置于书记官能够看得见的地方。德国规定：无线电或电视传送以及为后来传播其内容的录音和拍片，均不允许。

---

① 董云虎、刘武萍编：《世界人权约法总览》，第 976 页。

二 中国的司法原则

对于我国的司法原则，国内学者有不同主张。这里主要阐述几个有中国特色的司法原则。

（一）以事实为根据，以法律为准绳

"以事实为根据，以法律为准绳"原则在我国的三大诉讼法中都有明确规定。以事实为根据，是指司法机关及其工作人员在审理案件时，只能以客观存在的案件事实作为依据，不能以主观想象或推测作为依据。它要求办案人员在查明案件真实情况的基础上，正确应用法律，对案件做出正确处理。如果认定案件的事实错了或不全面，就谈不上正确运用法律问题，也不可能对案件做出正确处理。正是从这个意义上说，事实是处理案件的根据，查明案情是正确处理案件的前提。坚持以事实为根据，必须依靠群众，调查研究，收集证据；必须注意防止先入为主，偏听偏信，主观主义的思想方法和作风；必须重证据不轻信口供。

以法律为准绳，是指司法机关及其工作人员在办理案件时，必须以法律（包括实体法和程序法）为标准，做到有法必依、执法必严、违法必究，不徇情枉法、营私舞弊或作出其他违法行为。它要求办案人员在查清案件事实的基础上，应当严格按照国家法律的规定，对犯罪分子判处应得的刑罚，对民事违法行为予以制裁，以保护国家和人民的利益，保障公民和当事人的合法权益。法律一经公布，就成为人们必须遵守的行为准则。任何人只要违反了法律，就必然会受到法律的严厉制裁。坚持以法律为准绳，对被告人定罪、量刑，对民事违法行为的制裁，必须是一个尺度、一个统一的标准，必须保持司法机关依法独立行使职权，不受其他机关、团体和个人的非法干预和影响，坚决反对徇私枉法。

事实是根据，法律是准绳，这两者是相互联系的，任何一个方面都不能忽视。如果只强调以事实为根据，忽视以法律为准绳，审判就没有统一标准；反之，如果强调以法律为准绳，而忽视以事实为根据，案件事实没有查清，就根本谈不上正确应用法律。无论出现哪一种倾向，其结果都会把办案工作引向错误。

值得注意的是，"以事实为根据，以法律为准绳"的原则，适用在已处理过的案件上，表现为"实事求是，有错必纠"原则。我国参与的《公民权利和政治权利国际盟约》规定："任何人已依一国的法律及刑事程序被最后定罪或宣告无罪者，不得就同一罪名再予审判或惩罚。"① 此规定与我国现行《刑事诉讼法》中的有关规定不尽一致，这意味着我国有可能在将来适当的时候对现行《刑事诉讼法》中的有关条款进行修改。

(二) 司法机关独立行使职权

在我国的法律法规中，至今尚未有关于"司法独立"的提法，但对"司法机关依法独立行使职权"却基本上一直是推崇的，只是在不同历史时期具体提法有所不同。1954 年《宪法》和《人民法院组织法》都明确规定："人民法院独立进行审判，只服从法律。"1975 年和 1978 年《宪法》取消了这一规定，理由是：审判独立是资产阶级法学观点，这样规定会混淆我国人民法院独立进行审判与资本主义国家"司法独立"本质上的不同。1979 年《人民法院组织法》恢复和沿用了 1954 年《宪法》和法律的规定。但在 1982 年修改《宪法》时，修宪者认为 1954 年《宪法》规定有些绝对。"人民法院独立进行审判，只服从法律"照字面意思理解，法院是完全独立的；但根据我国实际情况，法院进行审判要接受党的领导，还要接受国家权力机关的监督。基于这一考虑，明确规定"人民法院依照法律规定独立行使审判权，不受行政机关、社会团体和个人的干涉"。这也就是说，行

---

① 北京大学法学院人权研究中心编：《国际人权文件选编》，北京大学出版社 2002 年版，第 21 页。

政机关、社会团体和个人无权干涉人民法院的审判工作，至于国家权力机关、检察机关、执政党，则可通过合法途径对法院的审判工作进行干预。显然，我国的"司法机关依法行使职权"原则与西方国家的"司法独立"原则是有区别的。

近年来，"司法独立"不再是理论禁区，有许多学者论证"司法独立"不姓资，[①] 并开始设计我国实施司法独立的步骤。随着我国司法改革的逐步推进和我国司法制度逐步"与国际接轨"[②]，我国正式、明确地规定并实施司法独立原则是可能的。但是，由于社会制度、意识形态、历史传统、知识背景等诸多方面的差异，我国在司法独立问题上的具体做法与西方国家仍会有很多不同，在吸取外国好的东西的同时仍需要保持自己某些被实践证明是正确的中国特色。

（三）公民在适用法律上一律平等

法律面前人人平等，是我国的一项重要宪法原则和法律原则。我国 1954 年《宪法》、第一部《人民法院组织法》和《人民检察院组织法》都规定了公民"在适用法律上一律平等"，把法律平等作为一条重要的司法原则确定下来。这一原则在"文革"期间受到了否定，直到 1979 年在《刑事诉讼法》、《人民法院组织法》和《人民检察院组织法》中才重新得到确认。1982年《宪法》恢复了 1954 年《宪法》的规定："中华人民共和国公民在法律面前一律平等。"

需要指出的是，我国的法律面前人人平等原则主要是指公民在适用法律上人人平等（即公民的合法权利同样受法律的保护，

---

① 参见蒋德海：《司法独立不姓资》，《探索与争鸣》1998 年第 7 期。

② 1985 年联合国预防犯罪和罪犯待遇大会通过了《关于司法机关独立的基本原则》，1987 年联合国经济与社会理事会通过了《世界司法独立宣言》（草案），1993 年第五届亚太地区首席大法官会议通过了《审判独立原则声明》（草案）。

任何人的违法行为都将受到法律同样的追究），而不包括在立法上的人人平等和事实上的人人平等以及担任官职上的平等。

中国法治社会里的"法律面前人人平等原则"的应有之义包括：（1）公民都依法享有亲自参与立法权，或者授权他人代为参与立法的权利；（2）社会赋予公民同等的发展机遇和机会；（3）公民都有按照才德担任国家官职的平等权；（4）待遇上的平等；（5）法律适用上的平等。

（四）审判公开

新中国建立后，审判公开原则在1954年《宪法》中有了明确规定："人民法院审理案件，除法律规定的特别情况外，一律公开进行。""文革"时期，1975年《宪法》以"实行群众路线"、"发动群众讨论和批判"取代了"审判公开"。"文革"结束后，审判公开原则得到重新肯定。1982年《宪法》以完全相同的文字表述恢复了1954年《宪法》的规定。此外，在《人民法院组织法》、三大诉讼法都规定了审判公开原则。

但我国法律规定：有关国家秘密或个人隐私的案件，不公开审理；14岁以上不满16岁未成年人犯罪的案件，一律不公开审理；16岁以上不满18岁未成年人犯罪的案件，一般也不公开审理；离婚案件，涉及商业秘密案件，当事人申请不公开审理的案件，可不公开审理。

尽管从法律规定上看我国对审判公开的范围和程度的限制较少，只规定有对特定案件公开审理的限制，未规定有对特定人员旁听审理的限制和对特定媒体报道审理的限制，但长期以来，在司法实践中审判公开受到的限制却较多。如相当多的法院在公开审判案件时法庭门口由法警把守，一般公民和新闻记者并不能自由地入内旁听或采访。

（五）诉讼以民族语言文字进行

诉讼以民族语言文字进行原则，是指各民族公民有权使用本民族的语言文字进行诉讼活动。我国《人民法院组织法》、三大诉讼法都规定：各民族公民都有用本民族语言文字进行诉讼的权利。司法机关和司法人员对于不通晓当地通用的语言文字的诉讼参与人，应当为他们翻译。在少数民族聚居或者多民族杂居的地区，应当用当地通用的语言进行审讯，用当地通用的文字发布判决书、布告和其他文件。

诉讼以民族语言文字进行的原则，是我国民族平等政策在司法制度中的体现。我国现行《宪法》规定：各民族一律平等，各民族都有使用和发展自己的语言文字的自由。诉讼以民族语言文字进行的原则，正是保证各民族在一切权利平等方面的一个重要环节。

在国际上，诉讼采用语言文字方面有两种制度：一种是国语制，即国家所宣布通用的语言文字；另一种是地方语言制，即使用当地居民统一的语言文字。资本主义国家和旧中国国民党都规定在诉讼中采用国语制。如美国法院对黑人进行审判时，黑人必须用英语进行辩论；意大利诉讼法规定，法院审理案件时应用意大利语。

诉讼以民族语言文字进行的原则，为社会主义国家的性质所决定，只有在人民民主专政的社会主义国家，才能真正实现这一民族平等的原则。认真贯彻这一司法原则，有着非常重要的现实意义：一是对于保证我国民族平等政策的正确贯彻实施，提高各少数民族公民的主人翁责任感，调动一切积极因素，同心协力，搞好社会主义现代化建设，有着巨大、深远的影响；二是有利于司法人员深入群众、依靠群众广泛进行调查研究，从而可以保证案件能够顺利进行和正确处理；三是有利于保障少数民族公民能够平等地享受一切诉讼权利，尤其是保护被告人的辩护权；四是可以更好地发挥审判活动的教育作用，密切法院和当地居民的联系。

第三节 审判制度

所谓审判制度，是指在一定的历史条件下，掌握国家政权的统治阶级，为保障用以维护本阶级利益的国家法律的全面实施而确立的关于国家审判机关的性质、组织结构、职能和审判程序等方面制度的总称。审判制度是一国司法制度的最重要部分。审判制度的作用主要体现在：维护掌握政权阶级的政治统治；维护和发展一定阶级的经济基础；打击各类违法犯罪活动；维护社会秩序；确保国家、集体财产和公民个人的合法财产不受侵害；保障公民的人身权利、民主权利和其他一切合法权益；教育人们遵纪守法，增强人们的法律意识，促进物质文明、政治文明和精神文明的协调发展等。尽管各国审判制度的作用基本相同，但其内容不尽相同，特别是我国与西方国家的审判制度有着更多的不同之处。

一 西方国家的审判制度

（一）西方国家审判机关的建立和特点

审判是国家对因社会冲突而引起的纠纷案件的审理和裁决，是国家权力在冲突解决领域最集中的体现。因此，公共权力的代表——国家的产生是审判制度产生的逻辑前提。审判制度产生的标志在历史上表现为冲突解决的"私力救济"方式的结束，"公力救济"的诉讼形式的确立。然而，自国家产生以来，审判权在国家权力体系中的地位，体现国家不同权能的部门间的关系及其发展、演变规律，却从根本上决定了审判制度的发展演变轨迹。基于此，我们将审判制度的演变过程分为三个阶段：第一阶段，审判制度的产生，时间上为原始社会末期向奴隶社会转化时期，与国家的出现时期相一致，其标志为诉讼形式的确立。第二阶段，审判权与行政权混而不分阶段。表现为审判权隶属于行政权，标志为审判机关和行政机关主体的同一性，二者在组织结构上虽有区别，但在职权上行政机关广泛涉足审判领域，审判机关失去独立性，在时间上，第二阶段跨越了奴隶社会和封建社会两个阶段。第三阶段，审判权与行政权完全分离阶段，时间上为资产阶级政权确立至今，表现为审判机关、行政机关、立法机关职能的彻底分化，标志为立法权、行政权、审判权分别由三个不同的彼此独立的机关行使。

针对封建专制社会政权、教权与审判权混合而造成的封建司法专横，对公民自由践踏的危害，资产阶级在夺取政权以后，对旧的审判制度进行了彻底的改造，按照资产阶级启蒙思想家所倡导的"三权分立"原则，设立了自己的审判机关，创建了自己的审判制度。

西方国家的审判制度具有如下共同特点：

1. 实行审判独立

西方国家实行三权分立体制，审判权由法院、法官独立掌管，既独立于行政机关，也独立于立法机关。

2. 实行法律面前人人平等的原则

3. 实行无罪推定原则

即判决未生效前，应当推定被告人无罪，证明被告人有罪的责任由控诉方承担，被告人没有义务提供自己无罪的证据；法官不能确定被告人是有罪时，应当作出有利于被告人的判决。

4. 实行审判公开制度

即除法定的特殊情况外，审判活动应当公开，允许公众旁听，允许新闻记者采访报道，所有的审判结果均向社会公开。

5. 实行法官自由心证制度

即一切诉讼证据的证明力大小及如何运用，法律预先不作规定，一概由法官自由判断和取舍。法官通过对证据的审查判断所形成的内心信念，称为"心证"，"心证"达到深信不疑的程度，叫做"确信"。法官审判案件只根据自己的心证来认定案件事实。

资产阶级两大法系的审判制度既有相同之处，也有许多不同的特点：

一是在法院审判时依照的法源方面，大陆法系的法院审判案件时，以现行的成文法为依据，只有在某些社会关系没有法律调整的时候，才可依照社会习惯和资产阶级法学理论来处理。法官在审判实践中，将一些比较典型的判决作为对法典的一种解释和补充，形成判例，供其他法官在审理同类案件时作为参考依据。但判例在大陆法系国家审判中没有普遍的法律效力。在英美法系国家，法官审理案件所依据的主要是判例法。判例法就是法官从判决中推出的法律规则。法官的判决本身不仅适用已有的法律原则，而且也起着宣示法律原则，解释制定法的作用。英美法系国家强调"遵守先例"的原则，即根据判例法，寓于某一判决书的法律原则，不仅适用于该案，而且往往成为一种先例，成为以后法院所必须遵循的判例。

二是在法律结构方面，大陆法系国家的法律结构一般比较单纯，除制宪机关制定的宪法，还有议会通过的条约、普通法律和行政机关颁布的行政法规，都是成文法，很少表现为判例法，并且一些基本法通常采用系统完整的法典形式。而英美法系的法律结构是由许多形式不同、来源不一的法律命令组成的，其中主要是判例法和制定法两种，判例法产生于法官判决，也就是法官从判决中推出的法律规则。而制定法，虽然同大陆法系国家一样，都是由立法机关制定的，但却不同于大陆法系的制定法，只是法规汇编而已。

三是在违宪审查方面，大陆法系国家大都设立专门法院来行使违宪审查权，保障宪法实施。而在英美法系国家，如英国，没有成文宪法，也就不发生宪法地位高于一般法律的问题，从而也不存在对一般立法的违宪审查问题。与英国不同，美国有成文宪法，违宪审查是美国政治和法律制度的一大特点。虽然美国宪法没有明确规定违宪案件由哪个机构裁决，但在审判实践中是由联邦最高法院审理的。

四是在行政审判方面，大陆法系国家对于涉及国家机关之间或者公民对国家机关、官员行使公务等方面所发生的诉讼案件，由专门的行政审判机关来审理。而在英美法系国家传统上并无普通法院和行政法院之分，普通法院处理所有类型的案件，适用统一的诉讼程序，有关行政机关的行政活动的案件，就像一般民事、刑事案件一样，由普通法院受理。

五是在法律范畴方面，大陆法系通常将法律严格区分为公法与私法，有作为一个部门法的民法，并编纂完备的民法典。而英美法系对公法和私法的区别并不明确，甚至有时会出现公法和私法混同的现象，其国家法律中没有作为一个部门法的民法，而以财产法、契约法等许多部门法调整财产关系。

六是在诉讼程序方面，英美法系重视程序法，其诉讼程序以原告、被告及其辩护人和代理人为重心，法官只是双方争论的"仲裁人"，而不能参与争论，与这种对抗式（也称抗辩式）程序同时存在的是陪审团制度，陪审团主要负责作出事实上的结论和法律上的基本结论，法官负责作出法律上的具体结论，即判决。而大陆法系则重视实体法，其诉讼程序以法官为重心，突出法官的职能，具有纠问程序的特点，而且多由法官和陪审员共同组成法庭来审判案件。

（二）西方国家审判机关的组织结构和职权

1. 西方国家审判机关的组织结构

法院的组织结构，是指法院机构的设置，具体包括法院的种类、法院的纵向组织结构、法院的横向组织结构三个方面。

按照不同标准，可将西方国家的法院分为不同种类：从审级来分，可分为初审法院、上诉法院和终审法院。从法院管辖案件范围的性质来分，可分为普通法院和专门法院。普通法院可受理各种公法和私法上的争讼案件；专门法院主要是处理公法范围内的行政争讼和宪法争讼。从国家结构形式来划分，可将法院分为单一制法院和双轨制法院，这种划分仅适用于普通法院。单一制法院，是指各级普通法院统一于全国最高法院之下，形成一个完整的系统，如英、日、法等国；双轨制法院大体上有三类：① 联邦法院与州法院并存；② 只有一个单一的法院系统，法官由联邦政府任命；③ 介于上述两者之间，每个州或省各有自己的法院系统，处理联邦和州的各种法律问题。

从纵向组织结构看，西方各国法院都由初审法院、上诉法院、终审法院（最高法院）构成严格的金字塔形的审级机构。数量众多的初审法院居于金字塔的底层，数量较少的上诉法院居中，唯独最高法院居于金字塔的顶端。这种结构便于上级法院对下级法院的审判监督，保证法律实施的统一性；避免把冲突的最后处置权一次性地委托给了某一法官，最大限度地减少错判发生的可能性；便于当事人诉讼；允许上诉，从制度上保证当事人诉权的充分实现，体现诉讼的公正性和民主性。

从横向组织结构看，西方国家两大法系的审判机关存在着差异，如大陆法系国家通常设立宪法法院、行政法院和普通法院等审判机关，表现为多重法院体系；而英美法系国家的法院体系比较单一，通常没有设立专门的宪法法院和行政法院，违宪案件通常由联邦最高法院审理，行政案件则由普通法院运用普通程序审理。即使是同一法系的国家，其审判机关也不尽相同，如同为大陆法系国家，法国的审判机关分为普通法院和行政法院，并且还设立了宪法委员会，专门行使违宪审查权。在德国，除设立联邦宪法法院外，审判机关分为联邦法院和州法院，联邦设立联邦最高法院、联邦行政法院、联邦劳动法院、联邦社会法院和联邦财税法院；各州设立普通法院、行政法院、劳动法院、社会法院和财税法院5种专门法院。

在内部结构方面，西方国家每个法院都有相应的审判机构和审判人员，这些机构和人员之间存在着分工和制约，从而形成与法院外部结构相似的内部结构。

西方两大法系国家法院体系尽管存在某些相似之处，但其在结构体系上的差异仍然是很大的：如是单一的法院体系还是多极的法院体系，有无巡回审判制度，普通法院对行政权力有无控制监督权，何种法院对违反宪法案件进行审查，法律结构单纯与否，等等。

2．西方国家审判机关的职权

法院的职权是指法院职责范围内的权力。它有两类：一是专有职权，即审判职权；二是特殊职权。前一类是任何一个国家的法院作为国家的审判机关毫无例外具有的专属职权。后者包括法律解释权、立法权、司法审查权、程序规则制定权以及司法行政事务处置权等。这一类职权并不是法院非具有不可的，也可以由立法机构和其他机构行使。因此，这一类职权各国因情况而有所不同。

（1）审判权。审判权作为法院所专有的职权，是一种排他性权力，即除法院之外不允许其他任何机关行使这种职权。所有类型的社会冲突，最终都以刑事、民事、行政诉讼的形式提交法院裁决，法院通过开庭审理，以裁决的方式解决纠纷，缓解冲突，维护国家法律的实施，审判权成为解决冲突的最后手段。西方国家都以立法形式明确规定审判权为法院所专有。它是审理权和裁决权的合称。两大法系国家的法院虽都行使审判权，但法官在审理案件和裁决案件方面所体现的职权大小却不同。在大陆法系国家，法院审理案件实行职权主义审理方式，法官是庭审调查的主持人，它不仅主动出示证据，而且也提出大量问题，为了获取案件真实情况甚至可去收集证据，法官职权较大，且积极主动。而在英美法系，由于其法庭审理采用当事人主义方式，当事人是庭审调查的主持人，而法官只是消极聆听、判断，职权色彩较小。

（2）司法解释权。即法院解释立法机关制定的法律的权力。社会实践反复证明，世界上没有哪一个国家的哪一部法典能够囊括一切社会事实，法律适用也绝不是"如果——那么"的完全一一对应的自动过程。因此允许法院和法官对法律进行司法解释是非常必要的。在当代西方各国，除法律有特别规定的外，法律解释权一般属于法院和法官。

（3）法律制定权。各国法院在行使审判权时，都在适用立法机关制定的法律，即制定法。在英美法系国家，法院还享有法律制定权，即法院在解决纠纷时，到判例中去寻找法律，如果判例中有的话，就遵循先例，反之就要像一个立法机关制定法律那样创立法律。另外，为了预备将来会出现一个类似的案件，可能用同样的办法去解决，就要建立一个先例。在英美法系国家，法院实行"遵循先例"的裁判原则。所谓判例，它不是产生于立法机关制定的法律，而产生于法官的判决，也就是法官在适用制定法的解释过程中，推导出的法律规则，因而又叫"法官法"。从这个意义上讲，法律不仅由立法机关制定，而且也由法院制定。法院享有法律制定权，大概是英美法系国家特有的制度。

（4）违宪审查权。即赋予普通法院对立法行为和行政行为合宪性的一种审查权，也就是法院可以解释宪法的含义，从而认定某种法律与宪法不符合，即可宣告其违宪，而拒绝适用该法律。应注意的是，依照有关规定，经过法院宣告某种法律为违宪，但该法律并非完全失去了效力，而仅仅只是在判决某一案件时认定它的违宪而被拒绝适用而已。此后，如果法院意见又发生变化，仍然可以认为其符合宪法而加以适用。

（5）程序规则的制定权与司法行政事务权。美国的国会授权最高法院制定联邦系统法院的民事案件、刑事案件和上诉案件程序规则，并且有权修改这些规则。日本最高法院有权就有关诉讼程序、法院内部纪律等事项制定规则，同时，最高法院可以将有关下级法院规则的制定权委托给下级法院。而其他国家制定程序规则的权力仍然由立法机关行使。关于国家的司法行政事务问题，西方多数国家的司法行政事务是由政府的司法部主管。但一段时间以来，各国将司法行政权与普通行政权相区别，而列入司法权，统一由司法机关行使，已成为现代司法发展的一大趋势。日本明确规定，最高法院具有司法行政管理权。美国的司法行政因传统关系，虽属于普通行政的范围，然而行政机关对司法机关的审判行政、人事任免及其他监督权，则无权过问。国会通过立法，在最高法院设联邦法院行政处，处长由最高法院院长任命，掌管联邦上诉法院以下各级法院司法行政事务，以维护司法权的独立。

（6）非司法职责。除上述职权外，许多国家的法院还处理一些非诉讼事务，如财产登记、检验遗嘱、处理死者遗产。法院在这方面享有的职责，叫非司法职责。

（三）西方国家审判工作制度

西方国家的审判工作制度，通常包括审级制度、陪审制度、合议制度、回避制度、审判监督制度等。

审级制度是法院特有的制度。审级划分的原则，是根据案件的性质、影响范围和诉讼价额而决定的。在一般情况下，案情简单，涉及面较小和诉讼价额不大的案件，由基层法院管辖；而案情复杂、涉及面广、诉讼价额较大的案件，则由上级法院审理。西方各国法院的审级制度是不尽相同的，如德国分为州立地方法院、地区法院和最高法院，实行三审制；日本将法院划分为简易法院、地方法院、高等法院、最高法院，实行四级三审制。

西方国家普遍采用了陪审制度，并要求陪审员必须具备一定的资格。如美国法律规定陪审员必须具备身体健康、智力健全、具有忠实和品德高尚的好名声，能读、写并通晓英语，对民事和刑事诉讼中提出的问题都有足够的智力和经验去理解的能力，且在21岁至70岁公民中，只有每年纳税250美元以上者才能进入陪审团。有些西方国家法律还规定，政府部长、议员、律师、法官、检察官和警察不能担任陪审员。西方国家的陪审制度一般都采取大陪审团和小陪审团的形式。

合议制度是由审判员组成合议庭或者由审判员和陪审员共同组成合议庭来审判各种案件的一种制度。在大陆法系国家，审理案件一般采取合议制的审判庭进行审判，只有轻微的案件才可以由一个法官进行独任审理。而在英美法系国家，法院审理案件，除了高级上诉法院外，一般都采取独任审理制度，由法官一人审理解决。

回避制度是指审判人员与他们经办的案件或者案件的当事人，有某种特殊关系，可能影响案件的公正处理，因而不得参与处理该项案件的一种制度。西方国家回避的方式通常有：当然回避，即审判官具有法定回避情形，在法律上当然排除其担任审判中的职务，不能审理本案；自行回避，即审判官认为自己符合回避条件，主动提出回避，不参与审理本案；申请回避，即被告人及其代理人等根据法定的回避理由，申请审判官回避。西方各国还规定了回避的理由和回避的范围。

审判监督制度是指法院对已经发生法律效力的判决和裁定，发现在认定事实上或者在适用法律上确有错误时，依法重新审判，并给予纠正的一种特别审判工作制度。各国之所以要规定审判监督制度，其目的就在于通过对已经发生法律效力但又确有错误的判决和裁定实事求是地予以纠正来维护公民的合法权益和国家法律的尊严。

（四）西方国家的法官制度

法官制度，又叫法官人身制度，是指关于法官的任职资格、选任方式、任职期限、物质待遇等方面的法律制度的总称，它是审判制度的重要组成部分。

法官的任职资格包括选任资格和晋升资格两部分。选任资格是法官候选人应当具备的条件；晋升资格指下一级法官升迁为上一级法官应当具备的条件。

在大陆法系国家，法官是作为法律职业者之一专门培养的，一般不从律师中选任。获得法学学士学位，是步入职业法官队伍的最基本专业资格条件。然而，年轻的法学专业毕业生要成为职业法官，还必须通过由国家组织的法官资格考试，并接受更严格的专业职能培训后，方能获取法官资格。如在德国，当一个人完成了在大学的学习和在实际部门的见习，并通过了两次国家考试，取得了法学工作者的资格之后，还必须经历几年时间的律师生涯，完全符合德国法官法规定的法官的培训要求后，才能被任命为法官。森严的晋升资格制度是大陆法系国家法官任职资格制度的一个特点。

英美法系国家的法官一般都是从律师中选任的。从法学院学生到律师再成为法官有一个漫长而充满障碍的过程，这一过程本身所具有的严厉性和漫长性使得英美法系法官具有优良的法律专业素质。如英国规定，除治安法官外的所有法官都只能从参加全国4个高级律师公会或初级律师协会的律师中任命，且至少有7年的出庭律师经历；担任高等法院法官须有10年以上出庭律师经历；担任上诉法院法官，须有担任15年以上出庭律师或任高等法院法官2年以上资历。美国也是如此。法官大多是从开业律师中选拔出来的，从政府工作人员和从教学工作人员中选拔的较少。

西方国家法官的选任方式和任免程序主要有3种：一是行政

任命方式，即法官由行政长官选择，如英国、美国联邦法官和少数州法官的任免。英国的各级法官，一律不经选举，而用任命的方式产生。英国法律规定，大法官、常设上诉议员、上诉法院法官由首相提名，英王任命。其他法官由大法官提名或者同意后，英王任命。美国宪法规定总统有权提名，并在取得参议院的同意后，任命联邦最高法院的法官。国会对于下级联邦法院法官的任命也作了同样的法律规定。二是选举方式，即法官由公民直接或间接选举产生。如法国、美国的大多数州以及瑞典等国。三是职业募选方式，即法官通过类似职业文官的方式选出。如在意大利，根据宪法规定，须按照通过考试选拔的原则进行。成为法官必须经过4年正规的法律本科学习，而后方可参加法官资格的全国考试。全国性的法官制度考试十分严格，在经过笔试和口试之后，合格者要在法院进行6个月的实习，最后，完全合格者将被任命为法官。

关于法官的任期，西方各国都规定终身制，即法官一经任命，非因法定事由，并经法定程序，不得将法官停职、免职、降职、转调或减俸。如英国法律规定，除大法官外，法官是终身制，除两院弹劾外，不能被罢免。美国联邦宪法也规定所有美国联邦法院法官一经任命，终身任职，直到年迈退休。大陆法系国家在法官任期上也大多采用终身制。关于法官的罢免，西方各国都规定了严格的理由及程序。法官被免除职务的形式大致有如下两种：第一，退休免职，包括申请退休和命令退休，前者是指凡法官达到一定年龄，服务到一定年限可申请退休，退休的法官仍可担任部分审判职务，以借助他们的经验和学识，培养带领新的法官；后者是指法官服务到一定年限及因身体原因或不能胜任工作的，命令其退休。第二，弹劾免职。如美国，联邦法官只有犯弹劾之罪（叛国罪、贿赂罪或者其他重罪）的方可罢免。

法官的物质保障是指法官的在职物质待遇和退休后的物质待

遇受到法律保障。西方国家给予法官优厚的物质待遇出于高薪养廉的考虑。法官的职业特性决定了法官收入构成必须单一化。西方国家都普遍规定法官不得兼任行政职务，不得兼任议员，不得兼任其他营利的职务（教学除外），也不得有政党身份和从事政治活动。西方国家规定法官专任制的目的旨在保证法官以超然的态度独立执法，但也决定了法官收入的单一性特征。不过，西方两大法系国家法官在物质待遇方面是有差别的。在英美法系国家，法官的待遇远比文官要丰厚，法官的工资只能增加不能降低，并且不需每年经议会讨论决定。大陆法系国家一直将法官作为公务员管理，法官享受文官式待遇，不同级别的法官薪金与相应级别的文官薪金相参照而确定。如德国法官共分十级，最低级比特级公务员最低级的工资略高，最高级比特级公务员最高级工资略低。大陆法系国家法官的文官式待遇有利于对公职人员的统一管理，防止产生一个拥有过分特权，脱离民众的法官阶层，但其对法官经济地位保障不力则可能导致法官为物欲所动，产生司法腐败。

二 中国的审判制度

我国的审判制度与西方国家的审判制度既有某些相似之处，也有许多不同地方，有的需要坚持，有的需要改革。

（一）中国审判机关的建立和特点

新中国的审判机关——人民法院，是伴随着中华人民共和国的成立，在彻底废除国民党政府一切压迫人民的法律、法令和司法制度，制定保护人民的法律、法令，彻底摧毁国民党时期法院，并在解放区人民司法机关的基础上建立起来的新的人民自己的法院。它同一切剥削阶级国家的法院都有着本质的区别。我国是工人阶级领导的、以工农联盟为基础的人民民主专政的社会主义国家。我国的这一根本性质，决定了作为我国机器重要组成部分的人民法院，本质上只能是人民民主专政的工具。

我国的审判制度具有如下特点：（1）审判所依据的法律渊源主要是各种制定法，判例不被认为是法律渊源；（2）法院享有司法解释权。法律解释权一般属于国家权力机构，法院和检察院行使的是司法解释权，且法律的完善主要依靠立法机关和行政机关的立、改、废；（3）法院无立法违宪监督权。我国监督宪法实施的权力属于全国人大及其常务委员会，不属于司法机关；（4）只享有审判独立，而不包括法官独立；（5）审判机关的设置同国家管理机关分别设立，自成独立体系，按照行政区域与行政层次来设置法院系统，并在全国设有最高法院，作为全国的最高审判机关，监督地方各级法院和专门法院的审判工作，并向最高权力机关负责。

（二）我国审判机关的组织结构和职权

我国法院的组织体系也有普通法院和专门法院之分。普通法院包括基层人民法院、中级人民法院、高级人民法院和最高人民法院。专门人民法院主要根据特定的组织系统或审判案件的特殊性质为依据而设置，目前主要有军事法院、海事法院、铁路运输法院、森林法院等。我国没有设置专门的行政法院，行政诉讼案件由设在普通法院内部的行政审判庭来审理；也没有设置宪法法院，对违反宪法的行为通常是由全国人大及其常委会进行审查。在我国是否应当设置宪法法院，监督违宪行为，是一个有争议的问题。我国实行四级两审终审制，法律对各级法院审理各类案件的审级管辖权有明确、具体的规定。

与我国单一制国家结构形式相适应，我国法院的纵向组织结构由四级构成，带有明显的等级色彩，与大陆法系国家相似，但等级结构更为森严。如除上诉审、审判监督程序外，还有下级法院对上级法院的审前请示汇报制度。法院横向组织结构由特设的专门审判庭和法定的审判组织形式两部分构成。我国法院内部的专门审判庭有刑事审判庭、民事审判庭、行政审判庭、告诉申诉庭以及根据实际需要而设置的其他审判庭，如房地产法庭等。此外，我国法院内部与专门审判庭平行的还有办公室、研究室、信访处、政治处、行政处等辅助性机构。法定的审判组织形式有独任庭、合议庭和审判委员会三种，它们构成了我国法院内部组织结构的纵轴。我国法院内部组织结构由承审法官（独任制）、合议庭（审判长）、审判庭（庭长）、审判委员会（院长）这样由低到高的权力等级结构组成。处于权力等级结构的最底层的是独任庭和合议庭，处于最顶端的则是审判委员会。审判委员会虽然并不直接开庭审理案件，但法律规定审判委员会对重大、疑难案件有最终决定权，独任庭、合议庭对审判委员会的决定必须遵守执行。审判委员会高度的集权，导致独任庭、合议庭功能弱化、枯竭，具体表现为审理权和裁决权的分离。审判委员会作为集权时代的产物，在一定时期、一定程度上对法律的统一实施曾起过积极的作用，但在现阶段，需要改革或者取消。

同西方国家相比，我国法院的职权范围要小些，综合地方各级人民法院、专门人民法院和最高人民法院的职权，主要有六个方面：

1. 审判权

地方各级人民法院审判其法律规定由它管辖的案件；专门人民法院审判与该部门有关的案件或特定案件；最高人民法院审判法律规定由它管辖的全国案件。

2. 监督权

最高人民法院、高级人民法院、中级人民法院监督辖区内下级人民法院的审判工作。

3. 建议权

法院在审理案件时，发现不属于法院主管的不法行为，有权向相应的机关或者部门提出建议，要求其处理。

4. 司法解释权

凡属于法院审判工作中具体适用法律问题，由最高人民法院解释。最高人民法院对法律的解释主要是对下级法院所请求的问题作出批复，或者就若干同一类问题提供综合性的意见。在解释方法上，仅仅对个别词、短语等进行文字上、文法上的解释或者着重法律精神、目的解释。

5. 最高人民法院拥有对中级人民法院的审判案件的复核权

6. 基层人民法院有权指导人民调解委员会的工作

在这里有一个需要辨析的问题。我国《法官法》规定法官享有"依法审判案件不受行政机关、社会团体和个人的干涉"的权利。有学者认为，这使得独立审判的主体由人民法院延伸到了法官，"不能不说独立审判的职权在主体间发生了悄然的易位"①。这其实是一种误解，因为《法官法》只讲法官"审判案件"并没有讲"法官独立审判案件"，而"审判"和"独立审判"显然是有区别的。长期以来，我国法院存在着法律未规定但实际实行的院长、庭长审批案件的制度。在此制度下，大小案件处理均要呈报院长、庭长审批决定，也就无法官独立审判。虽然现在法院基本上不实行院长审批案件，但重大、疑难案件的处理仍由院长提交审判委员会讨论决定，且实际上许多非重大、疑难案件的处理也被院长提交审判委员会讨论决定。

（三）中国审判工作制度

同西方国家相比，当代中国的审判工作制度具有自己的一些特点，主要表现在：

在审级制度方面，我国人民法院组织法从实际出发，规定了四级法院、两审终审的审级制度；我国三大诉讼法对案件的管辖、上诉、审判监督、死刑复核、类推等制度和程序作了具体规定，使我国的审级制度更为配套和完善。同时我国法律还规定，二审法院对第一审判决认定的事实和运用法律进行全面审查，不

---

① 史焕章、蒋集耀：《法官独立审判探析》，《政治与法律》1997 年第 4 期。

受上诉范围的限制。这样能更好地发挥二审程序的作用，有利于发现和纠正一审判决的错误。两审终审制度比较适合我国国情。

在陪审制度方面，与西方相比较，我国的陪审制度有如下特点：一是陪审制度的普遍性，即凡有选举权和被选举权的年满25周岁的公民都可以被选举为陪审员；二是陪审员在审判案件的时候享有同法官同等的权利。但我国的陪审制度也需要逐步完善，比如，是否所有第一审案件组成的合议庭都必须要有陪审员参加，陪审员是否需要具有一定的条件才能充当，是否需要对陪审员进行相应的法律专业知识和司法事务知识培训，怎样防止陪审员在审判中陪而不审，流于形式以及陪审员的报酬、陪审员的选举和轮换、对陪审员的惩处等问题。

在合议制度方面，我国法院审理案件，除一些简单的民事案件、轻微的刑事案件以及法律另有规定的案件可实行法官独任审理外，其他一切案件的审判活动原则上要求由合议庭集体审理。这种集体审理方式便于集思广益，发挥集体智慧，从而使案件得到正确的处理。

在回避制度方面，我国的法官回避范围比较广泛，包括配偶、直系血亲、三代以内旁系血亲以及姻亲关系。法官职务回避范围包括同一法院或者同一审判庭的院长、副院长、审判委员会委员、庭长、副庭长、审判员、助理审判员；上下相邻两级人民法院的院长、副院长。我国回避的类型分为两种，一是自行回避，二是申请回避。

在审判监督制度方面，我国与西方国家存在着如下差异：提起诉讼的主体，我国是上级法院或本院院长，西方国家只限于当事人和判决效力所涉及的人；我国在任何时候发现已生效判决和裁定确有错误都可以提起再审，而西方国家一般为从原判决生效后的30天内，少数国家为5年；我国对再审案件进行全面的审理，而不受提起再审范围的限制，西方国家是以当事人所声明不服或错误部分为限；西方审理法院是原审法院，而我国则可根据不同情况，由原审法院或其上一级法院审理。

（四）中国法官制度

中国的法官制度及其特点，主要体现在以下四个方面：

1. 法官的任职资格

在一个较长的时间内，我国既没有法官资格统一考试制，也没有律师考察选任制。因而，我国法官素质长期极为低下，绝大部分没有大专学历，法律专业学历的更少，有的是从司法学校毕业或者培训出来的，有的是通过法院举行的考试而调入的，有的是复员转业军人。2001 年修订的《法官法》要求法官须具备如下条件：（1）具有中华人民共和国国籍；（2）年满 23 岁；（3）拥护中华人民共和国宪法；（4）有良好的政治、业务素质和良好的品行；（5）身体健康；（6）高等院校法律专业本科毕业或者高等院校非法律专业本科毕业具有法律专业知识，从事法律工作满 2 年，其中担任高级人民法院、最高人民法院法官，应当从事法律工作满 3 年；获得法律专业硕士学位、博士学位或者非法律专业硕士学位、博士学位具有法律专业知识，从事法律工作满 1 年，其中担任高级人民法院、最高人民法院法官，应当从事法律工作满 2 年。本法施行前的审判人员不具备前述条件的，应当接受培训。适用上述学历条件确有困难的地方，经最高人民法院审核确定，在一定期限内，可以将担任法官的学历条件放宽为高等院校法律专业专科毕业。曾因犯罪受过刑事处罚的和曾被开除公职的，不得担任法官。另外，我国还规定，从 2001 年起，停止单一的律师资格考试，并从 2002 年开始，国家对初任法官、检察官和取得律师资格实行统一的司法考试制度。

2. 选任方式及程序

我国法官的选任方式也有三种：选举制、任命制、募选制。选举制适用于各级人民法院院长。任命制适用于各级人民法院副

院长、审判委员会委员、庭长、副庭长、审判员，由各级权力机
关任命。募选制适用于初任审判员、助理审判员。值得注意的
是，在法官的选任方式上和具体的产生过程中，党和政府不应过
多干预，人民法院应当起主要作用。根据德才兼备的原则，特别
是要求法官具有良好的法律素质，基层人民法院院长、副院长、
庭长、副庭长必须是法律本科毕业，具有法学学士学位；中级及
其以上各级法院院长、副院长应当由法学硕士或者博士学位的人
来担任。只有这样，才能大大提高我国法官的法律素质，以适应
建设我国社会主义法治国家的要求。

3. 职位保障

我国《法官法》规定了法官的职位保障制度，但没有规定
任职期限，任职直到退休年龄。同时该法还规定了一些法官被更
换的事由，如法官丧失中国国籍、职务变动不需要保留原职务
的、经考核确定为不称职的、退休的、辞职停职的、因违纪或违
法犯罪不能继续任职的，应当依法提请免除其职务。免职的法定
程序和任职相同。另外，《法官法》还规定了法官的专职制，即
法官不得兼任其他任何职务，如不得兼任人大常委会的组成人
员，不得兼任行政、检察机关以及企业、事业单位的职务，不得
兼任律师。这样有利于法官的中立地位，不受干涉地独立执行职
务。笔者认为，我国也可以借鉴西方国家的某些有益做法，如制
定《法官弹劾法》，规定法官弹劾的情形和事由，特别是法官不
称职的详细情形和法官玩忽职守的具体表现等等；制定《法官
退休法》，规定法官退休的有关事由，对退休的法官，特别是具
有丰富的审判经验和学识的法官，仍可聘任为审判顾问，借助其
经验和学识，培养和带领新的年轻法官，以促使年轻法官尽快成
长，尽快胜任工作。此外，对于法官的辞职和法院对法官的辞
退，特别是因各种原因脱离或中断法官工作后能否复职等问题也
应当予以明确的法律规定。

4. 物质保障

我国《法官法》为法官物质保障作了原则性规定，如法官工资制度和工资标准，根据审判工作特点，由国家规定；法官实行定期增资制度。经考核确定为优秀和称职的，可以按照规定晋升工资，有特殊贡献的，可以按照规定提前晋升工资；法官享受国家规定的审判津贴、地区津贴、其他津贴以及保险和福利待遇。这些规定比以前无疑进步了许多，但我国法官所得到的物质保障相对于西方特别是英美法系国家的法官来说，还是很低的，我们应当借鉴英美法系国家的某些有益作法，确保法官的工资要比行政机关公务员工资优厚一些，并规定法官的工资只能增加不能降低，对法官达到一定的年限如担任法官工作 30 年以上者，退休时可以带全薪退休。当然，对法官也应当规定严格的工作要求，如勤于职守、秉公执法、忠实于法律和审判工作，才能享受上述待遇，自动辞职、被辞退或者玩忽职守、贪赃枉法的法官则不仅不得享受上述待遇，就连普通公务员的退休待遇都不能享有，并对其违法行为追究比一般公务员更严格的法律责任。

第四节　检察制度

检察制度，是指法律规定的关于检察机关的性质、任务、组织机构、职权和活动原则以及检察人员的任免、考核等相关法律制度的总和。从具体内容上看，检察制度应当包括：检察组织制度、检察人员制度、检察工作制度。检察组织制度规定了检察机关的性质、地位、组织系统、机构设置、领导关系等；检察人员制度主要包括检察人员的产生、任职、考核、奖惩等制度；检察工作制度是指检察机关在活动中应当遵循的程序和规则。以上三个方面相互联系，缺一不可。检察制度通常具有三个特性：一是强制性，即它是由国家以法律的形式制定和认可的，具有国家意志性；二是统一性，即检察制度的核心是保证检察机关和检察官有效地行使监督职能，保证国家法律得到有效的执行和遵守；三是普遍性，即世界上各主要国家几乎都有自己的检察机关和检察制度。

一 西方国家的检察制度

（一）西方国家检察机关的建立和特点

最早建立检察机关和确立检察制度的国家，应当是中世纪的法国和英国，它们分别代表大陆法系和英美法系国家，各具特色。两国都是以公诉制度的确立为前提，以检察官的设立为标志的。两国共同的背景是，当时都处于封建割据状态，检察制度是适应加强以国王为代表的中央集权，同宗教势力进行斗争，实现民族国家的统一，对抗封建司法专横这一历史需要产生的。法国在1789年资产阶级革命后，建立了资产阶级政权，封建社会的检察机关和检察制度基本上被继承下来，但随着资本主义法制的建立和发展，其检察制度也在不断变化和发展。英国在资产阶级革命之后，也基本上保留了封建时代的检察机关和检察制度，但在实践中得到了进一步完善。1827年英国增设了追究王室利益以外案件的检察官，检察机关的职能便冲出了长期以来只为王室利益而运行的范围，开始从国家利益的角度活动。

法国的检察制度随着法国大革命的胜利而广泛传播，影响了世界许多国家。欧洲大陆的比利时、德国、意大利和亚洲的日本等国以及法国在拉丁美洲和非洲的殖民地国家也纷纷以法国为范本建立自己的检察制度，从而形成了以法国为代表的大陆法系的检察制度。随着英美势力的扩张，以英美为范本的检察制度也在加拿大、澳大利亚、印度等英联邦国家和一些美国的殖民地国家中建立起来，形成了以英美为代表的英美法系的检察制度。

西方国家的检察机关一般都是国家的公诉机关，行使法律赋予它的国家控诉权，在这方面各国检察机关大体相同，但在检察机构的设置、隶属关系、职权等方面不尽相同。西方国家检察机关都属于行政机关，法院的司法权是一项非常重要的国家权力，而检察机关的公诉职能只是刑事审判的一个环节，并非特别重要的国家权力；资本主义国家的检察机关大都与行政机关结合在一起，如美、德、日等国。

应当看到，尽管西方国家的检察机关主要是国家公诉机关，但它也是实施法律的国家监督机关。无论是大陆法系国家还是英美法系国家，检察机关都是由作为国家公职人员的检察官构成的，具有政府性质的国家机关，它的使命就是在司法活动中成为法律实施的监督者、公共利益和政府机关的代表者。当然，尽管各国的检察机关都具有监督职能的性质，但是这种监督职能的范围却又不尽相同。

西方国家检察制度的特点主要体现在以下几个方面：第一，在机构设置上，实行审检合署制或者审检分署制；第二，检察机关本身不具有司法性，隶属行政，隶属于司法部；第三，检察官在性质上属于行政人员，但也有少数国家认为检察官具有双重身份，如德国有"站着的法官"之说，还有少数国家认为检察官是司法官员；第四，在领导体制上，多数国家主张检察机关虽然隶属行政，但业务独立，内部垂直领导，其中联邦制国家两套系统，互不隶属；第五，在业务执行方面，英美法系国家规定可聘请私人律师事务所律师（如英国的大律师）代为起诉，而大陆法系国家多可指挥警察侦查。

（二）西方国家检察机关的组织结构

西方国家检察机关的组织系统因法系、国情等方面的不同而存在着一些差异，大陆法系国家检察机关不由国家单独设立，而是附设于法院系统内或由司法行政机关领导；而英美法系国家的检察机关则与此不同，它具有相对的独立性。

从大陆法系国家检察机关的组织系统看，如法国没有独立的检察机关，检察机关附设于各级法院内，隶属于司法行政机关。检察院依照法院的级别可分为如下等级：最高法院检察院、上诉法院检察院、大审法庭检察院、军事法庭检察院、国家安全法院检察院等。在最高法院设一名总检察长和数名检察官。法国司法部长直接领导检察机关，总检察长直接对共和国司法部长负责。在德国，检察机关隶属于司法部，检察机关与各级普通法院相对应设置，并附设于法院内。每一级法院都必须设置检察机关，联邦法院设一名联邦检察长和数名联邦检察官，州上诉法院、地区法院也都设 1 至数名检察官；担任各级检察官者都必须具有法官资格，但其地位和工作与法官不同，检察官不享有法官的那种独立权，必须接受所属主管机关的指挥和命令，也不得干预法官的审判事宜。

从英美法系国家检察机关的组织系统看，检察机关都具有相对的独立性，较早地采取了审判与检察分署的方式。如英国的检察机关是独立于法院系统的，主要由总检察长、副总检察长、检察长和皇家检察署构成。英国在中央设置皇家检察院作为全国的最高检察机关，领导全国检察机关，在全国分为若干个区分别设置区检察院，在每个区内又设置若干个（现有 31 个）检察分院，作为检察机关的最基层机构。英国的总检察长和副总检察长由首相以盖有国玺的英皇制诰任命，他们是英国政府的首席法律官员和政府部门的法律顾问，必须接受议会的质询，并与政府共进退。总检察长是下议院议员、政府非阁员大臣、英国辩护律师理事会的首脑。在美国，检察机关隶属于国家行政长官，联邦检察机关和各个州检察机关分别隶属于总统和各州的州长，但它们之间没有领导与被领导、监督与被监督、管理与被管理的关系。联邦总检察长和州检察长分别依据联邦宪法和州宪法行使其职权。联邦总检察长同时兼任司法部长，领导整体检察工作。

（三）西方国家检察机关的职权

西方各国检察机关的职权概括起来主要有法律监督权、侦查权、公诉权、参加民事诉讼权、参与行政诉讼权、法律咨询权、行政管理权与立法权等。

法律监督包括一般监督、侦查监督、审判监督和执行监督。西方个别国家的检察机关对侦查机关和监狱负有监督之责，但从整体上看，西方国家的检察机关并不是将法律监督作为其主要的职责，而只是对审判机关的审判活动和判决执行实行监督。当然，不同法系的国家检察机关的这种监督职能的权限也有所不同。一般说来，大陆法系的这种监督职能权限要比英美法系的广泛。

现代西方各国，对犯罪案件的侦查一般都由警察机关进行，但也有许多国家规定检察机关也享有侦查权。在对刑事案件进行侦查的过程中，英美法系国家与大陆法系国家的检察机关管辖权不相同。在英国，对绝大多数的刑事案件的侦查权都是由司法警察行使，检察机关只对少数重大刑事案件以政府名义（由政府各部提交起诉的案件、可能判处极刑的案件、检察官认为需要由自己提起公诉的案件）进行侦查。在美国，联邦检察机关专门设立了侦查机关即美国联邦调查局，在联邦范围内对涉及到全联邦的重大刑事案件进行调查，主要包括特别重大的贪污、行贿受贿、警察腐败、白领犯罪等；由联邦最高法院任命的特别检察官可以直接立案侦查包括总统、副总统在内的国家高级官员的刑事犯罪案件；其他案件一般都由警察机关负责侦查。此外，在检察官认为由警察机关侦查的刑事案件的犯罪证据不充分时，检察官可以对此案进行补充侦查。大陆法系国家的检察机关的侦查权比英美法系国家的检察机关要大得多。在法国，检察机关具有追究犯罪或者终止追究犯罪的权力，但这种侦查权由检察机关、警察机关和预审法官三家行使。法国检察官可直接行使刑事侦查权，同时也有权指挥司法警察官和司法警察去侦查。德国的检察机关对所有刑事案件都具有侦查权，包括自行侦查和委托警察机关侦查，这种侦查权具有相当的权威性和独立性。

在提起和支持公诉权方面，英美法系国家检察机关要比大陆法系国家的这类职权范围小。大陆法系实行职权主义诉讼，其公诉权要比英美法系国家检察机关的公诉权大得多。大陆法系国家的公诉人在法庭上不但要提供不利于被告人的有罪证据，同时也必须考虑到有利于被告人的证据，以使法庭作出公正的判决。而在英美法系国家，检察官作为公诉人在法庭上只能以自己提出的确实证据和理由，驳倒被告人，以使法庭作出不利于被告人的判决。

无论是大陆法系国家，还是英美法系国家，法律都赋予检察机关代表国家参与民事诉讼的职权。当然各国检察机关的这种职权范围的大小各有不同。一般说来，大陆法系国家的范围要比英美法系国家广泛得多。

在大陆法系国家，检察机关参加行政诉讼是与行政诉讼的产生同时开始的。如在法国，早在1799年拿破仑一世取得政权后，就建立起了行政审判制度，设置了国家参事院，[①] 在该院设置了检察处，主管行政诉讼案件的裁判。在英美法系国家，英国的检察机关只是为保护国家及公共利益，才参与行政诉讼。大多数行政诉讼案件是由利害关系人提起的。美国的行政诉讼制度称为司法复审制度，美国的检察机关具有参与行政诉讼的广泛权力。大陆法系国家的检察官有权参加一切涉及到社会公共利益和公民权益的行政诉讼案件。

（四）西方国家检察官制度

检察官制度又叫检察官的人身制度，是指关于检察官的任职

---

① 参阅王名扬：《法国行政法》，中国政法大学出版社1989年5月版，第534—535页。

资格、选任方式、任职期限、物质待遇等方面的法律制度的总称。

　　大陆法系国家对检察官的任职和晋升资格规定了严格的考试制度和升迁程序，各国法律规定检察官应当具有的条件不尽相同，但大多规定了如下三个基本相同的条件：（1）具有较高的法律专业知识水平；（2）具有一定的司法实践经验；（3）具有良好的品德。有些国家对不同级别的检察官规定了某些不同的条件，并有不同的要求。如在法国，检察官应具备的资格条件，与担任法官所应当具备的资格条件完全相同。法律要求检察官必须具备法学学士学位，并经司法官职一次性考试合格后，在司法研习中心接受为期三年的实务训练和半年实习。但具有法学博士学位者，可以免除司法官职考试，在司法研习中心的研习期限缩短为一年。英美法系国家检察官的任职资格与大陆法系国家有很大不同，其检察官由具有律师资格者充任，并且检察官的晋升没有大陆法系国家那样的严格限制。在美国，任用检察官首先应具有律师资格。但是，具有律师资格者得以被任用为检察官，除其博学、有能力、是法律专家以外，与政治密切相关，带有较多的政治色彩，一般任检察官者须有当地有势力的政党支持。英国也要求检察官的任职资格首先必须具有律师资格。

　　西方各国检察官的选任方式和程序，基本上分为两大类：一是任命制，一是选举制。任命制是指检察官由权力机关或者领导人任免。法国的检察官从形式上是由共和国总统任命，但是按照检察官的级别和层次不同，其任命程序也有区别。德国同样实行检察官任命制，但联邦检察官和州检察官的任命权分别由联邦和州行使。也有的国家采取选举制或者任命制与选举制相结合，如美国，不同地区检察官的任免方式和程序有所不同，极不统一。

　　西方国家检察官的任期，基本上分为两类，一类是终身任职，另一类是定期任职。大多数国家为定期任职，并由法律具体规定任职年限。日本的检察官为终身职，当检察官达到法定退休年龄，或者属于法定事由或接受惩处，才会被免职。在美国，联邦总检察长、联邦地方检察官的任期，一般与总统的任期相同，但总统可在检察官任期内免除其职务，各州地方检察官的任期，又有很大不同。关于检察官免除职务的限制，各国通常规定，非具有特定情形，非依法定程序，不得免除检察官职务。

大陆法系国家检察官享有近似于法官的身份、经济和特权保障，检察官与法官地位一样，但待遇明显低于法官。英美法系国家检察官因为按照普通行政人员管理，检察官薪水比法官或私人律师要低，检察工作没有吸引力，检察人员往往只把检察工作作为以后从事其他工作积累经验和资本的"跳板"，而不是将其作为永久性职业。近年来，美国在检察官工资方面强调，为了奖励有能力的律师进入检察官办事处，检察官的报酬应当与其机关担负的重大职责相称，比得上那些与其个人情况相同的执业律师。值得指出的是，英国的总检察长和检察长的薪金相当高。总检察长的薪金仅次于首相，比部长薪金高出很多。

二 中国的检察制度

中国的检察制度，是指中国检察机关及其检察人员为维护社会主义法制，依照法律规定的职权和程序，对法律的统一实施进行专门监督的一种法律制度，包括公诉制度、审判监督制度、侦查监督制度、执行监督制度和对公职人员实行法律监督的制度。

(一) 中国检察机关的建立和特点

中国检察制度的历史可以追溯到封建社会的御史制度。中国近代检察制度出现于清朝末年的司法改制期间，模仿当时的日本设立了与各级审判机构对应的检察厅。北洋军阀政府基本沿用清末的检察制度。国民党政府于1927年颁布了《最高法院组织暂行条例》，1945年又颁布了《刑事诉讼法》，规定在最高法院内设立检察署，其他各级法院仅设置检察官，是一种合署和配置制的混合体。

在新民主主义革命时期，同当时的战争环境相适应，建立了新民主主义的检察制度。限于当时的环境，检察制度比较简单，但也为巩固新民主主义政权，支援革命战争做出了贡献，并且积累了宝贵的经验，为新中国检察制度的建立和发展创造了条件。

新中国成立后，经过曲折艰辛的探索，逐步建立了具有中国特色的社会主义检察制度。1949 年到 1954 年，是新中国检察制度的创建时期，根据《共同纲领》和《中央人民政府组织法》的规定，1949 年 10 月 1 日，检察制度和新中国同时诞生。罗荣桓被任命为新中国第一届最高人民检察署检察长。随后，在党和政府的领导下，检察机构自上而下在全国逐步建立，检察队伍逐步壮大，各项检察业务逐步开展。1954 年 9 月，第一届全国人民代表大会通过了新中国第一部宪法。该法第二章第六节依照前苏联的检察制度对我国的检察制度作了专门规定，使我国检察制度走上了正轨。到 1955 年，全国各级检察机关普遍建立起来了；1956 年各级铁路检察机关和军事检察机关等专门检察机关基本建立，各项检察业务全面展开。

从 1966 年到 1976 年，受"文化大革命"的影响，中国检察制度在一定程度上被削弱，检察职能不能很好履行。从 1968 年开始，各级检察院被撤销。直到 1978 年，党和政府深刻总结了检察机关被砸烂、法制被破坏的惨痛教训，并鉴于同各种违法乱纪行为作斗争的现实需要，重新设置检察机关，并逐步完善和发展。

中国的检察机关是独立于国家行政系统外的，由国家权力机关产生并受其监督，与公安机关、审判机关平行、独立的国家司法机构。它具有如下几个特征：

第一，中国的检察机关是国家的法律监督机关，代表国家独立行使检察权。中国的检察机关除具有西方国家检察机关的职能性质外，它还有作为维护国家法制统一和法律的正确实施的一种特殊权力，依法保障公民对于违法的国家机关及其工作人员提出控告的权利，追究侵犯公民的人身权利、民主权利和其他权利的违法犯罪者的法律责任，从而达到对国家机关及其工作人员和公民正确执行和遵守法律的情况实行监督的目的。

第二，接受双重领导。根据我国《宪法》和《人民检察院组织法》的有关规定，我国各级检察机关必须接受双重领导，既要接受全国人民代表大会及其常务委员会、地方各级人民代表大会及其常务委员会的领导，同时又要接受上一级人民检察院的领导。

第三，检察机关实行民主集中制原则。根据《宪法》和《人民检察院组织法》的有关规定，检察机关实行民主集中制的工作原则，各级人民检察院设立检察委员会，在检察长的主持下，讨论决定重大案件和其他重大问题必须进行认真的充分的讨论，最后以少数服从多数的原则作出决定。同时还规定，如果检察长在重大问题上不同意多数人的决定，可以提请本级人民代表大会常务委员会决定。这主要是为了尊重少数人的意见，尊重检察长的权利，保证对一切重大问题处理的正确性。

第四，检察机关的职权比较广泛。我国的检察机关相对于西方国家的检察机关而言，其职权范围要广泛得多，既有起诉权、提起公诉权，又有侦查权、监督权等，具体内容见检察机关的职权部分。

（二）中国检察机关的组织结构

中国检察机关的组织结构，首先是根据行政区域确定的，其次也考虑到与人民法院的设置相对应，以便使检察机关能够按照诉讼法的规定及时、有效地进行诉讼活动。但是，它不是附设于法院内的，而是独立于人民法院，并与人民法院完全平行；也独立于国家行政机关，与行政机关完全平行。

中国设立最高人民检察院、地方各级人民检察院和专门人民检察院。最高人民检察院是国家的最高检察机关，领导地方各级人民检察院和专门人民检察院的工作；上级人民检察院领导下级人民检察院的工作。最高人民检察院对全国人民代表大会及其常务委员会负责并报告工作。地方各级人民检察院对产生它的地方各级国家权力机关和上一级检察院负责并报告工作。最高人民检察院检察长由全国人民代表大会选举和罢免。最高人民检察院副检察长、检察员和检察委员会委员由最高人民检察院检察长提请全国人民代表大会常务委员会任免。

地方各级人民检察院分为：（1）省、自治区、直辖市人民检察院；（2）省、自治区、直辖市人民检察院分院，自治州和省辖市人民检察院；（3）县、市、自治县和市辖区人民检察院。我国的专门人民检察院分为军事检察院、铁路运输检察院和森林检察院。中国各级人民检察院除普遍设立检察委员会外，一般都设立了刑事检察、法纪检察、经济检察、监所检察、控告申诉检察厅（处、科）等，分别承担各项检察业务工作。

（三）中国检察机关的职权

中国检察机关的职权比较广泛，包括法律监督权、侦查权、提起和支持公诉权、参加民事诉讼的职权、参与行政诉讼的职权等。

中国检察机关的法律监督权要比西方国家广泛得多，既有一般监督、侦查监督，也有审判监督、执行监督。一般监督是检察机关对其他国家机关、公职人员以及其他公民是否遵守和执行法律所承担的监督之责。侦查监督主要体现在检察机关对公安机关侦查工作的监督。审判监督主要体现在出庭支持公诉和抗诉。检察机关不仅对刑事判决、裁定的执行具有监督权，同时对监狱、看守所、劳改机关、劳教机关的活动也有监督权。这种法律监督权还包括审查起诉权、不起诉权、撤案权、抗诉权、采取各种强制措施权、批捕权等等。

检察院对叛国案、分裂国家案以及严重破坏国家的政策、法律、法令、政令统一实施的重大犯罪案件行使检察权；对于直接受理的刑事案件（侵犯财产罪、渎职罪、侵犯公民人身权利和民主权利罪、危害公共安全罪和破坏经济秩序罪中的二十多种刑事案件，还有人民检察院认为需要由自己直接受理的其他案件）进行侦查；对于公安机关侦查的案件进行审查，决定是否逮捕、起诉或者免予起诉。

在提起和支持公诉权方面，检察院认为被告人的犯罪事实已经查清，证据确实、充分，依法应当追究刑事责任，应当作出起诉决定，按照审判管辖的规定，向法院提起公诉。出庭支持公诉是检察院必须履行的法律义务，主要是在法庭上宣读起诉书、参与法庭调查和参加法庭辩论等。

与西方国家相比，中国检察机关参与民事诉讼的职权范围相对狭小，只参与一些涉及到国家、集体和公民的重大利益的民事纠纷、经济纠纷诉讼案件。

中国检察机关参与行政诉讼的制度还很不完善。依照中国《行政诉讼法》的规定，人民检察院有权对行政诉讼实行法律监督。这只是指明检察机关具有参与行政诉讼的职权，但有关制度不够具体、详细，亟待借鉴西方国家的相关制度予以完善。

（四）中国检察官制度

中国的检察官制度，包括检察官的任职资格、选任方式和程序、职位保障和物质保障等方面的内容。

直到1995年《检察官法》颁布之前，中国长期没有专门法律规定检察官的任职资格和条件，在实践中，主要侧重于政治素质和思想品德，对法律专业知识和司法实践经验重视不够。2001年修订的《检察官法》规定担任检察官必须具备下列条件：

（1）具有中华人民共和国国籍；（2）年满23岁；（3）拥护中华人民共和国宪法；（4）有良好的政治、业务素质和良好的品行；（5）身体健康；（6）高等院校法律专业本科毕业或者高等院校非法律专业本科毕业具有法律专业知识，从事法律工作满2年，其中担任省、自治区、直辖市人民检察院、最高人民检察院检察官的，应当从事法律工作满3年；获得法律专业硕士学位、博士学位或者非法律专业硕士学位、博士学位具有法律专业知识，从事法律工作满1年，其中担任省、自治区、直辖市人民检察院、最高人民检察院检察官，应当从事法律工作满2年。本法施行前的检察人员不具备前款条件的，应当接受培训。曾因犯罪受过刑事处罚的和曾被开除公职的人员不得担任检察官。

对于选任方式和程序，中国采用任命制与选举制相结合的方式。检察长由本级人民代表大会选举和罢免，但地方各级人民检察院检察长的任免，必须报上一级人民检察院检察长提请该级人民代表大会常务委员会批准。副检察长、检察委员会委员和检察员由本院检察长提请本级人民代表大会常务委员会任免。助理检察员由本院检察长任免。担任检察长、副检察长、检察委员会委员，应从具有实际工作经验的人员中择优提出人选。检察官不得兼任人民代表大会常务委员会的组成人员，不得兼任行政机关、审判机关以及企业、事业单位的职务，不得兼任律师。《检察官法》还规定了任职回避，回避范围与方式与法官相同。

在检察官的职位保障方面，中国《检察官法》规定，检察官的任职非因法定事由并经法定程序不被免职、辞退、撤职、开除。检察官的免职须经过和任职相同的法律程序，具有下列法定事由：（1）丧失中华人民共和国国籍；（2）调出检察院；（3）职务变动不需要保留原职务；（4）经考核确定为不称职；（5）因健康原因长期不能履行职务；（6）退休；（7）辞职、辞退；（8）因违纪、违法犯罪不能继续任职。检察官的免职，须经法定程序。检察长由本级人民代表大会罢免，但地方各级人民检察院检察长的罢免，须报上一级人民检察院检察长提请该级人民代表大会常务委员会批准。副检察长、检察委员会委员和检察员由本院检察长提请本级人民代表大会常务委员会罢免。助理检察员由本院检察长罢免。

与西方国家相比，中国检察官的物质待遇制度规定很不具体。《检察官法》第三十七条、第三十八条、第三十九条对检察官工资、福利作了原则性规定。在实践中，检察官的物质保障目前还有许多问题没有解决好：一是检察院经费预算不能独立；二是检察官待遇相对于法官、行政公务员偏低。长此下去，就会导致检察官工作积极性的严重丧失，使检察院缺乏吸引力，留不住已有的人才。因此，必须使检察官的工资与相同级别的法官工资相同，至少相近，比普通行政公务员要高一些。同时，检察院经费应由中央政府统一预算拨付，切断地方各级司法部门和司法人员对地方政府的经济依附关系。

另外，对检察官家属生活予以适当照顾和保障也是非常必要的，以解除检察官公正办案的后顾之忧。

第五节　中外司法制度比较分析

一　中西司法制度的主要差异

由于政治、经济、文化生态环境的不同，中西司法制度上存在着巨大的差异。概括起来，这些差异主要有以下几个方面：

（一）建立的基础不同

新中国的司法制度是在中国共产党领导全国各族人民推翻帝国主义、封建主义和官僚资本主义三座大山的统治和压迫，彻底废除国民党的六法全书，彻底摧毁旧中国司法制度，继承新民主主义革命根据地人民司法工作优良传统的基础上建立起来的。它是以马克思主义的国家与法的理论特别是人民民主专政的学说为理论基础的。而西方国家的司法制度因其性质与封建制国家的司法制度的性质是一样的，都是维护剥削阶级统治的工具，因而，西方资产阶级不需要彻底摧毁封建主义的司法制度，只是对封建制的司法制度予以改良，赋予司法制度资产阶级所需要的某些新内容。

从理论基础来看，西方司法制度的理论基础是资产阶级启蒙学者的"三权分立"学说，我国司法制度的理论基础是马克思主义的"议行合一"理论。

（二）司法制度的性质和目的不同

我国的司法制度是社会主义性质的司法制度，是为人民民主专政的国家政权服务的，也是为统一的、多民族的社会主义国家和占全国总人口最绝大多数的广大劳动人民群众服务的。而西方国家的司法制度是资本主义性质的司法制度，其实质是为资产阶级统治的国家政权服务的，是维护资产阶级对工人阶级和广大劳动人民进行剥削、压迫的暴力工具。

（三）司法原则及其具体内容有所不同

如前所述，我国现行的司法原则主要有依法独立行使审判权不受行政机关干涉、以事实为根据以法律为准绳、法律适用面前人人平等、司法机关分工负责和互相配合及互相制约、诉讼以民族语言文字进行等；而西方国家的司法原则主要有司法公平、司法独立、法律面前人人平等、审判公开等。

在具体内容上的不同更是显而易见的。如在美国，司法不仅独立于行政和立法，而且对行政和立法有一定的制衡作用。在我国，司法从属于立法，且无权否定立法。西方国家的检察机关隶属于行政系统，不在"司法独立"的范畴之内。因此，西方国家的"司法独立"也就是"审判独立"。我国的检察机关是独立于行政系统的司法机关。西方国家"司法独立"的核心是法官独立审判，而我国是"人民法院依照法律规定独立行使审判权"，这意味着我国独立审判的主体是法院而不是法官。

（四）司法机构的职权有所不同

其一，在西方国家，除法律有特别规定外，法律解释权一般属于法院及法官，其法院的法律解释对于法律的改进和法律的发展具有重大的作用。而我国法律的解释权一般属于国家权力机构，法院和检察院行使的是司法解释权，并且法律的改进和法律的发展主要是依靠立法和行政机关制定、修改和废除法律法规。其二，我国法院不享有英美法系国家法院的法律制定权，上级法院所做的判决对下级法院没有任何约束力；其三，我国法院不具有西方法院的违宪立法审查权，这种职权归全国人大常务委员会；其四，我国法院拥有西方国家法院所没有的司法建议权，也就是法院在审理案件时，发现不属于法院主管的不法行为，有权向相应的机关或者部门提出建议，要求其处理。其五，与西方国家相比，中国检察机关的法律监督权要广泛，而参与民事诉讼的职权相对狭小。

（五）司法系统的内部关系不同

西方国家上下级法院彼此独立，上级法院不能干涉下级法院正在进行的具体审判。我国法律对上下级法院关系和上下级检察关系有不同的规定。依照1982年《宪法》规定，我国上下级法院之间是监督与被监督关系，上下级检察院之间是领导与被领导关系。有学者据此认为，对法院来说是"法院独立"，对检察院来说是"系统独立"。从实际情况看，我国上下级法院在审判活动中的关系，似乎已大大超出了所谓"监督与被监督"关系范围。目前在我国上下级法院之间通行的疑难和重大案件等向上请示与向下指示的制度，便是其突出和典型的表现。当下级法院碰到本应由自己作出判决而自己又拿不准的疑难案件时，就向上级法院请示，待上级法院给出具体指示后，再按上级法院意旨作出判决。当上级法院在审案件有重大影响时，可主动加以指导、指示，下级法院须依指示对案件进行审、判。显然，在这两种情况下，下级法院对案件的判决都不能说是独立作出的。

（六）在审判制度和检察制度上存在着诸多不同

在审判制度上，主要体现在审判独立、审判公开、法官自由心证、法院有无法律解释权、法官能否造法、判例的地位与作用、法院和法官有无违宪审查权、法院的职权和组织体系、审级制度、陪审制度、合议制度、回避制度、审判监督制度、法官任职资格、法官选任方式和任免程序等方面。在检察制度上，主要体现在检察机关的性质、检察机关的设置、检察机关的组织系统、检察机关的职权、检察官的任职资格、检察官的选任方式和任免程序、检察官的职位保障和物质保障等方面。

（七）司法机关与执政党关系不同

不可否认，在西方国家，执政党对司法机关具有十分重要的影响，如由执政的总统或总理（执政党的代表人）任命最高司法机关职员，比如首席大法官、首席大检察官等，这些人员不可避免地会执行执政党的意志。但是，西方国家的首席大法官、首席大检察官以及地方各级法院、检察院的院长等，都不对执政党负责，有的还不对总统负责，而"只对"法律和良心负责。在中国，执政党与司法机关是领导和被领导关系。这主要体现在与各级司法机关相对应，中共设立了政法委员会和纪律检查委员会，地方各级也大都设立了政法委员会和纪律检查委员会，直接领导（或者说影响）和监督司法工作，各级党组织的主要负责人实际上享有向同级人大推荐同级人民法院院长和人民检察院院长人选的权力，司法实践中还存在着司法机关和司法人员在办案过程中必须向同级党的机构甚至党委书记请示汇报，接受指导或党委决定，按照党委决定办案。

（八）法官的职位与薪金保障有所不同

这一点已在前面述及，这里需要强调的是，西方国家的法官不可更换制（除违法被依法弹劾之外）和高薪养廉及严格的执业规范值得我们认真借鉴。职位得不到保障的法官就不可能独立司法。

（九）法官的责任追究方面不同

西方国家的法官只要依法办案，甚至可以依据法理、法律原则和判例等来造法办案，即使办错了，只要不是法官本身违法，如接受一方贿赂，枉法裁判，也不承担法律责任。西方国家法官违法的后果是被依法弹劾。而在中国司法实践中，推行着一种错案追究责任制度。所谓错案责任追究制度是指对作出错案的部门或者有关责任人追究其行政和经济责任，严重违法的还要依法追究刑事责任的制度。

二　西方国家司法制度的改革及其经验

西方国家在资产阶级革命取得胜利之后一直到现在，长期致力于司法改革。如法国设置参政院，负责受理行政诉讼案件；变法官民选制为政府任命制等。英国缩减合并了一些法院，实行审检分署制度，建立起独立的检察机构。日本二战前的司法制度主要仿效法、德等国，二战后受美国的影响，进行了重大改革，颁布了《日本国宪法》、《法院法》、《检察厅法》、《刑事诉讼应急措施法》等法律，以和平主义、国民主权和尊重人权三大原则为基础，确立了新的司法体制，将法院从司法省分离出来，最高法院拥有制定规则的权力，并拥有司法行政权。[①]特别值得注意的是，二战后，资本主义两大法系在司法制度上相互渗透，取长

---

① 参见肖扬主编：《当代司法体制》，中国政法大学出版社1998年版，第199、233页。

补短，大陆法系国家在审判活动中吸收了英美法系中的某些做法，而英美法系国家也在审判中采取了大陆法系的某些做法，它们的司法制度在不断走向完善，呈现出如下的共同发展趋势：

（一）两大法系审判制度日益互相接近

如英美法系国家的制定法日益增多，判例法相对减少；大陆法系国家也日渐重视当事人在诉讼中的辩论权利，许多判例所体现的法学原则有相当部分已通过立法变成了制定法，参考判例进行审判也有所存在。

（二）陪审制度日渐衰退

现阶段，西方国家多数对陪审制度持否定态度。主要理由在于：一是陪审员大都不懂法律又没有审判经验，审案效率低，浪费时间，手续繁琐；二是现在法官素质较高，加之法律等因素的制约，法官们不太容易出现主观专横的现象，用不着陪审团来加以牵制。就问题的实质而言，还在于陪审制是形式主义的，妨碍了法官的独立断案。

（三）法官制度日益健全

（1）在法官的任职资格和条件方面，要求法官的素质高于其他司法人员。（2）任命法官的主体层次高，通常由国家元首、总统或政府首脑以国事行为方式任命。（3）任命程序严格，一般都要经过多次司法考试和长期的司法实习，要求有律师工作经历。（4）确立了完备的法官保障制度。（5）各国大多规定了比较完备的法官培训制、严格的法官考核制、弹劾罢免制等。

（四）检察机关的职能在不断加强和扩大

现代各国检察机关增加了诉讼监督职能、一般监督职能、干预民事及行政诉讼职能、保护公民权利职能等权力，体现出国家权力对有关社会生活领域干预的加强。

（五）司法行政机关职权日渐扩大和强化

各国的司法行政机关是其政府中专司司法行政的职能部门，一般也是政府的法律顾问。有的实行检司分署，如法国、德国等；有的实行检司合署，如美国、加拿大等。但无论是检司合署，还是检司分署，司法行政机关的职权都非常广泛，而且日渐加强。

（六）司法考试制度日趋严格和完善

西方各国都建立了一套严格而又完善的司法考试制度。

通过比较分析可以看出，西方国家司法改革的经验主要有：

第一，司法组织独立。西方国家的司法组织享有充分的独立权，法院能独立行使审判权，不受任何政党、立法机关、行政机关及其领导人的干涉。

第二，审与判合一，法官独立。西方国家没有审判委员会行使判决权，实现审与判的统一，避免审的不判，判的不审。

第三，上下级法院之间形成真正的监督与被监督关系。上级法院不提前介入下级法院审理的案件，下级法院也不必向上级法院请示汇报，保证下级法院独立行使审判权。

第四，控辩式审判方式，有利于充分保护当事人权利，实现法官中立。

第五，司法权限广泛。在法院系统，设置宪法法院或其他机构行使违宪审查权，检察机关除行使侦查权、提起公诉权外，还广泛地参与民事诉讼、行政诉讼。

第六，注重发挥法官能动性，法官具有"造法"职权。

第七，司法程序法定。在庭审前法官不对案件事实和证据作实质性审查，事实庭上陈述，证据庭上举，从而避免法官先入为主，或先定后审。

第八，法官不得私自会见当事人，有助于防止司法腐败。

第九，司法人员任免条件和程序严格。

第十，司法人员数量法定。对法官、检察官在数量上严格控制，一个法院只有几名法官，一个检察院的检察官更少，以保障司法人员精简、效率，防止人浮于事，滥竽充数。

第十一，司法人员职位、物质保障机制健全。

第十二，司法预算独立。司法机关和司法人员的办案经费、工资、奖金、补贴等都由国家统一拨付，而且一般不允许更改，甚至有的国家还规定不由议会每年讨论，其在中央财政中的比例是确定的。这样，能有效地防止地方利益集团，特别是地方政府对司法活动的干扰，便于最高司法机关制约和监督地方司法机关。

第十三，司法人员任职回避，保证客观公正地处理案件。

第十四，司法组织权限明确。下级法院只对上级法院负责，下级检察院只对上级检察院负责，其他机关无权干预甚至插手司法工作。

三　中国司法制度存在的问题和改革建议

在当代中国，司法制度经历了建立—破坏—恢复的曲折历程，至今尚不完善，存在的主要问题有以下几个方面：

第一，司法权的运行存在阻力。我国司法行使机关的人、财、物受制于其他国家机关和组织，严重影响了司法独立，特别是地方司法机关在财政、人事安排等方面受制于地方政府、地方权力机关和地方党委，由此导致了司法权的地方化。在实践中，执政党和其他国家机关对司法工作的干预过多。

第二，司法腐败现象严重。改革开放以来，由于各种腐朽思想影响，加上我们放松了管理，监督不力，司法队伍中的腐败现象严重泛滥，主要表现在：以权代法，以权卖法；办"关系案"、"金钱案"，索贿受贿；违法查封，扣押财产，违法办案，违法执行；参与搞地方保护主义，偏袒本地当事人，损害外地当事人的合法权益；司法人员吃、拿、卡、要；用人唯亲，搞"近亲繁殖"；乱收费、乱拉赞助，诉讼费管理混乱；司法人员违反审判法纪，泄露审判机密，为律师介绍案件，为当事人推荐律师，从中牟利；对当事人的态度生硬、冷漠，耍特权、耍威风；以罚代法，等等。

第三，对司法机关的制约和监督乏力。一是由于缺乏具体的制度和操作规程，致使国家权力机关无法对司法机关的司法行为进行有效的法律监督；二是司法系统内的监督机制疲软；三是政党监督、媒体监督、群众监督等未能充分发挥作用。

第四，司法机关管理区域与行政管理区域完全重合，不利于司法独立。司法机关的管辖区域与地方党委、地方权力机关、地方行政的管理区域完全重合，故而强化了司法权的地方化。在现行的体制下，统一的司法权被地方党委、地方权力机关、地方行政区域所分割，各级地方司法机关已演变为"地方的"司法机关。

第五，司法机关不遵守程序约束的现象相当普遍。与西方社会所奉行的"程序优先"这一法律理念不同，我国有重实体、轻程序的法律传统，往往把法律程序视为纯形式的东西，甚至看成形式主义。我国先后颁布的三部诉讼程序法，存在着浓厚的国家本位主义思想，如片面强调司法机关的绝对支配地位，对当事人和其他诉讼参与人是一些硬性规范，而对司法机关则是一些软化的约束等。实际上，在我国司法错案的发生大多不是适用实体法错误，而是出现在程序法的执行不严格和程序法本身不完善上。

第六，司法责任制不完善。在我国的审判实践中，有相当一部分法院由审判委员会或庭务会以集体负责的名义行使对案件的裁判权，无论该案件是否重大或者是否疑难，均由审判委员会或庭务会讨论决定。独任庭、合议庭只对案件事实负责，失去了应有的职能作用，以致形成了审者不判，判者不审，审理与判决严重脱钩的局面。由于庭务会和审判委员会拥有案件的实际裁判权，因此裁判的结果和相应的责任自然也由集体承担，而所谓集体负责的结果往往是谁也不负责。法院系统内现行的管理方式又导致了法官责任心的缺乏和审判工作的低效率，产生了整个社会对审判机关的"信任危机"。

第七，司法人员素质偏低。与西方国家相比，我国对法官、检察官任职资格的要求较低。实践中，我国现有司法人员学历的实际情况离《法官法》、《检察官法》的要求仍然相距甚远。在全国法院系统 25 万多名法官中，本科层次的只占 5.6%，研究生仅占 0.25%。而在全国检察机关系统内的 20 多万检察官中，本科层次的更少，只占 4%。[①] 我国绝大部分司法人员是在 1979 年后到司法机关的三种人：一是通过社会招干途径考入司法机关的高中毕业生；二是复转军人；三是政法院校的毕业生。从人数比例上看，前两部分的人数远远超过后者的人数。在我国，司机可以转干当法官，军队干部可以当法官，工人可以转干当法官；没有经过政法部门锻炼、没有办过案子、没有学过法律的人，可以到法院当院长。[②]

为了适应建设社会主义法治国家的需要，必须加快我国司法制度的改革。

（一）从总体上明确司法改革的原则、目标和任务。我国的司法改革应当遵循如下几个主要原则：一是司法统一的原则；二是司法独立的原则；三是司法民主的原则；四是依法裁判的原则。司法改革的总体目标和任务应当是紧密围绕社会主义市场经

① 马骏驹、聂德宗：《当前我国司法制度存在的问题与改进对策》，载《法学评论》1998 年第 6 期。

② 夏勇主编：《走向权利的时代》，中国政法大学出版社 1995 年版，第 240 页。

济的发展和建立社会主义法治国家的需要，依据宪法和法律规定的基本原则，健全司法机关的组织体系；树立司法机关的真正权威，进一步完善司法独立、公正、公开、高效、廉洁、运行良好的司法工作机制；造就一支高素质的司法队伍，建立保障司法机关充分履行职能的经费管理体制；真正建立起具有中国特色的社会主义司法制度。就法院而言，改革的具体目标和基本任务是：以落实公开审判原则为主要内容，进一步深化审判方式改革；以强化合议庭和法官职责为重点，建立符合审判工作特点和规律的审判管理机制；以加强审判工作为中心，改革法院内设机构，使审判人员和司法行政人员的力量得到合理配备；坚持党管干部的原则，进一步深化法院人事管理制度的改革，建立一支政治强、业务精、作风好的法官队伍；加强法院办公现代化建设，提高审判工作效率和管理水平；健全各项监督机制，保障司法人员的公正、廉洁；对法院的组织体系、法院干部管理体制、法院经费管理体制等改革进行积极探索，为实现人民法院改革总体目标奠定基础。①

（二）实行司法机关依法独立行使司法权。为此，要理顺执政党与司法机关的关系。一方面要坚持党对司法工作的领导，另一方面又要使党组织特别是地方党组织不干预具体司法工作。

（三）改革司法机关的双重领导体制和双重负责制，实行垂直领导体制，即下级司法机关只对法律和上级司法机关负责，最高人民法院、最高人民检察院对全国人民代表大会负责，避免司法地方化。

（四）改革地方司法机关的司法人员由地方权力机关选举和任免，实行由国家元首或者由最高司法机关的司法行政长官根据

---

① 参见《人民法院五年改革纲要》，载《法制日报》1999 年 10 月 23 日第 2 版。

一定的程序任命。

（五）革除法官、上级法院"提前介入"的做法。法院在进入庭审前，只能对案件进行形式上的审查，即只审查庭审材料是否齐全、有无原被告、程序是否合法等，而不涉及案卷的具体内容。一切实质性的审查必须在开庭审理时进行。要避免"上定下审"的做法，防止事实上的一审终审。上级法院只能通过正当的法律程序实行监督，而不得越权干预。

（六）司法预算及人事编制应当独立。实行司法经费单列，即由地方各级法院和检察院编制预算，逐级上报最高人民法院和最高人民检察院，经最高法院和最高检察院汇总并审查后，编制全国人民法院和人民检察院系统的财政预算方案，报全国人大审议并批准后，由中央政府从中央财政中统一下拨，并由最高司法机关集中统一管理全国各级司法机关的财政经费。

（七）改革审判方式，真正实行审判公开。要切实贯彻公开审判原则，彻底废除院长、庭长审批和决定案件，建立法官独立审判责任制。全面实行立审分立、审执分立、审监分立。除法律明文规定不得公开审理的案件外，所有一审案件均应公开开庭审理，包括二审案件。审判应做到六个公开：即举证、质证、辩论、认证、评判、宣判公开。要废除请示制度，实现审判合一。审判方式可改为控辩式审判，法官只管坐堂问案，不亲自调查取证，不得提前介入。

（八）提高陪审员的素质，坚持、完善陪审制度。

（九）必须尽快建立违宪审查制度，纠正违反宪法的立法、执法和司法行为及其他一切违宪行为。有必要在全国人大设立宪法委员会来行使违宪审查权，或者设专门的宪法法院，或者授权最高人民法院行使违宪审查权。

（十）严格法定程序。立案要有标准，逮捕、拘留要严格掌握条件，审判程序、执行程序、审判监督程序等都要严格执行。

只有严格按照司法程序办案，才能保证正确处理各类案件，做到事实清楚、证据确凿、裁判适当。

（十一）严格司法人员任职资格。应当提高法官、检察官的任职条件，逐步实现法官、检察官从有经验的律师和高素质的法律专门人才中选任的制度。严格按照《法官法》、《检察官法》规定的条件来任免司法人员。

（十二）健全司法人员的保障制度。在物质保障方面，应当提高司法人员工资、待遇，实行高薪制和不可减薪制。在职位保障方面，应实行法官、检察官不可更换制，即法官、检察官一旦任命，非因法定事由和法定程序不得随意罢免或撤换，从而提高其对职业的珍惜感、荣誉感和敬业精神。

（十三）完善错案追究制度。大体内容应包括：（1）适用范围；（2）错案的界定、界定的标准以及认定的机关；（3）归责原则与责任的种类；（4）责任的划分；（5）追究的程序。

（十四）健全司法廉洁、监督机制。要规定法官、检察官的地区回避和定期交流任职制度；建立法官、检察官的财产申报制度；制定法官、检察官道德法等等。特别是要加强人大、新闻和公众对司法的监督，制定相关的法律法规，保障监督权有效行使。同时，要加大对司法人员违法犯罪行为的打击力度，维护司法机关的形象和法律的权威。

此外，还需要全面提高司法人员素质。

第七章 国家结构制度比较

国家结构制度是一个国家的整体与其组成部分之间相互关系的制度安排。从主权的归属和分权的程度来看，可以分为两大类型：单一制和复合制。复合制包括联邦制、邦联制、君合国和政合国等不同形式，其中，联邦制是最基本的也是最稳定的一种形式；单一制国家中央集权的程度不尽相同，可分为中央集权型和地方分权型两类。西方发达国家主要实行地方分权型的单一制和联邦制。当代中国是单一制国家，但同时实行民族区域自治并赋予特别行政区以高度的自治权。中西国家结构制度的差异并不完全是因为社会政治制度的性质不同，也受历史、地理、民族、宗教及文化等多重因素的影响。不同的国家结构制度是不同的国家权力结构的体现和反映，也直接影响国家权力的运作方式。

第一节 国家结构制度及其相关范畴

一 国家结构制度

从语义上看，国家结构制度是关于国家结构的制度。然而，迄今为止，人们对于"国家结构"及与此相关的"国家结构形式"并没有一致的看法。有的将"国家结构"与"国家结构形式"等同起来，如《中国大百科全书》（政治学）对"国家结构"和"国家结构形式"就作了大致相同的解释，认为国家结构是"国家整体与其组成部分的相互关系","国家结构形式是指国家的整体与部分、中央与地方的相互关系,如邦联、联邦制、单一制等"①。而有的学者将国家结构形式看成是国家结构的具体化及其表现形式。如童之伟就指出:"国家结构是人们从各国的具体结构形式中归纳出来的抽象物,它落实到具体国家就表现为国家结构形式。"② 在他看来,"国家结构"与"国家结构形式"并不能完全等同起来。从国家结构及国家结构形式的内容来看,不同学者也有不同的解释和规范。总的来看,大致有三种倾向,一是"关系论",将国家结构及国家结构形式看成是"国家的整体与部分"或"中央与地方"的"相互关系"。如国内不少学者将国家结构或国家结构形式定义为"国家整体与组成部分之间的相互关系"③,或"国家整体与局部之间、中央机关与地方机关之间的关系"④。二是"原则论",将国家结构或国家结构形式视为是处理国家整体与部分以及中央与地方关系的基本原则,而不仅仅是相互关系。如前苏联一些学者就将国家结构看成"国家的构成,其地区及其公民权之组织,作为整体的国家与其组成部分之关系的原则"⑤。三是"制度论",强调国家结构及国家结构形式的组织、结构及具体的制度表现形式。如有的学者就指出"国家结构形式是在国家机构体系内纵向配置国家权力行使权并规范其运用程序的制度模式"⑥。或国家整体"和

---

① 《中国大百科全书》(政治学),中国大百科全书出版社1992年版,第138页。

② 童之伟:《国家结构形式论》,武汉大学出版社1997年版,第93页。

③ 《中国大百科全书》(政治学),中国大百科全书出版社1992年版,第138页。

④ 王惠岩:《政治学原理》,吉林大学出版社1989年版,第192页。

⑤ 特拉伊宁编:《苏联国家法教程》,大东书局印行1951年版,第223页。

⑥ 童之伟:《国家结构形式论》,武汉大学出版社1997年版,第92页。

它的各个组成部分之间相互关系的组织"①。

　　虽然不同的学者从不同的角度对国家结构或国家结构形式等作了不尽相同的解释，但是，学界普遍认为国家结构及国家结构形式主要是指国家的"整体"与"部分"或"中央"与"地方"的相互关系问题。只不过有的强调"整体与部分"或"中央与地方"的关系的外在的制度表现，有的则关注这种关系调处的内在原则。实际上，从制度的角度来看，这两者并不能完全分离。任何政治制度本身是基于一定的原则建构起来的，也是一定的政治原则和行为规范的表现。也正因如此，我们用"国家结构制度"来概括和表示国家整体与部分及中央与地方关系的相互关系及其结构形式，以突出国家结构的内在原则及其外在表现的统一性。如果说"国家结构"或"国家结构形式"更多地强调国家整体与部分或中央与地方关系的结构和形式的话，那么，"国家结构制度"则不仅包括国家整体与部分及中央与地方关系调处的基本原则和规范，也包括这种关系模式的制度安排及具体形式。

　　在此必须强调的是，"整体"与"部分"主要是对复合制国家而言，指复合制国家中的整体及其组成部分，而"中央"与"地方"则是单一制国家的特征，它内含着"中央"与"地方"之间的上下级行政关系，两者基于不同的制度背景和法理原则。但是，从地域范围及权力分配的角度看，一个国家的"中央"与"地方"本身也是国家整体与部分的体现和代表。因此，我们也可以将国家结构制度视为国家整体与其组成部分之间关系的制度安排。

　　从历史上看，国家结构制度是随着国家的出现而产生的。国

---

　　① 卡列娃、费其金主编：《苏维埃国家和法的基础》，法律出版社1955年版，第228页。

家是从氏族发展而来，"国家和旧的氏族组织不同的地方，第一点就是它按地区来划分它的国民"①。由此也就产生了如何划分和组织国民并处理国家整体与其组成部分的关系问题即国家结构问题。显而易见，国家结构制度首先是国家如何组织的问题。这不仅涉及国家整体与部分、中央与地方纵向权力的分配，也涉及国家主权的形成和构造问题。

从国家整体与部分的纵向权力分配来看，任何国家，不论其人口多少、地域大小，为了实现对社会的有效治理都需采取一定的方式对居民和领域进行组织与管理，并处理国家整体与部分的纵向权利关系。国家结构制度的实质就是这种国家权力的纵向分配及其制度化的安排。在古希腊时期，雅典城邦就对其领域进行分区治理。全阿提卡被分成 100 个自治区，即所谓"德莫"；居住在每个德莫的公民选出自己的区长——德马赫和司库，以及审理轻微案件的 30 位法官。德莫的最高权力机关是德莫特大会。这样的 10 个德莫单位构成一个地区部落。地区部落不仅是一种自治的政治组织，而且也是一种军事组织。每个部落选出 50 名代表共同组成雅典议事会，作为全国人民大会的执行机构，管理全国事务。这种全国人民大会和议事会就是我们今天所说的中央政府，在它之下的地区部落和德莫则是地方政府。② 古埃及及印度也曾将全国划分为若干州和省；在中国，秦朝以前，人们所指的国主要是指诸侯所统治的区域。当时，天子统治的地方叫"天下"，诸侯所辖的地方称"国"，而卿大夫所统治的地方叫"家"。夏以"家天下"取代"公天下"，以世袭制取代禅让制，开始按地区划分居民进行统治和管理。③ 随着社会的发展，一些

---

① 《马克思恩格斯选集》，人民出版社 1995 年版，第 170 页。
② 陈嘉陵主编：《各国地方政府比较研究》，武汉出版社 1991 年版，第 6 页。
③ 同上书，第 7 页。

国家的规模扩大，尤其是现代国家，国家的分区组织和治理方式也越来越复杂，国家的结构制度也日益复杂。但是，国家结构制度的实质内容即国家的权力的纵向分配并没有改变。

从国家主权的角度看，国家结构制度与国家主权的形成与构造直接相关，在相当程度上也是国家主权的结构与行使方式问题。主权是一个国家独立自主地处理内外事务的最高权力。在传统社会"君权神授"或君权至上的条件下，君主不仅是国家权力的核心，也是世俗权力的来源；在现代人民主权的原则下，人民是国家主权的最终归属和所有者，国家权力源于人民的授予和"转让"。然而，人民是否将所有权力全部转让？人民全体、部分及个人是否有所保留及如何保留？这都涉及国家权力及其主权的形成和归宿问题。不仅如此，在一个国家之中，国家主权是由谁来行使及如何行使的？是由"中央"独立行使还是各自保留，或是共同分享？这些不同的制度安排及实践形式也就构成不同的国家结构。在一些国家，中央政府独立行使国家主权，地方政府不得分享，从而形成单一制；而有的国家，国家的主权是由其组成部分或地方"让渡的"。但是，在人民主权的原则下，地方保持着其固有的、不能被随意剥夺的权力，从而出现了联邦制的国家结构形式。对于邦联制来说，各成员都是独立的主权国家，主权由各国保留，也正因如此，邦联并不是严格意义上的国家。显然，国家主权也是国家结构制度的核心问题。从一定意义上说，国家结构制度的不同类型也是国家主权的最终来源和归属及其行使方式的差别的制度表现。

因此，国家结构制度是关于国家组织方式的基本的政治制度。从行政的角度看，它涉及国家内部中央与地方、整体与部分的纵向行政权力的配置；从政治的角度，它涉及国家主权的来源和归属及主权的行使方式。

二 单一制国家

根据国家纵向的权力配置的不同及国家主权行使方式的差别，我们可以将国家结构制度分为单一制和复合制两大类型。

单一制是指由若干行政区域构成的具有单一主权的国家结构形式。采用这种结构形式的国家是单一制国家。单一制国家内部按地域划分行政区域，各行政区域的地方政府均受中央政府的统一领导。国家有统一的宪法，统一的国籍，统一的国家立法机关和统一的中央政府；对外关系方面，国家整体是单一的国际法主体，各行政单位没有独立的外交权。单一制国家的最高控制权由中央政府掌握；地方行政单位虽然有一定的权力，但这些权力的确定和变更都由中央政府决定。

依据中央政府和地方政府之间集权与分权的程度的差异，可把单一制国家分为中央集权和非中央集权两类。中央集权国家的权力集中程度又有不同的表现：如有的中央集权国家的地方政府由该地区选民选举产生，它在受中央集权管理的同时，享有管理地方事务的较多的自主权；而有的中央集权国家，地方政府在中央政府的严格控制下进行活动，有时虽然允许"地方自治"，并选出执行机关首脑，但选出的首脑具有地方执行机关首脑和中央政府在地方的代表的双重身份，他必须在中央政府的直接领导下工作。非中央集权国家通常又称"地方分权"或"地方自治"的国家，这类国家地方政府由人民选举产生，对在纯粹地方事务方面拥有自主权。

在当代西方国家中，英国、法国、意大利、日本、挪威、瑞典等国家都是单一制国家。不过，当代西方发达国家的单一制大都是实行地方自治的非中央集权的单一制。

三　复合制国家

复合制是由几个国家或几个相对独立的政治实体（如共和国、邦或州）组成的联合体。按照联盟的紧密程度的不同可分为不同的类型。

一是联邦制。联邦制是复合制的一种基本形式，也是迄今最为稳定的国家结构形式之一。联邦制国家是由几个联邦单位（如共和国、州、邦）联合组成的统一的国家。

联邦制国家设有统一的最高立法机关和行政机关，有统一的宪法、法律和国籍；最高立法机关实行两院制的联邦国家，通常有一个院由联邦单位选派代表组成；中央联邦政府和各邦政府的权力范围都明文规定在联邦宪法当中；联邦行使国家的立法、外交、国防、财政、宣战、媾和、缔约等重大国家事务，在国际交往中代表国家；联邦各组成单位设有自己的立法、行政机关，有的有自己的宪法、法律和国籍，并在自己管辖的区域内行使职权，领导下属各级政府；联邦各成员单位不是独立主权国家，没有军队，一般不具有对外国际交往的权力。但有些国家宪法规定联邦成员也享有某些外事权。例如，历史上的德意志帝国和现在的瑞士联邦就允许其组成单位对某些次要事项同外国签订条约。前苏联的某些加盟共和国也派有代表参加了联合国。加拿大的魁北克有权与法国和其他法语国家签订有关文化方面的国际条约等。美国、澳大利亚、印度、前苏联及现在的俄罗斯等都是联邦制国家的典型。单一制国家只在两个层次上组织政府：中央和地方，后者则包括乡村及城市地方和基层政府；联邦制国家有三个层级而不是两个层级的政府，在国家和地方政府之间有一个中间层级，通常称为州（例如美国、澳大利亚、巴西和印度）或加拿大的省、德国的区、瑞士的小区，因而联邦制中政府的关系要比单一制复杂得多。在后者中，只存在着中央与地方和地方间的关系。但在前者中，则既存在着联邦与州，联邦与地方，州与地方，又有联邦、州与地方，联邦之间，地方之间的关系。

二是邦联制。邦联制是由几个独立的主权国家为某种特定的目的而自愿联合组成的国家联盟。其成员国根据相互签订协约，明确表示让与或委托邦联某些权力而组成的一种松散的国家联合。

邦联的基本特点是：第一，邦联不是国家主体，没有统一的最高立法、行政机关。一般情况下，也没有统一的军队、赋税、预算和国籍。其所设立的一定议事机构只是为了协调共同的利益；第二，邦联各成员国是国际法的主体，各自均有立法、行政、军事、外交、财政等方面的全权。邦联各成员国依据某种协约而成立的协商机关，不具有国家性质；协商机关的决议必须经成员国的认可才能生效。邦联组织对各成员国没有强制力，也不能直接发号施令。第三，邦联各成员国可自由退出，各邦让与邦联的权力可以收回。由此可见，邦联与联邦的主要区别在于：联邦是一个国家实体，而邦联则是国家的联盟，不具备真正的国家的性质，不是一个主权国家。所以严格地说，邦联并不是严格意义上的国家，仅仅是一种国家联盟，而邦联制度也不是国家意义上的国家结构制度。在历史上实行邦联制的典型是 1778—1789 年北美 13 州独立初期组成的邦联；1815—1848 年的瑞士同盟；1820—1866 年的德意志同盟等。当前的欧盟、独联体具有邦联的特点。

三是君合国。除联邦制和邦联制外，历史上还出现了君合国和政合国的国家形式。君合国是指两国通过缔结条约，由一个君主进行统治的国家联合，通常规定统一管理军事、外交和财政等事务，在国际法上是一个主体。组成国也有自己的宪法、议会和政府，保持各自的独立性。如 1867 年奥地利皇帝兼任匈牙利国王，建立了两合君合国，即奥匈帝国；1815—1890 年荷兰同卢森堡的联合，两国共同拥有一个君主，但两国各自独立，在国际关系中都是主权国家。

　　四是政合国。政合国也称"物合国"，是指两个或两个以上共和制国家在缔结条约的基础上组成的国家联合。它们同受一个国家元首的管辖，制订共同的宪法，有统一的国家机关，规定统一管理军事、外交和财政等事务，在国际交往中成为一个主体，但成员国各自也有自己的宪法和法律及议会和政府，保持自己的独立性。如1814—1905年瑞士和挪威的国家联合。

　　不难看出，国家结构制度的不同类型主要是国家主权的不同构成方式及由此出现的纵向权力分配的集中程度的不同。单一制国家的国家整体是单一的国际法主体，独立行使国家统一的主权，其整体与其组成部分之间的关系是中央与地方的关系。中央享有最高权力，地方享有的权力是中央授予的。权力主要集中于中央。在复合制结构中，联邦制国家的组成部分可以享有部分的自主权和外交权，整体与部分之间也不是中央与地方的关系，而是权限不同的政府之间的关系。组成部分的权力并非整体所授予，整体与部分都在联邦宪法规定的权限范围内享有最高权力，并直接行使于人民。邦联制条件下的国家主权是由组成国家联盟的各个国家所有，各联盟国独立的主权国家；至于君合国或政合国，虽然联盟是国际交往中的主体，但各联盟的国家也拥有对内事务的独立的管理权。显然，不同的国家结构形式在国家权力集中程度中处于不同位置。

第二节　联邦制的典型实践

　　从世界范围来看，当代西方发达的资本主义国家的国家结构形式既有单一制，也实行复合制，尤其是联邦制。社会主义国家一般建立单一制国家，但有的也采取联邦制的国家结构形式。在复合制国家中，联邦制是应用范围最广且最为稳定的国家结构制度。从实践来看，美国是实行联邦制时间最长且最为典型的国家。

一　美国联邦制及其特征

美国的联邦制是从邦联制发展而来的。在18世纪，北美13州原是各自为政、独立存在的英属殖民地，彼此之间没有多少政治和经济的联系。它们最初的联合是为了反对英国的课税而召开的有9个州的代表参加的联系会议。1776年，13州的代表在费城召开第二次大陆会议，发表了脱离英国的《独立宣言》，正式宣告美利坚合众国成立。1778年，13州签订了《邦联条款》（Articles of Confederation），到1781年，邦联条款得到各州批准，从而在法律上结成邦联。根据《邦联条款》，美利坚邦联是一个主权国家的联盟，邦联尊重和保障各州的"主权、自由和独立"以及其他权力。邦联设有一个邦联会议（Congress），由各州每年选出代表组成，其中各州的权力平等。邦联会议拥有宣战、媾和、派遣及接受外交代表、缔约、确定邦联或各州货币的价值、借债与发行债券、征集军队、建立海军、管理印第安人事务、制订度量衡以及设置邮政机构的权力，但是无权课税或管理商业。邦联条款非经国会同意不得修订，修订后仍须得到各州批准。任何重要措施必须获得9个州的同意方可施行。邦联会议休会期间由邦联会议选出一个13人委员会（各州一名代表），代行其职权。邦联所做的决定对各州有一定的约束力，但是，只有通过各州政府发布命令，才对本州人民产生法律效力。

邦联的软弱涣散和无力在美国独立战争时期就显现出来。当时各州之间为了边界问题争论不休，宾夕法尼亚与佛蒙特甚至为此爆发武装冲突。战争结束后，各州政府纷纷实施以邻为壑的政策，自行发行各色各样成色不足的硬币，设置包括高额关税与货物过境税在内的各种贸易壁垒，甚至州法院在裁断涉及两州以上人民的商务案件时，也往往偏袒自己人。这些引起了人们的强烈不满，也阻碍了社会经济的发展。为此，1787年2月21日，国会投票通过决议，在费城召开代表大会。大会"唯一的紧急议程就是修改《邦联条款》"，"使这部联合的宪法足以处理国家治理方面的紧急事件，使合众国得以维持下去"①。

1787年费城会议经过激烈的争论，最后达成妥协，制定了《美利坚合众国宪法》，一方面强化联邦政府的权力，另一方面也给各州保留了部分权力，确定了联邦制国家结构。根据新的宪法，美利坚合众国建立统一的联邦政权。联邦设有最高的立法、行政和司法机关，有统一的法律，是国际交往的主体；各州有自己的宪法、法律和政府机构；若各州的宪法和法律与联邦宪法和法律发生冲突，联邦宪法和法律优于州的宪法和法律。从而确立了联邦行使主权的地位，但各州仍保有相当广泛的自主权。

美国宪法对联邦与州的权力进行了明确的划分。在联邦和各州的权力划分上，采取了对联邦权力"肯定列举"和对联邦和州权力的"否定列举"的方式，即明文规定联邦拥有的权力，同时规定联邦和各州不能行使的权力。

根据美国宪法，联邦政府享有的权力包括征税，举债，铸币，维持军队，主持外交，管理州际和国际贸易，设立联邦法院，办理外交和缔结条约以及对外国宣战等。同时禁止联邦行使一系列权力，包括对于从任何一州输出的货物，均不得征收税金或关税。任何商业或税收条例，都不得给予一州港口以优惠于他州港口的待遇；开往某州或从某州开出的船舶，不得被强令在他州报关、结关或交纳关税。除根据法律规定的拨款外，不得从国库提取款项。一切公款收支的定期报告和账目，应经常公布。合

---

① [美] 希尔斯曼：《美国是如何治理的》，商务印书馆1986年版，第43页。

众国不得授予任何贵族爵位。凡在合众国下担任任何有报酬或有责任之职务者，未经国会同意，不得从任何国王、君主或外国接受任何礼物、报酬、官职或任何一种爵位。

另一方面，宪法对各州不得行使的权力作了明确的规定，包括任何一州都不得缔结任何条约，参加任何同盟或邦联；颁发捕获敌船许可状；铸造货币；发行信用券；使用金银币以外的任何物品作为偿还债务的法定货币；通过任何公民权利剥夺法案、追溯既往的法律或损害契约义务的法律；或授予任何贵族爵位。任何一州，未经国会同意，不得对进出口货物征收任何进口税或关税，但为执行本州检查法所绝对必要者，不在此限。任何一州对进出口货物所征全部关税和进口税的纯收益均应充作合众国国库之用；所有这类法律得由国会加以修正和监督。任何一州，未经国会同意，不得征收任何船舶吨位税，不得在和平时期保持军队或战舰，不得与他州或外国缔结协定或盟约，除非实际遭到入侵或遇刻不容缓的紧迫危险时，亦不得交战。

美国宪法并没有对各州的权力进行明确的列举。根据宪法第10条修正案，未授予合众国也未禁止各州行使的权力，由各州和人民保留。这也就是所谓的"保留权力"。这一规定不仅是为了保障各州的固有的权力，事实上也是对联邦权力最终来源于各州及其民众的确认。不过，与此同时，依据宪法，联邦也可根据最高法院解释获得从享有的权力中合理引申出来的权力，从而获得了所谓的"默示权力"。这给联邦权力的扩大提供了空间和条件。

从实践来看，联邦与州的权力分配一直是两者矛盾的焦点问题。如何协调"保留权力"和"默示权力"也不是一件轻易的事情。早在1819年在麦卡洛克诉马里兰州一案中，最高法院首席大法官约翰·马歇尔就在书面的决定中强调了国家的最高权威性。马歇尔写道，第10条修正案仅仅"表达"了授予国家政府权力，所以，从整个宪法的含义来考虑确定哪些权力的授予是暗指的这一问题是有必要的。然而，在此之后。最高法院在首席大法官罗杰·B. 唐尼（Roger B. Taney）的领导下，提出了"双重联邦主义"的理论，认为每一级政府在各自的范围内享有主权。从1890年至1937年，最高法院运用这一理论否决了那些被认为是干涉州权的联邦立法。然而，在1941年，最高法院又一次改变了方向，出现了一系列支持联邦法律干预州及地方权力的判例。此后，在联邦与州的权力分配上一直存在分歧。但是，总的来看，美国建国以来，随着社会政治及经济的发展，联邦的权力呈现不断扩张的趋势。如20世纪30年代以前主要属于州的权限范围的教育、卫生、社会福利等，现在联邦政府都有采取行动的合法权力；联邦政府在加大给州和地方的财政支持的同时也加大了对其监督和干预。不过，尽管如此，联邦并没有取代各州的固有的权力和地位。各州在内部事务上仍拥有相当大的自主权。事实上，从历史地看，美国联邦与各州之间的权力重心只不过是在不同时期发生不同程度的倾斜和摇摆，并没有打破其宪法所规定的权力结构。如在里根时代，里根就提出"新联邦主义"，"采取恢复各级政府之间的平衡的步骤"，"限制联邦政府的规模和影响"，把被联邦侵蚀的一些权力归还给州，增强州的权力和责任。①

　　值得注意的是，如果说美国实行的是联邦制，但在各州内则实行"单一制"。② 目前美国共有50个州，还有县、市、镇、学校区及特别区等行政单位，它们是美国的"地方政府"。县通常

---

　　① 参见李道揆：《美国政府机构与人事制度》，人民出版社1985年版，第52—53页。

　　② 詹姆斯·M. 伯恩斯、杰克·W. 佩尔塔森、托马斯·E. 克罗宁：《民治政府》，中国社会科学出版社1996年版，第1108页。

是州的再分区，包括二个或二个以上的镇及数个乡村，市是根据州的特许状组建的。除了国防、外交、货币等全国性的事务划归中央处理外，其他如教育、卫生等地方性事务则划归各州及其地方政府处理。在州与其地方政府的权力关系上，地方政府是由州议会设立的，并不根据宪法享有自身独立权利。州议会有权批准、修正和废除城市的特许状，有权设置县，并决定市和县的结构，有权规定负债限额和通过对地方政府的法律。不过，19世纪末，许多州的宪法都作了修正，禁止州议会通过针对特定地方政府的法律。宪法以条文取代州议会所制定的法律，对地方政府的结构，有时甚至对其程序做出规定。"越来越多的州把一般性权力下放到县和市"，有一半的州宪法还加进了地方自治修正案，授权许多市和一些县管理各自的事务，并限制州政府官员的干预权力，从而扩大了地方自治的权力。当然，我们也要注意到，"对州议会权力的限制并未结束州影响地方政府的局面。就在州议会削弱的同时，州行政官员的权力却增大了。以前曾被认为是地方性的问题开始被看作是全州性的。许多地方政府缺乏行使基本职责的资金。他们无力聘请专家，行政管理水平低下，尽人皆知。有时，州干脆接管以前由当地人民处理的工作；有时州向地方政府提供一点财政援助，但总要附加一些限制条件。渐渐地，州官员对地方官员的监督权越来越大。这种趋势明显地表现在执法、财政、卫生、公路、福利和选举程序方面"[①]。可以说，20世纪以来，在美国联邦与州的权力分配上，联邦权力呈现增长的趋势；而在州与地方政府关系上，一方面州的行政管理权在扩大，另一方面地方政府自治权也明显增强。

[①]　詹姆斯·M. 伯恩斯、杰克·W. 佩尔塔森、托马斯·E. 克罗宁：《民治政府》，中国社会科学出版社1996年版，第1109页。

二　俄罗斯联邦制及其特征

俄罗斯是当今世界上领土面积最大的国家，也是一个新生的联邦制国家。早在 15 世纪末至 16 世纪初，以莫斯科大公国为中心，逐渐形成多民族的封建国家。1547 年，伊凡四世（伊凡雷帝）改大公称号为沙皇。1721 年，彼得一世（彼得大帝）改国号为俄罗斯帝国。1861 年废除农奴制。19 世纪末至 20 世纪初成为军事封建帝国主义国家。1917 年 2 月，资产阶级革命推翻了专制制度。1917 年 11 月 7 日（俄历 10 月 25 日）十月社会主义革命，建立世界上第一个社会主义国家政权——俄罗斯苏维埃联邦社会主义共和国。1922 年 12 月 30 日，俄罗斯联邦、外高加索联邦、乌克兰、白俄罗斯成立苏维埃社会主义共和国联盟（后扩至 15 个加盟共和国）。苏维埃社会主义国家联盟在国家结构上实行联邦制。其中，俄罗斯联邦社会主义共和国面积最大、人口最多。

1990 年 6 月 12 日，俄罗斯苏维埃联邦社会主义共和国最高苏维埃发表《国家主权宣言》，宣布俄罗斯联邦在其境内拥有"绝对主权"。1991 年 8 月，苏联发生"8·19"事件之后，苏联解体，俄罗斯联邦成为完全独立的国家，并成为苏联的唯一继承国。1993 年 12 月 12 日，经过全民投票通过了《俄罗斯联邦宪法》，这是俄罗斯独立后的第一部宪法，规定国家名称为"俄罗斯联邦"，和"俄罗斯"意义相同。

俄罗斯联邦立国过程中，对国家政权组织体制进行了全面的改造。新宪法第一章第 1 条就指出："俄罗斯是共和制的民主联邦法制国家"，所要确立的是以总统制、两院制、联邦制和多党制为主要特征的国家新体制。从而废除了苏维埃制，确立了三权分立的总统制。在国家结构制度上，则实行联邦制。根据宪法规定，俄罗斯联邦是"共和制的民主联邦制国家"，它由 89 个联邦主体组成，即由 21 个共和国、6 个边疆区、49 个州、2 个直辖市、1 个自治州和 10 个民族自治区组成。这使俄罗斯的联邦制构成主体具有多样化的特点。与此同时，俄罗斯联邦制突出了联邦内部权力集中与地方自治分权相结合的特点。这主要体现在联邦建立的三个基本原则上。

第一个原则是一致原则。宪法第一章第 3 条规定："俄罗斯联邦宪法和联邦法律在俄罗斯联邦的全部领土上具有至高无上的地位。"俄联邦总统和政府在俄联邦全境实行"国家权力的全权"。各联邦主体未经中央同意不得改变自身地位。联邦宪法和法律、总统令和政府法令必须得到联邦各主体的尊重和遵守。联邦中央有权维护联邦境内统一的政治制度、司法制度，实行统一货币和经济政策。宪法特别强调俄联邦的统一，删去了旧宪法中的"共和国主权"的提法，取消了联邦主体退出俄联邦的权利。

第二个原则是分权原则。宪法严格、详细地列举了俄联邦中央和各主体各自的管辖范围以及共同的管辖范围。作为统一的主权国家体制，联邦中央牢牢控制着立法修宪、安全防务和外交以及税收、预算政策、对外经济联系等重大权力，同时也以与各主体"共管"的方式掌握着其他"关键性"权力。如统一市场的法律原则、金融、外汇、信贷及关税调节，货币发行，价格政策原则；确立与保卫俄联邦的国家边界、领海、领空、特别经济区和大陆架的地位等。

第三个原则是自治原则。宪法在充分保障国家权力完整统一的前提下，对各主体及民族实行自治自决的权力予以明确保障。宪法第 73 条规定，在俄联邦管辖范围之外和联邦与各主体共同管辖的权力之外的"所有国家权力由俄联邦各主体行使"。这也体现了"大权归中央，小权属地方"的国家权力分配的普遍原则，同时确定和保障了各主体的权力。宪法规定，除俄语是俄联邦全境内的国语外，各共和国有权规定自己的国语，并在共和国境内与俄语一起使用。各民族均享有保留本民族语言、创造条件学习和发展本民族语言的权力。

上述原则不仅是俄罗斯联邦构成的基本原则，也是处理联邦与各主体相互关系的基本原则。然而，在实践中真正贯彻和实施上述三项原则并不容易。尤其是俄罗斯是一个多民族国家，现有民族130多个，有的民族矛盾十分尖锐，如何协调民族的权益，抑制地方分离主义，维持国家的统一，一直是联邦面临的棘手的问题。从实践来看，这些矛盾主要集中在如下三个方面：

第一，是否允许一些共和国脱离俄联邦独立。俄联邦版图内的各共和国、州、自治专区的民族传统、历史渊源、文化背景、宗教信仰十分复杂，并入俄罗斯的历史长短不一，自愿程度也各异。随着历史的变迁，有些民族自治单位已从各方面融入了俄罗斯，有些则一直与俄保持着距离，其中的一些共和国始终不愿成为俄罗斯的一员，他们长期以来都在伺机寻求独立。车臣共和国就是这方面的典型代表。这个北高加索穆斯林共和国1990年宣告脱离俄罗斯，在杜达耶夫总统的领导下，先后通过了有悖于俄宪法的共和国宪法，拒不服从俄总统和联邦中央的领导，公然向俄联邦的统一和领土完整挑战。为此，俄罗斯先后进行了两次车臣战争。在强化并保持军事打击的同时，俄罗斯也力图政治解决。2002年12月，普京签署总统令，同意车臣于2003年春就车臣宪法草案等问题举行全民公决，2003年底前选举车臣议会和总统，但目前仍未完全消除恐怖活动。显然，车臣问题是关系俄罗斯联邦稳定与统一的重大问题。对俄罗斯来说，同意车臣独立所引起的连锁反应有可能使俄联邦再次面临四分五裂的威胁，而拒绝车臣的独立要求，双方的抗争又将导致俄罗斯国无宁日。

第二，联邦中央与各主体的权力究竟如何划分。俄宪法对联邦中央与各主体应行使的权力划分作了比较详细的规定，这从总体上摆正了联邦中央和主体的关系。但从具体情况看，联邦中央独揽着主要的国家权力，加上和各主体共同行使的权力，几乎掌握了政治、外交、军事、经济等各方面权力，留给各主体独立行使的权力所剩无几，也因此招致多数主体的不满，引发了近年来连续不断的与联邦中央争权的局面。一些主体为了加重与中央争权中的分量，也加入了要"主权"、闹"独立"的行列。

第三，如何理解各联邦主体之间的地位平等。俄罗斯联邦主体依次分为共和国、边疆区、州、自治州和自治专区，作为加入俄罗斯联邦的主体，它们的法律地位是平等的，但实际地位并不平等。共和国可以有自己的宪法，而州和边疆区则没有；共和国和自治专区在上缴国库收入、税收提成、预算补贴以及自然资源支配等方面享有特殊优惠。边疆区和州是俄联邦的经济支柱，却不享有共和国的许多特权。因此，它们要求改变这种不平等的地位，以分而自治要挟中央。一些州和边疆区采取绕过中央，互相建立经济联系的办法，加强自我保护，联合起来与中央抗争。如针对联邦政府1994年通过的《关于成立联邦食品公司和粮食批发市场系统的决定》，由19个地区组成的地区经济组织"西伯利亚协议"，于1995年3月举行会议，宣布成立地区粮食共同市场，以对抗俄联邦中央企图再次从西伯利亚运出当地食品的做法。它们还提出，如果中央不妥协，它们将宣告成立独立的"西伯利亚共和国"。

不过，从总的来看，俄罗斯联邦成立以来，联邦中央与各主体的关系的矛盾趋于缓和，联邦制结构也走向稳定。这与在实践中不断调整联邦与各主体和地方的权利关系分不开。一方面，联邦成功地否决了有些自治共和国所提出的"主权国家"的要求及退出联邦的可能性，维护了联邦的统一性及联邦的主权地位。另一方面也通过下放权力、增加地方财政预算、提供优惠政策扶持地方经济发展，缓和了联邦与各地方的矛盾。与此同时，随着时间的推移，人们对多年的政治斗争已经感到厌倦，更加关心社会安定、生活改善等社会经济问题，地方领导人也更加务实，逐渐走出纯粹的党派及政治斗争的局限。当然，俄罗斯联邦的稳定也与总统制和分权制的政权组织形式相关。根据宪法，俄罗斯联邦事实上确立了总统主导下的三权分立制。总统集内政、外交、行政、立法和军事等大权于一身。在联邦与地方的关系上，总统不仅可以协调两者的矛盾，还可以动用军事权及直接管辖权，以制止地区性的动荡和分离。实践表明，这一权力机制对遏制地方分立主义及俄政局的稳定起着重要保障作用。尤其是在一个急剧转型和变迁的社会，政治分歧较大，党派林立，总统制及总统权力的适当集中有其合理性和必要性，有利于维护社会政治的稳定和国家的统一。当然，这一切必须有民主和法制的基础和保障，否则，过分的权力集中不仅不会成为稳定的基础，还有可能成为动乱之源。

第三节　邦联制的实践形式

邦联（Confederation）是由几个独立的主权国家为某种特定的目的而自愿联合组成的国家联盟。其成员国根据相互签订的协约，明确表示让与或委托邦联某些权力而组成的一种松散的国家联合。从历史上看，实行邦联制的典型是 1778—1789 年北美 13 州独立初期组成的邦联。1815—1848 年的瑞士同盟；1820—1866 年的德意志同盟等。第二次世界大战以后，冈比亚和塞内加尔建立过短暂的"塞内冈比亚邦联"（1982—1989 年）。从目前的世界来看，很少有明确地宣布结成邦联的国家联盟和组织。不过，有不少国家联盟和组织也具有邦联制度的全部或大多数特征。其中比较典型的是"独立国家联合体"及"欧盟"。

一　独立国家联合体

独立国家联合体（Commonwealth of Independent States）是在苏联解体过程中建立的。1991 年 12 月 8 日，苏联中的白俄罗斯最高苏维埃主席舒什克维奇、俄罗斯总统叶利钦和乌克兰总统克拉夫丘克等在明斯克市郊的别洛韦日会晤，签署了一项关于建立独立国家联合体的协定。三国领导人宣布"苏联作为国际法主体和地缘政治现实将停止其存在"；建立独立国家联合体（独联体），其总部设在白俄罗斯首都明斯克；前苏联的加盟共和国和其他赞同独联体宗旨的国家均可参加。同年 12 月 12 日，苏联的哈萨克斯坦和四个中亚加盟共和国表示愿意作为"平等的创始国"参加独联体。12 月 21 日，苏联的阿塞拜疆、亚美尼亚、白俄罗斯、吉尔吉斯斯坦、摩尔多瓦、哈萨克斯坦、俄罗斯、乌兹别克斯坦、乌克兰、塔吉克斯坦、土库曼斯坦 11 国领导人在阿拉木图会晤，通过了《阿拉木图宣言》和《关于武装力量的议定书》等文件，宣告成立独立国家联合体及苏联停止存在。12 月 25 日，戈尔巴乔夫宣布辞去苏联总统职务，苏联正式解体。1994 年，摩尔多瓦加入独联体。迄今，除波罗的海三国外，原苏联其他 12 个成员国都加入了独联体。

独联体的建立实际上是试图在苏联分裂和解体之后维持和重建某种程度的联合，以协调自身的政治、经济和军事行为，并推动地区社会经济的一体化。根据《独联体章程》，独联体以所有成员国的主权平等为基础。独联体不是国家，也不拥有凌驾于成员国之上的权力，它为各成员国进一步发展和加强友好、睦邻、族际和谐、信任、谅解和互利合作关系服务。各成员国在国际安全、裁军、军备监督和军队建设方面实行协调的政策，保证独联体内部安全，包括借助于观察员小组和集体维持和平部队。当成员国的主权、领土完整以及国际和平与安全受到威胁时，各成员国应立即进行协商，协调立场，采取对应措施。

显然，独联体是由独立的主权国家为共同的目标而自愿联合组成的国家联盟。其成员国根据《独联体章程》而组织起来。独联体内部，各成员国地位平等，在内政外交上各自独立，对内行使本国政府的一切权力，并有权自由退出独联体。独联体最主要的组织机构是独联体国家元首理事会和政府首脑理事会。国家元首理事会是最高机构，每年召开两次会议。政府首脑理事会每年召开4次会议。由一个成员国提议即可召开非例行会议。会议轮流在各国首都举行，各国领导人按照俄文名字字母的顺序轮流主持会议。国家元首和政府首脑理事会分别成立常设和临时工作机构及辅助机构。此外，还有跨国议会大会，跨国经济委员会和支付联盟，以及外交、国防等部长级理事会等。但这些机构是协商性的，它的决定也只有经过成员国的认可才具有法律的效力，才能在成员国内实施。

独联体没有统一的宪法，没有凌驾于各成员国之上的中央政府，没有统一的军队、税制、预算、国籍。但是，独联体的重要目标是协调行动并推进地区的一体化。因此，在实践中，独联体一直在努力推进联合的进程和一致的行动，在军事上、经济上及政治上建立共同的组织。如在1996年召开的两次国家元首会议上，通过了《关于加强支付联盟和海关联盟的协议》、《关于预防武装冲突和恐怖活动在独联体境内扩散构想的协议》、《关于建立独联体国家内务部长委员会的决定》以及《独联体集体维和部队条例》等一系列文件。会议还决定对阿布哈兹实行经济制裁，各国同阿进行经济往来须经格鲁吉亚政府同意。11国元首还签署关于支持俄民主改革和叶利钦的联合声明，决定在即将举行的俄总统选举中一致支持叶利钦。1997年3月份的国家元首会议还原则通过了《到2005年独联体经济一体化发展构想》草案，提出建立独联体自由贸易区、海关联盟和支付同盟，形成共同的劳动力和农产品市场，以及统一的运输和能源体系等目标。2000 年 6 月 21 日，独联体国家首脑会议在莫斯科签署建立独联体反恐怖中心的协议（土库曼除外），还讨论了建立独联体自由贸易区问题。

在独联体中，俄罗斯联邦居于核心和主导的地位，在推进地区一体化过程中也发挥着积极的领导作用。为了推进独联体的一体化，俄罗斯还不断加强内部部分国家之间的双边和多边的合作，使之成为独联体一体化的中坚。如俄与白、哈、吉、塔等国成立关税同盟，并签订集体安全条约；2000 年，俄、白、哈、吉、塔五国总统还签署了建立欧亚经济共同体的条约，决定在关税同盟基础上建立一个新的国际经济组织——欧亚经济共同体。各成员国将实行统一的贸易和关税政策，并协调五国货币、财政、工业、宏观经济等所有经济领域以及社会人文和法律政策。共同体的建立旨在推动关税同盟的最终形成和统一经济空间的建立，推进一体化。2003 年 5 月 12 日，独联体集体安全条约 6 个成员国的国家元首决定将独联体集体安全组织转变成军事同盟，并于 2004 年之前成立独联体集体安全条约组织的联合军事司令部。

值得注意的是，在推进独联体国家一体化的同时，俄罗斯一直致力于俄罗斯和白俄罗斯两国的联合。1996 年 4 月 2 日，俄罗斯总统叶利钦和白俄罗斯总统卢卡申科签署的两国成立共同体条约，规定了今后两国关系发展的基本方向和加深一体化的机制。1998 年 12 月 25 日，两国总统签署了关于把俄白合并为一个联盟国家的宣言，1999 年 12 月，两国总统在克里姆林宫签署了《建立俄罗斯和白俄罗斯联盟国家条约》。此后，两国经过多轮协商达成了多领域的一体化协议。从目前来看，虽然俄罗斯和白俄罗斯各自保持着自己的国家主权，两国的联盟依然是一种邦联组织。但是，俄罗斯和白俄罗斯联盟不仅有共同的财政预算、统一的法律、统一的货币、统一的税收政策以及统一的国防，还建立了共同的军事合作机制、联合的议会组织、行政执行机构并开始组建联盟国家政府。这表明，俄白联盟已经开始超出邦联的性质，向联邦国家发展。

显然，苏联解体之后，俄罗斯一直在努力重建区域性的联合。以俄罗斯单一国家为核心，已经形成了俄、白联盟——俄、白、哈、吉、塔同盟——独立国家联合体这样多层次的国家联合。它集单一制、联邦制及邦联制于一体并试图通过这些不同的结构形式以最终实现地区的一体化和国家的整合或重建。

当然，无论是独联体还是俄白联盟，其一体化的进程并不顺利，在实践中也面临着不少困难和阻力。从独联体的联合来看，内部矛盾重重。从俄罗斯和白俄罗斯的联合来看，由于白俄罗斯经济发展缓慢，这使得俄罗斯人普遍担心经济状况不佳的白俄罗斯会成为俄罗斯沉重的包袱，因此俄国内出现了一股反对俄白联盟的浪潮。而白俄罗斯国内的反对派人士也认为卢卡申科出卖了白俄罗斯的国家利益，俄白联盟实质上就是白俄罗斯被俄罗斯吞并。面对这些指责，卢卡申科不得不多次表示，他一贯主张俄白两国实现一体化，但前提是两国必须建立平等的联盟关系，而不是谁吞并谁。从目前来看，由于各自经济发展的不平衡，利益矛盾仍将存在，独联体一体化的进程仍将是一个较长的过程。如果从区域一体化的程度来看，近些年欧盟的发展速度及一体化的程度要迅速得多。

二 欧洲联盟（欧盟）

"欧盟"是欧洲联盟的简称。欧洲联盟是从煤钢联盟经过欧共体发展而来的。其发展经历了三个阶段。

第一阶段：煤钢联盟到欧共体。1951 年 4 月 28 日，法国、德国、意大利、荷兰、比利时和卢森堡在巴黎签订建立欧洲煤钢共同体条约，1957 年 3 月 25 日，6 国又在罗马签订了建立欧洲经济共同体条约和欧洲原子能共同体条约，统称《罗马条约》。1965 年 4 月 8 日，6 国还签订《布鲁塞尔条约》，并将此前的煤钢联盟更名为欧洲共同体。

第二阶段：欧共体到欧盟。1973 年 1 月 1 日，英国、丹麦、爱尔兰等国成为欧共体的正式成员，欧共体由 6 国扩大为 9 国，法德轴心也演变为德、法、英"三驾马车"。以后，希腊、西班牙及葡萄牙也相继在布鲁塞尔签字加入欧共体。1991 年 12 月 11 日，12 国通过《欧洲联盟条约》（通称《马斯特里赫特条约》或《马约》）。1993 年 11 月 1 日，《欧洲联盟条约》开始生效，以前惯称的欧洲共同体（欧共体）现被称为欧洲联盟（欧盟），欧共体也改名为欧洲联盟。欧共体向欧盟过渡后，一体化进程得到加速发展，建成了欧洲统一大市场，在欧洲范围内实现了商品、人员、资本和劳务的自由流通，从而加强了欧洲经济在世界经济中的地位。1995 年，奥地利、芬兰、瑞典加入欧盟，欧盟从 12 国扩大为 15 国。1997 年 6 月，欧盟阿姆斯特丹首脑会议决定修改《马斯特里赫条约》和《罗马条约》，正式启动欧元。1999 年 1 月 1 日，欧元如期启动，欧洲一体化进入了崭新阶段。同时它也标志着欧盟从经济实体向着经济政治实体的过渡。

第三阶段：欧盟东扩。从 1998 年起，欧盟先后确定了中东欧和地中海地区的 13 个入盟候选国，并与其中 12 国启动了入盟谈判。在 2002 年 12 月的哥本哈根欧盟首脑会议上，欧盟正式宣布与 10 个候选国的入盟谈判全面结束。10 个入盟国为：塞浦路斯、捷克、爱沙尼亚、匈牙利、拉脱维亚、立陶宛、马尔他、波兰、斯洛伐克和斯洛文尼亚。保加利亚和罗马尼亚尚不具备入盟条件，欧盟决定将其入盟时间推迟到 2007 年。至于第 13 个候选国土耳其，欧盟承诺在 2004 年底对其进行考察。此次东扩旨在将中东欧纳入欧洲体系。2004 年 5 月 1 日，中东欧 10 国正式加入欧盟，欧盟从 15 国扩大为 25 国。

　　欧盟建立了欧洲议会、欧洲联盟理事会、欧盟执行委员会和欧洲法院等一系列立法、行政和司法机构。除此之外，欧洲联盟还设有一系列辅助机构，如审计院、欧洲银行、欧洲投资银行、欧盟独立监察专员（European Ombudsman）及经济和社会委员会、外交政策和国内事务委员会等机构。

　　欧盟的产生和发展是欧洲一体化的结果，也是欧洲一体化的表现。从目前来看，加入欧盟的各国仍是主权国家，各国对内和对外均有独立自主的管辖权。在欧盟的决策过程中，在强调欧盟的统一性和一致性的同时，也注重各成员国之间的利益协调和协商。就此而言，欧盟也是一种邦联性质的国家联合。不过，经过半个多世纪的发展，欧盟内部在相当程度上实现了政治、经济、军事、外交及社会等方面的一体化。目前，欧盟已经建立了统一的立法机构、决策机构、行政执行机构、司法机构、审计监督机构以及军事组织和欧洲银行；确立了统一的关税、经济、社会、就业、保障、人权等等方面的政策；实现了统一的货币（欧元）及资金、技术、商品和劳动力的自由流动；对外以一个独立的实体行动，对其他国家及国际组织派出自己的代表；所有欧盟成员国公民持有统一的欧洲护照；欧盟甚至选定了欧洲联盟盟歌(贝多芬第九交响曲中《欢乐颂》序曲）和旗帜（十二颗金星点缀着蔚蓝大地）。欧盟的规章制度和政策对全体成员国有约束力，欧盟还可以直接行使权力甚至不必经当事国的同意，如制裁等。在欧盟范围内，法规一体化的覆盖率已达 60% 以上，在经济一体化方面，成员国的主权转让共享已超过 85%。[1] 这些表明欧盟不仅在相当程度上实现了欧盟一体化的目标，其组织形式和结构已经超出了原有的邦联的特点，具有联邦国家的特征。

　　其实，建立欧洲统一的国家一直是一些欧洲人的梦想和构

---

[1]　伍贻康：《制宪前途不平坦》，《人民日报》2002 年 10 月 17 日。

想。早在 50 多年前欧盟还没有问世前就有不少政治家提出过联合欧洲的想法。第二次世界大战结束不久英国首相丘吉尔就曾提出，我们需要建立起某种类似于欧洲合众国的东西。1959 年，当欧盟前身煤钢联盟刚刚成立不久，法国总统戴高乐也讲到，欧洲的真正统一是指建立一个从大西洋到乌拉尔的欧洲。在过去的半个多世纪的历史中，欧洲社会经济及政治的一体化获得了迅速的发展。近年来欧洲一些国家主张建立一个统一的欧洲大国的愿望日益强烈。欧盟主席普罗迪说过，欧盟的主要目标是要在欧洲大陆创造一个同美国等同的超级大国。21 世纪初开始，欧盟统一的进程加快。欧盟还成立欧盟制宪筹备委员会，2002 年 2 月 28 日，召开了欧洲的未来制宪会议第一次全体会议，通过了欧洲宪法草案。宪法草案第 1 条开宗明义，旨在建设一个欧洲国家组成的联盟，联盟内各国各自保留其民族特性，在欧洲层次上的政策紧密协作，并根据联邦模式来管理一些共同体权限。未来的联盟将会具有法律人格，欧洲人民也将同时拥有两种公民资格，即本国公民资格和联盟公民资格。该草案第 46 条还指出了建立自愿退出联盟规则的可能性。草案对未来联盟的名字提了 4 个建议——"欧洲共同体（Communaute europeenne）"、"欧洲联盟（Union europeenne）"、"欧洲合众国（Etats-Unis d'Europe）"和"联合欧洲（Europe unie）"等。按照德法等国家的初衷，扩大为 25 个甚至 27 个成员国的欧盟应改名为"联合欧洲"或"欧洲合众国"。更多人倾向"联合欧洲"，因为它是欧洲团结和统一的同义词。还有人把这个宪法草案同 1787 年美国费城会议制定的宪法草案相比，认为它将为联邦制的欧洲开辟道路。①

2004 年 10 月 29 日，欧盟 25 个成员国的首脑在意大利首都罗马正式签署了《欧盟宪法条约》。该条约在获得 25 个成员国

---

①　柴野：《向"越级国家"迈进的欧盟》，《光明日报》2003 年 6 月 27 日。

的批准后将于 2006 年正式生效。新的《欧盟宪法条约》为大欧盟的正常高效运转奠定了基础。《条约》在决策机制、机构设置、各机构权力分配等方面均作了较明确的规定。第一，决策机制上，对沿用至今的一致通过原则进行了改革，今后以"双多数"为特点的有效多数表决机制成为欧盟决策的主要方式，除欧盟宪法条约有特别规定外，欧盟通过任何决定只有得到来自15 个以上成员国的 55% 以上的票数，同时能够代表 65% 以上的欧盟公民的票数才能有效。第二，机构设置上，对今后欧盟委员会的人员构成，宪法条约也作出了新的规定。2014 年以后，欧盟委员会委员的人数将是欧盟成员国数目的 2/3，由各欧盟成员国轮流提名。避免欧盟委员会委员人数随着欧盟成员国数目的增加而膨胀，导致在欧盟委员会内出现人浮于事的状况。第三，增加欧盟理事会决策的透明度，使欧盟机构更加贴近欧盟公民。《条约》规定，今后欧盟理事会讨论和表决欧盟立法草案的会议必须公开。第四，设立欧盟理事会主席和欧盟外交部长，改变欧盟轮值主席国的轮任模式。设立欧盟理事会主席一职，主席由欧洲理事会以有效多数表决方式选举产生，任期为两年半，可连选连任一次。设立欧盟外交部长一职，欧盟处长也由欧盟理事会以有效多数表决方式选举产生，主要负责欧盟共同外交与安全政策，与此同时组建欧盟外交部，帮助欧盟外交部长完成所肩负的使命。第五，在欧盟共同外交与安全政策方面，宪法条约强调，欧盟的职权范围包括共同外交与安全政策涉及的各个领域，宪法条约要求成员国毫不动摇地根据忠诚和互助的原则支持欧盟的共同外交与安全政策，不要采取损害欧盟利益或可能损害欧盟共同外交与安全政策效力的行为。这些规定将有助于加强欧盟在世界上的作用。第六，扩大欧洲议会的权力，使欧盟机构的民主程度有所提高。宪法条约增加了欧洲议会同欧盟理事会进行"共同决策"的领域，赋予欧洲议会在欧盟理事会提名的前提下选举欧盟委员会主席候选人。如欧盟理事会提名的欧盟委员会主席候选人未能获得欧洲议会多数议员的支持，则欧盟理事会需要另提名新的人选。

欧盟宪法的出台无疑意味着欧盟价值得到更高层次的集体认同，也表明欧洲一体化进程获得历史性的进展。不过，从历史和现实来看，欧洲的联合依然面临不少阻力和困难。问题的焦点在于：如何对待国家主权，如何协调成员国间的权益，如何保证成员国与一体化机构间的权力均衡。这些问题的解决，都关系到欧盟内德、法、英等大国争夺区域一体化的主导权、大小成员国之间以及成员国和候选国之间权益平衡等许多错综复杂的矛盾。自2000 年 5 月 12 日德国外长菲舍尔率先提出欧盟应最终"建立一个欧洲联邦"以来，欧盟及其各成员国已就欧盟制宪展开了一场官民齐上的大辩论。以英国为代表包括若干北欧国家的一派主张松散的联合，强调国家主权的独立，反对超国家体制，设法把欧洲一体化控制在有限的范围内，实质上是想搞邦联制。不过，这种意见并非欧盟发展的主流，在欧盟制宪中是少数派。德、法是欧洲一体化的倡导者和火车头。德国是典型的联邦派，主张全面推进一体化，按德国单一联邦模式建立欧洲一体化体制，强化联邦一级的权力，使之拥有"核心主权"，把联邦机构的重心放到欧洲议会和欧洲政府，意欲通过"核心欧洲"使德国在欧洲联邦中占据强有力的地位，发挥独特的主导作用。法国则旗帜鲜明地提出建立"民族国家联邦"，强调保持各国特性，维护国家主权，反对建立"超国家的欧洲政府"，认为推进一体化和强化一体化职能决不能削弱国家，认为欧盟的职权是成员国授予的，欧盟理事会是一体化体制的基石。其意图在于制约德国，防止出现德国的欧洲。从欧盟制宪中暴露出的矛盾分歧来看，要制订一部严格法理意义上的欧洲宪法，实现欧洲的国家联盟，还将任重道远。正如德国前总理施密特 2003 年 8 月 1 日在德国《时代》周刊上撰文写道："欧盟的完善还需要很长时间，也许还需要 50 年。"①

尽管如此，联合欧洲的提出，本身就是具有深远影响的历史事件，也是欧盟及欧洲一体化的表现。虽然人们在欧洲联合的方向、目标、步骤、途径和速度等方面都存在分歧，但半个多世纪来以来，欧盟在经济、货币、内政、司法、外交、安全和发展等各个领域正全方位地推进一体化。当然，欧洲是否最终实现从邦联制向联邦制甚至单一的联合欧洲国家的转变，这不仅是欧洲历史上，也是人类社会政治历史性的伟大实验，无论其成败如何，均将对欧洲及国际社会产生重大而深远的影响。

第四节　单一制的典型实践

单一制是指由若干行政区域构成的具有单一主权的国家结构形式，主要有中央集权和非中央集权两大类型。从当代西方国家来看，英国、法国、意大利、日本、挪威、瑞典等国家都是单一制国家。不过，不同的国家的中央集权的程度及其制度安排仍有差别，这从英、法两国的实践就可看出来。

一　英国单一制及其特征

英国的全称是大不列颠及北爱尔兰联合王国，由英格兰、苏格兰、威尔士和北爱尔兰四个部分组成。英格兰划分为 43 个郡，苏格兰下设 32 个区和 3 个特别管辖区，威尔士下设 22 个区，北爱尔兰下设 26 个区。

尽管英国由四部分组成，但不是联邦制国家，而是一个单一制国家。这最主要的反映在如下几个方面：

首先，国家的各组成部分的设置及其地位由中央政府确定。

①　伍贻康：《制宪前途不平坦》，《人民日报》2002 年 10 月 17 日。

从目前来看，英格兰和威尔士的行政建制是由议会 1972 年通过的地方政府法确定的。该法将英格兰和威尔士划分若干都市郡和都市区，其中英格兰分为 6 个都市郡和 39 个非都市郡，都市郡之下划分为都市区，少数都市区之下设有教区；威尔士划分为 8 个非都市，郡之下设 37 个非都市区，区之下设有约 1000 个社区。苏格兰的地方政府的设置则是由 1973 年苏格兰地方政府法确定的；北爱尔兰虽然是经过 1921 年的北爱尔兰公民投票决定仍留在英国，但其地方政府的设置也由国会立法确定。1972 年，国会通过（北爱尔兰）地方政府法将其全境统一划分为 26 个区，每个区以一个市镇为中心，包括周围的乡村。伦敦作为英国的首都，其地方政府单独建制，但也是由 1963 年的伦敦的地方政府法确定。因此，英国的各组成部分不过是国家的"地方政府"，而不是拥有自决权的组成部分。各地方政府的权力和地位也取决于中央的立法和授权，而不是地方自身决定的。

其次，各级地方政府的权力，并非固有的权力，而是由英国议会以立法的形式，向各地方政府颁发特许状或制定各种法律、命令加以规定。一般来说，英国地方政府的权力一是来源于国家的一般公法，如宪法、地方政府法等；二是来源于地方法或称地方政府的"私法"；三是中央主管部门或大臣的命令等。若某一地方政府认为需要扩大职权范围，须向议会提出申请，请求制定法律，如经议会通过，即成为私法律，其效力只适用于该地方政府，其他地方政府不能援例行使。除教区与社区外，各级地方政府均可提出申请。从中央与地方的权力分配来看，中央政府管辖最重要、最主要的事务，如外交、国防、航空、邮政、对外贸易、货币、度量衡等有关国计民生的大事。地方政府的职责范围一般分为必须承担（obligatory）和根据需要允许承担（permissive）的两大类。前者具有强制性（mandatory），地方政府必须执行；对后者，地方政府拥有一定的自由裁量权（discretionary)，可以根据自己的需要提供服务。在明确规定的职权范围内，地方政府可自主行使职权，中央政府不得干涉。但是，凡未明确规定的事项，地方政府无权过问。中央不仅拥有权力的分配权，也拥有剩余权力的保留权。

再次，中央可以用立法或命令的方式撤并地方政府或中止地方政府的运作，对地方实行直接的管辖。其中，最为典型的是在北爱尔兰地方政府的组织和运转上。北爱尔兰在 1921 年到 1972 年间拥有自己的议会和政府，它负责一系列的地方性事务。由于恐怖主义活动和种族间暴力的加剧，英国政府于 1972 年恢复对北爱尔兰的直接管辖权。1998 年 4 月 10 日，英国和爱尔兰两国政府及北爱冲突有关各方签署了和平协议，此后选举产生了北爱地方议会，建立了南北爱跨界合作机构。1999 年 11 月 29 日，北爱议会推举成立由北爱多党分享权力的执行委员会——北爱自治政府。12 月 1 日，英女王批准了议会以绝对多数通过的向北爱转交地方事务管理权的权力下放法令。北爱自治政府遂行使除国防、外交和税收等中央权力之外的立法和行政权。然而，北爱的和平之路并不顺利，矛盾重重，自 1998 年北爱各方签署和平协议并成立地方自治政府以后到 2002 年，英国政府先后四次中止北爱地方政府的工作。最近的一次危机缘起于一桩"间谍案"所导致的北爱联合分裂。[①] 2002 年 10 月 14 日，英国政府宣布，从当天午夜开始暂停北爱尔兰地方自治政府和议会的运作，北爱地区的控制权无限期重新收归中央。由此可见，虽然北爱尔兰曾

---

① 2002 年 10 月 4 日，英国警察突击搜查了天主教派最大的准军事组织——爱尔兰共和军的政治组织新芬党成员在北爱议会的办公室和该党一些成员的住处，收缴了大批文件。警方在行动中拘捕了 4 名新芬党人，指控他们获取了可以被恐怖分子利用的情报。事后，新教派领导人、统一党人士北爱地方政府第一部长特林布尔称这一间谍活动比美国"水门事件严重 10 倍"，要求立即把新芬党驱逐出联合政府，否则统一党将在 14 日退出联合政府。新教派中较激进的民主统一党则当即宣布退出地方联合政府。从而导致北爱政府分裂。

经建立过自己的议会和政府，享有一定的自治权，但仍受联合王国议会控制，行政权属于中央，两者不是一种联邦关系。中央政府对北爱尔兰地方政府的组织及其运转拥有最终的决定权。

最后，同其他单一制国家一样，英国拥有国家的宪法，统一的国籍，统一的国家立法机关和统一的中央政府；对外关系方面，国家整体是单一的国际法主体，各行政单位没有独立的外交权。

由此可以看出，英国地方行政单位虽然有一定的权力，但这些权力是中央"授予"的，而非固有的；各组成部分及其地方与中央的关系不是联邦的关系，而是统一国家的地方政府与中央的关系。英国也因此是一个典型的单一制国家。

不过，英国素有"地方自治之家"的称号，在地方与中央的关系及地方政府之间的关系也有明显的特点。

首先，英国不同地区的地方政府的设置、权力及其运作并不是整齐划一的，而是具有多样性的特征。由于各地方政府是依据不同的法律授权而确立的，法律及授权的差异也造成了地方政府多样化的特征。如前所述，英国英格兰、苏格兰、威尔士、北爱尔兰及伦敦不同的地区的地方政府的设置、组成及其权限不尽相同。

其次，地方政府有较大的自主权。英国是素有地方自治传统的国家。近代资产阶级革命之前，一些城市的商人或者是地方的贵族用捐献的方式作为代价从英王那儿获得某种特权，最后在经过国会通过成为市宪章，并成为地方自治的法律依据。1835年，英国还颁布了《市自治法》，扩大了市民的权利，规定市作为自治团体应当由公民选举产生市议会和市行政首长。市议会不仅仅是立法机关，也是执行机关。在市议会中设立各种委员会，委员会由议员或者是非议员的专家组成。各种专门委员会具有一定的独立的行政管理职权。现代英国中央对地方的干预不断加强，但是，维持和扩大地方自治，依然有强大的社会支持。20 世纪末以来，尤其是 1997 年工党在大选中获胜之后，布莱尔政府将改革地方政府，扩大地方权力，作为新政府推行新政的一个重要组成部分。如和平解决北爱尔兰问题，重新恢复北爱地方自治政府；1998 年，联合王国通过了旨在向苏格兰和威尔士下放权力的《苏格兰法》和《威尔士政府法》。依据这些法律规定，苏格兰和威尔士议会要有较为独立的立法权和经济决策权，逐步取代缘由中央控制的苏格兰和威尔士事务部的职能。在法律范围内，各地方政府依法享有自主权。

再次，各地方政府都是自治独立的，它们之间没有纵向的从属关系。英国各级政府的地位和权力均来源于相应的法律规定，地方议会是各自地方的决策机关，拥有地方事务的决策权。任何一级政府都不能超越规定的权力，郡议会不得对区议会发号施令，区议会不能对教区（社区）指手画脚。各级议会都只能在自己的管辖范围内行使议会法所赋予的权力。

最后，中央对地方的控制主要是立法控制。英国中央对地方的监控的方式是多种多样的，其中包括立法监督、行政监督和财政监督等不同方式。不过，总的来看，立法监督是最基本和最主要的控制方式。各级地方政府的权力、地位及其职责均是由英国议会以立法的形式，向各地方政府颁发特许状或制定各种法律、命令加以规定。在授予某些职责时，议会也使中央政府获得控制地方政府的各种手段。如地方政府因需要扩大职权时，必须申报议会，或因地方事务通过某些决议和法规，需经中央有关部门批准，从而使地方政府的活动受到限制和监督。一旦地方政府越权，便可向法院起诉，请求法院颁发禁令加以约束。在财政监督方面，地方政府 1/4 的财政开支来源于地方税收，而其开支主要来源于中央和上级的转移支付，中央政府通常通过划定税收范围、制定支出指标等手段控制了提供给地方的经费，同时委派地区审计员，负责审计地方政府的账目。一旦查证地方政府的预算开支违法时，则有权责令其禁止使用，并追究有关人员的责任。此外，地方政府用于基本建设的贷款通常也要经中央批准。虽然中央政府在地方政府活动中也经常采取行政命令的方式进行控制，但是，这种监督有时也是依靠发布规则，甚至是行使司法权力来实现的。

不难看出，从政治上国家主权的分享方式及行政上的中央集权的程度来看，英国是一个单一制的国家，王国至上。不过，英国也是保守传统，有着悠久历史的国家，中央集权与地方自治、国家的统一性与地方的多样化、现代的与传统的一直奇妙地结合在一起。正如莱斯利·里普森所指出的，"英国地方政府的设计从来不是始终如一、简单或地方性协调一致的。""其轮廓集合了实用的和理想的，新的和旧的特征。"这种混合的体制是"作为古代传统不断适应社会变化的产物"，也是受到社会群体、政治压力、财政资源和历史传统的影响。① 虽然在不同历史时期及不同的地区，中央集权的程度及中央对地方干预的程度不同，但是，从当代英国的实践来看，中央集权的程度依然是有限的，地方的权限有着法律的保障，地方自治也一直保持和延续下来。正是基于这一特征，英国的单一制也是一种非中央集权的单一制。

二　法国单一制及其特征

法国是西欧面积最大的国家，在国家结构形式上是实行单一制，其高度的中央集权的传统在西方可谓首屈一指，也时常被看成是西方中央集权式的单一制的典型。法国的单一制国家结构不仅具有一般单一制国家的基本特征，还有如下突出特点：

---

① 莱斯利·里普森：《政治学的重大问题：政治学导论》，刘晓等译，华夏出版社2001年版，第246页。

其一，法国境内地方政府的组织与结构整齐划一。早在 17世纪，路易十四（1661—1715）统治时期就清除了封建割据，建立并不断强化中央集权式的专制统治，并成为称霸欧洲的强国。不过，在天下一统、王权至上的时期，法国的地方建制却相当混乱。全国除了 36 个州，还分为司法区、教区、军事区（即总督辖区）等等，各自大小悬殊、结构不同和权益不等，仅仅是服从王权而已。法国大革命废除了封建专制制度，确立了法兰西"统一的和不可分割的"共和国。为了消除传统地方建制的混乱状况，贯彻"一律平等的原则"，对地方国家行政系统进行了重新划分和改造。当时要求每个省的范围应当在当时交通条件下，从首府到省内的每一个镇的时间须在一天之内，并取消地方特权，地方政府的组织形式和行政地位一律平等。为此，将全国分为 83 个人口大致相同的省，省下面再分为区、县和市镇，而省和市镇是两个基本的地方行政单位。建立新的中央集权的政治和行政管理体制，统一领导和管理地方政府。虽然此后法国地方行政区划及地方政府组成及权限屡有变化，但是，直到 21 世纪的今天，法国本土划分的 22 个大区，96 个省和约 3 万多个市镇，其地方政府的整齐划一、结构相似的特点并没有改变。地方政府的设置及其权限和组织方式依然由中央政府决定。

其二，中央对地方以行政控制为主导。法国内阁设有内政与权利下放部，专门处理地方政府事务。中央政府对地方行政控制的形式主要有两种：一是向地方派遣中央政府代表，大区和省称为共和国专员（1982 年前称区长、省长）。他们是国家权力的受托者，市镇则以市镇长为国家代表，同时兼有国家官员和地方民选行政首脑的双重身份。另一种形式则是由中央各部门分别派出本部门的驻地方代表，就有关事务进行监督、控制。20 世纪 80年代以前，地方政府几乎完全受中央政府支配，中央政府保留一部分对地方事务的管理权，而对地方权力的下放完全是内政部长与各有关部长谈判、协调的结果。中央政府还可对地方政府实施人事控制，在认为省、市镇议会管理不善、难以为继的情况下，可将其解散，重新选举。地方财政也实行严格的控制。中央政府有权决定和批准省预算，市镇的预算要根据省政府的要求，收支必须保持平衡，如不合国家法规和出现赤字，中央政府就要出面干涉。20世纪80年代以来，法国推行权力下放的改革，制定了《权力下放法案》和《有关市镇、省和大区的权力和自由法案》等法规，地方政府的权限有明显的扩大，但并未从根本上改变原有的以行政控制为主导的方式，改变的是行政控制的内容、重点和手法。①

其三，对巴黎、科西嘉及海外地方单位以特别地方单位的方式进行管辖。法国中央对地方的控制不仅体现在对本土省市的控制上，也典型地体现在对其特别地方行政单位的控制上。依据1975年的法律，巴黎是具有双重地位的地方单位，巴黎市和巴黎省，其事务由巴黎议会斟酌处理。巴黎市设市议会、市长和市政府。市议会行使省议会的职权，由选民选举产生。市长也由选举产生，是市议会的法定议长，一方面代表地方，另一方面也是中央政府的代表，从而加强了中央与地方的直接联系及监控。科西嘉是位于法国南部地中海的一个小岛，1786年划归法国。科西嘉居民有着自己的语言、风俗和习惯。两个多世纪以来，一些居民要求独立的运动从未间断，并引发了一系列流血事件。为了抑制部分人的独立倾向，法国对科西嘉实行了与本土相同的省市管理体制。1976年之前，科西嘉作为法国的一个省，1976年划分为两个省。直到20世纪80年代，法国政府才决定承认科西嘉的独特性并赋予其更大的自治权。1982年在科西嘉设立大区，

---

① 刘君德、冯春萍、华林甫、范今朝：《中外行政区划比较研究》，华东师范大学出版社2002年版，第97页。

其组织形态与本土的大区并无多大差别，不过，科西嘉大区议会不称为大区议会，而称为科西嘉议会。中央在经济上给予科西嘉较多的财政支持。

法国也曾在海外建立殖民地，但是，战后，其殖民地纷纷独立，所剩无几。对于加入法国的原殖民地，法国将其分为海外省和海外领地，作为特别地方单位进行管辖。目前，法国有四个海外省，即瓜特罗普岛、马提尼克岛、圭亚那岛、留尼旺岛，它们同时具有省和大区的地位，省议会和大区议会并存，各自选出主席以行使行政权。海外领地有法属玻利尼亚和新喀里多尼亚等太平洋中的一些岛屿。前者的内部自治，政府机构有领地政府、议会及经济与社会事务委员会。后者的体制分为领地、省和市镇，由岛上三个省议会组成的委员会管理领地事务，其行政首脑是中央政府委派的高级专员。显然，这些特别地方单位，无论是科西嘉、海外的领地还是海外省，虽然其行政地位较高，且有较大的自治权，但是，他们与法国本土的中央政府之间不是联邦关系，而是一种直接的中央与地方的关系。其地位和权益也是由中央政府确定和授予的。

值得注意的是，法国在其境内实行中央集权式的管理的同时，对其海外殖民地国家曾尝试实行邦联制度。法国曾是非洲最大的欧洲宗主国，也一度成为仅次于英国的世界上的第二大殖民帝国。与英国不同，法国对殖民地实行直接统治，对殖民地实行同化政策。1894年，法国设立殖民部对殖民地事务进行管理。二战后，面对殖民地的独立运动，法国一方面采取严厉的镇压措施，另一方面也试图维持并调整宗主国与殖民地的关系。为此，第四共和国曾尝试将殖民地纳入法国，如1946年宪法规定，包括塞内加尔、几内亚、苏丹（现称马里）、科特迪瓦、贝宁、尼日尔、布基纳法索、毛里塔尼亚、刚果、加蓬、中非和乍得在内的12个属地被认为是"不可分割"的法兰西共和国的主要组成部分。到第五共和国时期，则改变成"法兰西共同体"。海外领地可以"经过它们的领地议会审议表示愿意，它们就可以成为共和国的海外省，或者彼此之间联合成为或单独成为共同体的成员国"（第76条）。共同体废止过去的中央集权制，给各成员国以内政方面的自治权，并允许它们随时退出共同体，这种共同体实际上是一种邦联组织。1958年8月，戴高乐对非洲的法国海外领地进行了一次旋风般的访问，对除阿尔及利亚以外的所有海外领地提出了两种前途，让它们自己抉择：或投票赞成宪法，成为法兰西共同体的成员，或不同意宪法而获得独立。但在后一种情况下，法国将停止一切援助，同时这些领地也将失去它们在法国关税体系中的优惠地位。最后，除几内亚外各海外领地都批准了第五共和国宪法。法兰西共同体正式宣告成立。但是，随后非洲大陆就掀起了独立的浪潮，所有法属非洲殖民地先后独立。第五共和国宪法设想的法兰西共同体名存实亡，法兰西的邦联之梦也随之破灭。

　　20世纪80年代以来，法国在实行权力下放的改革过程中，扩大了地方政府的权力，对中央与地方关系进行了一定的调整，但是，并没有从根本上改变中央集权的体制。首先，权力下放增强了地方政府的权力，削弱了政府首长（省长、市长）与上级的服从关系，但省长的双重角色依然存在。改革以后，省议会变成省政委员会，省议长改称为省政委员会主席，是省的行政首脑。省议会负责本地区的行政事务和官员任免，有审议并决定其权限内的事务的权力。省议会在制定本省预算、决定借贷款、奖惩省行政人员方面无须中央政府及省长批准，可以自动生效。另一方面，市镇政府也可以自主地作出其职权范围的事，诸如任免工作人员也无须得到省长或省议会的批准。这些规定，明显加强了地方政府的权力及其独立性。但是，中央政府委任的省长一职并未取消，只是改称为共和国专员。其行政权力虽然被大大削弱，只是管辖警察及中央各部派驻省里的机构，但却以中央政府钦差大臣身份，负有对省的财政和行政事务进行监督的新的使命。在重大问题上，如果共和国专员与省政委员会主席发生冲突，可通过垂直系统的行政法院和地区审计局裁决。就这个意义上说，中央政府对省政府的监督权力是加强了。

其次，改革以后，中央政府仍有权通过行政、法律、经济的手段对地方政府进行监督。《权力下放法案》对地方政府权力性质、权力范围作了明确限制，省的重大事务要根据中央政府命令执行，中央有权否决地方议会的任何决议，地方议会不得讨论政治性的问题，不得干预中央的内外政策。省市议会的主要权力只限于表决预算案和负责税收事务，有关职权，如市政规划必须得到中央装备部门的批准，市镇议会只能决定四分之一的教育事业投资等等。这些制约性的规定，有些是传统的中央权力保留下来的，有些则是此次改革新添的内容。

再次，改革增加了地方政府层级，也相应弱化了地方各级政府的权力。戴高乐政府时期就曾在中央政府之下设立一些地区组织，但这些组织基本上是属于辅助性的，是以促进经济发展为主要功能的，还不是一种严格意义的地方政府组织。密特朗行政体制改革的一个重大步骤，是将两个层级的地方政府改为三个层级，在中央政府之下建立大区一级地方政府。此项改革措施有一箭双雕的功用，既可大张旗鼓地宣称是中央政府下放权力，又可实际上起到削弱省级政府权力的效果。经过选举产生的大区议会是大区最高自治权力机构，大区议长是大区最高行政长官，大区议会拥有相当的行政权和财政权，可以起到牵制省级政府的作用。

显然，20世纪80年代的权力下放的改革一方面增加了地方政府的自治权和独立性，但同时也保持了中央对地方的控制。改革并没有真正改变中央集权的体制，只不过是在中央集权体制内部的调整而已。如何协调中央与地方的关系，扩大和保障地方的自主权，至今仍是法国社会政治生活中面临的重要议题。

第五节 当代中国国家结构制度

一 当代中国单一制国家结构的形成

当代中国是典型的单一制多民族国家。从历史上看，早在两千多年前，中国就开始形成中央集权的统一国家。上古三代曾实行分封制，虽然天子是天下共主，但王权仍局限于王畿，各诸侯则各自为政。及至春秋中叶，有些诸侯国开疆拓土，逐渐强大，对于获得的地域不再分封，而是直接统治，开始形成中央集权的体制。秦始皇统一中国之后，建立了全面的中央集权体制。此后的二千多年的封建时期，虽然中国王朝更替，国家几经分合，但是，中央集权的体制确延续下来，国家的统一则一直是发展的主流。作为一个多民族且社会经济发展不平衡的国家，历代也曾对边陲及少数民族地区实行过与内地不同的管理方式，如内地的官吏由皇帝直接委派，而在少数民族地区则时常是对当地首领和头人的加封。自元、明、清以后，还形成了由朝廷任命少数民族首领中有世袭官职的土司制度和有任期官职的流官制度，共同治理少数民族地区。到清朝后期，对满族、蒙古族实行盟旗制度，在新疆则实行由清政府任命官职的伯克制度。但是，这些制度都是以承认和接受王朝的统治，在国家统一的前提下实施的。

近代中国也曾出现了过联邦制的争论，中国共产党也曾提出过联邦制的构想，但是，最终在实践中选择了单一制的国家结构。在1922年召开的中共第二次全国代表大会上通过的《宣言》就曾主张建立"中华联邦共和国"作为解决国内民族问题的纲领和政策，并将建立联邦制作为其奋斗目标："……（三）

统一中国本部（东三省在内）为真正民主共和国；（四）蒙古西藏回疆三部实行自治，成为民主自治邦；（五）用自由联邦制，统一中国本部、蒙古、西藏、回疆，建立中华联邦共和国……"从中国共产党第二次全国代表大会到抗日战争结束，中国共产党多次提出通过联邦制这一国家结构形式解决中国的民族问题，即建立"中华联邦共和国"或"中华苏维埃联邦"。1935年8月5日中央政治局通过的《中央关于一、四方面军会合后的政治形势与任务的决议》，强调对于少数民族，"在无条件的承认他们有民族自决权，即在政治上有随意脱离压迫民族即汉族而独立的自由权，中国共产党与中国苏维埃政府，应实际上帮助他们的民族独立与解放运动……"同时决议还提出，在蒙、回、藏等民族"成立了独立国家之后，则可以而且应该根据他们自愿的原则，同中华苏维埃共和国联合成立真正的民族平等与民族团结的中华苏维埃联邦"。

抗日战争开始后，中国共产党人在联邦制问题上逐渐开始转变。1938年10月，在中共的六届六中会会上，毛泽东在总结中国革命的历史经验基础上提出要用马克思主义普遍原理结合中国的实际来解决民族问题。指出："各民族与汉族有平等权利，在共同对日原则之下，有自己管理自己事务之权，同时与汉族联合建立统一的国家。"在1941年陕甘宁边区第二届参议会第一次会议通过的《陕甘宁边区施政纲领》中正式提出，"依据民族平等原则，实行蒙回民族与汉族在政治经济文化上的平等权利，建立蒙回民族的自治区"，用民族区域自治的方案解决国内的民族问题。1947年，内蒙古自治区正式成立，标志民族区域自治制度开始付诸实践。1949年9月21日至30日，中国人民政治协商会议第一届全体会议召开。会议通过的《中国人民政治协商会议共同纲领》对如何解决中国的民族问题做出了具有历史意义的决定，即中华人民共和国的国家结构形式是单一制的多民族统一的人民共和国，它是"各民族友爱合作的大家庭"。同时规定，以民族区域自治作为解决中国民族问题的基本政策和一项重要的政治制度。从此，确立了当代中国的民族区域自治制度及单一制国家结构。

中国共产党在国家结构形式问题上态度转变的一个重要的原因就是对汉族与中国境内其他少数民族的关系有了新的认识，尤其是对"中华民族"这一概念的内涵有了新的理解。在抗日战争爆发以前，中国共产党的重要文献或者将"中华民族"等同于汉族，因而将中国境内各少数民族排除在中华民族之外；或者将"中华民族"视同"中国境内各民族"进而将中国境内各少数民族视作中国各民族大家庭中的成员。抗日战争中，各民族所面临的共同的生存威胁和共御外侮、保卫国家的共同的斗争经历，使各民族空前地团结在一起，并结合成一个统一的现代民族——中华民族，中国境内各民族都是中华民族的组成部分。中国共产党及时洞察了这一现象，进而获得了对"中华民族"这一概念的全新的认识和理解，因而在中国共产党及其领导的抗日政府的文献中，"中华民族"已不仅指汉族，还包括满、蒙、回、藏、苗、瑶等民族。"这种新的认识和解释不仅构成'中国境内各民族联合建立统一国家'这一主张的逻辑前提，而且构成革命获得胜利后建立单一制的统一的共和国这一决策的主要的理论依据。"①

中国共产党从一开始的"以联邦制解决国内民族问题"的主张转向在单一制的国家结构框架内实行民族区域自治，也是对中国历史和国情基本认识的进一步深化。从历史上看，中国是有着长期统一历史的多民族国家，国家的统一是发展的主流。从现实来看，中国共产党主张实行联邦制的主要目标着眼于解决民族

---

① 宁骚：《民族与国家》，北京大学出版社1995年版，第594页。另参见王丽娟：《联邦制与世界秩序》，北京大学出版社2000年版，第195—196页。

矛盾和联合问题。在实践中，共产党人逐渐意识到中国民族分布及其与汉族关系的特点。从中国民族的构成和民族的分布来看，呈现出大杂居、小聚居的局面。汉族人口众多，占全国人口的百分之九十四，其他五十多个民族只占全国总人口的百分之六。在长期的交往中，民族之间的杂居、交错聚居相当普遍，有不少少数民族地区的汉族甚至占多数。汉族在与其他少数民族的共同生活经历中成为统一国族（中华民族）的核心力量。从根本上否定了中国实行以民族为基础的联邦制的可行性与必要性。为此，中国共产党在实践中探索通过民族区域自治解决中国民族问题，并实现国家的统一。显然，我国实行单一制的国家结构是实践的结果，也是适应中国国情的选择。

二　当代中国国家结构的制度安排

当代中国单一制的国家结构形式不仅具有一般单一制国家的基本特征，如在国家内部按地域划分行政区域，各行政区域的地方政府均受中央政府的统一领导；国家有统一的宪法，统一的国籍，统一的国家立法机关和统一的中央政府；对外关系方面，国家整体是单一的国际法主体等等，还有一些自身的特点：

（一）民主集中制的基本原则

早在建国初期的临时宪法——《共同纲领》就明确规定："各级政权机关一律实行民主集中制。其主要原则为：人民代表大会向人民负责并报告工作。人民政府委员会向人民代表大会负责并报告工作。在人民代表大会和人民政府委员会内，实行少数服从多数的制度。各下级人民政府均由上级人民政府加委并服从上级人民政府。全国各地方人民政府均服从中央人民政府。"①

---

① 北京大学法律系宪法教研室、资料室编：《宪法资料选编》第一辑，北京大学出版社 1982 年版，第 5 页。

此后颁布的《中华人民共和国宪法》都坚持并重申这一基本原则。如1982年宪法第三条就规定："中华人民共和国的国家机构实行民主集中制的原则。全国人民代表大会和地方各级人民代表大会都由民主选举产生，对人民负责，受人民监督。国家行政机关、审判机关、检察机关都由人民代表大会产生，对它负责，受它监督。中央和地方的国家机构职权的划分，遵循在中央的统一领导下，充分发挥地方的主动性、积极性的原则。"以民主集中制作为国家机构的组织原则一方面是对人民主权的确认，强调民主基础上的集中。也正因如此，宪法第二条就申明"中华人民共和国的一切权力属于人民"。将整个国家政权体系置于人民主权原则的基础上，是对个人集权或官僚集权的否定；另一方面，民主集中制强调在保持中央统一、集中的领导的同时，充分发挥地方和基层的主动性和积极性，强调中央集权与地方分权的结合和统一，从而否定了过分的中央集权或过分的地方分权的体制。民主集中制原则成为新中国的国家政权组织的基本原则，也是中央与地方关系调处的基本原则。

（二）中央主导下的中央与地方关系

民主集中制虽然是对过分的中央集权的否定，但是，无论从法律还是其实践来看，在中央与地方关系上仍然是中央主导的。中央政府对地方有较强的行政控制能力。我国宪法强调，全国人民代表大会是国家最高权力机关，国务院即中央人民政府是最高行政机关。对国家重大事项拥有决策权和执行权。从全国人民代表大会来看，其职权不仅包括制订和修改宪法和法律，选举国家主席及最高行政机关、司法机关、检察机关的领导人以及审查和批准国民经济和社会发展计划和计划执行情况的报告等等，还包括批准省、自治区和直辖市的建置，以及决定特别行政区的设立及其制度。全国人大常务委员会作为全国人大闭会期间的最高权力机关，也负责解释宪法，监督宪法的实施以及撤销省、自治区、直辖市国家权力机关制定的同宪法、法律和行政法规相抵触的地方性法规和决议；决定全国或者个别省、自治区、直辖市的戒严等等；国务院作为国家最高行政机关，统一领导全国地方各级国家行政机关的工作，其中包括规定中央和省、自治区、直辖市的国家行政机关的职权的具体划分；改变或者撤销地方各级国家行政机关的不适当的决定和命令；批准省、自治区、直辖市的区域划分，批准自治州、县、自治县、市的建置和区域划分；决定省、自治区、直辖市的范围内部分地区的戒严等等。显然，中央政权直接决定着地方各级政权的设置、权限及其组织和运转方式。在中央与地方的权力分配及相互关系处理上，中央一直是居于主导的和集中的地位。

（三）实行单一制下的民族区域自治制度

在单一制条件下对不同类型的地方赋予不同的权限，实行不同的管理方式。依据宪法，我国全国分为省、自治区、直辖市；省、自治区分为自治州、县、自治县、市；县、自治县分为乡、民族乡、镇。直辖市和较大的市分为区、县。自治州分为县、自治县、市。自治区、自治州、自治县都是民族自治地方。国家在必要时得设立特别行政区。由此确立了我国的地方单位有三种类型：一般行政区、民族区域自治地方和特别行政区。一般行政区是大陆所设立的非民族区域自治地方的普通省市和县乡等行政区。对于这些一般行政区的地方政府，其自主权相对较少，中央对其实行全面领导，具有较大的管制权。按照《民族区域自治法》，我国各少数民族聚居的地方实行区域自治，设立自治机关，行使自治权。民族自治地方分为自治区、自治州、自治县。民族自治地方内其他少数民族聚居的地方，也可建立相应的自治地方或者民族乡。民族自治地方依据本地方的实际情况，可以包括一部分汉族或者其他民族的居民区和城镇。各民族自治地方都是中华人民共和国不可分离的部分。对于民族区域自治地方的政府，中央在组织、人事、财政、文化及军事等方面均赋予一定的自治权。如依据宪法，自治区、自治州、自治县的人民代表大会常务委员会中应当有实行区域自治的民族的公民担任主任或者副主任；自治区主席、自治州州长、自治县县长由实行区域自治的民族的公民担任，自治区、自治州、自治县的人民政府的其他组成人员，要尽量配备实行区域自治的民族和其他少数民族的人员。民族自治地方可根据本地方实际情况贯彻执行国家的法律、政策；民族自治地方的人民代表大会有权依照当地民族的政治、经济和文化的特点，制定自治条例和单行条例。上级国家机关的决议、决定、命令和指示，如有不适合民族自治地方实际情况的，自治机关可以报经该上级国家机关批准，变通执行或者停止执行。民族自治地方的自治机关在执行职务的时候，依照本民族自治地方自治条例的规定，使用当地通用的一种或者几种语言文字；同时使用几种通用的语言文字执行职务的，可以以实行区域自治的民族的语言文字为主。民族自治地方的自治机关有管理地方财政的自治权。凡是依照国家财政体制属于民族自治地方的财政收入，都应当由民族自治地方的自治机关自主地安排使用。民族自治地方的自治机关依照国家的军事制度和当地的实际需要，经国务院批准，可以组织本地方维护社会治安的公安部队；等等。实行民族区域自治，体现了国家充分尊重和保障各少数民族管理本民族内部事务权利的精神，体现了国家坚持实行各民族平等、团结和共同繁荣的原则。

（四）实行"一国两制"

宪法规定实行特别行政区制度，在香港、澳门和台湾实行"一国两制"。对于这些特别行政区，中央赋予相当大的、甚至是近似联邦制国家中联邦单位的自治权。这种不同的权力及其制度安排反映出我国的单一制国家结构下的多样性的中央与地方关系。尤其是我们看到，"一国两制"的实行使我国单一制的国家结构具有某些联邦制的色彩和特征。

　　中共十一届三中全会后，中国共产党为完成祖国统一大业，解决历史遗留的台湾、香港、澳门等领土问题，提出了"一个国家，两种制度"的创造性构想。1981年国庆前夕，叶剑英委员长提出了关于台湾回归祖国实现和平统一的方针政策。1984年2月22日，邓小平在会见外宾时说："我们提出的大陆与台湾统一的方式是合情合理的。统一后，台湾仍搞它的资本主义，大陆搞社会主义，但是是一个统一的中国。一个中国，两种制度。香港问题也是这样，一个中国，两种制度。"后来邓小平及党的其他领导人多次对"一国两制"作了类似的解释。党和国家职能部门依据这一构想，对台湾、香港、澳门分别制定"一国两制，和平统一"、"一国两制，港人治港"、"一国两制，澳人治澳"等具体的方针、政策。1984年9月26日，中英两国草签了关于香港问题的《联合声明》；1987年4月13日，中葡两国发表了关于澳门问题的《联合声明》。1990年和1993年3月分别通过了香港基本法和澳门基本法。1997年7月和1999年12月，香港和澳门顺利回归了祖国。香港和澳门问题的和平解决，标志着"一国两制"的理论成为制度现实。

　　"一国两制"的实践使我国单一制的国家结构具有新的特点。首先，"一国两制"肯定了国家主权的统一性和中央的权威地位。"一国两制"本身是为解决国家统一问题而实行的，其理论、法律及实践的前提均是"一国"即统一的中国。"两制"是统一国家内部的两种不同制度，其存在也是以"一国"为前提。因此，香港、澳门和未来的台湾虽然拥有不尽相同的地方自治权，实行特殊社会制度，但是，它们仍是统一的中国之内的地方单位，是统一国家不可分割的组成部分。这最突出地表现在大陆和香港只有一个统一的宪法、一个统一的中央政府、拥有单一的国家主权；香港的回归也是为了恢复统一的主权；香港的外交和防务由中央人民政府统一管理。

　　其次，"一国两制"承认并保障香港、澳门和未来的台湾可以实行不同于大陆的社会政治和经济制度。根据"一国两制"，在统一的中国之内，十多亿大陆人民选择和实行社会主义制度，在台湾省和港澳地区继续实行其现行的资本主义制度，和平共处，相互促进，共同发展。在此，"一国两制"是指社会经济和政治制度方面重大的、原则的差别，而不是指个别制度的不同。大陆是社会主义生产方式占主导地位，而台港澳的生产方式是资本主义的。这都是属于重大的、原则性的区别。

　　再次，"一国两制"赋予香港、澳门和未来的台湾广泛的自治权。根据中国政府同英国政府、葡萄牙政府先后签署的关于香港和澳门问题的政府间声明以及基本法，中国对香港和澳门恢复行使主权，中央政府将向香港和澳门派驻军队；不改变港澳现行的政治制度，成立由当地人组成的特别行政区政府，享有高度自治权；现行的社会经济制度和生活方式不变，法律基本不变；将继续保持其自由港、独立关税地区和国际金融中心的地位；保持其财政独立、发行货币权；保证其继续同各个国家和地区以及有关的国际组织保持和发展经济文化关系，并签订有关条约的权力。中国政府多次重申收回港澳主权后实行"一国两制"的政策保证50年不变。对台湾，中央人民政府强调，在香港、澳门行使的所有特殊政策，都可用于台湾。除此之外，还允许台湾保留自己的军队，党、政、军系统都由台湾自己来管，大陆不派人驻台。中央政府给台湾留出名额。中国共产党和中国国民党将持久合作，长期共存，互相监督。必要时，中央人民政府还可以酌情给予财政援助。2001年7月，国务院副总理钱其琛会见台湾新党一代表团时，就台湾具体实施"一国两制"政策，列出了七项措施，其主要内容有：（1）继续使用台币；（2）继续保留军队；（3）是单独关税区；（4）继续保留政府架构；（5）大陆不拿台湾一分钱，不会调动台湾资产；（6）台湾人民、企业家继续保持原有财产；（7）人事自主，大陆不派任何官员到台湾。这一谈话蕴涵了大陆方面对统一后台湾的具体设想。显然，只要台湾方面承认两岸是"一国"，那么大陆在"两制"方面是非常开放的，台湾可能享有的自治权之广泛，是任何一个国家的自治地区所从未有过的。

最后，"一国两制"依法保障，并将长期稳定地实行。我国政府已经明确承诺，从我国实现现代化的进程考虑，在香港和澳门地区回归祖国以后，那里的资本主义制度50年不变。同时，这一制度有我国宪法、中英和中葡双边代议机构批准的条约、香港和澳门的"特别行政区基本法"等一系列法律作保证。这也表明，如果说大陆内地中央对地方关系的控制主要是行政控制的话，对于香港、澳门和台湾则是主要是立法控制。

显然，"一国两制"在国家结构形式方面既坚持了单一制，又使我国开始具有复合制的某些特征。

第六节　中外国家结构制度比较分析

一　中西国家结构制度的主要差异

从世界范围来看，国家结构呈现出明显的多样性和民族性。这不仅是各国国家结构存在单一制和复合制之别，即使是同一类型的不同国家，其国家结构也有鲜明的民族特点。而且，不同国家的不同时期，其国家结构形式也不尽相同，也有其时代的特点。正因如此，对于中外国家结构的全面比较不仅是困难的，事实上也是我们力所不及的。不过，仅从中国与当今世界的一些大国尤其是西方一些发达国家的国家结构的历史和现实来看，我们仍可以发现中外国家结构形式上存在一些差异或不同特点。

　　第一，从历史的角度看，我国单一制的国家结构一直是基本的实践形式及发展的主流。在历史上，中国境内的一些少数民族也曾建立过地区性国家政权。如公元386年，鲜卑族在山西、内蒙古等重建代国，史称北魏，统一中国北方一百多年；公元907年，契丹族创建契丹国，后改号为辽，统治中国北方两百多年；1115年，女真族建立金国，建都于黑龙江，统治中国北方一百多年。有些王朝也曾发生分裂，境内豪强割据。但是，在长达二千多年的封建时期，中国的统一一直是主流。一些少数民族入主中原之后，无不以中国的正统自居，并以国家的统一为己任。虽然不同时期对少数民族地区也曾采取过不同的治理方式，但是，"在古代，且不说不可能有联邦制，到了近代现代，也从未出现复合制国家结构"①。国家的统一则一直是发展的主流，单一制国家结构的发展更具有历史性、持续性和单一性。

　　第二，我国的国家组成实行民主集中制原则，有的因此称之为"民主集中的单一制"。这种单一制的结构不仅不同于国外的联邦制，也与其他一些国家的单一制有明显的不同。在中国，无论是中央政府还是地方政府都是按照民主集中制原则组建起来的。地方各级政府不但是其同级权力机关——人民代表大会的执行机构，也是上级政府的下级机关，它们同时向同级人民代表大会和上级人民政府负责。中央人民政府对地方各级人民政府实行统一的领导。在国外联邦制国家，地方政府常常是由联邦单位设置，地方政府不直接对联邦政府负责，各级政府之间具有相对的独立性。即使在法国这样高度集权的单一制国家，20世纪80年代改革以后，地方政府之间的独立性大大增强。传统的地方行政首脑作为国家代表的权力大大削弱。在实行分权的单一制的英

　　①　萧蔚云、魏定仁、宝音胡日雅克琪编著：《宪法学概论》，北京大学出版社1982年版，第163页。

国，各级地方政府的权力来自法律的规定，地方行政机构也是对地方议会负责，各级地方政府之间也没有上下级行政关系，更多的是合作和伙伴关系。显然，我国的民主集中制的单一制国家结构中，中央与地方关系的制度化联系及中央集中的程度要强得多。

第三，我国的国家结构形式实行单一制，但又具有复合制的某些特征。这集中体现在民族区域自治制度及"一国两制"的实践中。尤其是香港、澳门回归祖国之后，法律赋予香港和澳门有较大的自治权。如《中华人民共和国香港特别行政区基本法》就规定："全国人民代表大会授权香港特别行政区依照本法的规定实行高度自治，享有行政管理权、立法权、独立的司法权和终审权。"强调香港和澳门及未来的台湾实行"一国两制"之后，现行的法律和社会制度不变，有自己的货币和经济、社会、文化各方面的政策；允许香港一定的外交权，可以以中国香港的名义参与一些国际组织，缔结协议；如果台湾统一后，还可以保留自己的军队，除认可是一个统一的国家及统一的国家主权外，其他一切不变，这些权力及高度的自治不仅是国外一些单一制国家的地方政府所不能享有的，事实上超过了一些联邦制国家中联邦单位的权力，如联邦制国家的联邦单位也没有自己独立的军队。这使我国的单一制国家结构形式具有复合制国家的特点。

第四，我国在保持单一制的前提下，实行民族区域自治制度。根据我国《宪法》和《民族区域自治法》，我国的"民族区域自治是在国家统一领导下，各少数民族聚居的地方实行区域自治，设立自治机关，行使自治权"。这种在国家统一领导下，以少数民族聚居地区为基础的地方自治体制，不同于国外单一制国家的单纯的地方自治或民族自治，也不同于复合制国家民族自治。它是在国家统一的前提下将民族自治与区域自治结合起来的一种体制。各民族自治地区都是由中央或地方根据少数民族聚居的特点来划分的，是统一的中华人民共和国不可分割的组成部分，也是国家统一领导下的地方行政区域。另一方面，各民族自治地方有较大的自治权。如果说我国中央对一般地方政府实行全面的行政管理及较强的中央集权的话，那么，对于对少数民族自治地方则是实行分权制。这也表明我国中央与地方关系具有多样性。

第五，单一制国家内部社会政治制度的二元性。在当今世界上，无论是单一制还是联邦制国家，其国家的社会经济及政治制度通常都具有共同性和一致性，地方社会政治和经济制度与整个国家政治、经济制度是相同的。然而，我国在法律上承认并保障香港、澳门及台湾实行不同于大陆的资本主义制度，其社会生活方式不变。"一国两制"是在不同的社会经济及政治制度的基础上建立起来的。这使我国单一制国家结构内社会经济及政治制度具有二元性。这无疑是在国家结构形式上的重大突破和创造。

第六，中国共产党的集中统一领导及其制度保障。中国是一个社会主义国家，其社会政治制度与当今世界上绝大多数国家的一个根本性的差别就是坚持中国共产党的领导。从国家结构上看，从中央到地方都依法建立了国家政权组织，依据法律行使各自的权力。但与此同时，中国共产党组织也依据民主集中制原则从地方到中央建立起来，其组织体系与国家政权系统同时并存，并对国家政权实行统一的领导。也正因如此，国家政权系统与党的组织系统及其权力运行具有"党政双轨制"或"二元制"的特点。两套系统同时并存并共同行使国家和社会事务的管理权和决策权，这也使我国的中央与地方关系的调处比一般国家要复杂。尤其是在西方一些发达的资本主义国家，政党组织及其活动与国家政权及政府行政是相对分离的。这一点与我国不仅有本质上的差别，也有形式上的不同。

最后，在中央与地方权力分配及其具体的制度安排上，我国与国外一些主要国家也有诸多的不同。如在中央政府与地方政府权限划分上看，我国采取对一般行政区由中央统一立法、概括授权；对民族区域自治地方制定专门《民族区域自治法》特别授权；对于香港、澳门等特别行政区则制订单行法律，实行个别授权。这种多样化的授权方式不同于一般单一制国家对全国各地方政府实行的概括授权，也不同于英国和美国等对一些地方政府实行个别授权。至于具体权限划分方式及其内容上，也有不少具体的差别。

二　单一制与联邦制并无优劣之分

从当代世界范围来看，联邦制和单一制是国家结构的基本形式。在当今世界上的二百多个国家中，有 22 个实行联邦制，其他国家绝大多数采用单一制。[①] 但是，联邦制国家的人口占到全世界总人口的 40% 以上。世界上面积较大的几个国家，如俄罗斯联邦、加拿大、美国、巴西和澳大利亚以及印度和联邦德国，均是实行联邦制。关于联邦制与单一制的优劣，一直是人们争论的问题。在有的人看来，单一制国家国家权力集中，法制统一，有利于行政的统一性及效率，尤其是在对外关系上，反应迅速、灵敏；其缺点在于权力过分集中，难以有效地反映不同地区的多样化的需求和利益。一旦决策失误，可能造成灾难性的后果；联邦制可以充分保障不同地区的自治权，但是，其弱点在于政策和法律的不统一，行政效率较低，不利社会经济的发展。

从制度结构及其运行方式上，联邦制与单一制无疑存在诸多的差别。但实际上，无论是单一制还是联邦制并没有统一的模

---

① Rod Hague, Martin Harrop & Shaun Breslin: Comparative Government and Politics: An Introduction, Macmillan Press LTD, London, p. 168.

式，各个国家有自身的特点。各国国家结构制度的不同的实践模式无疑是各国实践选择的结果，其根源也只能到各自的历史及现实的环境中去寻找，对其评判也只能依据各国自己的国情和实践。

从马克思主义的观点及社会主义实践来看，马克思主义者倾向于单一制，但是，基于国家和社会现实，也不反对在实践中实行联邦制。这一点最为明显地表现在列宁及其布尔什维克党在联邦制问题上的态度。

列宁在领导俄国工人和劳动人民进行革命斗争中，在关于无产阶级革命胜利之后俄国建立什么样的国家结构形式问题上有一个从单一制向联邦制的转变过程。在俄国十月革命之前，列宁与马克思和恩格斯一样反对实行联邦制，主张在无产阶级革命胜利之后建立中央统一集中的民主共和国。1913 年 12 月 6 日，列宁在《给斯·格·邵武勉的信》中提出："我们无条件地拥护民主集中制。我们反对联邦制，实行民族自决权并不意味着有成立联邦的权利。联邦是各平等民族之间的联盟，是一个要求有共同意见的联盟。怎么能有一方要求另一方同意的权利呢？"因此，"我们在原则上反对联邦制，因为它削弱了经济联系，它对于一个国家来说是一种不合适的形式"①。同年，列宁在《关于民族问题的批评意见》一文中进一步阐述了反对联邦制的观点，认为"马克思主义者是反对联邦制和分权制的，原因很简单，资本主义为了自己的发展总是要求有一个尽可能大尽可能集中的国家。在其他条件相同的情况下，觉悟的无产阶级总是坚持建立更大的国家"；"只要各个不同的民族组成统一的国家，马克思主义者决不主张实行任何联邦制，也决不主张实行任何分权制。中央集权制的大国是从中世纪的分权状态走向将来全世界社会主义

---

① 《列宁全集》第 19 卷，人民出版社 1959 年版，第 501 页。

的统一的一个巨大的历史步骤，除了通过这种国家（同资本主义有密切联系的国家）以外，没有也不可能有其他走向社会主义的道路"①。直到 1917 年 8—9 月俄国十月革命的前夕，列宁在《国家与革命》这篇重要著作中仍坚持反对联邦制的观点，主张实行民族区域自治原则，在无产阶级革命胜利之后要建立中央统一集中制大国。此时的斯大林也持相同的观点，1917 年 3 月斯大林还专门写了《反对联邦制》一文，认为俄国没有联邦制的可能性和必要性。

不过，随着十月革命的胜利，俄国境内的民族矛盾迅速显现出来，一些地区还纷纷独立，脱离俄国，建立一个统一的单一制共和国已经不可能了。为此，列宁的态度开始发生转变，在 1918 年 1 月他起草的《被剥削劳动人民权利宣言》中第一次明确肯定联邦制，强调"俄罗斯苏维埃共和国是建立在自由民族的自由联盟基础上的各苏维埃民族共和国联邦"。1922 年 12 月 30 日第一次全俄苏维埃代表大会才正式确立苏维埃社会主义共和国联盟。

与此不同的是，早期中国共产党曾一度主张建立联邦制以解决国内的民族矛盾问题。但是，最终在实践中选择了单一制的国家结构形式。

从世界各国的实践来看，是选择联邦制还是单一制受其地域、自然、政治、经济、文化、宗教、习俗等多重因素的影响和制约，这些不同因素也造成同一类型的不同国家的国家结构制度的具体安排的不同。从地域来看，世界上面积较大的国家通常选择联邦制，其原因不仅是幅员辽阔的国家其地区社会经济发展可能存在更大的非均衡性以及民族、文化和宗教等等方面的差异和矛盾；也是由于联邦制有利于多样化的区域的联合以及在地方分

---

①　《列宁全集》第 20 卷，人民出版社 1958 年版，第 29 页。

权和自治的条件下更易于满足不同区域人们的需要。从经济的角度看，现代经济的市场化及一体化的需要不仅推动单一制的国家的建立，也推动了国家的联合。其实，邦联制及联邦制本身也是因为共同的需要而产生的。至于民族和宗教问题，更常常是造成国家采取不同的国家结构形式的重要原因。无论从美国、前苏联还是现在的俄罗斯实行联邦制的实践看，其联邦制在民族国家的构建过程中为消除分裂、维护统一所做出的一种制度安排。现代联邦制观念是在构建民族国家的过程中萌芽的，建立统一的民族国家才是观念形态的联邦制的根本目标。

其实，无论列宁的转变还是中国共产党人的选择以及世界其他国家的实践来看，联邦制和单一制本身并无所谓优劣好坏，关键的问题在于这种制度结构是否符合自己的国情和人们的愿望，是否能妥善解决国内民族的、宗教的或区域性的差别和矛盾，是否有利于本国社会经济的迅速发展及人们社会生活的安定。

三　坚持和发展中国的单一制国家结构制度

如前所述，我国单一制的国家结构制度有其鲜明的特点。单一制下的民族区域自治制度及"一国两制"的实践，不仅是中华民族的伟大创造及政治智慧的体现，也是中国人民在实践中选择的结果。这一制度符合中国各族人民期盼民族团结和国家统一的愿望，也充分照顾不同民族、不同地区及不同制度背景下人们的不同需求和选择；单一制的国家结构是国家统一的产物和结果，同时也是维持国家统一的保障；它不仅适应了社会经济一体化发展的要求，也促进了国民经济的发展。因此，必须坚持单一制和发展我国的国家结构制度。

在此，尤其值得关注的是，时下在有关台湾问题上，有的提出"邦联论"、"联邦论"、"国协论"、"统合论"等等未来两岸关系的模式，试图用联邦制甚至邦联制的方式取代"一国两制"。① 究其实质，是企图要求首先赋予台湾以"主权独立国家"的地位，然后再使两岸形成一种比一般的国家间关系更紧密的联盟。但是，所有这些模式，都是在不承认一个中国原则的基础上提出来的，而且都没有也不可能保证实现中国的国家统一，也不符合全体中国人的根本利益，显然也是不可被绝大多数中国人所接受。

台湾是中国领土神圣不可分割的一部分。台湾虽然与大陆隔海相望，但台湾民众是中华民族的组成部分，且绝大多数是汉民族，是大陆移民，历史上从来也没有建立过国家，从来是中国的一部分。虽然曾经被外国殖民主义者、帝国主义者占领过一段时间，但国际上承认它是中国的一部分这一点并没有因此而改变。1949 年后，由于众所周知的原因，台湾与大陆处于暂时分离的状态。台湾问题从一开始就是国家统一的问题。即使在蒋介石、蒋经国父子统治的时代里，国民党仍不放弃"复国"的梦想，台湾当局还是坚持一个中国原则，反对"台湾独立"和"划峡而治"的"两个中国"或"一中一台"。至于大陆人民更是力求早日实现国家的统一。可以说，实现祖国完全统一，是海内外全体中国人的共同心愿。因此，放弃统一的目标而求其次显然是无视中国的历史和现实，也不符合海内外绝大多数人们的心愿的。

至关重要的是，"一国两制"的原则性和灵活性是解决台湾问题的理想的制度选择。根据"一国两制"的精神，"一国"是核心，是目标，是体现统一国家的主权原则，世界上只有一个中国。"两制"是手段，是实现国家统一和主权完整的途径。提出

---

① 关于"国协论"、"邦联制"等设想的起源及争论，可参见王鹏令：《"邦联论"与"两国论"》，联合早报网，www.zaobao.com/zaobao/special/china/taiwan/pages2/taiwan290400f.html。

"一国两制"，完全是从现实出发，是考虑到台湾与祖国大陆已经分离了几十年，政治、经济、社会制度上存在着巨大的一时难以弥合的差异。"一国"表明追求国家的统一，表明要保持国家主权的统一和完整，这是中华民族的根本利益；"两制"则表现为承认并容忍政治制度的差异，表现为各部分均有高度的自治权，不强求一致。大陆承诺给予未来采用"一国两制"形式统一后的台湾所具有的权力，包括中央政府不在台湾征兵、收税，台湾还可以保留自己的军队等等超出任何联邦制国家给予其成员单位的更大的权力。因此，"一国两制"是完全能够容纳台湾与大陆存在的差异性，并考虑到中华民族的整体利益与台湾的特殊利益的制度。

从实践来看，在香港、澳门的主权回归后，两地的社会政治及经济制度和人们的生活方式不仅获得了有效的保障，其政治自由、经济发展、社会安定，国际地位不断提高，其成效获得世人的认可和赞扬。香港和澳门实行"一国两制"的经验表明，它是完全可行的，中国完全没有必要改行联邦制，更不可能实行邦联制。

总之，我们必须坚持单一制的国家结构，维护国家领土和主权的统一和完整；"一国两制"是解决台湾问题、实现祖国和平统一最佳的选择。按"一国两制"构想实现统一，既可保持我国单一制的传统，又可吸收复合制国家的某些合理的设计，有利于调动各方面的积极性，保证国家的长治久安，有利于实现中华民族的伟大复兴。

第八章　军事制度比较

军事制度是国家政治制度的重要组成部分。它属于上层建筑，反映一定阶级、阶层和集团的利益，为一定的经济基础服务。它的基本功能和作用，就在于为国防建设、武装力量建设提供制度保证，发展军事实力和军事潜力，保卫国家安全和国家利益。加强对军事制度的比较研究，既是当今世界新军事变革发展的客观要求，也是推进中国国防和军队现代化建设之必需。

第一节　军事制度及其相关范畴

从历史上看，有了军队，便有了军事制度。它们是内容和形式的关系，是不可分割的。没有军队的军事制度，如同没有军事制度的军队一样，是不可设想的。因此，要研究军事制度，有必要先从军队讲起。

一　军队

军队在中国古代有多种称谓，如商代称"师"或"旅"；春秋、战国时期称"军"、"军旅"；以后，逐渐改称"军队"。在西方国家，"军队"一词来源于拉丁文"army"。

军队随着阶级和国家的出现而出现、发展而发展，并将随着阶级和国家的消亡而消亡。在不同的历史阶段和不同的国家中，军队的演变是同社会生产力发展水平、经济和政治制度变革、科学技术进步、战争实践和军事理论的发展等因素紧密相关。

　　军队的历史同国家的历史一样古老和多样。我国历史和世界历史上曾经产生不同类型的军队，即奴隶社会的军队；封建社会的军队；半殖民地半封建社会的军队；资本主义社会的军队；被压迫阶级的军队；新型的人民的军队等。

　　军队虽然有漫长的历史，但科学的认识军队的性质和作用，则是马克思主义产生之后的事。即使被推崇的资产阶级军事理论的代表作，被西方国家奉为军事经典《战争论》一书，也是通过揭示战争的本质，来揭示军队的本质，但它仍未对"军队"作出科学的定义。直到1857年恩格斯给"美国新百科全书"写的"军队"条目中，才首次给"军队"下了科学定义。文中指出："军队是国家为了进攻或防御而维持的有组织的武装集团。"① 1871年9月，马克思在《纪念国际成立七周年》一文中谈到无产阶级军队的历史作用时深刻指出："无产阶级专政的首要条件就是无产阶级的军队。"② 1905年7月列宁在《革命军队和革命政府》一文也指出："革命军队是进行军事斗争和对人民群众实行军事上领导以对付专制制度军事力量的残余所必需的。革命军队所以必要，是因为只有靠暴力才能解决伟大的历史问题，而在现代斗争中，暴力的组织就是军事组织。"③ 1929年12月，毛泽东在《关于纠正党内的错误思想》中指出，"中国的红军是一个执行革命的政治任务的武装集团"④。1945年4月在《论联合政府》中进一步强调："没有一个人民的军队，便没有人民的一切。"⑤

---

①　《马克思恩格斯全集》第14卷，人民出版社1964年版，第5页。
②　《马克思恩格斯全集》第17卷，人民出版社1963年版，第468页。
③　《列宁全集》第10卷，人民出版社1987年版，第318页。
④　《毛泽东选集》第1卷，人民出版社1991年版，第86页。
⑤　《毛泽东选集》第3卷，人民出版社1991年版，第1074页。

在此基础上，《中国大百科全书·军事卷》、《中国军事百科全书》对"军队"的概念、性质及作用等作了规范的界定：军队是国家或政治集团为准备和实施战争而建立的正规武装组织，是国家政权的主要成分，是执行政治任务的武装集团，是对外抵抗或实施侵略、对内巩固政权的主要暴力工具。被统治阶级、被侵略民族及其政党为了夺取政权、争取独立所建立的常备武装组织亦称军队。国家或政治集团的阶级性质，决定军队的基本性质和使命。军队本身是一个复杂的系统，自成体制。军队体制是指军队的组织系统、机构设置、建制、领导和指挥关系，以及各级组织的职能等的总称。包括军队领导指挥机关、作战部队、院校与科研单位、后勤系统等的设置、编制、任务区分、相互关系等制度。军队体制要与军队数量、武器装备水平、地理地形环境、战略战术思想相适应。合理的体制，能保证军队各级各类组织有机地编成，人和武器装备有效地结合，能最大限度地发挥军队的作战能力。军队体制是国家军事体制的核心部分，也是国家军事制度的重要内容。

二 军事制度

军事制度简称军制。"军制"一词，在我国历史悠久，源远流长。根据国内有些学者的考查，这个词首见于我国两千年前的战国末期。《荀子·议兵》有"临武君曰：善！请问王者之军制？孙卿子曰：将死鼓，御死辔，百吏死职，士大夫死行列"。《吕氏春秋·节丧》有"引绋者左右万人以行之，以军制立之，然后可"。在这两段话中，"军制"一词可分别理解为各级军人的职守、纪律和军队的编制形式。此后，"军制"一词历朝沿用，如唐朝房玄龄等编撰的《晋书》中，有"百姓穷窘，鬻子以充军制"。李靖著的《李卫公问对》中，有"戎车三百辆，虎贲三百人，以立军制"。北宋欧阳修编撰的《新五代史》中，有

"（朱）珍为（梁）太祖创立军制，选将练兵甚有法"。李昉等编辑的《太平御览》中，在"兵部"专辟了"军制"一项，摘录了《周礼》、《司马法》、《通典》等著作中有关军制的内容。此外，还有不少著作论及军制。在这些著作和类书中，"军制"的含义并不完全相同，涉及军队编组、官兵数额、选将练兵、兵员征募、兵役军赋、军功爵赏、纪律刑罚、军费开支、兵器管理等等各个方面，从不同角度反映了军制的内容。自南宋起，"兵制"一词盛行，"军制"、"兵制"两词互见并用，含义相当。如南宋学者陈傅良撰写的《历代兵制》一书中，既使用了"军制"，又使用了"兵制"。清末以后，"兵制"一词逐渐演变为专指兵役制度，"军制"一词则通常用于泛指军事制度。

国外一些军事家在阐述战争理论时，也曾广泛论及军制问题。古希腊的色诺芬（约公元前430—公元前354）对军队的补充、编制、装备、教育和训练等基本理论有专门的研究。公元4世纪末至5世纪初的古罗马军事历史学家和军事理论家韦格蒂乌斯撰写了《罗马军制》。随着重装骑兵的衰落和步兵的兴起，该书在中世纪后期引起广泛重视，被欧洲军界奉为经典。俄国彼得大帝（1672—1725）对俄国的陆海军实行了严整统一的编制，设置高级职务和军事机构，实行新兵义务兵役制和贵族义务兵役制、军衔制、勋章奖章制度等，并于1716年和1720年分别出版了《军人条令》、《海军条令》。拿破仑改革和完善军事制度的成就，大大提高了法军的战斗力。瑞士的 H. A. 若米尼（1779—1869）在《兵法概论》一书中专辟章节论述了军事制度，并提出了不少见解，对军制的形成和发展起到了积极的作用。

在马克思主义经典作家中，恩格斯最早用了"军事制度"一词。1857年8月，他在《军队》一文中，通过考察军队及其组织编制的发展变化的历史，两处讲到"军事制度"。一处是"我们不去讲荷马所描写的希腊英雄时代的军事制度，那时还没有人知道骑兵"。另一处是"美国的军事制度是主要依靠各州的民军和在情况需要时召集的志愿军来保卫国家的"①。1857年9月25日，马克思致恩格斯的信中，讲到《军队》一文"写得非常好"，同时在这封信中，马克思也用了"军事制度"一词。他指出："亚洲的军事制度，最初出现在波斯人中间，但后来在蒙古人和土耳其人等等中间则被改得面目全非了。"② 恩格斯于1881年写的《法兰克时代》一文中，又多次提到"军事制度"③。但从这些地方看，恩格斯和马克思并没有界定"军事制度"的概念。

1976年出版的《苏联军事百科全书·军队建设》分卷中，只有"军制学"词条，没有写"军事制度"词条，而"军事制度"和"军制学"虽然有紧密联系，但还是有区别的。1992年和1995年我国出版的《中国大百科全书·军事卷》和《中国军事百科全书·军制分册》，都对军制即军事制度作了明确的界定，前者的定义："军事制度，即组织、管理、发展和储备军事力量的制度"。后者定义为："军事制度，即国家或政治集团组织、管理、维持、储备和发展军事力量的制度"。应该说，两处意思基本一致。这对人们理解"军事制度"的内涵起了很好的作用。

但有两点需要说明：一是现代对"军事制度"概念的理解，比近代和古代对"军事制度"的理解，内容要丰富得多，领域要广泛得多。二是军事制度虽然是随着军队的产生而产生，但军队和军事制度不能划等号，尤其在今天，军队的组织体制只是军事制度中的重要内容，而不是军事制度的全部内容，军事制度的

---

① 《马克思恩格斯全集》第14卷，人民出版社1964年版，第9、50页。
② 《马克思恩格斯全集》第29卷，人民出版社1972年版，第184页。
③ 参见《马克思恩格斯全集》第19卷，人民出版社1963年版，第539—599页。

内涵和外延与军队组织体制的内涵和外延不同。前者可以包括后者，后者却不能包括前者。

三　军事体制

关于"军事体制"的概念，目前在学术界尚无界定。为了研究这个问题，作者翻阅了几种工具书，如中国大百科全书出版社1992年出版的《中国大百科全书·军事卷》、军事科学出版社1992年、1995年、1997年分别出版的《国防教育大词典》、《中国军事百科全书·军制分册》、《军语》等，均未出现"军事体制"词条。这说明，对"军事体制"概念的界定，仍有深入研究之必要。

笔者认为，军事体制是军事制度在军事生活过程中的具体化，是军事制度系统的、具体的、外在的表现形式和实施方式。它主要包括一个国家的军事领导体制、武装力量体制、军队体制、后备力量体制、战争动员体制、国防经济体制、兵役制度、国防教育制度、军事法制等具体内容。一个国家的军事制度直接反映该国政治制度的本质，而军事体制中的多数内容并不直接反映其本质。基本的军事制度一般在一个国家的宪法中都有直接体现和确认，但军事体制中的诸多内容，不可能都由宪法体现和确认。基本军事制度(或者说根本军事制度)相对比较稳定，但军事体制中许多具体制度常因时代和任务的变化而发生变化。军事制度的性质决定军事体制的走向，军事体制的合理性和科学性也影响着军事制度的实施和完善。

第二节　军事领导体制

军事领导体制，亦称国防领导体制，是国家或政治集团领导军事（国防）建设，指挥和管理武装力量的组织系统和工作制度，是各级军事领导机构的设置、职权划分、相互关系等的统称。其主要内容包括最高统帅、最高军事决策机构、最高军事领导机构（含最高军事行政领导和作战指挥机构）、军事协调机构、军事法制机构、军事咨询机构、军事监察机构和各级部队、地方军事领导机构的组织设置、职权区分、相互关系等制度。

一　西方国家的军事领导体制

（一）美国的军事领导体制

美国实行的是文官控制军队的制度。目前，美国的军事领导体制由总统、国家安全委员会、国防部及其所属的参谋长联席会议和陆、海、空三军种部组成。

美国总统兼任武装部队总司令，是陆、海、空三军的最高统帅。美国宪法认为，把军队的统治权交给民主选举产生的总统，可以防止军人滥用军权，进而使文官政府有效地控制美国军事力量。美国总统作为武装部队的总司令，通过国防部长经两套系统领导和指挥全军：通过陆、海、空三军种部对全军实施行政领导；通过参谋长联席会议和联合司令部对全军实施作战指挥。

国家安全委员会是美国最高的军事决策机构，它由总统（委员会主席）、副总统、总统国家安全事务助理、国务卿、国防部长、参谋长联席会议主席、中央情报局局长和财政部长组成。国家安全委员会直属总统领导，其任务是向总统提供与国家安全有关的内政、外交和军事政策的综合建议。

国防部是美国总统领导与指挥全国武装力量的最高军事领导机关。国防部长由文官担任，负责领导所属的参谋长联席会议和陆、海、空三军种部，并通过参谋长联席会议实施对三军的指挥。国防部的主要职责是：制定国防政策和军事战略；负责全军的作战指挥；制定国防预算和全军兵力规划；统一领导全国的国防科技研究和后勤供应工作。对外负责制定对外军事政策，进行军事法制，设立军事基地，派遣军事顾问团，对外国进行军事援助与培训外国军事人员等。

参谋长联席会议是总统国家安全委员会和国防部长的主要军事咨询和作战指挥机构。参谋长联席会议主席由陆、海、空三军高级将领担任，任期两年，除战时外，只能连任一次。他是美国武装部队的最高军事长官，是总统和国防部长的首席军事顾问。参谋长联席会议下设联合参谋部，主要职责是履行联席会议的日常任务，特别是拟制战略计划，统一三军的战略行动。联合参谋部设正、副主任，参谋人员由陆、海、空三军军官组成，大体上各占1/3左右。联合参谋部设人力与人事部，作战部，后勤部，计划与政策部，指挥、控制与通信部等机构。

（二）英国的军事领导体制

英国女王为武装力量名义上的最高统帅。首相对女王负责。这是英国现行的立宪君主制政体在军事领导体制上的一种表面形式。但实际上，英军的最高作战指挥权是由首相掌握。首相通过国防部及国防参谋部对全国武装力量实施领导和指挥。战时还组成内阁指挥作战。

英国的最高决策机构为"国防与海外政策委员会"。该委员会一般由首相、国防大臣、外交与联邦事务大臣、内政大臣、财政大臣等人组成；由首相任主席，必要时，国防参谋长和军种参谋长可列席会议。

英国的最高军事行政领导机构是国防部。国防部为政府内阁的一个部门，其主要职责是：贯彻执行首相、"国防与海外政策委员会"的指示和决议；制定有关政策；进行国防预算；负责陆、海、空三军的人事管理、装备采购等工作。

国防部受国防大臣的领导，国防大臣对国会和国家最高统帅负责。国防部组织系统主要由国防参谋部，管理与预算办公厅，装备采购部，陆、海、空三军种参谋部四大部分组成，此外还有国防情报总局、国防科研局和公共关系署等直属机构。国防参谋部主要负责英军的作战指挥，是最高军事指挥机构。其首脑为国防参谋长，由三军军官轮流担任。国防参谋部的主要职责是：向国防大臣提出有关国防政策、军事战略、武器需求、兵力部署、作战行动等方面的建议；根据国防大臣的要求，制定各军种作战和联合作战计划；进行军事理论研究，提出军事战略的方案；制定后勤计划以及管理训练演习等。国防参谋部下设作战部、战略政策部、武器系统部、规划与人事部等部门。

最高指挥权由首相掌握。首相通过设立在国防部的作战指挥中心和各军种司令部的司令官对英军实施作战指挥。

（三）法国的军事领导体制

法国总统为武装力量的最高统帅。总统下设内阁会议、国防委员会、限制性国防委员会和高级国防会议。

内阁会议是最高军事决策机构，负责制定全面的防务政策，决定国家总动员和进入各级戒备状态。其成员有总理和所有内阁成员，由总统任主席。

国防委员会负责具体防务问题的决策，其成员有总理及外交、国防、内政和财经部长等，由总统任主席。必要时，总统也可以要求其他部长或有关人员出席会议。

限制性国防委员会负责军事问题的决策。如确定要达到的目标，通过相应的计划，各总司令和跨军种司令官之间实力的总分配，以及保障军队供给的措施等。其成员是不固定的。总统授权总理召集会议并指定与会人员。由总统任主席。

高级国防会议为国防咨询机构，负责研究有关国防的各种问题，提出建议。其成员由有关部长和其他高级公职人员组成。

法国宪法规定："总理对国防负责。"1959年政令还规定，总理除行政防务上的一般性指挥权和军事指挥权外，还要负责作战的最高指导。但总理可授权国防部长处理有关事宜。为履行上述职责，在总理领导下，设有国防总秘书厅和国防部。

国防总秘书厅，负责国防委员会、限制性国防委员会和高级国防会议的事务工作，协调政府各部门处理有关国防方面的具体事宜；负责协调从事防务问题研究和情报工作的各机构的活动；就重大国防问题和国际重大战略动态向总统及其领导下的国防决策机关提供咨询和对策；参加准备和召开涉及防务问题的国际谈判或国际会议，掌握谈判结果；起草决议案，发布决议，了解决议执行情况；对国防保密措施提出建议、发布规定和监督执行。国防总秘书厅的总秘书长由军人担任，副总秘书长由文官担任，下设高等国防研究院等机构。1969—1972 年，国防总秘书厅由国防部长具体领导，1978 年以后，改为总统直接领导。

国防部是武装力量最高军事领导机关。国防部长在总理领导下负责防务工作。国防部下设三军参谋部、陆军参谋部、海军参谋部、空军参谋部、武器装备部、行政总秘书厅等机构。

三军参谋部为最高军事指挥机构，法军称之为"作战系统"，全面负责军队的战备工作，包括制定全军的作战计划、制定全军体制编制、组织联合军事演习、参与制定各军种的武器装备计划、参与编制国防预算、领导军事情报的研究和处理；负责与外军的联络，领导和管理驻外军事使团；组织三军参加法国与合作协议国的军事合作项目；等等。法国国防组织法规定，战时三军参谋长即成为总参谋长，在总统直接领导下，负责指挥陆、海、空三军；陆、海、空各军种参谋长则成为副总参谋长，协助总参谋长实施指挥。和平时期，三军参谋部与各军种参谋部同是国防部下属的平等部门。

二　中国的军事领导体制

《中华人民共和国宪法》规定了中国共产党在国家生活包括国防事务中的领导地位和作用。《中华人民共和国防法》规定：

"中华人民共和国的武装力量受中国共产党领导。"宪法和国防法还分别规定了全国人民代表大会及其常务委员会、中华人民共和国主席、中华人民共和国国务院、中华人民共和国中央军事委员会在国防方面的职权。根据宪法和国防法，中华人民共和国的国防领导权由中共中央、全国人大及其常务委员会、国家主席、国务院、中央军委行使。

（一）中共中央的国防领导职权

中国共产党作为执政党，是领导中国社会主义事业的核心力量。中共中央在国家生活包括国防事务中发挥着决定性的领导作用。有关国防、战争和军队建设的重大问题，都是由中共中央、中央军委、中央政治局及其常务委员会作出决策并通过必要的法定程序，作为党和国家的统一决策贯彻执行。《中国人民解放军政治工作条例》规定："中国人民解放军必须置于中国共产党的绝对领导之下，其最高领导权和指挥权属于中国共产党中央委员会和中央军事委员会。"

（二）全国人民代表大会及其常务委员会的国防职权

中华人民共和国全国人民代表大会是最高国家权力机关。它在国防方面的职权主要有：战争与和平的问题；制定有关国防方面的基本法律；选举中央军事委员会主席，根据中央军事委员会主席的提名，决定中央军事委员会其他组成人员，并有权罢免以上人员；审查和批准包括国防建设计划在内的国民经济和社会发展计划和计划执行情况的报告；审查和批准包括国防经费预算在内的国家预算和预算执行情况的报告；改变或者撤销全国人民代表大会常务委员会在国防方面的不适当的决定；应当由全国人民代表大会行使的国防方面的其他职权。

全国人民代表大会常务委员会在国防方面的职权主要有：在全国人民代表大会闭会期间，如果遇到国家遭受武装侵犯或者必须履行国际间共同防止侵略的条约的情况，决定战争状态宣布；

决定全国总动员或者局部动员；制定有关国防方面的法律；在全国人民代表大会闭会期间，审查和批准包括国防建设计划在内的国民经济和社会发展计划，包括国防经费预算在内的国家预算在执行过程中所必须作的部分调整方案；监督中央军事委员会的工作；在全国人民代表大会闭会期间，根据中央军事委员会主席的提名，决定中央军事委员会其他组成人员的人选；根据最高人民法院院长和最高人民检察院检察长提请，任免军事法院院长和军事检察院检察长；决定同外国缔结的有关国防方面的条约和重要协定的批准和废除；规定军人的衔级制度；规定和决定授予在国防方面的勋章和荣誉称号；全国人民代表大会授予的国防方面的其他职权。

（三）国家主席在国防方面的职权

中华人民共和国主席在国防方面的职权主要有：根据全国人民代表大会决定和全国人民代表大会常务委员会决定，宣布战争状态；根据全国人民代表大会的决定和全国人民代表大会常务委员会决定，发布动员令；公布全国人民代表大会及其常务委员会制定的有关国防方面的法律；根据全国人民代表大会常务委员会决定，授予在国防方面国家的勋章和荣誉称号；根据全国人民代表大会常务委员会决定，批准和废除同外国缔结的有关国防方面的条约和重要协定。

（四）国务院在国防方面的职权

中华人民共和国国务院是最高国家权力机关的执行机关，是最高国家行政机关。它在国防方面的职权是领导和管理国防建设事业，包括：编制国防建设发展规划和计划；制定国防建设方面的方针、政策和行政法规；领导和管理国防科研生产；管理国防经费和国防资产；领导和管理国民经济动员工作和人民武装动员、人民防空、国防交通等方面的有关工作；领导和管理拥军优属工作和退出现役军人的安置工作，领导国防教育工作；与中央军事委员会共同领导中国人民武装警察部队、民兵的建设和征兵、预备役工作以及边防、海防、空防的管理工作；法律规定的与国防建设事业有关的其他职权。

（五）中央军事委员会在国防方面的职权

中华人民共和国中央军事委员会是最高国家军事机关，负责领导全国武装力量。其职权主要包括：统一指挥全国武装力量；决定军事战略和武装力量的作战方针；领导和管理中国人民解放军的建设，制定规划、计划并组织实施；向全国人民代表大会或者全国人民代表大会常务委员会提出议案；根据宪法和法律，制定军事法规，发布决定和命令；决定中国人民解放军的体制和编制，规定总部以及军区、军兵种和其他军区级单位的任务和职责；依照法律、军事法规的规定，任免、培训、考核和和奖惩武装力量成员；批准武装力量的武器装备体制和武器装备发展规划、计划，协同国务院领导管理国防经费和国防资产；法律规定的其他职权。

中央军委实行主席负责制，中央军委主席实际是全国武装力量的统帅。中央军委组成人员为：中央军委主席，副主席若干人，委员若干人。中央军委之下，设有人民解放军总部机关，即中国人民解放军总参谋部、总政治部、总后勤部、总装备部。总部既是中央军委的工作机关，又是全军军事、政治、后勤、装备工作的领导机关。总参谋部负责组织领导全国武装力量的军事建设，组织指挥全国武装力量的军事行动。总政治部负责管理全军党的工作，组织进行政治工作。总后勤部负责组织领导全军后勤工作。总装备部负责组织领导全军装备工作。

为了加强国防领导的协调，国务院和中央军事委员会还建立了协调会议的制度。国防法规定，国务院和中央军事委员会可以根据情况召开协调会议，解决国防事务的有关问题。会议议定的事项，由国务院和中央军事委员会在各自的职权范围内组织实施。国家还建立了国防动员委员会，它是国务院、中央军委领导下主管全国国防动员工作的议事协调机构。国家国防动员委员会主任、副主任由国务院、中央军委领导兼任，委员会由国务院有关部委、军队总部有关领导组成。国家国防动员委员会下设国家人民武装动员、国家经济动员、国家人民防空、国家交通战备四个办公室。

中国现行的国防领导体制，是根据 1982 年通过的宪法确立起来的。在对宪法修改的过程中，邓小平提出，应当设立国家的中央军委，军队在国家体制中的地位应当有所规定，宪法修改草案形成以后，中共中央专门发出通知，对国家设立中央军事委员会的问题作了详细解释。通知指出，军队是国家机构的重要组成部分，作为国家根本大法的宪法，对军队在国家体制中的地位应当有所规定，否则，就很不完备。中华人民共和国设立中央军事委员会，领导全国武装力量，中央军事委员会实行主席负责制。这是有关国家体制和军队领导体制的很重要的规定，是党中央的重大决策。设立国家的中央军事委员会，绝不是取消或者削弱党对军队的领导。党的中央军委和国家的中央军委实际上将是一个机构，组成人员和对军队的领导职能完全一致，只是在党内和国家机构内同时有两个地位，而这在国家体制上是完全必要的。这样的领导体制不但能够保证党对军队的领导，而且便于运用国家机器，加强军队各方面的工作，加强军队革命化、现代化、正规化的建设。中国国防领导体制的突出特点，就是国防领导权集中在中共中央，国防建设和国防斗争的大政方针由中共中央制定，武装力量的最高领导权属于中共中央。中国国防建设取得巨大成就和国防斗争取得的伟大胜利，充分说明这是符合中国的国情、体现中国特色和优势的国防领导体制。

第三节　武装力量体制与军队组织体制

武装力量体制有广义和狭义之分。从广义上讲，武装力量体制是指国家或政治集团关于武装力量宏观的整体组织结构的制度。主要包括武装力量的构成及各种武装组织的规模、领导指挥关系、任务区分和相互关系等制度。其基本功能及作用是保障国家或政治集团的各种武装组织形成整体力量，便于有效地履行武装力量的对内对外职能，维护政治统治和国家安全。

军队组织体制，即关于军队或军队建制单位的整体结构和具体编组的制度。主要包括军队领导指挥系统、战斗部队系统、战斗保障部队系统、后勤保障系统、院校与科研系统的设置、编组、任务区分和相互关系等制度。其基本功能是保障军队的人员和武器装备有效结合、各级各类组织有机构成，使军队能够形成整体作战力量，出色地完成国家赋予的各项任务。

一　西方国家的武装力量体制和军队组织体制

（一）美国的武装力量体制和军队组织体制

从武装力量构成角度看，美国武装力量由现役部队、后备役部队和文职人员组成。

美国现役正规部队与后备役部队紧密结合，组成所谓为"总体部队"。现役正规部队是美国武装力量的骨干和战争初期的基本作战力量。现役正规部队分为正规陆军、正规海军、正规海军陆战队、正规空军部队，分属陆、海、空三大军种部领导。

后备役部队是美国武装力量的重要组成部分。美国平时现役部队保持比少的兵力，战时主要靠后备役部队来扩充。按军种分，美国后备役部队由陆军国民警卫队、陆军后备队、海军陆战后备队、海军后备队、空军国民警卫队、空军后备队、海岸警卫队后备队七部分。

大量使用文职人员是美国武装力量体制中一个显著特点。1997 年美军文职人员为 85.37 万人。美国文职人员不受条件和年龄限制，便于军队保留技术骨干。大量的文职人员使美军指挥军官从技术性和事务性工作中解脱出来，专心致力于作战和训练，保持了有关工作的连续性和稳定性。

从组织体制看，美国武装力量主要由陆、空、海军和海军陆战队四大军种组成。四军种部队分别隶属于陆军部、空军部和海军部领导。海军陆战队虽属海军系统，但已基本上被称之为是一个军种。美国的整个武装力量，若按地区区分，一般还被区分为本土部队和海外部队。本土部队统一编入本土的军种司令部；海外部队则分别编入各海外战区联合司令部所属的军种司令部。目前，美军在海外部署有五大战区联合司令部：即欧洲总部、南方总部、大西洋总部、太平洋总部和中央总部。每个司令部之下都编有陆军部队司令部、空军部队司令部和海军部队司令部。

（二）英国的武装力量体制和军队组织体制

英国的武装力量由正规军和准军事部队组成。正规军分为陆军、海军、空军三个军种。

武装力量的总体建设强调陆、海、空三军力量均衡发展，要始终保持一支具有各种各样作战能力的部队。平时，武装力量由国防部和国防参谋部管辖，首相通过国防部和国防参谋部领导和指挥全国的武装力量。战时组成内阁，指挥全国武装力量。战时内阁这种领导体制在英阿马岛战争中表现得最为明显。1982 年 4 月 2 日，在阿根廷军队出兵的当天，英国就成立了以首相为首的 8 人战时内阁。从马岛战争看，战时内阁主要负责国家关于战争的大政方略，协调外交、经济、军事方面的一些重大问题。战时内阁在对马岛战争的决策中起了十分重要的作用。

英军在平时只保持一支少而精的常备军，战时主要依靠动员后备力量。如地方军战时可以提供陆军总兵力的30%，但每年的开支仅占英军预算总额的1%。因此，它非常重视后备力量的建设，不断改进动员体制和制度，以期需要时能迅速扩充军队。20世纪80年代，现役部队约占现役部队与后备队总数的54%，后备队（常备后备队、志愿后备队）约占46%。至1995年，据英国国际战略研究所的资料，现役部队为23.69万人，后备役部队为33.29万人，现役部队占现役部队与后备役部队总数的42%，后备役部队占58%。

　　为了提高动员速度，英军还采取后备队与现役部队混合编组的体制。如将地方军（即陆军志愿后备队）的营与现役部队的营混合编成旅一级部队，地方军旅一级部队与现役旅一级部队混合编组为师一级部队。认为这种混编方式的好处是：后备队与现役部队平时就编在一个单位进行训练，既有利于提高扩编速度，又利于相互熟悉，便与战时统一指挥和相互配合。此外，英国武装力量中有文职人员14万人。

　　在组织体制方面，英国军队由陆军、海军、空军三大军种组成。陆、海、空各军种保持相对的独立性。海军委员会、陆军委员会和空军委员会及其办事机构——执行委员会主要负责本军种的训练、演习、武器需求和行政管理。各军种参谋长通常向国防参谋长汇报工作，在特殊情况下，也可向国防大臣直至首相汇报工作。陆军和空军还要受欧洲盟军最高司令的调遣。

　　（三）法国的武装力量体制和军队组织体制

　　法国武装力量有正规军、宪兵、预备役部队和准军事部队组成。正规军有陆军、海军、空军和战略核力量组成。法国宪兵作为武装力量的组成部分已有一百多年的历史。它后来又被称为"第四军种"，设有国家宪兵总局、省宪兵队、机动宪兵队、海上宪兵队和空中宪兵队。国家宪兵总局是国防部一个总局，直属国防部领导。宪兵装备有轻型坦克、装甲车辆、迫击炮、巡逻艇、直升机和各种轻武器。其宪兵不仅管兵，而且管民，有以宪代警之称，主要任务是维护社会治安、保卫重要目标等。

法国十分重视后备役部队建设，不断改进后备队的体制编制。由于陆军对后备役部队的需求量大，因此后备役部队建设的重点在陆军。至20世纪80年代中期，陆军后备队编有8个步兵师、1个院校师、6个本土防御旅（由2个合成团和23个本土防御团组成）。

从组织体制看，法国军队由陆军、海军、空军和战略核力量组成。

陆军由陆军参谋长领导。陆军参谋长在行政上隶属国防部长，战时是法军总参谋长的副手。下辖陆军司令部、司令部直属部门、兵种和部门监察机构、陆军院校部和防区司令部；海军包括海军航空兵和海军陆战队在内。下设5个司令部：1个战略潜艇司令部，2个本土司令部（大西洋司令部和地中海司令部），2个海外司令部（印度洋司令部和太平洋司令部）；空军参谋部下设专业司令部，负责相关兵种或专业部队的管理指导和作战理论研究等；战略核力量编制分属各军种。

二 中国的武装力量体制和军队组织体制

（一）武装力量体制

按照兵役法和国防法的规定，我国的武装力量由人民解放军、人民武装警察部队、民兵三大部分组成。人民解放军又分为现役部队（常备军）和预备役部队两部分，因此，也可以说我国武装力量体制由常备军、预备役部队、武装警察部队、民兵组成。

1. 中国人民解放军

中国人民解放军是中华人民共和国武装力量的骨干，是抵抗侵略、保卫祖国、维护国家主权和安全的主要力量。中国人民解放军由现役部队和预备役部队组成。现役部队由陆军、海军、空军、第二炮兵组成。

陆军是中国人民解放军的主要军种。陆军既能单独作战，又能与海、空合同作战；既能打常规战争，又能打核战争，具有多种情况下实施作战的能力。陆军主要有步兵、炮兵、装甲兵、工程兵、通信兵、防化兵和其他专业兵种组成。

海军是以舰艇部队为主体，在海洋上作战的军种，是中国人民解放军的重要军种之一。它具有在水面、水下和空中作战的能力，既能单独在海上作战，又能协同陆军、空军作战，是海上作战的主力。海军主要由潜艇、水面舰艇、航空兵、岸防兵、陆战队等兵种和各专业部（分）队组成。

空军是以航空兵为主体，进行空中斗争，空对地和地对空斗争的军种。空军具有远程作战、高速机动和猛烈火力突击的能力，是空中作战和从空中对敌地面目标实施突击的主要力量。空军的主要兵种有：航空兵、高射炮兵（含地空导弹）、空降兵、雷达兵、通信兵等。

第二炮兵是中国人民解放军的重要组成部分。它是使用地地战略导弹核武器的一个兵种，是我军实现积极防御战略任务的重要核打击力量。它可以单独或协同其他军种打击敌人的战略目标，其基本任务是对敌人实施核反击。

中国人民解放军预备役部队组建于 1983 年，是以现役军人为骨干，以预备役军官、士兵为基础，按统一编制为战时实施成建制快速动员而组建起来的部队。其师团已纳入军队建制序列，授有番号、军旗。预备役部队平时隶属省军区，战时动员后归指定的现役部队指挥。

2. 中国人民武装警察部队

中国人民武装警察部队是国家武装力量的重要组成部分，是我国武装力量中又一支服现役的部队。它担负着保卫国家和人民生命财产的安全，保卫社会主义现代化建设，维护国家主权和尊严，维护社会治安的光荣任务。中国人民武装警察部队同中国人民解放军一样，都是社会主义现代化建设的忠实保卫者，同时又是社会主义物质文明、政治文明和精神文明的建设者。

人民武装警察部队属于国务院编制序列，由国务院、中央军委双重领导，实行统一领导管理与分级指挥相结合的体制。人民武装警察部队设总部、总队、支队三级领导机关。

3. 中国民兵

中国民兵初建于第一次国内革命战争时期。革命战争年代，民兵为民族的解放、为赶走日本侵略者、为新中国的建立作出了巨大的贡献。新中国成立后，中国民兵在建设祖国、保卫祖国中发挥了重大作用。

民兵是国家的后备武装力量。中国国防法规定："民兵在军事机关的指挥下，担负战备执勤、防卫作战任务，协助维护社会治安。"为确保完成这一任务，必须确立有关民兵的各种基本制度。新时期的中国民兵建设，已经取得了很大成绩。以法律的形式确立了在国务院、中央军委领导下民兵组织领导体制。全国的民兵工作由总参谋部主管；各大军区按照上级赋予的任务，负责本区域的民兵工作；省军区、军分区和县（市）人民武装部是本地区的民兵领导指挥机关；乡、镇、部分街道和企事业单位设有人民武装部，负责民兵和兵役工作。地方各级人民政府，对民兵工作实施原则领导，对民兵工作实施组织和监督。

（二）军队组织体制

中国人民解放军是在中央军委的领导下，由总参谋部、总政治部、总后勤部、总装备部等高级指挥机关和陆军、海军、空军、战略导弹部队组成。

1. 陆军组织体制

中国人民解放军陆军体制是在革命战争中逐步建立起来的，

经历了土地革命战争时期、抗日战争时期和解放战争时期。中华人民共和国成立后，中国人民解放军陆军体制建设不断得到新的发展，逐步由以步兵为主发展成为多兵种的、能够适应新时期军队建设和未来战争需要的合成体制。

中国人民解放军陆军是由步兵（摩托化步兵、机械化步兵、山地步兵）、装甲兵（坦克兵）、炮兵（炮兵—火箭兵）、防空兵、陆军航空兵、工程兵、通信兵、防化兵、电子对抗兵种及侦察兵、测绘兵、汽车兵等专业部（分）队组成的合成军种。

2. 海军组织体制

中国人民解放军海军肩负着协同其他军种，保卫祖国的领土主权安全和维护国家海洋权益的使命。自1950年4月成立以来，在解放沿海岛屿、保卫社会主义建设、反击外来侵略等斗争中，独立或协同陆军、空军作战做出了重大贡献。经过半个世纪的建设与改革，海军部队已成为一支兵种齐全，常规和尖端武器兼备，具有立体攻防能力，能有效保卫国家领海的战斗力量。

中国人民解放军海军目前的总体结构，属于近海防御型，包括水面舰艇、潜艇、航空兵、岸防兵、陆战队5大兵种。其层次结构包括海军、舰队（海航）、基地（舰航）、水警区（舰艇支队、航空师、陆战旅）、舰艇大队（航空团）5级。其职能结构包括领导指挥系统、战斗部队系统、战斗保障部队系统、后勤保障系统、技术勤务保障系统、科研装备和教育训练系统。

3. 空军组织体制

中国人民解放军空军，是空中作战、对空作战和从空中对地面目标实施突击的军种，是现代立体作战的重要力量。

中国人民解放军空军目前的总体结构表现为：军委空军、军区空军、军（基地）、师（旅）、团（站）、大队（营）、中队（连）。军委空军是空军的最高领导机关，它的主要任务是在中央军委和总部的领导下，负责空军的全面建设，并具有部分作战指挥权。军区空军，是空军的战役军团，担负一个战略方向的战役作战任务，建制归军委空军，参加合同作战时要受所在战区（军区）指挥。

4. 战略导弹部队组织体制

中国人民解放军战略导弹部队，是中国执行战略核反击任务的部队和实现积极防御战略方针的重要核打击力量。

中国的战略导弹部队主要包括陆基战略导弹部队（第二炮兵）和战略导弹潜艇部队，由装备中程、远程、洲际导弹的部队和装备潜地导弹的核潜艇，以及作战保障、技术保障，后勤保障部（分）队以及担负阵地修建任务的工程部队等组成。其基本任务是遏制敌人对中国使用核武器，在敌人对中国发动核袭击时，遵照统帅部的命令，独立地或协同其他军（兵）种打击敌人的重要战略目标。

此外，中国人民解放军组织体制还包括军队指挥体制，如总部指挥体制、军种指挥体制、战区指挥体制、部队指挥体制等；军队教育训练组织体制，如军事教育训练组织管理体制、院校训练体制、部队训练体制等；军队后勤体制，如总部后勤、战区后勤、部队后勤等；军队装备体制，如总部装备、战区装备、部队装备等；军事科学研究体制，如军事科学院，是中央军委直接领导下的军事理论的高级研究机关，是全军军事学术研究的中心和计划、协调机构。

第四节　兵役制度与后备力量体制

兵役制度是国家关于公民参加军队或军队以外承担军事任务、接受军事训练的制度。主要包括公民服现役、服预备役、接受军事训练、承担军事任务、军人优抚和各级兵役机构的设置、任务区分和相互关系等制度。兵役制度的制定与实施，对于保障常备兵员的更替和后备兵员的储备，加强武装力量建设，增强军事实力，巩固国防，有着极为重要的作用。

后备力量体制，主要是指后备力量的组织系统、机构设置、领导和指挥关系，以及各级组织的职能等。其基本功能是保证有效地提高后备兵员的素质、组织程度和战备水平、满足补充和配合军队作战的需要。

一 西方国家的兵役制度和后备力量体制

（一）美国的兵役制度和后备力量体制

200 多年来，为适应战争和经济发展的需要，美国的兵役制度先后经历了民兵制、单一募兵制、单一征兵制、征募混合制等多次演变。1973 年 3 月，美国开始实行全志愿兵役制，亦称全募兵役制。

全志愿兵役制是现代意义上的募兵制，每一名军官或士兵必须是志愿入伍，为国家服兵役。全志愿兵役制既强调爱国主义，强调为国家、为民主社会制度效力，为西方价值观念效力，也通过较高的工资津贴、优厚的福利待遇、职业发展和高校深造机会来吸引社会上的优秀人才加入军队，献身国防事业。

美国实行全志愿兵役制经历了 20 世纪 70 年代的困难时期和 20 世纪 80 年代的发展完善时期。到了 20 世纪 90 年代，美国经过海湾战争的实践，全志愿兵役制已经比较成熟。1973 年美军停止征兵后相当一段时间内难以恢复元气，主要表现是：（1）现役兵员不足，预备役部队陷入混乱，募兵工作数年完不成指标；（2）兵员质量下降，文化程度低，老兵再入伍率低，技术骨干流失严重；（3）部队管理混乱，纪律松懈，吸毒、种族仇恨事件、谋杀、盗窃、吵架、拒绝服从命令等各种问题层出不穷。全国 49 个州人事部门的发言人曾指出，美国"动员不了一支足以打败白雪公主和七个矮子的部队"。

里根政府 1980 年上台之后，多次给军队增加工资和提高福利待遇，吸引优秀人才入伍。美军自身也进行了改革和调整，拨乱反正，使军队建设走上正规。此外，国会于 1981 年 4 月通过决议，恢复兵役登记制度，为国家在紧急情况下实行征兵奠定了基础。各军种则通过严格把关，淘汰不合格的人员，加强官兵培训等措施，提高官兵的质量，使军队建设出现了转机，向好的方向发展。例如，美军的形象得到改善，国民对军队的支持率上升；兵员充足，新兵质量提高；军队职业化程度和教育训练水平也得到较大的提高。20 世纪 90 年代以来，通过海湾危机和海湾战争的实践检验，总体上说，美国的兵役制度表现出了高度的弹性和灵活的适应性。

美国非常重视军队后备力量建设。美军认为，在战争准备中不但要有足够数量的常备军，还必须储备大量的后备役部队。为了切实保证后备力量建设，美国制定了《后备役部队法》，该法案规定：国家必须有经过训练、能立即调入现役部队作战、有正式编制的后备役部队。

美国三军后备役部队分三类：第一类后备役人员是服满现役后的退役者或志愿参加后备役并受过半年以上的训练者，法定人数为 290 万人。第二类后备役是服满 6 年现役或第一类后备役（至少 4 年）的人员以及经过 3 个月现役训练并选留的技术人员，其人数无法定限额。其人员结构，95% 为军官，大部分为海军和空军人员，陆军人数最少。第三类后备役是服现役和后备役满 20 年取消退休资格的退休军人，多数为校级军官和高级军士以及伤残转入后备役的人员。这部分人员不参加训练，一般也不会成为动员对象，只有在战时或国会宣布紧急状态，第一、第二类后备役中缺额或有不合格人员时才调服现役。所以这类后备役在很大程度上是名义上的后备役，美军通常不把这部分后备役计算入美军实力。

从总体看，美军后备役人员约占现役部队总兵力（不含文职人员）的44%，其中陆军部队占陆军现役部队的82%，空军后备队占空军现役部队的28%，海军后备队占海军现役部队的16%，海军陆战队后备队约占海军陆战队现役部队的20%。

（二）英国的兵役制度和后备力量体制

英国的兵役制度目前实行全志愿兵役制。与欧洲大陆各国相比，英国建立常备军较晚，实行全志愿兵役制较早。

1957年，英国国防部白皮书规定，1960年停止实施义务兵役制，1962年开始实行全志愿兵役制，使英军成为完全由志愿兵组成的职业化军队。但实际上，最后一个义务兵于1963年底才离开部队。英国实行全志愿兵役制的原因：第一，从历史上看，英国有招募志愿兵的传统，多数英国人"不喜欢由众多义务兵组成的庞大常备军"，认为强制青年当兵是"专横的、军国主义式的"，"是对个人自由的攻击"。第二，志愿兵比义务兵服役时间长。在英军，义务兵只服役3年，而志愿兵服役6年以上者占90%，服役12年以上者占40%。士兵服役期长的好处是：可使基础训练延长至4个月到1年，使士兵掌握更多的技术战术技能；可使同一批士兵长期在一支部（分）队服役，降低士兵流动量，加强部队凝聚力。第三，便于对士兵的管理。以前，士兵中既有义务兵，又有志愿兵。而这两者的服役动机、期限、薪金待遇、生活水平各不相同，管理起来困难较大。第四，英国每年有18岁的青年50万，要实行征兵制，至少每年要征义务兵20万，这大大超出了英军的需求，而实行志愿兵役制，军方可随意控制每年的募兵量。最后是军事技术的发展，特别是核武器的出现，使既压缩兵力规模又提高部队的作战能力成为可能。这也就是说，英国不必再通过征兵制维持一支庞大的军队。

但是，英国政府认为，实行全志愿兵役制也有不利之处：一是不利于建立强大的预备役部队，后备兵员少，战时无法征召大量预备役人员服现役；二是由于公民中当过兵的人数减少，会强化民众对国防的"冷漠感"，淡化公民的国防意识；三是由于志愿兵的待遇高，会增加国防开支。

英国对后备力量的建设十分重视，建立了适应本国特点的后备力量组织体制。英国的预备役部队分为正规后备军、地方军、志愿后备队和辅助部队、阿尔斯特保卫团和本土勤务部队等。预备役部队共有 34.72 万人，其中陆军 20.88 万人，海军 3.53 万人，空军 4.31 万人。地方军分为独立部（分）队和非独立部（分）队两部分。官兵主要是来自各行各业的"业余士兵"、退伍军人。英国各军种都有志愿预备役，为陆军的地方军和紧急后备队，海军的皇家海军后备队，海军陆战队的志愿后备队，空军的志愿后备队和皇家空军辅助部队。这些志愿预备役部队都招募地方人员。各军种志愿预备役从地方招募新兵坚持自愿的原则，并拥有一套严格的选拔制度和训练制度。

（三）法国的兵役制度和后备力量体制

法国实行义务兵和志愿兵相结合的兵役制度（又称征募混合制）。

法国是最早实行普遍义务兵役制的国家，其义务兵役制自 18 世纪末确立以来，至今已有 200 年的历史。法国在资产阶级大革命中建立并逐步完善起来的义务兵役制度，对德国以至世界近、现代兵役制度的变革及发展有着深远的影响。

1971 年 6 月颁布的《国民兵役法》规定，凡年满 18 至 50 岁的法国男性公民均有依法服役的义务，女性公民自愿服役。法国当时认为，让所有适龄公民依法服兵役，为国家尽义务，可增强公民对国家、民族的责任感和使命感，有利于提高全民的国防意识。同时，绝大部分适龄青年在服役期间接受基础军事训练，还能保证一旦形势需要，国家实行动员时，迅速组织起一支训练有素的防御力量。

1996 年 2 月，法国国防委员会会议决定对国防建设进行改革，其中最重要的一条就是改革目前的兵役制度，使军队实行职业化。希拉克总统于 1996 年 5 月宣布，至 1997 年 1 月 1 日起取消义务国民兵役制度，改行志愿国民兵役制度。2001 年 12 月底，现役的 1.9 万名兵役制士兵将全部脱下军装。向完全职业化军队的转变，已使法国的军事机器大规模收缩。在过去 5 年中，法国军队人数已下降了五分之一以上。现在它稳定在大约 44 万人左右，包括军警和文职人员。

法国的后备力量建设主要表现为预备役部队的建设。法军预备役分为兵役预备役和防务预备役两大类。兵役预备役又分为在编兵役预备役和待编兵役预备役两种。在编兵役预备役人员年龄为 18—25 岁，待编兵役预备役人员年龄为 25—35 岁，超过 35 岁者则编入防务预备役，至 50 岁。预备役部队即按此规定编成。

据有关资料分析，法国可动员兵力后备力量的潜力可达 131 万多人，其中陆军 91 万多人，海军 22 万多人，空军近 18 万人。

法国各军种参谋人事局是军种预备役军官的最高管理机构；各军种的军区司令部下设的若干动员中心，负责本兵种预备役军士和兵的管理工作。

二　中国的兵役制度和后备力量体制

（一）兵役制度

中华人民共和国成立后，中国的兵役制度进行过多次调整，先后实行过志愿兵役制度，义务兵役制度，义务兵和志愿兵相结合的兵役制度，以义务兵役制为主体的义务兵与志愿兵相结合、民兵与预备役相结合的兵役制度，义务兵与志愿兵相结合、民兵与预备役相结合的兵役制度等。每次兵役制度的调整，都由兵役法规来加以规范。

1998 年 12 月 29 日，以《中华人民共和国兵役法修正案

（草案）》在九届全国人大常委会第六次会议上正式审议通过为标志，中国的兵役制度进入了新的发展时期。

兵役法是国家军事制度方面的重要法律，兵役制度的改革事关国家的政治、军事战略调整，又直接关系到役龄青年及其亲属的权利和义务。因此，这次改革引起人们的极大关注。事实上，这已是中国对兵役制度进行的第二次重大改革。如上所述，中国第一部兵役法是1955年颁布的，实行至1984年。这部兵役法在长达30年的时间里，都是中国国防和军队建设的基本依据，对促进中国军队由最初的不统一、不规范、不正规走向统一、规范、正规化的发展起到了至关重要的作用。但是，这部兵役法有着明显的冷战痕迹。比如，强调以"义务兵役制为主体"。这是因为当时中国经济发展落后，实行义务兵役制，国家只向应征入伍的义务兵提供衣食和微不足道的零花钱，而不付工资，这样成本就很低，易于维护庞大的军队规模。

中国现行的兵役法是1984年10月开始实行的，迄今也过去了整整14年。这部兵役法虽然较之首部兵役法有了一定的改变，但"以义务兵为主体"的主要特征仍未改变。随着时间的推移，它与国际国内形势特别是中国政治、经济、文化等各个方面发展的变化相比，显得越来越滞后。另一方面冷战结束后，中国军队的战略方针也从早打、大打、打全面核战争，转变为打赢高科技条件下的局部战争。中国军队也开始实施精兵战略，现行的兵役制度显然不能适应新时期军队建设的要求，改革现行兵役制度已势在必行。这样，解放军总参谋部根据中央军委的指示，起草了兵役法修正案的草案。

这部由国务院总理朱镕基和中央军委主席江泽民提请全国人大常委会审议的议案指出，现行的兵役法，随着情况的发展变化特别是社会主义市场经济的发展和新时期军事战略方针的确立，有些条款已经不能完全适应新时期国防和军队建设需要。有些规定在实施中遇到了新的问题，需要加以修改补充和完善。因此，这次修改兵役法着眼于新的形势，本着有利于加强国防和军队建设，有利于提高部队战斗力，有利于依法开展兵役工作的原则，从中国的国情、军情出发，对现行兵役法的 11 个条款进行了修改，新增加了 3 个条款，有关专家认为，修改后的兵役结构，既体现了中国特色，又适应了发展潮流。

　　这次修改补充的主要内容有以下几个方面：（1）对兵役制度进行了较大改革。兵役法修正案删除了"义务兵役制为主体"的提法，规定"中华人民共和国实行义务兵与志愿兵相结合、民兵与预备役相结合的兵役制度"。（2）义务兵服现役期限缩为两年。义务兵服现役期限一律缩短为两年，并取消了超期服役的规定，这是此次兵役制度改革一个重要内容。中国过去义务兵服现役，陆军为 3 年，海军和空军为 4 年。和许多国家每个成年男子必须服役的情况不同，中国只有少数部分青年有机会服役。近年随着大批独生子女进入役龄，服现役时间过长，青年及家长心理上难以接受，直接影响了青年应征入伍的积极性。服役期缩短了，广大青年及家长更容易接受。比如 18 岁当兵，20 岁退伍，在部队锻炼几年，也不影响回地方找工作，考大学。另一方面，兵役期缩短，周转率提高，也将给更多的青年提供依法服役的机会。这不仅使兵役负担更为合理，也提高了国防后备兵员的质量。新兵役法规定，退出现役的军人一律转为预备役。（3）对志愿兵服役制度进行了改革。志愿兵（领工资的士兵）制度曾在中国军队建设中起到重要作用。在中国军队，志愿兵一般从具有专业技能的士兵中选任，他们大都是部队建设需要的骨干。但是，随着情况的变化，这一制度也暴露出一些问题。主要是义务兵一旦被选为志愿兵，就要再服役 8 到 12 年，才能退出现役。这种一改定终身的办法缺乏制约和激励机制，使一些转为志愿兵的人即使消极工作也难以淘汰，同时过长的服役期也使军队希望保留的许多骨干望而生畏，不愿从义务兵转为志愿兵。为此，草案规定志愿兵实行分期服役制度，将实行多年的志愿兵 8 至 12 年服役制度，改为 3 至 30 年分期、合同服役制度。这就可以用淘汰制督促工作消极的志愿兵，同时可以让一些军队需要的骨干短期做志愿兵，既满足了军队需要，又兼顾了士兵的自身利益，可以吸引更多的骨干转为志愿兵。草案对志愿兵退出现役的安置也进行了改革。由过去的全部安排工作，改为服现役不满 12 年（含义务兵服役期）退出现役的按义务兵退役，满 30 年的，可以作退休安置。（4）可直接招募民间人才。为了有效地利用民间人才为军队建设服务，草案新规定了"根据军队需要，志愿兵也可以直接从非军事部门具有专业技能的公民中招收"，从而拓宽了军队选拔招收学员人才的渠道，对改善士兵结构，提高兵员素质，加强军队质量建设都是有利的。在就业竞争日益激烈的情况下，为了更好地保证退伍军人的合法权益，加强军队建设和维护社会稳定，修正案对退伍军人安置也作出了专门的规定。

为保证兵役法的实施，中国还先后颁布了《征兵工作条例》、《退伍义务兵安置条例》、《中华人民共和国军官预备役法》、《中华人民共和国现役军官法》等专门兵役法规近百种。与此同时，各省（市、自治区）根据兵役法和专项兵役法规，结合本地区的实际情况制定出具体的地方性兵役法规。目前，全国除台湾省外，31 个省、自治区、直辖市根据《军人抚恤优待条例》，全部颁布了省级优抚法规。

国家与地方的各种兵役法规的颁布，使兵役工作逐步走上法制化、制度化道路，逐步形成自上而下、相互衔接、协调配套的兵役法规体系和比较完备的兵役工作管理制度，也使中国的兵役制度逐步走向完善。

（二）后备力量体制

民兵、预备役制度，是中国的一项重要军事制度。以民兵、预备役为基础的国防后备军，是中国"三结合"武装力量的重要组成部分，是中国人民解放军的有力助手和后备力量，是中国四个现代化的建设者和保卫者。

预备役部队是中国后备力量的一种重要组织形式，是为中国战时快速动员扩编而组建的一支新型部队。预备役部队以现役军人为骨干，以预任军官、士兵为基础，执行统一编制，授之以番号、军旗，属于中国人民解放军编制序列。

中国预备役部队的组织体制，是按照现役部队编制，以师、团、营、连、排的建制关系编组起来的。师、团设司令部、政治部（处）、后勤部（处）。预备役部队归省军区或海、空军建制，接受上级军事机关和同级地方党委、政府的双重领导，战时归指定的野战军指挥。预备役部队属于人民解放军建制序列，平时不脱离生产。从这两个特点出发，它的编组按照现役部队编制，除少量现役军官、士兵外，其余人员为驻地附近的预备役军官和士兵，采取军官预任、士兵预定、组织预编的方法进行编组。

预备役部队的军官由现役军官和预备役军官组成。预备役部队编配的现役军官是预备役部队建设的骨干，是部队教育训练和日常工作的组织指挥者，平时按照编制配齐配强，随缺随补，保持相对稳定。预备役部队配备的现役营、连长分别集中在师、团机关管理。

预备役部队具有地方性、群众性和分散性的特点，科学建立健全各项制度，加强计划性，是巩固预备役部队的重要保证。为此，中国的预备役部队自组建以来，不断健全和完善各项管理制度。

民兵是中国后备军的主体，包括基干民兵和普通民兵。其中基干民兵是骨干，是战时动员、作战和坚持就地斗争的骨干力量。根据《中华人民共和国兵役法》及有关规定，应组建民兵组织的单位是：农业乡（镇）、行政村和相当于行政村的农村牧渔场和民兵人数在 6 人以上的村民小组；适龄青年较多的乡（镇）、村民企业；城市厂矿企业单位；大中型厂矿的附属企业；少数工作班次正常、专业性较强的第三产业；城市商业、财贸、交通、粮食、邮电等单位和学校、科研单位下属的工厂，适龄青年较多，经济效益好，原则上应当建立民兵组织；已建或拟建经济民警的企事业单位，凡符合建立民兵组织条件的，都应当建立民兵组织。组建基干民兵的重点单位是国有大中型企业。机关、学校、科研单位和城市一些人少分散的小单位，平时不建立民兵组织，但对符合服兵役条件的男性公民，进行预备役登记。

中国的兵役法对参加民兵组织的条件有明确规定，即 28 岁以下退出现役的士兵和经过军事训练的人员，以及选定参加军事训练的人员，编为基干民兵；其余 18 岁至 35 岁符合服兵役条件的男性公民，编为普通民兵。根据需要，吸收女性公民参加基干民兵。陆海边疆、少数民族地区和城市有特殊情况的单位，基干民兵的年龄可以适当放宽。

第五节　军队管理制度与战争动员体制

军队管理制度，是指按照军队活动的客观规律，以及国家关于军队建设的方针政策，依据军队的条令、条例、规章制度等，借鉴现代管理科学原理和方法对军队的各项活动进行系统组织和科学管理的制度。军队管理工作的好坏，直接关系到军队战斗力的强弱，影响到军队职能的正常发挥。

战争动员体制，是指国家为进行战争动员而建立的各种组织体系，是将战争潜力转化为战争能力的机制。主要包括战争动员机构的设置、权限划分、相互关系等。它是平时做好战争动员准备和战时实施快速动员的重要组织保障，对国家防卫力量的强弱和安危都具有重大影响。

一　西方国家的军队管理制度和战争动员体制

（一）美国的军队管理制度和战争动员体制

美军认为，部队官兵的绝大部分活动都发生在基层分队，日常训练在基层，作风养成在基层，批评表扬在基层，日常作息在基层……因此，基层是部队战斗力和凝聚力形成的"摇篮"。有鉴于此，美军十分重视部队基层管理教育，也形成了一套比较完善的基层管理教育的制度和方法。

严格要求基层军官。基层军官，特别是基层分队指挥官，是基层管理的主体和主要实践者。美军对他们的要求十分严格、具体。一是要以身作则。二是提高领导部队的能力。三是要不断深入了解自己的士兵。四是要热情接待新兵。五是要和士兵建立相互信任的关系。六是要关心士兵的信件来往。七是要与士兵的父母建立通讯联系。八是要注意办好伙食。九是要关心士兵的文体活动。

充分发挥军士的作用。在部队基层管理中，美军非常重视发挥军士，特别是军士长的作用，称他们是"部队的脊梁"和"第一线领导"。这主要是因为美军基层军官调动频繁，流动性大，一般在一个单位工作2—4年就要调离，很难积累丰富的管理部队的实际经验；而军士或军士长则长期在一个单位工作，一般都要在一个单位服役一二十年，甚至一辈子，整天和士兵在一起，比基层军官更熟悉部队情况，积累了丰富的行政管理经验。因此，美《陆军军官手册》称："有了他们，整个部队就像一台正常运转的机器；没有他们，再有能耐的指挥官也会陷入困境，部队就会出现混乱"。

严格实施奖惩制度。美军认为，赏罚严明既是加强部队基层管理的重要手段，也是从严治军、维护军纪的重要措施。为此，他们对奖惩作了详细规定，官兵有什么功过，应受什么奖惩，都十分明确。而且，奖惩的种类多，层次多。

动员是美国国家安全战略的重要组成部分。美国国家安全战略要求，必须具备对各种危机作出适当反应的能力。美国通过合理使用国家动员达到保卫国家安全的目的。

美国的动员体制由动员组织机构、动员法律体系和动员计划体系三部分组成。

动员组织机构。美国没有专设负责动员的组织机构，而是把动员职责和职能分配给各有关部门。《美国宪法》将美国武装力量的领导权赋予总统，将宣战权赋予国会。国家指挥当局负责指挥国家武装力量，包括对战争动员行使指挥权。国家安全委员会根据总统的指示制定国家安全政策。通过行政命令将战争动员和战备的各项责任和职责分配给联邦政府有关部门和国防部系统。

动员法规体系。美国在多年战争实践中建立了比较完善的动员法规体系。美国有关战争动员的基本法律主要有《国家紧急状态法》、《战争授权法》、《1946 年战略和重要物资储备法》、《1947 年国家安全法》和《1950 年国防生产法》等。

动员计划体系。美国政府各部门和国防部系统各部门都分别制定有自己的动员计划，以使在短时间内顺利的进行动员。联邦政府制定有《国家紧急动员计划》，明确了政府各部门应该承担的动员职责。国防部系统是动员行动的主要执行者。

（二）俄罗斯的军队管理制度和战争动员体制

俄军认为，为了有组织地实施训练，维持正常的秩序和军队纪律，使军队保持经常的战斗准备，除了应对军人进行思想品德教育和其他教育外，还必须建立正常的严格的一日生活秩序管理。日常勤务与生活秩序管理的内容和环节很多，俄军特别重视把好以下几个主要环节：一是抓好时间管理。二是抓好起床、早检查和晚点名。三是抓好操课。四是抓好就餐。五是抓好接待来访。

俄罗斯认为，战争动员是关系到国家生死存亡的大事，国家必须切实而有效地实施战争动员计划，保证有充足的实力投入战场，以便夺取战争的胜利。为此，俄罗斯制定了相应的法律和法规，建立了较完善的动员体制。

战争动员等级和基本原则。确定战争动员的等级和基本原则是制定战争动员法律和法规的首要任务。根据 1997 年 2 月 13 日俄罗斯联邦委员会批准的俄罗斯《动员准备与动员法》的规定，俄联邦的战争动员分为总动员和局部动员。装力量做好战斗准备，根据具体情况，战争动员可公开或隐蔽实施。

战争动员机构。俄军最高一级的动员机构是总参组织动员部，它负责制定动员计划，协调国防部各部门之间及国防部和地方机关部门之间的动员工作，监督和指导部队的动员工作。各军区均设有组织动员局，负责各军区范围内的动员工作，军区参谋长负责领导动员工作，他根据总参谋部的指示拟制动员计划。各自治共和国、自治州、民族自治区、边疆区、州和直辖市均设有兵役局，负责预备役官兵的登记、集中和训练，并负责每年春秋两次的征兵工作。

战争动员计划。国家平时就制定有一整套较完整的动员工作计划，如动员扩编计划、动员令通报计划、兵员和运输工具补充计划等。俄罗斯逐级做好动员计划后，即呈报上级批准，以保证在动员令发布后，立即按计划实施，无需再经批准手续，这样可以大大缩短动员时间。动员计划一般每年根据业已变化的情况修订一次，使之符合实际，切实可行。

二　中国的军队管理制度和战争动员体制

（一）　军队管理制度

中国军队管理制度的内容极为丰富，它包括有关建立和维持良好的内部关系，正规的内部秩序，严格组织纪律，培养优良作风，预防各种事故等方面的规章。主要的管理制度，有以下几个方面：

组织管理制度。组织管理制度是中国军队各级组织实施管理教育的根本规章，它是人民解放军全心全意为人民服务宗旨的体现，是军队内部正常关系的保证。组织管理制度主要内容是按照各级首长、机关和各类人员的职责，实行管理教育的责任制。首先是首长负责制。军队各级首长对部属的管理教育工作负完全责任，一级管一级，按级管理，按职尽责。其次是各级领导机关负责制。各级机关在统一计划下，按照本级的工作范围、基本职责开展工作，每个层次都充分发挥其职能部门的作用。再次是建立健全各类人员岗位责任制。

每个人都应忠于职守，勇于负责，创造性地完成各自的任务。为了建立责任制，要定期或不定期地进行检查、评比，并按规定予以奖惩。

正规的生活制度。这是军队进行现代化建设和战争所建立的维护内部生活秩序的规章。包括值班、警卫制度，会议汇报制度，请销假制度，查铺查哨制度，军官留营住宿制度，作息制度，卫生制度，点验制度等等。

纪律与奖惩制度。军队纪律是军队所有成员为完成任务和正常生活共同遵守的行为准则。中国军队现行的《纪律条令》是实施奖惩的依据和准则。建立健全奖惩制度是为了表彰先进，鞭策后进，激励全体成员同心同德地完成各项任务。

民主管理制度。它是中国军队管理教育特有的优良传统。主要包括实行政治民主、经济民主、军事民主，以保证全体官兵在管理教育中行使自己的民主权利。民主管理的组织制度有：士兵代表会议制度；军人大会制度；连队革命军人委员会。

管理的教育制度。管理的基础在教育。中国军队管理历来重视对人的教育，强调提高官兵的思想觉悟，以启发他们积极参与管理、服从管理的自觉性。中国军队管理教育的教育内容主要有：人民军队管理教育基本理论、法规教育、历史传统教育、条令条例教育、尊干爱兵教育、安全防事故教育、装备物资管理教育，等等。

装备物资管理制度。它是部队关于装备物资从分发到回收的一整套管理规程。主要包括：使用保管制度；检查制度；维护保养制度；装备维修制度。

战场管理制度。它是战场上部队生活和勤务活动的各项管理规程。主要包括交通勤务管理、灯火管制、伪装、阵地警戒、阵地生活管理、防特保密、卫生防疫等内容。

（二）战争动员体制

新中国成立后，各级人民政府和军事机关建立了动员机构，分别负责武装力量动员、国民经济动员、兵员动员、后勤动员、交通运输动员和政治动员等方面的领导与协调工作。

动员决策机构。动员决策机构通常即是国家最高军事领导机构。其职权主要是宣布战争状态，决定总动员或局部动员，发布动员令等。中国宪法规定："全国人民代表大会有权决定战争和和平问题。"在全国人民代表大会闭会期间，"人民代表大会常务委员会有权决定战争状态和宣布战争，决定全国总动员或者局部动员"。"中华人民共和国主席根据全国人民代表大会或人大常委会的决定，宣布战争状态，发布动员令。"中华人民共和国国务院是最高国家权利的执行机关，负责"领导和管理国防建设事业"。"中华人民共和国中央军事委员会领导全国武装力量"。宪法同时明确了中国共产党在国家生活中的领导作用。所以，有关战争动员的重大决策是由中共中央和国家机构共同决定的。

动员领导机构。战争动员领导机构是实现国家最高军事领导机构的决策，负责战争动员计划、协调和监督、组织动员准备与实施的指导机构。1994年12月，中共中央、国务院、中央军委决定成立国家国防动员委员会。该委员会是在国务院、中央军委领导下，主管全国国防动员工作的议事协调机构。国家国防动员委员会下设国家人民武装动员办公室、国家经济动员办公室、国家人民防空办公室、国家交通战备办公室。各军区、县以上（含县，下同）人民政府相应设立国防动员委员会，其日常工作由有关部门承担。

动员执行机构。战争动员的执行机构是指国家政府和军队的动员机构。他们对上是执行机构，对下又是领导机构，平时负责战争动员的准备工作，战时具体组织实施动员工作，分别设在政府部门、社会团体和军事等三个系统，各自根据国家和全军动员计划，负责本系统动员准备和实施的具体组织工作。

目前，中国政府部门的动员机构设置主要有：国务院下属的国家计委、经委设有国防局，财政部设有工交司，商业部设有计划局，航空、电子、兵器、航天部设有计划司，机械、冶金、物资、建材部（局）设有军工局（办），铁道、交通、邮电部设有战备局（办），化工部设有二局，纺织部设有科技局，船舶总公司设有军工部等。各省、市、自治区的动员机构，有的设在计委或经委，有的设在国防科工办或机械工业厅。

中国的社会团体（如工会、共青团、妇联等）在中国革命战争年代，在中国共产党的统一领导下，都积极地动员群众参军参战，捐款捐物，全力以赴地支援战争，为中国的民族解放和革命胜利做出了巨大贡献。新中国成立后，在社会主义建设中，各社会团体在社会主义现代化和两个文明建设中，在全民国防教育中，进一步发挥了配合政府宣传部门和军事系统宣传、动员、组织群众的作用，并直接参与动员的领导工作。

中国人民解放军的各级领导机关分别按照业务的分工设置动员机构，分别负责军队扩编，兵员动员，军官动员，装备物资动员和后勤保障等，由国防部或总参谋部牵头。一般分为两个系统：一个是需求系统，即各军（兵）种，集团军团以上部队设置动员机构或专职动员军官，负责部队的动员扩编事宜。另一个是保障系统，即根据我国《兵役法》的规定，省军区（卫戍区、警备区）军分区（警备区）和县、自治县、市辖区的人民武装部是我国进行国防动员的主要执行机构，它既是上级军事机关直接隶属的军事机关，又是同级地方党委的军事部门，还兼同级人民政府的兵役机关，受上级军事机关和同级地方党委的双重领导。

第六节　国防经济体制与国防教育制度

国防经济体制，指在国家经济体制基础上，为管理和调节国防组织活动，增强国防经济基础，而形成的组织形式、设置的机构及职能划分、管理方式等整个体系。其基本功能是保证从物力、财力上支持国防建设，不断增强军事实力和潜力，并能在必要时将国民经济迅速转入战时轨道，满足战争和民用的需求。

国防教育制度是国家按照国防的要求，对公民的品德、智力和体质施行有计划的教育训练的制度。加强国防教育，是国防建设的固本之举，是关系国家兴衰的一项重要基础工程。

一　西方国家的国防经济体制和国防教育制度

（一）美国的国防经济体制和国防教育制度

美国的国防经济体制是建立在私有制和市场经济基础上的，其主要特点是：第一，军民兼容，以军带民。美国长期处于相对稳定与和平的环境，又有先进的技术力量和雄厚的国民经济基础，因而美国没有专门的、独立于民用工业的军事工业部门，其国防经济的发展，表现出高度的军民兼容性。

第二，实行商品承包合同制，充分运用市场机制的作用。美国国防经济的亦军亦民性质是建立在市场经济基础上的。其军品的生产和科研90%为私营企业所承包，特别是航天、导弹、空间武器和电子设备等高技术项目，几乎全被私人公司所包揽，国营企业只生产一些轻武器、火炮、弹药之类，其产值只占军品总产值的10%左右。

第三，军事—工业综合体占据支配地位。"军事—工业综合体"是美国前总统艾森豪威尔提出来的，指的是军事领导机关同私人工业、研究、教育等部门紧密结合起来的现象。其核心是国防部，即五角大楼。五角大楼不仅拥有巨额军事预算，而且雇佣大批军事和非军事人员。他们用军火制造商通过订立军品合同而紧密结合起来形成军事—工业综合体。

第四，强化政府宏观调节，实行长短结合的计划管理体制。美国的国防经济虽然是建立在私有制和市场经济基础上的，但其政府却十分重视加强国家对国防经济的调节和干预。美国政府不仅运用各种政策推动军品生产的发展，而且还通过长短结合的计划管理来进行必要的调节。

第五，实行开放式经营模式。美国的科技、生产能力是世界上数一数二的，但其国防经济的发展，并不局限于本国力量，他们善于利用一切可以争取的力量，广泛吸收国外科技人才，大力开展军品的生产和科研的联合。

第六，具有明显的"常备型"特点。战后美国国防经济体制的基本特征是：军火生产寓于私营经济和民用生产之中，大量军备开发都列入民用项目之下，平时就具有很强的军品生产能力，战争爆发后可以不必经过大规模的动员就能转入战时经济轨道。这种体制实际上是一种"准战时经济体制"。

历届美国政府，都十分重视利用教育来增进公民的国防意识，把与国家安全有关的知识溶入教育内容之中。美国的国防教育由于政府重视、财政支持、组织有力，呈现出如下一些主要特点：其一，重视国防教育的立法工作，用法律手段来保证国防教育的实施。其二，主张寓国防教育于各种教育之中，通过教育的手段，达到加强国防的目的。其三，重视国防教育的科学研究工作，强调把国防教育建立在科学的基础上。其四，利用舆论工具，结合征兵、募兵宣传国防教育。

（二）法国的国防经济体制和国防教育制度

法国的国防经济体制也有自己的一些特点：

第一，利用集体防务，注意军民兼顾。从总体上说，二战后法国同其他西欧国家一样，处于美苏对峙和苏联威胁的国际环境；从其国内环境来说，虽然法国经济技术比较发达，但其国小、势单，无法单独与苏联抗衡；从维护独立和主权的国家战略出发，只能在美国的保护伞下，依靠西欧国家的集体防务，在不影响本国经济发展的前提下，发挥其技术优势，以发展高质量的有限国防力量为目标。可以说这是一种依靠集体防务的"军民兼顾"模式。

第二，重视国际合作，但强调独立自主。西欧各国的经济技术都比较先进，在生产社会化进一步发展和国际竞争日趋激烈的情况下，彼此都需要加强经济联合，共同提高防务力量。虽然法国所处的国际国内环境与西欧其他国家相似，但其国家战略独立倾向较浓，且有称霸西欧野心，因而与美国和北约防务联系比较松弛。在这种情况下，法国一方面重视与西欧其他国家的合作，无论是双边合作还是多边合作，法国都踊跃参加。因而其国防经济体制从总体上讲是开放型、合作型的。法国特别重视与英国、德国的合作。

第三，军火生产对外贸依赖性大。第二次世界大战以后，法国十分重视发展国防工业。进入 20 世纪 80 年代，法国直接从事军工生产的人数已达 33 万之多，间接从事军工生产的有一百多万。为维持其较大规模的国防生产和科研能力，法国采取以出口促生产，以军贸带军工的国防经济体制。

法国作为工业发达的资本主义国家亦十分重视国防教育。早在戴高乐时代，法国人通过对历史的反思，就为振奋民族精神和强化国防意识作出过艰苦的努力，并取得过较好的社会效果。今日，法国国防教育的最大特点是：实行政府领导下的全民国防教育。其一，注重提高国防在国家政治生活中的地位。其二，确实提高军人的政治待遇和生活待遇。其三，建造必要的纪念物，宣传国防教育。其四，政府每年有组织地安排民众参观军事基地和观摩军事表演，在扩大影响的同时，激发人民支持国防建设的热忱。其五，让人民参与重大防务决策，在实践中强化公民的国防意识。

（三）日本的国防经济体制和国防教育制度

二次大战以后，日本的国防经济是在特殊的环境中发展起来的，其突出特点是：

第一，先民后军，寓军于深厚的国民经济中。日本所处的国际环境，一方面由于是战败国，发展军事实力受到限制；另一方面受到苏联的现实威胁。其国内环境的特点是经济技术高度发达，已成为世界经济大国。目前日本正向政治大国的目标迈进，其国防经济的发展，主要依靠美国的军事保护，采取有控制的渐进方针，以建立一支少而精的"基础防御实力"和深厚的国防经济潜力为目标，一旦需要，可很快在很高的经济技术起点上建立超强大的国防力量。总体上讲，日本的国防经济潜力是很大的，是一种先民后军，寓军于深厚的国民经济之中的体制。

第二，资源供应体制比较完善，重视海上自卫力量的建设。日本国内资源缺乏，90%原料依靠进口，产品输出量10多年前每年就达八千多万吨，占世界海运总量的20%。因资源供应体系的完善和海上自卫能力的提高，对日本的稳定与安全，有着极为重要的意义。所以，日本有一套完整的资源供应体制，其海上自卫能力也不断提高。

日本作为中国一衣带水的邻邦，历来十分重视对国民进行爱军习武的教育。日本民族自古以来从神话传说、政治结构到宗教，都渗透着崇武、重武和尚武的传统。传说中的"神武天皇"留下的三种传家宝——圣器（代表道德）、镜子（代表智慧）、宝剑（代表武功），就集中反映了日本民族精神的渊源。长期以来，勇武备受尊重，为国捐躯是至高无上的美德。人们推崇的是争强好胜，少有惰性，不向失败和厄运低头的人。正是靠这种民族精神，当19世纪中叶列强炮舰撞破日本国门的时候，日本民族奋起为雄，变法更制，经过几十年的努力，由一个封闭的封建岛国变成可与西方列强争雄匹敌的东方雄狮。虽然这种民族精神曾被军国主义所利用，但是从失败中得到强化的日本民族精神，重新形成了捍卫民族精神的物质力量，不失为日本勃兴的社会心理基础。美国未来学家阿尔温·托夫勒认为，日本的武功是日本赖以生存的关键。

日本的国防教育有一个鲜明的特点，那就是始终用危机感来刺激国民对国家安全的关心，以增强国民的忧患意识。从这种危机意识出发，日本政府为了建立安全基础，不仅积极采取使社会安定、经济发展的各项措施，而且不断提高国民保卫国家生存和发展的意识。应当指出，近几年，随着日本军国主义的抬头，日本的国防教育从形式到内容都增添了许多危险的因素。如极力美化过去的侵略战争，否认日本军国主义对亚洲各国人民犯下的罪行等。

二 中国的国防经济体制和国防教育制度

（一）国防经济体制

中华人民共和国建国以来的国防经济体制，尤其是国防工业体制，虽然经过几次调整和变化，但基本上是20世纪50年代通过借鉴苏联模式而建立起来的。这套体制在当时的历史条件下，对加强国防经济建设、满足军事战略要求、促进国民经济发展作出了很大贡献，在实践中曾起过积极作用。但是随着国际国内形势的发展，它越来越暴露出自身的弱点和弊端。一是高度集中，统得过死。国防工业的一切活动甚至军工企业的产、供、销都由中央主管部门说了算，决策权高度集中，实行单一的指令性计划，使军工企业没有自主权。当然，国防工业不同于民用企业，它本身所具有的特殊性需要适当的集中，这是必要的。但必须看到，国防工业的各个环节都由中央和国家统一管理，既不现实，也不可能。这样做不仅不符合经济规律，而且严重束缚了国防工业的手脚，阻碍其发展，使国防工业的生产力不能得到完全发挥。二是军民分离，自成体系。长期以来中国国防工业是一个自我封闭系统。只管军，不管民，产品单一，不讲社会分工合作，自身配套成一体。这种"大而全，小而全"的做法，不仅造成重复建设、重复引进、重复投资，而且国防工业企业最大的潜力没有得到充分发掘，不能更好地为发展民用经济服务，支援国家经济建设，其自身的发展也受到严重抵制。三是政企不分，多层管理。国防工业主管部门对军工企业管理得过多过死，习惯于用行政手段管理工业企业组织，把企业当成行政机构制度，不承认企业是相对独立的商品生产者。而且行政管理机构交叉林立，层次过多，除了主管部门外，还有各种派生机构也参与军工企业的领导和管理。这样，从中央到地方多层管理机构重叠，国防工业企业的积极性和创造性受到严重束缚。四是条块分割，自我封闭。国防工业是按照行政系统、层次来进行管理的，这不仅切断了与民用系统之间的相互联系，也切断了国防工业多部门之间、各军工企业之间的相互联系，从而违背了社会大生产的客观规律要求，致使国防工业企业效益低下。

针对这种情况，1978 年 8 月，邓小平在听取七机部汇报时指出："我们搬的苏联制度，是浪费，是束缚技术发展的制度。要从搬的苏联制度解放出来。"[①] 中国的国防经济体制，虽经部分调整和改革，但并没有从根本上摆脱苏联那种封闭、僵化的模式。必须来一个大的战略转变，进行系统地改革，才能真正建立起适合中国国情的国防经济体制。因此，进入20世纪80年代，随着改革开放的不断深入，中国国防经济体制的改革也步入一个新的时期。经过多次改革，到1998年，根据全国人大九届一次会议通过的国务院机构改革方案，大幅度调整了国防工业管理体制。撤消了原来的国防科学技术工业委员会，把国家计划委员会国防司管理国防工业的职能与原国防科工委管理国防工业的职能以及各军工总公司承担的政府职能合并，组建了国务院下属的国防科学技术工业委员会。中央军委成立了总装备部，集中管理兵器装备的发展规划、计划和订货。1999年，为适应社会主义市场经济政企分开、产研结合、供需分离、管理高效的要求，增强企业活力和竞争力，将核工业总公司、航天工业总公司、航空工业总公司、船舶工业总公司、兵器工业总公司改为十个集团公司，即中国核工业集团公司、中国核工业建设集团公司、中国航天科技集团公司、中国航天机电集团公司、中国航空工业第一集团公司、中国航空工业第二集团公司、中国船舶工业集团公司、中国船舶重工集团公司、中国兵器集团公司、中国兵器装备集团公司。这些改革既涉及到了机构改革，也涉及到了职能和机制调整，体现了市场经济规律的要求和方向，将国防工业纳入国民经济建设发展轨道，把追求军事效益同追求经济效益统一起来，开创了国防经济与整个国民经济同步发展的新局面。

（二）国防教育制度

在多年国防教育实践的基础上，中国初步形成了国家、社

---

① 《邓小平关于新时期军队建设论述选编》，八一出版社1993年版，第107页。

会、军队、学校和家庭"五位一体"的国防教育网络体系。

1. 国家机构

中国人民民主专政国家政权的主要任务是领导和组织社会主义建设，保卫社会主义制度。国家组织在国防教育中的职能，主要是从宏观上起领导和管理的作用。包括规定国防教育的方针、政策和任务；根据宪法和法律制定并颁布有关国防教育的具体法规；根据国防建设的需要确定各层次人才的培养目标，制定教育计划、教育大纲，审定课程设置，组织编写有关教材；培养师资队伍；筹措教育经费；解决国防教育的物质技术和保障问题。

2. 社会团体

组织群众、教育群众，社会团体起着非常重要的作用。社会团体包括工会、共青团、妇联等群众团体，发挥它们的重要作用，是实现国防教育社会化网络化的必然要求。

3. 军队

保卫祖国，抵抗侵略，保卫人民的和平劳动，是中国军队的主要社会职能。协助国家和其他社会组织开展国防教育，是由军队的这一社会职能决定的。军队组织在国防教育中的职能主要表现在两个方面：在军队内部，通过国防教育，使军队每个成员树立牢固的国防观念，具有参加国防建设的热情，正确认识国防价值和军人价值，增强保卫祖国的责任感和荣誉感，努力提高思想政治和军事素质。军队在国防教育中的第二个主要职能，是在军队外部，协助地方政府对民兵、预备役人员和青年学生进行军事训练，加强国防后备力量建设，在全民国防教育中发挥骨干和宣传员的作用。

4. 学校

学校是培养人才的专门机构，也是我国后备力量的重要来源，因而必然是开展国防教育的重要阵地。《国防教育法》第十三条规定："学校的国防教育是全民国防教育的基础，是实施素质教育的重要内容。"

5. 家庭

家庭是人生的第一所学校，父母是人生的第一任老师。我国宪法第四十九条规定："父母有抚养教育未成年子女的义务。"在这种教育中，国防教育也是不可少的内容。因为在家庭中，父母有责任根据全民的意志对子女进行教育。在我们这样一个社会主义国家，人民的意志体现在国家意志之中，因而家庭也就有责任根据国家的意志对子女进行教育。国防教育正是国家意志支配下的一种教育，其中国防教育的核心——爱国主义教育更是反映了国家和人民的意愿。

"五位一体"的国防教育网络体系，实际上也是一种有关国防教育社会化网络化的制度，本质上是依靠整个社会的力量，普遍开展国防教育。

第七节　军事法制

军事法制，就是通过军事法的制定、实施、监督、服务、教育等一系列运行环节，建立健全的军事法律制度和良好的军事法秩序。其基本功能是保障各项军事法律规范的制定和实施，保障国防建设和军事行动的实施，保护军队和军人的合法权益，保护军事设施，保证军人以至全体公民遵守法纪，履行国防义务。

一　西方国家的军事法制

军事法的制定，是军事法制的前提和基础，没有军事法便谈不上军事法制。这里主要从军事立法的角度，介绍几个发达资本主义国家的军事法制状况。

（一）美国的军事法制

美国是老牌资本主义国家中年轻的国家，但它的军事法制建设进程却是资本主义国家中比较快、军事立法也比较健全的国家。它的第一部成文军事法产生于宣告独立的前一年。从 20 世纪初到第二次世界大战期间，美国的军事立法工作主要是为满足战争和垄断统治的需要而进行的。第二次世界大战以后，美国更加重视军事法制建设。1947 年 7 月国会通过了美国军事法律体系的基本法《国家安全法》。1949 年 8 月，重新修订了《国家安全法》，将国家军事部改为国防部。1950 年 5 月，国会通过《美国武装力量统一军事司法法典》，以取代过去的《陆军战争条款》、《海军管理条款》和《海岸警卫队纪律法》等三个单行军事法规。该法典施行以来，已修改 20 多次。1951 年又颁布了《联邦民防法》。20 世纪 70 年代，美国废除了征兵制，实行单一的募兵制，并颁布了《战争授权法》和《国家紧急状态法》。80 年代美国的立法主要侧重于建立国防法的体系。1986 年颁布了《国防部改组法》，扩大了参谋长联席会议的权力。此后，美国还颁布了一系列的军事法，如《国家安全机构法》、《国防教育法》、《国防生产法》、《国防专利法》、《军官人事管理法》、《军事建筑法》等等，使国防体制和军队建设实现了军事法制化。这些门类齐全、数量众多的军事法规，为美国在战后迅速成为超级军事大国，使美军保持现代化最高水平，起了重要的保障作用。

（二）英国的军事法制

17 世纪的英国革命是在欧美几个大国中最早爆发的资产阶级革命，因而，也率先建立了资产阶级国家。当时的英国处在自由资本主义时代，为了加紧发展资本主义，资产阶级领袖克伦威尔依法建立了一个军事独裁的护国军政府。在起临时宪法作用的《政府文件》中规定：护国公（克伦威尔本人）兼任陆海军总司令，由国务会议辅佐掌管行政，任职终身。为了扩大资本积累，争夺海上贸易权，寻找殖民地倾销商品，英国建立了海军，并于

1650 年和 1651 年两年颁布了《航海条例》，规定：非英国船只装载的货物不准进入英国本土和英国领地，如有违反，除没收全部货物外，还没收船只和附属物。为了适应对内对外战争的需要，相应颁布了一批军事法。如在 1672 年对荷兰的第二次战争中颁布了《军法条例》。1689 年颁布了《兵变法》（又称《叛乱法》），规定：凡对军队当局不服从命令、扣留船只等均属兵变行为，重刑处罚。该法后来发展为《军纪军法规》。1881 年又颁布了《军队戒严法》取代前法，后来又改为《陆军法》和《空军法》。

进入帝国主义即垄断资本主义时代后，为适应斗争形势和垄断统治的需要，英国垄断资产阶级进一步加强了军事立法工作。1920 年国会通过《授予政府紧急权力法》，该法授权政府可不经过国会直接宣布全国处于戒严状态，并可以动用军队和警察，对"骚乱"行为采取镇压措施。1935 年，又借口陆军中发生骚乱，颁布了《煽动叛乱法》，该法规定：凡怂恿军队成员背弃义务和职务者均处刑罚，用"煽动性书籍使军职人员逃避执行任务或动摇对国王忠诚者均处刑罚"。1939 年，又借口国内外形势紧张颁布了《关于行政机关非常职权法》，该法规定，行政当局可为国家安全、国防、秩序及保障王国顺利参加战争而发布法规。1940 年，又颁布《叛国法》，该法规定：任何人与人共谋或自己图谋、完成帮助敌人海陆空军从事活动的行为，均处死刑；以任何方式妨害王国军事活动者亦处死刑。

（三）法国的军事法制

法国资产阶级革命虽然晚于英国，但比英国彻底。由于法国比较重视成文法的制定工作，所以在近代和现代的军事法历史上，法国的军事立法起点比较高，在资本主义国家中也是比较发达的。在法国资产阶级革命的当年即 1789 年 8 月，就颁布了《组织国民自卫军的法令》、《禁止聚众的戒严法》。在世界军事法制历史上第一次建立了义务兵役制。1848 年和 1878 年，两次颁布《戒严法》。

在第二次世界大战前夕和期间，法国制定的一系列军事法规，都是围绕反对战争和镇压革命人民进行的。1938 年颁布一项法律规定：凡破坏国家外部安全的犯罪案件由军事法院管辖，从而将军事法院的管辖权扩大到非军事人员，包括共产党员和反法西斯战士。同年，颁布《关于战时国民组织化的法律》。第二次世界大战后至今，法国制定实施了数以百计的军事法规。

二　中国的军事法制

中国军事法制的结构体系，主要包括军事立法、军事司法、军事法的监督、军事法律服务、军事法制教育等。

军事立法，是指拥有军事立法权的国家权力机关、行政机关、军事机关以及被授权的其他机关，为规范军事活动，调整军事领域的各种社会关系，在其职权范围内并依照一定的程序，制定、修改和废止军事法律规范的活动。根据我国宪法和有关法律，可以将军事立法权行使范围划分为如下几个层次：一是全国人民代表大会制定宪法中的军事法条款和基本军事法律。二是国务院和中央军委制定的法规。三是国务院各部、委和军委各总部制定的法规。四是各军兵种、各大军区制定的法规。五是地方各级权力机关和行政机关制定的地方性军事法规和规章。

军事司法是相对于普通司法而言的有关军事内容并作用军事领域的司法活动，是军事法实施的一种方式。在中国，军事司法主体由于其管辖权限不同，分为一般司法机关和专门的军事司法机关。一般司法机关，是指能够依照法定权限和程序，并能依据军事法律规范处理具体案件的地方公、检、法机关。专门的军事司法机关，是指军队的保、检、法机关。它们承担着预防犯罪、打击犯罪、保障军队革命化、现代化、正规化建设顺利进行的同一任务。

军事法的监督，有狭义与广义之分。从狭义上讲，是指有关国家机关依照法定权限和法定程序对军事法的实施进行监察监督；从广义上讲，则是指国家机关（包括军事机关）及其工作人员、社会组织和公民依法对军事法制订和实施情况所进行的各种监察督促活动。

监督的目的在于防止和纠正军事法制定和实施过程中出现的偏差，促使有关国家机关及其工作人员严格依法办事，确保国家军事利益和军人的合法权益不受侵害。

军事法律服务是军事法制的重要组成部分，它在我国国防建设和军队建设中发挥着不可替代的重要作用，在逐步建立完备的军事法律制度的同时，要有行政机关和司法机关的正确实施，要有部队官兵和全体公民的自觉遵守，还要有相应的机构和人员提供必不可少的军事法律服务。

军事法制教育是培养军事法制人才的社会现象，也是普遍传授军事法制知识的必要手段。只有在全军、全国深入开展军事法制宣传教育，不断培养各级各类军事法制人才，并使军事法律、法规的内容和精神实质深入人心，才能真正实现军事法制的目标，从而保障国防建设和军队建设的顺利发展。

第八节　中外军事制度比较分析

一　中西军事制度的主要差异

中西军事制度的差异，表现在军事制度的各个方面。但其主要差异，则是表现在军事领导体制上，而军事领导体制的差异又主要表现在本质和具体领导体制两个方面：

（一）两者本质上的差异

西方国家军事制度是资本主义政治制度的一部分，它服从并服务于资本主义国家的国体和政体，为巩固资本主义制度服务。资产阶级国家常常以"民主"相标榜，宣扬他们的国家是代表全民利益的，因而他们的军队也是代表全民利益的，并不具有阶级统治工具的性质，不是国家政权的主要成分，一句话是"非政治化"的。但这种观点经不起理论上的分析。恩格斯曾经指出："实际上，国家无非是一个阶级镇压另一个阶级的机器，而且在这一点上民主共和国并不亚于君主国。"① 资产阶级"民主"国家同历史上的任何国家一样，也以武力为其统治的主要支柱，他们的军队同样是他们的国家政权的主要成分，他们的军事制度同样是他们政治制度的主要组成部分。资产阶级在向封建地主阶级夺取政权的时候，一般都程度不同地依赖武装斗争手段。取得政权以后，都把建立和扩大常备军作为巩固统治的主要手段。资本主义发展到帝国主义以后，其常备军作为国家政权主要成分这一点就表现得更为明显，各主要资本主义国家都在加紧扩军备战，军费成倍增加，军队数量迅速扩充，武器装备越来越先进，向海外派兵越来越多，各国都把是否拥有一支强大的军队——包括陆军、海军、空军以及其他兵种，视为关系国家生死存亡的决定力量。几十年来，美国一直在通过不同的方法千方百计地搜集别国的情报，对全球各个角落进行严密的监听监视。从天上、地下到水中，美国的间谍侦察网如同无数眼睛和耳朵，时刻不停地监视着全球。美国不允许别国对其领土进行监视，但却霸道地把自己对别人的间谍活动视为"例行公事"。时至今日，在和平与发展成时代主题的条件下，美国仍执意要修改《反导条约》，部署国家导弹

---

① 《马克思恩格斯选集》第3卷，人民出版社1995年版，第13页。

防御系统。这些有悖于时代潮流的做法，归根到底是为了维护垄断资产阶级的利益，这既是资本主义政治制度的本质表现，也是资本主义国家军事领导体制本质的必然反映。

中华人民共和国军事领导体制是社会主义政治制度的一部分，它服从并服务于社会主义国家的国体和政体，为巩固中国特色社会主义制度服务。军队的性质与执政党和国家的性质密切联系在一起，与国家的军事领导体制密切联系在一起。中华人民共和国建立以后，中国共产党把自己在长期武装斗争中缔造和指挥的军队，纳入了国家体制之中，中国人民解放军也就同时成为国家的军队。从领导体制来看，中华人民共和国是工人阶级领导的人民民主专政的社会主义国家，工人阶级对国家的领导是通过自己的先锋队中国共产党来实现的。中国共产党在国家一切事务中处于领导地位，包括领导中国的武装力量。党和国家同时设立中央军事委员会，党的中央军委的成员，同时也是国家中央军委的成员，同时向党中央和全国人民代表大会及其常务委员会负责。这样就使党领导军队同国家领导军队有机地统一在一起。从阶级属性来看，中国人民解放军是无产阶级性质的人民军队，这一阶级属性决定了它既从属于人民民主专政的国家，也同时从属于工人阶级政党。国家领导与党的领导正是在阶级实质上实现了一致性。从历史使命来看，中国共产党的奋斗目标是建设社会主义、实现共产主义社会制度，人民民主专政的国家政权是向共产主义过渡的必要形式，中国人民解放军作为保卫和建设社会主义、为最终实现共产主义而奋斗的武装力量，既执行党的使命，又执行国家的使命。因此，中国人民解放军既是党的军队，人民的军队，同时也是社会主义国家的军队，是三者的统一。在此基础上建立起来的中国的军事领导体制，必然反映社会主义政治制度的本质，必然为中国特色社会主义制度服务。这是中西军事领导体制本质上的区别。

（二）具体领导体制上的差异

当代西方国家在军事领导体制上，大多实行"军队国家化"、"非党化"和"非政治化"，因此它们实行的是军队对党派保持中立的原则，强调文官控制军队。无论美国、英国，还是法国、德国，都强调以文官作为国家最高军事领导机关国防部的长官。美国法律规定，国防部长、副部长和三军部长由文职担任，严格禁止自军队退职不满 10 年的军官担任上述职务。这是保障垄断集团牢固控制军队的一项重要措施。美国实行政党推举候选人竞选总统的政治制度，获胜的政党及其总统按有关制度组成内阁掌握国家政权。美国的政党是不同的利益集团的代表，无论共和党还是民主党获胜，虽然在维护不同垄断集团的利益上不一致，但在维护资本主义制度上又是一致的。由于国防部是内阁部，规定由文职人员充任国防部长，无论是哪一个政党当政，都有利于其选择符合本垄断集团的政客控制军队。战后美国十几位国防部长除少数几个人熟悉军事外，多数不懂军事，虽然其弊端是显而易见的，但是由于有利于执政的垄断集团控制军队、控制政权，因而这项制度得以坚持。美国的小戴维·佐克和罗宾·海厄姆合著的《简明战争史》写道："对职业军人的怀疑，成了我们传统中的一个不幸的部分。因此，文官控制，不管多么不恰当，却变成了一种迷信。"其实作者只是从军事上分析看到了文官控制的不恰当，而没有从政治上看到这项制度对资本主义制度利大于弊的本质。当然，对于这一制度的弊，资产阶级统治集团也并不是视而不见，他们在不断采取措施，扩大其利的方面，克服其弊的一面。比如，以形形色色的"智囊团"、"思想库"为国防部长、军种部长出谋划策，以长期稳定、高效能的军事职能机构协助文官们处理国防和军事事务，规定以职业军人——参谋长联席会议主席为总统和国防部长的军事顾问，加强参谋长联席会议的作用，增加其对全军预算优先建议权，提高联合作战指挥权等等，克服文官控制的弊，不断完善符合资本主义国家利益的军事领导制度。

中华人民共和国的军事领导体制与西方国家军事领导体制的最大差别在于规定了中国共产党对武装力量绝对领导的制度，实行中共中央军事委员会和国家军事委员会为同一机构的体制，并规定在军队各级建立中共党的组织实施对军队的领导。这样的领导体制，既能体现和保证中国共产党对军队的绝对领导权和指挥权，使这支军队能够牢牢地掌握在党和人民手中，永远保持军队的性质，永远保持人民军队的本质；又能通过国家机器，加强中国人民解放军的全面建设，加强国防现代化建设，也便于全国军民在必要时迅速转入战时体制，保卫国家安全，保障社会主义建设事业顺利进行。从根本上讲，中国共产党对军队的领导，和中华人民共和国对军队的领导是一致的。中国共产党是中国人民一切事业的领导核心，中华人民共和国和中国人民解放军都是中国共产党缔造和领导的。中国人民解放军作为国家武装力量的主要组成部分，是社会主义国家政权的坚强柱石，它担负对外抵御侵略，保卫国家领土主权和海洋权益，维护国家利益，对内防止敌对势力的颠覆、破坏，维护国家的统一，保卫人民和平劳动的职能。中国共产党的领导，是人民解放军胜利的履行其职能的根本保证，也是我军的优良传统。正如邓小平所指出："我们这个军队有好的传统。从井冈山起，毛泽东同志就为我军建立了非常好的制度，树立了非常好的作风。我们这个军队是党指挥枪，不是枪指挥党。"① 把中国人民解放军置于中国共产党的绝对领导之下，以及党和国家对人民解放军领导的一致性，正是中国军事领导体制所具有的最显著的特色。

---

① 《邓小平文选》第 2 卷，人民出版社 1994 年第 2 版，第 1 页。

二　新世纪世界军事制度变革的主要内容和趋势

可以肯定，在新的世纪，军事制度将实现一次新的变革。这场变革从 20 世纪 90 年代已初露端倪，它的完成早则在 21 世纪初期，晚则在 21 世纪中期。这场变革将会波及到世界各国，在人类军事制度演变史上产生深远的影响。

为了迎接世界军事革命的挑战，世界各国都把优化军队内部结构，作为军事制度变革的主旋律。从当前和今后的发展趋势看，军队组织体制将会发生一些重大的变化。

其一，在军队知识含量上，技术密集型的军兵种比例将增大，新的军兵种将出现。在优化军队内部结构时，各国普遍重视提高军队的高科技含量，增大技术密集型军兵种的比例。根据海、空军的战略地位不断提高，在高技术战争中的作用增强，及其技术要求高、换代周期长、建设难度大等特点，各国通常都适当缩小了陆军比例，相应增大海、空军的比例，把兵力和其他资源重点投入到海、空军，不断加强其建设的力度。近几年，各国在对陆军的兵种结构进行调整时，通常大幅度削减步兵，加强战役战术和导弹部队、陆军航空兵、电子战部队等技术密集兵种的建设。西方发达国家的军队为适应 21 世纪信息战的需要，正在加紧建设和试验技术更加密集的数字化部队。

其二，在编制规模上，力求小型化、中型化、合成化和一体化。军队是由人和武器装备，按照一定的规模组合而成的武装集团。编制规模科学合理，可以实现人与武器装备的最佳结合，形成强大的战斗力。信息技术在军事领域内的革命，必然会引起军队编制规模的改革与调整，寻求与信息技术相配套的科学编组形式即减少数量、提高质量，成为未来军队发展的总目标。这要求把特定的信息化武器系统和军事技术从传统的组织体制的束缚中解放出来，并使之重新组合，力求军队小型化、中型化、合成化和一体化。

其三，在指挥体制上，将向扁平网络化方向发展，指挥机构趋向精干高效。随着高技术特别是信息技术的发展，武器精确度提高，破坏力增大，将使指挥体制发生革命性变化。为了克服传统指挥体制的弊端，发达国家以"有利于信息快速流通"为原则，改革指挥体制，力求将指挥体制由纵长形"树"状结构变为扁平"网"状结构，减少指挥层次，简化指挥环节，力求达到信息传输速度快、保密性能好、失真率低、抗干扰能力强和生存率高等要求。随着军队总体规模缩小、军队编制小型化和指挥手段的改进，外军普遍对指挥机构进行精简，实现了军队各级指挥机关的精干化。

其四，在军事教育上，趋向建立新教育机制，把培养高层次创新型军事人才作为根本目标。当今军事人才同其他领域的人才一样，其本质特征是创新的能力。创新是知识经济的灵魂，也是知识军事的灵魂。未来军事的竞争，归根到底是人才的竞争，而人才成长的基础在教育。21世纪军事教育的根本职能主要有两个方面：一是承担军事领域的知识创新职能，使军事教育成为国家创新体制的重要组成部分。二是培养创新型军事人才，使院校成为具有创新意识和创新能力的高素质军事人才生长基地。

三　新世纪中国军事制度的改革与发展

21世纪新军事革命和世界军事制度变革的潮流，必然会对中国军事制度的发展产生广泛而深刻的影响。因此，冷静地分析中国军事制度尤其是军事组织体制的优点和不足，加快其改革的步伐，使其更好地适应未来战争的需要，是当今中国军事发展战略的重要组成部分。

（一）新世纪中国军事制度面临的新情况新问题

建国50多年来的历史证明，总的来说，中国军事制度的建立和发展，符合中国的基本国情军情，符合中国军事建设和军事斗争的要求，也符合中国军事实践的传统，对于夺取军事建设和军事斗争的胜利发挥了重要作用。其总体和主流是应该肯定和发扬的。但是也应清醒地看到，中国的军事制度，尤其是军队组织体制、军队管理体制、国防经济体制等，同新军事革命和世界军事制度变革的要求，同未来高技术战争的要求，还存在一定差距，有的方面还存在较大差距，主要表现在：

其一，军队体制结构问题尚未得到根本解决。高新技术在军事领域的应用，不仅促进着武器装备、人员构成和作战方法的变化，而且导致了军队体制结构的深刻变革。军队战斗力要素能量释放得如何，很大程度上要看体制结构的合理与否。军队的特殊使命和任务，决定了它必须具有高效能的运转机制。但从中国军队实际看，体制结构问题尚未得到根本解决，一些重要的关系还没有理顺。

其二，军事院校体制改革还没有完全到位。治军先治校，院校是人才的母体，院校的水平决定着人才的水平，这已成为世界军事发展的共同规律。中国的军事院校经过几十年的建设，已经形成了比较完整的教育体系，为军队和国防建设作出了重大贡献，遗憾的是，军事院校建设的思路出现了多次摇摆，使军事教育的正常发展受到一定的影响。随着世界新军事革命的兴起以及中国特色军事变革方针的提出，对人才需求的标准大大提高，人们对军队院校改革的呼声越来越强烈。改进和加强院校教育已成为实施科技强军的当务之急，是时代发展的客观要求。

其三，依法治军的任务还任重道远。改革开放以来，中国军队在依法治军方面取得的成绩是有目共睹的。已经建立和正在完善军事执法体制、军事司法体制和军事法制机构、法律服务组织，构成了比较完整的军事法制组织体制。全军官兵的法律意识有了明显的增强。但应清醒地看到，中国军事法制建设的任务仍任重道远，依法治军仍有很长的路要走。

其四，国防经济体制有待进一步完善。改革开放和建立社会主义市场经济，为国防建设注入了前所未有的巨大活力，提供了发展的良好机制，其积极影响始终是主要的和第一位的。但不可否认，市场机制的引入，也使国防建设面临着不少新情况、新问题，遇到了一些新的突出矛盾，其中怎样使经济利益与国防利益更好地统一起来，就是在发展市场经济中的一个突出问题。

其五，战争动员体制和后备力量体制建设面临着不少新情况。中国过去的国防动员体制是与计划经济体制相联系的，国防动员的方式采取单纯行政命令方法，在新的历史条件下，这种方式已经不完全适应了。在市场经济条件下，经济结构和整个社会组织发生了深刻的变化，利益主体趋于多元，无论是武装力量的扩编、民用产品的转产、交通运输力量的征用、人民防空的组织，还是其他财产、物力的动员等等，较之过去都有着完全不同的特点，必须探索并努力形成一套新的快速有效的动员形式和程序。

（二）新世纪中国军事制度改革的思路及内容

根据作者的研究和思考，新世纪中国军事制度改革，应遵循下列原则：

其一，以保持中国军事制度的特色为前提，保证军队"不变质"。中国军事制度作为中国国家制度的重要组成部分，既有与国外军事制度相同的地方，也有与国外军事制度不同的地方，即有自己的特色。中国军事制度的主要特色是：坚持党对军队绝对领导的根本制度，实行中央军委的统一指挥；各级除司令部机关、后勤机关、技术机关外还专门设立了党的工作机关，即各级政治机关；建立军政双首长制，实行党委集中领导和分工负责相结合的工作制度等。这些主要特色实际上既是中国国家制度的社会主义性质在军事制度上的反映和体现，也是在新形势下保持人民军队性质的根本保证。新世纪中国军事体制的改革，不仅不能改掉这些特色，恰恰应该保持、完善这些特色。只有如此，才能保证中国军事制度改革的正确方向，才能保证军队永远"不变质"。

其二，以适应新军事革命和未来高科技战争的需要为目标，保证军队"打得赢"。新的形势和新的任务，对我军建设提出了两个历史性课题：一个是在复杂的国际环境中，我军能不能跟上世界军事发展的趋势，打赢未来可能发生的高科技战争；一个是在社会主义市场经济和对外开放形势条件下，我军能不能保持人民军队的性质、本色和作风，始终成为党绝对领导下的人民军队。这两个历史性课题的完成，不仅需要思想政治建设提供保证，更需要制度体制上的保障。就"打得赢"而言，不仅需要思想政治建设提供强大的精神动力，更需要指挥体制、军队管理体制、后勤保障体制、后备力量建设体制等诸多制度体制的保障。因此，各项军事制度改革都应以想打赢、谋打赢为目标，按照现代战争的特点，改革和完善军队的体制编制，改进部队的训练和院校教育的内容与方法，这也是检验改革是否成功的根本标准。

其三，以改革军队体制编制为重点，把军队搞精干。军队组织体制是国家军事制度的主要组成部分。军队体制编制是否合理，对于军队的质量建设、战斗力的充分发挥有着全面的影响。中国军队虽经过多次体制编制的调整，但目前仍然存在着头重、脚轻、尾巴长、包袱重等多方面的问题，因此，军队的改革必须走精兵之路，进一步收缩摊子，优化结构，提高部队质量，切实为将来军事斗争作好体制准备。

其四，以世界军事制度变革的经验为借鉴，实现中国军事组织体制的跨越式发展。国外军事技术的迅猛发展和军事领域的深刻变革，要求中国国防建设实行跨越式发展，这种"跨越式发展"，自然应包括军事组织体制在内。一般说来，军事组织体制的变革总是随着新的军事技术和新的武器装备的出现而出现的，最先完成军事技术革命的国家，往往在军事组织体制的变革上也捷足先登。但国内外军事发展的历史表明，这种顺序并不是绝对的。新军事革命可能是从技术革命开始的，或者是由技术革命引起的，但军事革命的最后实现则有赖于军事技术、军事理论与军事制度一体创新。只要我们保持创新的思维，大胆借鉴世界军事制度变革的经验，结合中国的国情、军情，在新世纪的较早年代里实现中国军事组织体制的跨越式发展完全是可能的。

其五，以军制理论研究为先导，做好充分的论证工作。理论往往是行动的先导。军事制度的改革同其他领域的改革一样，必须有相应的理论作指导。中国军事领域改革的实践表明，改革的广度和深度、改革的周全与缺失，从根本上来说，取决于理论研究的质量，取决于理论研究所提供的支持力的强弱。在改革开放和世界新军事革命背景下，对中国军事制度的改革提出了更高的要求：在进行总体设计时，必须正确认识和处理继承优良传统与发展创新的关系；借鉴外军经验与坚持我军特色的关系；军队调整改革与国家整体改革的关系；深化改革与保持部队稳定的关系。总的说来，就是要紧紧围绕建设一支现代化正规化革命军队这个目标，朝着规模适度、结构合理、指挥灵活的方向努力，要体现"精兵、合成、高效"的原则，有利于加强集中统一领导，有利于军队的教育训练和管理，有利于未来作战的需要。而做好这一切的基础在于理论研究的创新。

在新的世纪，中国怎样迎接新军事革命的挑战，怎样顺应世界军事发展的大潮，积极推进和深化对军事各项制度、体制改革，关系到中国未来的国家安全。这既是一个重要的理论问题，又是一个重大而严肃的实践问题。从理论上讲，近几年来，国内不少有识之士从不同角度作了一些探索，其中有些意见很值得注意。本章作者立于前人研究的基础上，经过自己的深入思考，对未来中国军事制度的改革，提出如下若干方面的设想。

其一，军事领导体制的改革。在保证中国共产党对中国武装力量领导的前提下，大胆借鉴军事发达国家军政（军事行政）、军令（作战指挥）分开的经验，建立相对分离的"养兵"、"用兵"体制，这是一个很值得探索的问题。

其二，军队指挥体制的改革。越来越多的实践证明，指挥体制的改革，已成为军队改革的龙头工程。中国军队现有指挥体制的突出问题是层次太多，这严重影响了平时治军和战时指挥。20世纪80年代以来，信息技术革命对军队建设的全方位冲击，传统指挥体制与信息化战争需要的落差，使得指挥体制的改革显得更加紧迫、更加重要。

其三，军队管理体制的改革。改革军队管理体制主要是改革总部、军兵种、大军区管理体制。形成论证咨询、指挥决策、执行监督相对独立的体制。设立和健全包括陆军管理机构在内的各军兵种管理机构，统管各军兵种的军事训练、业务建设、行政管理、政治与后勤工作。使总部成为在中央军委领导下主要负责指挥和人事管理的精干的协调机构。

其四，院校体制的改革。军院校体制的改革，可以从多方面着手。就院校结构的优化来讲，可将部分规模较小的院校的培训任务调整合并给相同的其他院校，也可按军政合训的原则，以规模较大的单一型院校为主体，组成综合院校。如军种的政治与指挥院校合并，兵种的指挥与技术院校合并。还可按联合作战、合成作战的要求，由三军部分指挥院校组建成中级联合作战指挥参谋学院；由陆、海、空、二炮系统的部分院校组成各军种大学；后勤系统保留的院校组成联合勤务大学，从学生起就学会三军联勤统供。同时也应增设与新军事革命紧密相关的军事院校，如设立信息战学院。

其五，兵役制度的改革。实行职业化与义务兵相结合的制度。军官和技术密集的重要岗位的士兵实行职业化，一般岗位采用义务兵。军官职业化，各国有不同的理解，做法也不尽相同，但概括起来，其主要特征是职业军人成为军官队伍的主体，国家通过法律确保军官服役既是履行保卫国家的义务，同时又是一种谋生的职业。军官职业化制度作为一种相对稳定的职业军官制度，具有较强的职业稳定性，可消除军官二次就业带来的后顾之忧；具有较强的心理凝聚力，可使军官集中精力于军队建设，有助于军队吸收和保留高素质人才，是稳定干部队伍，提高军队战斗力的一条有效途径，中国新颁布的《军官服役法》已向这个目标迈出了一步，未来的改革应在此基础上继续深化。与此同时，还应加强和稳定士官队伍，强化军士长管理职能。兵源问题也有探讨的必要。

其六，动员体制的改革。中国的动员机制经过多年的调整完善，已经形成了较为完整的机制，但在新的军事斗争形势下也有许多不适之处，诸如，组织职能不明确，动员的科技含量低、速度慢、立法落后等。因此，建立以科技动员为核心的快速动员机制，是我国动员体制改革的重要内容，也是国防建设的当务之急。

其七，国防经济体制的改革。国防经济体制改革随着国家经济体制的改革，在20世纪80年代中期已经起步，并取得了一定成效。从当前和今后一个时期的发展看，有些改革需要逐步深化，逐步到位。比如国防科研生产结构的优化问题，国防费的拨款问题等。

其八，国防教育制度的改革。国防观念反映了一个民族的政治素质，全民的国防观念来源于国防教育。我国虽于2001年4月颁布了《国防教育法》，但国防教育制度并未成熟，全民的国防观念还有待提高，需要做的工作还很多。

其九，军事法制的改革。军事制度各方面的改革，都应建立在法制的基础上，都离不开军事法制的保障。而中国军事法制本身的改革如果更有成效，又可以推动其他方面更好地发展。如上所述，改革开放以来，中国的军事法制建设取得了很大成就，但立法的任务仍很艰巨。如立法速度问题、力度问题，特别是整体规划，向深层拓展以及对新问题的研究和前瞻等还不够。此外，军队内部适用的法律法规，如军事组织法、军事监督法以及军事法律宣传和服务方面的制度都应当尽快建立起来。

第九章 监督制度比较

监督制度是国家政治制度的组成部分，是保证现代国家正常运转的关键环节和手段，是防治公共权力腐败的有力武器，是社会利益主体维护自身合法权益的重要机制，也是政治民主化的基本途径之一。本章将对中外监督制度的结构、内容、程序、规则、效能状况等进行比较分析，以求从中找出"同中之异"和"异中之同"，并在跨文化的基础上总结出一些真知或带规律性的东西来。

第一节 监督制度及其相关范畴

一 监督

监督起源于社会生产和分配中的记事和契约活动，后引用于公共治理之中。古希腊城邦制中有了监督的举措。古罗马共和国时期有监察官的设置。古代中国，西周时有"御史"官职，秦朝时有"御史大夫"。从历史文献记载看，监督往往与监察、监临混用。经历了近代和现代社会民主政治和市场经济的洗礼之后，监督已从原来的督军和自上而下的检查督促，更多地转向了社会公共事务管理中的控制和国家权力运作中的监控和制约，转向了权利的维护。

因此，现当代意义上的监督，主要是指人们为了达到政治、经济、文化等方面的某种目的或目标，仰仗一定的权力，通过对社会公共治理中若干事务的内部分工约束或外部民主性参与控制等途径，针对公共权力的资源、主体权责、运作效能等而相对独立地开展的检查、审核、评议、督促活动。

二 监督机制

现当代政治科学和行政科学，注重社会公共治理的系统性和生态性，经常使用机制一词，意即社会治理事务中的机构设置及其运作的理念、规则、程序和方式。鉴此，我们认为，监督机制就是人们在公共权力运作过程中开展监督活动时所设置的机构、遵循的原则和程序，以及践行的方法和形式。

理解监督机制，必须把握两个相关概念，即公共权力和权力制约。

公共权力是监督的客体。权力是基于支配资源者让相对人服从的能力和影响力，其作用机理含权力来源、主体、客体、环境、目的和运作方式。在国家治理的情境中，各种实际或潜在政治力量在博弈中必然会产生各种利益关系的冲突与协调，由此而产生以服从为前提、以组织为基础、以强制为基本特征的公共权力（或国家权力、政治权力）。公共权力的概念在政治著述和制度分析中普遍存在。它的内涵被经常地、热烈地争论着，不同的学者对它有不同的界定和使用方式。但是，人们在实践中更多的是看到了公共权力主要表现为政治性层面的国家统治支配力和社会性层面的宏观调控力、社会治理力和公共服务力。这两个层面的内容，有的是法律明确授予的（即列举的或明示的），有的是从授予中合理引申出来的（即"默示权力"），还有的是各权力主体可共享的交叉权力（即共同权力）。

历史和现实都表明，公共权力的所有者和具体行使者有不一致之处。公共权力的运作在阶级社会里，除了体现统治阶级的意志、为统治阶级的根本利益服务之外，还具有面向社会且多少反映协调社会整体的与局部的利益需求的功能。但是，公共权力运作的超然性和能动性，也使得它在社会治理中明显地表现出强制性、趋利性和扩张性，若与权力行使者的私欲结合，则给滥权、侵权、腐败等提供机会，导致某些恶治状况。因此，对公共权力必须有制约和监督。

权力制约是监督的本质所在。制约，指的是在公共权力分解的基础上构架政治体制时要想方设法从理念与规程上去规范、限制公共权力的行使，力求公共权力间的控制、约束和均衡，以防止权力过于集中。监督作为社会管理过程（或系统）中的控制职能和控制手段，从其内涵和主旨看，它是公共权力制约的延展和具体表现。

基于公共权力的公益性与掌权者有限理性的冲突，基于人民主权的要求，基于社会治理中公平与效率的追求，社会大众普遍认为，无论是从权力的固有特性、权力的授受关系、权力执掌者的品行等诸角度看，要使公共权力沿着国家和社会民众的整体意志和根本利益的正确轨道运行，一是必须体现主权者的意志，让公共权力合理分解且不过分集中，并让主权者充分参与；二是必须依法行使职责权力，部门之间、机构之间、人员之间应合理分工，协调配合，运行有序有效，体现公共服务精神，减少冷漠、越权、滥权现象；三是必须防范并抵御公共权力的威严因人为而引起的零效应和负效应，避免权权交易、权钱交易、权情交易和权力滥用，努力做到公开、公正和公平；四是必须对公职人员进行科学管理，促使其恪尽职守，勤政廉政，讲求绩效，提高管理效能。要做到这些，显然必须对公共权力行使主体的行为是否合法（宪法、法律、规章和条例）和合理（政治规律、规则、原则、惯例和道德）以及公共权力有效运行的状况予以审查、检查、督促和制约。故在人类社会趋于善治的过程中，制约与监督同公共权力的运作正式地或潜在地相伴相随。

三　监督制度

制度通常是指某一范围内的活动成员必须共同遵守的、按一定程序办事的规程、行动准则以及相关的体系。美国学者诺斯认为，制度是一个社会的游戏规则，是决定人们的相互关系而人为设定的一些制约（含正规约束和非正规约束）。制度构成了人们在政治、经济、文化方面发生交换的激励机制。制度变迁决定了社会演进的方式。因此，制度是理解历史变迁的关键。① 依此类推，作为人类社会政治文明的重要成果，我们认为，监督制度指的是在各种监督活动中，为界定人们的选择空间、约束人们的权利义务关系和规范人们的偏好及选择行为所形成的各种显性的规则、习惯与实施手段。监督制度具体包括公示的监督的理念、权责、内容、主体、客体、程序、方式和设备等方面的规则和机理。

在中外各国的监督活动中，我们可以看到若干监督制度的存在与运作。例如，在权力机关对行政、司法的监督中，有立法监督制度、宪政监督制度、权力制约（制衡）制度等等；在行政系统内部监督中，有行政法纪监察制度、审计制度、家庭财产申报制度、行政监管制度、行政复议制度、行政公开制度、政府采购制度等等；在司法监督中，有检察监督制度、法院监督制度、司法审查制度、违宪审查制度、行政诉讼制度、行政裁判制度、反贪污贿赂制度等等；在政党监督中，有执政党党内监督制度、在野党监督政府制度、民主党派监督制度（中国）等等；在公民与社团监督中，有公民参政议政督政制度，利益集团监督制

---

① ［美］诺斯：《制度、制度变迁与经济绩效》，刘守英译，上海三联书店1994年版，第3—6页。

度、工会维权制度、群众社团组织和基层自治组织民主监督制度
等等；在新闻媒体开展的舆论监督中，有新闻自由制度、新闻调
控制度等等。

第二节　代议机关监督

代议机关监督，指的是代议机关（立法机关或权力机关）
基于其立法、财政和监控方面的权能，以及其他衍生权力（如
建议权、受理请愿权等），通过审议批准议案、法案和重大人事
任免等形式，对行政机关的重大行政行为和司法机关的重大司法
行为，从立法管辖和审查以及权力制约的角度，给予宏观监视、
督促和制约。这既是代议机关行使其职权的重要标志，又是代议
机关实现其职能的主要手段。其监督主体的至上性和立法权能，
使之具有很高的权威性、制约性和控制力。

一　西方国家议会监督

（一）议会监督的对象和内容

1. 监督政府

代议机关监督政府，直指政府权力运行的合法合理及其运行
绩效。其内容可以分为工作监督和法制监督两大类。一般来讲，
议会监督政府都注重了以下几点：（1）对财政收支的宏观监督。
这主要指审核和批准政府的预算和决算，即"钱袋监督权"。预
算监督在于限制政府收支数额和范围。决算监督在于审核政府收
支是否符合预算项目和数额。有的国家的代议机关还有某些具体
的财政金融监督内容。（2）对政府重大内政外交行为的监督。
如政府对议会制定的法律若不执行或者违背，主要的行政首脑须
辞职或被罢免；议会对政府重大决策，有质询调查权；议会审议
与批准政府制订的经济和社会发展计划；政府享有的行政立法权

由代议机关赋予或委托，行政法一般需代议机关审批后才可生效，缔约或宣战必须在事前或事后获得代议机关的通过或承认。（3）对政府重要人事任免的监督。总统制国家里，国会对于总统提名的高级官员具有同意与否的监督审查权，主要通过听证调查会来履行。内阁制国家里，议会对于政府首脑具有直接选举的权力。各国代议机关对政府要员之罢免具有同意权或决定权。在有些国家，议会还直接对政府重要官员的业务水平、职业准则、从政道德等予以监督。（4）对政务类公务员活动合宪性的监督。有人称此为"议会的司法监督权"或"违宪审查权"。例如，丹麦议会可向国家高等法院控告政府各部大臣；联邦德国议会两院均可以三分之二多数票通过议案，向联邦宪法法院控告总统。有些国家的议会可以组成特别法庭审理高级政府官员的涉嫌犯罪行为。

2. 监督法院

议会监督法院，体现着西方国家中权力分立与制衡的准则。但就美、德、日、法四国而言，其侧重点有所差异。美国国会对联邦法院的监督，具体包括国会有权批准或否决联邦法院法官拟任人选；国会有权通过制定宪法修正案，推翻美国最高法院做出的"判例"；国会可以对联邦系统法院的法官予以弹劾。德国议会对法院的监督，偏重于人事控制，即议院在很大程度上间接地控制着选择高级法官的结果。日本国会对法院的监督，主要表现为国会对法官同时兼有公诉权和审判权。法国议会监督法院，主要体现在对特别高等法院的人事和审判监督中。

3. 监督元首

无论是对于履行象征性的、形式上的国家治理职能，还是对于政府组成过程，国家元首职位都是不可缺少的。正是由于国家元首有或多或少的权力，加上职权或公务上又与议会密切相连，故对元首的监督，也构成议会监督的指向之一。实行君主立宪制的英国，英王的任职资格、职权及其公务活动，都受到 议会上下两院的监督。实行"半总统制"的法国，议会掌握着总统候选人的提名权；总统提出宪法修正提案时必须由议会两院一致通过；总统在非常情况下需行使"非常权力"之前，需获得议会两院议长等有关方面的认同和支持。实行总统制的美国，议会不直接参与总统选举，但有权审议并批准总统提出的政府内阁人选等议案。对于国家元首涉嫌的违法犯罪行为，法国议会可予以控诉和审判；而其他一些国家则通过弹劾程序予以惩治。

（二）议会监督的方式

代议机关的监督权及其行使的方式，除了上面已经提及的听取报告、审查批准（属同意或否决权）、控告与审理（属纠举权）、任免和罢免（属人事权）之外，还有一些能显示代议机关监督特质和威力的手段：

1. 质询

它仅限于实行内阁制的国家。质询可分为询问和质问。对于质询案，答复不妥的，议员或代表还可以提出补充性问题，要求有关部门再作答复。各国政府官员，有时以"严守国家机密"的理由，对质询不予答复或不认真答复，一方面可能使质询流于形式，另一方面也可能引起激烈的辩论乃至信任表决。故在大多数国家，对于质询案的提起、审议、答复等都规定了一定的限制。

2. 调查

一般了解情况的调查包括视察、考察、走访等，没有严格的程序。确认某种事实的专门调查或特别调查包括国政调查、听证调查和特别委员会调查等，有严格的程序，其适用范围可涉及政府要员、法院法官的某些违法行为。依照一定程序获准公布的结果，可导致代议机关对行政、司法领域中高官的弹劾，也可导致政府的危机。调查中如发现触及刑法的事项，则导致司法程序的启动。为保证调查能依法顺利进行，一些国家一方面规定有关部门人员有义务予以协助，不得非法妨碍调查；另一方面又对专门调查或特别调查的开展予以严格的限定。实践中，各国代议机构组织开展的调查有时也受到行政首脑不配合的情形。

3. 信任表决

在实行责任内阁制的国家里，因负连带责任，内阁推行的政策必须符合多数议员的意愿。如果议会认为内阁个别成员或内阁全体有违法失职、政策错误或措施失当等情节并对此深感不满时，议会可以通过谴责政府某项政策的决议案，可以否决政府的议案，或要求政府的议案作重大修改，甚至通过政府不赞成的法案，进而提出对政府的不信任案。一旦不信任案经过审议、辩论并经投票通过，或信任案被否决，内阁必须辞职。但内阁也可以拒绝辞职而提请国家元首解散议会下院，诉诸选民重新选出议员来重组下院，再由新组的下院来决定内阁去留。信任表决显然是一把既对着政府又同时对着议会自身的"双刃剑"，有可能引起政局动荡，故一些国家对其有严格限制。实践中，在多数党组阁的政党政治背景下，不信任表决很难在议会获多数议员赞成。

4. 弹劾

在王权显赫的年代里，弹劾是英国贵族对付国王专制的强大武器。在现代，弹劾作为议会监督某些违法失职渎职行为而不称职的政界要员的重要手段，一般适用于国家元首、政府首脑、内阁成员以及其他政府高级官员和司法高级官员涉嫌犯罪行为。弹劾主要由议会两院（特别是议会中的下议院）提起；审判则可以是议会中的上议院或下议院，也可能是一种特别机构或普通法院。弹劾案一旦成立，一般会出现下述四种后果中的一种或数种：判定有罪而免职；判定有罪并处以刑罚；判定无罪，但使被弹劾人无颜；若在弹劾案审理之前或表决之前，要员被迫自动辞职，弹劾程序则随即终止。在实践中，限于提出和审理程序之严格，限于党派斗争和官场上竞争之复杂，弹劾方法作为事后追究法律责任的手段，很少使用。近期典型的例子，是韩国第16届总统卢武铉被提起弹劾（2004年3月），但最后也没有被通过。

5. 督察专员

督察专员最早产生于瑞典（1809）。瑞典议会现设有4名督察专员，他们由议会选举产生，一般从无党派且具有杰出法律知识和秉性正直、社会威望较高的人士（男女均可）中选出，通常都是律师或法官，任期4年，可以连选连任。4名督察专员职位平等，各自独立工作，直接对议会负责。议会宪法委员会负责审查督察专员的履职情况。① 督察专员制度在发展的过程中，因其公信力高而广为传播。目前，据不完全统计，全世界约有60多个国家设类似职位。实践中，议会督察专员所处理事项范围虽较为广泛，但主要只是涉及到行政的疏忽、过失、不公平、不合理的问题，一般不会对那些可能提交法院或者其他审判机构的控告提出调查，因而他们的建议和批评也无法律效力，通常以报告的形式直接提交给立法机关或是公开发表。

二　中国人大监督

（一）人大监督的对象和内容

按照中国宪法和人民代表大会组织法的规定，人民代表大会及其常委会的监督对象是由它产生的、向它负责的国家行政、审判、检察机关及其组成人员。全国人大还有监督国家主席、中央军事委员会及其组成人员的职权。但是，若把人大的监督权划分出法律监督和工作监督两个方面，那么法律监督的对象就较为广泛。其一，人大常委会法律监督的对象包括下一级国家权力机

---

① 参见本特·维斯兰德尔：《瑞典的议会监察专员》，程洁译，清华大学出版社2001年版。

关，因为人大常委会有权撤销下一级人大及其常委会不适当的决议，有权批准下一级民族自治地方人大制定的自治条例和单行条例。其二，根据宪法第五条规定，一切国家机关和武装力量、各政党和各社会团体、各企事业组织都必须遵守宪法和法律；一切违反宪法和法律的行为，必须予以追究。任何组织或者个人都不得有超越宪法和法律的特权。依此，人大监督的对象可归纳为：（1）监督本级政府、法院和检察院；（2）监督所有由各级人大及其常委会选举和决定任命的国家机关工作人员；（3）监督下一级国家权力机关；（4）其他方面的监督对象，主要包括人大对武装力量、政党、社团、企事业组织等遵守宪法和法律的监督。

人大监督的内容，主要有三个方面：

1. 立法监督

全国人大常委会有权撤销国务院和省级人大制定的同宪法、法律相抵触的法规、决定和命令；县以上的地方人大常委会有权撤销本级人民政府不适当的决定和命令；上级人大常委会有权撤销下一级人大及其常委会制定的不适当的规范性文件；县以上的各级人大有权改变或撤销它的常委会的不适当决定；全国人大常委会有权纠正、撤销最高司法机关和最高行政机关在具体适用法律过程中所作的不符合立法原意的司法解释和行政解释。

2. 执法监督

主要指各级人大检查、督促行政机关对宪法和法律的遵守；检查审判机关、检察机关在办案过程中是否有失职、越权、不作为和明显违法的行为，同时对办案中的诉讼、审判程序是否符合法律规定予以督促；督促纠正违法的执法行为和违法的诉讼判决，促进勤政廉政和司法公正。

3. 工作监督

它具体包括各级人大对"一府两院"年度工作报告的审议；

人大常委会对有关部门工作汇报的审议；各级人大审查批准本行政区域内国民经济和社会发展计划的制定、执行和变更的情况；人大及其常委会审查和批准当年国家财政预算安排和上年度财政决算情况；人大及其常委会对人大代表议案、意见、建议办理情况开展的督促；各级人大对人民法院、人民检察院的司法工作开展的检查督促；各级人大及其常委会对若干国家机关组成人员选举、任免、撤职等方面的监督；全国人大及其常委会对重大事务和外交事务的审查监督。

（二）人大监督的方式

1. 听取和审议报告

听取和审议国务院、最高人民法院、最高人民检察院的重大工作报告，以便发现行政、司法机关是否有违法行为，并尽量防止和纠正之。在实践中，这一方式还衍生出执法检查和代表视察、工作评议和执法评议，以及对工作报告的某些内容的批评、指责和否决。

2. 质询

按《全国人大代表大会组织法》（1982）和《全国人民代表大会议事规则》（1989）中的相关规定，在全国人大开会期间，一个代表团或 30 名以上委员联名，可以对国务院及其各部（委）提出质询案；在全国人大常委会开会期间，常委会组成人员 10 名以上委员联名可向常委会书面提出对国务院及其各部（委）、最高人民法院和最高人民检察院的质询案。在全国人大审议议案的时候，代表们提出的询问，由有关机关在代表小组或代表团会议上进行说明；在主席团或专门委员会议上答复的，提质询案的代表团团长、代表或常委会组成人员，可以列席会议，发表意见；在专门委员会会议或者代表团会议上答复的，有关专门委员会或者代表团应当将答复质询案的情况向主席团报告。主席团认为必要时，可以将答复质询案的情况报告印发给全体会议代表。在全国人大会议期间，提质询案的代表或代表团对答复不满意时，可以提出要求，经主席团决定，由受询的机关再作答复。相应地，地方各级人大组织法和代表法对地方人大及其常委会提出质询案的程序和方法也有类似全国人大上述措施的规定。实践中，有待健全的是：书面质询的提交期限；被质询方的答复和辩解；质询案可能引发的后果的处置机制（含表决、调查、制裁和申诉等）；与质询案相联系的询问及其答复的时限、内容和程序。

3．调查

全国人大议事规则中第四十六——四十八条规定，主席团、3 个以上的代表团或者十分之一以上的代表联名，可以提议组织关于特定问题的调查委员会，由主席团提请大会全体会议决定。全国人大常委会认为必要时，也可以组织调查委员会。调查委员会由主任委员、副主任委员若干人和委员若干人组成，由主席团在代表中提名，提请大会全体会议通过。调查委员会可以聘请专家参加调查工作。在调查过程中，一切有关的国家机关、社会团体和公民都有义务向调查委员会如实提供必要的材料；提供材料的公民要求调查委员会对材料来源保密的，调查委员会应当予以保密；调查委员会可以不公布调查的情况和材料，但在调查结束后，应当向全国人大提出调查报告，闭会期间则呈交全国人大常委会。全国人大常委会可以根据调查报告做出相应的决议，决议报全国人大下次会议备案。不足的是，全国人大对重大问题的调查，尚未规定调查听证制度。

4．罢免、撤职与撤销

（1）人大在会议期间，经主席团、3 个以上的代表团或者十分之一以上的代表签署，可以提出对中央国家机关领导人（含全国人大常委会的组成人员、国家主席和副主席、国务院的组成人员、中央军委的组成人员、最高人民法院院长和最高人民检察院检察长）的罢免案。罢免案可以由主席团提请代表团审议后由大会全体会议决定；或者由主席团提议，经大会全体会议决定组织调查委员会，由下次会议根据调查委员会的报告审议决定。大会就罢免案交付表决前，被提出罢免人员有权在主席团会议或者全体会议上提出申辩意见，或者书面提出申辩意见。（2）全国人大及其常委会在听取执行机关工作报告和视察工作的基础上，对执行机关及其工作人员的能力、作风和工作效率、政绩进行审议和评价。在评议过程中，对于有重大违法和失误的监督对象，人大及其常委会可按法定程序撤销其职务。（3）全国人大有权改变或者撤销全国人大常委会不适当的决定；全国人大常委会可撤销国务院制定的同宪法、法律相抵触的行政法规、决定和命令，撤销省一级权力机关制定的同宪法、法律和行政法规相抵触的地方性法规和决议。县级以上的地方各级人大有权改变或撤销本级人大常委会不适当的决定；县级以上的地方人大常委会可撤销本级政府不适当的决定、命令和撤销下一级人大不适当的决议。实践中，对违反法律的规范性文件，并非当即采取撤销的措施，而是通告有关机关，让其自行修改。只有在有关制定机关不主动采取措施修改自己的规范性文件的时候，全国人大常委会才予以改变或撤销违宪、违法的规范性文件。

第三节　行政监督

行政监督主要是指政府从勤政廉政的愿望出发，为确保行政理念的贯彻和行政目标的实现，依据法定的权限、程序和方式，对行政决策及其实施的合法性、合理性、公正性所开展的检查、督促和约束。基于此，政府部门为了依法履行职能和提高效能，必须沿自身内部层级职能和隶属关系自上而下展开层级监控、政纪监察、审计问责、人事考核与惩戒等，从而形成自律式的监督约束机制，较好地体现出政府内部的通报性监控、指导性监控和纠举性监控。

一 西方国家行政监督

（一）层级监控

层级监控是基于上级政府对下级政府、上级部门对下级部门，以及各级政府对其职能部门的领导与从属关系而产生的组织内部的监督管理。各级政府，都可以在一定条件下或一定环境中因隶属关系或业务关系而成为层级监控的主体，层级监控的手段也是具有多样性的，如工作报告、专案调查、审查和备案、惩戒、批准、改变或撤销，等等。

中央对地方的监控是西方国家政府层级监控的重点所在。由于事权划分的范围、程度上的差异，比较而言，中央对地方的监控，在单一制国家结构中严些，在联邦制国家结构中松些，但一般都包括财政监控、人事监控、立法监控、指令或委任事务的监控等内容。

行政执法监督管理，是基于政府经济职能沿层级开展监控的重要事项。这些监管比较复杂，主要包括财政监督、审计监督、税务监督、金融监督、统计监督、价格监督、工商行政管理监督、公共卫生监督、环境保护监督等。这些监督既带有行政管理的公共性、自然性，又具有维护国家利益的社会性和服务性。

上级官员对部下或下级官员的监控，也是层级监控中的不容忽视的部分。监控官僚的力量来自多方面，但最直接的是上司。在制度和习惯上，上司有权否决下属官员的意见和支配下属官员的行政行为。但是，实践中这种否决和支配并不是很经常和很奏效的。有研究表明，政府首脑对下属官员的监控，一般体现在努力说服上，绝少采取撤职和调职的极端手段。当然，政府中的上级官员也可能通过下列途径达到监控的目的或让下属官员的行为符合自己的意图：改变机构和人员的编制预算；改组和精简机构；在各行政机关之间重新分配资金和改变权力行使的路线。人们常常批评上级官员对下级官员的监督，认为这种对直接参与自己负责监管的活动的公务员所行使的监督，让监督主体既是评判者又是参与者，难免从部门的利益、工作形象或个人面子等方面出发，"官官相护"而"大事化小，小事化了"或"只报喜不报忧"，既谈不上监督的有效性和客观性，也无法迫使该行政机构自我反省。但官员们也有自己的理由，他们认为在执行过程中，往往会遇到应当自由裁量和随机应变的情形，此时"宁要不合法的行为，不要姗姗来迟的正确决定"。

（二）政纪监察

政纪监察主要是在政府内部设置专门的检查监督机构，监视并调查各级政府及其公务员以及其他公职人员在执行国家政策、法律法规、国民经济和社会发展计划的过程中是否存在或可能发生违法违纪的行为，以确保行政管理的廉洁、公正和效能。日本的政纪监察比较典型。日本在行政改革中，形成了结合社会、专家和专门机构开展的、以检查和克服行政管理中不善环节来提高效能的监察体制，包括中央监察、地方监察和特种监察等。有些国家的政府部门首长之下相应地设有监察部门，一是开展综合监察，即对行政执行的全面情况进行监督；二是开展部门监察，即对某一方面工作进行监督；三是开展纲纪监督，即对公务员是否尽职尽责的情况进行监督。

实践中，政纪监察机构和人员在工作中，要真正从行政组织体系内部开展综合性的专门性的监督、检查和惩处，并非易事。一方面要了解和熟悉监察对象的行政业务及方法与程序，这就要求监督主体素质好、地位高、职权大，政务公开；另一方面，监察效能的发挥必须得到政府机关的大力支持和密切合作，这就要求行政监察既保持一定的独立性，又隶属于行政机关。鉴于这些方面的一些相悖之处，许多国家考虑到行政监察与再监察的困难，没有把行政监察机构专门化和权威化。

二　中国行政监督

（一）监察对象、范围和任务

根根中国现行的《行政监察法》的有关规定，监察机关是人民政府行使监察职能的专门机构，负责对国家行政机关及其工作人员和国家行政机关任命的其他人员执行国家法律、法规、政策和决定、命令的情况以及违法违纪行为进行监察。监察机关对本级人民政府和上级监察机关负责并报告工作，监察业务受上级监察机关领导。监察机关依照国家法律、法规和政策独立行使职权，不受其他行政机关、社会团体和个人的干涉；在工作中实行行政监察与群众监督相结合，监督检查与改进工作相结合，惩处与教育相结合的原则，重证据和调查研究，在适用政纪上一律平等。监察层级上采取"下管一级"和"平级监察"的原则，但上级监察机关可以办理下级监察机关管辖范围内的监察事项。两个以上监察机关都有权管辖时，由有管辖权的监察机关协商确定管辖，或者由它们共同的上一级监察机关指定管辖。

具体到国家监察部，其任务和职权有十一项之多。其中，主要是按照分级管理原则，监督检查国务院各部门及其工作人员、省级人民政府及其主要领导人、中央直属企事业单位中由国家行政机关任命的领导干部执行国家政策、法律法规及国务院颁发的决议和命令的执行情况；调查处理上述监察对象违反国家政策、法律法规以及违反政纪的行为，并根据所犯错误的情节轻重，可处以撤职以下行政处分（涉及选举产生的领导干部按照规定的程序办理）。同时，受理个人和组织对监察对象违反国家政策和法律法规以及违纪行为的检举控告；受理监察对象不服政纪处分的申诉；支持监察对象行使正当权利，保护他们的合法权益。此外，还有宣传教育和调查研究等任务。

（二）监察方式

1. 列席会议

监察机关根据监察活动需要，可以列席本级人民政府的常务会议，列席被监察机关有关的会议，召集与监察事项有关的部门或领导参加的会议。

2. 资料搜集

经县以上行政监察机关决定和批准，可以对那些与监察事项有关的文件、资料进行查阅和复制。对那些可以证明违法违纪行为的文件、资料、物品和非法所得，采用强制和非强制手段扣留或封存。

3. 责令"双规"

在查处案件等活动中，视情况自行决定或责令有关人员在规定时间里，到规定的地点，就监察事项涉及的问题作出解释和说明。

4. 建议与处置

（1）在监察活动中，对监察对象正在实施的可能损害国家利益和公民合法权益的行为，可自行责令其停止，但事后需报告本级政府。（2）监察活动中对那些贪污、受贿等严重违法违纪的监察对象，为了查清案情，经过批准并按照规定的程序，要求有关银行提供其存款数额及其他情况。行政监察机关认为涉嫌违法违纪的对象有可能在账本上做手脚，或可能将存款转移出去，经过法定的程序，可以通知银行暂停支付，待案件查清后再作处理。（3）在行使检查权和调查权过程中，对有严重违法违纪嫌疑的监察对象，按照干部管理权限，建议或要求被监察人员所在的机关暂停其公务活动或职务。（4）经过立案调查，对监察对象严重违反国家法律、法规、政策和国家计划的，造成重大损失或取得非法收入的，在给予行政处分的同时，可按有关规定直接没收、追缴、责令退赔。

5. 政纪处分或移交司法部门

在对违法违纪案件调查结束后，对确有违法违纪行为的监察对象，根据具体情节，依照有关法律、法规和政纪，按程序分别给相当的政纪处分；若涉嫌触犯刑法，则移交司法部门处理。

6. 发出监察通知书和建议书

遇有下列情况可以向被监察企业、事业组织或有关公共管理部门发《监察通知书》：接到人民政府或上级行政监察机关的指示；依照国家法律、法规和政策规定进行检查、调查时；人民群众举报被监察组织或部门及相关个人有违法违纪问题，需进行调查时；查办案件和进行例行检查、调查需被监察组织或部门及相关个人提供有关文字说明和各种证据时等等。遇有下列情况，可向被监察组织或部门及相关个人发出《监察建议书》：要求被监察组织或部门及相关个人停止正在或可能发生的损害国家、集体或公民权益的行为时；被监察组织或部门及相关个人已经给国家、集体或公民个人造成损失，要求其采取必要的补救措施时；要求被监察对象纠正其不正确的决定、命令时；确认监察对象有违法违纪行为，须向其上级主管机关建议给予政纪处分时；进行检查调查，确认被监察对象由于工作失误，需认真总结教训、健全制度、加强管理、限期改进时；对于遵纪守法、忠于职守、廉洁奉公、政绩突出的被监察组织或部门及相关个人，建议对其表彰、奖励时；对于控告、检举违纪违法行为的有功人员，建议对其表彰、奖励时；对于控告、检举违纪违法行为的有功人员，建议对其表彰、奖励时。

（三）监察保障措施

为了保障行政监察权的有效行使，保证行政监察的规范性和权威性，防止监察权的滥用，有关法律、法规和决定还明确规定了一系列权力制约和保障措施：

1．组织保证

中共中央和国务院决定将中共的纪律检查部门和行政监察部门合署办公，[①] 形成党纪政纪监督的合力。中共的各级领导机关、国家权力机关、行政机关、司法机关、人民团体和新闻舆论单位等，都要积极支持纪检监察部门的工作。监察机关根据需要，可以聘请专业人员参加检查和调查。在遇有暴力抗拒或其他特殊情况时，可提请公安、司法部门予以协助。在行使经济处置权时，可以要求主管部门协助强制执行，如强行划拨、强行扣缴等。所有这些，都是监察机关行使权力的组织保障。

2．法律保障

一般来说，监察机关行使职权所依据的各类法律、法规，都是法律保障，如《行政监察法》等。它们作为直接的法律依据，对监察机关行使权力有直接的保证作用。

3．职权制约

（1）上级监察机关对下级监察机关的制约。（2）请示报告制度。地方各级监察机构涉及领导干部的案件或检举控告的情况，在向本级人民政府或所在部门报告的同时，都应及时、如实报告上一级监察机关。（3）回避制度。监察人员所办案件与自己及其亲属有利害关系的，或者有其他关系，可能影响公正办案的，应当回避。（4）审批制度。监察人员在检查调查中，需要被监察机关或其工作人员停止正在或者可能损害国家利益或公民权益的行为，拘留、封存可以证明违法违纪行为的文件、资料和非法所得的，查核与其有关的银行存款，通知其开户银行暂停支付，暂停有严重违法违纪嫌疑人员的职务和活动时，必须经县级（含县级）以上行政监察机关负责人批准。（5）申诉制度。被监

---

① 鉴于中国政府公务员大多是中共党员，中国已于1993年起将中共纪律检查委员会和政府监察机构合署办公，但各自的职权和功能不变。

察者对监察决定不服的，可以向原决定机关申请复议。对复议决定仍不服的，可以向上一级行政监察机关申请复议。被监察者对监察机关提出的处理建议有异议的，行政监察机关应给予回复；如对回复仍有异议，行政监察机关还应提请本级人民政府或上一级行政监察机关决定。

第四节　司法监督

学术界对司法机关监督的主体、客体、内容和手段常有分歧。围绕司法机关依其审判、检察等权力督促、纠正公共权力（主要是行政权力）的行使来考察，我们把司法机关监督界定为司法机关依据法定的职权和程序在审判、检察等活动中对公共权力运作的合法性开展的审查和督促。法院通过行使审判权开展的监督，主要体现在行政诉讼和违宪审查中；检察机关通过行使检察权开展的监督，主要体现在公诉活动和防治职务犯罪活动中。

一　西方国家司法监督

（一）司法审查与行政诉讼

司法审查作为一种公法上的救济，英国高等法院（它由王座法庭、大法官法庭和家政法庭构成）主要是依据"越权无效"原则来开展。行政部门越权的内容据法院的解释和判例确定为三方面：违反自然公正原则；程序性越权；实质性越权。在具体审查中，英国高等法院主要是通过王座法庭颁发的四个特权令来实现：提审令；禁止令；执行令；人身保护状。[①] 此外，由于英国

---

① 参见曾繁正：《西方主要国家行政法、行政诉讼法》，红旗出版社1998年版，第441—456页。

普通法没有严格区别公法和私法，在某些情况下私法上的救济手段也可适用于公法关系。司法审查中有时就用到了私法中的确认令、阻止令等。

美国的司法审查，源自英国，但通常是指联邦普通法院（含联邦地区法院、联邦巡回上诉法院、专门法院和联邦最高法院）以及附属于准行政机构的行政法庭，通过案件的审理来审查实施中的法律是否合宪以及行政机关的行政行为是否合宪合法。其监督的目的在于限制公共权力（特别是其中的行政权力），维护公民的尊严和权利。实践中，美国的司法审查通过四种形式来实现：法定审查；非法定审查；执行诉讼中的审查；宪法权利审查。美国《联邦行政程序法》规定了司法审查的三个标准：实质性的证据标准；专横、任性、滥用自由裁量权标准；法院重新审查标准。①

当相对人认为行政机关的具体管理行为侵犯其合法权益，又不愿意或不服从调解和仲裁时，可以向有复议权的复议机关提出重新处理的申请，受理申请的复议机关应当依法审查和裁决。复议的程序简便经济，有益于补充行政系统内部层级监督的不足，减轻司法部门的负担。"官告官"和"民告官"，由政府自身的机构来仲裁，难以公平，且常有"官官相护"之嫌，甚至出现被告参与组织处理纠纷的情况，因而行政诉讼自然就成了仲裁与复议的延续、监督和救济。有的国家考虑到普通法院不便干预行政，专门设立了行政法院（如法国和德国）。

尽管在机构设置和审级上有差异，但大陆法系国家的行政诉讼有下列共同点：（1）在受理机构上，行政法院是行政诉讼的专门受理机构；（2）在受案范围上，受理公民为了主张某项权

---

① 参见王名扬著：《美国行政法》，中国法制出版社1995年版，第569—586页。

利或要求撤销某项行政行为的诉讼；（3）在诉讼程序上，有专门的成文法规定，采取审问式的书面审理，实行半秘密制和合议制，有政府专员参与，诉讼费用低廉。

（二）检察监督

西方国家的检察机关，通过其检察官行使职权所体现的监督职能大致可以概括为以下几项内容：（1）侦查权和侦查监督权。（2）公诉权（含提起公诉权和支持公诉权）。西方各国检察机关行使公诉权的情况可以分为两类：一类是国家追诉主义，即一切刑事案件不论轻重大小都由检察机关代表国家提起公诉。另一类是一部分刑事案件由检察官提起公诉。（3）刑事审判监督权和对刑事判决执行的指挥和监督权。

大陆法系国家的检察制度与英美法系国家的检察制度有区别。其一，机构设置上，大陆法系国家检察机关附属于法院系统内，或归属司法行政部门领导，检察官作为"站着的法官"负检举之责，法官作为"坐着的法官"负审讯和裁判之责。英美法系国家检察机关的检察官一般隶属于国家元首或政府首脑。英国不设司法部，检察总长和副检察总长都算内阁成员。美国的检察机关和司法行政机构一开始就没有分离。美国设立了总检察长，负责向总统和行政部门首长提供咨询，监督司法行政，指导有关国家安全的法律问题的解决，监督监狱和其他惩办机构的工作，在联邦最高法院审理重大案件时代表政府出庭参加诉讼。其二，职能上，大陆法系国家的检察机关的职能主要是对犯罪案件的侦查（或指挥领导警察机关进行侦查）与起诉，没有为政府提供法律咨询的职能。英美法系国家的检察机关职能主要是作为国家的公诉机关，同时兼任政府法律顾问。

不过，在当代社会，两大法系之间的相互吸收借鉴越来越多。例如，在吸收违宪审查的经验中，一些国家没有效仿英美模式，而是另辟新径。在这方面，法国设立了宪法委员会，奥地利设立了宪法法院，各自的权力均高于普通法院，对于涉嫌违宪的法律、命令等有审查之权。第二次世界大战后，一些国家鉴于法西斯主义对宪法和人权肆意践踏的惨痛教训，相继效仿奥地利建起了宪法法院，以至于宪法法院审查已经发展为欧洲大陆法系国家违宪审查的基本形式。不过，因其机构的组成、运作的程序、审判的权限不尽一致，又可分为两种：一种是纯司法性质的宪法法院，另一种是最高法院下辖的宪法法庭。又如，英、美等国家自20世纪50年代以来，也在借鉴行政法院的某些做法，在政府内部设准司法职能的行政裁判机构，弥补普通法院司法审查的不足，以便在行政复议和行政诉讼之间形成一种调解行政争议的捷径。不过，在执行部分行政司法权的过程中，英国行政裁判庭的裁判与美国管制机构中行政法官（又叫听证检察官）的行政裁判有所区别。前者一般只限于解决行政相对人与行政机关之间的纠纷，后者则在独立管制机构所管辖的行业或地区内的政策制定和管理方面，努力公正地扮演政府顾问、申诉人权利保护者、听证与裁判官。

反贪污贿赂在各国基本上都与检察监督密切相连。在一些国家，某些常设或特命的执法监督机构（如检察院、检察长）或咨询性对策机构（如调查局、调查委员会、廉政署），长期地开展着反贪肃贪的调查、侦察、监察和指控，以利于更有效地预防、侦破和制裁贪污贿赂行为。以检察院为主来开展反贪污贿赂的，日本比较典型。在日本，尽管大部分政府官员的贪污贿赂案依司法程序应当由警察首先发现并进行初步侦察，然后再移交检察机关。但司法实践中，日本的检察官凭借较高的法律地位和独立调查权，侦破并起诉了不少政府官员的贪污贿赂案件，有力地冲击着"金权政治"（或"权钱政治"）的怪圈。诚然，检察尚属一种事后追究的手段，如何完善防范机制，使打击和预防结合起来，形成反腐和防腐的社会氛围，有效地保证国家、企业、个人的合法权益不受侵蚀，并非司法检察独自能够胜任的。美国等国家在这些方面做了改进。另外，国际社会也力图以《联合国反腐败公约》（2003）等为框架筑起一个全球反腐败的网络。①

二　中国司法监督

（一）行政诉讼的范围和内容

从《行政诉讼法》（1990）、《行政复议法》（1999）、《行政许可法》（2003）和与行政诉讼相关的实施办法、补充规定和司法解释来看，行政诉讼主要是针对八个方面的具体行政行为：（1）对行政处罚不服的；（2）对行政强制措施不服的；（3）认为行政机关侵犯法律、法规规定的经营自主权的；（4）认为行政机关以不作为的方式违法的；（5）认为行政机关没有依法发给抚恤金、社会保险金或者最低生活保障费的；（6）认为行政机关违法要求履行义务的；（7）认为行政机关侵犯其他人身权、财产权的；（8）法律、法规规定可以提起行政诉讼或可以申请复议的其他具体行政行为。

与此同时，人民法院不受理行政相对人提起的涉及抽象行政行为的四类诉讼案：一是国防、外交等国家行为；二是行政法规、规章或者行政机关制定、发布的具有普遍约束力的决定、命令；三是行政机关对行政工作人员的奖惩、任免等决定；四是法律规定由行政机关最终裁决的具体行政行为。

此外，有关法律法规等还对行政诉讼的原则、程序、时效、原告的资格、被告的认定、起诉的条件、诉讼的检察监督等作了若干规定。

（二）检察院的法律监督和反贪肃贪

中国检察机关在法理和实践中构成了以对刑事诉讼的监督为

---

① ［美］戴维·H. 罗森布鲁姆等：《公共行政学：管理、政治和法律的途径》，中国人民大学出版社 2002 年版，第 207 页。

主、对民事诉讼和行政诉讼的监督为辅的法律个案监督态势。根据《人民检察院组织法》(1983) 第五条的规定和其他法律的规定，其具体职权和监督范围如下：(1) 法律监督和经济犯罪监督。检察机关可以通过立案侦查和提起公诉或抗诉来履行这一职能。(2) 侦查监督。其监督的主要内容是公安机关（含国家安全机关）侦查活动中各种法律手段是否完备，有无错捕、漏捕情况，公安机关在立案、拘留、搜查、预审、羁押、勘验、检查、侦查实验、扣押书证物证、鉴定、收集证据等活动中有无刑讯逼供违法违规等情况。(3) 审判监督。监督范围主要涉及法院对案件审判的法庭组成是否合法；是否遵守法定程序；是否遵守法定审理时限和送达时限；被告人和其他诉讼参与人的合法权利是否得到保护；庭审过程中的决定是否合法；庭审过程中审判人员是否依法审判等。(4) 刑罚执行监督。它指对刑事案件判决、裁定的执行和监狱、看守所、劳动教养机关的活动是否合法所实行的监督。

人民检察院实施法律监督主要是通过行使其监督职能中的调查权、抗诉权、建议权和纠正权来进行的，其具体方法主要有提起公诉、审查批捕、自行侦查和纠正违法行为等。检察院近年来改革了对侦查活动的监督方式，形成了适时介入侦查、引导侦查取证、加强侦查监督的工作机制；改革了刑事案件抗诉工作，完善了对法院审判工作的监督程序和机制。

检察机关在行使法律监督的过程中，设置了反贪污贿赂局和举报中心负责贪污贿赂犯罪的侦查和预防。就最高人民检察院反贪贿总局的职责而言，主要是：一是负责对全国贪污、贿赂、侵占或挪用公款、巨额财产来源不明、隐瞒境外存款不报等案件的侦查，以及收集信息和预防犯罪等工作；二是参与重大经济犯罪案件的侦查并指导其预审工作；三是直接立案侦查中央国家机关厅（局）级以上官员、地方政府省（部）级官员和全国性重大贪污贿赂等经济犯罪案件；四是组织协调、指挥跨省市的重大和特大经济犯罪案件的侦查工作；五是研究、分析全国贪污贿赂等经济犯罪趋势和对策；六是研究制定反贪污贿赂的检察业务工作细则、规定等。

就各级人民检察院设立的举报中心而言，它作为检察机关直接依靠民众同贪污贿赂等作斗争的组织形式，其职责是：① 受理和审查举报材料；② 初步调查和审理部分举报材料，并做好举报材料的备案、报告和移送处置工作；③ 保护并奖励举报。

另外，中国香港特别行政区廉政公署的反贪污贿赂机制，既借鉴了新加坡的反贪模式，又吸收了英国等国监察专员的有益经验，将肃贪、防贪和反贪教育融于一体，努力形成公务员"不能贪、不敢贪、不愿贪"的环境。

第五节　政党监督

政党监督是政党政治在公共权力运作中的重要表现。由于受制于不同的国体、政体、选举制度、政党制度、历史文化传统和政治经济发展状况，各国的政党监督有较大区别。西方国家的政党监督，一是表现为执政党通过议会党团和执掌行政权来对公共权力的运作予以监控；二是表现为在野党（反对党）以"影子内阁"等形式对执政党的监视和抨击。中国的政党监督基于中共领导的多党合作制度，不仅包括中共对国家权力的政治领导性监督、民主党派和人民政协的监督，而且还包括中共与民主党派的互相监督和中共党内监督。

一　西方国家政党监督

（一）选举中的相互监督

西方国家的选举，主要是议员选举和总统选举。执政党和在野党在选举中相互监督的目的，是致力于在竞选中使本党赢得选举而掌握政权。通过议会选举争取在议会中的多数席位或通过竞选总统占据总统职位，是西方政党掌握政权的标志。

无论是两党制还是多党制，执政党主要是借助执政地位来操纵选举。执政党不仅提出和推出候选人供公民在有限范围内挑选，而且利用执政的条件和优势，极力推销和宣传自己的施政纲领和政策主张，并竭力抨击在野党的竞选纲领和政策，包括竞选对象的人品、能力、"老底"等。在野党为达到上台执政目的，在选举活动中，也极力鼓吹和宣传自己的竞选纲领和政策主张，并竭力攻击执政党的施政纲领和内政外交的错误，挑剔候选人的短处和过失。在野党的批评一旦形成"气候"或"社会舆论"，在野党的"揭丑"一旦证据属实，极易使执政党的候选人或官员名誉扫地而被迫放弃竞选，甚至连带着使整个执政党败北。不过，落选者或未获胜的政党对当选者也可以选举舞弊、计票错误等理由，通过大众传播媒体和司法途径提出抗议或裁决。

(二) 国家权力运作中的相互监督

1. 监控议会立法

它指通过立法程序，控制议会，将政党的纲领和意志上升为国家的法律和政策。在西方国家的立法机构中，多数党控制和操纵立法过程，推动它所提出的法案得以通过，以实现其政纲政策；少数党或反对党则针对在朝执政党所提法案而提出赞成或否定的意见，也可提出取代性的法案，来牵制或阻碍多数党的主导作用。

在监控议会立法方面，特别要提及议会党团的作用。议会党团可以参与议长提名，可以酝酿内阁班子，可以规定某些议事规程来组织议会委员会及其他事务的协商，可以在议会中建立本党的领导机构，从而沟通本党议员的意见，监控并督促本党议员的态度和统一行动。

2. 监督政府决策及其实施

它指政党尽力去争得政府职位，并督促政府贯彻落实反映政党所代表的阶级、阶层或利益集团的法律和政策。执政党主要是利用"党政一体化"来直接渗入或参与组织和控制政府。执政党为保证本党的纲领得以实现，通常对其在政府中任职的政务类官员，具有政纲、政治倾向、重大政策的确立和选择等方面的督导力和约束力。为了凑足上台执政所必需的法定人数，有些国家还出现多党联合组阁或执政的情况，以便控制议会多数，协商确定政府的具体人选，并按各党在议会中议席的多少分配政府职位。

在野党虽然与政府有合作、协商、对话和交易，但更多的是牵制、竞争和明里暗里的拆台。如果在议会占有一定的席位，在野党或利用自己的议会党团，或利用小党相互之间的联合来开展质询表决、不信任投票、弹劾动议、诉诸媒体等手段，影响政府的举措。有的国家在野党（如英国）还组成"影子内阁"（议会执行委员会），监督政府的工作，并随时准备取而代之。这就使执政党在执政过程中既要推行本党的政策，又要照顾各方的利益，考虑各方的意见。

3. 间接影响司法权的运作

它指间接影响国家司法权力机关的机构组建、人员配置和经费预算，目的在于维护政党的权益。西方国家的司法机关虽然在形式上享有独立性，但由于其成员通过行政机关或立法机关任命，政党因此可以通过其控制的行政、立法机关来影响或控制司法机关成员的任命，以达到维护本党利益的目的。另外，还可以通过议会的预算案的审议来影响司法活动。

二　中国政党监督

中国实行共产党领导的多党合作制度，政党监督表现为执政党与参政党的相互监督。

（一）相互监督的基础

中共领导的多党合作制，是中国民主政治中执政党和参政党相互监督的制度基础。其内容和特色可以归纳为五个方面①：（1）坚持中共对各民主党派的领导，即政治原则、政治方向和重大方针政策的领导。（2）实行共产党与八大民主党派的合作共事。合作共事的形式有：政治协商；民主党派成员担任国家机关的一些领导职务。（3）各政党有共同的纲领和目标，即贯彻社会主义初级阶段的基本路线，践行"三个代表"，带领人民全面建设小康社会，把中国建设成为富强、民主、文明的社会主义国家。（4）各政党享有宪法范围内的政治自由、组织独立和法律上的平等地位。共产党必须在宪法和法律的范围内活动。各民主党派都是合法的参政党。（5）有一条明确的处理党际关系的政治方针，即"长期共存、互相监督、肝胆相照、荣辱与共"。

（二）相互监督的内容和方式

中国的八大民主党派，即中国国民党革命委员会、中国民主同盟、中国民主建国会、中国民主促进会、中国农工民主党、中国致公党、九三学社和台湾民主自治同盟，作为参政党，在参政议政中享有重要的民主监督权。民主党派的监督，主要是在参政议政、社会沟通与服务之中，就国家和地方的重要事务向国家有关部门提出建议、意见和批评，具体内容涉及：国家宪法与法律、法规的实施情况；中共中央与国家领导机关制定的重要方针政策的贯彻执行情况；国民经济和社会发展计划及财政预算执行情况；国家机关及其工作人员在履行职责、遵守法纪、为政清廉等方面的情况。

依据中国有关法律和执政党的政策文件的有关规定，中共

① 参见徐育苗：《论当代中国政党制度的主要特色》，《社会主义研究》杂志，2001 年第 3 期。

和八大民主党派主要是在人民政治协商会议内，通过三种制度性会议开展民主监督。一是民主协商会。各民主党派主要领导人和无党派的代表人士，应中共中央主要领导人邀请与会，就中共中央将要提出的大政方针问题进行协商。这种会议一般每年举行一次。二是高层座谈会。各民主党派主要领导人和无党派人士，应中共中央主要领导人邀请，参与高层次、小范围的不定期谈心会，就共同关心的问题自由交谈，沟通思想和交换意见。三是双月座谈会。各民主党派主要人士出席中共召集的通报或交流重要情况、讨论某些专题的座谈会。这种会议大致每两个月开一次。此外，各民主党派就国家大政方针和现代化建设中的重大问题，也可以组织的名义或主要领导人的名义向中共提出书面的政策性建议，或约请中共中央负责人交谈。还应提到，各民主党派的报刊，比如农工党的《前进》杂志、九三学社的《民主与科学》等，经常发表一些建议和来信，抨击某些时弊，揭露和批评若干官僚主义现象，起到了一定的舆论监督作用。而中共在多党合作制中的领导作用，从监督角度看，则体现为对各民主党派和人民团体在实行政治领导中予以政治监督、组织监督和思想监督。

三　中共党内监督

（一）党内监督的内容和方式

了解中国社会的政党监督，还必须特别关注长期执政的中共党内监督。实施中共党内监督，实质上是开发党内民主资源，实行执政党的自我制约，加强执政党的执政能力建设，保证执政党权力在中国政治体制运行中的正确行使。依据《中国共产党党内监督条例（试行）》（2003），党内监督以马列主义、毛泽东思想、邓小平理论和"三个代表"重要思想为指导，坚持解放思想、实事求是、与时俱进，坚持民主集中制和党要管党、从严治党的方针。在监督对象上，重点是党的各级领导机关和领导干部，特别是各级领导班子主要负责人。在监督内容上，包括遵纪守法，贯彻党的路线、方针、政策的情况；依法行政的情况；贯彻执行民主集中制的情况；保障党员权利的情况；维护群众利益的情况；任用干部的情况；廉洁自律的情况。在监督主体及其职责上，规定了党的各级委员会、党的各级委员会的委员、各级纪律检查委员会（党内专门监督机关）、各级纪律检查委员会委员，以及党员和党的代表大会代表在党内监督中的主体地位和监督职责。在监督制度上，包括集体领导和分工负责；重要情况通报和报告；述职述廉；民主生活会；信访处理；巡视；谈话和诫勉；舆论监督；询问和质问；罢免或撤换。

（二）党内纪律处分

中共中央在推出监督条例的同时，将1996年以来实行的纪律处分条例（试行）修订后颁布为《中国共产党纪律处分条例》。该条例在总则中，明确了党纪处分的原则、措施及其从轻与从重、减轻与加重的运用规则，明确了对违法犯罪党员的纪律处分。该条例在分则中，列举了应依据性质和情节轻重程度予以处分的10类行为。它们是：违反政治纪律的行为；违反组织、人事纪律的行为；违反廉洁自律规定的行为；贪污贿赂行为；破坏社会主义经济秩序的行为；违反财经纪律的行为；失职、渎职的行为；侵犯党员权利、公民权利的行为；严重违反社会主义道德的行为；妨害社会管理秩序的行为。

实践证明，监督条例与处分条例的配合有利于在从严治党中将民主、监督、教育、惩戒有机结合，把培养和增强广大党员干部正确的权力观、地位观、利益观、监督观和纪律观等有机结合，以便从执政党内部用制度规范的力量来约束公共权力，从而形成一个科学、有效的民主监督体系，促进广大党员干部努力做到"立党为公、执政为民"和"权为民所用、情为民所系、利为民所谋"。

第六节　社会参与监督

民主政治氛围中的公民个人、社团组织、利益集团和社会舆论媒体等通过一定的法律程序或传统途径，采用某些明确的或隐秘的方式，诸如投票、讨论、协商、建议、批评、报道、检举、控诉、抗议、支持、反对等，直接或间接地、正式或非正式地对公共部门及其工作人员行为形成压力浪潮和被监视情境，我们称之为社会参与监督。它们直接体现着社会组织和公民参政议政的责任、能力和态势，富有民主的气息，显示着人民主权的威慑。公民政治参与中的议政和维权活动常常同社团监督融为一体，借助于政党监督和舆论的力量形成一定的监督声势与压力。

一　西方国家社会参与监督

（一）西方国家公民监督

公民监督，主要指公民依据和仰仗宪法规定的公民权利和政治参与中的知情权而开展的罢免代表、投票选举、公决、批评、建议、申诉、控告、举报、要求救济和补偿等活动；也包括公民以纳税人、福利领受人或单纯守法者的身份对正在实施的政策和法律的反应。一方面作为政治参与，它与政治家、公务员、社会活动家、院外活动家作为职业所进行的各种监督或监管相匹配，从公民的角度起到监视、督促政府及其公务员行为的作用；另一方面，它又是作为一种权益的自我保护，在维护公民自身合法权益的同时，在国家和社会之间稳妥地矫正政府行为与公民的意愿和选择之间的矛盾，既约束了政府行为，又让公民在参与中受到了教育。

公民监督喜用的方式主要是投票。通过周期性选举，选民能够运用投票向在职官员施加相当大的压力。在使用这一方式的过程中，公民投入的时间和精力除了受政治体制、法律规范的约束外，也与公民的热情、公民的评议能力、公民实际的知情程度，以及公民对其投入选举的时间、精力所作的收益预测有关。值得注意的是，公民社会中的"政治冷漠症"极为严重。有媒体报道，世界各地的选民都在逐渐消失。其中，美、英两国的选民投票率下降严重；澳大利亚和比利时等国已经将投票变成了强制性的义务。

很多国家的公民们在参与监督中还喜欢面对一些特殊问题，主动地开展个人性的直接的政治接触。公民主动的接触分两类：一类旨在影响一个广泛的社会问题，如公民就某个一般性问题向政府官员抱怨；另一类旨在从政府那里获得解决某种属于个人问题的特殊的好处。年轻的公民有时也喜欢通信、上网或电话交谈。为避免接触中的负效应，一些国家的政府做了大量的改革与创新工作，明确各个部门的管理服务职能，以求力戒官僚作风，甚至在强调政务公开的同时要求公务员注意管理接触的人情化和管理服务的高效化。此外，人们还注意到不少国家的公民监督中存在一些消极和非法的形式，如不合作等。有时，因公共权力忽略社会弱势群体的利益诉求，从而引发出示威、罢工等抗议活动。

（二）利益集团监督

从美、日、英、法、德等国的利益集团活动看，无论是寻求经济利益、社会权益、对外政策取向，还是追逐其他目的的利益团体，它们对公共权力的监督主要表现在四个方面：

1. 干预立法

在立法讨论和表决时，许多团体得到消息后就让代表前往国会（议会），他们通过收买、利诱、威胁、提供证词和情报等方式对议员施加影响，以便推动通过有利于某个组织的议案或阻挠通过不利于某个组织的议案。利益集团平时还通过社会交际（招待会、演讲会、酒会等）、政治捐款（竞选赞助）、赠礼、提供情报甚至贿赂或用色情诱惑等手段直接从事"院外活动"来影响立法。

　　值得注意的是，美国政府的某些机构或州和地方政府也常常作为一个准利益集团而进行活动。许多的州和县、市，为得到联邦政府的财政补助和有利于本地区的政策，在华盛顿设有办事处，雇有专职游说人员。政府各机构为了自身的预算和立法也向国会进行院外活动。此外，为了影响美国政府的外交政策，外国政府也通过雇佣美国的法律公司、公共关系公司及个人来进行院外游说。有研究认为，游说者的角色可以分为三类："联络人"、"信息人"和"监督人"。联络人的任务是与立法者建立良好的关系，使得立法者能够基于这种个人关系为该利益集团的问题说话。信息人的任务是向立法听证会作支持自己集团议题的见证，在大众中散发代表本集团利益的印刷材料。监督人的工作是紧紧跟踪立法中正在发生的事情，当时机成熟时就提醒自己的集团采取行动。这其中，最有效的是联络人对立法者个人所作的观点陈述和"研究结论"，信息人在立法听证会上的证明；无效的是游说者和立法者之间的间接交流；最差的是利益集团和立法者之间"保持渠道畅通"的那些方法。①

　　2．影响选举

　　在选举方面，利益集团通过提供竞选经费支持提名的候选人，协助选民登记，动员有关选区的选民游说（写信、打电话、传真或登门拜访）和投票，运用传播媒介形成舆论等影响选举结果，支持对其友好的候选人当选或现任议员的连任。游说成功的关键越来越依赖于竞选赞助。实践中，利益集团组织"政治

---

① ［美］迈克尔·罗斯金：《政治科学》，华夏出版社2000年版，第205页。

行动委员会"，大量接受各方面的捐赠款，然后赞助与其利益相关的、需特别关注的政党候选人、议员或政府官员。

3．影响政策

政府部门在实施法律中需配套制定大量的规章、条例和政策，做出大量的行政措施，这都直接涉及到相关利益集团的得失。于是，利益集团便想方设法开展公关活动，要么设法与自己有关的部门高级官员长期交往，要么派代表到政府有关部门任职或参加有关部门的咨询工作，以便影响政策的制定和措施的选择。在此情形下，利益集团同行政机构的关系颇有几分亲密。这样一来，某些政策和行政措施实际上是由有关利益集团、政府机构共商决定的。

4．诉讼与抗议

若某个利益集团在国会（议会）或政府机构均未达到目的，它可以以若干法治和维权的理由向法院提起诉讼。与此同时，当某个人向法院提出的诉讼所寻求的目标正好是利益集团也致力于此的，那么利益集团作为"法院的朋友"协助法庭解决问题，提供意见或介绍情况，并为当事人提供辩护。诉讼不成，则有可能采取抗议示威的手段，如静坐、集会、游行。

由于利益集团的监督体现着财富与权势的制约和交易，故利益集团的监督效能受到若干因素的影响：一是团体的财力和其他资源（如信息资源、人力资源、区域资源等）。二是关注问题或事项时的强烈程度和问题或事项的发展态势之间的相关性。三是成员支持率和智谋能力的高低，尤其是领导者的才能和活动技艺。四是团体及其成员的社会地位、工作信誉、影响力和接触官僚层的途径。五是团体的立场、主张与某一时期有关公共问题的趋向、公共政策的倾斜等的符合程度。上述因素的交互作用，使得利益集团的监督运作在目标、方式上有差异。基于此，学者们对利益集团的监督功效有的持肯定态度，有的持否定态度。肯定者认为，利益集团的好处是因其在组织、信息和交易成本上的优势能推动社会群体利益的表达和制度的变迁。否定者认为，利益集团及其政治行动委员会的影响带来不公平，导致不连贯的政策或方案选择的无止境延误，以及无力预先计划和预见危机等弊端。

（三）新闻媒体监督

新闻媒体除了包括报纸、新闻杂志、广播、电视、通讯社、新闻影片和新闻图片等媒体，还包括若干新兴的光电媒体等。西方国家的新闻媒体与其他监督主体相配合，往往仰仗新闻自由和公众知情权而造出声势，形成舆论威慑力，冲进权力圈杀声震天。政界要员的违法乱纪行为，不少是由新闻界发难，通过诘问、转播、调查报道、评论等方法披露，从而使违法乱纪者落个声名狼藉的下场，如水门事件，尼克松险遭弹劾；洛克希德丑闻；日本政界"金权政治"的权钱勾结和"重血缘盛刮世袭风，互联姻密织关系网"的裙带现象大曝光。正因为如此，西方学者称新闻媒体监督为"第四权力"。

但是，西方新闻媒体监督在某些方面也表现出自身的局限性和消极性。在美国和日本，许多新闻媒体作为经济实体，其主要精力均致力于如何提高收视率或销售量上，尤其是媒介权力的滥用，更是令人感到新闻媒体与政府一样有"为恶的可能性"。中国台湾学者李瞻把西方国家新闻媒体监督的局限性和消极性归纳为常为自己的目的而运用权力，以自己的意见压制反对意见；过分注意浅薄的和刺激的描述，危害公共道德，无理侵害他人的私生活和秘密；已被工商阶级控制，使"思想观念与意见的自由市场"遭受威胁，抗拒社会变革，有时广告商控制编辑意图。①新闻媒体也有自身的无奈，因为在媒体系统高度商业化的环境

---

①　转引自顾理平：《新闻法学》，中国广播电视出版社1999年版，第47页。

中，非营利和公共资助的媒体极少。从经济角度看，广告商的需要以及观众（听众）的收视率（阅读率）在很大程度上决定着媒体的生存。① 但是，美、日等国新闻媒体监督运作中监督主体积极寻求政府部门和要员配合，新闻媒体仰仗的新闻自由权和公众知情权，社会和政府对新闻媒体监督乃至对新闻媒体信息传播中"非实际恶意"② 的宽容，以及新闻记者在深层次报道中对官员腐败行径揭露时表现的尽职精神和社会正义感，颇有启示。

二　中国社会参与监督

（一）中国公民监督

在中国，现行宪法第二十七条、第四十一条规定公民有批评权、建议权、申诉权、控告权和检举权。与此相适应，行政复议法、行政诉讼法等法律还规定公民有广泛的知情权。基于这些规定，中国公民的监督权大体上分为两类：一类是具有法律形式和法律效力的正式的直接监督，主要指公民作为选民享有的对所选的人民代表的监督权和罢免权。另一类是通过一定的中介（如专门机构）来实现的间接监督，主要指公民享有的批评建议权、申诉权、控告权和检举权。在间接监督中，中介机构所起的作用至关重要，直接地表现为激励或压抑公民的监督积极性。中介机构，包括人大代表、政协委员、各种群众团体、基层自治组织、国家司法部门、纪检监察机构、各类举报中心、各类信访机构和各种传播媒介，甚至还包括企业内部的职代会。这些机构，可以避免公众监督的无序性，防止谣言和偏见的流行，提高其信息传

---

① ［美］彼得·菲利普斯：《美国禁发新闻》，光明日报出版社 2000 年版，第137—139 页。

② 在美国，这一理念表示为：官员的公务行为遭诽谤，他不得由此而寻求和获得受损救济与补偿，除非他能够充分证明言论者存在实际恶意，即言论者明知陈述错误或者毫不顾及陈述可能存在的谬误。

递的权威性和速度。

有研究表明,过去中国公民政治参与的热情和程度并不高,表现为空谈多、行动少,且在较少的行动中又偏好向领导人或有关组织部门反映。[①] 也许正因为此,在中国有序的政治参与中,除了民主选举中的直选外,信访是公民参与监督时最喜欢运用的主动接触方式。比信访更强烈和隐秘的是举报(主要是匿名举报)。为了切实保障举报人的合法权益,举报中的误会或不确切都是允许的,严禁泄露举报人秘密和打击报复举报人,对那些通过举报使国家挽回或避免重大损失的有功人员还给予奖励。与信访和举报相对应的,是较为平和的、公开的批评和建议。中国公民通过各种途径和方式向国家机关反映情况,对国家机关及其工作人员的工作提出批评、建议和意见,是对国家机关及其工作人员实行民主监督的重要方面。但由于监督信息的封闭或滞后,加上公共管理中存在的官僚主义意识和作风,以及中国社会中"爱面子"的风气,故公民的批评和建议的警示不强。近年来,随着行政诉讼法、行政复议法、国家赔偿法的颁布和实施,申诉和控告的方式成为公民依法捍卫自身权益的越来越重要的监督方式,"民告官"胜诉率在近些年来的不断提高即为明证。

(二)中国社团监督

群众性、行业性、公益事业性等各级各类的社团组织在一定程度上,代表各行各业的特殊利益、要求和愿望,积极参与民主管理活动,成为中国党政部门联系各行业和各界别的桥梁,起到了集中反映利益要求的作用。许多行业协会承担了部分公共管理功能,协助政府部门开展行业监管,依托各自广泛、直接的群众基础和专业优势,沟通信息,为政府部门的管理献计献策。一些

---

① 参见张明澍:《中国政治人》,中国社会科学出版社 1994 年版,第 67、89 页。

社团还从其代表的群体利益要求出发，通过多种有效途径协助并推动党政管理部门改进工作，提高效率，克服官僚主义和反腐倡廉。实践中，有些社团对不公平、不公正的管理行为和侵权行为予以揭露谴责，并依照一定的程序要求有关部门纠正、查处或补救；有些社团举荐本社团代表进入行政部门或通过给行政部门咨询等方式来直接参与管理；有些社团充分利用舆论宣传来扩大影响，博取全社会的支持，从而在公共治理过程中维护社会公共的利益；有些社团通过本团体代表人物参加各级人大或政协，就国家的重大方针、政策和重大决策事项等提出提案，表达意见和要求。

借鉴国际经验和结合国内实践来观察和讨论中国的公民监督和社团监督，有必要了解中国城乡社区中群众自治组织的监督。居委会和村委会是社区中重要的两种民主自治组织。在群众自治活动中，特别是在协助基层行政管理时，对于那些违背党纪国法的行政命令和反摊派、达标事项，对于那些违反社会治安、公共卫生管理的行为，对于那些败坏社会风气的行为，对于那些破坏生态环境的行为，对于现形于基层的官僚主义现象，居委会、村委会大多能采用各种合法形式开展批评、抨击、揭露和教育工作，并能向有关主管部门反映。但是，因为政府管理的全面性，因为街道办事处、居委会、专业性社会工作机构（社团等）的角色和职责尚未完全清晰和分离，因为单位体制的存在，因为乡村和街道中党组织领导作用，故居委会、村委会自治方面民主管理和民主监督功能的发挥，尚待在处理好党的领导、基层政府的指导、单位管理、集体经济组织等与群众自治关系的同时加以改进。

了解中国的群众自治组织监督，还必须观察中国的单位体制。尽管有了若干企业和事业单位的改革，有了若干干部人事制度改革，但在中国的城市社区，资源、权力和利益的单位化以及这些要素以单位组织为基点的若干分化，使得单位不仅是国家资源分配、组织和控制社会的组织手段，而且成为区分不同人群的重要工具。基于此，不理解单位的组织特性以及由此所决定的单位行为倾向的正面效应和负面影响，就难以理解中国基层治理的实际运作，也就不易客观地评估中国公民和社团监督的生存环境、价值取向、行为模式和实际功效。

（三）中国新闻舆论监督

中国的新闻媒体，作为党和人民的"喉舌"①，在对党和国家一定时期内的方针、政策的落实情况进行客观报道的同时，根据新闻舆论自身特点开展情况反映、批评建议、过失披露等，是鼓励民众有序参与民主管理和推进依法治国的重要手段。改革开放以来，我国新闻媒体监督有了长足的进步。如在立法方面，新闻媒体组织民众讨论，集中散见于民众中的意见、建议和要求；在执法方面，新闻媒体报道公正执法的先进典型，披露执法失当与不严的偏颇，揭露和抨击执法犯法的恶劣行径；在司法方面，新闻媒体在诸多是非与冲突中披露司法不公、司法腐败等问题，呼唤社会正义。此外，新闻媒体借助于对某一社会现象或问题（如不正之风、贪污腐败、不正当竞争、丧失公共伦理的冷漠或丑恶现象等）的报道和议论来敲响警钟，提醒、呼吁和促使政府去防范和纠正，警示执政者从善和避险，如此等等。

中国新闻舆论监督不受财团等的制约，没有西方国家新闻监督的放纵或交易情形，但也存在不敢监、不能监、不会监等虚监、弱监、空监的现象。某些新闻媒体及其从业者，在监督政府

---

①　"喉舌"一词，源于古代官僚中的"纳言"，指起上下之间信息沟通作用者或职位。马克思在19世纪40年代论及新闻出版自由时指出：报刊"按其使命来说，是社会的捍卫者，是针对当权者的孜孜不倦的揭露者，是无处不在的耳目，是热情维护自己自由的人民精神的千呼万唤的喉舌"。（《马克思恩格斯全集》第6卷，人民出版社1965年版，第275页。）

方面甚至因种种原因而顾虑重重或谨小慎微，未能体现社会主义民主对新闻舆论的要求。

为了有效地发挥新闻舆论以社会民主权利制约公共权力的作用，并在此过程中减少其局限性，一个必要的条件就是加强新闻调控，即对新闻舆论传播施加必要的社会影响、调节和约束，以便促进新闻媒体与社会之间的良性互动，保障舆论监督的健康发展。如果说新闻自由是新闻舆论监督的前提，那么必要且有效的新闻调控成为新闻舆论监督正常运作的保障。新闻调控途径，主要有政府调控、法律调控、政党或集团调控、行业自律等。

第七节　中外监督制度比较分析

一　中西监督制度的主要差异

由于政治、经济、文化诸方面的国情差异，中西监督制度的理论基础、结构体系和运作机制等存在着较大的差异。

第一，从理论基础看，近现代西方国家监督制度的理论，源于启蒙运动中"天赋人权"、"社会高于国家"和"权力恶"的理念所引发出的权力制约与监督的理论。其中，"主权在民论"、"有限政府论"奠定了议会监督和社会参与监督的基础；"分权制衡论"既是一种对政治权力如何进行制约的构想，又为各种监督方式的拓展提供了前提和依据，因而成为西方国家监督制度运作中的框架结构和核心理念；"法治论"注重公共权力行使的法定范围、法定程序和滥权的补救，注重公民权益的保障，呼吁依法办事、行政公开和司法公正，为西方国家宪政监督和司法审查的原则、标准和内容等奠定了基础；自由主义的监督观，看重思想言论的自由、经济的自由和对政府权力的限制，主张选举改革、议会改革、行政责任制和社会公正，对于西方国家议会监

督、公务员监察、司法审查和舆论监督从古典理性思辨的形态向
现代制度建设的形态转变，产生了广泛的影响。

当代中国的监督制度，是在马列主义、毛泽东思想和邓小平
理论的指导下，参照中外监督制度的经验，根据中国特色社会主
义建设的客观需要，在实践中逐步建立和发展起来的。其中，马
克思恩格斯对巴黎公社中"议行合一"、"公开性"和"普选
制"的经验总结，在指导工人阶级运动和政党建设中对党内民
主监督、党派之间的合作与监督、新闻舆论监督的意义和措施的
阐述，列宁倡导的民众监督、党内监督、司法监督和报刊监督，
以及毛泽东和邓小平大力倡导和践行的民主集中制、多党合作
制、严格的党内监督、行政监察、检察监督等，有力地指导和推
进了中国社会主义民主政治发展中监督制度的建立和健全。

第二，从监督制度运作中的结构体系看，西方国家从分权与
制衡的政治体制构架出发，注重对公共权力的授受、运作、功效
诸方面实施全方位的控制、评估、警示和纠补，故关注国家权力
运作的内部分权和外部约束，以至于议会监督政府，议会监督法
院，法院监督政府，政府也在一定程度上监督议会和法院，法院
也在一定程度上监督议会。不仅如此，西方国家还特别重视从民
主的基础上设置监督机制，如执政党与在野党的相互监督，政治
参与中的选举投票和利益诉求，司法监督中的行政法院（法庭）
和违宪审查，大众传播媒介的新闻自由和知情权与报道权等。这
样一来，公共权力的运作框架中，内有权力的分解制约，外有威
慑力强的民主监督和法律监督，从而形成一种以决策和执行环节
对权力予以监督时减少空监、虚监和弱监情形的机制。

当代中国的监督制度结构体系中，有人大监督、政府内部监
督、执政党监督、民主党派监督、法院监督、检察院监督、公民
监督、社团监督和新闻舆论监督。主要是从议行合一的民主原则
出发，重视执政党的政治领导性监督和各级人大对"一府两院"

的监督。其中，为了加强中共的执政能力建设，在开发国家层面的民主资源、社会基层的民主资源和党内民主资源的基础上，加大了人大工作监督和法制监督的力度，整合了党纪检查和行政监察，推进了检察监督，拓展了社会参与中的公民维权监督和重视了新闻舆论监督。但总体上讲，监督的重点还是致力于权力运作内部的监控和纠偏，注重的是权力结构体系中的自律机制。

第三，从政党监督制度看，西方国家的政党监督围绕着执掌政府权力，执政党与在野党（反对党）的相互监督极为强烈。举凡政界要职的选举、政府的组阁、内外政策的出台、法律法案的通过或废改，乃至整个国家权力系统的运作，无不是执政党与在野党相互较量（合作、妥协与监督）的结果。只是由于执政理念、角逐方式的差异，致使执政党与在野党对公共权力运作实施监督的内容和方式常有变异。执政党希望利用"党政一体化"，通过议会党团控制议会多数，通过任命制控制政府机构和司法机构，希望压抑在野党称雄或尽量只让其做摆设的"花瓶"。在野党希望通过自己的议会党团来统一行动，或成立"影子内阁"，在议案的审议和政策的批评建议中，一方面与执政党有协商、对话和交易，另一方面更多的是对执政党予以牵制、竞争和明里暗里的拆台。不过在法治的框架内，西方国家的政党派别之间的差别在缩小，金钱政治又日益成为政党监督的障碍，以致政党监督似乎主要是按市场营销规则进行的竞选之争。

当代中国的政党监督，则表现为中共领导的多党合作制基础上的执政党与参政党的相互监督，以及独具特色的中共党内监督。前者主要是参政党通过政协的众多工作框架对中共的监督。后者主要是中共党内民主监督。它们将民主、监督、教育、惩戒等有机结合起来。特别是执政党的纪检组织，基本上将监督的触角伸至了国家权力机关、政府机关、司法机关和军事机关权力运作的各个重要方面，有效地体现了中共政治领导性监督作用。

第四，从行政监督制度看，西方国家主要是注重在分权基础上的层级监控，包括财政、人事安排、委任事务、行政执法等方面的监控和监管。政纪监察则主要是在公务员系统管理中开展，并将政纪监察和从政道德约束结合起来。这样一来，政府权力运作的内部自律机制明显地弱于外部他律机制。

中国的行政监察与政府权力运作层次和幅度相适应，监察系统有着法定的组织机构、职责权限、监察方式和保障措施。在实际运作中，行政监察还与纪检、检察、复议、诉讼等匹配，以便促进勤政廉政和反对权力腐败。这样一来，政府权力运作中的内部自律机制明显的强于外部他律机制。

第五，从司法监督制度看，西方国家基于公民权益保障发展、维护国家权力制约关系所必需，建立了较为完整的审判体系和司法监督体系，注重了司法独立，以保证法律的公正、公平和时效。为此，不仅有公开审判、律师辩护、司法机关的自我监控、法官的职务保障，有当事人的上诉，有司法审查和违宪审查，有国家赔偿和救济，有的国家还专设有行政法院、宪法法院和督察专员，以及对司法监督的再监督机制。

中国的司法监督在行政诉讼、检察监督、反贪肃贪等方面，借鉴了外国司法监督中若干成功的经验，致力于依法保障司法独立和司法公正，从而使"民告官"活跃、检察监督严厉。但是，应当看到，司法监督的独立性有待加强。为此，违宪审查机制宜健全，行政诉讼的审判机构宜专门化，司法监督中必备的再监督机制宜设置，司法监督中的某些行政化习气宜整肃，司法监督运作中涉及的人大监督、政党监督等关系宜明晰，司法监督中地方主义的干扰宜排除。

第六，从社会参与监督制度看，西方国家的公民监督，无论是维权还是督政，都注重积极的选举投票和政治接触，注重申诉和控告，并且将个人的行为与利益集团监督和舆论监督结合起来。西方国家的利益集团监督，一方面在利益的整合、立法和政策取向的影响上呈现其独特的风采，一方面又极尽游说之能事，充当政府管理中的"社会伙伴"，在法案、政策的制定过程中起咨询、督促作用。西方国家的新闻媒体监督，仰仗公众知情权、议政权和新闻自由中的采访权、报道权，在监督方面的作用与议会监督、司法监督、行政监督平行，称为"第四权力"，但却多处受到财团的控制。不言而喻，西方新闻媒体监督在某些方面也表现出自身的局限性和消极性。

中国的社会参与监督中，公民监督在个人维权中常喜申诉、信访和举报；社团监督则以工会、共青团、妇联等组织的参政议政督政作用明显，其他社团组织的监督功能因制度化程度低、体制方面的配套措施不够而缺乏策动力、应变力和自主性。不过，这些年来，城乡基层和社区群众自治组织中的民主监督却红红火火。新闻媒体作为党和人民的"喉舌"，在坚持党性原则、法治原则和真实性原则基础上，通过各种情况反映和批评性报道引起反响，声张正义，揭露丑恶，促进变革，成了社会舆论监督的主力军，既督促着掌权者自省、自戒和自律，又激励着广大民众自信地依法参政议政，还起着政府与民众沟通的桥梁作用。但应清醒地看到，中国新闻媒体监督制度尚不完善，其监督功能和作用尚未充分发挥，有待进一步制度化和法律化。

二　在改革中完善中国监督制度

（一）中国监督制度运作中存在的问题分析

1. 监督机构职责分工不明，缺乏协调性

近年来，监督机构在查办大案要案方面进一步增强了部门、地区之间密切配合的办案协调机制和整合力。但从目前查处一般案件的实际情况看，由于各种监督主体之间的关系还没理顺，各种监督主体又都程度不同地存在监督权限、方式、程序、范围等不够明确具体等问题，工作中往往各自为战，使监督工作难免存在"交叉带"和"空白带"。这可能造成有的问题多方插手，有的事情无人问津；有的还导致在案件受理、查办、移送、处理等工作环节中相互间的冲突和矛盾。

2. 监督主体权能不实，缺乏权威性

在行政机关外部监督体系中，首先，目前人大监督应然的权力与实然的权力有差距，监督工作依然是人大工作的薄弱环节，突出表现在监督制约的法规不完善，规范不够；机构不健全，范围不够；手段不配套，深度不够。其次，虽然我国法律规定："人民法院独立进行审判，只服从法律"，"人民检察院依照法律规定独立行使检察权"，但我国司法机关都是按行政区划设置的，它们的财政经费、人员编制等一系列问题均受制于同级政府。这不利于司法机关独立行使司法监督职能。在行政机关内部监督体系中，上级监察机关没有人、财、物的实权，无法真正对下级监察机关进行实质性的领导，而同级政府的主要领导能够直接或间接干预监察机关的工作。当地方利益与中央利益，局部利益与整体利益发生冲突时，少数地方政府领导由于受本地区利益的驱动难免为了自身的局部利益，搞起地方保护主义，干扰监察机关的工作，甚至有的为违纪违法者说情开脱责任。这种监督主体依附于监督对象的关系无法显示监督的权威性和独立性，特别是对同级政府机关领导班子及其"一把手"难以实行真正的监督。

3. 监督过程中制度缺失，缺乏保障性

近年来，我国在行政诉讼、行政复议、行政监察、行政处罚、行政许可、政府采购、国家赔偿、政务公开、党内监督等方面出台了若干法制或措施。但总体上讲，我国的监督体系方面的制度尚待进一步健全。这表现为两个方面：一是有些重要的监督法律法规未能出台，使某些重大的监督活动缺乏法律依据，无所适从；二是已有的一些监督、监管法律法规缺乏系统明确的标准、程序和供操作的方式。这样一来，就容易导致监督的程序不严，监督的规范不一，监督的渠道不畅，监督的信息不充分，监督的环境缺乏开放性和透明度，偏重事后惩处和纠偏、忽视事前事中的教育和防范，从而妨碍了监督的权威性、规范性和科学性。

4. 监督者和被监督者，缺乏自觉性

就监督者而言，可能因民主、法治观念不强而不能有效行使监督权能。例如思想政治觉悟不高，不注意讲正气，不注意坚持原则，或因怕得罪人不敢实施过硬的监督。又如，疏于学习政策法规，依法监督水平低，业务不扎实，责任心不强，对新形势下监督工作的新情况新问题缺乏积极思索与钻研精神，致使工作缺乏预见性和针对性。就监督对象而言，可能因思想认识不到位，缺乏自觉接受监督的意识。例如，有的领导干部认为监督是对他人的，而将自己置身于监督对象之外，甚至对监督有反感和厌恶情绪，把来自各方面的正常监督看作是对自己的"束缚"或"不信任"；有的领导干部将权力高度集中于个人手中，重大事项暗箱操作，导致广大干部和群众不了解情况，想监督而不能为之；有的领导干部凌驾于组织和群众之上，听不进不同意见，拒绝、压制和逃避监督，甚至对监督者抱偏见和施报复。

(二) 完善中国监督制度的思路和建议

根据中共十五大、十六大报告的精神和要求，完善中国监督制度应当以马列主义、毛泽东思想、邓小平理论和"三个代表"思想为指导，优化权力制约机制，逐步建立起结构合理、配置科学、程序严密、制约有效的权力运行机制，进而从决策和执行等环节加强对公共权力的监督，努力提高监督的民主化、科学化和法制化水平。具体来讲，可以从以下几个方面采取措施来完善我国的监督机制。

1．优化权力配置

首先，必须以转变政府职能为前提和基础。政府职能不转变，行政行为、企业行为、市场行为混淆不清，对权力的制约就无从下手。因此，政府部门有必要在科学界定职能和权限的基础上，对所行使权力的类型、方式和介入领域进行全面的清理，凡是市场、社会和企业可以自行调节和自我管理的事项和领域，政府应该从中主动退出。应当根据市场经济发展的需要和世贸组织规则的要求，继续清理现行经济和行政方面的法律、法规、规章，逐步建立适应市场经济要求并与世贸组织规则对接的法律法规体系；继续全面清理行政审批，取消不适当的审批事项，简化审批手续，促进政企分开，尽可能发挥市场配置资源的基础性作用；全面清理行政收费罚款项目，坚决取消各种不合法不合理的行政性收费、罚款和摊派；应当重视培育社会中介组织，如商会、行业协会、社会团体等组织，为政府职能转移提供组织载体。通过以上工作，体现"以人为本"的"五个统筹"的科学发展观，完善政府"经济调控、市场监管、社会管理和公共服务"的职能，切实转变政府职能发挥作用的机制和方式，关注经济、社会和人的全面、和谐发展。

其次，必须按照分工制衡的原则，对重要权力的行使进行适当的分解。特别是对行使权力的重要部位和关键环节，要有必要的分权或分工，使分解后的各项权力之间互相配合、相互牵制，防止因权力过分集中又不受制衡而产生权力腐败。如决策权、咨询权、执行权、监督权的分离，行政审批中受理权、审核权、批准权、复查权的分离等。要明确各个部门或岗位的职责权限，做到职权和责任的对等和统一。在上下层级和左右部门之间，划清权限，各司其职，各负其责。对于各种失职或越权的行为，相关部门和人员要切实担负起监督和制衡的责任。

再次，还必须处理好若干关系。从政权层面看，要特别注意处理好党与人大的关系、党政关系、"一府"与"两院"的关系，政府与社会的关系；从领导班子层面看，要处理好首长负责制和民主集中制的关系，兼顾管理决策中的效率与公平，建立结构合理、分工科学、边界明晰的权力机制，加强对领导干部特别是"一把手"的监督制约。

2. 强化人大监督

首先，应改善中共对人大的政治领导。从宪政上讲，中共对人大的领导是政治上领导，中共党委要把人大工作列入议事日程，重视人大建设，从组织、人事上保障和支持人大及其常委会的监督。中共组织做出的决策，凡是关系到国家事务的，要求全体人民共同遵守的，属人大职权范围内的，应作为建议或通过政府提交人大或人大常委会决定，再由"一府两院"去执行。而人大所制定的法律和决议，党组织要带头遵守，"所有的党组织、党员尤其是负责干部的言行，都不得同宪法、法律相抵触"①。

其次，应当有监督立法。要突出人大及其常委会对国家财政、人事和法治的监督；要完善监督手段，使质询、罢免、撤职、调查、审议和批准等方式不仅规范，而且程序具体。与此同时，也可以适当引进听证机制、信任表决机制和弹劾机制，保证人大向高官问责。所有这些，都有必要制定一部人大监督法来为人大监督职能的强化提供法律保障。人大监督法的主要内容应包括：各级人大及其常委会、各专门委员会和人大代表在公共权力监督中的法律地位和权力；人大监督中各监督主体的职责权限划分；决议、报告、调查、视察、审议、质询、选

---

① 《毛泽东、邓小平、江泽民论干部监督》，党建读物出版社2000年版，第86页。

举、批准、罢免、撤销、审计等监督手段运用时所依照的程序、针对的对象以及有关的限制；对监督对象予以监督的原则和内容；地方各级人大的监督职权、监督对象、监督内容、监督程序和手段；人大监督与其他监督方式（尤其是政党监督）的协调配合及其冲突处置；违宪审查，含对行政机关的规范性文件和行政行为进行合宪性审查和裁决，纠正和处理违宪行为诸方面的机构、程序和手段；对侦查、审判、检察等的合法性、公正性的监督以及对司法不公、冤假错案的纠正和补救；监督中的违法责任及其处理。

再次，宜提高人大代表的监督权能。在这方面，关键是采取措施健全人大代表的选举制度。学术界认为，在保持现有的县、乡两级人大代表的直接选举的组织和程序的同时，把间接选举的组织和程序纳入选举规范；要有一定比例的普通代表和选民参加选举机构；完善候选人提名制，增设竞选程序；划分单名制选区并实行地区选举与届别选举相结合；完善候选人介绍机制。

又次，须完善地方人大监督权。在中国目前的政治体制中，地方人大的监督职责明显。中国已有大部分省、市、自治区人大及其常委会先后颁布了有关监督问题的地方性法规，不同程度地明确了监督的对象、范围和基本内容。但地方人大机关的监督在监督标准、对象、内容、程序等方面也还存在某些问题。它们的解决，既需要全国人大及其常委会的指导和支持，又需要地方政治体制的变革和创新。

3．整合行政监督

首先，要加强内部监督力度。目前，宜特别重视对行政首长们的监督，为此要克服对"一把手"重使用、轻管理、疏监督的弊端，消除广泛存在的"不敢监、不好监、不能监、不想监、不会监"的心态和问题；宜加强中央对地方的监督以及执法管理中的经济监督、财政审计监督、市场监督、技术监督、环境监督和公共卫生监督等，使监督资源能够得到有效的配置，减少"地方主义"现象；宜加强金融监管体制的改革和不断完善金融立法，采取国际通用的监管策略和规则，防范和规避国内外的金融风险，保证激烈竞争中的银行业的持续发展，谋求国际金融活动的共同利益与各国金融活动利益互动。

其次，宜让行政监督机制充实起来。为此，有必要根据国情引进和移植"阳光下的行政"，注入并充分实施信息公开制、程序公开制、政府采购制、行政许可制、决策听证制、事项质询制、离任审计制、述职述廉制、财产申报制、行政救济制和国家赔偿制，让公务员有激励因素和职业伦理的约束。一些相关的配套措施也要逐渐完善，比如，公共物品的招投标制度、责任追惩和连坐制度、限收礼品制度等等，使之成为行政监督的有效补充。此外，要加强电子监督方式，降低运营成本，精简机构和人员，促进资源共享，提高监督效能。

4．改善司法监督

首先，在行政诉讼、检察监督、司法审查、反贪肃贪等方面可以吸收外国先进的、成熟的做法，例如司法审查、行政诉讼的专门化以及完善司法系统内部的监督机制（如错案责任追究制）等，以消除司法腐败，实现程序公正等司法公正的要求。

其次，要注意避免司法机构设置、运作中的地方主义干扰，防止司法机关可能出现的行政化习气，杜绝法官、检察官待人处事中的官僚姿态，处理好司法机关与人大、中共领导的关系；司法机关应实行垂直领导，并严格按照有关的法律和程序实行独立侦察、独立办案和独立审判。

再次，除了公开审判、律师辩护、司法机关的内部监控、当事人的上诉、法官的职务保障之外，还要健全立法机关对司法行为的监督，如法律监督、个案监督、任命法官等。

5．健全政党监督

政党监督既指共产党内部的自我监督，也指中国各党派的互相监督，主要是民主党派监督共产党。改革开放以来，我国的政党监督取得了明显的进步，但是，也还存在着一些薄弱环节需要进一步健全和完善。因此，要加强中共党内民主监督机制的建设，充分发挥党委会、纪检、组织等部门的监督作用，与此同时，要改革和完善党内民主选举、民主决策机制，扩大全体党员在领导干部选任、升降、调换等方面的知情权、参与权、选择权、监督权等。在当前，首要的是认真实施《党内监督条例（试行）》，进一步完善执政党与参政党的相互监督机制。

6．激励社会参与监督

公民个人和团体的政治参与水平及其监督能力事实上反映着一个国家民主治理的实现程度。人民是公权力的所有者，人民群众与执政党和国家公职人员的关系是主人与公仆的关系，是权力委托与代理的关系，这就决定了执政党和国家的公职人员行使权力时必须受到社会权利的制约，受到人民群众的监督。在我国社会主义民主政治建设中，激励社会参与监督，切实保障公民的民主监督权利有许多工作要做。比如，大力开展法律救助，防止公权力肆虐；实行政务公开和政府采购招标，避免公共项目"暗箱"操作；切实依法保护公民的举报、申诉、控告等监督权力；有序扩大群众在领导干部选任上的知情权、选择权和监督权；完善民主推荐、民意测验、民主评议和某些职位的竞选，等等。

激励社会参与监督，还必须拓展社会舆论监督。舆论监督作为一种社会监督力量，主要是为了防止、警示和呼吁纠正公权力的滥用，保障公权力的行使更加合理合法和高效，具有社会性、公开性、普遍性和代表、维护公众利益的特殊作用。但是，一些民意调查显示，我国当前舆论监督的范围和力度还不够，舆论监督在法治的维护与捍卫、在向高官问责、在从业者素质提升、在与其他监督机制的配合等方面也还有待改善。社会呼吁较多的是，要尽快抓紧新闻舆论监督方面的立法，使舆论监督走上法制化的道路。

第十章　政党制度比较

政党制度是现代国家政治制度体系中的重要部分，是民主政治的一种形式和体现。中外政党制度在性质、功能、作用、特征和运作规律等方面，存在着诸多的异同，并在政党与政权、政党与军队、政党与社团和政党与政党的关系等方面显现出来。科学地比较研究中外政党制度，对于扩大我们的政治视野，吸收人类政治文明成果，借鉴、参考国外政党制度的成功经验，以促进中国社会主义政党制度的完善与创新，推进社会主义政治文明建设的发展，将获得有益的启迪和帮助。

第一节　政党制度及其相关范畴

一　政党

政党是政党政治、政党制度的基本要素和主体。因此，研究政党政治、政党制度，必须首先回答什么是政党以及政党的由来等问题。

（一）政党的由来

古代的中国和外国都有过"党"、"派"、"朋党"、"会党"等的政治或社会组织。但作为我们要研究的近现代意义上的政党，它的出现则是 17 世纪以后的事。

世界历史表明，近现代政党最早在欧美国家出现。这同那里的资本主义经济、政治和思想文化的较早发展有关，也是资产阶级革命胜利的产物。

英国是政党的发祥地。其于 17 世纪 70 年代在议会中因对《排斥法案》持不同立场而形成的托利党和辉格党，随着工业革命的完成和适应资本主义经济迅速发展的需要，分别于 1833 年和 1839 年改称保守党和自由党。前者代表大土地占有者、金融贵族和大商人的利益，后者则是工业资产阶级利益的政治代表。它们为争取选民而突破了议会的范围，竞相在全国建立本党的选区协会等组织，形成全国性的组织机构，表明英国近代资产阶级政党已正式形成。

美国政党的最早来源，是 18 世纪 70 年代在议会中出现的联邦党和反联邦党。前者主要反映亲英的富豪和南方奴隶主的利益，后者是北部中小资产阶级利益的代表者。后来联邦党瓦解，反联邦党则先组成共和党，后称民主共和党。后者几经分裂组合，于 1828 年和 1834 年分别组成民主党和辉格党（后演变成共和党）。它们也已越出议会的范围，在社会上建立组织和争取选民，表明资产阶级政党已在美国产生。

法、德、日等国的政党形成较晚。法国 18 世纪 70—80 年代就出现政党的萌芽，但直到 19 世纪 40—50 年代出现新山岳党和秩序党时才表明政党初步形成。德国的政治派别较早出现于议会。至 19 世纪 60—80 年代成立进步党、人民党、社会民主党和中央党，表明政党已经产生。日本政党出现于 19 世纪 80 年代，主要代表是自由党和立宪改进党。20 世纪初出现若干新政党，说明政党已正式形成。

中国政党的产生比欧美国家要晚。19 世纪末出现改良性质的强学会、南学会和保国会等，以及革命性的兴中会、华兴会、光复会和科学补习所等政治团体，是政党的最早萌芽。1905 年成立的同盟会是中国最早的资产阶级革命政党。辛亥革命期间出现了国民党、共和党、统一党和民主党等党派，表明政党正式登上政治舞台。

世界政党发展历史表明，19 世纪 60—90 年代、20 世纪头40 年和第二次世界大战后出现了三次世界性的建党高潮，使政党组织由欧美向亚、非、拉地区扩展，而且，除了资产阶级政党之外，出现了工人阶级政党和其他政党。据统计，目前全世界共有 2000 多个政党，除了约 20 个国家和地区之外，各国都有政党组织。可见，政党及其活动已成了世界性的、普遍的政治现象。

（二）政党的涵义

那么，政党是何物？它有哪些主要特征？对此，学术界有着不同的认识和标准。一般而言，西方学者大多注重政党的外部特征和一般功能，忽视甚至否认政党的阶级实质。认为：政党是人们为了推进全国性的共同利益和事业而建立的社会组织；政党是公民为了谋求公职而组建的政治团体；政党就是社会成员的"民意代表"；"政党是被官方认定在选举中提出候选人，并能够通过选举，把候选人安置到公共职位上去的政治集团"等等。另外的一些人则只强调政党的阶级性，而忽视它的共同性和一般功能。显然，这些观点均有失偏颇之嫌。

运用辩证唯物论和历史唯物论的观点和方法来分析政党现象，即既要把握它的阶级实质，也要看到它的共同特征与功能，就可以认定，所谓政党，就是代表一定阶级、阶层或集团根本利益的一部分最积极分子，为了通过执掌或参与国家权力，以实现其政治理想而结合成的具有政治纲领和组织章程、组织体系的政治团体。它既是一定阶级的一部分，又是其群众进行政治、经济等斗争的组织者和指挥者。

政党一般具有这样的共同特征：一是政党一般都有特定的意识形态和政治纲领，其中有的既有长远纲领又有阶段性的行动纲领，有的只有竞选纲领或施政纲领。二是政党都争取执掌国家政权或参与对国家权力的控制，以实施其纲领和政策，影响国家和社会的发展。三是政党都有组织章程和依此产生的组织系统和组织机构，并以一定的组织原则和纪律来维系其存在、发展和从事政治活动。四是政党一般都由有经验、有权威、有影响的精英集团主持，有一批骨干力量作支撑，有稳定程度不同的党员队伍。五是政党都与特定的阶级、阶层、集团的群众相联系，代表他们的根本利益和意愿，直接或间接地为其利益的实现服务。

（三）政党的功能

政党进入政治舞台后曾受到许多人的责难，但它却发展成为全球性普遍的政治现象，这同政党所具有的特定功能有关。那么，政党的一般功能是什么？中外学者对此也有诸多的概括。综合地看，比较一致也比较全面的看法是：

其一，民众利益表达、综合与目标确定功能。既然政党是一定阶级、阶层的政治代表，自然是要反映民意，表达民众的利益、要求和愿望。尽管政党处于非法或合法状态和是否执政的地位，其所拥有的民意表达条件和效果不尽相同，但都具有表达利益的功能，否则将失去存在的价值。同时，民众的要求和愿望不仅分散甚至相互矛盾，对政府很难产生重要的影响。政党却能够对之进行综合、梳理，分清主次，并据此而确定纲领和政策目标，成为引导民众的旗帜，从而对政府产生重要的影响。可见，政党起了连接民众与政府之间的桥梁作用。

其二，力争控制或参与公共权力，并使之为相应的民众利益服务的功能。政党不仅表达、综合民意，更重要的是要解决如何把民众的利益、要求和愿望上升成为"公意"并得到实现的问题。这只有执政、参政才能做到。因此，凡政党都有力争通过执政或参政"为民"的责任问题，否则就不成其为政党了。这里，政党起了代表民众力争控制、影响公共权力的工具的作用。

其三，为国家政权机关挑选、培养和输送精英的功能。政党不仅为民众向政府提供政策主张，而且要在组织上为国家权力机关提供公职人员候选人，并使之安置到重要的职位上。由于政党不同于一般社会团体，通过组织能掌握更多、更全面的人才信息，并力争吸收精英入党和储存起来加以培养，到竞选和执政时向选民推荐，使之当选或上台任职，成为国家权力的掌握着。这就是所谓的政治录用功能。

其四，对民众的组织、教育和政治灌输功能。政治特别是民主政治，都有一个民众参与的问题。民众的参与的基础是其利益的实现，但民众往往不能全面、深刻理解自己的权利并自觉和有效地捍卫它。同时政党在获取执政权的过程中也需要民众的支持。这样，向民众灌输民主参政的意识，提高其对政党政策及其候选人的识别和选择能力，并组织他们积极参与的职责，便自然地落到政党的肩上。这也就是所谓政党的政治社会化和动员功能。

总之，政党的这些共同功能，不仅各政党都在不同程度地发挥和互相借鉴，而且也是政党制度能够存在和得到发展的重要原因。

（四）政党的类型

世界政党林林总总，千差万别。为了深入研究和把握政党的共性与个性，必须予以分类。至于如何分类，学术界至今还很难有一个共同的标准，因而也就各自划分出不同类型的政党。

概括地说，目前有这样几种主要的划分方法：一是按阶级属性把政党划为资产阶级政党、无产阶级政党、民族资产阶级政党和小资产阶级政党等类型。二是按政党对现存制度或体制所持立场，把资本主义国家政党划为维护制度类政党（如各保守政党）、改良制度类政党（如工党、社会党）和反制度类政党（如共产党）。前两者又称为体制内政党，后者称为体制外政党。在社会主义国家则只有维护制度类政党（即执政的共产党和支持它的民主政党），而没有或不允许反社会主义制度的政党存在。
三是按"主义"划为保守主义政党、自由主义政党、改良主义
政党、共产主义政党、民族主义政党、生态主义政党和法西斯主
义政党等。此外，还有按是否执政、是否合法以及活动区域等为
标准进行分类的。应该说，这些分类并非都没有道理，但有的较
为笼统，有的则未全面反映政党的本质特征。

　　笔者以为，以政党的阶级属性为主要依据，并综合考察其在
国内外实际政治生活中的立场和行为，对不同社会制度国家的政
党进行分类，比较切合实际。据此：一是资本主义国家的政党可
分为：（1）传统的资产阶级保守政党，如英国的保守党，美国
的民主党和共和党，法国的保卫共和联盟，德国的基民盟，日本
的自民党等。（2）改良性质的民主社会主义政党，如英国的工
党，法国的社会党，德国的社会民主党，日本的社会党等。（3）
共产党。（4）绿党。（5）法西斯主义政党。二是社会主义国家
的政党构成比较简单：（1）执政的共产党。（2）支持共产党的
民主政党，如中国的8个民主党派，朝鲜的社会民主党，越南的
民主党、社会党等。三是民族独立国家的政党可分为：（1）基
本上属于民族资产阶级或上层小资产阶级的民族主义政党。（2）
共产党。（3）情况极其复杂和带宗教色彩的民族分离主义政党。
四是正在转型过程中的原社会主义国家的政党，情况复杂多变，
目前大致可分为：（1）以民主改革相号召的自由派政党。（2）
由原共产党变化的民主社会主义党、社会党。（3）共产党。（4）
复活或重组的保守的资产阶级政党。（5）极端右翼的民族主义
政党。

二　政党政治

（一）政党政治的概念

政党进入国家政治生活，人们运用政党进行政治活动，这就

形成了政党政治。那么，何谓政党政治？学术界对此也有不同的看法。有的认为政党政治也就是政党制度，是"资本主义国家政党制度的总称"。有的说："政党政治是指一个国家通过政党来瓜分政权和行使政权的政治现象。"也有的认为，政党政治就是人们围绕特定利益组成政党，通过政党对社会公共权力施加影响，以获得或维护特定的利益。

政党政治是当今世界相当普遍的政治现象，不论发达资本主义国家，还是社会主义国家和民族独立国家，都存在政党政治。至于什么叫政党政治，一般认为，可以从不同的范围来认识，从狭义上理解，政党政治就是指一个国家的政权通过政党来行使；从广义上讲，是指政党掌握或参与国家政权，并在国家社会政治生活中处于中心地位的政治现象。它的基本内涵主要包括：（1）政党以各种方式参与政治活动，就国内外政治问题发表见解和提出政策主张，对国家社会政治生活施加影响。（2）政党争取执掌国家政权，以贯彻和实现其纲领和政策，使自己所代表的阶级、阶层或集团的意愿上升成为国家意志。（3）政党协调、处理自己同国家及其他政党、社会团体和群众之间的关系。其中，政党掌握、控制国家政权和社会政治生活，是政党政治的核心内容。这些都是世界各国政党政治一般的、共同的特征。

（二）西方国家的政党政治

政党政治首先在英、美等西方国家形成。它是资产阶级革命胜利的产物，也是人类政治文明发展的必然现象。

从一般意义上看，政党本来就是作为一定阶级、阶层或集团根本利益的代表者而产生的，是为了通过执掌国家政权或参政以确保特定利益的政治团体，天生地同国家政治生活不可分地联系在一起。因此，当政党成熟并在政治舞台上活动时，必然是一种极其活跃和很有能量的政治主体，对国家政治过程发挥重要的作用，处在国家政治生活的中心地位。历史事实正是这样。例如，本来就在议会中产生的英国的托利党和辉格党，美国的联邦党和反联邦党，随着议会制的发展和选举制度的改革与实施，前者分别发展成保守党和自由党，后者几经演变而发展为民主党和共和党。这些成熟了的、有实力的政党便以不同的方式执掌了国家政权，比较稳定地处于国家社会政治生活的中心地位。于是，一种由资产阶级政党处于国家政治活动中心地位的政治形式——政党政治，便首先在西方出现了。这也是资产阶级的民主政治统治形式对封建君主专制统治形式斗争的胜利成果。随着时间的推移和世界经济、文化的发展，政党政治便自然地越出国界而在全球扩展开来。

西方国家的政党政治，各国虽有差别，但一般都具有这样的特点：（1）政党的执政权力主要通过竞选方式取得。（2）执政党主要是资本主义体制内的政党。（3）政党的政治行为和权力运作主要是竞选、议会活动、组阁和施政。（4）执政党对国家和社会政治生活的领导、控制，主要采取间接的、隐性的形式，一般都解决了党政职能分开的问题。（5）它多采取多党制和两党制的形式。（6）政党之间是执政党与反对党、在朝党与在野党的既平等又互相倾轧和对峙的关系。（7）它与资本主义根本的经济、政治制度相适应，实质是维护资本主义制度。

（三）中国的政党政治

诚然，政党政治首先形成和发展于资本主义较早发达的国家。同时，社会主义国家的无产阶级民主专政，是通过工人阶级的马克思主义政党执掌国家政权，领导国家和社会政治生活来实现的。然而，这并不能说明政党政治是资本主义国家独有的政治现象，不能否认社会主义国家也存在政党政治的事实。历史和现实表明，社会主义国家的工人阶级政党执掌国家政权，对国家社会政治生活发挥了领导的作用，处于国家事务和政治生活的中心地位。可见，政党政治在社会主义国家不是有无的问题，而只是性质、作用和表现形式与西方国家的政党政治存在差别罢了。因此，如实地承认并估量社会主义国家政党政治的现实情况，对于借鉴人类政治文明成果，发展和完善社会主义政党政治，建设社会主义政治文明，是很有意义的。

就中国而言，政党政治出现较晚，而且是在极其不民主的条件下形成的。从民国初年第一届国会被破坏到国民革命失败，中国没有出现像样的政党政治。此后到 1949 年，国民党实行"训政"，独揽国家大权，处于国家政治生活的中心地位，也就是说，中国形成了一种一党专制、"以党治国"、党国不分的政党政治。但也就在 1949 年，中华人民共和国在人民解放战争的凯歌声中诞生，中国共产党成了全国的执政党，各民主党派成了参政党，政党处于国家权力和社会政治生活的中心地位。这就标志着中国特色的、新的政党政治正式形成了。

50 多年来的历史和现实，初步显示了中国社会主义政党政治的主要特点：（1）执政党的地位通过革命暴力手段取得。（2）长期稳定执政的是共产党。（3）执政党的政治行为主要是全面执掌立法、行政和司法大权和组阁施政。（4）执政党对国家社会政治生活实施全面领导，并有一个需要逐步解决的党政职能分开的问题。（5）在具体制度方面采取一党领导多党合作的形式。（6）政党之间是处于领导党、执政党地位的中共，与接受领导并处于参政党地位的民主党派之间长期团结合作的友党关系。（7）它同社会主义初级阶段的政治、经济根本制度相适应，实质是为巩固和发展中国特色社会主义事业服务。

三　政党制度

（一）政党制度的涵义

政党制度是同政党政治紧密联系在一起的，因为政党政治要通过一定的具体制度来体现和实现，换句话说，政党制度就是政党政治的体现形式和实现形式。但是，如何界定政党制度？有的说政党制度也就是政党体制。也有的认为，政党制度是指有关政党自身的形态、政党与政党之间的关系以及政党与政府、社会之间关系的各项制度的总和。这些说法不无理由。

　　然而，目前一般的也是比较确切的概括是：政党制度是国家法律规定或实际政治生活中形成而为社会认可的、关于政党执掌政权或参政和影响国家政权的政治形式。也可以理解为，政党制度就是政党执政或参政以及由此形成的政党之间关系的模式，简言之，就是固定化了的政党从政的模式。其基本内涵有二：一是政党与政党的关系；二是政党与政权的关系。至于政党自身的形态，则不在这个范畴中研究。

　　（二）政党制度的形成

　　随着政党政治的出现，具体的政党制度也就逐步形成。西方国家政党制度形成最早，也最具历史的代表性。

　　英国政党制度萌芽于 17 世纪 80 年代以后，其特点是与君主立宪的议会内阁制的形成相适应，托利党与辉格党初步确立大党的地位并开始交替执政，同时承认小党是拥有平等权利的反对党。此后到 20 世纪初叶，形成了保守党同自由党轮流执政的稳定局面。20 世纪 40 年代至今，则是保守党与工党之间长期交替执政时期。由于工党在工人群众中有相当大的影响和选民基础，保守党在资产阶级中也有稳定的支持者，因此，其他小党（如自由民主党等）即使成为第三大党也无法与两大党相抗衡。

　　美国的政党制度于 18 世纪 80 年代以后初露端倪，表现为联邦党与反联邦党的对峙。至 19 世纪 60 年代，正式形成两党交替掌权的架构，先是辉格党与民主党，后是共和党与民主党轮流主政；同时形成了政党总统候选人的提名机制，两党竞争执政也比较规范和稳固。由于两大党善于适应资本主义发展的需要，提出大同小异的政纲，因而得到大财团的赞赏和鼎力支持。而且，联邦和多数州的法律，限制、排斥左翼政党和小党的存在和竞争，国会选举采用的多数选举制和总统大选中采用选举人团"多数全得"制等，更把小党置于极其不平等或不利的地位，为两大党的长期轮流掌权扫清了道路，故至今一直是共和党与民主党交替执政的"象驴"游戏局面。

法国的政党制度渊源于大革命至19世纪上半期。期间政党林立，先是共和党与激进党分别联合小党轮流执政，后是激进党与社会党分别联合小党交替掌权。第二次世界大战后因无一两个政党拥有绝对优势，故政局极为动荡。1958年后才改变这种局面。20世纪80年代以来形成了由社会党与共产党等组成的左派，同由保卫共和联盟与法国民主联盟等组成的右派，各自联合小党交替执政的格局，即"四党二派"轮流联合掌权的体制，至今没有多大的变化。这种政党制度的特点，同法国历史上小企业经济长期存在、经济主体相对分散、国家政治体制多变、社会崇倡自由，以及议会实行有利于小党参政的比例选举制等情况有密切的关系。

德国的政党制度形成较晚，于第一次世界大战后至第二次世界大战之前初步形成。战后，西德政党林立，但由于议会大选实行5%选票制度，致使议会政党数大大下降，只有右翼的联盟党（即基民盟与基社盟的联合体）、左翼的社会民主党及中右的自由民主党进入议会，前两者实力较强但又不足以单独执政，故常出现其中一大党联合自民党轮流执政的局面，被称为"两个半"政党制。1990年德国统一后至今，占一定优势的联盟党、社民党与较弱的自民党、绿党、民主社会主义党并存于议会，便形成了两大党分别联合自民党或绿党而交替掌权的格局。这种"二元性多党制"形成的原因，一是联盟党的宗教色彩和相应的政策主张，在社会上凝聚了相当多的支持者。二是社民党以其同工人群众的联系和长久的历史传统，以及适宜的国内外政策而拥有较多的选民。三是几个小党各有社会基础，虽然不能与大党相抗衡，却能在两大党的竞争中起举足轻重的作用。

日本的政党制度较晚。19 世纪末至 20 世纪初，常出现政党与军人交替掌权的情况。20 世纪 20—40 年代，出现了政友会与宪政党轮换执政的形势，但很快被"大政翼赞会"取代。二战后政党得到恢复和新建，先后出现社会党、自由党、民主党分别联合其他小党交替执政的态势。1955 年自由党与民主党合并为自由民主党，实力大增，形成了自民党单独执政、社会党充当主要反对党的"五五体制"，长达 38 年。20 世纪 90 年代初，自民党因腐败案而多次分裂，实力有所削弱，于 1993 年沦为在野党，标志"五五体制"结束。但自此至今的多次大选表明，自民党虽然难圆旧梦，但仍是最具实力者，其主导多党联合执政的趋势将难避免。这种政局，与世界两极冷战结束后日本保守势力回升，改革派的改革无大成效，人们希望政局稳定、保持现有生活水平的强烈愿望等因素，大有关系。

中国政党制度的形成不仅比西方国家要晚，而且情况更为纷乱复杂。民国初年的第一届国会大选中，国民党、共和党、民主党、统一党等参与角逐，国民党获参众两院 45% 以上的席位，成了国会第一大党，照理应组阁执政，掀开中国政党制度历史的第一页，但却被袁世凯用暗杀国民党领袖宋教仁、扑灭"二次革命"、取缔国民党和取消国会等高压手段破坏。此后政坛上尽管出现过各种"国会"、"内阁"和政客派系的活动，但都是北洋军阀手中的游戏和玩物，而不是什么政党制度。孙中山改组国民党并与中共发动国民革命，成立了国民党人为主、有个别中共人员参加的国民政府，出现了国民党领导的多党政府的雏形。但仅数月便因右派集团的叛变而失败，中国政党制度至此没有形成。

中国政党制度的出现，是 1928 年开始的、以国民党"训政"为特征的一党专制。期间，中共因被取缔而转入地下，第三党、青年党、国家社会党、生产人民党和革命民主同盟等党派也先后遭到迫害而无法公开活动。抗日民族统一战线形成后，中共和各中间党派获得了合法而不平等的地位，只能以"文化经济团体"代表的身份派少数人员参加咨询性质的国民参政会。但不久国民党推行"限制异党活动"和消极抗战、积极反共的方针，拒绝中共和民主党派关于党派平等和建立各党参加的民主联合政府的主张，顽固坚持一党独裁。1946 年初召开的有国民党、共产党、民主同盟、青年党和社会贤达参加的政治协商会议，达成了若干协议，核心是党派平等合法，共同制定民主宪法，建立民主联合政府。这些协议如能实施，就意味着出现议会多党制的机会。但国民党很快就用内战和撕毁协议的手段打碎了这最后的一线希望，其一党专制也就在人民大众的唾骂声中走向瓦解。

　　1949 年，随着解放战争的胜利，中国人民政治协商会议第一次全体会议胜利召开，中共和各民主党派以及各界、各人民团体的代表参加。会议通过了具有临时宪法性质的共同纲领，以及中央人民政府组织法和人民政协组织法，选举产生了中央人民政府委员会及其主席、副主席，建立了中华人民共和国。此时的民主党派和无党派民主人士，在代行人民代表大会职权的一届人民政协的成员中，在中央人民政府委员会的委员中，在政务院各部（委）的负责人中，在最高人民法院和最高人民检察署的领导人中，大都占 40％左右的比例。这既确保了共产党的领导和执政地位，也充分显示了民主党派作为参政党的重要地位和作用。至此，一党领导、多党合作的政党制度在中国土生土长。中国的政党制度走上了新的发展阶段。

　　由上可知，政党制度的出现，既是历史发展所使然，又与各国的经济、政治、文化和历史背景有关，都烙有各自的印记，其存在共性和差异性都是不争的事实。

（三）政党制度的类型

环视当今世界，各国的政党制度纷繁多样。为了认清它的方方面面，把握其共性和个性，对各种政党制度作多视角的比较研究并予以分类，是完全必要的。

政党制度如何分类，也是众说纷纭的一个话题。概括地说，西方学者先后有这样几种主张：（1）三分法，以稳定执政的执政党数量为准，分为一党制、两党制和多党制。（2）五分法，分为一党制、主从党制、一个半党制、两党制和多党制。（3）七分法，分为一党制、霸党制、第一党制、两党制、有限多党制、极端多党制和微型多党制。（4）两类法，一类是竞争性的，包括两党制和多党制（其中有温和多党制、碎化多党制和极化多党制等）；另一类是无竞争性的，包括各种一党制。（5）四分法，把政党执政方式和政党特性相结合，分为独霸—意识形态型、独霸—实用型、轮流—意识形态型和轮流—实用型。（6）按政党力量对比，分为平衡、分散和不平衡形态。此外，还有按政党的政治倾向和得票的百分比，分为北欧型、南欧型和日本型，等等。

目前多数国家比较普遍采用的是"三分法"。笔者以为，以此为基础，略加细化地分类，有利于研究和把握各类政党制度的主要特点。据此，则：① 资本主义国家的政党制度划分为一党制、两党制和多党制三大类。所谓一党制是指一个国家只有一个或多个合法政党存在，但只有一个政党执掌行政大权。两党制是指一个国家合法存在两个或两个以上政党，但只有两个主要政党长期稳定地单独轮流执政。多党制是指一个国家合法存在三个或三个以上的政党，其中的若干政党联合形成多数党联盟执掌国家行政大权（其中有如法、德的温和多党制，如意大利的极化多党制以及如日本的一党独大多党制等）。② 社会主义国家的政党制度分为一党制和一党领导多党合作制。③ 民族独立国家的政党制度主要是多党制，也有一党制。

事实表明，即使同一种类型的政党制度，也既有共同性又存在差异性，不仅在社会制度不同的国家有差别，就是在社会制度相同的国家里，政党制度也是各具特色的。因此，必须尊重各国的政党制度选择和正视政党制度的异同，那种强求各国都实行一种政党制度，或者拒绝互相借鉴的可能与必要的做法，都是有悖常理的。

（四）政党制度的地位与作用

政党制度在国家民主政治发展进程中处于何种地位？是民主政治发展中的积极因素还是消极因素？对此，有的学者认为，政党制度是"一种精明的耍手腕的事情"，是进行"政党分肥"肮脏勾当的手段，不仅不应肯定，而且没有研究和借鉴的必要。另外，也有人把西方政党政治视为民主的全部，甚至把推行西方的政党制度视为实行民主政治的主要标准。这说明，实事求是地评估政党政治、政党制度在国家民主政治中的地位和作用，是不容回避的问题。

对于政党政治、政党制度的地位，必须从世界民主政治发展的历程来认识。政党政治是以一种民主的政治统治形式出现于世界舞台上的，因为实行政党政治，就意味着国家的领导权力不再完全集中在君主一人的手中，而为政党所掌握，并有一定的政党制度来体现和保证，其民主性是显而易见的。事实是，它的出现，不仅把民主政治形式的发展进程向前推进了一个阶段，而且至今仍然作为民主政治的范畴和发展民主的一种形式而存在。第一，实行政党政治和政党制度，就实现了国家权力的相对分散和对权力不同程度的监督与制约。政党领袖及其骨干担任国家总统、主席、总理、首相乃至阁员、部长，虽然仍是少数人掌握很大的权力，但已很难一个人独断专行，其决策权、行政权多少要受到代议机构、政党组织以及其他方面不同程度的监督与制约，这当然是一种民主的发展，是一人独裁体制所不能比拟的。第二，正常地、规范地实行政党制度，必然要推行选举制和任期制，这就否定了封建性的国家领导人世代相袭和领导职务终身制的现象，对政治的开明和进步具有深远的意义。第三，实行政党制度，必然要相应地扩大民主。因为政党联系着一定阶级、阶层的群众，并组织和动员人们参与政治生活，势必要让人们拥有相应的民主权利，诸如选举、集会、结社和言论自由等的基本人权，便不同程度地得到实现。第四，政党制度是同民主代议制相互联系而发挥作用的，而无论是资本主义还是社会主义国家的代议制，在未来长时期内都不可能被直接民主制所取代。因此，政党制度在国家民主政治体制中也必将长期存在，并显示出它的价值和难以取代的地位。

民主政党制度在国家政治生活中的重要作用，还表现为它使政党功能得到充分的发挥。其一，政党制度为政党在表达和综合民意，并使之上升为"公意"和立法，以及监督其实施等方面发挥作用，提供了制度上的规范和保证。其二，政党制度为政党教育、组织、动员和指导群众参与政治活动创造了制度上的有利条件，这也就是调动人们政治积极性的保障问题。其三，政党制度为政党举荐国家领导人选提供了规范化的途径和方法。其四，政党制度在协调、缓和社会利益矛盾，增进社会稳定团结，推动国家社会的文明进步，起着重要的作用。所有这些，都已为历史和现实所证实。

当然，承认和重视政党政治、政党制度作为民主政治的形式，并不等于说它是民主政治的全部。首先，就资本主义国家民主政治制度体系而言，其最主要的部分是议会制及其完备的法制，政党制度是第二位的。在社会主义中国的民主政治制度体系中，最主要的是人民代表大会制度和逐步完备的法制，政党制度是基本的政治制度。可见，一个国家民主政治发展的程度如何，主要看它的政体和法制的性质及其发展的程度如何，而不能简单地以实行某种政党制度作为主要标准来评价一个国家政治民主化的程度。再者，资本主义条件下的政党政治和政党制度，总有其阶级的和时代的局限性，实际上不可能是最广大民众的民主，而且，诸如金权政治、操纵选举、政党分肥、欺骗选民、政局动荡等等，都是与生俱有的。社会主义中国的政党制度，既具有人民民主性质和独特的优势，又有它发展中的诸多不足。但是，如果因此而一概否定世界政党政治、政党制度在民主政治体系中的地位，否认它仍是促进民主政治发展的一个积极因素，则是片面的。

第二节　政党与代议机关

一　西方国家政党与议会的关系

（一）政党进入议会及其地位的确定方式

当代西方绝大多数国家都实行民主代议制，其机构就是议会。议会作为民意机关，掌握立法等大权，是国家政权的重要部分，势必与政党发生密切的关系。这里，首先就有一个政党进入议会及其在议会中地位的确定方式问题。

政党之所以要进入议会，一是由于议会一般拥有立法权、财政权、监督权，执政党组阁和行政及司法高级官员任免的批准权，对政府的倒阁和对总统的弹劾权，等等。政党进入议会并加以控制，就意味着可以利用议会有效地为本党谋利益，甚至使议会成为本党登上最高权力宝座的阶梯。因而，进入议会并拥有控制权就成了各政党竞相猎取的对象。二是因为议会与政党存在互动关系，议会的运作离不开政党的活动，政党也需要议会作为重要的载体和手段，以达到自己的目的。三是议员特殊的政治社会地位给议员带来的巨大政治、经济利益，极大地刺激政党要员对议会的强烈兴趣。所有这些，是政党要员趋之若鹜地竞选议员的重要原因。

政党进入议会并争取多数党地位的方式，西方各国的具体办法虽有差别，但都以选举这种民主形式来实现，即通过各党竞选、选民投票和计票的方式，视各党得票率的高低和议席的多少，来确定一个政党是否进入议会，是多数党还是少数党以及将扮演何种角色的地位问题。在这方面，西方国家已经形成了一套比较规范的运行机制，突出地显示了政党在选举文化中的政治主体作用。如在英国，围绕下议院每5年（可提前）一次的大选，各党制定竞选纲领，组建竞选班子，筹集竞选经费，推出本党议员候选人。在竞选中，为了争取选民，各党运用政治集会、报刊广告、宣传车和电视辩论等工具和手段，宣传本党纲领、政绩和候选人的优势，并针对社会热点和选民的心理做出许诺。其结果当然以两大党中的一个成为多数党而落下帷幕。在美国，国会选举虽次于总统大选，取得多数党地位也不意味组阁执政，但参众两院议员均由选举产生，故议员的竞选活动相当热烈。同时由于多数党一般能控制国会，当多数党属于总统所在的党时，于总统执政有利，反之则比较麻烦，故各党都重视竞选。再者，美国参议院的权力略大于众议院，谁成为参议院多数党谁就握有更大的主动权。所以，争夺参议院多数党地位就显得更为激烈。当然，竞争结果也以其中的一个大党胜出而告一段落。实行多党制的法国、德国和日本等，政党通过竞选方式以确定进入议会和争夺多数党地位，其机制也大同小异，运作也比较规范。

（二）议会党团的地位与功能

政党进入议会后发挥何种作用以及如何发挥作用？其一，政党，即使是执政党或多数党，对议会都不是直接的领导关系，但能不同程度地控制、利用议会，为实现本党纲领和政策服务；其二，政党在议会中的组织主要是议会党团和党的若干委员会。政党在议会中的活动以党团的形式进行，也就是通过党团及政党委员会的活动，以实施和体现政党对议会的不同程度的控制和影响。

议会党团是指议会中由一个政党或政党联盟的议员组成的党派组织机构。党的委员会是各党议员中建立的政党工作小组。党团及党的委员会的具体组成，各国有所不同。但一些大党的议会党团在本党中的角色地位都相当突出。像英国、德国那样的内阁制国家，其议会党团领袖同时就是全党的领袖，握有相当大的实权；总统制国家如美国，议会党团选出的领袖虽不是全党领袖，但在议会中也有一定的权力。同时，议会党团一般都汇集了政党的精英甚至领袖，这就使党的活动重心随之转移到了议会，而议会党团对党的全国委员会又具有相对的独立性，因此，议会党团不仅成了政党或政党联盟在议会中的最高权力机关，而且在内阁制国家实际上是全党的首脑或心脏部分，对议会乃至内阁产生着控制、引导的作用或深刻的影响。

议会党团的主要职能或任务，就是决定要提出或要否定或要赞成的法案、议案，沟通和统一本党议员在议会活动中的认识与行动，具体地说，如果是执政党的党团，就是推动议会通过自己或本党政府所提出的法案、议案；如果是在野党的党团，则针对执政党及其政府提出的法案、议案，或同意，或反对，或修正，或提出自己的法案、议案来取代。为此，议会各党团开展几个方面的工作或活动：一是对议会，它参与议长提名，酝酿内阁组成，确定议程，组建议会各委员会，参与其他事务的协商。二是对本党，它要与党的领袖沟通（如是在朝党的党团，还要与政府沟通），协调在所提出或审议的法案、议案问题上的原则立场，特别是沟通本党议员，以统一认识并按本党团的意图积极参加或赞成或反对的表决投票。在这方面，英国两大党以及德国、日本的主要政党党团，对本党议员的投票行为提出比较严格的要求。英国议会党团的督导员对此做很多工作，如负责打探情况，分析法案辩论形势，了解议员政治动向并传达党团领袖的意图，投票时亲自站在"赞成"或"反对"的通道边，以示对本党议员投票的引导与监督。英国两党对违纪议员均有处分的规定。美国则有所不同，党团督导员虽对议员做许多疏导工作并进行监督，但两院议员仍有较大的自由空间，对一些法案的表决，往往取决于个人政治利益的需要和所在选区的利益，不一定都按党团的要求行动，党团对此也无可奈何。三是对他党，它要与各党团沟通，探明对方动态，力争对方支持或理解，或吸收对方政策主张，或讨价还价，互作妥协，或谋划新的对策。总之，各党团都使尽招数，为维护本党的纲领和利益而拼搏。西方议会党团正是在这种或合作或对峙，或赞同或唱反调，甚至无休止地争辩的常态中，发挥沟通各方、统一队伍、整合利益的职能作用，维护资本主义的政治秩序。

（三）政党在议会立法及议案审议程序中的作用

政党在议会中的不同作用，主要表现在对议会立法和议案审议程序的影响上。由于所有的法律，政府的重大议案和其他的议案，都要向议会提出，经过审议通过方能生效、确定和实施，故西方国家都有一套比较完备的立法和议案审理的程序。各党都要利用自己在议会中的地位，在法案、议案的审议程序中发挥控制或制约的作用，为本党的利益效劳。

各政党在法案、议案提出阶段就显示出不同的作用。在英国，实际上绝大多数议案都是由执政党内阁提出的"公议案"，又是优先审议的，这就使执政党成了实际的立法者；在野党的"私议案"不仅很少，而且一般较难进入审议和获得通过。在日本，各党议员虽有权提出议案，但规定议案须分别有参议院和众议院 10 个和 20 个议员赞同, 有的甚至要有 20 个和 50 个同意, 方可提出。这等于只有执政党和个别较大的在野党才有权成为立法者, 其他小党就很难问津了。

议会各政党在立法过程中发挥作用的又一个突出表现, 是对议会专门委员会的组成及其审议权的争夺。各国议会审议各类法案、议案的重要机构和步骤, 就是各专门委员会及其活动。各国设立的诸如外交、国防、拨款、军事、司法、财政、农业、贸易等委员会数量不等。这些机构一般都拥有相当大的实权, 如在初审时能对于本党不利或不感兴趣的法案、议案进行修改, 甚至用别的议案来取代; 可以拖延审议或用审议次序裁决权使之搁置起来, 无法及时转到全院会议辩论表决; 还能够在秘密审议的掩盖下予以否定或使之成为废案。同时, 委员会的审议意见对国会全院审议有很大的权威性。而委员会成员是按各党团议员人数的比例组成, 多由资深议员担任, 特别是委员会主席握有实权, 由何党人士担任关系极大。因此, 各政党都争取在各委员会中占有优势地位, 借以操纵或制约立法进程。一般而言, 执政党议员是要利用专门委员会来保障内阁议案的通过, 并否决于己不利的议案; 在野党议员则根据本党的政治需要, 利用委员会来赞成或反对政府议案, 或迫使对方妥协、修改后通过。这样, 专门委员会就成了各党争论、交锋和达成妥协、交易的重要场所, 显示出政党对立法活动的深刻影响。

在议会全院的审议中各政党之间也有一番苦斗。由于执政党或多数党在议会中处于优势地位, 在立法过程中一般都稳操胜券, 即使遇到麻烦也有对付的办法, 如英国执政党可以以议案涉及 "国家机密" 或需要 "稳定内阁" 等为 "理由" 来逃避认真审议或要求开绿灯过关。然而, 处于劣势的在野党或少数党也并非完全无能为力。一方面, 当执政党不占绝对优势时, 联合起来的在野党把 "突击投票" 作为秘密武器, 有时能在对方猝不及防的情况下否决它的某些议案，或为它设置更多的障碍。日本在野党的"牛步战术"，在把对方议案变成废案的争斗中也收到明显的效果。另一方面，在野党的议案虽难获通过，但它主动和顽强地提出，可以扩大自己的影响，争取选民，为日后上台执政做准备。

总之，议会中各政党扮演着不同的角色，显示了不同的控制、指导作用或影响。这既是议会运作的内容和需要，也是西方政党政治的重要体现。

二　中国政党与人大的关系

（一）政党进入人大及其地位的确定方式

宪法规定中国是工人阶级领导的、以工农联盟为基础的人民民主专政的社会主义国家，在政体方面采取人民代表大会制度。全国人民代表大会不仅是立法机构，而且是集中立法、行政、司法权于一身的国家最高权力机关。因此，政党参加国家政权，首先就表现为参加人民代表大会。但政党进入人大的方式及其在人大中的地位与关系，与西方国家不同。作为工人阶级先锋队的中共依法处于领导党、执政党的地位，民主党派处于参政党的地位；中共与各民主党派之间不是多数党与少数党、执政党与反对党的关系，而是执政党与参政党的关系。

各政党进入人大及其在人大中的地位与关系，不是采取政党之间的竞选方式决定，而是历史形成、宪法确定和民主选举相结合的体制，也是社会主义中国的现实和未来发展的需要所决定的。其一是历史的因素。与西方国家先有议会后有政党、政党多在议会中出现和发展，并通过竞选取得执政党地位的情况不同，没有民主自由的半殖民地半封建的中国，革命政党"非法"地秘密建立，并被迫以武装斗争的方式为夺取政权和建立民主代议制度而奋斗。中国人民民主专政政权和人民代表大会制度就是在中共领导的、以武装斗争为主要形式的长期斗争中建立的，是包括民主党派在内的广大民众在革命斗争实践中的创造，也是中国历史的选择。其二是确保社会主义方向的需要。中国人民从历史和现实的考察中，认定只有社会主义能够救中国和发展中国。这就需要由马克思主义武装的中共来领导，以牢牢把握社会主义的政治方向。其三是保证政治社会长期团结稳定的需要。为了集中精力进行以经济建设为中心的社会主义现代化建设，必须保持政治和社会的长期稳定，避免可能出现的无序民主和动乱给国家建设带来危害。为此，坚持共产党的领导地位是完全必要的。

各政党进入人大殿堂的具体做法是民主选举。现行选举法规定，全国人大代表的选举，采取地区间接选举的原则，候选人由政党、单位和选民推荐相结合提名，计票方法采取绝对多数当选制。实践表明，这是一种民主协商与依法筛选的过程。在候选人提名的讨论中要解决中共与各民主党派名额分配问题。中共为了确保执政地位，其成员要占代表总数略多于二分之一的比例。同时，为了有利于多党合作，民主党派的人大代表要占适当的比例。但最后谁能当选，各党占有多少名额，要由依法进行投票选举来确定。按照这种原则、制度和途径产生的历届全国人大代表中，中共成员约占65%左右，民主党派和民主人士约共占17—19%左右。这样的比例，既保证了中共在人大中的领导地位，又有利于团结民主党派并发挥其参政党的积极作用。当然，人们也看到，这种非竞争性的、间接选举的政党进入人大的方式，有时难以激发人们更高的参政热情和保证人民代表素质的提高，甚至会影响人大的工作效能和权威。这是需要研究逐步用引进竞争机制和扩大直选范围的办法来解决的重要问题。

（二）执政党对人大的领导方式

依据宪法而处于领导党、执政党地位的中国共产党，必然要领导国家政权，首先就表现为对人民代表大会的领导。那么，中共以何种方式领导人大？它在人大中的组织机构和活动方式如何？目前中共和各民主党派都没有建立西方国家那样的党团组织，但中共在人大中设置党组、机关党委和各个代表团的临时党委等组织机构，以发挥对人大的领导作用。

中国共产党如何既领导国家权力机关，又确保人大作为人民当家作主的权力机构的权威问题，进行了长期的探索，既有成功的经验也有挫折的教训。历史表明，那种在革命战争年代行之有效的、以党政职能不分为主要特征的体制，在社会主义制度建立之后已不甚适应现代化建设的需要。1957年以后20年里所发生的极"左"错误，包括人民民主权利遭到践踏、人大机制不能正常运行、人大权力的至高性权威受到损害，等等，都与这个体制的弊端有关。因此，在中共十一届三中全会后按照邓小平理论进行政治体制改革，其内容之一就是改革党领导人大的方式，并取得了进展。目前执政党对人大的领导方式的主要体现是：（1）执政党中央就国家的重大问题和国家领导人选，向全国人大提出建议案，经由人大主席团或常委会提请人大全会审议通过，成为国家意志并生效、实施。（2）通过党在人大的组织（主要是党组）发挥领导作用。由于设立全国人大常委会的党组是党中央的派出机构，直接受中央政治局领导。因此党中央随时就人大的工作方针、人大的立法进程以及其他重要工作予以及时的指导。（3）通过执政党领导人担任人大领导职务，以及党员在人大代表及常委会中的多数优势，发挥领导的作用。显然，这里既有直接的指挥，但更多的是间接领导的方式。这个方面的改革的继续推进，以形成更完善、更有效率的领导体制，仍然是一项突出的任务。

（三）政党在人大立法和议案审议程序中的作用

全国人民代表大会行使立法权、各项重大议案的决定权以及监督权，很重要的方面就是依法坚持立法和议案审理的程序。这个程序大致分为立法及议案提出、专门委员会审议、人大全会或常委会审议通过以及国家主席签署生效这样几个阶段。在这个程序中，执政党和参政党都有不同的干预，发挥不同的作用。

执政党在立法和议案审议程序中起领导作用的方式是多方面的。（1）在法案、议案的提出方面执政党起了主导的作用。向人大提交的主要的是执政党提出的重大决策建议案、人事任免建议案和经济社会发展规划建议案，经中共审批的国务院及受委托的政府部门提出的政府工作报告、财政预决算报告、各种法律草案以及国家或地方的其他重大议案，等等。这就表明执政党是最主要的立法者和议案的提出者。而人大代表提出的议案有的附有限制条件，例如，有三个代表团以上或十分之一以上代表的签署方可提出对国家领导人的罢免案。显然，这是很难办到的。这就显示了执政党在立法和议案提出过程中的控制性作用。（2）通过人大常委会的党组干预立法事宜。凡属政治类的立法案，在制定前由党组把立法的指导思想和原则报请中共中央批准。重要的立法草案基本成熟后也由党组报送党中央审批后再提请人大全会或常委会审议通过。其他法律的起草是否要事先报请党中央审批，由党组决定。（3）执政党在人大代表、人大领导机构和专门委员会中占有多数以及担任领导职务的优势，有力地保证执政党的重大决策建议以及立法案、议案和政府工作报告，在审议中获得通过或批准，显示了执政党对人大的决定性作用与影响。（4）人大代表以地区代表团为单位的审议活动也有利于执政党，因为执政党人大代表在审议法案、议案、工作报告过程中发表的见解，一般都代表执政党的愿望，无论是同意或批评，实际上对非执政党人大代表都起着宣传、解释和引导的作用，使审议的结果不至于与执政党的意愿相悖。

参政党又是如何发挥作用的呢？由于中国参政党不同于西方国家的在野党、反对党，与执政党之间是接受政治领导的关系，因而也就不是对峙关系，而是团结合作、政治协商和互相监督的关系。这决定它在立法过程中所起的是促进的或一定程度的制约作用。（1）从目的和态度层面上看，其在审议活动中不论持支持、批评甚至否定的态度，目的都不是"你下台我上台"的较劲，而是协助执政党并共同搞好立法和议案的审议工作，提高其质量和效率，为国家和人民的利益服务。（2）从形式和实效层面上看，人大对法案、议案的审议，不仅看重会上、桌面上的反复讨论与表决结果，而且看重会前准备过程中参政党与执政党之间多种形式的政治协商，参政党在此既可以提出自己的立法建议，也可以就执政党即将提交人大审议的重大决策建议、政府工作报告或立法案等，提出建议、批评甚至参与修改，使之更加完善和可行。实践证明，参政党的建议、主张或批评，受到执政党和政府的重视和吸纳，人大审议通过的法案、议案和报告中就包含了政党之间政治协商的成果，显示了参政党参政的实效。（3）从身份层面上看，参政党人大代表同执政党人大代表一样，都以人民代表的身份参加审议活动，但实际上都具有政党代表和人民代表的双重身份。因此，参政党人大代表在审议活动中实际上反映了本党的意愿，也就表明它在立法程序中发挥了应有的作用。

第三节　政党与行政机关

一　西方国家政党与政府的关系

（一）执政党地位的确定及组阁方式

在西方国家，所谓执政党就是指执掌国家最高行政大权的政党或政党联盟。政党的执政地位不是历史形成和固定的，而是由每几年一次的大选确定的，是政党竞选的结果。在内阁制国家如英国、德国和日本，凡在议会大选中获得多数席位的政党或政党联盟就成为执政党；在总统制国家如美国和半总统制的法国，当选总统所属的政党或政党联盟就是执政党。执政党地位的这种确定方式，尽管各国的具体做法不尽相同，但都视为一种"选民授权"，表明执政党执政的"合法性"。

执政党拥有组阁权并实行组阁。英国执政党组阁有自己的特点，一是一党单独组阁，即不与别党分享行政大权，内阁的全部或大多数成员是本党的领袖和资深议员，是比较典型的一党内阁。二是执政党领袖是当然首相，由国王任命组阁。他以党的领袖和首相的双重身份挑选内阁成员和各部大臣。这个名单一般都获得议会的同意和国王的批准。美国执政党组阁是由当选总统进行的。主要的工作：一是组建联邦政府各部领导人及其机构，经国会同意后生效。二是组建总统直属办事机构，包括白宫办公厅、国内事务委员会和国家安全委员会。在这过程中，总统为了获得本党支持和得到国会的同意，一般都事先与国会党团领袖及党的其他领导人沟通与协调，并主要从执政党要员中特别是为他当选立了功的人士中物色、任命官员，尤其是不需经国会同意的总统直属班子，基本上就是清一色的本党要员了。法国执政联盟组阁比较复杂，总统有权任命内阁总理和阁员，但只有执政联盟在议会中是多数党时，总理和主要阁员才能从执政联盟中产生，否则，只能从反对党中任命，这就出现执政党与反对党"共治"的局面。日本自民党长期执政，其组阁受其内部派系争斗的影响很大。按程序，多数党总裁由天皇提名，经国会认可即为内阁首相。但当执政党内部有两派或多派实力相当又不相让时，总裁亦即首相便由较弱的派系首领担任。他对主要阁员的选择也无决定权，往往取决于各派系的讨价还价和权力均衡分配的结果。这种首相任职时间相对较短的一党多派轮流执政体制是日本政党政治的特色。

（二）执政党执掌行政大权的方式

执政党如何执掌行政大权？这在实质上就是执政党如何对政

府及其行政过程发挥领导或指导作用的问题。当代西方国家的执政党，一般都是体制内的政党，它们的执政在本质上都为维护资本主义制度服务，就是资产阶级在实施领导。但从微观上看，各国的各类执政党的执政模式，或者说执政党的领导方式与作用，既有相同之处，又各有差别。

历史和现实表明，西方国家执政党的执政活动，其共同性主要在两个方面。第一，执政内涵范围比较小，其横向关系与作用，仅指掌管行政权力，而不论在议会中是否也掌握立法权及其他权力，更不掌管社会群团、大众传播媒体的事务。其纵向关系与作用，仅指掌握国家中央一级的行政权，而不包括地方各级政府。第二，执政党的执政方式，即执政党组织对于政府及其行政，大都采取间接介入或通过各种渠道施加影响的模式，也就是说大多数国家的执政党都以总理、总统的身份出面掌权，而不采取或很少采取以执政党组织的名义直接掌管政府权力的方式。

西方国家执政党采取这种间接的、隐性的掌权模式，其原因和体现都是明显的。其一，全党没有集中统一的权力中心，不可能对政府直接发出指令。因为在确定了总理、总统并建立了政府之后，本来就不甚集中统一的执政党组织，实际上已分成了全国委员会、以总理（总统）为代表的"政府党"和以议会党团为代表的"议会党"这样三个摊子，彼此既有联系但又独立，大都没有直接的上下级的隶属关系，谁都不具有最高的权威。如从实权大小来看，政府党实力最大，议会党次之，全国委员会已徒具虚名。在此情况下，党的中央组织岂能发挥领导中心的作用？

其二，总理、总统既能"一人说了算"，又不违背本党的纲领。政府的行政运行、政务处理乃至政策决策，都由总理、总统出面推进，执政党组织没有也不可能对之作出决定和用严格的纪律来约束，显示出行政首脑拥有独立自主施政的空间。但他们一般都不超出和违背本党纲领的范围和原则，而且重要的政策措施事先都征询党的领导集团的意见，因而也显示了执政党组织一定程度的领导或指导作用。

其三，议会中执政党的党团支持甚至掌握中央行政大权。如英国、德国、日本等内阁制国家，其执政党党团与党的领袖及总理实际上是三位一体，既有立法权和行政权，又在党内拥有实权，因而，既实际发挥了执政党的领导作用，又不需以党组织的名义介入政府的运作。总统制国家如美国，政府首脑即总统，在党内是领袖，对国会执政党党团有一定的影响；同时，为了所提的法案或重要政策容易在国会得到通过，都事先与执政党党团沟通，征询意见和进行协调，有时还要作出妥协、让步。而执政党的党团根据自身的政治需要，一般也是支持政府的。这些，都在一定程度上体现了执政党的指导作用。但这些都来自党团或领导人的意见和主张，而不是来自党中央的决定，更没有用党纪来约束。这又表明了党的领导或指导是间接的模式。

其四，既有党政合一的一面，但主要的是党政分开。执政党的领袖担任总理、总统，即执政党选举其领袖也就等于决定了总理、总统人选，这显示了党政的统一。但是，执政党组织都不直接干预、包办政府的行政，这又表明党政职能是分开的，执政党对政府的领导或指导是间接式的。日本自民党在党政关系问题上的做法有独到之处。从党政"合一"方面看，表现为党的总裁担任内阁首相，是最高职务的党政兼职；同时，执政党控制组阁权；特别是执政党组织自始至终直接进入政府议案的程序，即从政府提出议案，党内初审、复审、修改、报送国会，一直到审议通过的全过程，执政党组织都直接干预。从党政"分开"方面看，除总裁之外，执政党其他领导人不兼任政府要职；执政党组织也不具体介入政府的施政过程和政府部门的管理；党的各部会虽与政府各部会相对应，但对后者不是领导的关系。总之，自民党与政府的关系的这种既合一又分开的模式，其所显示的领导作用是相当突出的。

（三）在野党、反对党对政府的监督和制约

西方国家的在野党、反对党，从广义上讲，是指一切没有执政的、没有分享国家最高行政大权的政党。从狭义上讲，仅指进入了议会但不执政的党。它们对政府所起的制约作用的主要表现为：在议会内，可利用立法权、议案审议权对执政党政府实施牵制，特别是当（总统制国家）在野党是多数党时，有可能否决政府的议案或使它变成废案，多数是迫使执政党修改议案后通过。还可以利用质询权、不信任权甚至弹劾权给政府出难题直至倒阁，这对政府是很大的威胁。在议会外，有时可以利用地方政府制约全国的执政党政府，因为地方政府由地方直选产生，故全国性的在野党可能是某地方政府的执政党。在此情况下，地方政府及其所属政党对全国执政党政府的施政就能产生一定的牵制作用和影响。

值得一提的是英国"影子内阁"的作用。它是按内阁的建制建立的、预备性的、可能是候任的内阁机构，由议会中议席次多的在野党组成，该党领袖为"首相"，资深议员任"阁员"。它可以抓住执政党政府存在的问题在议会内展开辩论、质询甚至提出不信任案，也可在议会外召开有关会议，披露、抨击执政党内阁的政策措施，并通过新闻媒体扩大影响。所有这些，对于执政党内阁是相当有力的监督和制约。

另外，在野党还可通过议会或总统大选的机制发挥对执政党政府的制约作用。在野党的目的是把执政党拉下台，自己取而代之。为此，它就要披露、抨击执政党政府的问题和弱点，有针对性地提出自己的竞选纲领和政策主张，以争取选民。在野党的这些活动，对执政党政府构成了严重的挑战和压力，迫使它检讨自己的方针政策和施政结果，有时要妥协和调整政策，甚至吸收在野党的某些政策主张，以便稳固执政地位，并为继续执政创造条件。这些，都曲折地显示了在野党对政府的牵制作用。

二　中国政党与政府的关系

（一）执政党组建政府的方式

中共作为执政党，自然拥有组建国家最高行政机构的权利，而其组建的方式和所起的作用，也具有中国的特色。

根据宪法，国务院就是中央政府、国家最高行政机关，由总理一人，副总理若干人，国务委员若干人，各部部长、各委员会主任、审计长和秘书长组成。实行总理、部长负责制，每届任期同人民代表大会任期相同，总理、副总理和国务委员连续任职不得超过两届。宪法还规定，全国人民代表大会根据国家主席的提名，投票决定国务院总理，并根据总理的提名，投票决定副总理、国务委员、各部部长、各委员会主任、审计长和秘书长。

那么，执政党是怎样领导国务院的组建工作的呢？先是中共中央政治局根据多方面的考察，拟出国务院领导人选的初步名单，在与参政党及有关人士协商后，根据情况进行调整，然后以中共中央建议的名义提请全国人大，依法定程序审议和投票决定，组成国务院机构。人民代表大会是人民行使权力的机关，因此由它审议通过而建立的中央政府，自然是人民授权的体现与结果。这里，执政党的意志和人民的意志得到了有机的统一。这种执政党的组阁方式同西方国家相比，显得更为直接和严密高效，执政党的领导作用也更加突出。

（二）执政党领导政府的方式

执政党如何领导政府的问题，也经历了长期的探索。实践一再表明，那种以"一元化领导"为主要特点的体制虽然起过积极的作用，但也带来了许多消极的后果。这正如邓小平指出的，在那种体制下，"加强党的领导，变成了党去包办一切、干预一切；实行一元化领导，变成了党政不分、以党代政；坚持中央的统一领导，变成了'一切统一口径'"，① 显然，这种状况必须痛下决心予以改革。

中共十一届三中全会后，开始了政治体制改革的探索，取得了一定程度的进展。例如，党的领导干部的行政兼职、与政府职能部门对口的党组织机构、大包大揽和事事干预等情况已明显减少。目前党中央领导国务院的主要方式是：（1）直接干预。例如，国务院在编制国家经济文化发展规划或计划，起草政府工作报告，出台新的重要方针政策时，都事先提到中共中央政治局及其常务委员会进行讨论，经过修改并获得同意之后，提请全国人大或人大常务委员会审议表决。又如，国务院在决定任免副部长级干部时，事先由中共中央组织部门进行审查，或直接由他们拟出名单，经国务院审议决定。（2）经过中介机构的间接干预。例如，中共中央在调查研究的基础上，就国家的重大问题作出决策，并以建议的形式向全国人大提出，经后者审议通过后交国务院贯彻实施。（3）执政党领导干部的优势地位所起的作用。因为国务院总理、副总理、国务委员和各部部长一般都由执政党的领导人担任。通过执政党领导干部的这个优势地位及其努力来贯彻执行人大的各项决议，实际上就发挥了执政党的领导作用。

当然，还有需要进一步解决的问题，主要是一些本属于政府职责范围内的事务或业务，仍然由党组织的有关部门包办。特别是地方党组织直接干预政府行政的现象，尚未根本改变，行政权力中心仍在党组织那里，而且基本上是书记拍板决策。实行党委领导下首长负责制的一些企事业，实际上由党委直接发号施令。再者，党政机构重叠的双轨制问题也未根本克服，与政府部门对口的党组织的一些部门，既包揽着行政事务，又具有对政府对口部门工作的同意权和决定权。这种现象造成的消极后果是不言而

---

① 《邓小平文选》第 2 卷，人民出版社 1994 年版，第 142 页。

喻的。只有真正规范和理顺党政关系，使党组织和政府部门各司其职，才能既解决好加强党领导的大问题，又提高政府自主负责行政的效能，并体现政府授权于人民代表大会的人民民主原则，也有利于人大对政府的监督。

（三）参政党对政府的促进和制约作用

民主党派作为参政党，对执政党的政府工作所起的促进和制约作用，也具有中国的特色。

（1）参政党通过参加各级政府发挥参政的作用。参政党的相当一部分人士进入政府并担任相应的领导职务，与执政党干部合作共事。他们进入政府部门不是基于其政党人大代表的名额比例，更不是政党之间讨价还价的结果，而是根据多党团结合作、扩大政权的社会基础和发展民主政治的需要，以及参政党人才济济且具有治国安邦能力等条件决定的。他们由中共的组织部门和统战部门会同参政党领导机关进行考察推荐，经人大审议确定。目前从国务院到地方政府，凡有参政党组织的地方，都有一定数量的参政党人士进入政府担任相应的领导职务，发挥着参政的作用。

（2）通过与执政党的政治协商发挥参政议政的作用。执政党在就国家和地方重大决策或政府领导人选向人大提出建议之前，都通过政治协商会、座谈会、谈心会、通报会等形式，与参政党进行协商，广泛征询、吸纳他们的正确意见。事实证明，参政党提出的真知灼见，大都受到重视和采纳，融进了执政党的决策之中。这些建议案经过人大审议通过，变成国家意志后交由政府来实施，都包含有参政党的一份辛劳。

（3）通过人民政协会议、政协提案和列席人大会议等方式，参政党以党派的名义对政府工作及其工作人员提出批评、建议或意见，实施民主监督。这些意见、批评或提案经人民政协立案后，转请政府有关部门承办解决，显示了参政党的监督作用。

（4）在人大代表、人大常委会和人大各专门委员会中的参政党人士，就政府工作报告、人事任免案等进行审议的过程中，发表见解、主张，参加表决投票，实际上也带来了或反映了所在政党的呼声和愿望，表达了他们的利益和要求，对政府工作起了促进或制约的作用。

（5）参政党的一些人大代表、政协委员和部分非人大代表、非政协委员的专家学者应邀列席政府的有关会议，参加某些重大问题的专题调查、论证，提出决策建议，也能发挥参政的作用。

应该说，参政党参政的根本目的是帮助、支持执政党执好政，而方法和手段是出主意、反映社情民意、提建议、参与决策，同时也有批评、提意见和监督。这些虽没有西方国家政党之间那种尖刻的辩论与争斗，或利用程序问题进行杯葛的激烈场面，但却更加重视彼此间的充分沟通、协商和讨论，集思广益，增加共识，然后依法定程序付诸表决，实行少数服从多数的民主原则。这些特点和优势应该肯定和创新发展。

当然，参政党的参政及其作用的发挥，还有不少需要进一步探讨和解决的问题。例如参政党人士参加政府是否应该法规化就是值得研讨的问题。目前参政党参政人数偏少，固然与"文革"造成参政党人才断层有关，但也不能完全排除主观的因素。而且，参政人士的产生如能引进竞争机制，那将有利于提高参政党的参政水平。

第四节　政党与司法机关

一　西方国家政党与司法机关的关系

（一）相对独立的司法机关

西方各国的司法制度，尽管在组织和结构上有诸多的差别，但司法制度的性质、功能以及司法系列等方面是一致的。特别是由于西方国家实行立法、行政、司法三权分立的体制，"司法独立"成了一个普遍的重要原则。

司法机关的独立，主要是：第一，司法权与立法权、行政权互相分立，司法权由法院独立行使，即依据宪法和法律的规定，法院独立行使司法审判权，立法机关、行政机关以及政党、团体或个人，都不能行使司法审判权，也不能干涉司法审判的活动。第二，任何一个法院均不得干涉另一个法院的审判活动；上一级法院也只能根据上诉程序进行审理或作出变更。第三，法官独立。法官任职后不能兼职行政或当议员，也不能有政党党员的身份和从事政党活动，在党派之间恪守"中立"，确保"独立公断人"的身份，因而也不随政府的变更而去留。所有这些，不仅决定了立法、行政机关不能干预司法机关的职权，而且也决定了政党（即使是执政党）不能直接领导或干预司法审判工作和司法检察活动。

（二）执政党对司法机关的深刻影响

司法独立是相对的，而不是绝对的，更不是司法至上。事实上司法权与立法权、行政权互相制约。在不少情况下，司法组织还要在议会和最高行政当局的支持与配合下才能更好地行使职权。而议会是由多数党、执政党控制的，最高行政权则掌握在执政党的手里。这样，议会及行政机关对司法机关的制约作用，就必然带来执政党、多数党的深刻影响。

执政党可以通过法官的委任程序对司法施加影响。西方国家的法官一般用委任、选任和考任等办法产生。就委任制而言，大多数国家采用国家元首或政府首脑委任的程序。在美国，联邦最高法院的法官，由总统直接提名，经参议院通过后由总统任命。联邦上诉法院和联邦地方法院的法官人选，由总统委托联邦司法部长挑选，总统征询有关州的国会参议员后提名，经参议院同意后任命。英国的大法官、上议院上诉审议员和上诉法院的法官，由首相征询本党意见后提名，由国王任命。日本也大致如此。法国宪法委员会的成员分别由总统和两院议长各任命 3 名共 9 人组成。这样的委任程序，作为执政党领袖的总理、总统，势必利用提名权和任命程序，主要从长期追随、支持或同情本党的法官中进行挑选和提名，议会执政党党团一般也会开绿灯通过。因此法官委任中的党派色彩是不可避免的。

法官的选任制也很难抹去政党的影响。美国大多数州法院的法官由选民直接选举或由州议会选举产生。德国联邦高级法官由联邦有关部长会同司法选举委员会选举产生而由总统任命。实际情况是，不论美国还是德国，这些选举活动都有政党的活动，各政党都要把倾向或同情本党的人选为法官。而想得到法官这份肥差的人们也清楚，只有得到执政党、多数党的推荐和支持，才有取胜的可能。因此，法官与政党的联系和受政党的影响也就不言而喻了。

议会或政府部门与司法机构的某种合二而一的结构，也是政党影响司法工作的重要途径。英国上议院既是立法机构之一，又是最高审判机关，拥有审理重要民事、刑事案件和弹劾案、上诉法院上诉案等的大权。而保守党历来在上议院中占有优势地位，其对司法审理的政党倾向性也就不言自明了。美国联邦总检察长兼任联邦政府司法部长，在法律上代表政府参与联邦最高法院审理重大案件的诉讼。他作为执政党的要员，受总统即执政党领袖的指挥。这也就为执政党直接间接地影响司法和检察活动开了方便之门。法国行政法院的院长就是政府总理（由他委托司法部长代行职权）。由作为政党的领导人或要员的总理和司法部长来主持行政法院，其办事过程中当然不可能避开政党倾向性的影响。

执政党、多数党还可以通过议会修改宪法有关条文的活动以及强调"国家利益"原则，对司法活动进行制约。日本一些法院对"慰安妇"案和劳工奴役案的不公正裁决，等等，一再证明与政党和政治无关的"司法独立"是不存在的。但也要看到，即使是执政党，对司法机构的控制或影响毕竟有限，而且大都采取间接的、迂回的形式，因而，西方国家司法权的相对独立地位并没有改变，其对政党、政府官员乃至国家领导人所起的司法监督、制约作用是不可否认的。

二　中国政党与司法机关的关系

（一）执政党对司法机关的领导方式

与西方国家不同，中国执政党对司法机关及其工作采取直接和间接领导的方式。因为，司法制度最终取决于国体和政体。中国的国体和政体决定了司法机关代表人民大众的根本利益，为社会主义现代化建设事业服务，同时也是人民代表大会这个权力机关管理司法活动的工具。这一切决定司法不能独立于执政党领导的人民代表大会之外，其本质是司法要接受执政党的领导。

执政党领导司法机关及其工作，目前的主要方式是：

第一，建立党的专门领导机构，直接领导政法战线的工作。一是从中央到地方都设置党的政法工作委员会，作为同级党委的派出机构，在政法战线各部门贯彻执行执政党的决议和指示。同时负责协调和组织公、检、法部门的工作。二是在各级法院、检察院和其他司法机构中建立党组，受政法委领导，具体贯彻党的各项决议和指示。

第二，执政党通过领导人民代表大会及其常委会制定政治、经济、文化等方面的一系列法律，为司法部门解决有法可依的问题，也体现了执政党的领导作用。

第三，通过法院、检察院领导人、司法行政部门领导人和法官的任免程序，实现执政党的领导。因为这些人员都由执政党的各级领导机构提出建议名单，经各级人大审议后任命。同时，他们在司法系统的领导人员中占有绝对的多数优势。这就为执政党的意图和工作方针的贯彻提供了切实的组织保证。

（二）保证司法机关独立行使职权机制的探索

坚持和加强执政党对司法工作的领导，还包括党组织要切实保证司法机关独立行使职权的问题。坚持执政党领导下司法机关独立行使职权的原则，其内涵是：在执政党领导下工作；依法办事；独立行使职权。三者的结合，是司法机关依法独立行使职权同坚持执政党领导的辩证统一。

司法机关在执政党领导下工作，绝不是要各级党委干预法院和检察院行使审判权和检察权，而是要领导和支持法院和检察院依法独立行使职权，严格执法，依法办案；检查、监督公安机关和其他司法机关严肃地、正确地执行法律，认真执行党和国家的方针、政策；将政治上坚定、作风正派、有法律素养的人才推荐、输送给司法机关，为司法、检察工作的有效开展创造良好的条件。

依法办事和独立行使职权也有特定的含义：一是司法权只属于国家司法机关，任何其他行政机关、政党、社会团体和个人均不具有司法权。中国的一切公民和法人不受司法机关以外的任何行政机关、政党、团体和个人的非法检察和非法审判。二是任何行政机关、政党、社会团体和个人均不得对检察院的检察工作和法院的审判工作进行任何形式的干涉。三是检察院和法院在进行检察活动和审判活动的过程中，必须坚持公民在法律面前一律平等和以事实为根据、以法律为准绳的原则，不得有任何违反宪法和法律的行为。历史和现实表明，全面和正确地贯彻执行上述的原则，是司法工作顺利开展和为社会主义现代化建设事业做出贡献的前提条件。

然而，长期以来，在具体贯彻"独立行使职权"原则的过程中遇到了不少的问题。最主要的是党政（法）不分，权限不清。有的地方党委直接行使司法权，干预立案检察和审理，混淆了党对司法机关的领导权同司法机关对具体案件的处理权的界限，也使司法人员对审理具体案件的责与权相脱节。有的党委机构包揽司法业务，"权大于法"的现象突出，致使司法机关权威下降，并逐渐养成一种唯党委书记之言是听，唯党委"决定"是从的习惯，至于"依法独立行使职权"的原则是否全面贯彻落实就很难说了。于是，在职务犯罪现象严重的环境下，司法不公、司法腐败以及冤假错案的发生，也就难以有效的遏制和避免了。

这些年来司法体制改革的初步探索，取得了一些进展。如挑选一部分参政党和无党派专家到司法、检察部门担任相应领导职务和法官，或者担任特约陪审员和特约检察员，能起到一定的监督和制约作用。但总的看，目前改革司法领导体制，保证党领导下司法机关独立行使职权的关键，从法学角度来讲，首要的是分清党组织和司法机关的职能，理顺党组织与司法部门的关系，做到各司其职，各负其责，并逐步做到制度化、规范化和程序化。总之，要真正实现依法治国方略，执政党对司法工作的领导方式必须有一个根本性的转变，才能适应形势发展的要求。

第五节　政党与军队

一　西方国家政党与军队的关系

（一）"军队属于国家"的原则

国家军事力量从来都是统治阶级实现统治和推行其内外政策的工具，是国家机器的重要支柱，因而具有十分强烈的阶级性。西方国家的军队也是如此。但在掌握、指挥军队的方式上，他们都实行"军队属于国家"的原则。

　　当代西方发达国家的任何政党都不拥有自己的武装力量，都无权也无法直接控制军队；军队只忠于资产阶级统治的国家并受其指挥，而不忠于任何政党和受其指挥；军队对政党的活动保持中立的立场。这就是"军队属于国家"的原则。其内涵主要是：军队只向国家而不向政党负责；军队由国家而不由政党直接管理与指挥。

　　英国宪法规定，英王是世袭的武装部队总司令，而英王是非政党人物，不卷入政党之争，这从法理上表明军队只效忠于英王代表的国家，而不能效忠于任何政党。同时，英国实行文官控制军事，以及军人不介入政党活动的制度，就是为了坚持军队属于国家而不属于政党的原则。

　　美国的宪法也规定，军队及军事大权归国会和总统掌握；现役军人不能加入政党和参加政党的活动；作为三军统帅的总统和作为内阁成员的国防部长都是文职人员。参谋长联席会议主席以及各军种的参谋长，都不是政党成员。这就确定了军队只属于国家、政党不能直接管理军队，以及军队对政党保持中立立场的原则。

　　总的看，西方国家一般都实行军队非政党化和文职官员管理军队的原则，从而使军队从士兵到高级军官，都不是政党的成员。这就决定了任何政党都不可能合法地在军队系统发展党员和建立党的组织，也就是说，包括执政党在内的任何政党，都不可能从思想、政治和组织上直接地控制军队，更不能直接管理和指挥军队。这个任务，只能由国家来承担。

　　实事求是地说，西方发达国家实行军党分立、军队属于国家的原则，对于避免军队操纵政治和发生军事政变，起了积极的作用。因而，其对社会政治生活的正常运行，以及对社会生产力的发展和经济繁荣所产生的正面影响，是不可否认的。

西方国家之所以普遍遵循"军队属于国家"、军队对政党保持中立的原则，是有其特定的成因的。

其一，从政党与军队的建立和发展方面来看，政党一般都是在一定的民主条件下，在议会中公开合法地组建和发展起来的，没有必要以武力为后盾。尽管这些国家在反对封建残余势力的斗争中，有些政治派别建立过武装力量并开展武装斗争，但不仅时间较短，而且很少是由一个政党单独组建和指挥的。革命胜利、国家统一和民主制度建立后，军队也就自然地由政府统一管理和指挥。同时，西方国家的政党实际上是竞选机构，在非大选年虽保存党的组织机构，但形同虚设，没有实质性的政治活动，这决定了政党根本不可能把军队掌握在自己的手中。

其二，从法制化的国家管理模式来看，西方发达国家法治化管理机制比较健全和稳固，国家、政党的一切政务活动都必须遵循宪法和法律的准则。关于军队，法律一般都规定，国家武装力量的最高控制权、指挥权由国家文职机构（国会）和最高文职官员（总统和总理）掌握。这就使得任何政党都不可能组建自己的军队。同时，实行民主代议制和民主政党政治，需要实施军党分立。一方面，政党不是靠武装力量的支持而是靠公开竞选成为执政党；另一方面，也只有军党分立，才能为各政党公平竞争提供保证。而且，任何政党都非永久执政。可见，军队不属于任何政党也是实行代议制和政党政治的必然需要。

其三，从阶级实质的角度来看，政党不掌握军队也是维护资产阶级统治利益的需要。资本主义国家体制内的政党虽有执政党和在野党之别，但都以维护资本主义制度为最高宗旨，无论何党上台执政，彼此实行的政治路线和内外政策，在本质上并无区别，都维护资产阶级统治的利益，说明武装力量没有必要由某个政党来掌握。军队统一掌握在资产阶级国家的手里，既有利于集中力量以对付外来的侵略或执行向外扩张的任务，又可借以剥夺工人阶级政党发动武装起义夺取政权的权利，还可避免法西斯政党凭借手中武装来破坏民主秩序。可见，实行"军队国家化"，对资本主义发达国家来说，是有利无弊的举措。

（二）执政党对军队及军事系统的干预方式

尽管西方国家普遍遵循军队属于国家的原则，但是他们的政党特别是执政党还是通过间接的方式，程度不同地干预与影响了军队及军事工作的开展。

其一，议会行使军事决策权，反映了政党特别是多数党的意志。因为议会的大权掌握在执政党或多数党的手中。议会党团对其权限的行使起着重要的作用。如美国发动的朝鲜战争、越南战争、海湾战争以及最近的伊拉克战争，国会均开绿灯，并通过军事拨款予以支持，都体现了多数党的意志，是政党干预军事问题的明证。

其二，国家元首或行政首脑行使三军统帅权，也表明了执政党的重要作用。因为不论是总理还是总统，都是执政党的领袖。他们虽不以政党组织的名义直接掌握和指挥军事力量，但每做出重大决策之前，均与国会党团及本党其他领导人协商、咨询。同时议会是执政党或多数党掌握的，他们一般都予以认可和通过。这也反映了政党对军事的间接干预。

其三，现役军人虽不参加政党和政党竞选活动，但高级军官都是由作为政党领袖的总统、总理任命的；拥有很大军事实权的国防部长是执政党成员，也是重要阁员。军事高级指挥官员，如美国的海、陆、空三军的部长、参谋长联席会议主席、各军种参谋长、国家安全委员会秘书等，都由总统亲自挑选提名，经参议院认可后任命。事实表明，这些掌握实权的军事官员都是总统这个执政党领袖信得过的人物。其对执政党纲领、主张的认同以及政党倾向性是必然的。同时，西方国家管理、指挥军队的宗旨和指导思想，都以维护资本主义制度为目标，无论对外执行防御或侵略的任务，或对内维护政治社会稳定，都不会背离这个原则。可见，其军队所具有的阶级性是不可否认的，说执政党实际上对军队和军事工作发挥了间接的干预和影响，是有根据的。

二　中国执政党与军队的关系

（一）执政党领导军队

宪法规定，中国是工人阶级领导的国家。因此，武装力量同其他国家机关一样理所当然地接受中共的领导。中共"党指挥枪"，就是这个领导原则的简明而形象的概括。

"党指挥枪"原则的内涵是：国家武装力量无条件地置于中共的领导之下，军队的最高领导权和指挥权集中于中共中央；军队的一切行动听从中共中央的指挥；不容许军队和军队领导人向党闹独立；不允许执政党之外的任何政党在军队中建立组织和进行活动；不允许任何个人向执政党争夺兵权；不经中共中央授权，任何个人不得插手军队，更不得擅自调动和指挥军队。

中国共产党对军队的绝对领导，主要通过政治上、思想上、组织上的领导来实现。（1）政治领导，就是用中国共产党的纲领、路线和方针统一全军的思想和行动，坚持共产党指引的正确的政治方向，在政治上同中共中央保持高度一致。政治领导是中共领导军队的核心，思想领导和组织领导都为政治领导服务。（2）思想领导，就用马列主义、毛泽东思想、邓小平理论和"三个代表"重要思想武装全军官兵，借以克服非无产阶级思想的影响，树立正确的世界观，提高全军官兵的思想政治觉悟，统一全军的意志和行动，使军队永远是一支战无不胜的人民的威武文明之师。因此，思想领导是实现党对军队政治领导和组织领导的基础。（3）组织领导，就是在执政党中央的统一领导下，在军事系统建立中共党的组织机构，并充分发挥党委的核心领导作用、党支部的战斗堡垒作用和党员的先锋模范作用。组织领导是实现党对军事系统绝对领导的组织保证。

其一，新中国政权和共产党的执政地位不是靠议会民主竞争，而是通过武装斗争取得的。旧中国的实况告诉共产党人这样一个真理："政权是由枪杆子中取得的。"① "在中国，离开了武装斗争，就没有无产阶级的地位，就没有人民的地位，就没有共产党的地位，就没有革命的胜利。"②中共正是被迫进行了土地革命战争、抗日战争和人民解放战争，历经数十个烽火岁月，付出了巨大代价之后，才赢得了人民革命胜利，建立人民共和国，取得在全国执政地位的。因此，执政党十分重视和坚持领导人民军队这个国家机器的重要力量，是不难理解的。

其二，人民军队是共产党缔造并在它领导和培育下发展壮大的，党的"兵权"是在实践中确立的。历史事实是：国民革命失败的教训之一就是共产党没有兵权。南昌起义开始了共产党缔造人民军队的进程，但遇到了来自小生产者的思想和旧军阀作风的干扰。是古田会议明确革命武装是"执行革命的政治任务的武装集团"③。并开始确立党在组织上、思想上和政治上领导军队的原则。随后，党的文件中出现了党对人民军队实行"绝对领导"的提法。长征途中，在战胜张国焘军阀主义野心家妄图把军队作为向党闹独立的政治资本的阴谋后，得出了"我们的

① 《毛泽东著作选读》上册，人民出版社1986年版，第24页。
② 《毛泽东选集》第2卷，人民出版社1991年版，第610页。
③ 《毛泽东选集》第1卷，人民出版社1991年版，第86页。

原则是党指挥枪，而决不容许枪指挥党"①的结论。抗日战争时期，中共拒绝向国民党一党专政政府交出兵权，明确共产党人不争个人兵权，但要争党的兵权、人民的兵权和民族的兵权。事实证明，正是在共产党严密掌握"兵权"的情况下，人民军队才由小到大、由弱到强，成为捍卫祖国和人民利益的钢铁长城。党对军队的领导原则，也就历史地形成和确定了下来。

其三，当今的中国，仍需要坚持党指挥枪的原则。新中国成立后严峻的国内外形势与艰巨任务，决定了只能加强而不能削弱党对军队的领导。正是这支忠于党忠于人民的武装力量的存在和作用，使新中国渡过了一个个难关而立于不败之地。当前，中国面临着深化改革开放和加速社会主义现代化建设，完成祖国统一与保卫世界和平的艰巨任务。特别是国际形势复杂多变，大和平与局部战争并存，国际恐怖主义活动频繁，强权政治与霸权主义急剧膨胀，一些反华势力"西化"、"分化"中国的图谋依然不断。在此形势下，中国仍将遇到来自人为的或自然界的困难和风险的挑战。同时，海湾战争、科索沃战争和伊拉克战争告诉人们，更快地实现武装力量的现代化，把国防军事建设置于高新科技的基础上，完成管理体系的现代化转变，是刻不容缓的艰巨任务。这将涉及政治、经济、军事、科技、人才等一系列深层次的体制问题，还会出现许多新的矛盾和困难。这一切问题的解决和任务的完成，只能靠共产党对军事工作的坚强和正确的领导，才能为此指明正确的方向，确定切实可行的目标和步骤，凝聚一切力量，奋发图强，更快达到预期的目标。

(二) 执政党对军事工作的领导体制

中国宪法规定，全国人民代表大会有权"决定战争和和平的问题"。国家主席根据人大的决定，有"宣布战争状态，发布

---

① 《毛泽东选集》第2卷，人民出版社1991年版，第547页。

动员令"之权。国家的"中央军事委员会领导全国武装力量"。而军委实行主席负责制，即军委主席对全国人大负责。也就是说，战争决定权在人大，国家主席根据人大的决定宣布战争状态和发布动员令，而军委主席则在人大的领导下拥有全国武装力量的最高统帅权。

中共于 1925 年建立专门负责领导革命军事的机构，始称中央军事运动委员会，后改为中央军事部，20 世纪 30 年代初改为中央军事委员会。1931 年中华苏维埃共和国临时中央政府成立，设立了中央革命军事委员会，作为红军的最高领导和指挥机关，也是把军事领导机构纳入人民政府管理体系的开始。后来为适应国共合作抗日的新形势，撤销了中华苏维埃共和国及其军事委员会，于 1937 年成立新的中共中央军事委员会，此后一直是人民武装力量的最高领导和指挥机关。新中国成立之初，中共中央军委继续行使武装力量的最高统帅权，但同时建立了中央人民政府人民革命军事委员会，以政府机构的名义统一管辖和指挥人民武装力量，其组成人员与中共中央军委大致相同。1954 年宪法规定设立国防委员会，国家主席任其主席，并统帅全国武装力量。但由于国防委员会职权没有界定，故真正起领导作用的是中共中央军委。1975 年及 1978 年的宪法分别作出中共中央军委主席统帅全国武装力量和全国武装力量由中共中央军委统帅的规定。这等于取消了国家机构对军事系统的管辖与领导。直到 1982 年的宪法才改变了这种状况，设置了中华人民共和国中央军事委员会的国家权力机构，负责统帅全国武装力量。

国家中央军委与党中央军委是一种什么关系呢？表面上是重叠机构，但由于国家军委主席由党中央推荐，人大选举；国家军委其他成员由军委主席提名，人大决定。其结果是：国家军委的成员也就是党中央军委的成员，两块牌子一班人马。这样做既保持了它属于国家权力机构体系的地位，同时又是党中央的一个部门，本质上是确保了执政党对军事系统的绝对领导权。应该说，它是现阶段解决党与国家军事体系关系的一种可行办法。

当然，在处理党管军队与人民最高权力机关掌握军队的关系的具体运作中，还存在需要完善的问题，例如，在中共中央军委与国家军委人员组成的一致性问题上，如何依法突出显示人民代表大会权力的至高性和人民主权性，仍是需要着力研究的问题。另外，党章规定党组织的领导人由选举产生，但军内任命的政治委员、教导员一般都是同级党组织的自然书记。这些矛盾现象，也是需要理顺的问题。

第六节　中外政党制度比较分析

一　中西政党制度的主要差异

（一）政党执政权获得方式不同

西方国家政党制度是议会民主的产物和组成部分。这就决定了政党取得执政权的方式是和平的、平等的竞争，即由政党出面，积极投入竞选，一旦获得议会多数席位或当选总统，就成为执政党，获得组阁权并实行组阁，建立本党（或政党联盟）的政府，行使执政权力，以实现本党的纲领和政策意图，为所联系的阶级、阶层和集团利益服务。这种政权获得方式的特点，就是政党以竞选和组阁为中心任务，即政党是这些活动的操作者，并以选民支持率的高低决定成败。因此，它是一种民主竞争机制运行的必然结果，是选民直接授权的形式。

当今中国执政党执政权力的取得，是一种由历史形成、宪法规定和间接选举确认的形式。也就是说，经过间接选举召开的全国人大换届会议，就意味着中国共产党自然地获得了继续执政的权力，并依法组建国家权力机构和权力执行机关，行使执政权。概括地说，这种执政权力的获得，就是一种非竞争性的、间接选举的、充满政党之间民主协商的过程和形式。这种选民授权方式尚需在探索中改革和完善。

（二）执政党执政权限和方式不同

西方执政党执政权限和执政方式的特点是：（1）作用范围比较有限。由于实行权力制衡，故执政党执政权力的横向关系主要限于控制行政大权和部分议会立法权，而不能直接管理司法权。纵向关系主要限于中央一级，不涵盖地方权力机关。总的看，执政党政府是名副其实的有限权力政府，管辖的力度相对集中和到位，也较透明，其效率也就比较明显。否则将损害其形象而丧失选民基础和影响执政地位。（2）不同体制下的执政党权力的运作功效不尽相同。内阁制的执政党实际控制了立法、行政大权，有的甚至部分操纵司法大权（如英国），故执政权力比较统一集中，其功效也比较突出。总统制的执政党有时不是议会多数党，此时执政权比较分散，也难协调，故除行政部门外，就难以发挥更大的作用。多党制条件下的执政党执政权的运作，还要取决于各在朝党的协调程度。（3）执政党在执政期内，对政府乃至社会的各方面起不同程度的领导或指导作用和影响，但一般都采取间接的，即由总理、总统出面的、隐性的形式，而没有采取由执政党组织直接出面，向政府或其他国家机关、社会团体发出指令的形式。这种体制极利于党政职能分开和提高行政效率与权威，直接显示了民主执政的一面。

中国执政党执政权限和执政方式的特点是：（1）作用范围广泛，纵向从中央到地方各级政权机构；横向广及立法、行政、司法、社会团体，从而形成一种一元化的高度集中和强制性的有效网络。（2）实行中共领导的多党合作制，以及人大"一院制"下的"一府两院"的体制，使执政党的执政权力易于统一集中，只要决策正确，权力运作的效率相当显著。（3）执政党通过党委和党组的机构，以直接和间接的方式，多渠道、多途径地领导人大、政府和其他国家机关。这种体制中存在党政职能难分的状况目前还在不断改革的探索中。

（三）政党互动关系不同

西方各政党在政治上、法律上处于平等的地位，不存在谁是领导党、谁接受谁领导的问题。这种平等的竞争机制必然导致政党之间是执政党、在朝党同在野党、反对党的关系，即以对峙、争斗为主的、有时也有一定合作的关系，其核心就是"你下台我上台"，手段是扬自己的优势，揭对手的短处，以争取选民和广泛的社会支持，达到击败对手和自己上台执政的目的。如果是多党联合执政，即各政党在一定条件下以互相妥协和协议为基础的联合，一般也不甚坚固和持久，随时可以翻脸而分道扬镳。这既是西方政党制度的常态，也是多党制国家政局往往出现动荡的原因之一。

中国的政党关系与之不同。（1）宪法规定中共是社会主义现代化事业的领导核心。因此，民主党派同其他一切社会政治组织一样，都接受中共的政治领导；中共是法定的执政党，民主党派参加国家政权，参与国家大政方针及国家重要领导人选的协商，参与国家法律法令的制定执行，参与国家事务的管理，是参政党。（2）中共与民主党派的关系以四项基本原则为基础，实行长期共存、互相监督、荣辱与共、肝胆相照的方针，是以实现社会主义现代化为共同目标的、长期团结合作的、新型的友党关系。（3）多党合作与政治协商有多种组织形式，其中最重要的就是中国人民政治协商会议，它以党派关系为核心，发挥政治协商、民主监督、参政议政的职能作用。它既不是权力机关，但却是重要的政治机构，与人民代表大会相辅相成，对于凝聚、整合社会政治力量，保证政治社会的持续团结稳定，调动各方面积极因素，实现祖国统一、振兴中华，起着独特的积极作用。中国政党间的这种关系的不足，是无竞争状态导致了政党监督制约机制的弱化或缺失。

（四）政党制度的性质与作用不同

中西政党制度在本质上的差异是各自制度的阶级性质所决定的。西方政党制度本质是资本主义的，它建筑于资本主义私有制的经济基础上，与资产阶级的国体和政体相联系，体制内的政党及政党制度都是为资本主义政治、经济根本制度的存在和巩固服务的。

当今中国政党制度是社会主义性质的，它建筑于以社会主义公有制为主体，多种所有制经济共同发展的经济基础上；中共是工人阶级先锋队，各民主党派是社会主义性质的政治力量。这个制度既与中国当今政治经济相适应，又为它的进一步发展，特别是为实现中国特色社会主义现代化建设事业的宏伟目标服务。应从这个实际出发，继续探索中国政党制度的完善和创新的建设问题。

二　西方国家政党制度的现状与发展前景

（一）面临的挑战与危机

西方国家政党政治、政党制度的现状如何？其前景将会怎样？有人认为，西方政党政治最民主最合理，因而是不可改变的，特别是东欧改制、苏联解体之后，更加证实两党制或多党制具有"永恒不变"的生命力，没有什么危机可言。另一些人则说，西方国家政党制度弊端多多，又遇新的挑战与麻烦，已面临灭顶之灾，前景暗淡。应该说，现实证明这些看法都有失偏颇。西方政党制度的现状，既有弊端显露和新挑战、新麻烦不断的危机的一面，但也有继续稳固与发展的前景，而且，后者是主导的方面。

　　不可否认，西方政党政治、政党制度面临一系列的挑战和危机。

　　首先，西方政党政治的弊端和政党功能的萎缩带来选民支持率的下降，是对政党制度的威胁和隐患。众所周知，与生俱有的种种弊端，特别是金权政治正愈演愈烈。与此相联系，各体制内政党随着对权力的追逐和腐败，领导权大多操纵在少数领袖、党魁人物的手中而日趋寡头化、政客化，昔日组党时期那种代民说话、反映民意的民主色彩大为减退。政党因功能萎缩而难以履行正常的政党职能，导致民众不满和厌恶而失去对政党的信任，不仅使党员人数下降，而且直接带来选民投票率的下滑。如美国的大选投票率，20 世纪以来就呈下降的趋势，60—80 年代最高不过 60％，90 年代降到 50％ 以下，而且兼投两党候选人的选民则不断走高。选民的这种政治冷漠和不信任态度，对政党政治构成了实质性的威胁。

　　再者，利益集团的大量涌现，对政党制度也是一种冲击。这种与政党有密切联系的经济利益集团，往往越过政党和政党活动制度，径直提出自己集团利益的诉求，在一定程度上削弱政党的重要地位。当然，在今后的长时期里，政党和政党制度还不至于因出现了"利益集团政治"而被取代的问题。但利益集团不断增加的趋势，其对政党制度仍然是一种不大不小的挑战。西方国家不少政治学家为此而惊呼，绝不是没有根据的胡诌之言。

　　三是资本主义制度下的激烈竞争，以及随着科技发展带来的社会利益和社会意识的多元化，促使社会阶级、阶层不断分化、组合，出现了新的政党组织。如 20 世纪 60 年代以来，在以环保主义为核心的新意识形态作用下组建的绿党，不仅得到相当多选民的支持，而且有的在大选中成了"黑马"，挤进了议会和政府（如德国）。这就改变了原来在两党制或多党制格局下形成的某种平衡局面，在社会上引起不小的轰动。这对西方政党制度来说确是新的挑战与麻烦。

（二）发展前景的估量

西方政党政治、政党制度现状的另一方面，是它在应对挑战，力图避免或缓解危机。估量其未来的走向，还是继续稳定和演变发展的前景。

第一，它以自由度较大、民主手段多样和互相制约的特点，赢得不少人的支持，拥有较深厚的社会基础。这种以公开、平等竞争执政党地位为基础的政党制度，使各政党都有上台执政的机会。同时，政党制度的整体运作比较规范，在议会内外都有诸多手段予以制约、监督，使执政党依法行政而不能为所欲为。而且，执政党组织以间接方式干预政府行政，党政职能分开，更利于显示民主和提高行政效率。特别是二战后西方各国都扩大了民主的范围，基本上实行普选制，更多的人们能以平等投票的方式表达自己的意愿。特别是这种法律上的平等掩盖着事实上不平等的竞争机制，至少在形式上为不同阶级、阶层的人们提供了多种政党选择的空间，即人们拥有更多的利益表达渠道和参政的形式，因而也就在心理上、意愿上产生一种民主、自由的满足感。在此情况下，人们在政党竞选中必然采取支持某个政党及其政策而反对某个政党及其政策的立场，从而，也就不仅成了一定的政党的选民队伍，而且也成了特定政党制度得以继续存在和发展的相当稳定的社会基础。

第二，体制内政党之间在政策主张乃至意识形态方面既保持差别，又出现彼此靠拢的趋势，有利于政党争取选民和扩大生存空间，并避免或减轻因轮流执政而可能引起的震荡，从而使政党政治得以继续发展下去。各政党代表不同的阶层或集团的利益诉求，同时要照顾在长期的竞选活动中形成的相对稳定的"选民领地"，故不会抹去本党与别党不同的特色。然而，二战后出现了政党之间在意识形态、纲领乃至政策上日益相互靠拢和趋同的新情况。这是由于彼此都是维护资本主义制度的政党，在根本上有着共同的利益，必然导致纲领、政策上的一致性。同时，为了维护政局稳定，需要在政策上保持连续性，即新上台的执政党不完全排斥上届执政党的若干基本政策，或者在竞选时保持政策的区别并进行激烈争论，但一上台执政，便又继续推行上届执政党的政策。再者，由于阶级的分化和"中间阶层"的出现，各政党为争取他们的支持而使自己的纲领、政策趋向中间立场，从而形成彼此靠拢、相近甚至一致的局面。而且，有的大党还吸收小党的政策主张，从而赢得更多的选民。可见，某些问题上的差别和大问题上的一致，都是为了在竞选中获胜和稳定执政，差别与趋同其实就是一种互相补充和防止极端化行为的机制，起到了稳定现行政党制度的作用。

第三，政党林立与政党走向联合或两极化现象并存，既显示了政党活动的自由，又防止政局过分动荡的不良后果。这在实行多党制的法国和德国，表现尤为突出。多党制国家新党不断组建，许多政党并存与竞争，既向人们表明政治体制的民主性与自由性；又由于几个政党联合执政常因彼此利益冲突而招致政府危机频频，不利于资本主义秩序的稳定。战后这种状况有了明显的变化，出现了一种补救的形式，即一些政党联合成两个较有实力的政党联盟，构成左右两极，而主导性的政党成了联盟中的核心。在竞选时其他小党左右分化，向两极靠拢。这样，无论哪一联盟上台执政，都一改过去政坛纷争不已的现象，使政局走向长期的稳定。这对多党制能渡过危机而继续存在和发展起了重要的作用。

第四，社会党的政策在选民中获得支持并由此而纷纷上台执政，使它成了西方现行政党制度稳定发展的重要支柱。由于欧洲社会党历史悠久，自称代表工人群众利益，特别是二战后推行社会福利保障政策，并为工人争得了扩大民主的权利，从而在工人群众和工会组织中产生了很大的影响，拥有相当一部分的工人和其他普通劳动者的党员，于是以异军突起之势崛起于欧洲政坛，在西欧 18 个国家中先后执政，少的执政 10 余年，多的执政已50 余年。它们实行的这种在不改变资本主义制度条件下的改良政策，缓解了阶级矛盾与斗争，获得了资产阶级的认可与赞赏，对两党制或多党制的稳定起了重要的整合和维护作用，有力地支持西方现行政党制度的继续运行。

第五，政党制度的法律化和规范化进程，也为政党制度的稳定运行提供了法律保障。二战后，西方国家在政党政治问题上，日益重视立法。许多国家的宪法和法律对政党及其活动都作了明确的规定。有的国家（如德意志联邦）甚至制定了专门的政党法，对政党的权利、义务、地位、功能、活动方式、内部组织、党员资格、党的经费等，作了具体的规定和说明。即使没有专门政党法规的英国和美国，也用法律惯例和最高法院裁决的方式规定政党的行为。这样，政党和政党制度便在国家政治生活和国家政治体系中有了明确的法律地位，受到法律的保障和监督，使政党的活动规范化、制度化。这无疑也是西方国家政党制度继续稳固发展的重要条件。

西方不少政治家在惊呼政党制度危机的同时，提出了应对危机的种种主张。为了限制金权政治的泛滥，有的国家规定大额政治捐款要公开并接受舆论监督（如德国），有的限制政党经费的支出（如美国），也有的实行政党竞选经费由国库补贴或开支（或瑞典）。此外，诸如坚持文官制度，把执政党行使权力限制在较小的范围内，以及继续推行分权制衡的原则，提倡舆论监督，进行政党立法，等等，也有利于现行政党制度的延续。当然，金权政治、政党弄权谋私等顽症，在资本主义条件下不可能根治，这意味着政党制度危机的"阴魂"挥之不去。但实践表明，凡是比较注重政党腐败的预防及监督机制建设并取得较显著成效的国家，其政党政治的危机较易得到缓解，从而使政党制度的积极方面继续发挥良性的作用。因此，在估量西方政党制度的前景时，那种"永恒不变"的说法和认为已濒临瓦解的观点，都难以令人置信。

三　中国政党制度的现状与发展前景

（一）现状及其优势的体现

当代中国政党制度自1949年确立后，在国家民主政治建设中发挥了积极的作用，同时也在实践中总结经验，发展它的理论和原则。

还在1956年，毛泽东就指出：在社会主义社会，"究竟是一个党好，还是几个党好？现在看来，恐怕是几个党好"①。随后，他对中共八大政治报告初稿中关于社会主义国家是"实行一党制或者是在工人阶级革命政党领导下的多党制"，各国因情况不同而有差别的提法表示认同。②周恩来也说："以共产党为核心，为领导，各党派团结合作，有什么不好？"③中共八大正式确定今后中共与民主党派关系的原则就是"长期共存，互相监督"。这就基本上回答了民主党派的性质、坚持中共领导的多党合作制的必要性以及党派关系的方针等重大问题，为这个政党制度的继续发展指明了正确的方向。然而，由于众所周知的原因，政党制度自1957年以后受到严重的阻滞和损害。直至中共十一届三中全会才根本扭转这个局面，有关的理论原则也得到新的发展。

第一，明确民主党派的性质已经发生了根本的变化。"现在它们都已经成为各自所联系的一部分社会主义劳动者和一部分拥

---

① 《毛泽东著作选读》下册，人民出版社1986年版，第733页。
② 《建国以来毛泽东文稿》第6册，中央文献出版社1992年版，第143页。
③ 《周恩来统一战线文选》，人民出版社1984年版，第350页。

护社会主义的爱国者的政治联盟，都是在中国共产党领导下为社会主义服务的政治力量。"① 是"以社会主义劳动者为主体的、为社会主义服务的政党"②。这就指明了新时期中国政党制度的政治基础。

第二，确认中共与民主党派之间已经是新型的社会主义的友党关系，并确定"长期共存、互相监督、肝胆相照、荣辱与共"的方针，进一步表明当代中国友党之间那种风雨同舟、患难与共的亲密关系发展到了新的阶段。

第三，正式确定中共领导的多党合作是社会主义政党制度，并阐述了它的特点与优越性。邓小平指出："在中国共产党的领导下，实行多党派的合作，这是我国具体历史条件和现实条件所决定的，也是我国政治制度中的一个特点和优点。"③ 中共十三大明确"共产党领导的多党合作和政治协商制度"是社会主义的基本政治制度。1989 年中共中央指出："我国实行的共产党领导、多党合作的政党体制是我国政治制度的特点和优点。它根本不同于西方资本主义国家的多党制或两党制，也有别于一些社会主义国家的一党制。它是马克思列宁主义同中国革命与建设相结合的一个创造，是符合中国国情的社会主义政党制度。"④ 并阐明了中共是执政党，民主党派是参政党的定位和内涵，对民主党派参政的基本点，民主监督的途径与方法，民主党派人士在人大和政协中的作用以及在政府和司法机关担任领导职务，党派间实行政治协商、民主监督等问题做了规定和说明。1993 年全国人大正式把政党制度写进了宪法，使之获得了国家大法的保障和法

---

① 《邓小平文选》第 2 卷，人民出版社 1994 年版，第 186 页。
② 见吴江等：《民主与政党》，中共中央党校出版社 1991 年版，第 219 页。
③ 《邓小平文选》第 2 卷，人民出版社 1994 年版，第 205 页。
④ 《十三大以来重要文献选编》中册，人民出版社 1991 年版，第 821 页。

律地位，也把政党制度的规范化、法律化和制度化建设向前推进了一步，为它的进一步完善与发展提供了理论指导和法律基础。

改革开放以来，多党合作制度在实践中进一步显示了它的重要地位和优势。

第一，中共执政、民主党派参政取得了实质性的进展。（1）执政党和参政党的成员同在人民代表大会这个最高权力机关中活动与合作。在"文革"之后的历届全国人大中，民主党派及无党派民主人士除了代表名额比例因客观原因而未能达到"文革"前的水平之外，在常务委员及副委员长名额比例方面，则不断上升或稳定在36%—47%之间。（2）自"文革"后至今，在中共的大力推动下，已有一定数量的民主党派成员和无党派民主人士先后担任从中央到地方的行政及司法、检察机关的领导职务，并尽力保证其有职有权，切实发挥了参政的作用。（3）参政党人士被吸收参加各种专门委员会，参与各种专题调研和检查活动，广泛反映社情民意，向执政党提供了大量有价值的专题报告和政策建议，为民主决策和科学决策发挥了重要的作用。

第二，政党之间的政治协商，做到了经常化和制度化。政治协商的内容，包括国家当前和今后发展的大政方针、国家领导人选、社会及群众生活中的重大问题，地方性经济、政治、社会的重大措施和有关统一战线的重大举措等。政治协商的形式和方法，既有执政党与参政党之间的直接对话（如民主协商会、座谈会、通报会等），又有在人民政协机构中范围更宽的政治协商。实践表明了执政党与参政党之间的真诚合作，也显示了它是能起重要作用的民主行为。

第三，政党之间的民主监督，主要的是参政党对执政党、国家机关及其工作人员的监督，能坚持不懈地进行。这些年来，参政党围绕着宪法、法律的实施，国家重大方针政策的贯彻执行，改革开放及统一战线的重大决策，国民经济和社会发展计划以及财政预算的执行，国家机关工作人员履行职责、遵纪守法、廉政勤政等内容，以"提意见、批评、建议"的形式进行监督，受到执政党和政府的欢迎，收到一定的效果。

参政党除了发挥政治功能之外，还在广阔的天地里发挥社会、经济的功能。由于当今中国实行以经济建设为中心的战略，因此多党合作也围绕现代化建设这个中心展开。实践表明，民主党派以自己丰富的社会资源和智力资源的优势，在经济、文化领域开展活动，如联系港澳台同胞和海外侨胞，协助引进外资和技术，开展咨询服务、智力支边活动和举办各类学校等，都取得了显著成效，为社会主义物质、政治和精神文明建设做出了重要的贡献。

中国政党制度具有独特的优势。对于执政党，它有利于加强和改善党的领导，促进决策的民主化和科学化，反对官僚主义和腐败现象以及克服工作中的缺点和错误。对于国家，它有利于推进社会主义民主与法制的建设，加速改革开放和现代化建设的发展，巩固和发展安定团结的政治局面，促进祖国统一大业的完成。对于参政党，有利于自身的建设与发展，使它在法律的保障下，在多党合作与互相监督之中，不断提高思想、政治和组织建设的水平，创造长期合作和发挥作用的条件。总之，正是由于它适合中国国情和具有诸多独特优势，因而显示出顽强的生命力和继续发展的广阔前景。

(二) 完善、创新的任务与前进的路向

然而中国政党制度毕竟只有 50 余年的历史，而且又是世界政党政治历史上没有过的崭新体制，其存在不完善的问题是难以完全避免的。例如，政权中多党合作的力度、政治协商的程序化、民主监督的实效性、执政党的领导方式，以及人民政协机构的建设，等等，都有明显的不足甚至弊端。因此，为了充分发挥这个制度的优势，增强党派的政治合力和全民族的大联合大团结，以战胜来自任何方面的挑战和可能发生的危机，就必须坚持、完善和创新这个制度。

1. 完善多党合作的机制

执政党同参政党都参加国家政权，政党间实行政治协商和民主监督，是中国政党制度的基本内容，也是它的主要实现机制。因此，它的生命力如何和它的优势能否发挥，在很大程度上决定于它的实现机制的健全与完善。

其一，要完善政权机构中的合作机制。目前存在的问题是参政党人士在权力机构中的整体功能发挥欠缺，在政府及司法机关中担任要职实职偏少。解决这问题必须从完善机制入手，例如：（1）在协商推荐参政党人士为人大代表候选人和到政府或司法部门充任领导职务的候选人时，适当引进竞争机制，以提高其从政素质，保证参政的高水平。（2）适当扩大参政党人士在政府及司法机构中担任领导职务的人数和范围，逐步做到凡有参政党组织的一级行政区，政府和司法部门都要选配一定名额的参政党人士任职，并做到有权有责，为其发挥应有作用创造条件。在政府挂职、兼职或特约的监察员、检查员、审计员、教育督导员制度也要加强。（3）可否在人大全体会议期间，在以地区代表团议事为主要形式的前提下，就某些问题开展党派活动，以党派名义发表意见甚至争论，使人大机构充满生机活力，进一步显示政党的整体功能作用。

其二，完善和创新政党间的政治协商机制。目前存在的不足主要是随意性和不讲实效的现象仍不时出现，妨碍多党合作制度优越性的进一步发挥。为此，应思考实现法规化、程序化，即把政治协商法定地纳入国家民主决策程序，做到先协商后决策，不协商不决策。凡未经协商的重要议题，人大或政府不予审议和实施。同时，什么问题必须协商，什么人参加和何时用何形式协商，都要规范化；更要在提高政治协商的实效问题上下大工夫，协商结果要逐步透明，以防止形式主义走过场。

其三，完善和创新民主监督机制。人们感到，民主监督与政治协商相比，较难开展。执政党和政府的有些干部，缺乏民主意识和人民公仆观念，只怕自己的上司而不怕群众，不愿接受监督或不予重视；有些监督者怕遭打击报复，或因监督无效而对民主监督持冷淡态度；监督形式也有过于单调和缺乏声势的问题，特别是在当前腐败现象严重，民众强烈要求予以监督和遏制的呼声面前，民主监督实效甚微，对坏人坏事产生不了震慑作用，也就难以得到社会的关注与支持。为此必须进一步健全民主监督机制，切实研究和实施毛泽东、周恩来倡导的关于"唱对台戏"①的主张，并用制度来保证。民主监督虽不具法律约束力，但如能形成一套与权力监督互为补充的、程序化和规范化的、具有很强操作性的民主监督机制，必将有利于提高监督的实效。

2. 改革和完善执政党的领导方式和执政方式

中国共产党对国家的领导主要是通过执政来实现的。而要执好政，关键在于根据新的历史任务的要求，增强执政意识，改革和完善领导方式和执政方式，提高领导水平和执政水平，搞好党自身的建设。

建国 50 多年的历史证明，中共领导全国各族人民取得了当家作主的地位，使国家走上了社会主义的道路，开展了大规模的经济文化建设，改变了旧中国贫穷落后的面貌，提高了人民的生活水平，增强了国家的综合实力，维护了民族独立，提升了国际地位，可见执政是够格的。但也走了许多弯路，付出了沉重的代价。其原因之一，是与政党制度的建设，特别是与执政党的执政意识、领导方式和执政方式等方面存在的不足密切相关。

---

① 见《邓小平文选》第 1 卷，人民出版社 1994 年版，第 270 页，以及《周恩来选集》下卷，人民出版社 1984 年版，第 208 页。

增强执政党的执政意识，提高领导和执政能力与水平，就是提高对自身在政权中的领导地位及其承担的历史责任的理性认识，具有与时俱进的、能驾驭国家政治、经济、文化各项事业和社会生活顺利向前运转的科学方法与能力。其中的关键是正确解决好执政党与政权、执政党与人民群众的关系，以及始终站在时代的前列，并不断提高自身综合素质，最根本的就是切实做到立党为公、执政为民的问题。

解决好执政党与政权之间的关系，就要明确执政党是人民民主政权的领导核心，如果没有执政党这个地位，就谈不上发挥领导的作用；对此，绝不可以受来自右的方面的影响。还要明确执政党组织不能等同于国家政权机构；对此，要防止来自"左"的僵化思想。社会主义国家一党领导的体制容易出现的党政职能不分、以党代政和"党权高于一切"等现象，必须通过改革切实地解决。为此，要改进党的领导方式和执政方式，划清党组织和国家政权机构的职能，理顺党组织与人大、政府、司法机关等的关系，做到既坚持党的领导，又各司其职，并逐步走向规范化、制度化、法律化。

解决好执政党与人民群众的关系，就要明确执政党的地位和权力，归根到底是人民群众给予的，执政就意味着对人民群众负有不可推卸的崇高的历史责任，因而，要始终做到"三个代表"，彻底破除官本主义的封建遗风，丝毫也不能脱离人民大众，更不能使公仆与主人错位，成为骑在人民头上的官老爷。还要明确人民是国家和社会的主人，党对国家和社会生活的领导，最本质的就是组织和支持人民当家作主，建设社会主义的新生活。为此，要完善执政党支持和组织人民群众当家作主的机制，理顺党组织同事业、企业和群众团体的关系，把广大群众团结在自己的周围，扩大执政的社会基础。

为此，必须强化执政党的建设。由于共产党是唯一合法的执政党，它的执政地位不是经竞选取得，而是历史形成和由法律固定下来的；而且，中国不实行三权分立的权力制衡。在此情况下，执政党如何不犯一党专断的错误，不蜕化变质，永葆青春活力，而且与时俱进地不断提高领导水平和执政能力，在很大程度上取决于自身的建设。固然，由于有马列主义、毛泽东思想、邓小平理论和"三个代表"重要思想的指导，有理论联系实际、密切联系群众和批评与自我批评的优良作风与传统，中国共产党有能力从实际出发，制定正确的路线、方针、政策来指导社会主义建设事业；有胆识和勇气自我剖析，克服自身不时出现的缺点与错误，带领各族人民建设中国特色社会主义。但更要清醒地看到，执政的地位，改革开放与市场经济的新任务，复杂多变的国际环境，向执政党提出了更高的要求和更严峻的挑战。为完成时代赋予的使命，应对现实的挑战，必须用邓小平理论和"三个代表"重要思想武装全党，不断提升领导水平和增强执政能力。同时要明确，思想教育并非万能，必须有严密的权力监督制约机制，依法治党、治吏，而首要的是扩大和强化纪检委和监察部门的职权，让它执掌反对腐败的尚方宝剑，在打击、遏制严重腐败现象的斗争中发挥震慑的作用，以确保人民大众真正得到改革开放的实惠，从而进一步密切党群关系，巩固党的领导和执政地位。

3. 加强参政党的建设

由于参政党参加国家政权，参与国家大政方针和国家领导人选的协商，参与国家法律法令的制定执行，参与国家事务的管理，并对执政党实行民主监督，因而是中国民主政治的主体之一。参政党只有加强自身的建设，提高参政意识和综合素质，才能进一步发挥应有的功能作用。

参政党的思想政治建设，主要是自觉地学习邓小平理论和"三个代表"的重要思想，加强社会主义、爱国主义和国情教育，首要的是学习和实践"一个中心，两个基本点"的基本路线，提高贯彻"长期共存、互相监督、肝胆相照、荣辱与共"方针的自觉性，行使和发挥参政、议政和民主监督的职能，牢固树立参政党的意识以及为振兴中华、统一祖国，维护安定团结的政治局面服务的思想。政治上，重大的问题要与执政党保持一致，而不强求在所有具体问题上都持一种看法。各党按照党纲党章的规定，本着自己的特点与优势，探索治理国家的具体方法和开展不同见解的讨论，为活跃政治生活，推动国家决策的民主化和科学化不断做出贡献。

加强组织建设，包括搞好基层领导班子的建设和新成员的组织发展工作，坚持民主集中制原则，开展各种活动。当前，在完成各级领导班子换届的情况下，抓紧新班子的建设，使之更自觉地坚持四项基本原则，成为有奉献精神、有组织领导能力和参政议政能力，作风正派，密切联系群众和善于团结同志的强有力的各级领导班子；并为本党进入人大、政府及司法部门担任相应领导职务，不断培养、推荐、输送高素质的人才；还要严格地监管自己的干部，为长期的参政议政奠定坚实的基础。

4. 加强人民政协的组织建设

中国人民政治协商会议作为多党合作和政治协商的重要机构，必须加强它的组织建设，方能发挥应有的作用。

一是进一步加重人民政协的党派色彩。建国初期，周恩来就指出：政治协商会议主要是党派性的，是党派的联合，人民团体的联合。中共一直重视参政党在政协中的地位和作用，并取得了明显成绩。然而党派性质的活动，党派间的政治协商，以政党身份提出的调查报告、建议或批评，特别是在反腐倡廉工作中进行的监督，有的在质量上缺乏深度，有的声势不大，社会影响甚微。因此，如何在党派性问题上浓墨重彩，是值得探讨的问题。

二是进一步为政协委员提供政务性的服务。经过多年实践，政协机关在为委员开展工作提供服务方面做了不少工作，积累了经验。但直接为委员参政议政服务的信息工作比较欠缺，或者量少质低，投入的力量明显不足。为此，必须在机构设置、人员配备以及财力、物力的投入等方面有更大的改进。

三是进一步提高来自政党的政协委员的综合素质。总的看，委员的素质较高，但各级各政党的委员的水平并不平衡，有的在知识结构上、参政能力上尚感不足；有的在民主与监督意识上较为欠缺。因此，要引进竞争机制，挑选那些坚持四项基本原则、知识结构合理、参政能力较强、有奉献精神、长于合作、善于知情、敢于直言的人进入政协机构；同时注意老、中、青三结合，逐步实现年轻化。要组织委员扎实深入实际调查研究，防止旅游式和蜻蜓点水式的视察，才能锻炼参政能力和提高参政的质量。还要强调委员通过学习，熟悉国家法律、法令和方针政策，了解不断涌现的新问题、新情况和新经验，汲取最新科学技术知识，跟上国际形势变化和时代发展的要求。

当代中国政党制度的前景如何？西方有人曾预言它将难免步前苏联一党制瓦解的后尘。然而，事实证明，中国与前苏联虽然都是一党领导的体制，但中国政党制度形成的历史背景、条件和社会基础，以及多党长期同舟共济、亲密合作的丰富内涵，都与前苏联的政党制度迥然有别，特别是有中国化的马克思主义——毛泽东思想、邓小平理论和"三个代表"重要思想作指导，走着一条符合中国国情的、具有中国特色的政党政治之路。因此，只要全国人民、各党、各界团体共同努力，立足于中国实际，大胆吸纳人类政治文明建设的成果，即既不全盘照抄西方政党制度，又不排拒具体民主形式方面对外国政党政治经验的借鉴与参考，与时俱进，开拓创新，那么，中国社会主义政党制度一定能在实践中日益完善和成熟，终将经受住任何惊涛骇浪的考验，进一步显示出中国独具的风采。对此，中国人民充满期盼和自信。

后　记

　　中外政治制度是政治学的二级学科，在国家政治生活中具有重要的意义和作用。1979 年，在邓小平发出的政治学"需要赶快补课"的号召下，我开始投入中外政治制度的研究，并策划编著《当代中国政治制度研究》一书。经过 14 年的艰苦努力，此书作为集体研究成果于 1993 年由湖北人民出版社出版。此后，我承担了国家社会科学基金课题"当代中国政党制度研究"，这一研究成果（与梁琴教授合作完成）于 1995 年由华中师范大学出版社出版。从 1997 年开始，我策划编著《中外政治制度比较丛书》，一共 10 册，即中外政党制度比较、中外代议制度比较、中外选举制度比较、中外行政制度比较、中外公务员制度比较、中外立法制度比较、中外司法制度比较、中外军事制度比较、中外廉政制度比较、中外监督制度比较。在华中师范大学、湖北省社会科学院政治学研究所等单位专家、学者的协同作战下，这套丛书于 2000—2005 年由商务印书馆相继出版。由于培养研究生和学科建设的需要，我于 2002 年策划编著《中外政治制度比较》一书，重点是解析中西政治制度的基本范畴、基本理论，探寻中西政治制度的异同和优劣，揭示中西政治制度的真实状况、本质内容和发展趋势。这是编著本书的学术背景。

　　本书是编著组全体同志集体研究的成果。参加本书写作的有：徐育苗（绪论）、高秉雄（第一章）、王颖（第二章）、张立荣（第三章）、田穗生（第四章）、曹海晶（第五章）、陈业

宏（第六章）、项继权（第七章）、李保忠（第八章）、尤光付
（第九章）、梁琴（第十章）。由主编最后定稿。本书的出版得到
华中师范大学政治学研究院博士点基金的资助。

　　由于我们水平所限，书中难免有不妥和错误之处，热诚欢迎
政治学界同仁和广大读者批评指正。

徐育苗

2004 年 11 月 30 日

主要参考文献

1. 中共中央马恩列斯著作编译局马恩著作翻译室编：《马克思恩格斯列宁斯大林论政治和政治制度》，群众出版社 1984 年版。

2. 中国社会科学院民主问题研究中心编：《马克思恩格斯列宁毛泽东邓小平江泽民论民主》，中国社会科学出版社 2002 年版。

3. ［古希腊］亚里士多德：《政治学》，商务印书馆 1983 年版。

4. ［意］尼科洛·马基雅弗利：《君主论》，商务印书馆 1985 年版.

5. ［英］约翰·洛克：《政府论》，商务印书馆 1983 年版。

6. ［法］让·雅克·卢梭：《社会契约论》，商务印书馆 1961 年版。

7. ［法］孟德斯鸠：《论法的精神》，商务印书馆 1961 年版。

8. ［美］汉密尔顿等：《联邦党人文集》，商务印书馆 1980 年版。

9. ［英］约翰·密尔：《代议制政府》，商务印书馆 1982 年版。

10. ［美］古德诺：《政治与行政》，华夏出版社 1987 年版。

11. ［美］塞缪尔·亨廷顿：《变化社会中的政治秩序》，三联书店 1989 年版。

12. ［英］詹姆斯·布赖斯：《现代民治政体》（上、下册），吉林人民出版社 2001 年版。

13. ［美］劳伦斯·迈耶、约翰·伯内特、苏珊·奥格登：《比较政治学——变化世界中的国家和理论》，华夏出版社2001年版。

14. ［美］罗纳德·H.奇尔科特：《比较政治学理论：新范式的探索》，社会科学文献出版社1998年版。

15. ［美］戴维·赫尔德：《民主的模式》，中央编译出版社1998年版。

16. ［美］罗伯特·A.达尔：《现代政治分析》，上海译文出版社1987年版。

17. ［日］田口富久治等：《当代世界政治体制》，光明日报出版社1988年版。

18. ［美］理查德·K.斯克尔：《现代美国政治竞选活动》，重庆出版社2001年版。

19. 乐威：《美国州政府与地方政府》，台湾，台湾正中书局1964年版。

20. ［孟加拉］凯末尔·斯迪克：《南亚地方政府比较研究》，王振耀等译，中国社会出版社1994年版。

21. ［英］戴维·米勒、韦农·波格丹诺编：《布莱克维尔政治学百科全书》，中国政法大学出版社1992年版。

22. 《中国大百科全书》（政治学），中国大百科全书出版社1992年版。

23. 《中国大百科全书》（法学），中国大百科全书出版社1984年版。

24. 张友渔主编：《世界议会辞典》，中国广播电视出版社1986年版。

25. 熊复主编：《世界政党辞典》，红旗出版社1986年版。

26. 姜士林等主编：《世界政府辞书》，中国法制出版社1991年版。

27. 姜士林主编：《世界宪法全书》，青岛出版社1997年版。

28. 《中华人民共和国常用法律大全》，法律出版社1990年版。

29. 董云虎等编著：《世界人权约法总览》，四川人民出版社1990年版。

30. 马啸原：《西方政治制度史》，高等教育出版社2000年版。

31. 白钢主编：《中国政治制度史》（上、下卷），天津人民出版社2002年版。

32. 张小劲、景跃进：《比较政治学导论》，中国人民大学出版社2001年版。

33. 李道揆：《美国政府和美国政治》（上、下册），商务印书馆1999年版。

34. 林勋健主编：《西方政党是如何执政的》，中共中央党校出版社2001年版。

35. 浦兴祖主编：《中华人民共和国政治制度》，上海人民出版社1999年版。

36. 谢庆奎主编：《当代中国政府与政治研究丛书》，经济日报出版社2002年版。

37. 俞可平主编：《当代各国政治体制丛书》，兰州大学出版社1998年版。

38. 徐育苗主编：《中外政治制度比较丛书》，商务印书馆2000—2005年版。

39. 王晓明主编：《国外议会丛书》，华夏出版社2002年版。

Rod Hague, Martin Harrop & Shaun Breslin: *Comparative Government and Politics*, Macmillan Press LTD, 1998.

A. Bebler & J. Seroka (eds.): *Contemporary Political Systems: Classifications and Typologies*, Boulder: Lynne Rienner, 1990.

S. E. Finer, *Comparative Government: An Introduction to the*

Study of Politics, Harmondsworth: Penguin, 1970.

Carl J. Rriedrich and Zbigniew K. Brzezinshi, *Totalitarian Dictatorship & Autocracy*, Praeger Publuishers, 1969 (Fourth Printing).

W. Richard Scott, *Institutions and Organizations*, SAGE Publications Inc. , 1995.

Arend Lijphart, *Democracies: Patterns of Majoritarian and Consensus Government in Twenty-One Countries* (New Haven: Yale University Press, 1984).

Arend Lijphart, *Presidential versus Parliamentary Government*. Oxford: Oxford University Press, 1992.

G. Bingham Powell, *Contemporary Democracies: Participation, Stability, and Violence*. Cambridge: Harvard University Press, 1982.

Patrick Emmanuel, *Governance and Democracy in the Commonwealth Caribbean: An Introduction*. Kingston, Jamaica: University of West Indies Press, 1993.

Rein Taagepera and Matthew S. Shugart, *Seats and Votes: The Effects and Determinants of Electoral Systems*. New Haven: Yale University Press, 1989.

Gary W. Cox, *Making Votes Count: Strategic Coordination in the World's Electoral Systems*. New York: Cambridge University Press, 1997.

Joel Smith and Lloyd Musolf, eds. , *Legislatures in Development: Dynamics of Change in New and Old States*. Durham: Duke University Press, 1979.

Martin Shapiro, *Courts: A Comparative and Political Analysis*. Chicago: University of Chicago Press, 1980.

Juan J. Linz and Alfred Stepan, *Problems of Democratic Transition and Consolidation*. Baltimore: Johns Hopkins University

Press, 1996.

United Nations Economic and Social Commission for Asia and Pacific, *Local Government in Asia and Pacific: A Comparative Analysis of Fifteen Countries*, www. unescap. org/huset/lgstudy/comparison1. htm

Daniel N. Nelson (ed.): *Local Politics in Communist Countries*, Kentucky, The University Press of Kentucky, 1980.

Everett M. Jacobs (ed.): *Soviet Local Politics and Government*, London, George Allen & Unwin (Publishers) Ltd, 1983.

Philip Mawhood (ed.): *Local Government in the Third World*, New York, John Wiley & Sons, 1983.

Linda Chelan Li: *Centre and Provinces: China 1978—1993, Power as Non-Zero Sum*, Clarendon Press, Oxford, 1998.

Vivienne Shue: *The Reach of the State: Sketches of the Chinese Body Politic*, Stanford, California, Stanford University Press, 1988.

Joseph W. Esherick and Mary Backus Rankin (ed.): *Chinese Local Elites and Patterns of Dominance*, Berkley and Los Angeles, California, University of California Press, 1990.

Andrew G. Walder (ed.): *Zouping in Transition*, Cambridge, Massachusetts, Harvard University Press, 1998.